Kleist
Sämtliche Werke

Heinrich von Kleist
Sämtliche Werke

in zwei Bänden
2. Band

Parkland Verlag Stuttgart

Nach dem Text der Ausgaben letzter Hand
unter Berücksichtigung der Erstdrucke und Handschriften

ISBN 3-88059-172-5

Alle Rechte, einschließlich die des fotomechanischen
Nachdrucks, beim Originalverlag. Berechtigte
Lizenzausgabe des Parkland Verlags Stuttgart.
© 1975 Transitbooks AG Zürich.
Schutzumschlag und Einband Dieter Seebe, Stuttgart.
Printed in Hungary.
Gesamtherstellung: Druckerei Alföldi, Debrecen.

DRAMEN

DIE FAMILIE SCHROFFENSTEIN

*Ein Trauerspiel
in fünf Aufzügen*

PERSONEN

Rupert, *Graf von Schroffenstein, aus dem Hause Rossitz*
Eustache, *seine Gemahlin*
Ottokar, *ihr Sohn*
Johann, *Ruperts natürlicher Sohn*
Sylvius, *Graf von Schroffenstein, aus dem Hause Warwand*
Sylvester, *sein Sohn, regierender Graf*
Gertrude, *Sylvesters Gemahlin, Stiefschwester der Eustache*
Agnes, *ihre Tochter*
Jeronimus von Schroffenstein, *aus dem Hause Wyk*
Aldöbern ⎫
Santing ⎬ *Vasallen Ruperts*
Fintenring ⎭
Theistiner, *Vasall Sylvesters*
Ursula, *eine Totengräberswitwe*
Barnabe, *ihre Tochter*
Eine Kammerjungfer *der Eustache*
Ein Kirchenvogt
Ein Gärtner
Zwei Wanderer
Ritter. Geistliche. Hofgesinde

Das Stück spielt in Schwaben.

ERSTER AUFZUG

Erste Szene

Rossitz. Das Innere einer Kapelle. Es steht ein Sarg in der Mitte, um ihn herum RUPERT, EUSTACHE, OTTOKAR, JERONIMUS, RITTER, GEISTLICHE, *das* HOFGESINDE, *und ein* CHOR VON JÜNGLINGEN UND MÄDCHEN. *Die Messe ist soeben beendigt.*

CHOR DER MÄDCHEN *mit Musik*:
  Niedersteigen,
  Glanz umstrahlet,
    Himmelshöhen zur Erd herab
  Sah ein Frühling
  Einen Engel.
    Nieder trat ihn ein frecher Fuß.
CHOR DER JÜNGLINGE:
  Dessen Thron die weiten Räume decken,
  Dessen Reich die Sterne Grenzen stecken,
  Dessen Willen wollen wir vollstrecken,
  Rache! Rache! Rache! schwören wir.
CHOR DER MÄDCHEN:
  Aus dem Staube
  Aufwärts blickt' er
    Milde zürnend den Frechen an;
  Bat, ein Kindlein,
  Bat um Liebe.
    Mörders Stahl gab die Antwort ihm.
CHOR DER JÜNGLINGE *wie oben*.
CHOR DER MÄDCHEN:
  Nun im Sarge,
  Ausgelitten,
    Faltet blutige Händlein er,
  Gnade betend
  Seinem Feinde.
    Trotzig stehet der Feind und schweigt.
CHOR DER JÜNGLINGE *wie oben*.

Während die Musik zu Ende geht, nähert sich die Familie und ihr Gefolge dem Altar.

RUPERT: Ich schwöre Rache! Rache! auf die Hostie,
Dem Haus Sylvesters, Grafen Schroffenstein.
                    Er empfängt das Abendmahl.
Die Reihe ist an dir, mein Sohn.
OTTOKAR: Mein Herz
Trägt wie mit Schwingen deinen Fluch zu Gott,
Ich schwöre Rache, so wie du.
RUPERT: Den Namen,
Mein Sohn, den Namen nenne.
OTTOKAR: Rache schwör ich,
Sylvestern Schroffenstein!
RUPERT: Nein irre nicht.
Ein Fluch, wie unsrer, kömmt vor Gottes Ohr,
Und jedes Wort bewaffnet er mit Blitzen.
Drum wäge sie gewissenhaft. – Sprich nicht
Sylvester, sprich sein ganzes Haus, so hast
Du's sichrer.
OTTOKAR: Rache! schwör ich! Rache!
Dem Mörderhaus Sylvesters.
                    Er empfängt das Abendmahl.
RUPERT: Eustache,
Die Reihe ist an dir.
EUSTACHE: Verschone mich,
Ich bin ein Weib –
RUPERT: Und Mutter auch des Toten.
EUSTACHE: O Gott! Wie soll ein Weib sich rächen?
RUPERT: In
Gedanken. Würge sie betend.
                    Sie empfängt das Abendmahl.
        Rupert führt Eustache in den Vordergrund. Alle folgen.
RUPERT: Ich weiß, Eustache, Männer sind die Rächer –
Ihr seid die Klageweiber der Natur.
Doch nichts mehr von Natur.
Ein hold ergötzend Märchen ist's der Kindheit,
Der Menschheit von den Dichtern, ihren Ammen,
Erzählt. Vertrauen, Unschuld, Treue, Liebe,
Religion, der Götter Furcht sind wie
Die Tiere, welche reden. – Selbst das Band,
Das heilige, der Blutsverwandtschaft riß,

Und Vettern, Kinder eines Vaters, zielen,
Mit Dolchen zielen sie auf ihre Brüste.
Ja sieh, die letzte Menschenregung für
Das Wesen in der Wiege ist erloschen.
Man spricht von Wölfen, welche Kinder säugten,
Von Löwen, die das Einzige der Mutter
Verschonten. – Ich erwarte, daß ein Bär
An Oheims Stelle tritt für Ottokar.
Und weil doch alles sich gewandelt, Menschen
Mit Tieren die Natur gewechselt, wechsle
Denn auch das Weib die ihrige – verdränge
Das Kleinod Liebe, das nicht üblich ist,
Aus ihrem Herzen, um die Folie,
Den Haß, hineinzusetzen.
                      Wir
Indessen tun's in unsrer Art. Ich biete
Euch, meine Lehensmänner, auf, mir schnell
Von Mann und Weib und Kind, und was nur irgend
Sein Leben liebhat, eine Schar zu bilden.
Denn nicht ein ehrlich offner Krieg, ich denke,
Nur eine Jagd wird's werden, wie nach Schlangen.
Wir wollen bloß das Felsenloch verkeilen,
Mit Dampfe sie in ihrem Nest ersticken
– Die Leichen liegen lassen, daß von fernher
Gestank die Gattung schreckt, und keine wieder
In einem Erdenalter dort ein Ei legt.
EUSTACHE: O Rupert, mäß'ge dich! Es hat der frech
Beleidigte den Nachteil, daß die Tat
Ihm die Besinnung selbst der Rache raubt,
Und daß in seiner eignen Brust ein Freund
Des Feindes aufsteht wider ihn, die Wut –
Wenn dir ein Garn Sylvester stellt, du läufst
In deiner Wunde blindem Schmerzgefühl
Hinein. – Könntst du nicht prüfen mindestens
Vorher, aufschieben noch die Fehde. – Ich
Will nicht den Arm der Rache binden, leiten
Nur will ich ihn, daß er so sichrer treffe.
RUPERT: So, meinst du soll ich warten, Peters Tod
Nicht rächen, bis ich Ottokars, bis ich
Auch deinen noch zu rächen hab – Aldöbern!
Geh hin nach Warwand, kündge ihm den Frieden auf.

– Doch sag's ihm nicht so sanft, wie ich, hörst du?
Nicht mit so dürren Worten – Sag daß ich
Gesonnen sei, an seines Schlosses Stelle
Ein Hochgericht zu bauen. – Nein, ich bitte,
Du mußt so matt nicht reden – Sag ich dürste
Nach sein und seines Kindes Blute, hörst du?
Und seines Kindes Blute.
Er bedeckt sich das Gesicht; ab, mit Gefolge, außer Ottokar und Jeronimus.
JERONIMUS: Ein Wort, Graf Ottokar.
OTTOKAR: Bist du's, Jerome?
Willkommen! Wie du siehst, sind wir geschäftig,
Und kaum wird mir die Zeit noch bleiben, mir
Die Rüstung anzupassen. – Nun, was gibt's?
JERONIMUS: Ich komm aus Warwand.
OTTOKAR: So? Aus Warwand? Nun?
JERONIMUS: Bei meinem Eid, ich nehme ihre Sache.
OTTOKAR: Sylvesters? Du?
JERONIMUS: Denn nie ward eine Fehde
So tollkühn rasch, so frevelhaft leichtsinnig
Beschlossen, als die eur.
OTTOKAR: Erkläre dich.
JERONIMUS: Ich denke, das Erklären ist an dir.
Ich habe hier in diesen Bänken wie
Ein Narr gestanden,
Dem ein Schwarzkünstler Faxen vormacht.
OTTOKAR: Wie?
Du wüßtest nichts?
JERONIMUS: Du hörst ich sage dir,
Ich komm aus Warwand, wo Sylvester, den
Ihr einen Kindermörder scheltet,
Die Mücken klatscht, die um sein Mädchen summen.
OTTOKAR: Ja so, das war es. – Allerdings, man weiß,
Du giltst dem Hause viel, sie haben dich
Stets ihren Freund genannt, so solltest du
Wohl unterrichtet sein von ihren Wegen.
Man spricht, du freitest um die Tochter – Nun,
Ich sah sie nie, doch des Gerüchtes Stimme
Rühmt ihre Schönheit! Wohl. So ist der Preis
Es wert. –
JERONIMUS: Wie meinst du das?
OTTOKAR: Ich meine, weil –

JERONIMUS: Laß gut sein, kann es selbst mir übersetzen.
Du meinest, weil ein seltner Fisch sich zeigt,
Der doch zum Unglück bloß vom Aas sich nährt,
So schlüg ich meine Ritterehre tot,
Und hing die Leich an meiner Lüste Angel
Als Köder auf –
OTTOKAR: Ja, gradheraus, Jerome!
Es gab uns Gott das seltne Glück, daß wir
Der Feinde Schar leichtfaßlich, unzweideutig,
Wie eine runde Zahl erkennen. Warwand,
In diesem Worte liegt's, wie Gift in einer Büchse;
Und weil's jetzt drängt, und eben nicht die Zeit,
Zu mäkeln, ein zweideutig Körnchen Saft
Mit Müh herauszuklauben, nun so machen
Wir's kurz, und sagen, du gehörst zu Warwand.
JERONIMUS: Bei meinem Eid, da habt ihr recht. Niemals
War eine Wahl mir zwischen euch und ihnen;
Doch muß ich mich entscheiden, auf der Stelle
Tu ich's, wenn so die Sachen stehn. Ja sieh,
Ich spreng auf alle Schlösser im Gebirg,
Empöre jedes Herz, bewaffne, wo
Ich's finde, das Gefühl des Rechts, den frech
Verleumdeten zu rächen.
OTTOKAR: Das Gefühl
Des Rechts! O du Falschmünzer der Gefühle!
Nicht einen wird ihr blanker Schein betrügen;
Am Klange werden sie es hören, an
Die Tür zur Warnung deine Worte nageln. –
Das Rechtgefühl! Als ob's ein andres noch
In einer andern Brust, als dieses, gäbe!
Denkst du, daß ich, wenn ich ihn schuldlos glaubte,
Nicht selbst dem eignen Vater gegenüber
Auf seine Seite treten würde? Nun,
Du Tor, wie könnt ich denn dies Schwert, dies gestern
Empfangne, dies der Rache auf sein Haupt
Geweihte, so mit Wollust tragen? – Doch
Nichts mehr davon, das kannst du nicht verstehn.
Zum Schlusse – Wir, wir hätten, denk ich, nun
Einander wohl nichts mehr zu sagen?
JERONIMUS: – Nein.
OTTOKAR: Leb wohl!

JERONIMUS: Ottokar!
Was meinst du? Sieh, du schlägst mir ins Gesicht,
Und ich, ich bitte dich mit mir zu reden –
Was meinst du, bin ich nicht ein Schurke?
OTTOKAR: Willst
Du's wissen, stell dich nur an diesen Sarg.
Ottokar ab. Jeronimus kämpft mit sich, will ihm nach, erblickt dann den
KIRCHENVOGT.
JERONIMUS: He, Alter!
KIRCHENVOGT: Herr!
JERONIMUS: Du kennst mich?
KIRCHENVOGT: Warst du schon
In dieser Kirche?
JERONIMUS: Nein.
KIRCHENVOGT: Ei, Herr, wie kann
Ein Kirchenvogt die Namen aller kennen,
Die außerhalb der Kirche?
JERONIMUS: Du hast recht.
Ich bin auf Reisen, hab hier angesprochen,
Und finde alles voller Leid und Trauer.
Unglaublich dünkt's mich, was die Leute reden,
Es hab der Oheim dieses Kind erschlagen.
Du bist ein Mann doch, den man zu dem Pöbel
Nicht zählt, und der wohl hie und da ein Wort
Von höh'rer Hand erhorchen mag. Nun, wenn's
Beliebt, so teil mir, was du wissen magst,
Fein ordentlich und nach der Reihe mit.
KIRCHENVOGT: Seht, Herr, das tu ich gern. Seit alten Zeiten
Gibt's zwischen unsern beiden Grafenhäusern,
Von Rossitz und von Warwand einen Erbvertrag,
Kraft dessen nach dem gänzlichen Aussterben
Des einen Stamms, der gänzliche Besitztum
Desselben an den andern fallen sollte.
JERONIMUS: Zur Sache, Alter! das gehört zur Sache nicht.
KIRCHENVOGT: Ei, Herr, der Erbvertrag gehört zur Sache.
Denn das ist just als sagtest du, der Apfel
Gehöre nicht zum Sündenfall.
JERONIMUS: Nun denn,
So sprich.
KIRCHENVOGT: Ich sprech! Als unser jetzger Herr
An die Regierung treten sollte, ward

Er plötzlich krank. Er lag zwei Tage lang
In Ohnmacht; alles hielt ihn schon für tot,
Und Graf Sylvester griff als Erbe schon
Zur Hinterlassenschaft, als wiederum
Der gute Herr lebendig ward. Nun hätt
Der Tod in Warwand keine größre Trauer
Erwecken können, als die böse Nachricht.
JERONIMUS: Wer hat dir das gesagt?
KIRCHENVOGT: Herr, zwanzig Jahre sind's,
Kann's nicht beschwören mehr.
JERONIMUS: Sprich weiter.
KIRCHENVOGT: Herr,
Ich spreche weiter. Seit der Zeit hat der
Sylvester stets nach unsrer Grafschaft her
Geschielt, wie eine Katze nach dem Knochen,
An dem der Hund nagt.
JERONIMUS: Tat er das!
KIRCHENVOGT: Sooft
Ein Junker unserm Herrn geboren ward,
Soll er, spricht man, erblaßt sein.
JERONIMUS: Wirklich?
KIRCHENVOGT: Nun,
Weil alles Warten und Gedulden doch
Vergebens war, und die zwei Knaben wie
Die Pappeln blühten, nahm er kurz die Axt,
Und fällte vorderhand den einen hier,
Den jüngsten, von neun Jahren, der im Sarg.
JERONIMUS: Nun das erzähl, wie ist das zugegangen?
KIRCHENVOGT: Herr, ich erzähl's dir ja. Denk dir, du seist
Graf Rupert, unser Herr, und gingst an einem Abend
Spazieren, weit von Rossitz, ins Gebirg;
Nun denke dir, du fändest plötzlich dort
Dein Kind, erschlagen, neben ihm zwei Männer
Mit blutgen Messern, Männer, sag ich dir,
Aus Warwand. Wütend zögst du drauf das Schwert
Und machtst sie beide nieder.
JERONIMUS: Tat Rupert das?
KIRCHENVOGT: Der eine, Herr, blieb noch am Leben, und
Der hat's gestanden.
JERONIMUS: Gestanden?
KIRCHENVOGT: Ja, Herr, er hat's rein h'raus gestanden.

JERONIMUS: Was
   Hat er gestanden?
KIRCHENVOGT: Daß sein Herr Sylvester
   Zum Morde ihn gedungen und bezahlt.
JERONIMUS: Hast du's gehört? Aus seinem Munde?
KIRCHENVOGT: Herr,
   Ich hab's gehört aus seinem Munde, und die ganze
   Gemeinde.
JERONIMUS: Höllisch ist's! – Erzähl's genau.
   Sprich, wie gestand er's?
KIRCHENVOGT: Auf der Folter.
JERONIMUS: Auf
   Der Folter? Sag mir seine Worte.
KIRCHENVOGT: Herr,
   Die hab ich nicht genau gehöret, außer eins.
   Denn ein Getümmel war auf unserm Markte,
   Wo er gefoltert ward, daß man sein Brüllen
   Kaum hören konnte.
JERONIMUS: Außer eins, sprachst du;
   Nenn mir das eine Wort, das du gehört.
KIRCHENVOGT: Das eine Wort, Herr, war: Sylvester.
JERONIMUS: Sylvester! – – Nun, und was war's weiter?
KIRCHENVOGT: Herr, weiter war es nichts. Denn bald darauf,
   Als er's gestanden hatt, verblich er.
JERONIMUS: So?
   Und weiter weißt du nichts?
KIRCHENVOGT: Herr, nichts.
   Jeronimus bleibt in Gedanken stehn.
EIN DIENER *tritt auf:* War nicht
   Graf Rupert hier?
JERONIMUS: Suchst du ihn? Ich geh mit dir.
   Alle ab.
   OTTOKAR *und* JOHANN *treten von der andern Seite auf.*
OTTOKAR: Wie kamst du denn zu diesem Schleier! Er
   Ist's, ist's wahrhaftig – Sprich – Und so in Tränen?
   Warum denn so in Tränen? So erhitzt?
   Hat dich die Mutter Gottes so begeistert,
   Vor der du knietest?
JOHANN: Gnädger Herr – als ich
   Vorbeiging an dem Bilde, riß es mich
   Gewaltsam zu sich nieder. –

OTTOKAR: Und der Schleier?
Wie kamst du denn zu diesem Schleier, sprich?
JOHANN: Ich sag dir ja, ich fand ihn.
OTTOKAR: Wo?
JOHANN: Im Tale
Zum heilgen Kreuz.
OTTOKAR: Und kennst nicht die Person,
Die ihn verloren?
JOHANN: – Nein.
OTTOKAR: Gut. Es tut nichts.
Ist einerlei – Und weil er dir nichts nützet,
Nimm diesen Ring, und laß den Schleier mir.
JOHANN: Den Schleier –? Gnädger Herr, was denkst du? Soll
Ich das Gefundene an dich verhandeln?
OTTOKAR: Nun, wie du willst. Ich war dir immer gut,
Und will's dir schon so lohnen, wie du's wünschest.
Er küßt ihn und will gehen.
JOHANN: Mein bester Herr – O nicht – o nimm mir alles,
Mein Leben, wenn du willst. –
OTTOKAR: Du bist ja seltsam.
JOHANN: Du nähmst das Leben mir mit diesem Schleier.
Denn einer heiligen Reliquie gleich
Bewahrt er mir das Angedenken an
Den Augenblick, wo segensreich, heilbringend,
Ein Gott ins Leben mich, ins ewge, führte.
OTTOKAR: Wahrhaftig? – Also fandst du ihn wohl nicht?
Er ward dir wohl geschenkt? Ward er? Nun sprich.
JOHANN: Fünf Wochen sind's – nein, morgen sind's fünf Wochen,
Als sein gesamt berittnes Jagdgefolge
Dein Vater in die Forsten führte. Gleich
Vom Platz, wie ein gekrümmtes Fischbein, flog
Das ganze Roßgewimmel ab ins Feld.
Mein Pferd, ein ungebändigt tückisches,
Von Hörnerklang, und Peitschenschall, und Hund-
Geklaff verwildert, eilt ein Eilendes
Vorüber nach dem andern, streckt das Haupt
Vor deines Vaters Roß schon an der Spitze –
Gewaltig drück ich in die Zügel; doch,
Als hätt's ein Sporn getroffen, nun erst greift
Es aus, und aus dem Zuge, wie der Pfeil
Aus seinem Bogen, fliegt's dahin – Rechtsum

In einer Wildbahn reiß ich es, bergan;
Und weil ich meinen Blicken auf dem Fuß
Muß folgen, eh ich, was ich sehe, wahr
Kann nehmen, stürz ich, Roß und Reiter, schon
Hinab in einen Strom. –

OTTOKAR: Nun, Gott sei Dank,
Daß ich auf trocknem Land dich vor mir sehe.
Wer rettete dich denn?

JOHANN: Wer, fragst du? Ach,
Daß ich mit einem Wort es nennen soll!
– Ich kann's dir nicht so sagen, wie ich's meine,
Es war ein nackend Mädchen.

OTTOKAR: Wie? Nackend?

JOHANN: Strahlenrein, wie eine Göttin
Hervorgeht aus dem Bade. Zwar ich sah
Sie fliehend nur in ihrer Schöne – Denn
Als mir das Licht der Augen wiederkehrte,
Verhüllte sie sich. –

OTTOKAR: Nun?

JOHANN: Ach, doch ein Engel
Schien sie, als sie verhüllt nun zu mir trat;
Denn das Geschäft der Engel tat sie, hob
Zuerst mich Hingesunknen – löste dann
Von Haupt und Nacken schnell den Schleier, mir
Das Blut, das strömende, zu stillen.

OTTOKAR: Du Glücklicher!

JOHANN: Still saß ich, rührte nicht ein Glied,
Wie eine Taub in Kindeshand.

OTTOKAR: Und sprach sie nicht?

JOHANN: Mit Tönen wie aus Glocken – fragte, stets
Geschäftig, wer ich sei? woher ich komme?
– Erschrak dann lebhaft, als sie hört', ich sei
Aus Rossitz.

OTTOKAR: Wie? Warum denn das?

JOHANN: Gott weiß.
Doch hastig födernd das Geschäft, ließ sie
Den Schleier mir, und schwand.

OTTOKAR: Und sagte sie
Dir ihren Namen nicht?

JOHANN: Dazu war sie
Durch Bitten nicht, nicht durch Beschwören zu

Bewegen.
OTTOKAR: Nein, das tut sie nicht.
JOHANN: Wie? kennst
Du sie?
OTTOKAR: Ob ich sie kenne? Glaubst du Tor,
Die Sonne scheine dir allein?
JOHANN: Wie meinst
Du das? – Und kennst auch ihren Namen?
OTTOKAR: Nein,
Beruh'ge dich. Den sagt sie mir sowenig
Wie dir, und droht mit ihrem Zorne, wenn
Wir unbescheiden ihn erforschen sollten.
Drum laß uns tun, wie sie es will. Es sollen
Geheimnisse der Engel Menschen nicht
Ergründen. Laß – ja laß uns lieber, wie
Wir es mit Engeln tun, sie taufen. Möge
Die Ähnliche der Mutter Gottes auch
Maria heißen – uns nur, du verstehst;
Und nennst du im Gespräch mir diesen Namen,
So weiß ich, wen du meinst. Ich habe lange
Mir einen solchen Freund gewünscht. Es sind
So wenig Seelen in dem Hause, die
Wie deine, zartbesaitet,
Vom Atem tönen.
Und weil uns nun der Schwur der Rache fort
Ins wilde Kriegsgetümmel treibt, so laß
Uns brüderlich zusammenhalten; kämpfe
Du stets an meiner Seite.
JOHANN: – Gegen wen?
OTTOKAR: Das fragst du hier an dieser Leiche? Gegen
Sylvesters frevelhaftes Haus.
JOHANN: O Gott,
Laß ihn die Engellästrung nicht entgelten!
OTTOKAR: Was? Bist du rasend?
JOHANN: Ottokar – Ich muß
Ein schreckliches Bekenntnis dir vollenden –
Es muß heraus aus dieser Brust – denn gleich
Den Geistern ohne Rast und Ruhe, die
Kein Sarg, kein Riegel, kein Gewölbe bändigt,
So mein Geheimnis. –
OTTOKAR: Du erschreckst mich, rede!

JOHANN: Nur dir, nur dir darf ich's vertraun – Denn hier
  Auf dieser Burg – mir kommt es vor, ich sei
  In einem Götzentempel, sei, ein Christ,
  Umringt von Wilden, die mit gräßlichen
  Gebärden mich, den Haaresträubenden,
  Zu ihrem blutgen Fratzenbilde reißen –
  – Du hast ein menschliches Gesicht, zu dir,
  Wie zu dem Weißen unter Mohren, wende
  Ich mich – Denn niemand, bei Gefahr des Lebens,
  Darf außer dir des Gottes Namen wissen,
  Der mich entzückt. –
OTTOKAR: O Gott! – Doch meine Ahndung?
JOHANN: Sie ist es.
OTTOKAR *erschrocken*: Wer?
JOHANN: Du hast's geahndet.
OTTOKAR: Was
  Hab ich geahndet? Sagt ich denn ein Wort?
  Kann ein Vermuten denn nicht trügen? Mienen
  Sind schlechte Rätsel, die auf vieles passen,
  Und übereilt hast du die Auflösung.
  Nicht wahr, das Mädchen, dessen Schleier hier,
  Ist Agnes nicht, nicht Agnes Schroffenstein?
JOHANN: Ich sag dir ja, sie ist es.
OTTOKAR: O mein Gott!
JOHANN: Als sie auf den Bericht, ich sei aus Rossitz,
  Schnell fortging, folgt ich ihr von weitem
  Bis Warwand fast, wo mir's ein Mann nicht einmal,
  Nein zehenmal bekräftigte.
OTTOKAR: O laß
  An deiner Brust mich ruhn, mein lieber Freund.
         Er lehnt sich auf Johanns Schulter. JERONIMUS *tritt auf.*
JERONIMUS: Ich soll
  Mich sinngeändert vor dir zeigen, soll
  Die schlechte Meinung dir benehmen, dir,
  Wenn's möglich, eine beßre abgewinnen,
  – Gott weiß, das ist ein peinliches Geschäft.
  Laß gut sein, Ottokar. Du kannst mir's glauben,
  Ich wußte nichts von allem, was geschehn.
         Pause; da Ottokar nicht aufsieht.
  Wenn du's nicht glaubst, ei nun, so laß es bleiben.
  Ich hab nicht Lust, mich vor dir weiß zu brennen.

Kannst du's verschmerzen, so mich zu verkennen,
Bei Gott so kann ich das verschmerzen.
OTTOKAR *zerstreut*: Wie sagst du, Jeronimus?
JERONIMUS: Ich weiß, was dich so zäh macht in dem Argwohn.
's ist wahr, und niemals werd ich's leugnen, ja,
Ich hatt das Mädel mir zum Weib erkoren.
Doch eh ich je mit Mördern mich verschwägre,
Zerbreche mir die Henkershand das Wappen.
OTTOKAR *fällt Jeronimus plötzlich um den Hals.*
JERONIMUS: Was ist dir, Ottokar? Was hat so plötzlich
Dich und so tief bewegt?
OTTOKAR: Gib deine Hand,
Verziehn sei alles.
JERONIMUS: – Tränen? Warum Tränen?
OTTOKAR: Laß mich, ich muß hinaus ins Freie.
         Ottokar schnell ab; die andern folgen.

Zweite Szene

Warwand. Ein Zimmer im Schlosse. AGNES *führt* SYLVIUS *in einen Sessel.*

SYLVIUS: Agnes, wo ist Philipp?
AGNES: Du lieber Gott, ich sag's dir alle Tage,
Und schrieb's dir auf ein Blatt, wärst du nicht blind.
Komm her, ich schreib's dir in die Hand.
SYLVIUS: Hilft das?
AGNES: Es hilft, glaub mir's.
SYLVIUS: Ach, es hilft nicht.
AGNES: Ich meine,
Vor dem Vergessen.
SYLVIUS: Ich, vor dem Erinnern.
AGNES: Guter Vater.
SYLVIUS: Liebe Agnes.
AGNES: Fühl mir einmal die Wange an.
SYLVIUS: Du weinst?
AGNES: Ich weiß es wohl, daß mich der Pater schilt,
Doch glaub ich, er versteht es nicht. Denn sieh,
Wie ich muß lachen, eh ich will, wenn einer
Sich lächerlich bezeigt, so muß ich weinen,
Wenn einer stirbt.
SYLVIUS: Warum denn, meint der Pater,

Sollst du nicht weinen?
AGNES: Ihm sei wohl, sagt er.
SYLVIUS: Glaubst du's?
AGNES: Der Pater freilich soll's verstehn,
Doch glaub ich fast, er sagt's nicht, wie er's denkt.
Denn hier war Philipp gern, wie sollt er nicht?
Wir liebten ihn, es war bei uns ihm wohl;
Nun haben sie ihn in das Grab gelegt –
Ach, es ist gräßlich. – Zwar der Pater sagt,
Er sei nicht in dem Grabe. – Nein, daß ich's
Recht sag, er sei zwar in dem Grabe – Ach,
Ich kann's dir nicht so wiederbeichten. Kurz,
Ich seh es, wo ist er, am Hügel. Denn
Woher der Hügel?
SYLVIUS: Wahr! Sehr wahr!
– Agnes, der Pater hat doch recht. Ich glaub's
Mit Zuversicht.
AGNES: Mit Zuversicht? Das ist
Doch seltsam. Ja, da möcht es freilich doch
Wohl anders sein, wohl anders. Denn woher
Die Zuversicht?
SYLVIUS: Wie willst du's halten, Agnes?
AGNES: Wie meinst du das?
SYLVIUS: Ich meine, wie du's gläubest?
AGNES: Ich will's erst lernen, Vater.
SYLVIUS: Wie? Du bist
Nicht eingesegnet? Sprich, wie alt denn bist du?
AGNES: Bald funfzehn.
SYLVIUS: Sieh, da könnte ja ein Ritter
Bereits dich vor den Altar führen.
AGNES: Meinst du?
SYLVIUS: Das möchtest du doch wohl?
AGNES: Das sag ich nicht.
SYLVIUS: Kannst auch die Antwort sparen. Sag's der Mutter,
Sie soll den Beichtger zu dir schicken.
AGNES: Horch!
Da kommt die Mutter.
SYLVIUS: Sag's ihr gleich.
AGNES: Nein, lieber
Sag du es ihr, sie möchte ungleich von
Mir denken.

SYLVIUS: Agnes, führe meine Hand
Zu deiner Wange.
AGNES *ausweichend*: Was soll das?
GERTRUDE *tritt auf.*
SYLVIUS: Gertrude, hier das Mädel klagt dich an,
Es rechne ihr das Herz das Alter vor,
Ihr blühend Leben sei der Reife nah
Und knüpft' ihn einer nur, so würde, meint sie,
Ihr üppig Haupthaar einen Brautkranz fesseln –
Du aber hättst ihr noch die Einsegnung,
Den Ritterschlag der Weiber, vorenthalten.
GERTRUDE: Hat dir Jerome das gelehrt?
SYLVIUS: Gertrude,
Sprich, ist sie rot?
GERTRUDE: Ei nun, ich will's dem Vater sagen.
Gedulde dich bis morgen, willst du das?
Agnes küßt die Hand ihrer Mutter.
Hier, Agnes, ist die Schachtel mit dem Spielzeug.
Was wolltest du damit?
AGNES: Den Gärtnerkindern,
Den hinterlaßnen Freunden Philipps schenk
Ich sie.
SYLVIUS: Die Reuter Philipps? Gib sie her? *Er macht die Schachtel auf.*
Sieh, wenn ich diese Puppen halt, ist mir's,
Als säße Philipp an dem Tisch. Denn hier
Stellt' er sie auf, und führte Krieg, und sagte
Mir an, wie's abgelaufen.
AGNES: Diese Reuter,
Sprach er, sind wir, und dieses Fußvolk ist
Aus Rossitz.
SYLVIUS: Nein, du sagst nicht recht. Das Fußvolk
War nicht aus Rossitz, sondern war der Feind.
AGNES: Ganz recht, so mein ich es, der Feind aus Rossitz.
SYLVIUS: Ei nicht doch, Agnes, nicht doch. Denn wer sagt dir,
Daß die aus Rossitz unsre Feinde sind?
AGNES: Was weiß ich. Alle sagen's.
SYLVIUS: Sag's nicht nach.
Sie sind uns ja die nahverwandten Freunde.
AGNES: Wie du nur sprichst! Sie haben dir den Enkel,
Den Bruder mir vergiftet, und das sollen
Nicht Feinde sein!

SYLVIUS: Vergiftet! Unsern Philipp!
GERTRUDE: Ei Agnes, immer trägt die Jugend das Geheimnis
Im Herzen, wie den Vogel in der Hand.
AGNES: Geheimnis! Allen Kindern in dem Schlosse
Ist es bekannt! Hast du, du selber es
Nicht öffentlich gesagt?
GERTRUDE: Gesagt? Und öffentlich?
Was hätt ich öffentlich gesagt? Dir hab
Ich heimlich anvertraut, es könnte sein,
Wär möglich, hab den Anschein fast –
SYLVIUS: Gertrude,
Du tust nicht gut daran, daß du das sagst.
GERTRUDE: Du hörst ja, ich behaupte nichts, will keinen
Der Tat beschuldgen, will von allem schweigen.
SYLVIUS: Der Möglichkeit doch schuldigst du sie an.
GERTRUDE: Nun, das soll keiner mir bestreiten. – Denn
So schnell dahinzusterben, heute noch
In Lebensfülle, in dem Sarge morgen.
– Warum denn hätten sie vor sieben Jahren,
Als mir die Tochter starb, sich nicht erkundigt?
War das ein Eifer nicht! Die Nachricht bloß
Der Krankheit konnte kaum in Rossitz sein,
Da flog ein Bote schon herüber, fragte
Mit wildverstörter Hast im Hause, ob
Der Junker krank sei? – Freilich wohl, man weiß,
Was so besorgt sie macht', der Erbvertrag,
Den wir schon immer, sie nie lösen wollten.
Und nun die bösen Flecken noch am Leibe,
Der schnelle Übergang in Fäulnis – Still!
Doch still! Der Vater kommt. Er hat mir's streng
Verboten, von dem Gegenstand zu reden.

SYLVESTER und der GÄRTNER treten auf.

SYLVESTER: Kann dir nicht helfen, Meister Hans. Geb zu,
Daß deine Rüben süß wie Zucker sind. –
GÄRTNER: Wie Feigen, Herr.
SYLVESTER: Hilft nichts. Reiß aus, reiß aus –
GÄRTNER: Ein Gärtner, Herr, bepflanzt zehn Felder lieber
Mit Buchsbaum, eh er einen Kohlstrunk ausreißt.
SYLVESTER: Du bist ein Narr. Ausreißen ist ein froh Geschäft,
Geschieht's, um etwas Besseres zu pflanzen.
Denk dir das junge Volk von Bäumen, die,

Wenn wir vorbeigehn, wie die Kinder tanzen,
Und uns mit ihren Blütenaugen ansehn.
Es wird dich freuen, Hans, du kannst's mir glauben.
Du wirst sie hegen, pflanzen, wirst sie wie
Milchbrüder deiner Kinder lieben, die
Mit ihnen Leben ziehn aus deinem Fleiße.
Zusammen wachsen wirst du sie, zusammen
Sie blühen sehn, und wenn dein Mädel dir
Den ersten Enkel bringt, gib acht, so füllen
Zum Brechen unsre Speicher sich mit Obst.
GÄRTNER: Herr, werden wir's erleben?
SYLVESTER: Ei, wenn nicht wir,
Doch unsre Kinder.
GÄRTNER: Deine Kinder? Herr,
Ich möchte lieber eine Eichenpflanzung
Großziehen, als dein Fräulein.
SYLVESTER: Wie meinst du das?
GÄRTNER: Denn wenn sie der Nordostwind nur nicht stürzt,
So sollt mir mit dem Beile keiner nahn,
Wie Junker Philipp'n.
SYLVESTER: Schweig! Ich kann das alberne
Geschwätz im Haus nicht leiden.
GÄRTNER: Nun, ich pflanz
Die Bäume. Aber eßt ihr nicht die Früchte,
Der Teufel hol mich, schick ich sie nach Rossitz.
Gärtner ab; Agnes verbirgt ihr Gesicht an der Brust ihrer Mutter.
SYLVESTER: Was ist das? Ich erstaune – O daran ist,
Beim Himmel! niemand schuld als du, Gertrud!
Das Mißtraun ist die schwarze Sucht der Seele,
Und alles, auch das Schuldlos-Reine, zieht
Fürs kranke Aug die Tracht der Hölle an.
Das Nichtsbedeutende, Gemeine, ganz
Alltägliche, spitzfündig, wie zerstreute
Zwirnfäden, wird's zu einem Bild geknüpft,
Das uns mit gräßlichen Gestalten schreckt.
Gertrude, o das ist sehr schlimm. –
GERTRUDE: Mein teurer Gemahl! –
SYLVESTER: Hättst du nicht wenigstens das Licht,
Das, wie du vorgibst, dir gezündet ward,
Verbergen in dem Busen, einen so
Zweideutgen Strahl nicht fallen lassen sollen

Auf diesen Tag, den, hätt er was du sagst
Gesehn, ein mitternächtlich Dunkel ewig,
Wie den Karfreitag, decken müßte.
GERTRUDE: Höre
Mich an. –
SYLVESTER: Dem Pöbel, diesem Starmatz – diesem
Hohlspiegel des Gerüchtes – diesem Käfer
Die Kohle vorzuwerfen, die er spielend
Aufs Dach des Nachbars trägt –
GERTRUDE: Ihm vorgeworfen?
O mein Gemahl, die Sache lag so klar
Vor aller Menschen Augen, daß ein jeder,
Noch eh man es verbergen konnte, schon
Von selbst das Rechte griff.
SYLVESTER: Was meinst du? Wenn
Vor achtzehn Jahren, als du schnell nach Rossitz
Zu deiner Schwester eiltest, bei der ersten
Geburt ihr beizustehn, die Schwester nun,
Als sie den neugebornen Knaben tot
Erblickte, dich beschuldigt hätte, du,
Du hättest – du verstehst mich – heimlich ihm,
Verstohlen, während du ihn herztest, küßtest,
Den Mund verstopft, das Hirn ihm eingedrückt –
GERTRUDE: O Gott, mein Gott, ich will ja nichts mehr sagen,
Will niemand mehr beschuldgen, will's verschmerzen,
Wenn sie dies einzge nur, dies letzte uns nur lassen. –
Sie umarmt Agnes mit Heftigkeit.
EIN KNAPPE *tritt auf*: Es ist ein Ritter, Herr, am Tore.
SYLVESTER: Laß ihn ein.
SYLVIUS: Ich will aufs Zimmer, Agnes, führe mich.
Sylvius und Agnes ab.
GERTRUDE: Soll ich ihm einen Platz an unserm Tisch
Bereiten?
SYLVESTER: Ja, das magst du tun. Ich will
Indessen Sorge tragen für sein Pferd.
Beide ab; AGNES *tritt auf, sieht sich um, schlägt ein Tuch über, setzt einen Hut auf, und geht ab.*
SYLVESTER *und* ALDÖBERN *treten auf.*
SYLVESTER: Aus Rossitz, sagst du?
ALDÖBERN: Ritter Aldöbern
Aus Rossitz. Bin gesandt von meinem Herrn,

Dem Rupert, Graf von Schroffenstein, an dich,
Sylvester, Grafen Schroffenstein.
SYLVESTER: Die Sendung
Empfiehlt dich, Aldöbern, denn deines Herrn
Sind deine Freunde. Drum so laß uns schnell
Hinhüpfen über den Gebrauch; verzeih
Daß ich mich setze, setz dich zu mir, und
Erzähle alles, was du weißt, von Rossitz.
Denn wie, wenn an zwei Seegestaden zwei
Verbrüderte Familien wohnen, selten,
Bei Hochzeit nur, bei Taufe, Trauer, oder
Wenn's sonst was Wichtges gibt, der Kahn
Herüberschlüpft, und dann der Bote vielfach,
Noch eh er reden kann, befragt wird, was
Geschehn, wie's zuging, und warum nicht anders,
Ja selbst an Dingen, als, wie groß der Älteste,
Wie viele Zähn der Jüngste, ob die Kuh
Gekalbet, und dergleichen, das zur Sache
Doch nicht gehöret, sich erschöpfen muß –
Sieh, Freund, so bin ich fast gesonnen, es
Mit dir zu machen. – Nun, beliebt's, so setz dich.
ALDÖBERN: Herr, kann es stehend abtun.
SYLVESTER: Ei, du Narr,
Stehn und Erzählen, das gehört zusammen,
Wie Reiten fast und Küssen.
ALDÖBERN: Meine Rede
Wär fertig, Herr, noch eh ich niedersitze.
SYLVESTER: Willst du so kurz sein? Ei, das tut mir leid;
Doch wenn's so drängt, ich will's nicht hindern. Rede.
ALDÖBERN: Mich schickt mein Herr, Graf Rupert Schroffenstein,
Dir wegen des an seinem Sohne Peter
Verübten Mords, den Frieden aufzukünden. –
SYLVESTER: Mord?
ALDÖBERN: Mord.
Doch soll ich, meint er, nicht so frostig reden,
Von bloßem Zwist und Streit und Kampf und Krieg,
Von Sengen, Brennen, Reißen und Verheeren.
Drum brauch ich lieber seine eignen Worte,
Die lauten so: Er sei gesonnen, hier
Auf deiner Burg ein Hochgericht zu bauen;
Es dürste ihm nach dein und deines Kindes –

Und deines Kindes Blute – wiederholt' er.
SYLVESTER *steht auf, sieht ihm steif ins Gesicht*:
Ja so – Nun setz dich, guter Freund. –
      Er holt einen Stuhl.
        Du bist
Aus Rossitz nicht, nicht wahr? – Nun setz dich. Wie
War schon dein Namen? Setz dich, setz dich. – Nun,
Sag an, ich hab's vergessen, wo, wo bist
Du her?
ALDÖBERN: Gebürtig? Herr, aus Oppenheim.
– Was soll das?
SYLVESTER: So, aus Oppenheim – nun also
Aus Rossitz nicht. Ich wußt es wohl, nun setz dich.
     Er geht an die Tür.
Gertrude!
     GERTRUDE *tritt auf.*
  Laß mir doch den Knappen rufen
Von diesem Ritter, hörst du?
     Gertrude ab.
      Nun, so setz dich
Doch, Alter – Was den Krieg betrifft, das ist
Ein lustig Ding für Ritter; sieh, da bin ich
Auf deiner Seite. –
ALDÖBERN: Meiner Seite?
SYLVESTER: Ja,
Was Henker denkst du? Hat dir einer Unrecht,
Beschimpfung, oder sonst was zugefügt,
So sag du's mir, sag's mir, wir wollen's rächen.
ALDÖBERN: Bist du von Sinnen, oder ist's Verstellung?
   GERTRUDE, *der* KNAPPE *und ein* DIENER *treten auf.*
SYLVESTER: Sag an, mein Sohn, wer ist dein Herr? Es ist
Mit ihm wohl – nun du weißt schon, was ich meine. –
ALDÖBERN: Den Teufel bin ich, was du meinst. Denkst du
Mir sei von meiner Mutter so viel Menschen-
Verstand nicht angeboren, als vonnöten,
Um einzusehn, du seist ein Schurke? Frag
Die Hund auf unserm Hofe, sieh, sie riechen's
Dir an, und nähme einer einen Bissen
Aus deiner Hand, so hänge mich. – Zum Schlusse
Soviel noch. Mein Geschäft ist aus. Den Krieg
Hab ich dir Kindesmörder angekündigt. *Will ab.*

SYLVESTER *hält ihn*: Nein halte – Nein, bei Gott, du machst mich bange.
Denn deine Rede, wenn sie gleich nicht reich,
Ist doch so wenig arm an Sinn, daß mich's
Entsetzt. – Einer von uns beiden muß
Verrückt sein; bist du's nicht, ich könnt es werden.
Die Unze Mutterwitz, die dich vom Tollhaus
Errettet, muß, es kann nicht anders, mich
Ins Tollhaus führen. – Sieh, wenn du mir sagtest,
Die Ströme flössen neben ihren Ufern
Bergan, und sammelten auf Felsenspitzen
In Seen sich, so wollt – ich wollt's dir glauben:
Doch sagst du mir, ich hätt ein Kind gemordet,
Des Vetters Kind –
GERTRUDE: O großer Gott, wer denn
Beschuldiget dich dieser Untat? Die aus Rossitz,
Die selbst, vor wenig Monden –
SYLVESTER: Schweig. Nun wenn's
Beliebt, so sag's mir einmal noch. Ist's wahr,
Ist's wirklich wahr? Um eines Mordes willen
Krieg wider mich?
ALDÖBERN: Soll ich's dir zehnmal
Und wieder zehnmal wiederkäun?
SYLVESTER: Nun gut.
Franz, sattle mir mein Pferd. – Verzeih mein Freund,
Wer kann das Unbegreifliche begreifen?
– Wo ist mein Helm, mein Schwert? – Denn hören muß
Ich's doch aus seinem Munde, eh ich's glaube.
– Schick zu Jeronimus, er möchte schnell
Nach Warwand kommen. –
ALDÖBERN: Leb denn wohl.
SYLVESTER: Nein, warte;
Ich reite mit dir, Freund.
GERTRUDE: Um Gottes willen,
In deiner Feinde Macht gibst du dich selbst?
SYLVESTER: Laß gut sein.
ALDÖBERN: Wenn du glaubst, sie werden schonend
In Rossitz dich empfangen, irrst du dich.
SYLVESTER *immer beim Anzuge beschäftigt*:
Tut nichts, tut nichts; allein werd ich erscheinen.
Ein einzelner tritt frei zu seinen Feinden.
ALDÖBERN: Das Mildeste, das dir begegnen mag,

Ist, daß man an des Kerkers Wand dich fesselt.
SYLVESTER: Es ist umsonst. – Ich muß mir Licht verschaffen,
Und sollt ich's mir auch aus der Hölle holen.
ALDÖBERN: Ein Fluch ruht auf dein Haupt, es ist nicht einer
In Rossitz, dem dein Leben heilig wäre.
SYLVESTER: Du schreckst mich nicht. – Mir ist das ihre heilig,
Und fröhlich kühn wag ich mein einzelnes.
Nun fort! *Zu Gertrude:* Ich kehre unverletzt zurück,
So wahr der Gottheit selbst die Unschuld heilig.
Wie sie abgehen wollen, tritt JERONIMUS *auf.*
JERONIMUS: Wohin?
SYLVESTER: Gut, daß du kommst. Ich bitte dich,
Bleib bei den Weibern, bis ich wiederkehre.
JERONIMUS: Wo willst du hin?
SYLVESTER: Nach Rossitz.
JERONIMUS: Lieferst du
Wie ein bekehrter Sünder selbst dich aus?
SYLVESTER: Was für ein Wort –?
JERONIMUS: Ei nun, ein schlechtes Leben
Ist kaum der Mühe wert, es zu verlängern.
Drum geh nur hin, und leg dein sündig Haupt
In christlicher Ergebung auf den Block.
SYLVESTER: Glaubst du, daß ich, wenn eine Schuld mich drückte,
Das Haupt dem Recht der Rache weigern würde?
JERONIMUS: O du Quacksalber der Natur! Denkst du,
Ich werde dein verfälschtes Herz auf Treu
Und Glauben zweimal als ein echtes kaufen?
Bin ich ein blindes Glied denn aus dem Volke,
Daß du mit deinem Ausruf an der Ecke
Mich äffen willst, und wieder äffen willst?
– Doch nicht so vielen Atem bist du wert,
Als nur dies einzge Wort mir kostet: Schurke!
Ich will dich meiden, das ist wohl das beste.
Denn hier in deiner Nähe stinkt es, wie
Bei Mördern.
Sylvester fällt in Ohnmacht.
GERTRUDE: Hülfe! Kommt zu Hülfe! Hülfe!
Der Vorhang fällt.

ZWEITER AUFZUG

Erste Szene

Gegend im Gebirge. Im Vordergrunde eine Höhle. AGNES *sitzt an der Erde und knüpft Kränze.* OTTOKAR *tritt auf und betrachtet sie mit Wehmut. Dann wendet er sich mit einer schmerzvollen Bewegung, während welcher Agnes ihn wahrnimmt, welche dann zu knüpfen fortfährt, als hätte sie ihn nicht gesehen.*

AGNES: 's ist doch ein häßliches Geschäft: belauschen;
   Und weil ein rein Gemüt es stets verschmäht,
   So wird nur dieses grade stets belauscht.
   Drum ist das Schlimmste noch, daß es den Lauscher,
   Statt ihn zu strafen, lohnt. Denn statt des Bösen,
   Das er verdiente zu entdecken, findet
   Er wohl sogar ein still Bemühen noch
   Für sein Bedürfnis, oder seine Laune.
   Da ist, zum Beispiel, heimlich jetzt ein Jüngling
   – Wie heißt er doch? Ich kenn ihn wohl. Sein Antlitz
   Gleicht einem milden Morgenungewitter,
   Sein Aug dem Wetterleuchten auf den Höhn,
   Sein Haar den Wolken, welche Blitze bergen,
   Sein Nahen ist ein Wehen aus der Ferne,
   Sein Reden wie ein Strömen von den Bergen
   Und sein Umarmen. – Aber still! Was wollt
   Ich schon? Ja, dieser Jüngling, wollt ich sagen,
   Ist heimlich nun herangeschlichen, plötzlich,
   Unangekündigt, wie die Sommersonne,
   Will sie ein nächtlich Liebesfest belauschen.
   Nun wär mir's recht, er hätte, was er sucht,
   Bei mir gefunden, und die Eifersucht,
   Der Liebe Jugendstachel hätte, selbst
   Sich stumpfend, ihn hinausgejagt ins Feld,
   Gleich einem jungen Rosse, das zuletzt
   Doch heimkehrt zu dem Stall, der es ernährt.
   Statt dessen ist kein andrer Nebenbuhler
   Jetzt grade um mich, als sein Geist. Und der
   Singt mir sein Lied zur Zither vor, wofür
   Ich diesen Kranz ihm winde. *Sie sieht sich um.* – Fehlt dir was?
OTTOKAR: Jetzt nichts.
AGNES: So setz dich nieder, daß ich sehe,

Wie dir der Kranz steht. Ist er hübsch?
OTTOKAR: Recht hübsch.
AGNES: Wahrhaftig? Sieh einmal die Finger an.
OTTOKAR: Sie bluten. –
AGNES: Das bekam ich, als ich aus den Dornen
Die Blumen pflückte.
OTTOKAR: Armes Kind.
AGNES: Ein Weib
Scheut keine Mühe. Stundenlang hab ich
Gesonnen, wie ein jedes einzeln Blümchen
Zu stellen, wie das unscheinbarste selbst
Zu nutzen sei, damit Gestalt und Farbe
Des Ganzen seine Wirkung tue. – Nun,
Der Kranz ist ein vollendet Weib. Da, nimm
Ihn hin. Sprich: er gefällt mir; so ist er
Bezahlt. *Sie sieht sich wieder um.*
Was fehlt dir denn?
Sie steht auf; Ottokar faßt ihre Hand.
Du bist so seltsam,
So feierlich – bist unbegreiflich mir.
OTTOKAR: Und mir du.
AGNES: Liebst du mich, so sprich sogleich
Ein Wort, das mich beruhigt.
OTTOKAR: Erst sprich du.
Wie hast du's heute wagen können, heute,
Von deinem Vaterhaus dich zu entfernen.
AGNES: Von meinem Vaterhause? Kennst du's denn?
Hab ich nichts stets gewünscht, du möchtest es
Nicht zu erforschen streben?
OTTOKAR: O verzeih!
Nicht meine Schuld ist's, daß ich's weiß.
AGNES: Du weißt's?
OTTOKAR: Ich weiß es, fürchte nichts. Denn deinem Engel
Kannst du dich sicherer nicht vertraun, als mir.
Nun sage mir, wie konntest du es wagen,
So einsam dies Gebirge zu betreten,
Da doch ein mächtger Nachbar all die Deinen
In blutger Rachefehd verfolgt?
AGNES: In Fehde?
In meines Vaters Sälen liegt der Staub
Auf allen Rüstungen, und niemand ist

Uns feindlich, als der Marder höchstens, der
In unsre Hühnerställe bricht.
OTTOKAR: Wie sagst du?
Ihr wärt in Frieden mit den Nachbarn? Wärt
In Frieden mit euch selbst?
AGNES: Du hörst es, ja.
OTTOKAR: O Gott! Ich danke dir mein Leben nur
Um dieser Kunde! – Mädchen! Mädchen! O
Mein Gott, so brauch ich dich ja nicht zu morden!
AGNES: Morden?
OTTOKAR: O komm! *Sie setzen sich.*
Nun will ich heiter, offen, wahr,
Wie deine Seele mit dir reden. Komm!
Es darf kein Schatten mehr dich decken, nicht
Der mindeste, ganz klar will ich dich sehen.
Dein Innres ist's mir schon, die neugebornen
Gedanken kann ich wie dein Gott erraten.
Dein Zeichen nur, die freundliche Erfindung
Mit einer Silbe das Unendliche
Zu fassen, nur den Namen sage mir.
Dir sag ich meinen gleich, denn nur ein Scherz
War es, dir zu verweigern, was du mir.
Ich hätte deinen längst erforscht, wenn nicht
Sogar dein unverständliches Gebot
Mir heilig. Aber nun frag ich dich selbst.
Nichts Böses bin ich mir bewußt, ich fühle
Du gehst mir über alles Glück der Welt,
Und nicht ans Leben bin ich so gebunden,
So gern nicht, und so fest nicht, wie an dich.
Drum will ich, daß du nichts mehr vor mir birgst,
Und fordre ernst dein unumschränkt Vertrauen.
AGNES: Ich kann nicht reden, Ottokar. –
OTTOKAR: Was ängstigt dich?
Ich will dir jeden falschen Wahn benehmen.
AGNES: – Du sprachst von Mord.
OTTOKAR: Von Liebe sprach ich nur.
AGNES: Von Liebe, hör ich wohl, sprachst du mit mir,
Doch sage mir, mit wem sprachst du vom Morde?
OTTOKAR: Du hörst es ja, es war ein böser Irrtum,
Den mir ein selbst getäuschter Freund erweckt.
JOHANN *zeigt sich im Hintergrunde.*

AGNES: Dort steht ein Mensch, den kenn ich. *Sie steht auf.*
OTTOKAR: Kennst du ihn?
AGNES: Leb wohl.
OTTOKAR: Um Gottes willen, nein, du irrst dich.
AGNES: Ich irre nicht. – Laß mich. – Wollt ihr mich morden?
OTTOKAR: Dich morden? – Frei bist du, und willst du gehen,
 Du kannst es unberührt, wohin du willst.
AGNES: So leb denn wohl.
OTTOKAR: Und kehrst nicht wieder?
AGNES: Niemals,
 Wenn du nicht gleich mir deinen Namen sagst.
OTTOKAR: Das soll ich jetzt – vor diesem Fremden. –
AGNES: So
 Leb wohl auf ewig.
OTTOKAR: Maria! Willst du nicht besser von
 Mir denken lernen?
AGNES: Zeigen kann mir jeder
 Gleich, wer er ist.
OTTOKAR: Ich will es heute noch. Kehr wieder.
AGNES: Soll ich dir traun, wenn du nicht mir?
OTTOKAR: Tu es
 Auf die Gefahr.
AGNES: Es sei! Und irr ich mich,
 Nicht eine Träne kosten soll es mich. *Ab.*
OTTOKAR: Johann, komm her, du siehst, sie ist es wohl,
 Es ist kein Zweifel mehr, nicht wahr?
JOHANN: Es mag,
 Wie's scheint, dir wohl an keinem Aufschluß mangeln,
 Den ich dir geben könnte.
OTTOKAR: Wie du's nimmst.
 Zwei Werte hat ein jeder Mensch; den einen
 Lernt man nur kennen aus sich selbst, den andern
 Muß man erfragen.
JOHANN: Hast du nur den Kern,
 Die Schale gibt sich dann als eine Zugab.
OTTOKAR: Ich sage dir, sie weigert mir, wie dir,
 Den Namen, und wie dich, so flieht sie mich
 Schon bei der Ahndung bloß, ich sei aus Rossitz.
 Du sahst es selbst, gleich einem Geist erscheint
 Und schwindet sie uns beiden.
JOHANN: Beiden? Ja.

Doch mit dem Unterschied, daß dir das eine
Talent geworden, ihn zu rufen, mir
Das andre bloß, den Geist zu bannen.
OTTOKAR: Johann!
JOHANN: Pah! – Die Schuld liegt an der Spitze meiner Nase
Und etwa noch an meinen Ohrenzipfeln.
Was sonst an mir kann so voll Greuel sein,
Daß es das Blut aus ihren Wangen jagt,
Und, bis aufs Fliehen, jede Kraft ihr nimmt?
OTTOKAR: Johann, ich kenne dich nicht mehr.
JOHANN: Ich aber dich.
OTTOKAR: Ich will im voraus jede Kränkung dir
Vergeben, wenn sie sich nur edel zeigt.
JOHANN: Nicht übern Preis will ich dir zahlen. – Sprich.
Wenn einer mir vertraut', er wiss ein Roß,
Das ihm bequem sei, und er kaufen wolle,
Und ich, ich ginge heimlich hin und kauft's
Mir selbst – was meinst du, wäre das wohl edel?
OTTOKAR: Sehr schief wählst du dein Gleichnis.
JOHANN: Sage bitter;
Und doch ist's Honig gegen mein Gefühl.
OTTOKAR: Dein Irrtum ist dir lieb, weil er mich kränkt.
JOHANN: Kränkt? Ja, das ist mir lieb, und ist's ein Irrtum,
Just darum will ich zähe fest ihn halten.
OTTOKAR: Nicht viele Freude wird dir das gewähren,
Denn still verschmerzen werd ich, was du tust.
JOHANN: Da hast du recht. Nichts würd mich mehr verdrießen,
Als wenn dein Herz wie eine Kröte wär,
Die ein verwundlos steinern Schild beschützt,
Denn weiter keine Lust bleibt mir auf Erden,
Als einer Bremse gleich dich zu verfolgen.
OTTOKAR: Du bist weit besser als der Augenblick.
JOHANN: Du Tor! Du Tor! Denkst du mich so zu fassen?
Weil ich mich edel nicht erweise, nicht
Erweisen will, machst du mir weis, ich sei's,
Damit die unverdiente Ehre mich
Bewegen soll, in ihrem Sinn zu handeln?
Vor deine Füße werf ich deine Achtung. –
OTTOKAR: Du willst mich reizen, doch du kannst es nicht;
Ich weiß, du selbst, du wirst mich morgen rächen.
JOHANN: Nein, wahrlich, nein, dafür will ich schon sorgen.

Denn in die Brust schneid ich mir eine Wunde,
Die reiz ich stets mit Nadeln, halte stets
Sie offen, daß es mir recht sinnlich bleibe.
OTTOKAR: Es ist nicht möglich, ach, es ist nicht möglich!
Wie könnte dein Gemüt so häßlich sein,
Da du doch Agnes, Agnes lieben kannst!
JOHANN: Und daran noch erinnerst du mich, o
Du Ungeheuer!
OTTOKAR: Lebe wohl, Johann.
JOHANN: Nein, halt! Du denkst, ich habe bloß gespaßt.
OTTOKAR: Was willst du?
JOHANN: Gradheraus. Mein Leben
Und deins sind wie zwei Spinnen in der Schachtel.
Drum zieh! *Er zieht.*
OTTOKAR: Gewiß nicht. Fallen will ich anders
Von deiner Hand nicht, als gemordet.
JOHANN: Zieh,
Du Memme! Nicht nach deinem Tod, nach meinem,
Nach meinem nur gelüstet's mir.
OTTOKAR *umarmt ihn*:   Johann!
Mein Freund! Ich dich ermorden.
JOHANN *stößt ihn fort*:   Fort, du Schlange!
Nicht stechen will sie, nur mit ihrem Anblick
Mich langsam töten. – Gut. *Er steckt das Schwert ein.*
Noch gibt's ein andres Mittel.
Beide von verschiedenen Seiten ab.

ZWEITE SZENE

Warwand. Zimmer im Schlosse. SYLVESTER *auf seinem Stuhle, mit Zeichen der Ohnmacht, die nun vorüber. Um ihn herum* JERONIMUS, THEISTINER, GERTRUDE *und ein* DIENER.

GERTRUDE: Nun, er erholt sich, Gott sei Dank. –
SYLVESTER: Gertrude. –
GERTRUDE: Sylvester, kennst du mich, kennst du mich wieder?
SYLVESTER: Mir ist so wohl, wie bei dem Eintritt in
Ein andres Leben.
GERTRUDE: Und an seiner Pforte
Stehn deine Engel, wir, die Diener liebreich
Dich zu empfangen.

SYLVESTER: Sage mir, wie kam
Ich denn auf diesen Stuhl? Zuletzt, wenn ich
Nicht irre, stand ich – nicht?
GERTRUDE: Du sankest stehend
In Ohnmacht.
SYLVESTER: Ohnmacht? Und warum denn das?
So sprich doch. – Wie, was ist dir denn? Was ist
Euch denn? *Er sieht sich um; lebhaft:*
Fehlt Agnes? Ist sie tot?
GERTRUDE: O nein,
O nein, sie ist in ihrem Garten.
SYLVESTER: Nun,
Wovon seid ihr denn alle so besessen?
Gertrude, sprich. – Sprich du, Theistiner. – Seid
Ihr stumm, Theistin, Jero – – Jeronimus!
Ja so – ganz recht – nun weiß ich. –
GERTRUDE: Komm ins Bette,
Sylvester, dort will ich's dir schon erzählen.
SYLVESTER: Ins Bett? O pfui! bin ich denn – sage mir,
Bin ich in Ohnmacht wirklich denn gefallen?
GERTRUDE: Du weißt ja, wie du sagst, sogar warum?
SYLVESTER: Wüßt ich's? O pfui! O pfui! Ein Geist ist doch
Ein elend Ding.
GERTRUDE: Komm nur ins Bett, Sylvester,
Dein Leib bedarf der Ruhe.
SYLVESTER: Ja, 's ist wahr,
Mein Leib ist doch an allem schuld.
GERTRUDE: So komm.
SYLVESTER: Meinst du, es wäre nötig?
GERTRUDE: Ja, durchaus
Mußt du ins Bette.
SYLVESTER: Dein Bemühen
Beschämt mich. Gönne mir zwei Augenblicke,
So mach ich alles wieder gut, und stelle
Von selbst mich her.
GERTRUDE: Zum mindsten nimm die Tropfen
Aus dem Tirolerfläschchen, das du selbst
Stets als ein heilsam Mittel mir gepriesen.
SYLVESTER: An eigne Kraft glaubt doch kein Weib, und traut
Stets einer Salbe mehr zu als der Seele.
GERTRUDE: Es wird dich stärken, glaube mir. –

SYLVESTER: Dazu
Braucht's nichts als mein Bewußtsein. *Er steht auf.* Was mich freut,
Ist, daß der Geist doch mehr ist, als ich glaubte,
Denn flieht er gleich auf einen Augenblick,
An seinen Urquell geht er nur, zu Gott,
Und mit Heroenkraft kehrt er zurück.
Theistiner! 's ist wohl viele Zeit nicht zu
Verlieren. – Gertrud! Weiß er's?
GERTRUDE: Ja.
SYLVESTER: Du weißt's? Nun, sprich,
Was meinst du, 's ist doch wohl ein Bubenstück?
's ist wohl kein Zweifel mehr, nicht wahr?
THEISTINER: In Warwand
Ist keiner, der's bezweifelt, ist fast keiner,
Der's, außer dir, nicht hätt vorhergesehen,
Wie's enden müsse, sei es früh, sei's spät.
SYLVESTER: Vorhergesehen? Nein, das hab ich nicht.
Bezweifelt? Nein, das tu ich auch nicht mehr.
– Und also ist's den Leuten schon bekannt?
THEISTINER: So wohl, daß sie das Haupt sogar besitzen,
Das dir die Nachricht her aus Rossitz brachte.
SYLVESTER: Wie meinst du das? Der Herold wär noch hier?
THEISTINER: Gesteinigt, ja!
SYLVESTER: Gesteiniget?
THEISTINER: Das Volk
War nicht zu bändigen. Sein Haupt ist zwischen
Den Eulen an den Torweg festgenagelt.
SYLVESTER: Unrecht ist's,
Theistin, mit deinem Haupt hättst du das seine,
Das heilige, des Herolds, schützen sollen.
THEISTINER: Mit Unrecht tadelst du mich, Herr, ich war
Ein Zeuge nicht der Tat, wie du wohl glaubst.
Zu seinem Leichnam kam ich – diesen hier,
Jeronimus, war's just noch Zeit zu retten.
SYLVESTER: – Ei nun, sie mögen's niederschlucken. Das
Geschehne muß stets gut sein, wie es kann.
Ganz rein, seh ich wohl ein, kann's fast nicht abgehn,
Denn wer das Schmutzge anfaßt, den besudelt's.
Auch, find ich, ist der Geist von dieser Untat
Doch etwas wert, und kann zu mehr noch dienen.
Wir wollen's nützen. Reite schnell ins Land,

Die sämtlichen Vasallen biete auf,
Sogleich sich in Person bei mir zu stellen,
Indessen will ich selbst von Männern, was
Hier in der Burg ist, sammeln, Reden braucht's
Nicht viel, ich stell mein graues Haupt zur Schau,
Und jedes Haar muß einen Helden werben.
Das soll den ersten Bubenanfall hemmen,
Dann, sind wir stärker, wenden wir das Blatt,
In seiner Höhle suchen wir den Wolf,
Es kann nicht fehlen, glaube mir's, es geht
Für alles ja, was heilig ist und hehr,
Für Tugend, Ehre, Weib und Kind und Leben.
THEISTINER: So geh ich, Herr, noch heut vor Abend sind
Die sämtlichen Vasallen hier versammelt.
SYLVESTER: 's ist gut. *Theistiner ab.*
    Franziskus, rufe mir den Burgvogt
– Noch eins. Die beiden Waffenschmiede bringe
Gleich mit. *Der Diener ab.*
   Zu Jeronimus:
  Dir ist ein Unglimpf widerfahren,
Jeronimus, das tut mir leid. Du weißt, ich war
Im eigentlichsten Sinn nicht gegenwärtig.
Die Leute sind mir gut, du siehst's, es war
Ein mißverstandner Eifer bloß der Treue.
Drum mußt du's ihnen schon verzeihn. Für's künftge,
Versprech ich, will ich sorgen. Willst du fort
Nach Rossitz, kannst du's gleich, ich gebe dir
Zehn Reis'ge zur Begleitung mit.
       Ich kann's
Nicht leugnen fast, daß mir der Unfall lieb,
Versteh mich, bloß weil er dich hier verweilte,
Denn sehr unwürdig hab ich mich gezeigt
– Nein, sage nichts. Ich weiß das. Freilich mag
Wohl mancher sinken, weil er stark ist. Denn
Die kranke abgestorbne Eiche steht
Dem Sturm, doch die gesunde stürzt er nieder,
Weil er in ihre Krone greifen kann.
– Nicht jeden Schlag ertragen soll der Mensch,
Und welchen Gott faßt, denk ich, der darf sinken
– Auch seufzen. Denn der Gleichmut ist die Tugend
Nur der Athleten. Wir, wir Menschen fallen

Ja nicht für Geld, auch nicht zur Schau. – Doch sollen
Wir stets des Anschauns würdig aufstehn.
              Nun
Ich halte dich nicht länger. Geh nach Rossitz
Zu deinen Freunden, die du dir gewählt.
Denn hier in Warwand, wie du selbst gefunden,
Bist du seit heute nicht mehr gern gesehn.
JERONIMUS: – Hast recht, hast recht – bin's nicht viel besser wert,
Als daß du mir die Türe zeigst. – Bin ich
Ein Schuft in meinen Augen doch, um wie
Viel mehr in deinen. – Zwar ein Schuft, wie du
Es meinst, der bin ich nicht. – Doch kurz und gut,
Glaubt was ihr wollt. Ich kann mich nicht entschuldgen,
Mir lähmt's die Zung, die Worte wollen, wie
Verschlagne Kinder, nicht ans Licht. – Ich gehe,
Nur soviel sag ich dir, ich gehe nicht
Nach Rossitz, hörst du? Und noch eins. Wenn du
Mich brauchen kannst, so sag's, ich laß mein Leben
Für dich, hörst du, mein Leben. *Ab.*
GERTRUDE: Hör, Jerome!
– Da geht er hin. – Warum riefst du ihn nicht?
SYLVESTER: Verstehst du was davon, so sag es mir.
Mir ist's noch immer wie ein Traum.
GERTRUDE: Ei nun,
Er war gewonnen von den Rossitzschen.
Denn in dem ganzen Gau ist wohl kein Ritter,
Den sie, wenn's ging, uns auf den Hals nicht hetzten.
SYLVESTER: Allein Jeronimus! – Ja, wär's ein andrer,
So wollt ich's glauben, doch Jeronimus!
's ist doch so leicht nicht, in dem Augenblick
Das Werk der Jahre, Achtung, zu zerstören,
GERTRUDE: O 's ist ein teuflischer Betrug, der mich,
Ja dich mißtrauisch hätte machen können.
SYLVESTER: Mich selbst? Mißtrauisch gegen mich? Nun laß
Doch hören.
GERTRUDE: Ruperts jüngster Sohn ist wirklich
Von deinen Leuten im Gebirg erschlagen.
SYLVESTER: Von meinen Leuten?
GERTRUDE: Oh, das ist bei weitem
Das Schlimmste nicht. Der eine hat's sogar
Gestanden, du hättst ihn zu Mord gedungen.

SYLVESTER: Gestanden hätt er das?
GERTRUDE: Ja, auf der Folter,
Und ist zwei Augenblicke drauf verschieden.
SYLVESTER: Verschieden? – Und gestanden? – Und im Tode,
Wär auch das Leben voll Abscheulichkeit,
Im Tode ist der Mensch kein Sünder. – Wer
Hat's denn gehört, daß er's gestanden?
GERTRUDE: Ganz Rossitz. Unter Volkes Augen, auf
Dem öffentlichen Markt ward er gefoltert.
SYLVESTER: Und wer hat dir das mitgeteilt?
GERTRUDE: Jerome,
Er hat sich bei dem Volke selbst erkundigt.
SYLVESTER: – Nein, das ist kein Betrug, kann keiner sein.
GERTRUDE: Um Gottes willen, was denn sonst?
SYLVESTER: Bin ich
Denn Gott, daß du mich frägst?
GERTRUDE: Ist's keiner, so
O Himmel! fällt ja der Verdacht auf uns.
SYLVESTER: Ja, allerdings fällt er auf uns.
GERTRUDE: Und wir,
Wir müßten uns dann reinigen?
SYLVESTER: Kein Zweifel,
Wir müssen es, nicht sie.
GERTRUDE: O du mein Heiland,
Wie ist das möglich?
SYLVESTER: Möglich? Ja, das wär's,
Wenn ich nur Rupert sprechen könnte.
GERTRUDE: Wie?
Das könntest du dich jetzt getraun, da ihn
Des Herolds Tod noch mehr erbittert hat?
SYLVESTER: 's ist freilich jetzt weit schlimmer. – Doch es ist
Das einzge Mittel, das ergreift sich leicht.
– Ja recht, so geht's. – Wo mag Jerome sein?
Ob er noch hier? Der mag mich zu ihm führen.
GERTRUDE: O mein Gemahl, o folge meinem Rate. –
SYLVESTER: Gertrude. – Laß mich – das verstehst du nicht.
Beide ab.

Dritte Szene

Platz vor den Toren von Warwand.

AGNES *tritt in Hast auf*: Zu Hülfe! Zu Hülfe!
JOHANN *ergreift sie*: So höre mich doch, Mädchen!
　Es folgt dir ja kein Feind, ich liebe dich,
　Ach, lieben! Ich vergöttre dich!
AGNES: Fort, Ungeheuer, bist du nicht aus Rossitz?
JOHANN: Wie kann ich furchtbar sein? Sieh mich doch an,
　Ich zittre selbst vor Wollust und vor Schmerz
　Mit meinen Armen dich, mein ganzes Maß
　Von Glück und Jammer zu umschließen.
AGNES: Was willst du, Rasender, von mir?
JOHANN: Nichts weiter.
　Mir bist du tot, und einer Leiche gleich,
　Mit kaltem Schauer drück ich dich ans Herz.
AGNES: Schützt mich, ihr Himmlischen, vor seiner Wut!
JOHANN: Sieh, Mädchen, morgen lieg ich in dem Grabe,
　Ein Jüngling, ich – nicht wahr, das tut dir weh?
　Nun, einem Sterbenden schlägst du nichts ab,
　Den Abschiedskuß gib mir. *Er küßt sie.*
AGNES: Errettet mich,
　Ihr Heiligen!
JOHANN: – Ja, rette du mich, Heilge!
　Es hat das Leben mich wie eine Schlange,
　Mit Gliedern, zahnlos, ekelhaft, umwunden.
　Es schauert mich, es zu berühren. – Da,
　Nimm diesen Dolch. –
AGNES: Zu Hülfe! Mörder! Hülfe!
JOHANN *streng*: Nimm diesen Dolch, sag ich. – Hast du nicht einen
　Mir schon ins Herz gedrückt?
AGNES: Entsetzlicher!
　　　　　Sie sinkt besinnungslos zusammen.
JOHANN *sanft*: Nimm diesen Dolch, Geliebte. – Denn mit Wollust,
　Wie deinem Kusse sich die Lippe reicht,
　Reich ich die Brust dem Stoß von deiner Hand.
JERONIMUS *tritt mit Reisigen aus dem Tore*: Hier war das Angstgeschrei. – –
　Welch eine Tat. – Sie ist verwundet – Teufel!　[Unglücklicher!
　Mit deinem Leben sollst du's büßen.
　　　　　Er verwundet Johann; der fällt.

Jeronimus faßt Agnes auf.
                    Agnes! Agnes!
Ich sehe keine Wunde. – Lebst du, Agnes?
            SYLVESTER *und* GERTRUDE *treten aus dem Tore.*
SYLVESTER: Es war Jeronimus' Entsetzensstimme,
  Nicht Agnes. – – O mein Gott! *Er wendet sich schmerzvoll.*
GERTRUDE: O meine Tochter,
  Mein einzig Kind, mein letztes. –
JERONIMUS: Schafft nur Hülfe,
  Ermordet ist sie nicht.
GERTRUDE: Sie rührt sich – horch,
  Sie atmet – ja sie lebt, sie lebt!
SYLVESTER: Lebt sie?
  Und unverwundet?
JERONIMUS: Eben war's noch Zeit,
  Er zückte schon den Dolch auf sie, da hieb
  Ich den Unwürdgen nieder.
GERTRUDE: Ist er nicht
  Aus Rossitz?
JERONIMUS: Frage nicht, du machst mich schamrot – ja.
SYLVESTER: Gib mir die Hand, Jerome, wir verstehn
  Uns.
JERONIMUS: Wir verstehn uns.
GERTRUDE: Sie erwacht, o seht,
  Sie schlägt die Augen auf, sie sieht mich an. –
AGNES: Bin ich von dem Entsetzlichen erlöst?
GERTRUDE: Hier liegt er tot am Boden, fasse dich.
AGNES: Getötet? Und um mich? Ach, es ist gräßlich. –
GERTRUDE: Jerome hat den Mörder hingestreckt.
AGNES: Er folgte mir weit her aus dem Gebirge.
  – Mich faßte das Entsetzen gleich, als ich
  Von weitem nur ihn in das Auge faßte.
  Ich eilte – doch ihn trieb die Mordsucht schneller
  Als mich die Angst – und hier ergriff er mich.
SYLVESTER: Und zückt' er gleich den Dolch? Und sprach er nicht?
  Kannst du dich dessen nicht entsinnen mehr?
AGNES: So kaum – denn vor sein fürchterliches Antlitz
  Entflohn mir alle Sinne fast. Er sprach
  – Gott weiß, mir schien's fast, wie im Wahnsinn – sprach
  Von Liebe, daß er mich vergöttre – nannte
  Bald eine Heilge mich, bald eine Leiche.

Dann zog er plötzlich jenen Dolch, und bittend,
Ich möchte, ich, ihn töten, zückt' er ihn
Auf mich. –

SYLVESTER: Lebt er denn noch? Er scheint verwundet bloß,
Sein Aug ist offen. *Zu den Leuten:*
Tragt ihn in das Schloß,
Und ruft den Wundarzt.
Sie tragen ihn fort.
Einer komme wieder
Und bring mir Nachricht.

GERTRUDE: Aber, meine Tochter,
Wie konntest du so einsam und so weit
Dich ins Gebirge wagen?

AGNES: Zürne nicht,
Es war mein Lieblingsweg.

GERTRUDE: Und noch so lange
Dich zu verweilen!

AGNES: Einen Ritter traf
Ich, der mich aufhielt.

GERTRUDE: Einen Ritter? Sieh,
Wie du in die Gefahr dich wagst! Kann's wohl
Ein andrer sein fast, als ein Rossitzscher?

AGNES: – Glaubst du, es sei ein Rossitzscher?

JERONIMUS: Ich weiß,
Daß Ottokar oft ins Gebirge geht.

AGNES: Meinst du den –?

JERONIMUS: Ruperts ältsten Sohn.
– Kennst du ihn nicht?

AGNES: Ich hab ihn nie gesehen.

JERONIMUS: Ich habe sichre Proben doch, daß er
Dich kennt?

AGNES: Mich?

GERTRUDE: Unsre Agnes? Und woher?

JERONIMUS: Wenn ich nicht irre, sah ich einen Schleier,
Den du zu tragen pflegst, in seiner Hand.

AGNES *verbirgt ihr Haupt an die Brust ihrer Mutter:*
Ach, Mutter. –

GERTRUDE: O um Gottes willen, Agnes,
Sei doch auf deiner Hut. – Er kann dich mit
Dem Apfel, den er dir vom Baume pflückt,
Vergiften.

JERONIMUS: Nun, das möcht ich fast nicht fürchten –
Vielmehr – Allein wer darf der Schlange traun.
Er hat beim Nachtmahl ihr den Tod geschworen.
AGNES: Mir?
Den Tod?
JERONIMUS: Ich hab es selbst gehört.
GERTRUDE: Nun sieh,
Ich werde wie ein Kind dich hüten müssen.
Du darfst nicht aus den Mauern dieser Burg,
Darfst nicht von deiner Mutter Seite gehn.
EIN DIENER *tritt auf*: Gestrenger Herr, der Mörder ist nicht tot.
Der Wundarzt sagt, die Wunde sei nur leicht.
SYLVESTER: Ist er sich sein bewußt?
EIN DIENER: Herr, es wird keiner klug
Aus ihm. Denn er spricht ungehobelt Zeug,
Wild durcheinander, wie im Wahnwitz fast.
JERONIMUS: Es ist Verstellung offenbar.
SYLVESTER: Kennst du
Den Menschen?
JERONIMUS: Weiß nur soviel, daß sein Namen
Johann, und er ein unecht Kind des Rupert
– Daß er den Ritterdienst in Rossitz lernte,
Und gestern früh das Schwert empfangen hat.
SYLVESTER: Das Schwert empfangen, gestern es – und heute
Wahnsinnig – sagtest du nicht auch, er habe
Beim Abendmahl den Racheschwur geleistet?
JERONIMUS: Wie alle Diener Ruperts, so auch er.
SYLVESTER: Jeronimus, mir wird ein böser Zweifel
Fast zur Gewißheit, fast. – Ich hätt's entschuldigt,
Daß sie Verdacht auf mich geworfen, daß
Sie Rache mir geschworen, daß sie Fehde
Mir angekündigt – ja hätten sie
Im Krieg mein Haus verbrannt, mein Weib und Kind
Im Krieg erschlagen, noch wollt ich's entschuldgen.
Doch daß sie mir den Meuchelmörder senden
Wenn's so ist –
GERTRUDE: Ist's denn noch ein Zweifel? Haben
Sie uns nicht selbst die Probe schon gegeben?
SYLVESTER: Du meinst an Philipp –?
GERTRUDE: Endlich siehst du's ein!
Du hast mir's nie geglaubt, hast die Vermutung,

Gewißheit, wollt ich sagen, stets ein Deuteln
Der Weiber nur genannt, die, weil sie's einmal
Aus Zufall treffen, nie zu fehlen wähnen.
Nun weißt du's besser. – Nun, ich könnte dir
Wohl mehr noch sagen, das dir nicht geahndet. –
SYLVESTER: Mehr noch?
GERTRUDE: Du wirst dich deines Fiebers vor
Zwei Jahren noch erinnern. Als du der
Genesung nahtest, schickte dir Eustache
Ein Fläschchen eingemachter Ananas.
SYLVESTER: Ganz recht, durch eine Reutersfrau aus Rossitz.
GERTRUDE: Ich bat dich unter falschem Vorwand, nicht
Von dem Geschenke zu genießen, setzte
Dir selbst ein Fläschchen vor aus eignem Vorrat
Mit eingemachtem Pfirsich – aber du
Bestandst darauf, verschmähtest meine Pfirsich,
Nahmst von der Ananas, und plötzlich folgte
Ein heftiges Erbrechen. –
SYLVESTER: Das ist seltsam;
Denn ich besinne mich noch eines Umstands –
– Ganz recht. Die Katze war mir übers Fläschchen
Mit Ananas gekommen, und ich ließ
Von Agnes mir den Pfirsich reichen. – Nicht?
Sprich, Agnes.
AGNES: Ja, so ist es.
SYLVESTER: Ei, so hätte
Sich seltsam ja das Blatt gewendet. Denn
Die Ananas hat doch der Katze nicht
Geschadet, aber mir dein Pfirsich, den
Du selbst mir zubereitet –?
GERTRUDE: – Drehen freilich
Läßt alles sich. –
SYLVESTER: Meinst du? Nun sieh, das mein
Ich auch, und habe recht, wenn ich auf das,
Was du mir drehst, nicht achte. – Nun, genug.
Ich will mit Ernst, daß du von Philipp schweigst.
Er sei vergiftet oder nicht, er soll
Gestorben sein und weiter nichts. Ich will's.
JERONIMUS: Du solltst, Sylvester, doch den Augenblick,
Der jetzt dir günstig scheinet, nützen. Ist
Der Totschlag Peters ein Betrug, wie es

Fast sein muß, so ist auch Johann darin
Verwebt.
SYLVESTER: Betrug? Wie wär das möglich?
JERONIMUS: Ei möglich wär es wohl, daß Ruperts Sohn,
Der doch ermordet sein soll, bloß gestorben,
Und daß, von der Gelegenheit gereizt,
Den Erbvertrag zu seinem Glück zu lenken,
Der Vater es verstanden, deiner Leute,
Die just vielleicht in dem Gebirge waren,
In ihrer Unschuld so sich zu bedienen,
Daß es der Welt erscheint, als hätten wirklich
Sie ihn ermordet – um mit diesem Scheine
Des Rechts sodann den Frieden aufzukünden,
Den Stamm von Warwand auszurotten, dann
Das Erbvermächtnis sich zu nehmen.
SYLVESTER: – Aber
Du sagtest ja, der eine meiner Leute
Hätt's in dem Tode noch bekannt, er wäre
Von mir gedungen zu dem Mord. – *Stillschweigen.*
JERONIMUS: Der Mann, den ich gesprochen, hatte nur
Von dem Gefolterten ein Wort gehört.
SYLVESTER: Das war?
JERONIMUS: Sylvester.
                Stillschweigen.
JERONIMUS: Hast du denn die Leute
Die sogenannten Mörder nicht vermißt?
Von ihren Hinterlaßnen müßte sich
Doch mancherlei erforschen lassen.
SYLVESTER *zu den Leuten:*   Rufe
Den Hauptmann einer her!
JERONIMUS: Von wem ich doch
Den meisten Aufschluß hoffe, ist Johann.
SYLVESTER: 's ist auch kein sichrer.
JERONIMUS: Wie? Wenn er es nicht
Gestehen will, macht man's wie die von Rossitz,
Und wirft ihn auf die Folter.
SYLVESTER: Nun? Und wenn
Er dann gesteht, daß Rupert ihn gedungen?
JERONIMUS: So ist's heraus, so ist's am Tage. –
SYLVESTER: So?
Dann freilich bin ich auch ein Mörder. – *Stillschweigen.*

JERONIMUS: Aus diesem Wirrwarr finde sich ein Pfaffe!
Ich kann es nicht.
SYLVESTER: Ich bin dir wohl ein Rätsel?
Nicht wahr? Nun tröste dich, Gott ist es mir.
JERONIMUS: Sag kurz, was willst du tun?
SYLVESTER: Das beste wär
Noch immer, wenn ich Rupert sprechen könnte.
JERONIMUS: – 's ist ein gewagter Schritt. Bei seiner Rede
Am Sarge Peters schien kein menschliches,
Kein göttliches Gesetz ihm heilig, das
Dich schützt.
SYLVESTER: Es wäre zu versuchen. Denn
Es wagt ein Mensch oft den abscheulichen
Gedanken, der sich vor der Tat entsetzt.
JERONIMUS: Er hat dir heut das Beispiel nicht gegeben.
SYLVESTER: Auch diese Untat, wenn sie häßlich gleich,
Doch ist's noch zu verzeihn, Jeronimus.
Denn schwer war er gereizt. – Auf jeden Fall
Ist mein Gesuch so unerwarteter;
Und öfters tut ein Mensch, was man kaum hofft,
Weil man's kaum hofft.
JERONIMUS: Es ist ein blinder Griff,
Man kann es treffen.
SYLVESTER: Ich will's wagen. Reite
Nach Rossitz, fordre sicheres Geleit,
Ich denke, du hast nichts zu fürchten.
JERONIMUS: – Nein;
Ich will's versuchen. *Ab ins Tor.*
SYLVESTER: So leb wohl.
GERTRUDE: Leb wohl,
Und kehre bald mit Trost zu uns zurück.
Sylvester, Gertrude und Agnes folgen.
AGNES *hebt im Abgehen den Dolch auf*: Es gibt keinen. –
GERTRUDE *erschrocken*: Den Dolch – er ist vergiftet, Agnes, kann
Vergiftet sein. – Wirf gleich, sogleich ihn fort.
Agnes legt ihn nieder.
Du sollst mit deinen Händen nichts ergreifen,
Nichts fassen, nichts berühren, das ich nicht
Mit eignen Händen selbst vorher geprüft.
Alle ab.
Der Vorhang fällt.

DRITTER AUFZUG

Erste Szene

Gegend im Gebirge. Agnes *sitzt im Vordergrunde der Höhle in der Stellung der Trauer.* Ottokar *tritt auf, und stellt sich ungesehen nahe der Höhle. Agnes erblickt ihn, tut einen Schrei, springt auf und will entfliehen.*

AGNES *da sie sich gesammelt hat*:
  Du bist's. –
OTTOKAR: Vor mir erschrickst du?
AGNES: Gott sei Dank.
OTTOKAR: Und wie du zitterst. –
AGNES: Ach, es ist vorüber.
OTTOKAR:
  Ist's wirklich wahr, vor mir wärst du erschrocken?
AGNES: Es ist mir selbst ein Rätsel. Denn soeben
  Dacht ich noch dran, und rief den kühnen Mut,
  Die hohe Kraft, die unbezwingliche
  Standhaftigkeit herbei, mir beizustehn
  – Und doch ergriff's mich, wie unvorbereitet
  – – Nun, ist's vorbei. –
OTTOKAR: O Gott des Schicksals! Welch ein schönes,
  Welch ruhiges Gemüt hast du gestört!
AGNES: – Du hast mich herbestellt, was willst du?
OTTOKAR: Wenn
  Ich's dir nun sage, kannst du mir vertraun,
  Maria?
AGNES: Warum nennst du mich Maria?
OTTOKAR:
  Erinnern will ich dich mit diesem Namen
  An jenen schönen Tag, wo ich dich taufte.
  Ich fand dich schlafend hier in diesem Tale,
  Das einer Wiege gleich dich bettete.
  Ein schützend Flordach webten dir die Zweige,
  Es sang der Wasserfall ein Lied, wie Federn
  Umwehten dich die Lüfte, eine Göttin
  Schien dein zu pflegen. – Da erwachtest du,
  Und blicktest wie mein neugebornes Glück
  Mich an. – Ich fragte dich nach deinem Namen;

Du seist noch nicht getauft, sprachst du. – Da schöpfte
Ich eine Handvoll Wasser aus dem Quell,
Benetzte dir die Stirn, die Brust, und sprach:
Weil du ein Ebenbild der Mutter Gottes,
Maria tauf ich dich.
Agnes wendet sich bewegt.
                        Wie war es damals
Ganz anders, so ganz anders. Deine Seele
Lag offen vor mir, wie ein schönes Buch,
Das sanft zuerst den Geist ergreift, dann tief
Ihn rührt, dann unzertrennlich fest ihn hält.
Es zieht des Lebens Forderung den Leser
Zuweilen ab, denn das Gemeine will
Ein Opfer auch; doch immer kehrt er wieder
Zu dem vertrauten Geist zurück, der in
Der Göttersprache ihm die Welt erklärt,
Und kein Geheimnis ihm verbirgt, als das
Geheimnis nur von seiner eignen Schönheit,
Das selbst ergründet werden muß.
                                    Nun bist
Du ein verschloßner Brief. –
AGNES *wendet sich zu ihm:*
                        Du sagtest gestern,
Du wolltest mir etwas vertraun.
OTTOKAR: Warum
Entflohest du so schleunig?
AGNES: Das fragst du?
OTTOKAR: Ich kann es fast erraten – vor dem Jüngling,
Der uns hier überraschte; denn ich weiß,
Du hassest alles, was aus Rossitz ist.
AGNES: Sie hassen mich.
OTTOKAR: Ich kann es fast beschwören,
Daß du dich irrst. – Nicht alle wenigstens;
Zum Beispiel für den Jüngling steh ich.
AGNES: Stehst du. –
OTTOKAR: Ich weiß, daß er dich heftig liebt. –
AGNES: Mich liebt. –
OTTOKAR: Denn er ist mein vertrauter Freund. –
AGNES: Dein Freund –?
OTTOKAR: – Was fehlt dir, Agnes?
AGNES: Mir wird übel. *Sie setzt sich.*

OTTOKAR: Welch
Ein Zufall – wie kann ich dir helfen?
AGNES: Laß
Mich einen Augenblick. –
OTTOKAR: Ich will dir Wasser
Aus jener Quelle schöpfen.
Ab.
AGNES *steht auf*: Nun ist's gut.
Jetzt bin ich stark. Die Krone sank ins Meer,
Gleich einem nackten Fürsten werf ich ihr
Das Leben nach. Er bringe Wasser, bringe
Mir Gift, gleichviel, ich trink es aus, er soll
Das Ungeheuerste an mir vollenden.
Sie setzt sich.
OTTOKAR *kommt mit Wasser in dem Hute*:
Hier ist der Trunk – fühlst du dich besser?
AGNES: Stärker
Doch wenigstens.
OTTOKAR: Nun, trinke doch. Es wird
Dir wohltun.
AGNES: Wenn's nur nicht zu kühl.
OTTOKAR: Es scheint
Mir nicht.
AGNES: Versuch's einmal.
OTTOKAR: Wozu? Es ist
Nicht viel.
AGNES: – – Nun, wie du willst, so gib.
OTTOKAR: Nimm dich
In acht, verschütte nichts.
AGNES: Ein Tropfen ist
Genug. *Sie trinkt, wobei sie ihn unverwandt ansieht.*
OTTOKAR: Wie schmeckt es dir?
AGNES: 's ist kühl. *Sie schauert.*
OTTOKAR: So trinke
Es aus.
AGNES: Soll ich's ganz leeren?
OTTOKAR: Wie du willst,
Es reicht auch hin.
AGNES: Nun, warte nur ein Weilchen,
Ich tue alles, wie du's willst.
OTTOKAR: Es ist

So gut, wie Arzenei.
AGNES: Fürs Elend.
OTTOKAR: – Wie?
AGNES: Nun, setz dich zu mir, bis mir besser worden.
Ein Arzt, wie du, dient nicht für Geld, er hat
An der Genesung seine eigne Freude.
OTTOKAR: Wie meinst du das – für Geld. –
AGNES: Komm, laß uns plaudern,
Vertreibe mir die Zeit, bis ich's vollendet,
Du weißt, es sind Genesende stets schwatzhaft.
OTTOKAR: – Du scheinst so seltsam mir verändert –
AGNES: Schon?
Wirkt es so schnell? So muß ich, was ich dir
Zu sagen habe, wohl beschleunigen.
OTTOKAR: Du mir zu sagen –
AGNES: Weißt du, wie ich heiße?
OTTOKAR: Du hast verboten mir, danach zu forschen. –
AGNES: Das heißt, du weißt es nicht. Meinst du,
Daß ich dir's glaube?
OTTOKAR: Nun, ich will's nicht leugnen –
AGNES: Wahrhaftig? Nun ich weiß auch, wer du bist!
OTTOKAR: Nun?
AGNES: Ottokar von Schroffenstein.
OTTOKAR: Wie hast
Du das erfahren?
AGNES: Ist gleichviel. Ich weiß noch mehr.
Du hast beim Abendmahle mir den Tod
Geschworen.
OTTOKAR: Gott! O Gott!
AGNES: Erschrick doch nicht.
Was macht es aus, ob ich's jetzt weiß? Das Gift
Hab ich getrunken, du bist quitt mit Gott.
OTTOKAR: Gift?
AGNES: Hier ist's übrige, ich will es leeren.
OTTOKAR: Nein, halt! – Es ist genug für dich. Gib mir's,
Ich sterbe mit dir. *Er trinkt.*
AGNES: Ottokar!
Sie fällt ihm um den Hals.
Ottokar!
O wär es Gift, und könnt ich mit dir sterben!
Denn ist es keins, mit dir zu leben, darf

Ich dann nicht hoffen, da ich so unwürdig
An deiner Seele mich vergangen habe.
OTTOKAR: Willst du's?
AGNES: Was meinst du?
OTTOKAR: Mit mir leben?
Fest an mir halten? Dem Gespenst des Mißtrauns,
Das wieder vor mir treten könnte, kühn
Entgegenschreiten? Unabänderlich,
Und wäre der Verdacht auch noch so groß,
Dem Vater nicht, der Mutter nicht so traun,
Als mir?
AGNES: O Ottokar! Wie sehr beschämst
Du mich.
OTTOKAR: Willst du's? Kann ich dich ganz mein nennen?
AGNES: Ganz Deine, in der grenzenlosesten
Bedeutung.
OTTOKAR: Wohl, das steht nun fest, und gilt
Für eine Ewigkeit. Wir werden's brauchen.
Wir haben viel einander zu erklären,
Viel zu vertraun. – Du weißt, mein Bruder ist –
Von deinem Vater hingerichtet.
AGNES: Glaubst du's?
OTTOKAR: Es gilt kein Zweifel, denk ich, denn die Mörder
Gestanden's selbst.
AGNES: So mußt du's freilich glauben.
OTTOKAR: Und nicht auch du?
AGNES: Mich überzeugt es nicht.
Denn etwas gibt's, das über alles Wähnen
Und Wissen hoch erhaben – das Gefühl
Ist es der Seelengüte andrer.
OTTOKAR: Höchstens
Gilt das für dich. Denn nicht wirst du verlangen,
Daß ich mit deinen Augen sehen soll.
AGNES: Und umgekehrt.
OTTOKAR: Wirst nicht verlangen, daß
Ich meinem Vater weniger, als du
Dem deinen, traue.
AGNES: Und so umgekehrt.
OTTOKAR: O Agnes, ist es möglich? Muß ich dich
So früh schon mahnen! Hast du nicht versprochen,
Mir deiner heimlichsten Gedanken keinen

Zu bergen? Denkst du, daß ich darum dich
Entgelten lassen werde, was dein Haus
Verbrach? Bist du dein Vater denn?

AGNES: Sowenig,
Wie du der deinige – sonst würd ich dich
In Ewigkeit wohl lieben nicht.

OTTOKAR: Mein Vater?
Was hat mein Vater denn verbrochen? Daß
Die Untat ihn empört, daß er den Tätern
Die Fehde angekündigt, ist's zu tadeln?
Mußt er's nicht fast?

AGNES: Ich will's nicht untersuchen.
Er war gereizt, 's ist wahr. Doch daß er uns
Das Gleiche, wie er meint, mit Gleichem gilt,
Und uns den Meuchelmörder schickt, das ist
Nicht groß, nicht edel.

OTTOKAR: Meuchelmörder? Agnes!

AGNES: Nun das ist, Gott sei Dank, nicht zu bezweifeln,
Denn ich erfuhr es selbst an meinem Leibe.
Er zückte schon den Dolch, da hieb Jerome
Ihn nieder – und er liegt nun krank in Warwand.

OTTOKAR: Wer tat das?

AGNES: Nun, ich kann dir jetzt ein Beispiel
Doch geben, wie ich innig dir vertraue.
Der Mörder ist dein Freund.

OTTOKAR: Mein Freund?

AGNES: Du nanntest
Ihn selbst so, und das war es, was vorher
Mich irrte.

OTTOKAR: 's ist wohl möglich nicht – Johann?

AGNES: Derselbe,
Der uns auf diesem Platze überraschte.

OTTOKAR: O Gott, das ist ein Irrtum – sieh, das weiß,
Das weiß ich.

AGNES: Ei, das ist doch seltsam. Soll
Ich nun mit deinen Augen sehn?

OTTOKAR: Mein Vater!
Ein Meuchelmörder! Ist er gleich sehr heftig,
Nie hab ich anders doch ihn, als ganz edel
Gekannt.

AGNES: Soll ich nun deinem Vater mehr,

Als du dem meinen traun?
Stillschweigen.
OTTOKAR: In jedem Falle
War zu der Tat Johann von meinem Vater
Gedungen nicht.
AGNES: Kann sein. Vielleicht sowenig,
Wie von dem meinigen die Leute, die
Den Bruder dir erschlugen.
Stillschweigen.
OTTOKAR: Hätte nur
Jeronimus in seiner Hitze nicht
Den Menschen mit dem Schwerte gleich verwundet,
Es hätte sich vielleicht das Rätsel gleich
Gelöst.
AGNES: Vielleicht – so gut, wie wenn dein Vater
Die Leute nicht erschlagen hätte, die
Er bei der Leiche deines Bruders fand.
Stillschweigen.
OTTOKAR: Ach, Agnes, diese Tat ist nicht zu leugnen,
Die Mörder haben's ja gestanden. –
AGNES: Nun,
Wer weiß, was noch geschieht. Johann ist krank,
Er spricht im Fieber manchen Namen aus,
Und wenn mein Vater rachedürstend wäre,
Er könnte leicht sich einen wählen, der
Für sein Bedürfnis taugt.
OTTOKAR: O Agnes! Agnes!
Ich fange an zu fürchten fast, daß wir
Doch deinem Vater wohl zu viel getan.
AGNES: Sehr gern nehm ich's, wie all die Meinigen,
Zurück, wenn wir von deinem falsch gedacht.
OTTOKAR: Für meinen steh ich.
AGNES: So, wie ich für meinen.
OTTOKAR: Nun wohl, 's ist abgetan. Wir glauben uns.
– O Gott, welch eine Sonne geht mir auf!
Wenn's möglich wäre, wenn die Väter sich
So gern, so leicht, wie wir, verstehen wollten!
– Ja könnte man sie nur zusammenführen!
Denn einzeln denkt nur jeder seinen einen
Gedanken, käm der andere hinzu,
Gleich gäb's den dritten, der uns fehlt.

– Und schuldlos, wie sie sind, müßt ohne Rede
Sogleich ein Aug das andere verstehn.
– Ach, Agnes, wenn dein Vater sich entschlösse!
Denn kaum erwarten läßt's von meinem sich.
AGNES: Kann sein, er ist schon auf dem Wege.
OTTOKAR: Wie?
Er wird doch nicht? Unangefragt, und ohne
Die Sicherheit des Zutritts?
AGNES: Mit dem Herold
Gleich wollt er fort nach Rossitz.
OTTOKAR: – O das spricht
Für deinen Vater weit, weit besser, als
Das Beste für den meinen. –
AGNES: Ach, du solltest
Ihn kennen, ihn nur einmal handeln sehn!
Er ist so stark und doch so sanft. – Er hat es längst
Vergeben. –
OTTOKAR: Könnt ich das von meinem sagen!
Denn niemals hat die blinde Rachsucht, die
Ihn zügellos-wild treibt, mir wohlgetan.
Ich fürchte viel von meinem Vater, wenn
Der deinige unangefragt erscheint.
AGNES: Nun, das wird jetzt wohl nicht geschehn, ich weiß,
Jeronimus wird ihn euch melden.
OTTOKAR: Jerome?
Der ist ja selbst nicht sicher.
AGNES: Warum das?
OTTOKAR: Wenn er Johann verwundet hat, in Warwand
Verwundet hat, das macht den Vater wütend.
AGNES: – Es muß ein böser Mensch doch sein, dein Vater.
OTTOKAR: Auf Augenblicke, ja. –
AGNES: So solltest du
Doch lieber gleich zu deinem Vater eilen,
Zu mildern wenigstens, was möglich ist.
OTTOKAR: Ich mildern? Meinen Vater? Gute Agnes,
Er trägt uns, wie die See das Schiff, wir müssen
Mit seiner Woge fort, sie ist nicht zu
Beschwören. – Nein ich wüßte wohl was Bessers.
– Denn fruchtlos ist doch alles, kommt der Irrtum
Ans Licht nicht, der uns neckt. – Der eine ist,
Von jenem Anschlag auf dein Leben, mir

Schon klar. – Der Jüngling war mein Freund, um seine
Geheimste Absicht kann ich wissen. – Hier
Auf dieser Stelle, eifersuchtgequält,
Reizt' er mit bittern Worten mich, zu ziehen
– Nicht mich zu morden, denn er sagt' es selbst,
Er wolle sterben.
AGNES: Seltsam! Gerade das
Sagt' er mir auch.
OTTOKAR: Nun sieh, so ist's am Tage.
AGNES: Das seh ich doch nicht ein – er stellte sich
Wahnsinnig zwar, drang mir den Dolch auf, sagte,
Als ich mich weigerte, ich hätt ihm einen
Schon in das Herz gedrückt. –
OTTOKAR: Nun, das brauch ich
Wohl dir nicht zu erklären. –
AGNES: Wie?
OTTOKAR: Sagt ich
Dir nicht, daß er dich heftig liebe?
AGNES: – O
Mein Gott, was ist das für ein Irrtum. – Nun
Liegt er verwundet in dem Kerker, niemand
Pflegt seiner, der ein Mörder heißt, und doch
Ganz schuldlos ist. – Ich will sogleich auch gehen.
OTTOKAR: Nur einen Augenblick noch. – So wie einer,
Kann auch der andre Irrtum schwinden. – Weißt
Du, was ich tun jetzt werde? Immer ist's
Mir aufgefallen, daß an beiden Händen
Der Bruderleiche just derselbe Finger,
Der kleine Finger fehlte. – Mördern, denk
Ich, müßte jedes andre Glied fast wichtger
Doch sein, als just der kleine Finger. Läßt
Sich was erforschen, ist's nur an dem Ort
Der Tat. Den weiß ich. Leute wohnen dort,
Das weiß ich auch. – Ja recht, ich gehe hin.
AGNES: So lebe wohl denn.
OTTOKAR: Eile nur nicht so;
Wird dir Johann entfliehn? – Nun pfleg ihm nur,
Und sag ihm, daß ich immer noch sein Freund.
AGNES: Laß gut sein, werd ihn schon zu trösten wissen.
OTTOKAR: Wirst du? Nun einen Kuß will ich ihm gönnen.
AGNES: Den andern gibt er mir zum Dank.

OTTOKAR: Den dritten
Krieg ich zum Lohn für die Erlaubnis.
AGNES: Von
Johann?
OTTOKAR: Das ist der vierte.
AGNES: Ich versteh,
Versteh schon. Nein, daraus wird nichts.
OTTOKAR: Nun gut;
Das nächstemal geb ich dir Gift.
AGNES *lacht*: Frisch aus
Der Quelle, du trinkst mit.
OTTOKAR *lacht*: Sind wir
Nicht wie die Kinder? Denn das Schicksal zieht
Gleich einem strengen Lehrer, kaum ein freundlich
Gesicht, sogleich erhebt der Mutwill wieder
Sein keckes Haupt.
AGNES: Nun bin ich wieder ernst,
Nun geh ich.
OTTOKAR: Und wann kehrst du wieder?
AGNES: Morgen.
Ab von verschiedenen Seiten.

Zweite Szene

Rossitz. Ein Zimmer im Schlosse. RUPERT, SANTING *und* EUSTACHE *treten auf.*

RUPERT: Erschlagen, sagst du?
EUSTACHE: Ja, so spricht das Volk.
RUPERT: Das Volk – ein Volk von Weibern wohl?
EUSTACHE: Mir hat's
Ein Mann bekräftigt.
RUPERT: Hat's ein Mann gehört?
SANTING: Ich hab's gehört, Herr, und ein Mann, ein Wandrer,
Der her aus Warwand kam, hat's mitgebracht.
RUPERT: Was hat er mitgebracht?
SANTING: Daß dein Johann
Erschlagen sei.
EUSTACHE: Nicht doch, Santing, er sagte
Nichts von Johann, vom Herold sagt' er das.
RUPERT: Wer von euch beiden ist das Weib?
SANTING: Ich sage,

Johann; und ist's der Herold, wohl, so steckt
Die Frau ins Panzerhemd, mich in den Weibsrock.
RUPERT: Mit eignen Ohren will ich's hören. Bringt
Den Mann zu mir.
SANTING: Ich zweifle, daß er noch
Im Ort.
EUSTACHE *sieht ihn an*:
    Er ist im Hause.
RUPERT: Einerlei.
Bringt ihn.

Santing und Eustache ab.
Rupert pfeift; zwei Diener erscheinen.
Ruft gleich den Grafen Ottokar!
EIN DIENER: Es soll geschehn, Herr. *Bleibt stehen.*
RUPERT: Nun? was willst du?
DER DIENER: Herr,
Wir haben eine Klingel hier gekauft,
Und bitten dich, wenn du uns brauchst, so klingle.
    Er setzt die Klingel auf den Tisch.
RUPERT: 's ist gut.
DER DIENER: Wir bitten dich darum, denn wenn
Du pfeifst, so springt der Hund jedwedes Mal
Aus seinem Ofenloch, und denkt, es gelte ihm.
RUPERT: – 's ist gut.
    Diener ab; EUSTACHE *und ein* WANDERER *treten auf.*
EUSTACHE: Hier ist der Mann. – Hör es nun selbst,
Ob ich dir falsch berichtet.
RUPERT: Wer bist du, mein Sohn?
DER WANDERER: Bin Hans Franz Flanz von Namen, Untertan
Aus deiner Herrschaft, komm vom Wandern in
Die Heimat heut zurück.
RUPERT: Du warst in Warwand;
Was sahst du da?
DER WANDERER: Sie haben deinen Herold
Erschlagen.
RUPERT: Wer tat es?
DER WANDERER: Herr, die Namen gingen
Auf keine Eselshaut. Es waren an
Die hundert über einen, alle Graf
Sylvesters Leute.
RUPERT: War Sylvester selbst dabei?

DER WANDERER: Er tat, als wüßt er's nicht, und ließ sich bei
Der Tat nicht sehen. Nachher, als die Stücken
Des Herolds auf dem Hofe lagen, kam er
Herunter.
RUPERT: Und was sagt' er da?
DER WANDERER: Er schalt und schimpfte
Die Täter tüchtig aus, es glaubt' ihm aber keiner.
Denn 's dauerte nicht lang, so nannt er seine
Getreuen Untertanen sie.
RUPERT *nach einer Pause*:
O listig ist die Schlange – 's ist nur gut,
Daß wir das wissen, denn so is t sie's nicht
Für uns.
EUSTACHE *zum Wanderer*: Hat denn der Herold ihn beleidigt?
RUPERT: Beleidigen! Ein Herold? Der die Zange
Nur höchstens ist, womit ich ihn gekniffen.
EUSTACHE: So läßt sich's fast nicht denken, daß die Tat
Von ihm gestiftet; denn warum sollt er
So zwecklos dich noch mehr erbittern wollen?
RUPERT: Er setzet die Erfindungskraft vielleicht
Der Rache auf die Probe – nun wir wollen
Doch einen Henker noch zu Rate ziehen.
   SANTING *und ein* ZWEITER WANDERER *treten auf.*
SANTING: Hier ist der Wandrer, Herr, er kann dir sagen,
Ob ich ein Weib, ob nicht.
RUPERT *wendet sich*: Es ist doch nicht
Die Höll in seinem Dienst. –
ZWEITER WANDERER: Ja, Herr, Johann
So heißt der Rittersmann, den sie in Warwand
Erschlagen. –
RUPERT: Und also wohl den Herold nicht?
ZWEITER WANDERER: Herr, das geschah früher.
RUPERT *nach einer Pause*: Tretet ab – bleib du, Santing.
   Die Wanderer und Eustache ab.
RUPERT: Du siehst die Sache ist ein Märchen. Kannst
Du selbst nicht an die Quelle gehn nach Warwand,
So glaub ich's keinem.
SANTING: Herr, du hättst den Mann
Doch hören sollen. In dem Hause war,
Wo ich ihn traf, ein andrer noch, der ihm
Ganz fremd, und der die Nachricht mit den Worten

Fast sagt', als hätt er sie von ihm gelernt.
RUPERT: Der Herold sei's – das wollt ich glauben; doch
Johann! Wie käm denn der nach Warwand?
SANTING: Wie
Die Männer sprachen, hat er Agnes,
Sylvesters Tochter, morden wollen.
RUPERT: Morden!
Ein Mädchen! Sind sie toll? Der Junge ist
Verliebt in alles, was in Weiberröcken.
SANTING: Er soll den Dolch auf sie gezückt schon haben,
Da kommt Jeronimus, und haut ihn nieder.
RUPERT: Jeronimus – wenn's überhaupt geschehn,
Daß er's getan, ist glaublich, denn ich weiß,
Der graue Geck freit um die Tochter. – Glaub's
Trotz allem nicht, bis du's aus Warwand bringst.
SANTING: So reit ich hin – und kehr ich heut am Tage
Nach Rossitz nicht zurück, so ist's ein Zeichen
Von meinem Tode auch.
RUPERT: Auf jeden Fall
Will ich den dritten sprechen, der dir's sagte.
SANTING: Herr, der liegt krank im Haus.
RUPERT: So führe mich zu ihm.
Beide ab; JERONIMUS und EUSTACHE treten im Gespräch von der andern Seite auf.

EUSTACHE: Um Gottes willen, Ritter. –
JERONIMUS: Ihm den Mörder
Zu senden, der ihm hinterrücks die Tochter
Durchbohren soll, die Schuldlosreine, die
Mit ihrem Leben nichts verbrach, als dieses
Nur, daß just dieser Vater ihr es gab.
EUSTACHE: Du hörst mich nicht. –
JERONIMUS: Was seid ihr besser denn
Als die Beklagten, wenn die Rache so
Unwürdig niedrig ist, als die Beleidigung?
EUSTACHE: Ich sag dir ja. –
JERONIMUS: Ist das die Weis, in diesem
Zweideutig bösen Zwist dem Rechtgefuhl
Der Nachbarn schleunig anzuweisen, wo
Die gute Sache sei? Nein, wahrlich, nein,
Ich weiß es nicht, und soll ich's jetzt entscheiden,
Gleich zu Sylvester wend ich mich, nicht euch.

EUSTACHE: So laß mich doch ein Wort nur sprechen – sind
Wir denn die Stifter dieser Tat?
JERONIMUS: Ihr nicht
Die Stifter? Nun, das nenn ich spaßhaft! Er,
Der Mörder, hat es selbst gestanden. –
EUSTACHE: Wer
Hat es gestanden?
JERONIMUS: Wer fragst du? Johann.
EUSTACHE: O welch ein Scheusal ist der Lügner. – Ich
Erstaun, Jeronimus, und wage kaum
Zu sagen, was ich von dir denke. Denn
Ein jedes unbestochnes Urteil müßte
Schnell frei uns sprechen.
JERONIMUS: Schnell? Da hast du unrecht.
Als ich Sylvester hörte, hab ich schnell
Im Geist entschieden, denn sehr würdig wies
Die Schuld er von sich, die man auf ihn bürdet.
EUSTACHE: Ist's möglich, du nimmst ihn in Schutz?
JERONIMUS: Haut mir
Die Hand ab, wenn ich sie meineidig hebe;
Unschuldig ist Sylvester!
EUSTACHE: Soll ich dir
Mehr glauben, als den Tätern, die es selbst
Gestanden?
JERONIMUS: Nun, das nenn ich wieder spaßhaft;
Denn glauben soll ich doch von euch, daß ihr
Unschuldig, ob es gleich Johann gestanden.
EUSTACHE: Nun über jedwedes Geständnis geht
Mein innerstes Gefühl doch. –
JERONIMUS: Grad so spricht Sylvester,
Doch mit dem Unterschied, daß ich's ihm glaube.
EUSTACHE: Wenn jene Tat wie diese ist beschaffen –
JERONIMUS: Für jene, für Sylvesters Unschuld, steh ich.
EUSTACHE: Und nicht für unsre?
JERONIMUS: Reinigt euch.
EUSTACHE: – Was hat
Der Knabe denn gestanden?
JERONIMUS: Sag mir erst,
Was hat der Mörder ausgesagt, den man
Gefoltert – wörtlich will ich's wissen.
EUSTACHE: Ach,

Jeronimus, soll ich mich wahr dir zeigen,
Ich weiß es nicht. Denn frag ich, heißt es stets,
Er hat's gestanden; will ich's wörtlich wissen,
So hat vor dem Geräusch ein jeder nur,
Selbst Rupert nur ein Wort gehört: Sylvester.
JERONIMUS: Selbst Rupert? Ei, wenn's nur dies Wort bedurfte,
So wußte er's wohl schon vorher, nicht wahr?
So halb und halb?
EUSTACHE: Gewiß hat er's vorher
Geahndet. –
JERONIMUS: Wirklich? Nun so war auch wohl
Dies Wort nicht nötig, und ihr hättet euch
Mit einem Blick genügt.
EUSTACHE: Ach, mir hat's nie
Genügt – doch muß die Flagge wehn, wohin
Der Wind. – Ich werde nie den Unglückstag
Vergessen – und es knüpft, du wirst es sehn,
Sich eine Zukunft noch von Unglück an.
– Nun sag mir nur, was hat Johann bekannt?
JERONIMUS: Johann? Dasselbe. Er hat euren Namen
Genannt.
EUSTACHE: Und weiter nichts?
JERONIMUS: Das wäre schon,
Wenn nicht Sylvester edel wär, genug.
EUSTACHE: So glaubt er's also nicht?
JERONIMUS: Er ist der einzige
In seinem Warwand fast, der euch entschuldigt.
EUSTACHE: – Ja, dieser Haß, der die zwei Stämme trennt,
Stets grundlos schien er mir, und stets bemüht
War ich, die Männer auszusöhnen – doch
Ein neues Mißtraun trennte stets sie wieder
Auf Jahre, wenn so kaum ich sie vereinigt.
– Nun, weiter hat Johann doch nichts bekannt.
JERONIMUS: Auch dieses Wort selbst sprach er nur im Fieber
Doch wie gesagt, es wär genug. –
EUSTACHE: So ist
Er krank?
JERONIMUS: Er phantasiert sehr heftig, spricht
Das Wahre und das Falsche durcheinander. –
– Zum Beispiel, im Gebirge sei die Hölle
Für ihn, für Ottokar und Agnes doch

Der Himmel.
EUSTACHE: Nun, und was bedeutet das?
JERONIMUS: Ei, daß sie sich so treu wie Engel lieben.
EUSTACHE: Wie? Du erschreckst mich, Ottokar und Agnes?
JERONIMUS: Warum erschrickst du? Denk ich doch, du solltest
  Vielmehr dich freun. Denn fast kein Minnesänger
  Könnt etwas Besseres ersinnen, leicht
  Das Wildverworrene euch aufzulösen,
  Das Blutig-Angefangne lachend zu
  Beenden, und der Stämme Zwietracht ewig
  Mit seiner Wurzel auszurotten, als
  – Als eine Heirat.
EUSTACHE: Ritter, du erweckst
  Mir da Gedanken. – Aber wie? Man sagte
  – War's ein Gerücht nur bloß? – du freitest selbst
  Um Agnes?
JERONIMUS: Ja, 's ist wahr. – Doch untersucht
  Es nicht, ob es viel Edelmut, ob wenig
  Beweise, daß ich deinem Sohn sie gönne
  – Denn kurz, das Mädel liebt ihn.
EUSTACHE: Aber sag
  Mir nur, wie sie sich kennenlernten? Seit
  Drei Monden erst ist Ottokar vom Hofe
  Des Kaisers, dessen Edelknab er war,
  Zurück. In dieser Zeit hat er das Mädchen
  In meinem Beisein mindstens nicht gesehn.
JERONIMUS: Doch nicht in deinem Beisein um so öfter.
  Noch heute waren beid in dem Gebirge.
EUSTACHE: – Nun freilich, glücklich könnte sich's beschließen,
  Sylvester also wär bereit?
JERONIMUS: Ich bin
  Gewiß, daß er das Mädchen ihm nicht weigert,
  Obschon von ihrer Lieb er noch nichts weiß.
  – Wenn Rupert nur –
EUSTACHE: 's ist kaum zu hoffen, kaum,
  – Versuchen will ich's. – Horch! Er kommt! Da ist er!
RUPERT *und* SANTING *treten auf; Rupert erblickt Jeronimus, erblaßt, kehrt um.*
RUPERT *im Abgehen*: Santing! *Beide ab.*
JERONIMUS: Was war das?
EUSTACHE: Hat er dich denn schon gesehen?
JERONIMUS: Absichtlich hab ich ihn vermieden, um

Mit dir vorher mich zu besprechen. – Wie
Es scheint, ist er sehr aufgebracht.
EUSTACHE: Er ward
Ganz blaß, als er dich sah – das ist ein Zeichen
Wie matte Wolkenstreifen stets für mich;
Ich fürchte einen bösen Sturm.
JERONIMUS: Weiß er
Denn, daß Johann von meiner Hand gefallen?
EUSTACHE: Noch wußt er's nicht, doch hat er eben jetzt
Noch einen dritten Wanderer gesprochen.
JERONIMUS: Das ist ein böser Strich durch meinen Plan.
RUPERT *tritt auf*: Laß uns allein, Eustache
EUSTACHE *halblaut zu Jeronimus*: Hüte dich,
Um Gottes willen. *Ab.*
JERONIMUS: Sei gegrüßt!
RUPERT: Sehr
Neugierig bin ich zu erfahren, was
Zu mir nach Rossitz dich geführt. – Du kommst
Aus Warwand – nicht?
JERONIMUS: Unmittelbar von Hause,
Doch war ich kürzlich dort.
RUPERT: So wirst du wissen,
Wir Vettern sind seit kurzer Zeit ein wenig
Schlimm übern Fuß gespannt. – Vielleicht hast du
Aufträg an mich, kommst im Geschäft des Friedens,
Stellst selbst vielleicht die heilige Person
Des Herolds vor –?
JERONIMUS: Des Herolds? – Nein. Warum?
– Die Frag ist seltsam. – Als dein Gast komm ich.
RUPERT: Mein Gast – und hättst aus Warwand keinen Auftrag?
JERONIMUS: Zum mindsten keinen andern, dessen ich
Mich nicht als Freund des Hauses im Gespräch
Gelegentlich entledgen könnte.
RUPERT: Nun,
Wir brechen die Gelegenheit vom Zaune;
Sag an.
JERONIMUS: – Sylvester will dich sprechen.
RUPERT: Mich,
Mich sprechen?
JERONIMUS: Freilich seltsam ist die Forderung,
Ja unerhört fast – dennoch gäb's ein Zeichen,

Ein sichres fast, von seiner Unschuld, wär
Es dieses.
RUPERT: Unschuld?
JERONIMUS: Ja, mir ist's ein Rätsel,
Wie dir, da es die Mörder selbst gestanden.
Zwar ein Geständnis auf der Folter ist
Zweideutig stets – auch war es nur ein Wort,
Das doch im Grunde stets sehr unbestimmt.
Allein trotz allem, der Verdacht bleibt groß,
Und fast unmöglich scheint's – zum wenigsten
Sehr schwer, doch sich davon zu reinigen.
RUPERT: Meinst du?
JERONIMUS: Doch, wie gesagt, er hält's für möglich.
Er glaubt, es steck ein Irrtum wo verborgen. –
RUPERT: Ein Irrtum?
JERONIMUS: Den er aufzudecken, nichts
Bedürfe, als nur ein Gespräch mit dir.
RUPERT: – Nun, meinetwegen.
JERONIMUS: Wirklich? Willst du's tun?
RUPERT: Wenn du ihn jemals wiedersehen solltest. –
JERONIMUS: – Jemals? Ich eile gleich zu ihm.
RUPERT: So sag's,
Daß ich mit Freuden ihn erwarten würde.
JERONIMUS: O welche segensreiche Stunde hat
Mich hergeführt. – Ich reite gleich nach Warwand,
Und bring ihn her. – Möcht er dich auch so finden,
So freundlich, und so mild, wie ich. – Mach's ihm
Nicht schwer, die Sache ist verwickelt, blutig
Ist die Entscheidung stets des Schwerts, und Frieden
Ist die Bedingung doch von allem Glück.
Willst du ihn nur unschuldig finden, wirst
Du's auch. – Ich glaub's, bei meinem Eid, ich glaub's,
Ich war wie du von dem Verdacht empört,
Ein einzger Blick auf sein ehrwürdig Haupt
Hat schnell das Wahre mich gelehrt. –
RUPERT: Dein Amt
Scheint aus, wenn ich nicht irre.
JERONIMUS: Nur noch zur
Berichtigung etwas von zwei Gerüchten,
Die bös verfälscht, wie ich fast fürchte, dir
Zu Ohren kommen möchten. –

RUPERT: Nun?
JERONIMUS: Johann
Liegt krank in Warwand.
RUPERT: Auf den Tod, ich weiß.
JERONIMUS: Er wird nicht sterben.
RUPERT: Wie es euch beliebt.
JERONIMUS: Wie?
RUPERT: Weiter – Nun, das andere Gerücht?
JERONIMUS: Ich wollt dir sagen noch, daß zwar Johann
Den Dolch auf Agnes –
RUPERT: Ich hatt ihn gedungen.
JERONIMUS: Wie sagst du?
RUPERT: Könnt's mir doch nichts helfen, wenn
Ich's leugnen wollte, da er's ja gestanden.
JERONIMUS: Vielmehr das Gegenteil – aus seiner Rede
Wird klar, daß dir ganz unbewußt die Tat.
RUPERT: Sylvester doch ist überzeugt, wie billig,
Daß ich so gut ein Mörder bin, wie er?
JERONIMUS: Vielmehr das Gegenteil – der Anschein hat
Das ganze Volk getäuscht, doch er bleibt stets
Unwandelbar, und nennt dich schuldlos.
RUPERT: O List der Hölle, von dem Bösesten
Der Teufel ausgeheckt!
JERONIMUS: Was ist das? Rupert!
RUPERT *faßt sich*: Das war das eine. – Nun, sprich weiter, noch
Ein anderes Gerücht wolltst du berichtgen.
JERONIMUS: Gib mir erst Kraft und Mut, gib mir Vertraun.
RUPERT: Sieh zu, wie's geht – sag an.
JERONIMUS: Der Herold ist –
RUPERT: Erschlagen, weiß ich – doch Sylvester ist
Unschuldig an dem Blute.
JERONIMUS: Wahrlich, ja,
Er lag in Ohnmacht während es geschah.
Es hat ihn tief empört, er bietet jede
Genugtuung dir an, die du nur forderst.
RUPERT: Hat nichts zu sagen. –
JERONIMUS: Wie?
RUPERT: Was ist ein Herold?
JERONIMUS: Du bist entsetzlich. –
RUPERT: Bist du denn ein Herold? – ?
JERONIMUS: Dein Gast bin ich, ich wiederhol's. – Und wenn

Der Herold dir nicht heilig ist, so wird's
Der Gast dir sein.
RUPERT: Mir heilig? Ja. Doch fall
Ich leicht in Ohnmacht.
JERONIMUS: Lebe wohl. *Schnell ab.*
Pause; EUSTACHE stürzt aus dem Nebenzimmer herein.
EUSTACHE: Um Gottes willen, rette, rette! *Sie öffnet das Fenster.* Alles
Fällt über ihn – Jeronimus! – das Volk
Mit Keulen – rette, rette ihn – sie reißen
Ihn nieder, nieder liegt er schon am Boden –
Um Gottes willen, komm ans Fenster nur,
Sie töten ihn. – Nein, wieder steht er auf,
Er zieht, er kämpft, sie weichen. – Nun ist's Zeit,
O Rupert, ich beschwöre dich. – Sie dringen
Schon wieder ein, er wehrt sich wütend. – Rufe
Ein Wort, um aller Heilgen willen nur
Ein Wort aus diesem Fenster. – – Ah! Jetzt fiel
Ein Schlag – – er taumelt, Ah! noch einer. – – Nun
Ist's aus. – Nun fällt er um. – Nun ist er tot. – –
Pause; Eustache tritt vor Rupert.
O welch entsetzliche Gelassenheit – –
– Es hätte dir ein Wort gekostet, nur
Ein Schritt bis zu dem Fenster, ja dein bloßes
Gebieterantlitz hätte sie geschreckt. –
– Mög einst in jener bittern Stunde, wenn
Du Hülfe Gottes brauchest, Gott nicht säumen,
Wie du, mit Hülfe vor dir zu erscheinen.
SANTING *tritt auf:* 's ist abgetan, Herr.
EUSTACHE: Abgetan? Wie sagst
Du, Santing. – Rupert, abgetan?
Rupert wendet sich verlegen.
O jetzt
Ist's klar. – Ich Törin, die ich dich zur Rettung
Berief! – O pfui! Das ist kein schönes Werk,
Das ist so häßlich, so verächtlich, daß
Selbst ich, dein unterdrücktes Weib, es kühn
Und laut verachte. Pfui! O pfui! Wie du
Jetzt vor mir sitzest und es leiden mußt,
Daß ich in meiner Unschuld hoch mich brüste.
Denn über alles siegt das Rechtgefühl,
Auch über jede Furcht und jede Liebe,

Und nicht der Herr, der Gatte nicht, der Vater
Nicht meiner Kinder ist so heilig mir,
Daß ich den Richterspruch verleugnen sollte,
Du bist ein Mörder.
RUPERT *steht auf*: Wer zuerst ihn tödlich
Getroffen hat, der ist des Todes!
SANTING: Herr,
Auf dein Geheiß. –
RUPERT: Wer sagt das?
SANTING: 's ist ein Faustschlag
Mir ins Gesicht.
RUPERT: Steck's ein.
Er pfeift; zwei Diener erscheinen.
Wo sind die Hunde wenn
Ich pfeife? – Ruft den Grafen auf mein Zimmer.
Der Vorhang fällt.

VIERTER AUFZUG

ERSTE SZENE

Rossitz. Zimmer im Schlosse. RUPERT *und* SANTING *treten auf.*

RUPERT: Das eben ist der Fluch der Macht, daß sich
Dem Willen, dem leicht widerruflichen,
Ein Arm gleich beut, der fest unwiderruflich
Die Tat ankettet. Nicht ein Zehnteil würd
Ein Herr des Bösen tun, müßt er es selbst
Mit eignen Händen tun. Es heckt sein bloßer
Gedanken Unheil aus, und seiner Knechte
Geringster hat den Vorteil über ihn,
Daß er das Böse wollen darf.
SANTING: Ich kann
Das Herrschen dir nicht lehren, du nicht das
Gehorchen mir. Was Dienen ist, das weiß
Ich auf ein Haar. Befiehl, daß ich dir künftig
Nicht mehr gehorche, wohl, so will ich dir
Gehorchen.
RUPERT: Dienen! Mir gehorchen! Dienen!
Sprichst du doch wie ein Neuling. Hast du mir

Gedient? Soll ich dir erklären, was
Ein Dienst sei? Nützen, nützen soll er. – Was
Denn ist durch deinen mir geworden, als
Der Reue ekelhaft Gefühl?
        Es ist
Mir widerlich, ich will's getan nicht haben.
Auf deine Kappe nimm's – ich steck dich in
Den Schloßturm. –
SANTING: Mich?
RUPERT: Kommst du heraus, das schöne
Gebirgslehn wird dir nicht entgehn.
     EUSTACHE tritt auf.
RUPERT *steht auf, zu Santing, halblaut*: Es bleibt
Dabei. In vierzehn Tagen bist du frei. *Zu Eustache:*
Was willst du?
EUSTACHE: Stör ich?
RUPERT *zu Santing*:   Gehe! Meinen Willen
Weißt du. Solange ich kein Knecht, soll mir
Den Herrn ein andrer auf der Burg nicht spielen.
Den Zügel hab ich noch, sie sollen sich
Gelassen dran gewöhnen, müßten sie
Die Zähne sich daran zerbeißen. Der
Zuerst den Herold angetastet, hat
Das Beil verwirkt. – Dich steck ich in den Schloßturm.
– Kein Wort, sag ich, wenn dir dein Leben lieb!
Du hast ein Wort gedeutet, eigenmächtig,
Rebellisch deines Herren Willen mißbraucht –
– Ich schenk dir's Leben. Fort. Tritt ab. *Santing ab.*
Zu Eustache: Was willst du?
EUSTACHE: Mein Herr und mein Gemahl. –
RUPERT: Wenn du
Die Rede, die du kürzlich hier begonnen,
Fortsetzen willst, so spar es auf; du siehst
Ich bin soeben nicht gestimmt, es an-
Zuhören.
EUSTACHE: Wenn ich Unrecht dir getan –
RUPERT: So werd ich mich vor dir wohl rein'gen müssen?
Soll ich etwa das Hofgesinde rufen,
Und öffentlich dir Rede stehn?
EUSTACHE: O mein
Gemahl, ein Weib glaubt gern an ihres Mannes

Unschuld, und küssen will ich deine Hand
Mit Tränen, Freudentränen, wenn sie rein
Von diesem Morde.
RUPERT: Wissen es die Leute,
Wie's zugegangen?
EUSTACHE: Selber spricht die Tat.
Das Volk war aufgehetzt von Santing.
RUPERT: Daß
Ich auf dein Rufen an das Fenster nicht
Erschienen, ist mir selber unerklärlich,
Sehr schmerzhaft ist mir die Erinnerung.
EUSTACHE: Es würde fruchtlos doch gewesen sein.
Er sank so schleunig hin, daß jede Rettung,
Die schnellste selbst, zu spät gekommen wäre.
Auch ganz aus seiner Schranke war das Volk,
Und hätte nichts von deinem Wort gehört.
RUPERT: Doch hätt ich mich gezeigt –
EUSTACHE: Nun freilich wohl.
DIE KAMMERZOFE *stürzt herein, umfaßt Eustachens Füße*: Um deine Hülfe,
Gebieterin! Sie führen ihn zum Tode, [Gnädigste! Erbarmung,
Errettung von dem Tode! Laß ihn, laß mich,
Laß uns nicht aufgeopfert werden!
EUSTACHE: Dich?
Bist du von Sinnen?
DIE KAMMERZOFE: Meinen Friedrich. Er
Hat ihn zuerst getroffen.
EUSTACHE: Wen?
DIE KAMMERZOFE: Den Ritter,
Den dein Gemahl geboten zu erschlagen.
RUPERT: Geboten – ich! Den Teufel hab ich. – Santing
Hat's angestiftet!
DIE KAMMERZOFE *steht auf*: Santing hat's auf dein
Geheiß gestiftet.
RUPERT: Schlange, giftige!
Aus meinen Augen, fort!
DIE KAMMERZOFE: Auf dein Geheiß
Hat's Santing angestiftet. Selbst hab ich's
Gehört, wie du's dem Santing hast befohlen.
RUPERT: – Gehört? – Du selbst?
DIE KAMMERZOFE: Ich stand im Schloßflur, stand
Dicht hinter dir, ich hörte jedes Wort,

Doch du warst blind vor Wut, und sahst mich nicht.
Es haben's außer mir noch zwei gehört.
RUPERT: – 's ist gut. Tritt ab.
DIE KAMMERZOFE: So schenkst du ihm das Leben?
RUPERT: 's soll aufgeschoben sein.
DIE KAMMERZOFE: O Gott sei Dank!
Und dir sei Dank, mein bester Herr, es ist
Ein braver Bursche, der sein Leben wird
An deines setzen.
RUPERT: Gut, sag ich. Tritt ab. *Kammerzofe ab.*
Rupert wirft sich auf einen Sessel; Eustache nähert sich ihm; Pause.
EUSTACHE: Mein teurer Freund. –
RUPERT: Laß mich allein, Eustache.
EUSTACHE: O laß mich bleiben. – O dies menschlich schöne
Gefühl, das dich bewegt, löscht jeden Fleck,
Denn Reue ist die Unschuld der Gefallnen.
An ihrem Glanze weiden will ich mich,
Denn herrlicher bist du mir nie erschienen,
Als jetzt.
RUPERT: Ein Elender bin ich. –
EUSTACHE: Du glaubst
Es. – Ah! Der Augenblick nach dem Verbrechen
Ist oft der schönste in dem Menschenleben,
Du weißt's nicht – ach, du weißt es nicht, und grade
Das macht dich herrlich. Denn nie besser ist
Der Mensch, als wenn er es recht innig fühlt,
Wie schlecht er ist.
RUPERT: Es kann mich keiner ehren,
Denn selbst ein Ekel bin ich mir.
EUSTACHE: Den soll
Kein Mensch verdammen, der sein Urteil selbst
Sich spricht. O hebe dich! Du bist so tief
Bei weitem nicht gesunken, als du hoch
Dich heben kannst.
RUPERT: Und wer hat mich so häßlich
Gemacht? O hassen will ich ihn. –
EUSTACHE: Rupert!
Du könntest noch an Rache denken?
RUPERT: Ob
Ich an die Rache denke? – Frage doch,
Ob ich noch lebe?

EUSTACHE: Ist es möglich? Oh,
Nicht diesen Augenblick zum wenigsten
Wirst du so bös beflecken – Teufel nicht
In deiner Seele dulden, wenn ein Engel
Noch mit mir spricht aus deinen Zügen.
RUPERT: Soll
Ich dir etwa erzählen, daß Sylvester
Viel Böses mir getan? Und soll ich's ihm
Verzeihn, als wär es nur ein Weiberschmollen?
Er hat mir freilich nur den Sohn gemordet,
Den Knaben auch, der lieb mir wie ein Sohn. –
EUSTACHE: O sprich's nicht aus! Wenn dich die Tat gereut,
Die blutige, die du gestiftet, wohl,
So zeig's, und ehre mindestens im Tode
Den Mann, mit dessen Leben du gespielt.
Der Abgeschiedene hat es beschworen:
Unschuldig ist Sylvester!
Rupert sieht ihr starr ins Gesicht.
So unschuldig
An Peters Mord, wie wir an jenem Anschlag
Auf Agnes' Leben.
RUPERT: Über die Vergleichung!
EUSTACHE: Warum nicht, mein Gemahl? Denn es liegt alles
Auf beiden Seiten gleich, bis selbst auf die
Umstände nach der Tat. Du fandst Verdächtge
Bei deinem toten Kinde, so in Warwand;
Du hiebst sie nieder, so in Warwand; sie
Gestanden Falsches, so in Warwand; du
Vertrautest ihnen, so in Warwand. – Nein,
Der einzge Umstand ist verschieden, daß
Sylvester selber doch dich freispricht.
RUPERT: Oh,
Gewendet, listig, haben sie das ganze
Verhältnis, mich, den Kläger, zum Verklagten
Gemacht. – Und um das Bubenstück, das mich
Der ganzen Welt als Mörder zeigt, noch zu
Vollenden, so verzeiht er mir. –
EUSTACHE: Rupert!
O welch ein häßlicher Verdacht, der schon
Die Seele schändet, die ihn denkt.
RUPERT: Verdacht

Ist's nicht in mir, es ist Gewißheit. Warum,
Meinst du, hätt er mir wohl verziehen, da
Der Anschein doch so groß, als nur, damit
Ich gleich gefällig mich erweise? Er
Kann sich nicht reinigen, er kann es nicht,
Und nun, damit ich's ihm erlaß, erläßt
Er's mir. – Nun, halb zum wenigsten soll ihm
Das Bubenstück gelingen nur. Ich nehme
Den Mord auf mich – und hätt der Jung das Mädchen
Erschlagen, wär's mir recht.

EUSTACHE: Das Mädchen? O
Mein Gott, du wirst das Mädchen doch nicht morden?

RUPERT: Die Stämme sind zu nah gepflanzet, sie
Zerschlagen sich die Äste.

EUSTACHE *zu seinen Füßen*: O verschone,
Auf meinen Knien bitt ich dich, verschone
Das Mädchen – wenn dein eigner Sohn dir lieb,
Wenn seine Liebe lieb dir, wenn auf immer
Du seinen Fluch dir nicht bereiten willst,
Verschone Agnes. –

RUPERT: Welche seltsame
Anwandlung? Mir den Fluch des Sohnes?

EUSTACHE: Ja,
Es ist heraus – auf meinen Knien beschwöre
Ich dich, bei jener ersten Nacht, die ich
Am Tage vor des Priesters Spruch dir schenkte,
Bei unserm einzgen Kind, bei unserm letzten,
Das du hinopferst, und das du doch nicht
Geboren hast, wie ich, o mache diesem
Unselig-bösen Zwist ein Ende, der
Bis auf den Namen selbst den ganzen Stamm
Der Schroffensteine auszurotten droht.
Gott zeigt den Weg selbst zur Versöhnung dir.
Die Kinder lieben sich, ich habe sichre
Beweise. –

RUPERT: Lieben?

EUSTACHE: Unerkannt hat Gott
In dem Gebirge sie vereint.

RUPERT: Gebirg?

EUSTACHE: Ich weiß es von Jeronimus, der Edle!
Vortreffliche! Sein eigner Plan war es,

Die Stämme durch die Heirat zu versöhnen,
Und selbst sich opfernd, trat er seine Braut
Dem Sohne seines Freundes ab. – O ehre
Im Tode seinen Willen, daß sein Geist
In deinen Träumen dir nicht mit Entsetzen
Begegne. – Sprich, o sprich den Segen aus!
Mit Tränen küß ich deine Knie, küsse
Mit Inbrunst deine Hand, die ach! noch schuldig,
Was sie am Altar mir versprach – o brauche
Sie einmal doch zum Wohltun, gib dem Sohne
Die Gattin, die sein Herz begehrt, und dir
Und mir und allen Unsrigen den Frieden.

RUPERT: Nein, sag mir, hab ich recht gehört, sie sehen
Sich im Gebirge, Ottokar und Agnes?

EUSTACHE *steht auf*: O Gott, mein Heiland, was hab ich getan?

RUPERT *steht auf*: Das freilich ist ein Umstand von Bedeutung.
Er pfeift; ZWEI DIENER *erscheinen.*

EUSTACHE: Wär's möglich? Nein. – O Gott sei Dank! Das wäre
Ja selbst für einen Teufel fast zu boshaft. –

RUPERT *zu den Dienern*: Ist noch der Graf zurück nicht vom Spaziergang?

EIN DIENER: Nein, Herr.

RUPERT: Wo ist der Santing?

EIN DIENER: Bei der Leiche.

RUPERT: Führ mich zu ihm. *Ab.*

EUSTACHE *ihm nach*:   Rupert! Rupert! O höre. –
Alle ab.

ZWEITE SZENE

Warwand; Zimmer im Schlosse. SYLVESTER *tritt auf, öffnet ein Fenster, und bleibt mit Zeichen einer tiefen Bewegung davor stehen.* GERTRUDE *tritt auf, und nähert sich ihm mit verdecktem Gesicht.*

GERTRUDE: Weißt du es?

AGNES *tritt auf, noch an der Tür halblaut*: Mutter! Mutter!
Gertrude sieht sich um, Agnes nähert sich ihr.
                                    Weißt du die
Entsetzenstat? Jerome ist erschlagen.
Gertrude gibt ihr ein bejahendes Zeichen.
                                      Weiß er's?

GERTRUDE *wendet sich zu Sylvester*: Sylvester!

SYLVESTER *ohne sich umzusehen*: Bist du es, Gertrude?
GERTRUDE: Wenn
  Ich wüßte, wie du jetzt gestimmt, viel hätt ich
  Zu sagen dir.
SYLVESTER: Es ist ein trüber Tag
  Mit Wind und Regen, viel Bewegung draußen. –
  Es zieht ein unsichtbarer Geist, gewaltig,
  Nach einer Richtung alles fort, den Staub,
  Die Wolken, und die Wellen. –
GERTRUDE: Willst du mich,
  Sylvester, hören?
SYLVESTER: Sehr beschäftigt mich
  Dort jener Segel – siehst du ihn? Er schwankt
  Gefährlich, übel ist sein Stand, er kann
  Das Ufer nicht erreichen. –
GERTRUDE: Höre mich,
  Sylvester, eine Nachricht hab ich dir
  Zu sagen von Jerome.
SYLVESTER: Er, er ist
  Hinüber – *Er wendet sich.* Ich weiß alles.
GERTRUDE: Weißt du's? Nun,
  Was sagst du?
SYLVESTER: Wenig will ich sagen. Ist
  Theistin noch nicht zurück?
GERTRUDE: So willst du nun
  Den Krieg beginnen?
SYLVESTER: Kenn ich doch den Feind.
GERTRUDE: Nun freilich, wie die Sachen stehn, so mußt
  Du's wohl. Hat er den Vetter hingerichtet,
  Der schuldlos war, so wird er dich nicht schonen.
  Die Zweige abzuhaun des ganzen Stammes,
  Das ist ein überlegter Plan, damit
  Das Mark ihm seinen Wipfel höher treibe.
SYLVESTER: Den Edelen, der nicht einmal als Herold
  Gekommen, der als Freund nur das Geschäft
  Betrieb des Friedens, preiszugeben – i h n
  Um sich an m i r zu rächen, preiszugeben
  Dem Volke –
GERTRUDE: Nun doch, endlich wirst du ihn
  Nicht mehr verkennen?
SYLVESTER: Ihn hab ich verkannt,

Jeronimus – hab ihn der Mitschuld heute
Geziehen, der sich heut für mich geopfert.
Denn wohl geahndet hat es ihm – mich hielt
Er ab, und ging doch selbst nach Rossitz, der
Nicht sichrer war, als ich. –
GERTRUDE: Konnt er denn anders?
Denn weil du Rupert stets mit blinder Neigung
Hast freigesprochen, ja sogar gezürnt,
Wenn man es nur gewagt, ihm zu mißtraun,
So mußt er freilich zu ihm gehen. –
SYLVESTER: Nun,
Beruh'ge dich – fortan kein anderes
Gefühl als nur der Rache will ich kennen,
Und wie ich duldend einer Wolke gleich
Ihm lange überm Haupt geschwebt, so fahr
Ich einem Blitze gleich jetzt über ihn.
THEISTINER *tritt auf*: Hier bin ich wieder, Herr, von meinem Zuge,
Und bringe gleich die fünf Vasallen mit.
SYLVESTER *wendet sich schnell*: Wo sind sie?
THEISTINER: Unten in dem Saale. Drei,
Der Manso, Vitina, Paratzin, haben
Auf ihren Kopf ein Dreißig Männer gleich
Nach Warwand mitgebracht.
SYLVESTER: Ein Dreißig Männer?
– Ein ungesprochner Wunsch ist mir erfüllt.
– Laßt mich allein, ihr Weiber.
Die Weiber ab.
Wenn sie so
Ergeben sich erweisen, sind sie wohl
Gestimmt, daß man sie schleunig brauchen kann?
THEISTINER: Wie den gespannten Bogen, Herr; der Mord
Jeromes hat ganz wütend sie gemacht.
SYLVESTER: So wollen wir die Witterung benutzen.
Er will nach meinem Haupte greifen, will
Es – nun, so greif ich schnell nach seinem. Dreißig
Sagst du, sind eben eingerückt, ein Zwanzig
Bring ich zusammen, das ist mit dem Geiste,
Der mit uns geht, ein Heer – Theistin, was meinst du?
Noch diese Nacht will ich nach Rossitz.
THEISTINER: Herr,
Gib mir ein Funfzehn von dem Trupp, spreng ich

Die Tore selbst und öffne dir den Weg.
Ich kenn das Nest, als wär's ein Dachsloch – noch
Erwarten sie von uns nichts Böses, ich
Beschwör's, die sieben Bürger halten Wache
Noch, wie in Friedenszeiten.
SYLVESTER: So bleibt's dabei.
Du nimmst den Vortrab. Wenn es finster, brechen
Wir auf. Den ersten Zugang überrumpelst
Du, selber folg ich auf dem Fuße, bei
Jeromes Leiche sehen wir uns wieder,
Ich will ihm eine Totenfeier halten,
Und Rossitz soll wie Fackeln sie beleuchten.
Nun fort zu den Vasallen.

Beide ab.

Dritte Szene

Bauernküche.
BARNABE *am Herd. Sie rührt einen Kessel, der über Feuer steht.*

BARNABE:
Zuerst dem Vater:
 Ruh in der Gruft; daß ihm ein Frevlerarm nicht
 Über das Feld trage die Knochen umher.
 Leichtes Erstehn; daß er hoch jauchzend das Haupt
 Dränge durchs Grab, wenn die Posaune ihm ruft.
 Ewiges Glück: daß sich die Pforte ihm weit
 Öffne, des Lichts Glanzstrom entgegen ihm wog.
URSULA *außerhalb der Szene*: Barnabe! Barnabe!
Rührst du den Kessel?
BARNABE: Ja doch, ja, mit beiden Händen;
Ich wollt, ich könnt die Füß auch brauchen.
URSULA: Aber
Du sprichst nicht die drei Wünsche. –
BARNABE: Nun, das gesteh ich!
Wenn unser Herrgott taub, wie du, so hilft
Es alles nichts. – Dann der Mutter:
 Alles Gedeihn; daß ihr die Landhexe nicht
 Giftigen Blicks töte das Kalb in der Kuh.
 Heil an dem Leibe: daß ihr der Krebs mit dem Blut-
 Läppchen im Schutt schwinde geschwinde dahin,

Leben im Tod: daß ihr kein Teufel die Zung
Strecke heraus, wenn sie an Gott sich empfiehlt.
Nun für mich:
Freuden vollauf: daß mich ein stattlicher Mann
Ziehe mit Kraft kühn ins hochzeitliche Bett.
Gnädiger Schmerz: daß sich –
URSULA: Barnabe! Böses Mädel! Hast den Blumenstaub
Vergessen und die Wolfkrautskeime.
BARNABE: Nein
Doch, nein, 's ist alles schon hinein. Der Brei
Ist dick, daß schon die Kelle stehet.
URSULA: Aber
Die ungelegten Eier aus dem Hechtsbauch?
BARNABE: Schneid ich noch einen auf?
URSULA: Nein, warte noch.
Ich will erst Fliederblüte zubereiten.
Laß du nur keinen in die Küche, hörst du?
Und rühre fleißig, hörest du? Und sag
Die Wünsche, hörst du?
BARNABE: Ja doch, ja. – Wo blieb
Ich stehn? Freude vollauf. – Nein, das ist schon vorbei.
Gnädiger Schmerz: daß sich die liebliche Frucht
Winde vom Schoß o nicht mit Ach! mir und Weh!
Weiter mir nichts, bleibt mir ein Wünschen noch frei,
Gütiger Gott, mache die Mutter gesund. *Sie hält wie ermüdet inne.*
Ja, lieber Gott! – Wenn's Glück so süß nicht wär,
Wer würd so sauer sich darum bemühn? –
Von vorn. Zuerst dem Vater:
Ruh in der Gruft: daß ihm ein Frevlerarm nicht
Über das Feld – – Ah!
Sie erblickt OTTOKAR, *der bei den letzten Worten hereingetreten ist.*
OTTOKAR: Was sprichst du mit
Dem Kessel, Mädchen? Bist du eine Hexe,
Du bist die lieblichste, die ich gesehn,
Und tust, ich wette, keinem Böses, der
Dir gut.
BARNABE: Geh h'raus, du lieber Herr, ich bitte dich.
In dieser Küche darf jetzt niemand sein,
Die Mutter selbst nicht, außer ich.
OTTOKAR: Warum
Denn just nur du?

BARNABE: Was weiß ich? Weil ich eine Jungfrau bin.
OTTOKAR: Ja darauf schwör ich. Und wie heißt du denn,
Du liebe Jungfrau?
BARNABE: Barnabe.
OTTOKAR: So? Deine Stimme
Klingt schöner, als dein Name.
URSULA: Barnabe! Barnabe!
Wer spricht denn in der Küch?
Ottokar macht ein bittend Zeichen.
BARNABE: Was sagst du, Mutter?
URSULA: Bist du es? Sprichst du die drei Wünsche?
BARNABE: Ja doch, ja,
Sei doch nur ruhig. *Sie fängt wieder an, im Kessel zu rühren.*
Aber nun geh fort,
Du lieber Herr. Denn meine Mutter sagt,
Wenn ein Unreiner zusieht, taugt der Brei nicht.
OTTOKAR: Doch wenn ein Reiner zusieht, wird er um
So besser.
BARNABE: Davon hat sie nichts gesagt.
OTTOKAR: Weil's sich von selbst ergibt.
BARNABE: Nun freilich wohl,
Es scheint mir auch. Ich will die Mutter fragen.
OTTOKAR: Wozu? Das wirst du selber ja verstehn.
BARNABE: Nun störe mich nur nicht. 's ist unser Glücksbrei,
Und ich muß die drei Wünsche dazu sagen.
OTTOKAR: Was kochst du denn?
BARNABE: Ich? – Einen Kindesfinger.
Ha! ha! Nun denkst du, ich sei eine Hexe.
OTTOKAR: Kin – Kindesfinger?
URSULA: Barnabe! Du böses Mädel!
Was lachst du?
BARNABE: Ei, was lach ich? Ich bin lustig,
Und sprech die Wünsche.
URSULA: Meinen auch vom Krebse?
BARNABE: Ja, ja. Auch den vom Kalbe.
OTTOKAR: Sag mir –? Hab
Ich recht gehört –?
BARNABE: Nein sieh, ich plaudre nicht.
Ich muß die Wünsche sprechen, laß mich sein.
Sonst schilt die Mutter und der Brei verdirbt.
OTTOKAR: Hör, weißt du was? Bring diesen Beutel deiner Mutter,

Er sei dir auf den Herd gefallen, sprich,
Und komm schnell wieder.
BARNABE: Diesen Beutel? 's ist
Ja Geld darin. –
OTTOKAR: Gib's nur der Mutter dreist,
Jedoch verschweig's, von wem er kommt. Nun geh.
BARNABE: Du lieber Gott, bist du ein Engel?
OTTOKAR: Fort! Und komm bald wieder.
Er schiebt sie sanft ins Nebenzimmer; lebhaft auf und nieder gehend:
Ein Kindesfinger! Wenn's der kleine wäre!
Wenn's Peters kleiner Finger wäre! Wiege
Mich, Hoffnung, einer Schaukel gleich, und gleich,
Als spielt' geschloßnen Auges schwebend mir
Ein Windzug um die offne Brust, so wende
Mein Innerstes sich vor Entzücken. – Wie
Gewaltig, Glück, klopft deine Ahndung an
Die Brust! Dich selbst, o Übermaß, wie werd
Ich dich ertragen. – Horch! Sie kommt! Jetzt werd ich's hören!
BARNABE *tritt auf, er geht ihr entgegen und führt sie in den Vordergrund.*
Nun sage mir, wie kommt ihr zu dem Finger?
BARNABE: Ich hab mit Muttern kürzlich ihn gefunden.
OTTOKAR: Gefunden bloß? Auf welche Art?
BARNABE: Nun dir
Will ich's schon sagen, wenn's gleich Mutter mir
Verboten.
OTTOKAR: Ja, das tu.
BARNABE: Wir suchten Kräuter
Am Waldstrom im Gebirg, da schleifte uns
Das Wasser ein ertrunken Kind ans Ufer.
Wir zogen's drauf heraus, bemühten viel
Uns um das arme Wurm; vergebens, es
Blieb tot. Drauf schnitt die Mutter die's versteht,
Dem Kinde einen kleinen Finger ab;
Denn der tut nach dem Tod mehr Gutes noch,
Als eines Auferwachsnen ganze Hand
In seinem Leben. – Warum stehst du so
Tiefsinnig? Woran denkst du?
OTTOKAR: An Gott.
Erzähle mehr noch. Du und deine Mutter –
War niemand sonst dabei?
BARNABE: Gar niemand.

OTTOKAR: Wie?
BARNABE: Als wir den Finger abgelöset, kamen
Zwei Männer her aus Warwand, welche sich
Den von der Rechten lösen wollten. Der
Hilft aber nichts, wir machten uns davon,
Und weiter weiß ich nichts.
OTTOKAR: Es ist genug.
Du hast gleich einer heilgen Offenbarung
Das Unbegriffne mir erklärt. Das kannst
Du nicht verstehn, doch sollst du's bald. – Noch eins.
In Warwand ist ein Mädchen, dem ich auch
So gut, wie dir. Die spräch ich gern noch heut
In einer Höhle, die ihr wohlbekannt.
Die Tochter ist es auf dem Schlosse, Agnes,
Du kannst nicht fehlen.
BARNABE: Soll ich sie dir rufen?
Nun ja, es wird ihr Freude machen auch.
OTTOKAR: Und dir. Wir wollen's beide dir schon lohnen.
Doch mußt du's selbst ihr sagen, keinem andern
Vertraun, daß dich ein Jüngling abgeschickt,
Verstehst du? Nun, das weißt du wohl. – Und daß
Du Glauben finden mögest auch bei ihr,
Nimm dieses Tuch, und diesen Kuß gib ihr. *Ab.*
Barnabe sieht ihm nach, seufzt und geht ab.

Vierte Szene

Eine andere Gegend im Gebirge.
RUPERT *und* SANTING *treten auf.*

SANTING: Das soll gewöhnlich sein Spaziergang sein,
Sagt mir der Jäger. Selber hab ich ihn
Zweimal, und sehr erhitzt, auf dieser Straße
Begegnet. Ist er im Gebirg, so ist's
Auch Agnes, und wir fangen beid zugleich.
RUPERT *setzt sich auf einen Stein:*
Es ist sehr heiß mir, und die Zunge trocken.
SANTING: Der Wind geht kühl doch übers Feld.
RUPERT: Ich glaub,
's ist innerlich.
SANTING: Fühlst du nicht wohl dich?

RUPERT: Nein.
Mich dürstet.
SANTING: Komm an diesen Quell.
RUPERT: Löscht er
Den Durst?
SANTING: Das Wasser mindestens ist klar,
Daß du darin dich spiegeln könntest. Komm!
RUPERT *steht auf, geht zum Quell, neigt sich über ihn, und plötzlich mit der Bewegung des Abscheus wendet er sich.*
SANTING: Was fehlt dir?
RUPERT: Eines Teufels Antlitz sah
Mich aus der Welle an.
SANTING *lachend*: Es war dein eignes.
RUPERT: Skorpion von einem Menschen. *Setzt sich wieder.*
BARNABE *tritt auf*:
Hier geht's nach Warwand doch, gestrenger Ritter?
SANTING: Was hast du denn zu tun dort, schönes Kind?
BARNABE: Bestellungen an Fräulein Agnes.
SANTING: So?
Wenn sie so schön wie du, so möcht ich mit dir gehn,
Was wirst du ihr denn sagen?
BARNABE: Sagen? Nichts,
Ich führe sie bloß ins Gebirg.
SANTING: Heut noch?
BARNABE: Kennst du sie?
SANTING: Wen'ger noch, als dich,
Und es betrübt mich wen'ger. – Also heute noch?
BARNABE: Ja gleich. – Und bin ich auf dem rechten Weg?
SANTING: Wer schickt dich denn?
BARNABE: Wer? – Meine Mutter.
SANTING: So?
Nun geh nur, geh auf diesem Wege fort,
Du kannst nicht fehlen.
BARNABE: Gott behüte euch. *Ab.*
SANTING: Hast du's gehört Rupert? Sie kommt noch heut
In das Gebirg. Ich wett, das Mädchen war
Von Ottokar geschickt.
RUPERT *steht auf*: So führ ein Gott,
So führ ein Teufel sie mir in die Schlingen,
Gleichviel! Sie haben mich zu einem Mörder
Gebrandmarkt boshaft im voraus. – Wohlan,

So sollen sie denn recht gehabt auch haben.
— Weißt du den Ort, wo sie sich treffen?
SANTING: Nein,
Wir müssen ihnen auf die Fährte gehn.
RUPERT: So komm.
Beide ab.

Fünfte Szene

Rossitz. Ein Gefängnis im Turm. Die Tür öffnet sich, VETORIN *tritt auf.*

OTTOKAR *noch draußen*:
Mein Vater hat's befohlen?
VETORIN: In der eigenen
Person, du möchtest gleich bei deinem Eintritt
Ins Tor uns folgen nur, wohin wir dich
Zu führen haben. Komm, du alter Junge,
Komm h'rein.
OTTOKAR: Hör, Vetorin, du bist mit deinem
Satyrngesicht verdammt verdächtig mir.
Nun, weil ich doch kein Mädchen, will ich's tun.
Er tritt auf, der KERKERMEISTER *folgt ihm.*
VETORIN: Der Ort ist, siehst du, der unschuldigste.
Denn hier auf diesen Quadersteinen müßt's
Selbst einen Satyr frieren.
OTTOKAR: Statt der Rosen
Will er mit Ketten mich und Banden mich
Umwinden — denn die Grotte, merk ich wohl,
Ist ein Gefängnis.
VETORIN: Hör, das gibt vortreffliche
Gedanken, morgen, wett ich, ist dein Geist
Fünf Jahre älter, als dein Haupt.
OTTOKAR: Wär ich
Wie du, ich nähm es an. Denn deiner straft
Dein graues Haupt um dreißig Jahre Lügen.
— Nun komm, ich muß zum Vater.
VETORIN *tritt ihm in den Weg*: Nein, im Ernst,
Bleib hier, und sei so lustig, wie du kannst.
OTTOKAR: Bei meinem Leben, ja, das bin ich nie
Gewesen so wie jetzt, und möchte dir
Die zähnenlosen Lippen küssen, Alter.

Du gehst auch gern nicht in den Krieg, nun höre,
Sag deinem Weibe nur, ich bring den Frieden.
VETORIN: Im Ernste?
OTTOKAR: Bei meinem Leben, ja.
VETORIN: Nun morgen
Mehr. Lebe wohl. *Zum Kerkermeister:* Verschließe hinter mir
Sogleich die Türe. *Zu Ottokar, da dieser ihm folgen will:*
Nein, bei meinem Eid,
Ich sag dir, auf Befehl des Vaters bist
Du ein Gefangner.
OTTOKAR: Was sagst du?
VETORIN: Ich soll
Dir weiter gar nichts sagen, außer dies.
OTTOKAR: Nun?
VETORIN: Ei, daß ich nichts sagen soll.
OTTOKAR: O bei
Dem großen Gott des Himmels, sprechen muß
Ich gleich ihn – eine Nachricht von dem höchsten
Gewicht, die keinen Aufschub duldet, muß
Ich mündlich gleich ihm hinterbringen.
VETORIN: So
Kannst du dich trösten mindestens, er ist
Mit Santing fort, es weiß kein Mensch wohin.
OTTOKAR: Ich muß sogleich ihn suchen, laß mich. –
VETORIN *tritt ihm in den Weg:* Ei
Du scherzest wohl.
OTTOKAR: Nein, laß mich, nein, ich scherze
Bei meiner Ritterehre nicht mit deiner.
's ist plötzlich mir so ernst zumut geworden,
Als wäre ein Gewitter in der Luft.
Es hat die höchste Eil mit meiner Nachricht,
Und läßt du mich gutwillig nicht, so wahr
Ich leb, ich breche durch.
VETORIN: Durchbrechen, du?
Sprichst doch mit mir gleich wie mit einem Weibe!
Du bist mir anvertraut auf Haupt und Ehre,
Tritt mich mit Füßen erst, dann bist du frei.
Nein, hör, ich wüßte was Gescheuteres.
Gedulde dich ein Stündchen, führ ich selbst
Sobald er rückkehrt deinen Vater zu dir.
OTTOKAR: Sag mir ums Himmels willen nur, was hab

Ich Böses denn getan?
VETORIN: Weiß nichts. – Noch mehr.
Ich schick dem Vater Boten nach, daß er
So früher heimkehrt.
OTTOKAR: Nun denn, meinetwegen.
VETORIN: So lebe wohl. *Zum Kerkermeister:* Und du tust deine Pflicht.
Vetorin und der Kerkermeister ab; die Tür wird verschlossen.
OTTOKAR *sieht ihnen nach*: Ich hätte doch nicht bleiben sollen. – Gott
Weiß, wann der Vater wiederkehrt. – Sie wollten
Ihn freilich suchen. – Ach, es treibt der Geist
Sie nicht, der alles leistet. – – Was zum Henker,
Es geht ja nicht, ich muß hinaus, ich habe
Ja Agnes ins Gebirg beschieden. – Vetorin!
Vetorin! *An die Türe klopfend.* Daß ein Donner, Tauber, das
Gehör dir öffnete! Vetorin! – – Schloß
Von einem Menschen, den kein Schlüssel schließt,
Als nur sein Herr. Dem dient er mit stockblinder
Dienstfertigkeit, und wenn sein Dienst auch zehnmal
Ihm Schaden brächt, doch dient er ihm. – Ich wollt
Ihn doch gewinnen, wenn er nur erschiene.
Denn nichts besticht ihn, außer daß man ihm
Das sagt. – – Zum mindsten wollt ich ihn doch eher
Gewinnen, als die tauben Wände! Himmel
Und Hölle! Daß ich einem Schäfer gleich
Mein Leid den Felsen klagen muß! – – So will
Ich mich, Geduld, an dir, du Weibertugend, üben.
– 's ist eine schnöde Kunst, mit Anstand viel
Zu unterlassen – und ich merk es schon,
Es wird mehr Schweiß mir kosten, als das Tun. *Er will sich setzen.*
Horch! Horch! Es kommt!
Der Kerkermeister öffnet EUSTACHEN *die Türe.*
EUSTACHE *zu diesem*: Ich werd es dir vergelten.
OTTOKAR: Ach, Mutter!
EUSTACHE: Hör, mein Sohn, ich habe dir
Entsetzliches zu sagen.
OTTOKAR: Du erschreckst mich –
– Wie bist du so entstellt?
EUSTACHE: Das eine wirst
Du wissen schon, Jerome ist erschlagen.
OTTOKAR: Jeronimus? O Gott des Himmels! Wer
Hat das getan?

EUSTACHE: Das ist nicht alles. Rupert
Kennt deine Liebe. –
OTTOKAR: Wie? Wer konnt ihm die
Entdecken?
EUSTACHE: Frage nicht – o deine Mutter,
Ich selbst. Jerome hat es mir vertraut,
Mich riß ein übereilter Eifer hin,
Der Wütrich, den ich niemals so gekannt –
OTTOKAR: Von wem sprichst du?
EUSTACHE: O Gott, von deinem Vater.
OTTOKAR: Noch faß ich dich nur halb – doch laß dir sagen
Vor allen Dingen, alles ist gelöset,
Das ganze Rätsel von dem Mord, die Männer,
Die man bei Peters Leiche fand, sie haben
Die Leiche selbst gefunden, ihr die Finger
Aus Vorurteil nur abgeschnitten. – Kurz,
Rein, wie die Sonne ist Sylvester.
EUSTACHE: O
Jesus! Und jetzt erschlägt er seine Tochter. –
OTTOKAR: Wer?
EUSTACHE: Rupert. Wenn sie in dem Gebirge jetzt,
Ist sie verloren, er und Santing sucht sie.
OTTOKAR *eilt zur Türe*: Vetorin! Vetorin! Vetorin!
EUSTACHE: Höre
Mich an, er darf dich nicht befrein, sein Haupt
Steht drauf. –
OTTOKAR: Er oder ich. – Vetorin! *Er sieht sich um.* Nun
So helfe mir die Mutter Gottes denn. –
Er hängt einen Mantel um, der auf dem Boden lag.
Und dieser Mantel bette meinem Fall.
Er klettert in ein unvergittert Fenster.
EUSTACHE: Um Gottes willen, springen willst du doch
Von diesem Turm nicht? Rasender! Der Turm
Ist funfzig Fuß hoch, und der ganze Boden
Gepflastert. – Ottokar! Ottokar!
OTTOKAR *von oben*:
Mutter! Mutter! Sei wenn ich gesprungen
Nur still, hörst du? Ganz still, sonst fangen sie
Mich.
EUSTACHE *sinkt auf die Knie*:
Ottokar! Auf meinen Knien bitte,

Beschwör ich dich, geh so verächtlich nicht
Mit deinem Leben um, spring nicht vom Turm. –
OTTOKAR: Das Leben ist viel wert, wenn man's verachtet.
Ich brauch's. – Leb wohl. *Er springt.*
EUSTACHE *steht auf*: Zu Hülfe! Hülfe! Hülfe!
Der Vorhang fällt.

FÜNFTER AUFZUG

ERSTE SZENE

Das Innere einer Höhle. Es wird Nacht, AGNES *mit einem Hute, in zwei Kleidern. Das Überkleid ist vorne mit Schleifen zugebunden.* BARNABE. *Beide stehen schüchtern an einer Seite des Vordergrundes.*

AGNES: Hättst du mir früher das gesagt! Ich fühle
Mich sehr beängstigt, möchte lieber, daß
Ich nicht gefolgt dir wäre. – Geh noch einmal
Hinaus, du Liebe, vor den Eingang, sieh,
Ob niemand sich der Höhle nähert.
BARNABE *die in den Hintergrund gegangen ist*: Von
Den beiden Rittern seh ich nichts.
AGNES *mit einem Seufzer*:   Ach Gott!
Hab Dank für deine Nachricht.
BARNABE: Aber von
Dem schönen Jüngling seh ich auch nichts.
AGNES: Siehst
Du wirklich nichts? Du kennst ihn doch?
BARNABE: Wie mich.
AGNES: So sieh nur scharf hin auf den Weg.
BARNABE: Es wird
Sehr finster schon im Tal, aus allen Häusern
Seh ich schon Lichter schimmern und Kamine.
AGNES: Die Lichter schon? So ist's mir unbegreiflich.
BARNABE: Wenn einer käm, ich könnt es hören, so
Geheimnisstill geht's um die Höhen.
AGNES: Ach, nun ist's doch umsonst. Ich will nur lieber
Heimkehren. Komm. Begleite mich.
BARNABE: Still! Still!
Ich hör ein Rauschen – wieder. – – Ach, es war

Ein Windstoß, der vom Wasserfalle kam.
AGNES: War's auch gewiß vom Wasserfalle nur?
BARNABE: Da regt sich etwas Dunkles doch im Nebel. –
AGNES: Ist's einer? Sind es zwei?
BARNABE: Ich kann es nicht
 Genau erkennen. Aber menschliche
 Gestalten sind es. – – Ah!
Beide Mädchen fahren zurück. OTTOKAR *tritt auf, und fliegt in Agnes' Arme.*
OTTOKAR: O Dank, Gott! Dank für deiner Engel Obhut!
 So lebst du, Mädchen?
AGNES: Ob ich lebe?
OTTOKAR: Zittre
 Doch nicht, bin ich nicht Ottokar?
AGNES: Es ist
 So seltsam alles heute mir verdächtig,
 Der fremde Bote, dann dein spät Erscheinen,
 Nun diese Frage. – Auch die beiden Ritter,
 Die schon den ganzen Tag um diese Höhle
 Geschlichen sind.
OTTOKAR: Zwei Ritter?
AGNES: Die sogar
 Nach mir gefragt.
OTTOKAR: Gefragt? Und wen?
AGNES: Dies Mädchen,
 Die es gestanden, daß sie ins Gebirg
 Mich rufe.
OTTOKAR *zu Barnabe*: Unglückliche!
AGNES: Was sind denn das
 Für Ritter?
OTTOKAR *zu Barnabe*: Wissen sie, daß Agnes hier
 In dieser Höhle?
BARNABE: Das hab ich nicht gestanden.
AGNES: Du scheinst beängstigt, Ottokar, ich werd
 Es doppelt. Kennst du denn die Ritter?
OTTOKAR *steht in Gedanken.*
AGNES: Sind sie –
 – Sie sind doch nicht aus Rossitz? Sind doch nicht
 Geschickt nach mir? Sind keine Mörder doch?
OTTOKAR *mit einem plötzlich heitern Spiel*:
 Du weißt ja, alles ist gelöst, das ganze
 Geheimnis klar, dein Vater ist unschuldig. –

AGNES: So wär es wahr – ?
OTTOKAR: Bei diesem Mädchen fand
Ich Peters Finger, Peter ist ertrunken,
Ermordet nicht. – Doch künftig mehr. Laß uns
Die schöne Stunde innig fassen. Möge
Die Trauer schwatzen, und die Langeweile,
Das Glück ist stumm. *Er drückt sie an seine Brust.*
Wir machen diese Nacht
Zu einem Fest der Liebe, willst du? Komm,
Er zieht sie auf einen Sitz.
In kurzem, ist der Irrtum aufgedeckt,
Sind nur die Väter erst versöhnt, darf ich
Dich öffentlich als meine Braut begrüßen. .
– Mit diesem Kuß verlobe ich mich dir.
Er steht auf, zu Barnabe heimlich:
Du stellst dich an den Eingang, hörst du? Siehst
Du irgend jemand nahe, so rufst du gleich.
Noch eins. Wir werden hier die Kleider wechseln,
In einer Viertelstunde führst du Agnes
In Männerkleidern heim. Und sollte man
Uns überraschen, tust du's gleich. – Nun geh.
Barnabe geht in den Hintergrund. Ottokar kehrt zu Agnes zurück.
AGNES: Wo geht das Mädchen hin?
OTTOKAR *setzt sich*: Ach! Agnes! Agnes!
Welch eine Zukunft öffnet ihre Pforte!
Du wirst mein Weib, mein Weib! weißt du denn auch,
Wie groß das Maß von Glück?
AGNES *lächelnd*: Du wirst es lehren.
OTTOKAR: Ich werd es! O du Glückliche! Der Tag,
Die Nacht vielmehr ist nicht mehr fern. Es kommt, du weißt,
Den Liebenden das Licht nur in der Nacht.
Errötest du?
AGNES: So wenig schützt das Dunkel?
OTTOKAR: Nur vor dem Auge, Törin, doch ich seh's
Mit meiner Wange, daß du glühst. – Ach, Agnes!
Wenn erst das Wort gesprochen ist, das dein
Gefühl, jetzt eine Sünde, heiligt. – – Erst
Im Schwarm der Gäste, die mit Blicken uns
Wie Wespen folgen, tret ich zu dir, sprichst
Du zwei beklemmte Worte, wendest dann
Viel schwatzend zu dem Nachbar dich. Ich zürne

Der Spröden nicht, ich weiß es besser wohl.
Denn wenn ein Gast, der von dem Feste scheidet,
Die Türe zuschließt, fliegt, wo du auch seist,
Ein Blick zu mir herüber, der mich tröstet.
Wenn dann der letzte auch geschieden, nur
Die Väter und die Mütter noch beisammen –
– „Nun, gute Nacht, ihr Kinder!" – Lächelnd küssen
Sie dich, und küssen mich – wir wenden uns,
Und eine ganze Dienerschaft mit Kerzen
Will folgen. „Eine Kerze ist genug,
Ihr Leute", ruf ich, und die nehm ich selber,
Ergreife deine, diese Hand *Er küßt sie.*
– Und langsam steigen wir die Treppe, stumm,
Als wär uns kein Gedanke in der Brust,
Daß nur das Rauschen sich von deinem Kleide,
Noch in den weiten Hallen hören läßt.
Dann – – Schläfst du, Agnes?

AGNES: – Schlafen?

OTTOKAR: Weil du plötzlich,
So still. – Nun weiter. Leise öffne ich
Die Türe, schließe leise sie, als wär
Es mir verboten. Denn es schauert stets
Der Mensch, wo man als Kind es ihm gelehrt.
Wir setzen uns. Ich ziehe sanft dich nieder,
Mit meinen Armen stark umspann ich dich,
Und alle Liebe sprech ich aus mit einem,
Mit diesem Kuß.
    Er geht schnell in den Hintergrund; zu Barnabe heimlich:
    So sahst du niemand noch?

BARNABE: Es schien mir kürzlich fast, als schlichen zwei
Gestalten um den Berg.
    Ottokar kehrt schnell zurück.

AGNES: Was sprichst du denn
Mit jenem Mädchen stets?

OTTOKAR *hat sich wieder gesetzt*: Wo blieb ich stehen?
Ja, bei dem Kuß. – Dann kühner wird die Liebe,
Und weil du mein bist – bist du denn nicht mein?
So nehm ich dir den Hut vom Haupte, *Er tut's.* störe
Der Locken steife Ordnung, *Er tut's.* drücke kühn
Das Tuch hinweg, *Er tut's.* du lispelst leis, o lösche
Das Licht! Und plötzlich, tief verhüllend, webt

Die Nacht den Schleier um die heilge Liebe,
Wie jetzt.
BARNABE *aus dem Hintergrunde*: O Ritter! Ritter!
AGNES *sieht sich ängstlich um.*
OTTOKAR *fällt ihr ins Wort*: Nun entwallt
Gleich einem frühlingangeschwellten Strom
Die Regung ohne Maß und Ordnung – schnell
Lös ich die Schleife, schnell noch eine, *Er tut's.* streife dann
Die fremde Hülle leicht dir ab. *Er tut's.*
AGNES: O Ottokar,
Was machst du? *Sie fällt ihm um den Hals.*
OTTOKAR *an dem Überkleide beschäftigt*: Ein Gehülfe der Natur
Stell ich sie wieder her. Denn wozu noch
Das Unergründliche geheimnisvoll
Verschleiern? Alles Schöne, liebe Agnes,
Braucht keinen andern Schleier, als den eignen,
Denn der ist freilich selbst die Schönheit.
BARNABE: Ritter! Ritter!
Geschwind!
OTTOKAR *schnell auf, zu Barnabe*: Was gibt's?
BARNABE: Der eine ging zweimal
Ganz nah vorbei, ganz langsam.
OTTOKAR: Hat er dich gesehn?
BARNABE: Ich fürcht es fast.
Ottokar kehrt zurück.
AGNES *die aufgestanden ist*: Was rief das Mädchen denn
So ängstlich?
OTTOKAR: Es ist nichts.
AGNES: Es ist etwas.
OTTOKAR: Zwei Bauern ja, sie irrten sich. – Du frierst,
Nimm diesen Mantel um. *Er hängt ihr seinen Mantel um.*
AGNES: Du bist ja seltsam.
OTTOKAR: So, so. Nun setze dich.
AGNES *setzt sich*: Ich möchte lieber gehn.
OTTOKAR *der vor ihr steht*: Wer würde glauben, daß der grobe Mantel
So Zartes deckte, als ein Mädchenleib!
Drück ich dir noch den Helm auf deine Locken,
Mach ich auch Weiber mir zu Nebenbuhlern.
BARNABE *kommt zurück, eilig*: Sie kommen! Ritter! Sie kommen!
Ottokar wirft schnell Agnes' Oberkleid über, und setzt ihren Hut auf.
AGNES: Wer soll denn kommen? – Ottokar, was machst du?

OTTOKAR *im Ankleiden beschäftigt*:
Mein Vater kommt. –
AGNES: O Jesus! *Will sinken.*
OTTOKAR *faßt sie*: Ruhig. Niemand
Fügt dir ein Leid, wenn, ohn ein Wort zu reden,
Du dreist und kühn in deiner Männertracht
Hinaus zur Höhle gehst. Ich bleibe. – Nein,
Erwidre nichts, ich bleib. Es ist nur für
Den ersten Anfall.
RUPERT *und* SANTING *erscheinen.*
Sprecht kein Wort und geht sogleich.
Die Mädchen gehen.
RUPERT *tritt Agnes in den Weg*:
Wer bist du? Rede!
OTTOKAR *tritt vor, mit verstellter Stimme*:
Sucht ihr Agnes? Hier bin ich.
Wenn ihr aus Warwand seid, so führt mich heim.
RUPERT *während die Mädchen nun abgehen*:
Ich fördre dein Gespenst zu deinem Vater!
Er ersticht Ottokar, der fällt ohne Laut. Pause.
RUPERT *betrachtet starr die Leiche*: Santing! Santing! – Ich glaube, sie ist tot.
SANTING: Die Schlange hat ein zähes Leben. Doch
Beschwör ich's fast. Das Schwert steckt ihr im Busen.
RUPERT *fährt sich mit der Hand übers Gesicht*: Warum denn tat ich's, San-
Doch gar nicht finden im Gedächtnis. –   [ting? Kann ich es
SANTING: Ei,
Es ist ja Agnes.
RUPERT: Agnes, ja, ganz recht,
Die tat mir Böses, mir viel Böses, o
Ich weiß es wohl. – – Was war es schon?
SANTING: Ich weiß
Nicht, wie du's meinst. Das Mädchen selber hat
Nichts Böses dir getan.
RUPERT: Nichts Böses? Santing!
Warum denn hätt ich sie gemordet? Sage
Mir schnell, ich bitte dich, womit sie mich
Beleidigt, sag's recht hämisch Basiliske,
Sieh mich nicht an, sprich, Teufel, sprich, und weißt
Du nichts, so lüg es!
SANTING: Bist du denn verrückt?
Das Mädchen ist Sylvesters Tochter.

RUPERT: So,
Sylvesters. – Ja, Sylvesters, der mir Petern
Ermordet hat. –
SANTING: Den Herold und Johann.
RUPERT: Johann, ganz recht, und der mich so infam
Belogen hat, daß ich es werden mußte.
Er zieht das Schwert aus dem Busen Ottokars.
Rechtmäßig war's –
  Gezücht der Otter! *Er stößt den Körper mit dem Fuße.*
SANTING *an dem Eingang*: Welch eine seltsame Erscheinung, Herr!
Ein Zug mit Fackeln, gleich dem Jägerheer,
Zieht still von Warwand an den Höhn herab.
RUPERT: Sie sind, wie's scheint, nach Rossitz auf dem Wege.
SANTING: Das Ding ist sehr verdächtig.
RUPERT: Denkst du an
Sylvester?
SANTING: Herr, ich gebe keine Nuß
Für eine andre Meinung. Laß uns schnell
Heimkehren, in zwei Augenblicken wär's
Nicht möglich mehr.
RUPERT: Wenn Ottokar nur ihnen
Nicht in die Hände fällt. – Ging er nicht aus
Der Höhle, als wir kamen?
SANTING: Und vermutlich
Nach Haus; so finden wir ihn auf dem Wege. Komm! *Beide ab.*
  AGNES *und* BARNABE *lassen sich am Eingange sehen.*
AGNES: Die Schreckensnacht! Entsetzlich ist der Anblick!
Ein Leichenzug mit Kerzen, wie ein Traum
Im Fieber! Weit das ganze Tal erleuchtet
Vom blutig-roten Licht der Fackeln. Jetzt
Durch dieses Heer von Geistern geh ich nicht
Zu Hause. Wenn die Höhle leer ist, wie
Du sagst –
BARNABE: Soeben gingen die zwei Ritter
Heraus.
AGNES: So wäre Ottokar noch hier?
Ottokar! – – Ottokar!
OTTOKAR *mit matter Stimme*: Agnes!
AGNES: Wo bist du? – Ein Schwert – im Busen – Heiland!
Heiland der Welt! Mein Ottokar! *Sie fällt über ihn.*
OTTOKAR: Es ist –

Gelungen. – Flieh! *Er stirbt.*
BARNABE: O Jammer! Gott des Himmels!
Mein Fräulein! Sie ist sinnlos! Keine Hülfe!
Ermanne dich, mein Fräulein! – Gott! Die Fackeln!
Sie nahen! Fort, Unglückliche! Entflieh! *Ab.*
  SYLVESTER *und* THEISTINER *treten auf; eine Fackel folgt.*
SYLVESTER: Der Zug soll halten! *Zu Theistiner:*
  Ist es diese Höhle?
THEISTINER: Ja, Herr, von dieser sprach Johann, und darf
  Man seiner Rede traun, so finden wir
  Am sichersten das Fräulein hier.
SYLVESTER: Die Fackel vor!
THEISTINER: Wenn ich nicht irre, seh ich Ottokar –
  Dort liegt auch Agnes!
SYLVESTER: Am Boden! Gott der Welt!
  Ein Schwert im Busen meiner Agnes!
AGNES *richtet sich auf*: Wer ruft?
SYLVESTER: Die Hölle ruft dich, Mörder!
  Er ersticht sie.
AGNES: Ach! *Sie stirbt.*
  Sylvester läßt sich auf ein Knie neben der Leiche Ottokars nieder.
THEISTINER *nach einer Pause*: Mein bester Herr, verweile nicht in diesem
  Verderblich dumpfen Schmerz! Erhebe dich!
  Wir brauchen Kraft, und einem Kinderlosen
  Zerreißt der Schreckensanblick das Gebein.
SYLVESTER: Laß einen Augenblick mich ruhn. Es regt
  Sich sehr gewaltig die Natur im Menschen,
  Und will, daß man gleich einem einzgen Gotte,
  Ihr einzig diene, wo sie uns erscheint.
  Mich hat ein großer Sturm gefaßt, er beugt
  Mein wankend Leben tief zur Gruft. Wenn es
  Nicht reißt, so steh ich schrecklich wieder auf,
  Ist der gewaltsam erste Anfall nur
  Vorüber.
THEISTINER: Doch das Zögern ist uns sehr
  Gefährlich – – Komm! Ergreif den Augenblick!
  Er wird so günstig niemals wiederkehren.
  Gebeut die Rache, und wir wettern wie
  Die Würgeengel über Rossitz hin!
SYLVESTER: Des Lebens Güter sind in weiter Ferne,
  Wenn ein Verlust so nah, wie diese Leiche,

Und niemals ein Gewinst kann mir ersetzen,
Was mir auf dieser Nummer fehlgeschlagen.
Sie blühte wie die Ernte meines Lebens,
Die nun ein frecher Fußtritt mir zertreten.
Und darben werd ich jetzt, von fremden Müttern
Ein fremdes Kind zum Almos mir erflehen.
THEISTINER: Sylvester, hör mich! Säume länger nicht!
SYLVESTER: Ja, du hast recht! es bleibt die ganze Zukunft
Der Trauer, dieser Augenblick gehört
Der Rache. Einmal doch in meinem Leben
Dürst ich nach Blut, und kostbar ist die Stimmung.
Komm schnell zum Zuge.
    Man hört draußen ein Geschrei: Holla! Herein! Holla!
THEISTINER: Was bedeutet das?
  RUPERT *und* SANTING *werden von Rittern Sylvesters gefangen aufgeführt.*
EIN RITTER: Ein guter Fund, Sylvester! Diese saubern
Zwei Herren, im Gesträuche hat ein Knappe,
Der von dem Pferd gestiegen, sie gefunden.
THEISTINER: Sylvester! Hilf mir sehn, ich bitte dich!
Er ist's! Leibhaftig! Rupert! Und der Santing.
SYLVESTER *zieht sein Schwert*: Rupert!
THEISTINER: Sein Teufel ist ein Beutelschneider,
Und führt in eigener Person den Sünder
In seiner Henker Hände.
SYLVESTER: O gefangen!
Warum gefangen? Gott der Gerechtigkeit!
Sprich deutlich mit dem Menschen, daß er's weiß
Auch, was er soll!
RUPERT *erblickt Agnes' Leiche*: Mein Sohn! Mein Sohn! Ermordet!
Zu meinem Sohne laßt mich, meinem Sohne!
    Er will sich losreißen, die Ritter halten ihn.
SYLVESTER: Er trägt sein eigen schneidend Schwert im Busen. *Er steckt ein.*
Laßt ihn zu seinem Sohne.
RUPERT *stürzt über Agnes' Leichnam hin*: Ottokar!
GERTRUDE *tritt auf*: Ein Reuter flog durch Warwand, schreiend, Agnes
Sei tot gefunden in der Höhle. Ritter!
Ihr Männer! Ist es wahr? Wo ist sie? Wo?
    Sie stürzt über Ottokars Leichnam.
O heilge Mutter Gottes! O mein Kind!
Du Leben meines Lebens!
EUSTACHE *tritt auf*:   Seid ihr Männer,

So laßt ein Weib unangerührt hindurch,
Gebeut's, Sylvester, ich, die Mutter des
Erschlagnen, will zu meines Sohnes Leiche.
SYLVESTER: Der Schmerz ist frei. Geh hin zu deinem Sohn.
EUSTACHE: Wo ist er? – Jesus! Deine Tochter auch? –
Sie sind vermählt.
Sylvester wendet sich. Eustache läßt sich auf ein Knie vor Agnes' Leiche nieder.
SYLVIUS *von* JOHANN *geführt, treten auf. Der letzte mit Zeichen der Verrückung.*
SYLVIUS: Wohin führst du mich, Knabe?
JOHANN: Ins Elend, Alter, denn ich bin die Torheit.
Sei nur getrost! Es ist der rechte Weg.
SYLVIUS: Weh! Weh! Im Wald die Blindheit, und ihr Hüter
Der Wahnsinn! Führe heim mich, Knabe, heim!
JOHANN: Ins Glück? Es geht nicht, Alter. 's ist inwendig
Verriegelt. Komm. Wir müssen vorwärts.
SYLVIUS: Müssen wir?
So mögen sich die Himmlischen erbarmen.
Wohlan. Ich folge dir.
JOHANN: Heißa lustig!
Wir sind am Ziele.
SYLVIUS: Am Ziele schon? Bei meinem
Erschlagnen Kindeskind? Wo ist's?
JOHANN: Wär ich blind,
Ich könnt es riechen, denn die Leiche stinkt schon,
Wir wollen uns dran niedersetzen, komm,
Wie Geier ums Aas. *Er setzt sich bei Ottokars Leiche.*
SYLVIUS: Er raset. Weh! Hört denn
Kein menschlich Ohr den Jammer eines Greises,
Der blind in pfadelosen Wäldern irrt?
JOHANN: Sei mir nicht bös, ich mein es gut mit dir.
Gib deine Hand, ich führe dich zu Agnes.
SYLVIUS: Ist es noch weit?
JOHANN: Ein Pfeilschuß. Beuge dich.
SYLVIUS *indem er die Leiche betastet:*
Ein Schwert – im Busen – einer Leiche. –
JOHANN: Höre, Alter,
Das nenn ich schauerlich. Das Mädchen war
So gut, und o so schön.
SYLVIUS: Das ist nicht Agnes!
– Das wäre Agnes, Knabe? Agnes' Kleid,
Nicht Agnes! Nein bei meinem ewgen Leben,

Das ist nicht Agnes!
JOHANN *die Leiche betastend*: Ah! Der Skorpion!
's ist Ottokar!
SYLVESTER: Ottokar!
GERTRUDE: So wahr ich Mutter, das ist meine Tochter
Nicht. *Sie steht auf.*
SYLVESTER: Fackeln her! – Nein, wahrlich, nein! Das ist
Nicht Agnes!
EUSTACHE *die herbeigeeilt*: Agnes! Ottokar! Was soll
Ich glauben –? O ich Unheilsmutter! Doppelt
Die Leiche meines Sohnes! Ottokar!
SYLVESTER: Dein Sohn in meiner Agnes' Kleidern? Wer
Denn ist die Leiche in der Männertracht?
Ist es denn – Nein, es ist doch nicht –?
SYLVIUS: Sylvester!
Wo ist denn Agnes' Leiche? Führe mich zu ihr.
SYLVESTER: Unglücklicher! Sie ist ja nicht ermordet?
JOHANN: Das ist ein Narr. Komm, Alter, komm, dort ist
Noch eine Leich, ich hoffe, die wird's sein.
SYLVIUS: Noch eine Leiche? Knabe! Sind wir denn
In einem Beinhaus?
JOHANN: Lustig, Alter!
Sie ist's! 's ist Agnes!
SYLVESTER *bedeckt sich das Gesicht*: Agnes!
JOHANN: Faß ihr ins Gesicht,
Es muß wie fliegender Sommer sein. *Zu Rupert:* Du Scheusal! Fort!
RUPERT *richtet sich halb auf*: Bleibt fern, ich bitt euch. – Sehr gefährlich
Der Ohnmacht eines Rasenden zu spotten.   [ist's,
Ist er in Fesseln gleich geschlagen, kann
Er euch den Speichel noch ins Antlitz spein,
Der seine Pest euch einimpft. Geht, und laßt
Die Leiche mindstens mir von Ottokar.
JOHANN: Du toller Hund! Geh gleich fort! Ottokar
Ist dort – komm, Alter, glaub mir, hier ist Agnes.
SYLVIUS: O meine Agnes! O mein Kindeskind!
EUSTACHE: O meine Tochter! Welch ein Irrtum! Gott!
RUPERT *sieht Agnes' Leiche genauer an, steht auf, geht schnell zur Leiche Ottokars, und wendet sich mit Bewegung des Entsetzens*:
Höllisch Gesicht! Was äffst du mich? *Er sieht die Leiche wieder an.*
              Ein Teufel
Blöckt mir die Zung heraus.

Er sieht sie wieder an und fährt mit den Händen in seinen Haaren.
               Ich selbst! Ich selbst!
Zweimal die Brust durchbohrt! Zweimal die Brust.
URSULA *tritt auf*: Hier ist der Kindesfinger!
Sie wirft einen Kindesfinger in die Mitte der Bühne und verschwindet.
ALLE: Was war das? Welche seltsame Erscheinung?
EUSTACHE: Ein Kindesfinger? *Sie sucht ihn auf.*
RUPERT: Fehlte Petern nicht
Der kleine Finger an der linken Hand?
SYLVESTER: Dem Peter? Dem erschlagnen Knaben? Fangt
Das Weib mir, führet mir das Weib zurück.
               Einige Ritter ab.
EUSTACHE: Wenn eine Mutter kennt, was sie gebar,
So ist es Peters Finger.
RUPERT: Peters Finger?
EUSTACHE: Er ist's! Er ist's! An dieser Blatternarbe,
Der einzigen auf seinem ganzen Leib,
Erkenn ich es! Er ist es!
RUPERT: Unbegreiflich!
URSULA *wird aufgeführt*: Gnade! Gnade! Gnade!
SYLVESTER: Wie kamst du, Weib, zu diesem Finger?
URSULA: Gnade!
Das Kind, dem ich ihn abgeschnitten, ist
Ermordet nicht, war ein ertrunkenes,
Das ich selbst leblos fand.
RUPERT: Ertrunken?
SYLVESTER: Und warum schnittst du ihm den Finger ab?
URSULA: Ich wollt ihn unter meine Schwelle legen,
Er wehrt dem Teufel. Gnade! Wenn's dein Sohn ist,
Wie meine Tochter sagt, ich wußt es nicht.
RUPERT: Dich fand ich aber bei der Leiche nicht.
Ich fand zwei Reisige aus Warwand.
URSULA: Die kamen später zu dem Kind als ich,
Ihm auch den rechten Finger abzulösen.
          Rupert bedeckt sich das Gesicht.
JOHANN *tritt vor Ursula:*
Was willst du, alte Hexe?
URSULA: 's ist abgetan, mein Püppchen.
Wenn ihr euch totschlagt, ist es ein Versehen.
JOHANN: Versehen? Ein Versehen? Schade! Schade!
Die arme Agnes! Und der Ottokar!

RUPERT: Johann! Mein Knäblein! Schweige still, dein Wort
Ist schneidend wie ein Messer.
JOHANN: Seid nicht böse.
Papa hat es nicht gern getan, Papa
Wird es nicht mehr tun. Seid nicht böse.
RUPERT: Sylvester! Dir hab ich ein Kind genommen,
Und biete einen Freund dir zum Ersatz.
Pause.
Sylvester! Selbst bin ich ein Kinderloser!
Pause.
Sylvester! Deines Kindes Blut komm über
Mich – kannst du besser nicht verzeihn, als ich?
Sylvester reicht ihm mit abgewandtem Gesicht die Hand; Eustache und Gertrude umarmen sich.
JOHANN: Bringt Wein her! Lustig! Wein! Das ist ein Spaß zum
Totlachen! Wein! Der Teufel hatt im Schlaf den beiden
Mit Kohlen die Gesichter angeschmiert,
Nun kennen sie sich wieder. Schurken! Wein!
Wir wollen eins drauf trinken!
URSULA: Gott sei Dank!
So seid ihr nun versöhnt.
RUPERT: Du hast den Knoten
Geschürzt, du hast ihn auch gelöst, tritt ab.
JOHANN: Geh, alte Hexe, geh. Du spielst gut aus der Tasche,
Ich bin zufrieden mit dem Kunststück. Geh.
Der Vorhang fällt.

FRAGMENT AUS DEM TRAUERSPIEL:

ROBERT GUISKARD

HERZOG DER NORMÄNNER

PERSONEN

Robert Guiskard, *Herzog der Normänner*
Robert, *sein Sohn* ⎫
Abälard, *sein Neffe* ⎭ *Normännerprinzen*
Cäcilia, *Herzogin der Normänner, Guiskards Gemahlin*
Helena, *verwitwete Kaiserin von Griechenland, Guiskards Tochter und Verlobte Abälards*
Ein Greis ⎫
Ein Ausschuß von Kriegern ⎬ *der Normänner*
Das Volk ⎭

Szene: Zypressen vor einem Hügel, auf welchem das Zelt Guiskards steht, im Lager der Normänner vor Konstantinopel. Es brennen auf dem Vorplatz einige Feuer, welche von Zeit zu Zeit mit Weihrauch, und andern starkduftenden Kräutern, genährt werden. Im Hintergrunde die Flotte.

Erster Auftritt

Ein Ausschuß von Normännern *tritt auf, festlich im Kriegsschmuck. Ihn
begleitet* Volk, *jeden Alters und Geschlechts.*

Das Volk *in unruhiger Bewegung*: Mit heißem Segenswunsch, ihr würdgen [Väter,
  Begleiten wir zum Zelte Guiskards euch!
Euch führt ein Cherub an, von Gottes Rechten,
Wenn ihr den Felsen zu erschüttern geht,
Den angstempört die ganze Heereswog
Umsonst umschäumt! Schickt einen Donnerkeil
Auf ihn hernieder, daß ein Pfad sich uns
Eröffne, der aus diesen Schrecknissen
Des greulerfüllten Lagerplatzes führt!
Wenn er der Pest nicht schleunig uns entreißt,
Die uns die Hölle grausend zugeschickt,
So steigt der Leiche seines ganzen Volkes
Dies Land ein Grabeshügel aus der See!
Mit weit ausgreifenden Entsetzensschritten
Geht sie durch die erschrocknen Scharen hin,
Und haucht von den geschwollnen Lippen ihnen
Des Busens Giftqualm in das Angesicht!
Zu Asche gleich, wohin ihr Fuß sich wendet,
Zerfallen Roß und Reuter hinter ihr,
Vom Freund den Freund hinweg, die Braut vom Bräutgam,
Vom eignen Kind hinweg die Mutter schreckend!
Auf eines Hügels Rücken hingeworfen,
Aus ferner Öde jammern hört man sie,
Wo schauerliches Raubgeflügel flattert,
Und den Gewölken gleich, den Tag verfinsternd,
Auf die Hülflosen kämpfend niederrauscht!
Auch ihn ereilt, den Furchtlos-Trotzenden,
Zuletzt das Scheusal noch, und er erobert,
Wenn er nicht weicht, an jener Kaiserstadt
Sich nichts, als einen prächtgen Leichenstein!
Und statt des Segens unsrer Kinder setzt
Einst ihres Fluches Mißgestalt sich drauf,

Und heul'nd aus eh'rner Brust Verwünschungen
Auf den Verderber ihrer Väter hin,
Wühlt sie das silberne Gebein ihm frech
Mit hörnern Klauen aus der Erd hervor!

Zweiter Auftritt

Ein Greis tritt auf. Die Vorigen.

EIN KRIEGER: Komm her, Arnim, ich bitte dich.
EIN ANDERER: Das heult,
Gepeitscht vom Sturm der Angst und schäumt und gischt,
Dem offnen Weltmeer gleich.
EIN DRITTER: Schaff Ordnung hier!
Sie wogen noch das Zelt des Guiskard um.
DER GREIS *zum Volk*: Fort hier mit dem, was unnütz ist! Was soll's
Mit Weibern mir und Kindern hier? Den Ausschuß,
Die zwölf bewehrten Männer braucht's, sonst nichts.
EIN NORMANN *aus dem Volk*: Laß uns –
EIN WEIB: Laß jammernd uns –
DER GREIS: Hinweg! sag ich.
Wollt ihr etwa, ihr scheint mir gut gestimmt,
Das Haupt ihm der Rebellion erheben?
Soll ich mit Guiskard reden hier, wollt ihr's?
DER NORMANN: Du sollst, du würdger Greis, die Stimme führen,
Du einziger und keiner sonst. Doch wenn er
Nicht hört, der Unerbittliche, so setze,
Den Jammer dieses ganzen Volks, setz ihn,
Gleich einem erznen Sprachrohr an, und donnre,
Was seine Pflicht sei, in die Ohren ihm –!
Wir litten, was ein Volk erdulden kann.
DER ERSTE KRIEGER: Schaut! Horcht!
DER ZWEITE: Das Guiskardszelt eröffnet sich –
DER DRITTE: Sieh da – die Kaiserin von Griechenland!
DER ERSTE: Nun, diesen Zufall, Freunde, nenn ich günstig! –
Jetzt bringt sich das Gesuch gleich an.
DER GREIS: Still denn!
Daß keiner einen Laut mir wagt! Ihr hört's,
Dem Flehn will ich, ich sag es noch einmal,
Nicht der Empörung meine Stimme leihn.

Dritter Auftritt

Helena *tritt auf.* Die Vorigen.

HELENA: Ihr Kinder, Volk des besten Vaters, das
Von allen Hügeln rauschend niederströmt,
Was treibt mit soviel Zungen euch, da kaum
Im Osten sich der junge Tag verkündet,
Zu den Zypressen dieses Zeltes her?
Habt ihr das ernste Kriegsgesetz vergessen,
Das Stille in der Nacht gebeut, und ist
Die Kriegersitt euch fremd, daß euch ein Weib
Muß lehren, wie man dem Bezirk sich naht,
Wo sich der kühne Schlachtgedank ersinnt?
Ist das, ihr ewgen Mächte dort, die Liebe,
Die eurer Lippe stets entströmt, wenn ihr
Den Vater mir, den alten, trefflichen,
Mit Waffenklirrn und lautem Namensruf,
Emporschreckt aus des Schlummers Arm, der eben
Auf eine Morgenstund ihn eingewiegt?
Ihn, der, ihr wißt's, drei schweißerfüllte Nächte
Auf offnem Seuchenfelde zugebracht,
Verderben, wütendem, entgegenkämpfend,
Das ringsum ein von allen Seiten bricht! –
Traun! Dringendes, was es auch immer sei,
Führt euch hierher, und hören muß ich es;
Denn Männer eurer Art, sie geben doch
Stets was zu denken, wenn sie etwas tun.
DER GREIS: Erhabne Guiskardstochter, du vergibst uns!
Wenn dieser Ausschuß hier, vom Volk begleitet,
Ein wenig überlaut dem Zelt genaht,
So straft es mein Gefühl: doch dies erwäge,
Wir glaubten Guiskard nicht im Schlummer mehr.
Die Sonne steht, blick auf, dir hoch im Scheitel,
Und seit der Normann denkt, erstand sein Haupt
Um Stunden, weißt du, früher stets, als sie.
Not führt uns, länger nicht erträgliche,
Auf diesen Vorplatz her, und seine Kniee,
Um Rettung jammernd, werden wir umfassen;
Doch wenn der Schlaf ihn jetzt noch, wie du sagst,
In Armen hält, ihn, den endlose Mühe

Entkräftet auf das Lager niederwarf:
So harren wir in Ehrfurcht lautlos hier,
Bis er das Licht begrüßet, mit Gebet
Die Zeit für seine Heiterkeit erfüllend.
HELENA: Wollt ihr nicht lieber wiederkehren, Freunde?
Ein Volk, in soviel Häuptern rings versammelt,
Bleibt einem Meere gleich, wenn es auch ruht,
Und immer rauschet seiner Wellen Schlag.
Stellt euch, so wie ihr seid, in Festlichkeit
Bei den Panieren eures Lagers auf:
Sowie des Vaters erste Wimper zuckt,
Den eignen Sohn send ich, und meld es euch.
DER GREIS: Laß, laß uns, Teuerste! Wenn dich kein andrer
Verhaltner Grund bestimmt, uns fortzuschicken:
Für deines Vaters Ruhe sorge nicht.
Sieh, deines holden Angesichtes Strahl
Hat uns beschwichtiget: die See fortan,
Wenn rings der Winde muntre Schar entflohn;
Die Wimpel hängen von den Masten nieder,
Und an dem Schlepptau wird das Schiff geführt:
Sie ist dem Ohr vernehmlicher, als wir.
Vergönn uns, hier auf diesem Platz zu harren,
Bis Guiskard aus dem Schlafe auferwacht.
HELENA: Gut denn. Es sei, ihr Freund'. Und irr ich nicht,
Hör ich im Zelt auch seine Tritte schon. *Ab.*

Vierter Auftritt

Die Vorigen *ohne Helena.*

DER GREIS: Seltsam!
DER ERSTE KRIEGER: Jetzt hört sie seinen Tritt im Zelte,
Und eben lag er noch im festen Schlaf.
DER ZWEITE: Es schien, sie wünschte unsrer los zu sein.
DER DRITTE: Beim Himmel, ja; das sag ich auch. Sie ging
Um diesen Wunsch herum, mit Worten wedelnd:
Mir fiel das Sprichwort ein vom heißen Brei.
DER GREIS: – Und sonst schien es, sie wünschte, daß wir nahten.

Fünfter Auftritt

Ein NORMANN tritt auf. DIE VORIGEN.

DER NORMANN *dem Greise winkend*: Arnim!
DER GREIS: Gott grüß' dich, Franz! Was gibt's?
DER NORMANN *dem ersten Krieger, ebenso*: Maria!
DER ERSTE KRIEGER: Bringst du was Neues?
DER NORMANN: – Einen Gruß von Hause.
 Ein Wandrer aus Kalabrien kam an.
DER GREIS: So! aus Neapel?
DER ERSTE KRIEGER: – Was siehst du so verstört dich um?
DER NORMANN *die beiden Männer bei der Hand fassend*:
 Verstört? Ihr seid wohl toll? Ich bin vergnügt.
DER GREIS: Mann! Deine Lipp ist bleich. Was fehlt dir? Rede!
DER NORMANN *nachdem er sich wieder umgesehen*:
 Hört. Aber was ihr hört, auch nicht mit Mienen
 Antwortet ihr, viel weniger mit Worten.
DER GREIS: Mensch, du bist fürchterlich. Was ist geschehn?
DER NORMANN *laut zu dem Volk, das ihn beobachtet*:
 Nun, wie auch steht's? Der Herzog kommt, ihr Freunde?
EINER *aus dem Haufen*: Ja, wir erhoffen's.
EIN ANDRER: Die Kaiserin will ihn rufen.
DER NORMANN *geheimnisvoll, indem er die beiden Männer vorführt*:
 Da ich die Wache heut um Mitternacht,
 Am Eingang hier des Guiskardszeltes halte,
 Fängt's plötzlich jammervoll zu stöhnen drin,
 Zu ächzen an, als haucht' ein kranker Löwe
 Die Seele von sich. Drauf sogleich beginnt
 Ein ängstlich heftig Treiben, selber wecket
 Die Herzogin sich einen Knecht, der schnell
 Die Kerzenstöcke zündet, dann hinaus
 Stürzt aus dem Zelt. Nun auf sein Rufen schießt
 Die ganze Sippschaft wildverstört herbei:
 Die Kaiserin, im Nachtgewand, die beiden
 Reichsprinzen an der Hand; des Herzogs Neffe,
 In einen Mantel flüchtig eingehüllt;
 Der Sohn, im bloßen Hemde fast, zuletzt –
 Der Knecht, mit einem eingemummten Dinge, das,
 Auf meine Frag, sich einen Ritter nennt.
 Nun zieht mir Weiberröcke an, so gleich

Ich einer Jungfrau ebenso, und mehr;
Denn alles, Mantel, Stiefeln, Pickelhaube,
Hing an dem Kerl, wie an dem Nagelstift.
Drauf faß ich, schon von Ahndungen beklemmt,
Beim Ärmel ihn, dreh ihm das Angesicht
Ins Mondenlicht, und nun erkenn ich – wen?
Des Herzogs Leibarzt, den Jeronimus.

DER GREIS: Den Leibarzt, was!
DER ERSTE KRIEGER: Ihr Ewigen!
DER GREIS: Und nun
Meinst du, er sei unpäßlich, krank vielleicht –?
DER ERSTE KRIEGER: Krank? Angesteckt –!
DER GREIS *indem er ihm den Mund zuhält*: Daß du verstummen müßtest!
DER NORMANN *nach einer Pause voll Schrecken*:
Ich sagt es nicht. Ich geb's euch, zu erwägen.

Robert und Abälard lassen sich, miteinander sprechend, im Eingang des Zeltes sehn.

DER ERSTE KRIEGER: Das Zelt geht auf! Die beiden Prinzen kommen!

Sechster Auftritt

ROBERT *und* ABÄLARD *treten auf.* DIE VORIGEN.

ROBERT *bis an den Rand des Hügels vorschreitend*:
Wer an der Spitze stehet dieser Schar,
Als Wortesführer, trete vor.
DER GREIS: – Ich bin's.
ROBERT: Du bist's! – Dein Geist ist jünger, als dein Haupt,
Und deine ganze Weisheit steckt im Haar!
Dein Alter steht, du Hundertjährger, vor dir,
Du würdest sonst nicht ohne Züchtigung,
Hinweg von deines Prinzen Antlitz gehn.
Denn eine Jünglingstat hast du getan,
Und scheinst, fürwahr! der wackre Hausfreund nicht,
Der einst die Wiege Guiskards hütete,
Wenn du als Führer dieser Schar dich beutst,
Die mit gezückten Waffen hellen Aufruhrs,
Wie mir die Schwester sagt, durchs Lager schweift,
Und mit lautdonnernden Verwünschungen,
Die aus dem Schlaf der Gruft ihn schrecken könnten,
Aus seinem Zelt hervor den Feldherrn fordert.

Ist's wahr? Was denk ich? Was beschließ ich? – Sprich!
DER GREIS: Wahr ist's, daß wir den Feldherrn forderten;
Doch daß wir's donnernd, mit Verwünschungen,
Getan, hat dir die Schwester nicht gesagt,
Die gegen uns, solang ich denken kann,
Wohlwollend war und wahrhaft gegen dich!
In meinem Alter wüßtest du es nicht,
Wie man den Feldherrn ehrt, wohl aber ich
Gewiß in deinem, was ein Krieger sei.
Geh hin zu deinem Vater, und horch auf,
Wenn du willst wissen, wie man mit mir spricht;
Und ich, vergäß ich redend ja, was ich
Dir schuldig, will danach schamrot bei meinen
Urenkeln mich erkundigen: denn die
In Windeln haben sie's von mir gelernt.
Mit Demut haben wir, wie's längst, o Herr!
Im Heer des Normanns Brauch und Sitte war,
Gefleht, daß Guiskard uns erscheinen möge;
Und nicht das erstemal wär's, wenn er uns
In Huld es zugestände, aber, traun!
Wenn er's uns, so wie du, verweigerte.
ROBERT: Ich höre dich, du grauer Tor, bestätgen,
Was deine Rede widerlegen soll.
Denn eines Buben Keckheit würde nicht
Verwegner, als dein ungebändigtes
Gemüt sich zeigen. Lernen mußt du's doch
Noch, was Gehorchen sei, und daß ich es
Dich lehren kann, das höre gleich. Du hättest
Auf meine Rüge, ohne Widerrede,
Die Schar sogleich vom Platze führen sollen;
Das war die Antwort einzig, die dir ziemte;
Und wenn ich jetzt befehle, daß du gehst,
So tust du's, hoff ich, nach der eignen Lehre,
Tust's augenblicklich lautlos, tust es gleich!
ABÄLARD: Mit Zürnen seh ich dich und mit Befehlen,
Freigebiger, als es dein Vater lehrt;
Und unbefremdet bin ich, nimmt die Schar
Kalt deine heißen Schmähungsworte auf;
Denn dem Geräusch des Tags vergleich ich sie,
Das keiner hört, weil's stets sich hören läßt.
Noch, find ich, ist nichts Tadelnswürdiges

Sogar geschehn, bis auf den Augenblick!
Daß kühn die Rede dieses Greises war,
Und daß sie stolz war, steht nicht übel ihm,
Denn zwei Geschlechter haben ihn geehrt,
Und eine Spanne von der Gruft soll nicht
Des dritten einer ihn beleidigen.
Wär mein das kecke Volk, das dir mißfällt,
Ich möcht es anders wahrlich nicht, als keck;
Denn seine Freiheit ist des Normanns Weib,
Und heilig wäre mir das Ehepaar,
Das mir den Ruhm im Bette zeugt der Schlacht.
Das weiß der Guiskard wohl, und mag es gern
Wenn ihm der Krieger in den Mähnen spielt;
Allein der glatte Nacken seines Sohnes
Der schüttelt gleich sich, wenn ihm eins nur naht.
Meinst du, es könne dir die Normannskrone
Nicht fehlen, daß du dich so trotzig zeigst?
Durch Liebe, hör es, mußt du sie erwerben,
Das Recht gibt sie dir nicht, die Liebe kann's!
Allein von Guiskard ruht kein Funk auf dir,
Und diesen Namen* mindstens erbst du nicht;
Denn in der Stunde, da es eben gilt,
Schlägst du sie schnöd ins Angesicht, die jetzt
Dich auf des Ruhmes Gipfel heben könnten.
Doch ganz verlassen ist, wie du wohl wähnst,
Das Normannsheer, ganz ohne Freund, noch nicht.
Und bist du's nicht, wohlan, ich bin es gern.
Zu hören, was der Flehende begehrt,
Ist leicht, Erhörung nicht, das Hören ist's:
Und wenn dein Feldherrnwort die Schar vertreibt,
Meins will, daß sie noch bleib! – Ihr hört's, ihr Männer!
Ich will vor Guiskard es verantworten.

ROBERT *mit Bedeutung, halblaut*: Dich jetzt erkenn ich, und ich danke dir,
Als meinen bösen Geist! – Doch ganz gewonnen,
Ist, wie geschickt du's führst, noch nicht dein Spiel.
– Willst du ein Beispiel sehn, wie sicher meins,
Die Karten mögen liegen, wie sie wollen?

ABÄLARD: Was willst du?

ROBERT: Nun, merk nur auf. Du sollst's gleich fassen.

---

* Guiskard heißt **Schlaukopf**: ein Zuname, den die Normänner dem Herzog gaben.

Er wendet sich zum Volk.
Ihr Guiskardssöhne, die mein Wort vertreibt,
Und seines schmeichlerisch hier fesseln soll,
Euch selber ruf ich mir zu Richtern auf!
Entscheiden sollt ihr zwischen mir und ihm,
Und übertreten ein Gebot von zwein.
Und keinen Laut mehr feig setz ich hinzu:
Des Herrschers Sohn, durch Gottes Gunst, bin ich,
Ein Prinz der, von dem Zufall großgezogen:
Das Unerhörte will ich bloß erprüfen,
Erprüfen, ob sein Wort gewichtiger
In eurer Seelen Waage fällt, als meins!
ABÄLARD: Des Herrschers Sohn? – Der bin ich so wie du!
Mein Vater saß vor deinem auf dem Thron!
Er tat's mit seinem Ruhm, tat's mit mehr Recht:
Und näher noch verwandt ist mir das Volk,
Mir, Ottos Sohn, gekrönt vom Erbgesetz,
Als dir – dem Sohne meines Vormunds bloß,
Bestimmt von dem, mein Reich nur zu verwalten! –*
Und nun, wie du's begehrt, so ist's mir recht.
Entscheidet, Männer, zwischen mir und ihm.
Auf mein Geheiß zu bleiben, steht euch frei,
Und wollt ihr, sprecht, als wär ich Otto selbst.
DER GREIS: Du zeigst, o Herr, dich deines Vaters wert,
Und jauchzen wahrlich, in der Todesstunde,
Würd einst dein Oheim, unser hoher Fürst,
Wär ihm ein Sohn geworden, so wie du.
Dein Anblick, sieh, verjüngt mich wunderbar;
Denn in Gestalt und Red und Art dir gleich,
Wie du, ein Freund des Volks, jetzt vor uns stehst,
Stand Guiskard einst, als Otto hingegangen,
Des Volkes Abgott, herrlich vor uns da!
Nun jeder Segen schütte, der in Wolken

---

* Wilhelm von der Normandie, Stifter des Normännerstaats in Italien, hatte drei Brüder, die einander, in Ermangelung der Kinder, rechtmäßig in der Regierung folgten. Abälard, der Sohn des dritten, ein Kind, als derselbe starb, hätte nun zum Regenten ausgerufen werden sollen; doch Guiskard, der vierte Bruder, von dem dritten zum Vormund eingesetzt – sei es, weil die Folgereihe der Brüder für ihn sprach, sei es, weil das Volk ihn sehr liebte, ward gekrönt, und die Mittel, die angewendet wurden, dies zu bewerkstelligen, vergessen. – Kurz, Guiskard war seit dreißig Jahren als Herzog, und Robert, als Thronerbe, anerkannt. – Diese Umstände liegen wenigstens hier zum Grunde.

Die Tugenden umschwebt, sich auf dich nieder,
Und ziehe deines Glückes Pflanze groß!
Die Gunst des Oheims, laß sie, deine Sonne,
Nur immer, wie bis heute, dich bestrahlen:
Das, was der Grund vermag, auf dem sie steht,
Das zweifle nicht, o Herr, das wird geschehn! –
Doch eines Düngers, mißlichen Geschlechts,
Bedarf es nicht, vergib, um sie zu treiben;
Der Acker, wenn es sein kann, bleibe rein.
In manchem andern Wettstreit siegest du,
In diesem einen, Herr, stehst du ihm nach;
Und weil dein Feldherrnwort erlaubend bloß,
Gebietend seins, so gibst du uns wohl zu,
Daß wir dem dringenderen hier gehorchen.
           Zu Robert, kalt:
Wenn du befiehlst zu gehn, wir trotzen nicht.
Du bist der Guiskardssohn, das ist genug!
Sag, ob wir wiederkommen dürfen, sag
Uns wann, so führ ich diese Schar zurück.
ROBERT *seine Verlegenheit verbergend*:
Kehrt morgen wieder. – Oder heut, ihr Freunde.
Vielleicht zu Mittag, wenn's die Zeit erlaubt. – –
– Ganz recht. So geht's. Ein ernst Geschäft hält eben
Den Guiskard nur auf eine Stunde fest;
Will er euch sprechen, wenn es abgetan,
Wohlan, so komm ich selbst, und ruf euch her.
ABÄLARD: Tust du doch mit dem Heer, als wär's ein Weib,
Ein schwangeres, das niemand schrecken darf!
Warum hehlst du die Wahrheit? Fürchtest du
Die Niederkunft? – –
   Zum Volk gewandt. Der Guiskard fühlt sich krank.
DER GREIS *erschrocken*: Beim großen Gott des Himmels und der Erde,
Hat er die Pest?
ABÄLARD: Das nicht. Das fürcht ich nicht. –
Obschon der Arzt Besorgnis äußert: ja.
ROBERT: Daß dir ein Wetterstrahl aus heitrer Luft
Die Zunge lähmte, du Verräter, du! *Ab ins Zelt.*

Siebenter Auftritt

Die Vorigen ohne Robert.

EINE STIMME *aus dem Volk*: Ihr Himmelsscharen, ihr geflügelten,
So steht uns bei!
EINE ANDERE: Verloren ist das Volk!
EINE DRITTE: Verloren ohne Guiskard rettungslos!
EINE VIERTE: Verloren rettungslos!
EINE FÜNFTE: Errettungslos,
In diesem meerumgebnen Griechenland! –
DER GREIS *zu Abälard, mit erhobenen Händen*:
Nein, sprich! Ist's wahr? – – Du Bote des Verderbens!
Hat ihn die Seuche wirklich angesteckt? –
ABÄLARD *von dem Hügel herabsteigend*:
Ich sagt es euch, gewiß ist es noch nicht.
Denn weil's kein andres sichres Zeichen gibt,
Als nur den schnellen Tod, so leugnet er's,
Ihr kennt ihn, wird's im Tode leugnen noch.
Jedoch dem Arzt, der Mutter ist's, der Tochter,
Dem Sohne selbst, ihr seht's, unzweifelhaft –
DER GREIS: Fühlt er sich kraftlos, Herr? Das ist ein Zeichen.
DER ERSTE KRIEGER: Fühlt er sein Innerstes erhitzt?
DER ZWEITE: Und Durst?
DER GREIS: Fühlt er sich kraftlos? Das erledge erst.
ABÄLARD: – Noch eben, da er auf dem Teppich lag,
Trat ich zu ihm und sprach: „Wie geht's dir, Guiskard?"
Drauf er: „Ei nun", erwidert' er, „erträglich! –
Obschon ich die Giganten rufen möchte,
Um diese kleine Hand hier zu bewegen."
Er sprach: „Dem Ätna wedelst du, laß sein!"
Als ihm von fern, mit einer Reiherfeder,
Die Herzogin den Busen fächelte;
Und als die Kaiserin, mit feuchtem Blick,
Ihm einen Becher brachte, und ihn fragte,
Ob er auch trinken woll? antwortet' er:
„Die Dardanellen, liebes Kind!" und trank.
DER GREIS: Es ist entsetzlich!
ABÄLARD: Doch das hindert nicht,
Daß er nicht stets nach jener Kaiserzinne,
Die dort erglänzt, wie ein gekrümmter Tiger,

Aus seinem offnen Zelt hinüberschaut.
Man sieht ihn still, die Karte in der Hand,
Entschlüss' im Busen wälzen, ungeheure,
Als ob er heut das Leben erst beträte.
Nessus und Loxias, den Griechenfürsten,
— Gesonnen längst, ihr wißt, auf einen Punkt,
Die Schlüssel heimlich ihm zu überliefern,
— Auf einen Punkt, sag ich, von ihm bis heut
Mit würdiger Hartnäckigkeit verweigert —
Heut einen Boten sandt er ihnen zu,
Mit einer Schrift, die diesen Punkt* bewilligt.
Kurz, wenn die Nacht ihn lebend trifft, ihr Männer,
Das Rasende, ihr sollt es sehn, vollstreckt sich,
Und einen Hauptsturm ordnet er noch an;
Den Sohn schon fragt' er, den die Aussicht reizt,
Was er von solcher Unternehmung halte?

DER GREIS: O möcht er doch!
DER ERSTE KRIEGER: O könnten wir ihm folgen!
DER ZWEITE KRIEGER: O führt' er lang uns noch, der teure Held,
In Kampf und Sieg und Tod!
ABÄLARD: Das sag ich auch!
Doch eh wird Guiskards Stiefel rücken vor
Byzanz, eh wird an ihre ehr'nen Tore
Sein Handschuh klopfen, eh die stolze Zinne
Vor seinem blassen Hemde sich verneigen,
Als dieser Sohn, wenn Guiskard fehlt, die Krone
Alexius, dem Rebellen dort, entreißen!

ACHTER AUFTRITT

ROBERT *aus dem Zelt zurück.* DIE VORIGEN.

ROBERT: Normänner, hört's. Es hat der Guiskard sein
Geschäft beendigt, gleich erscheint er jetzt!
ABÄLARD *erschrocken:* Erscheint? Unmöglich ist's!
ROBERT: Dir, Heuchlerherz,
Deck ich den Schleier jetzt von der Mißgestalt! *Wieder ab ins Zelt.*

---

* Dieser Punkt war (wie sich in der Folge ausgewiesen haben würde), die Forderung der Verräter in Konstantinopel: daß nicht die, von dem Alexius Komnenes vertriebene, Kaiserin von Griechenland, im Namen ihrer Kinder, sondern Guiskard selbst, die Krone ergreifen solle.

Neunter Auftritt

Die Vorigen *ohne Robert*.

DER GREIS: O Abälard! O was hast du getan?
ABÄLARD *mit einer fliegenden Blässe*:
Die Wahrheit sagt ich euch, und dieses Haupt
Verpfänd ich kühn der Rache, täuscht ich euch!
Als ich das Zelt verließ, lag hingestreckt
Der Guiskard, und nicht eines Gliedes schien
Er mächtig. Doch sein Geist bezwingt sich selbst
Und das Geschick, nichts Neues sag ich euch!
EIN KNABE *halb auf den Hügel gestiegen*:
Seht her, seht her! Sie öffnen schon das Zelt!
DER GREIS: O du geliebter Knabe, siehst du ihn?
Sprich, siehst du ihn?
DER KNABE: Wohl, Vater, seh ich ihn!
Frei in des Zeltes Mitte seh ich ihn!
Der hohen Brust legt er den Panzer um!
Dem breiten Schulternpaar des Gnadenkettlein!
Dem weitgewölbten Haupt drückt er, mit Kraft,
Den mächtig-wankend-hohen Helmbusch auf!
Jetzt seht, o seht doch her! – Da ist er selbst!

Zehnter Auftritt

GUISKARD *tritt auf*. DIE HERZOGIN, HELENA, ROBERT, *Gefolge hinter ihm*.
DIE VORIGEN.

DAS VOLK *jubelnd*: Triumph! Er ist's! Der Guiskard ist's! Leb hoch!
Einige Mützen fliegen in die Höhe.
DER GREIS *noch während des Jubelgeschreis*:
O Guiskard! Wir begrüßen dich, o Fürst!
Als stiegst du uns von Himmelshöhen nieder!
Denn in den Sternen glaubten wir dich schon – –!
GUISKARD *mit erhobener Hand*: Wo ist der Prinz, mein Neffe?
Allgemeines Stillschweigen.
Tritt hinter mich.
Der Prinz, der sich unter das Volk gemischt hatte, steigt auf den Hügel, und stellt sich hinter Guiskard, während dieser ihn unverwandt mit den Augen verfolgt.

Hier bleibst du stehn, und lautlos. – Du verstehst mich?
– Ich sprech nachher ein eignes Wort mit dir.
Er wendet sich zum Greise.
Du führst, Armin, das Wort für diese Schar?
DER GREIS: Ich führ's, mein Feldherr!
GUISKARD *zum Ausschuß*:   Seht, als ich das hörte,
Hat's lebhaft mich im Zelt bestürzt, ihr Leute!
Denn nicht die schlechtsten Männer seh ich vor mir,
Und nichts Bedeutungsloses bringt ihr mir,
Und nicht von einem Dritten mag ich's hören,
Was euch so dringend mir vors Antlitz führt. –
Tu's schnell, du alter Knabe, tu mir's kund!
Ist's eine neue Not? Ist es ein Wunsch?
Und womit helf ich? Oder tröst ich? Sprich!
DER GREIS: Ein Wunsch, mein hoher Herzog, führt uns her. –
Jedoch nicht ihm gehört, wie du wohl wähnst,
Der Ungestüm, mit dem wir dein begehrt,
Und sehr beschämen würd uns deine Milde,
Wenn du das glauben könntest von der Schar.
Der Jubel, als du aus dem Zelte tratst,
Von ganz was anderm, glaub es, rührt er her:
Nicht von der Lust bloß, selbst dich zu erblicken;
Ach, von dem Wahn, du Angebeteter!
Wir würden nie dein Antlitz wiedersehn;
Von nichts Geringerm, als dem rasenden
Gerücht, daß ich's nur ganz dir anvertraue,
Du, Guiskard, seist vom Pesthauch angeweht –!
GUISKARD *lachend*: Vom Pesthauch angeweht! Ihr seid wohl toll, ihr!
Ob ich wie einer aussäh, der die Pest hat?
Der ich in Lebensfüll hier vor euch stehe?
Der seiner Glieder jegliches beherrscht?
Des reine Stimme aus der freien Brust,
Gleich dem Geläut der Glocken, euch umhallt?
Das läßt der Angesteckte bleiben, das!
Ihr wollt mich, traun! mich Blühenden, doch nicht
Hinschleppen zu den Faulenden aufs Feld?
Ei, was zum Henker, nein! Ich wehre mich –
Im Lager hier kriegt ihr mich nicht ins Grab:
In Stambul halt ich still, und eher nicht!
DER GREIS: O du geliebter Fürst! Dein heitres Wort
Gibt uns ein aufgegebnes Leben wieder!

Wenn keine Gruft doch wäre, die dich deckte!
Wärst du unsterblich doch, o Herr! unsterblich,
Unsterblich, wie es deine Taten sind!
GUISKARD: – Zwar trifft sich's seltsam just, an diesem Tage,
Daß ich so lebhaft mich nicht fühl, als sonst:
Doch nicht unpäßlich möcht ich nennen das,
Viel wen'ger pestkrank! Denn was weiter ist's,
Als nur ein Mißbehagen, nach der Qual
Der letzten Tage, um mein armes Heer.
DER GREIS: So sagst du –?
GUISKARD *ihn unterbrechend*: 's ist der Red nicht wert, sag ich!
Hier diesem alten Scheitel, wißt ihr selbst,
Hat seiner Haare keins noch wehgetan!
Mein Leib ward jeder Krankheit mächtig noch.
Und wär's die Pest auch, so versichr ich euch:
An diesen Knochen nagt sie selbst sich krank!
DER GREIS: Wenn du doch mindestens von heute an,
Die Kranken unsrer Sorge lassen wolltest!
Nicht einer ist, o Guiskard, unter ihnen,
Der hülflos nicht, verworfen lieber läge,
Jedwedem Übel sterbend ausgesetzt,
Als daß er Hülf, von dir, du Einziger,
Du Ewig-Unersetzlicher, empfinge,
In immer reger Furcht, den gräßlichsten
Der Tode dir zum Lohne hinzugeben.
GUISKARD: Ich hab's, ihr Leut, euch schon so oft gesagt,
Seit wann denn gilt mein Guiskardswort nicht mehr?
Kein Leichtsinn ist's, wenn ich Berührung nicht
Der Kranken scheue, und kein Ohngefähr,
Wenn's ungestraft geschieht. Es hat damit
Sein eigenes Bewenden – kurz, zum Schluß:
Furcht meinetwegen spart! –
                     Zur Sache jetzt!
Was bringst du mir? sag an! Sei kurz und bündig;
Geschäfte rufen mich ins Zelt zurück.
DER GREIS *nach einer kurzen Pause*:
Du weißt's, o Herr! du fühlst es so, wie wir –
Ach, auf wem ruht die Not so schwer, als dir?
In dem entscheidenden Moment, da schon – –
              Guiskard sieht sich um, der Greis stockt.
DIE HERZOGIN *leise*: Willst du –?

ROBERT: Begehrst du –?
ABÄLARD: Fehlt dir?
DIE HERZOGIN: Gott im Himmel!
ABÄLARD: Was ist?
ROBERT: Was hast du?
DIE HERZOGIN: Guiskard! Sprich ein Wort!
Die Kaiserin zieht eine große Heerpauke herbei und schiebt sie hinter ihn.
GUISKARD *indem er sich sanft niederläßt, halblaut*:
Mein liebes Kind! –
      Was also gibt's Armin?
Bring deine Sache vor, und laß es frei
Hinströmen, bange Worte lieb ich nicht!
Der Greis sieht gedankenvoll vor sich nieder.
EINE STIMME *aus dem Volk*: Nun, was auch säumt er?
EINE ANDERE: Alter, du! So sprich.
DER GREIS *gesammelt*: Du weißt's, o Herr – und wem ist's so bekannt?
Und auf wem ruht des Schicksals Hand so schwer?
Auf deinem Fluge rasch, die Brust voll Flammen,
Ins Bett der Braut, der du die Arme schon
Entgegenstreckst zu dem Vermählungsfest,
Tritt, o du Bräutigam der Siegesgöttin,
Die Seuche grauenvoll dir in den Weg –!
Zwar du bist, wie du sagst, noch unberührt;
Jedoch dein Volk ist, deiner Lenden Mark,
Vergiftet, keiner Taten fähig mehr,
Und täglich, wie vor Sturmwind Tannen, sinken
Die Häupter deiner Treuen in den Staub.
Der Hingestreckt ist's auferstehungslos,
Und wo er hinsank, sank er in sein Grab.
Er sträubt, und wieder, mit unsäglicher
Anstrengung sich empor: es ist umsonst!
Die giftgeätzten Knochen brechen ihm,
Und wieder nieder sinkt er in sein Grab.
Ja, in des Sinns entsetzlicher Verwirrung,
Die ihn zuletzt befällt, sieht man ihn scheußlich
Die Zähne gegen Gott und Menschen fletschen,
Dem Freund, dem Bruder, Vater, Mutter, Kindern,
Der Braut selbst, die ihm naht, entgegenwütend.
DIE HERZOGIN *indem sie an der Tochter Brust niedersinkt*:
O Himmel!
HELENA: Meine vielgeliebte Mutter!

GUISKARD *sich langsam umsehend*: Was fehlet ihr?
HELENA *zögernd*: Es scheint –
GUISKARD: Bringt sie ins Zelt!
Helena führt die Herzogin ab:
DER GREIS: Und weil du denn die kurzen Worte liebst:
O führ uns fort aus diesem Jammertal!
Du Retter in der Not, der du so manchem
Schon halfst, versage deinem ganzen Heere
Den einzgen Trank nicht, der ihm Heilung bringt,
Versag uns nicht Italiens Himmelslüfte,
Führ uns zurück, zurück, ins Vaterland!

DER ZERBROCHNE KRUG

Ein Lustspiel

PERSONEN

Walter, *Gerichtsrat*
Adam, *Dorfrichter*
Licht, *Schreiber*
Frau Marthe Rull
Eve, *ihre Tochter*
Veit Tümpel, *ein Bauer*
Ruprecht, *sein Sohn*
Frau Brigitte
Ein Bedienter, Büttel, Mägde etc.

Die Handlung spielt in einem niederländischen Dorfe bei Utrecht.

Szene: Die Gerichtsstube

Erster Auftritt

Adam sitzt und verbindet sich ein Bein. Licht tritt auf.

LICHT: Ei, was zum Henker, sagt, Gevatter Adam!
 Was ist mit Euch geschehn? Wie seht Ihr aus?
ADAM: Ja, seht. Zum Straucheln braucht's doch nichts, als Füße.
 Auf diesem glatten Boden, ist ein Strauch hier?
 Gestrauchelt bin ich hier; denn jeder trägt
 Den leidgen Stein zum Anstoß in sich selbst.
LICHT: Nein, sagt mir, Freund! Den Stein trüg jeglicher –?
ADAM: Ja, in sich selbst!
LICHT: Verflucht das!
ADAM: Was beliebt?
LICHT: Ihr stammt von einem lockern Ältervater,
 Der so beim Anbeginn der Dinge fiel,
 Und wegen seines Falls berühmt geworden;
 Ihr seid doch nicht –?
ADAM: Nun?
LICHT: Gleichfalls –?
ADAM: Ob ich –? Ich glaube –!
 Hier bin ich hingefallen, sag ich Euch.
LICHT: Unbildlich hingeschlagen?
ADAM: Ja, unbildlich.
 Es mag ein schlechtes Bild gewesen sein.
LICHT: Wann trug sich die Begebenheit denn zu?
ADAM: Jetzt, in dem Augenblick, da ich dem Bett
 Entsteig. Ich hatte noch das Morgenlied
 Im Mund, da stolpr' ich in den Morgen schon,
 Und eh ich noch den Lauf des Tags beginne,
 Renkt unser Herrgott mir den Fuß schon aus.
LICHT: Und wohl den linken obenein?
ADAM: Den linken?
LICHT: Hier, den gesetzten?
ADAM: Freilich!
LICHT: Allgerechter!

Der ohnhin schwer den Weg der Sünde wandelt.
ADAM: Der Fuß! Was! Schwer! Warum?
LICHT: Der Klumpfuß?
ADAM: Klumpfuß!
Ein Fuß ist, wie der andere, ein Klumpen.
LICHT: Erlaubt! Da tut Ihr Eurem rechten Unrecht.
Der rechte kann sich dieser – Wucht nicht rühmen,
Und wagt sich eh'r aufs Schlüpfrige.
ADAM: Ach, was!
Wo sich der eine hinwagt, folgt der andre.
LICHT: Und was hat das Gesicht Euch so verrenkt?
ADAM: Mir das Gesicht?
LICHT: Wie? Davon wißt Ihr nichts?
ADAM: Ich müßt ein Lügner sein – wie sieht's denn aus?
LICHT: Wie's aussieht?
ADAM: Ja, Gevatterchen.
LICHT: Abscheulich!
ADAM: Erklärt Euch deutlicher.
LICHT: Geschunden ist's,
Ein Greul zu sehn. Ein Stück fehlt von der Wange,
Wie groß? Nicht ohne Waage kann ich's schätzen.
ADAM: Den Teufel auch!
LICHT *bringt einen Spiegel*: Hier! Überzeugt Euch selbst!
Ein Schaf, das, eingehetzt von Hunden, sich
Durch Dornen drängt, läßt nicht mehr Wolle sitzen,
Als Ihr, Gott weiß wo? Fleisch habt sitzen lassen.
ADAM: Hm! Ja! 's ist wahr. Unlieblich sieht es aus.
Die Nas hat auch gelitten.
LICHT: Und das Auge.
ADAM: Das Auge nicht, Gevatter.
LICHT: Ei, hier liegt
Querfeld ein Schlag, blutrünstig, straf mich Gott,
Als hätt ein Großknecht wütend ihn geführt.
ADAM: Das ist der Augenknochen. – Ja, nun seht,
Das alles hatt ich nicht einmal gespürt.
LICHT: Ja, ja! So geht's im Feuer des Gefechts.
ADAM: Gefecht! Was! – Mit dem verfluchten Ziegenbock,
Am Ofen focht ich, wenn Ihr wollt. Jetzt weiß ich's.
Da ich das Gleichgewicht verlier, und gleichsam
Ertrunken in den Lüften um mich greife,
Faß ich die Hosen, die ich gestern abend

Durchnäßt an das Gestell des Ofens hing.
Nun faß ich sie, versteht Ihr, denke mich,
Ich Tor, daran zu halten, und nun reißt
Der Bund; Bund jetzt und Hos und ich, wir stürzen,
Und häuptlings mit dem Stirnblatt schmettr' ich auf
Den Ofen hin, just wo ein Ziegenbock
Die Nase an der Ecke vorgestreckt.
LICHT *lacht*: Gut, gut.
ADAM: Verdammt!
LICHT: Der erste Adamsfall,
Den Ihr aus einem Bett hinaus getan.
ADAM: Mein Seel! – Doch, was ich sagen wollte, was gibt's Neues?
LICHT: Ja, was es Neues gibt! Der Henker hol's,
Hätt ich's doch bald vergessen.
ADAM: Nun?
LICHT: Macht Euch bereit auf unerwarteten
Besuch aus Utrecht.
ADAM: So?
LICHT: Der Herr Gerichtsrat kömmt.
ADAM: Wer kömmt?
LICHT: Der Herr Gerichtsrat Walter kömmt, aus Utrecht.
Er ist in Revisionsbereisung auf den Ämtern,
Und heut noch trifft er bei uns ein.
ADAM: Noch heut! Seid Ihr bei Trost?
LICHT: So wahr ich lebe.
Er war in Holla, auf dem Grenzdorf, gestern,
Hat das Justizamt dort schon revidiert.
Ein Bauer sah zur Fahrt nach Huisum schon
Die Vorspannpferde vor den Wagen schirren.
ADAM: Heut noch, er, der Gerichtsrat, her, aus Utrecht!
Zur Revision, der wackre Mann, der selbst
Sein Schäfchen schiert, dergleichen Fratzen haßt.
Nach Huisum kommen, und uns kujonieren!
LICHT: Kam er bis Holla, kommt er auch bis Huisum.
Nehmt Euch in acht.
ADAM: Ach geht!
LICHT: Ich sag es Euch.
ADAM: Geht mir mit Eurem Märchen, sag ich Euch.
LICHT: Der Bauer hat ihn selbst gesehn, zum Henker.
ADAM: Wer weiß, wen der triefäugige Schuft gesehn.
Die Kerle unterscheiden ein Gesicht

Von einem Hinterkopf nicht, wenn er kahl ist.
Setzt einen Hut dreieckig auf mein Rohr,
Hängt ihm den Mantel um, zwei Stiefeln drunter,
So hält so'n Schubjack ihn für wen Ihr wollt.
LICHT: Wohlan so zweifelt fort, ins Teufels Namen,
Bis er zur Tür hier eintritt.
ADAM: – Er, eintreten! –
Ohn uns ein Wort vorher gesteckt zu haben.
LICHT: Der Unverstand! Als ob's der vorige
Revisor noch, der Rat Wachholder, wäre!
Es ist Rat Walter jetzt, der revidiert.
ADAM: Wenngleich Rat Walter! Geht, laßt mich zufrieden.
Der Mann hat seinen Amtseid ja geschworen,
Und praktisiert, wie wir, nach den
Bestehenden Edikten und Gebräuchen.
LICHT: Nun ich versichr' Euch, der Gerichtsrat Walter
Erschien in Holla unvermutet gestern,
Vis'tierte Kassen und Registraturen,
Und suspendierte Richter dort und Schreiber,
Warum? ich weiß nicht, ab officio.
ADAM: Den Teufel auch? Hat das der Bauer gesagt?
LICHT: Dies und noch mehr –
ADAM: So?
LICHT: Wenn Ihr's wissen wollt.
Denn in der Frühe heut sucht man den Richter,
Dem man in seinem Haus Arrest gegeben,
Und findet hinten in der Scheuer ihn
Am Sparren hoch des Daches aufgehangen.
ADAM: Was sagt Ihr?
LICHT: Hülf inzwischen kommt herbei,
Man löst ihn ab, man reibt ihn, und begießt ihn,
Ins nackte Leben bringt man ihn zurück.
ADAM: So? Bringt man ihn?
LICHT: Doch jetzo wird versiegelt,
In seinem Haus, vereidet und verschlossen,
Es ist, als wär er eine Leiche schon,
Und auch sein Richteramt ist schon beerbt.
ADAM: Ei, Henker, seht! – Ein liederlicher Hund war's –
Sonst eine ehrliche Haut, so wahr ich lebe,
Ein Kerl, mit dem sich's gut zusammen war;
Doch grausam liederlich, das muß ich sagen.

Wenn der Gerichtsrat heut in Holla war,
So ging's ihm schlecht, dem armen Kauz, das glaub ich.
LICHT: Und dieser Vorfall einzig, sprach der Bauer,
Sei schuld, daß der Gerichtsrat noch nicht hier;
Zu Mittag treff er doch ohnfehlbar ein.
ADAM: Zu Mittag! Gut, Gevatter! Jetzt gilt's Freundschaft.
Ihr wißt, wie sich zwei Hände waschen können.
Ihr wollt auch gern, ich weiß, Dorfrichter werden,
Und Ihr verdient's, bei Gott, so gut wie einer.
Doch heut ist noch nicht die Gelegenheit,
Heut laßt Ihr noch den Kelch vorübergehn.
LICHT: Dorfrichter, ich! Was denkt Ihr auch von mir?
ADAM: Ihr seid ein Freund von wohlgesetzter Rede,
Und Euren Cicero habt Ihr studiert
Trotz einem auf der Schul in Amsterdam.
Drückt Euren Ehrgeiz heut hinunter, hört Ihr?
Es werden wohl sich Fälle noch ergeben,
Wo Ihr mit Eurer Kunst Euch zeigen könnt.
LICHT: Wir zwei Gevatterleute! Geht mir fort.
ADAM: Zu seiner Zeit, Ihr wißt's, schwieg auch der große
Demosthenes. Folgt hierin seinem Muster.
Und bin ich König nicht von Mazedonien,
Kann ich auf meine Art doch dankbar sein.
LICHT: Geht mir mit Eurem Argwohn, sag ich Euch.
Hab ich jemals –?
ADAM: Seht, ich, ich für mein Teil,
Dem großen Griechen folg ich auch. Es ließe
Von Depositionen sich und Zinsen
Zuletzt auch eine Rede ausarbeiten:
Wer wollte solche Perioden drehn?
LICHT: Nun, also!
ADAM: Von solchem Vorwurf bin ich rein,
Der Henker hol's! Und alles, was es gilt,
Ein Schwank ist's etwa, der zur Nacht geboren,
Des Tags vorwitzgen Lichtstrahl scheut.
LICHT: Ich weiß.
ADAM: Mein Seel! Es ist kein Grund, warum ein Richter,
Wenn er nicht auf dem Richtstuhl sitzt,
Soll gravitätisch, wie ein Eisbär, sein.
LICHT: Das sag ich auch.
ADAM: Nun denn, so kommt Gevatter,

Folgt mir ein wenig zur Registratur;
Die Aktenstöße setz ich auf, denn die,
Die liegen wie der Turm zu Babylon.

Zweiter Auftritt

Ein Bedienter *tritt auf.* Die Vorigen. – *Nachher:* Zwei Mägde.

der bediente: Gott helf, Herr Richter! Der Gerichtsrat Walter
  Läßt seinen Gruß vermelden, gleich wird er hier sein.
adam: Ei, du gerechter Himmel! Ist er mit Holla
  Schon fertig?
der bediente: Ja, er ist in Huisum schon.
adam: He! Liese! Grete!
licht: Ruhig, ruhig jetzt.
adam: Gevatterchen!
licht: Laßt Euern Dank vermelden.
der bediente: Und morgen reisen wir nach Hussahe.
adam: Was tu ich jetzt? Was laß ich?
         Er greift nach seinen Kleidern.
erste magd *tritt auf*:   Hier bin ich, Herr.
licht: Wollt Ihr die Hosen anziehn? Seid Ihr toll?
zweite magd *tritt auf*:
  Hier bin ich, Herr Dorfrichter.
licht: Nehmt den Rock.
adam *sieht sich um*: Wer? Der Gerichtsrat?
licht: Ach, die Magd ist es.
adam: Die Bäffchen! Mantel! Kragen!
erste magd: Erst die Weste!
adam: Was? – Rock aus! Hurtig!
licht *zum Bedienten*:   Der Herr Gerichtsrat werden
  Hier sehr willkommen sein. Wir sind sogleich
  Bereit ihn zu empfangen. Sagt ihm das.
adam: Den Teufel auch! Der Richter Adam läßt sich
  Entschuldigen.
licht: Entschuldigen!
adam: Entschuldgen.
  Ist er schon unterwegs etwa?
der bediente: Er ist
  Im Wirtshaus noch. Er hat den Schmidt bestellt;
  Der Wagen ging entzwei.

ADAM: Gut. Mein Empfehl.
Der Schmidt ist faul. Ich ließe mich entschuldgen.
Ich hätte Hals und Beine fast gebrochen,
Schaut selbst, 's ist ein Spektakel, wie ich aussch;
Und jeder Schreck purgiert mich von Natur.
Ich wäre krank.
LICHT: Seid Ihr bei Sinnen? –
Der Herr Gerichtsrat wär sehr angenehm.
– Wollt Ihr?
ADAM: Zum Henker!
LICHT: Was?
ADAM: Der Teufel soll mich holen,
Ist's nicht so gut, als hätt ich schon ein Pulver!
LICHT: Das fehlt noch, daß Ihr auf den Weg ihm leuchtet.
ADAM: Margrete! he! Der Sack voll Knochen! Liese!
DIE BEIDEN MÄGDE: Hier sind wir ja. Was wollt Ihr?
ADAM: Fort! sag ich.
Kuhkäse, Schinken, Butter, Würste, Flaschen
Aus der Registratur geschafft! Und flink! –
Du nicht. Die andere. – Maulaffe! Du ja!
Gotts Blitz, Margrete! Liese soll, die Kuhmagd,
In die Registratur!

Die erste Magd geht ab.

ZWEITE MAGD: Sprecht, soll man Euch verstehn!
ADAM: Halt's Maul jetzt, sag ich –! Fort! schaff mir die Perücke!
Marsch! Aus dem Bücherschrank! Geschwind! Pack dich!

Die zweite Magd ab.

LICHT *zum Bedienten*: Es ist dem Herrn Gerichtsrat, will ich hoffen,
Nichts Böses auf der Reise zugestoßen?
DER BEDIENTE: Je, nun! Wir sind im Hohlweg umgeworfen.
ADAM: Pest! Mein geschundner Fuß! Ich krieg die Stiefeln –
LICHT: Ei, du mein Himmel! Umgeworfen, sagt Ihr?
Doch keinen Schaden weiter –?
DER BEDIENTE: Nichts von Bedeutung.
Der Herr verstauchte sich die Hand ein wenig.
Die Deichsel brach.
ADAM: Daß er den Hals gebrochen!
LICHT: Die Hand verstaucht! Ei, Herr Gott! Kam der Schmidt schon?
DER BEDIENTE: Ja, für die Deichsel.
LICHT: Was?
ADAM: Ihr meint, der Doktor.

LICHT: Was?
DER BEDIENTE: Für die Deichsel?
ADAM: Ach, was! Für die Hand.
DER BEDIENTE: Adies, ihr Herrn. – Ich glaub, die Kerls sind toll. *Ab.*
LICHT: Den Schmidt mein ich.
ADAM: Ihr gebt Euch bloß, Gevatter.
LICHT: Wieso?
ADAM: Ihr seid verlegen.
LICHT: Was!
Die ERSTE MAGD *tritt auf.*
ADAM: He! Liese!
Was hast du da?
ERSTE MAGD: Braunschweiger Wurst, Herr Richter.
ADAM: Das sind Pupillenakten.
LICHT: Ich, verlegen!
ADAM: Die kommen wieder zur Registratur.
ERSTE MAGD: Die Würste?
ADAM: Würste! Was! Der Einschlag hier.
LICHT: Es war ein Mißverständnis.
ZWEITE MAGD *tritt auf*: Im Bücherschrank,
Herr Richter, find ich die Perücke nicht.
ADAM: Warum nicht?
ZWEITE MAGD: Hm! Weil Ihr –
ADAM: Nun?
ZWEITE MAGD: Gestern abend –
Glock eilf –
ADAM: Nun? Werd ich's hören?
ZWEITE MAGD: Ei, Ihr kamt ja,
Besinnt Euch, ohne die Perück ins Haus.
ADAM: Ich, ohne die Perücke?
ZWEITE MAGD: In der Tat.
Da ist die Liese, die's bezeugen kann.
Und Eure andr' ist beim Perückenmacher.
ADAM: Ich wär –?
ERSTE MAGD: Ja, meiner Treu, Herr Richter Adam!
Kahlköpfig wart Ihr, als Ihr wiederkamt;
Ihr spracht, Ihr wärt gefallen, wißt Ihr nicht?
Das Blut mußt ich Euch noch vom Kopfe waschen.
ADAM: Die Unverschämte!
ERSTE MAGD: Ich will nicht ehrlich sein.
ADAM: Halt's Maul, sag ich, es ist kein wahres Wort.

LICHT: Habt Ihr die Wund seit gestern schon?
ADAM: Nein, heut.
Die Wunde heut und gestern die Perücke.
Ich trug sie weiß gepudert auf dem Kopfe,
Und nahm sie mit dem Hut, auf Ehre, bloß,
Als ich ins Haus trat, aus Versehen ab.
Was die gewaschen hat, das weiß ich nicht.
– Scher dich zum Satan, wo du hingehörst!
In die Registratur!

Erste Magd ab.

Geh, Margarete!
Gevatter Küster soll mir seine borgen;
In meine hätt die Katze heute morgen
Gejungt, das Schwein! Sie läge eingesäuet
Mir unterm Bette da, ich weiß nun schon.
LICHT: Die Katze? Was? Seid Ihr –?
ADAM: So wahr ich lebe.
Fünf Junge, gelb und schwarz, und eins ist weiß.
Die schwarzen will ich in der Vecht ersäufen.
Was soll man machen? Wollt Ihr eine haben?
LICHT: In die Perücke?
ADAM: Der Teufel soll mich holen!
Ich hatte die Perücke aufgehängt,
Auf einen Stuhl, da ich zu Bette ging,
Den Stuhl berühr ich in der Nacht, sie fällt –
LICHT: Drauf nimmt die Katze sie ins Maul –
ADAM: Mein Seel –
LICHT: Und trägt sie unters Bett und jungt darin.
ADAM: Ins Maul? Nein –
LICHT: Nicht? Wie sonst?
ADAM: Die Katz? Ach, was!
LICHT: Nicht? Oder Ihr vielleicht?
ADAM: Ins Maul! Ich glaube –!
Ich stieß sie mit dem Fuße heut hinunter,
Als ich es sah.
LICHT: Gut, gut.
ADAM: Kanaillen die!
Die balzen sich und jungen, wo ein Platz ist.
ZWEITE MAGD *kichernd*: So soll ich hingehn?
ADAM: Ja, und meinen Gruß
An Muhme Schwarzgewand, die Küsterin.

Ich schickt ihr die Perücke unversehrt
Noch heut zurück – ihm brauchst du nichts zu sagen.
Verstehst du mich?
ZWEITE MAGD: Ich werd es schon bestellen. *Ab.*

Dritter Auftritt

Adam *und* Licht.

ADAM: Mir ahndet heut nichts Guts, Gevatter Licht.
LICHT: Warum?
ADAM: Es geht bunt alles überecke mir.
Ist nicht auch heut Gerichtstag?
LICHT: Allerdings.
Die Kläger stehen vor der Türe schon.
ADAM: – Mir träumt', es hätt ein Kläger mich ergriffen,
Und schleppte vor den Richtstuhl mich; und ich,
Ich säße gleichwohl auf dem Richtstuhl dort,
Und schält' und hunzt' und schlingelte mich herunter,
Und judiziert den Hals ins Eisen mir.
LICHT: Wie? Ihr Euch selbst?
ADAM: So wahr ich ehrlich bin.
Drauf wurden beide wir zu eins, und flohn,
Und mußten in den Fichten übernachten.
LICHT: Nun? Und der Traum meint Ihr?
ADAM: Der Teufel hol's.
Wenn's auch der Traum nicht ist, ein Schabernack,
Sei's, wie es woll, ist wider mich im Werk!
LICHT: Die läppsche Furcht! Gebt Ihr nur vorschriftsmäßig,
Wenn der Gerichtsrat gegenwärtig ist,
Recht den Parteien auf dem Richterstuhle,
Damit der Traum vom ausgehunzten Richter
Auf andre Art nicht in Erfüllung geht.

Vierter Auftritt

Der Gerichtsrat Walter *tritt auf.* Die Vorigen.

WALTER: Gott grüß Euch, Richter Adam.
ADAM: Ei, willkommen!
Willkommen, gnädger Herr, in unserm Huisum!

Wer konnte, du gerechter Gott, wer konnte
So freudigen Besuches sich gewärtgen.
Kein Traum, der heute früh Glock achte noch
Zu solchem Glücke sich versteigen durfte.
WALTER: Ich komm ein wenig schnell, ich weiß; und muß
Auf dieser Reis, in unsrer Staaten Dienst,
Zufrieden sein, wenn meine Wirte mich
Mit wohlgemeintem Abschiedsgruß entlassen.
Inzwischen ich, was meinen Gruß betrifft,
Ich mein's von Herzen gut, schon wenn ich komme.
Das Obertribunal in Utrecht will
Die Rechtspfleg auf dem platten Land verbessern,
Die mangelhaft von mancher Seite scheint,
Und strenge Weisung hat der Mißbrauch zu erwarten.
Doch mein Geschäft auf dieser Reis ist noch
Ein strenges nicht, sehn soll ich bloß, nicht strafen,
Und find ich gleich nicht alles, wie es soll,
Ich freue mich, wenn es erträglich ist.
ADAM: Fürwahr, so edle Denkart muß man loben.
Ew. Gnaden werden hie und da, nicht zweifl' ich,
Den alten Brauch im Recht zu tadeln wissen;
Und wenn er in den Niederlanden gleich
Seit Kaiser Karl dem Fünften schon besteht:
Was läßt sich in Gedanken nicht erfinden?
Die Welt, sagt unser Sprichwort, wird stets klüger,
Und alles liest, ich weiß, den Puffendorf;
Doch Huisum ist ein kleiner Teil der Welt,
Auf den nicht mehr, nicht minder, als sein Teil nur
Kann von der allgemeinen Klugheit kommen.
Klärt die Justiz in Huisum gütigst auf,
Und überzeugt Euch, gnädger Herr, Ihr habt
Ihr noch so bald den Rücken nicht gekehrt,
Als sie auch völlig Euch befriedgen wird;
Doch fändet Ihr sie heut im Amte schon
Wie Ihr sie wünscht, mein Seel, so wär's ein Wunder,
Da sie nur dunkel weiß noch, was Ihr wollt.
WALTER: Es fehlt an Vorschriften, ganz recht. Vielmehr
Es sind zu viel, man wird sie sichten müssen.
ADAM: Ja, durch ein großes Sieb. Viel Spreu! Viel Spreu!
WALTER: Das ist dort der Herr Schreiber?
LICHT: Der Schreiber Licht,

Zu Eurer hohen Gnaden Diensten. Pfingsten
Neun Jahre, daß ich im Justizamt bin.
ADAM *bringt einen Stuhl*: Setzt Euch.
WALTER: Laßt sein.
ADAM: Ihr kommt von Holla schon.
WALTER: Zwei kleine Meilen – Woher wißt Ihr das?
ADAM: Woher? Ew. Gnaden Diener –
LICHT: Ein Bauer sagt' es,
Der eben jetzt von Holla eingetroffen.
WALTER: Ein Bauer?
ADAM: Aufzuwarten.
WALTER: – Ja! Es trug sich
Dort ein unangenehmer Vorfall zu,
Der mir die heitre Laune störte,
Die in Geschäften uns begleiten soll. –
Ihr werdet davon unterrichtet sein?
ADAM: Wär's wahr, gestrenger Herr? Der Richter Pfaul,
Weil er Arrest in seinem Haus empfing,
Verzweiflung hätt den Toren überrascht,
Er hing sich auf?
WALTER: Und machte Übel ärger.
Was nur Unordnung schien, Verworrenheit,
Nimmt jetzt den Schein an der Veruntreuung,
Die das Gesetz, Ihr wißt's, nicht mehr verschont. –
Wie viele Kassen habt Ihr?
ADAM: Fünf, zu dienen.
WALTER: Wie, fünf! Ich stand im Wahn – Gefüllte Kassen?
Ich stand im Wahn, daß Ihr nur vier –
ADAM: Verzeiht!
Mit der Rhein-Inundations-Kollektenkasse?
WALTER: Mit der Inundations-Kollektenkasse!
Doch jetzo ist der Rhein nicht inundiert,
Und die Kollekten gehn mithin nicht ein.
– Sagt doch, Ihr habt ja wohl Gerichtstag heut?
ADAM: Ob wir –?
WALTER: Was?
LICHT: Ja, den ersten in der Woche.
WALTER: Und jene Schar von Leuten, die ich draußen
Auf Eurem Flure sah, sind das –?
ADAM: Das werden –
LICHT: Die Kläger sind's, die sich bereits versammeln.

WALTER: Gut. Dieser Umstand ist mir lieb, ihr Herren.
Laßt diese Leute, wenn's beliebt, erscheinen.
Ich wohne dem Gerichtsgang bei; ich sehe
Wie er in Eurem Huisum üblich ist.
Wir nehmen die Registratur, die Kassen,
Nachher, wenn diese Sache abgetan.
ADAM: Wie Ihr befehlt. – Der Büttel! He! Hanfriede!

FÜNFTER AUFTRITT

Die ZWEITE MAGD *tritt auf.* DIE VORIGEN.

ZWEITE MAGD: Gruß von Frau Küsterin, Herr Richter Adam;
So gern sie die Perück Euch auch –
ADAM: Wie? Nicht?
ZWEITE MAGD: Sie sagt, es wäre Morgenpredigt heute;
Der Küster hätte selbst die eine auf,
Und seine andre wäre unbrauchbar,
Sie sollte heut zu dem Perückenmacher.
ADAM: Verflucht!
ZWEITE MAGD: Sobald der Küster wiederkömmt,
Wird sie jedoch sogleich Euch seine schicken.
ADAM: Auf meine Ehre, gnädger Herr –
WALTER: Was gibt's?
ADAM: Ein Zufall, ein verwünschter, hat um beide
Perücken mich gebracht. Und jetzt bleibt mir
Die dritte aus, die ich mir leihen wollte:
Ich muß kahlköpfig den Gerichtstag halten.
WALTER: Kahlköpfig!
ADAM: Ja, beim ewgen Gott! Sosehr
Ich ohne der Perücke Beistand um
Mein Richteransehn auch verlegen bin.
– Ich müßt es auf dem Vorwerk noch versuchen,
Ob mir vielleicht der Pächter –?
WALTER: Auf dem Vorwerk!
Kann jemand anders hier im Orte nicht –?
ADAM: Nein, in der Tat –
WALTER: Der Prediger vielleicht.
ADAM: Der Prediger? Der –
WALTER: Oder Schulmeister.
ADAM: Seit der Sackzehnde abgeschafft, Ew. Gnaden,
Wozu ich hier im Amte mitgewirkt,

Kann ich auf beider Dienste nicht mehr rechnen.
WALTER: Nun, Herr Dorfrichter? Nun? Und der Gerichtstag?
Denkt Ihr zu warten, bis die Haar Euch wachsen?
ADAM: Ja, wenn Ihr mir erlaubt, schick ich aufs Vorwerk.
WALTER: – Wie weit ist's auf das Vorwerk?
ADAM: Ei! Ein kleines
Halbstündchen.
WALTER: Eine halbe Stunde, was!
Und Eurer Sitzung Stunde schlug bereits.
Macht fort. Ich muß noch heut nach Hussahe.
ADAM: Macht fort! Ja –
WALTER: Ei, so pudert Euch den Kopf ein!
Wo Teufel auch, wo ließt Ihr die Perücken?
– Helft Euch so gut Ihr könnt. Ich habe Eile.
ADAM: Auch das.
DER BÜTTEL *tritt auf:* Hier ist der Büttel!
ADAM: Kann ich inzwischen
Mit einem guten Frühstück, Wurst aus Braunschweig,
Ein Gläschen Danziger etwa –
WALTER: Danke sehr.
ADAM: Ohn Umständ!
WALTER: Dank, Ihr hört's, hab's schon genossen.
Geht Ihr, und nutzt die Zeit, ich brauche sie
In meinem Büchlein etwas mir zu merken.
ADAM: Nun, wenn Ihr so befehlt – Komm, Margarete!
WALTER: – Ihr seid ja bös verletzt, Herr Richter Adam.
Seid Ihr gefallen?
ADAM: – Hab einen wahren Mordschlag
Heut früh, als ich dem Bett entstieg, getan:
Seht, gnädger Herr Gerichtsrat, einen Schlag
Ins Zimmer hin, ich glaubt es wär ins Grab.
WALTER: Das tut mir leid. – Es wird doch weiter nicht
Von Folgen sein?
ADAM: Ich denke nicht. Und auch
In meiner Pflicht soll's weiter mich nicht stören. –
Erlaubt!
WALTER: Geht, geht!
ADAM *zum Büttel:*   Die Kläger rufst du – marsch!
              Adam, die Magd und der Büttel ab.

Sechster Auftritt

Frau Marthe, Eve, Veit *und* Ruprecht *treten auf.* – Walter *und* Licht
im Hintergrunde.

FRAU MARTHE: Ihr krugzertrümmerndes Gesindel, ihr!
 Ihr sollt mir büßen, ihr!
VEIT: Sei Sie nur ruhig,
 Frau Marth! Es wird sich alles hier entscheiden.
FRAU MARTHE: O ja. Entscheiden. Seht doch. Den Klugschwätzer.
 Den Krug mir, den zerbrochenen, entscheiden.
 Wer wird mir den geschiednen Krug entscheiden?
 Hier wird entschieden werden, daß geschieden
 Der Krug mir bleiben soll. Für so'n Schiedsurteil
 Geb ich noch die geschiednen Scherben nicht.
VEIT: Wenn Sie sich Recht erstreiten kann, Sie hört's,
 Ersetz ich ihn.
FRAU MARTHE: Er mir den Krug ersetzen.
 Wenn ich mir Recht erstreiten kann, ersetzen.
 Setz Er den Krug mal hin, versuch Er's mal,
 Setz Er'n mal hin auf das Gesims! Ersetzen!
 Den Krug, der kein Gebein zum Stehen hat,
 Zum Lieben oder Sitzen hat, ersetzen!
VEIT: Sie hört's! Was geifert Sie! Kann man mehr tun?
 Wenn einer Ihr von uns den Krug zerbrochen,
 Soll Sie entschädigt werden.
FRAU MARTHE: Ich entschädigt!
 Als ob ein Stück von meinem Hornvieh spräche.
 Meint Er, daß die Justiz ein Töpfer ist?
 Und kämen die Hochmögenden und bänden
 Die Schürze vor, und trügen ihn zum Ofen,
 Die könnten sonst was in den Krug mir tun,
 Als ihn entschädigen. Entschädigen!
RUPRECHT: Laß Er sie, Vater. Folg Er mir. Der Drache!
 's ist der zerbrochene Krug nicht, der sie wurmt,
 Die Hochzeit ist es, die ein Loch bekommen,
 Und mit Gewalt hier denkt sie sie zu flicken.
 Ich aber setze noch den Fuß eins drauf:
 Verflucht bin ich, wenn ich die Metze nehme.
FRAU MARTHE: Der eitle Flaps! Die Hochzeit ich hier flicken!
 Die Hochzeit, nicht des Flickdrahts, unzerbrochen

Nicht einen von des Kruges Scherben wert.
Und stünd die Hochzeit blankgescheuert vor mir,
Wie noch der Krug auf dem Gesimse gestern,
So faßt ich sie beim Griff jetzt mit den Händen,
Und schlüg sie gellend ihm am Kopf entzwei,
Nicht aber hier die Scherben möcht ich flicken!
Sie flicken!

EVE: Ruprecht!
RUPRECHT: Fort du! –
EVE: Liebster Ruprecht!
RUPRECHT: Mir aus den Augen!
EVE: Ich beschwöre dich.
RUPRECHT: Die Lüderliche –! Ich mag nicht sagen, was.
EVE: Laß mich ein einzges Wort dir heimlich –
RUPRECHT: Nichts!
EVE: – Du gehst zum Regimente jetzt, o Ruprecht,
Wer weiß, wenn du erst die Muskete trägst,
Ob ich dich je im Leben wiedersehe.
Krieg ist's, bedenke, Krieg, in den du ziehst:
Willst du mit solchem Grolle von mir scheiden?
RUPRECHT: Groll? Nein, bewahr mich Gott, das will ich nicht.
Gott schenk dir so viel Wohlergehn, als er
Erübrigen kann. Doch kehrt ich aus dem Kriege
Gesund, mit erzgegoßnem Leib zurück,
Und würd in Huisum achtzig Jahre alt,
So sagt ich noch im Tode zu dir: Metze!
Du willst's ja selber vor Gericht beschwören.
FRAU MARTHE *zu Eve*: Hinweg! Was sagt ich dir? Willst du dich noch
Beschimpfen lassen? Der Herr Korporal
Ist was für dich, der würdge Holzgebein,
Der seinen Stock im Militär geführt,
Und nicht dort der Maulaffe, der dem Stock
Jetzt seinen Rücken bieten wird. Heut ist
Verlobung, Hochzeit, wäre Taufe heute,
Es wär mir recht, und mein Begräbnis leid ich,
Wenn ich dem Hochmut erst den Kamm zertreten,
Der mir bis an die Krüge schwillet.
EVE: Mutter!
Laßt doch den Krug! Laßt mich doch in der Stadt versuchen,
Ob ein geschickter Handwerksmann die Scherben
Nicht wieder Euch zur Lust zusammenfügt.

Und wär's um ihn geschehn, nehmt meine ganze
Sparbüchse hin, und kauft Euch einen neuen.
Wer wollte doch um einen irdnen Krug,
Und stammt er von Herodes' Zeiten her,
Solch einen Aufruhr, so viel Unheil stiften.
FRAU MARTHE: Du sprichst, wie du's verstehst. Willst du etwa
Die Fiedel tragen, Evchen, in der Kirche
Am nächsten Sonntag reuig Buße tun?
Dein guter Name lag in diesem Topfe,
Und vor der Welt mit ihm ward er zerstoßen,
Wenn auch vor Gott nicht, und vor mir und dir.
Der Richter ist mein Handwerksmann, der Schergen,
Der Block ist's, Peitschenhiebe, die es braucht,
Und auf den Scheiterhaufen das Gesindel,
Wenn's unsre Ehre weiß zu brennen gilt,
Und diesen Krug hier wieder zu glasieren.

SIEBENTER AUFTRITT

ADAM *im Ornat, doch ohne Perücke, tritt auf.* DIE VORIGEN.

ADAM *für sich*: Ei, Evchen. Sieh! Und der vierschrötge Schlingel,
Der Ruprecht! Ei, was Teufel, sieh! Die ganze Sippschaft!
– Die werden mich doch nicht bei mir verklagen?
EVE: O liebste Mutter, folgt mir, ich beschwör Euch,
Laßt diesem Unglückszimmer uns entfliehen!
ADAM: Gevatter! Sagt mir doch, was bringen die?
LICHT: Was weiß ich? Lärm um nichts; Lappalien.
Es ist ein Krug zerbrochen worden, hör ich.
ADAM: Ein Krug! So! Ei! – Ei, wer zerbrach den Krug?
LICHT: Wer ihn zerbrochen?
ADAM: Ja, Gevatterchen.
LICHT: Mein Seel, setzt Euch: so werdet Ihr's erfahren.
ADAM *heimlich*: Evchen!
EVE *gleichfalls*:   Geh Er.
ADAM: Ein Wort.
EVE: Ich will nichts wissen.
ADAM: Was bringt ihr mir?
EVE: Ich sag Ihm, Er soll gehn.
ADAM: Evchen! Ich bitte dich! Was soll mir das bedeuten?
EVE: Wenn Er nicht gleich –! Ich sag's Ihm, laß Er mich.

ADAM *zu Licht*: Gevatter, hört, mein Seel, ich halt's nicht aus.
Die Wund am Schienbein macht mir Übelkeiten;
Führt Ihr die Sach, ich will zu Bette gehn.
LICHT: Zu Bett –? Ihr wollt –? Ich glaub, Ihr seid verrückt.
ADAM: Der Henker hol's. Ich muß mich übergeben.
LICHT: Ich glaub, Ihr rast, im Ernst. Soeben kommt Ihr –?
– Meinthalben. Sagt's dem Herrn Gerichtsrat dort.
Vielleicht erlaubt er's. – Ich weiß nicht, was Euch fehlt?
ADAM *wieder zu Evchen*: Evchen! Ich flehe dich! Um alle Wunden!
Was ist's, das ihr mir bringt?
EVE: Er wird's schon hören.
ADAM: Ist's nur der Krug dort, den die Mutter hält,
Den ich so viel –?
EVE: Ja, der zerbrochne Krug nur.
ADAM: Und weiter nichts?
EVE: Nichts weiter.
ADAM: Nichts? Gewiß nicht?
EVE: Ich sag Ihm, geh Er. Laß Er mich zufrieden.
ADAM: Hör du, bei Gott, sei klug, ich rat es dir.
EVE: Er, Unverschämter!
ADAM: In dem Attest steht
Der Name jetzt, Frakturschrift, Ruprecht Tümpel.
Hier trag ich's fix und fertig in der Tasche;
Hörst du es knackern, Evchen? Sieh, das kannst du,
Auf meine Ehr, heut übers Jahr dir holen,
Dir Trauerschürz und Mieder zuzuschneiden,
Wenn's heißt: der Ruprecht in Batavia
Krepiert' – ich weiß, an welchem Fieber nicht,
War's gelb, war's scharlach, oder war es faul.
WALTER: Sprecht nicht mit den Partein, Herr Richter Adam,
Vor der Session! Hier setzt Euch, und befragt sie.
ADAM: Was sagt er? – Was befehlen Ew. Gnaden?
WALTER: Was ich befehl? – Ich sagte deutlich Euch,
Daß Ihr nicht heimlich vor der Sitzung sollt
Mit den Partein zweideutge Sprache führen.
Hier ist der Platz, der Eurem Amt gebührt,
Und öffentlich Verhör, was ich erwarte.
ADAM *für sich*: Verflucht! Ich kann mich nicht dazu entschließen –!
– Es klirrte etwas, da ich Abschied nahm –
LICHT *ihn aufschreckend*: Herr Richter! Seid Ihr –?
ADAM: Ich? Auf Ehre nicht!

Ich hatte sie behutsam draufgehängt,
Und müßt ein Ochs gewesen sein –
LICHT: Was?
ADAM: Was?
LICHT: Ich fragte –!
ADAM: Ihr fragtet, ob ich –?
LICHT: Ob Ihr taub seid, fragt ich.
Dort Sr. Gnaden haben Euch gerufen.
ADAM: Ich glaubte –? Wer ruft?
LICHT: Der Herr Gerichtsrat dort.
ADAM *für sich*: Ei! Hol's der Henker auch! Zwei Fälle gibt's,
Mein Seel, nicht mehr, und wenn's nicht biegt, so bricht's.
– Gleich! Gleich! Gleich! Was befehlen Ew. Gnaden?
Soll jetzt die Prozedur beginnen?
WALTER: Ihr seid ja sonderbar zerstreut. Was fehlt Euch?
ADAM: – Auf Ehr! Verzeiht. Es hat ein Perlhuhn mir,
Das ich von einem Indienfahrer kaufte,
Den Pips: ich soll es nudeln, und versteh's nicht,
Und fragte dort die Jungfer bloß um Rat.
Ich bin ein Narr in solchen Dingen, seht,
Und meine Hühner nenn ich meine Kinder.
WALTER: Hier. Setzt Euch. Ruft den Kläger und vernehmt ihn.
Und Ihr, Herr Schreiber, führt das Protokoll.
ADAM: Befehlen Ew. Gnaden den Prozeß
Nach den Formalitäten, oder so,
Wie er in Huisum üblich ist, zu halten?
WALTER: Nach den gesetzlichen Formalitäten,
Wie er in Huisum üblich ist, nicht anders.
ADAM: Gut, gut. Ich werd Euch zu bedienen wissen.
Seid Ihr bereit, Herr Schreiber?
LICHT: Zu Euren Diensten.
ADAM: – So nimm, Gerechtigkeit, denn deinen Lauf!
Klägere trete vor.
FRAU MARTHE: Hier, Herr Dorfrichter!
ADAM: Wer seid Ihr?
FRAU MARTHE: Wer–?
ADAM: Ihr.
FRAU MARTHE: Wer ich –?
ADAM: Wer Ihr seid!
Wes Namens, Standes, Wohnorts, und so weiter.
FRAU MARTHE: Ich glaub, Er spaßt, Herr Richter.

ADAM: Spaßen, was!
Ich sitz im Namen der Justiz, Frau Marthe,
Und die Justiz muß wissen, wer Ihr seid.
LICHT *halblaut*: Laßt doch die sonderbare Frag –
FRAU MARTHE: Ihr guckt
Mir alle Sonntag in die Fenster ja,
Wenn Ihr aufs Vorwerk geht!
WALTER: Kennt Ihr die Frau?
ADAM: Sie wohnt hier um die Ecke, Ew. Gnaden,
Wenn man den Fußsteig durch die Hecken geht;
Witw' eines Kastellans, Hebamme jetzt,
Sonst eine ehrliche Frau, von gutem Rufe.
WALTER: Wenn Ihr so unterrichtet seid, Herr Richter,
So sind dergleichen Fragen überflüssig.
Setzt ihren Namen in das Protokoll,
Und schreibt dabei: dem Amte wohlbekannt.
ADAM: Auch das. Ihr seid nicht für Formalitäten.
Tut so, wie Sr. Gnaden anbefohlen.
WALTER: Fragt nach dem Gegenstand der Klage jetzt.
ADAM: Jetzt soll ich –?
WALTER *ungeduldig*: Ja, den Gegenstand ermitteln!
ADAM: Das ist gleichfalls ein Krug, verzeiht.
WALTER: Wie? Gleichfalls!
ADAM: Ein Krug. Ein bloßer Krug. Setzt einen Krug,
Und schreibt dabei: dem Amte wohlbekannt.
LICHT: Auf meine hingeworfene Vermutung
Wollt Ihr, Herr Richter –?
ADAM: Mein Seel, wenn ich's Euch sage,
So schreibt Ihr's hin. Ist's nicht ein Krug, Frau Marthe?
FRAU MARTHE: Ja, hier der Krug –
ADAM: Da habt Ihr's.
FRAU MARTHE: Der zerbrochne –
ADAM: Pedantische Bedenklichkeit.
LICHT: Ich bitt Euch –
ADAM: Und wer zerbrach den Krug? Gewiß der Schlingel –?
FRAU MARTHE: Ja, er, der Schlingel dort –
ADAM *für sich*: Mehr brauch ich nicht.
RUPRECHT: Das ist nicht wahr, Herr Richter.
ADAM *für sich*: Auf, aufgelebt, du alter Adam!
RUPRECHT: Das lügt sie in den Hals hinein –
ADAM: Schweig, Maulaffe!

Du steckst den Hals noch früh genug ins Eisen.
– Setzt einen Krug, Herr Schreiber, wie gesagt,
Zusamt dem Namen des, der ihn zerschlagen.
Jetzt wird die Sache gleich ermittelt sein.
WALTER: Herr Richter! Ei! Welch ein gewaltsames Verfahren.
ADAM: Wieso?
LICHT: Wollt Ihr nicht förmlich –?
ADAM: Nein! sag ich;
Ihr Gnaden lieben Förmlichkeiten nicht.
WALTER: Wenn Ihr die Instruktion, Herr Richter Adam,
Nicht des Prozesses einzuleiten wißt,
Ist hier der Ort jetzt nicht, es Euch zu lehren.
Wenn Ihr Recht anders nicht, als so, könnt geben,
So tretet ab: vielleicht kann's Euer Schreiber.
ADAM: Erlaubt! Ich gab's, wie's hier in Huisum üblich;
Ew. Gnaden haben's also mir befohlen.
WALTER: Ich hätt –?
ADAM: Auf meine Ehre!
WALTER: Ich befahl Euch,
Recht hier nach den Gesetzen zu erteilen;
Und hier in Huisum glaubt ich die Gesetze,
Wie anderswo in den vereinten Staaten.
ADAM: Da muß submiß ich um Verzeihung bitten!
Wir haben hier, mit Ew. Erlaubnis,
Statuten, eigentümliche, in Huisum,
Nicht aufgeschriebene, muß ich gestehn, doch durch
Bewährte Tradition uns überliefert.
Von dieser Form, getrau ich mir zu hoffen,
Bin ich noch heut kein Jota abgewichen.
Doch auch in Eurer andern Form bin ich,
Wie sie im Reich mag üblich sein, zu Hause.
Verlangt Ihr den Beweis? Wohlan, befehlt!
Ich kann Recht so jetzt, jetzo so erteilen.
WALTER: Ihr gebt mir schlechte Meinungen, Herr Richter.
Es sei. Ihr fangt von vorn die Sache an. –
ADAM: Auf Ehr! Gebt acht, Ihr sollt zufrieden sein.
– Frau Marthe Rull! Bringt Eure Klage vor.
FRAU MARTHE: Ich klag, Ihr wißt's, hier wegen dieses Krugs;
Jedoch vergönnt, daß ich, bevor ich melde
Was diesem Krug geschehen, auch beschreibe
Was er vorher mir war.

ADAM: Das Reden ist an Euch.
FRAU MARTHE: Seht ihr den Krug, ihr wertgeschätzten Herren?
Seht ihr den Krug?
ADAM: O ja, wir sehen ihn.
FRAU MARTHE: Nichts seht ihr, mit Verlaub, die Scherben seht ihr;
Der Krüge schönster ist entzweigeschlagen.
Hier grade auf dem Loch, wo jetzo nichts,
Sind die gesamten niederländischen Provinzen
Dem span'schen Philipp übergeben worden.
Hier im Ornat stand Kaiser Karl der Fünfte:
Von dem seht ihr nur noch die Beine stehn.
Hier kniete Philipp, und empfing die Krone:
Der liegt im Topf, bis auf den Hinterteil,
Und auch noch der hat einen Stoß empfangen.
Dort wischten seine beiden Muhmen sich,
Der Franzen und der Ungarn Königinnen,
Gerührt die Augen aus; wenn man die eine
Die Hand noch mit dem Tuch empor sieht heben,
So ist's, als weinete sie über sich.
Hier im Gefolge stützt sich Philibert,
Für den den Stoß der Kaiser aufgefangen,
Noch auf das Schwert; doch jetzo müßt er fallen,
So gut wie Maximilian: der Schlingel!
Die Schwerter unten jetzt sind weggeschlagen.
Hier in der Mitte, mit der heilgen Mütze,
Sah man den Erzbischof von Arras stehn;
Den hat der Teufel ganz und gar geholt,
Sein Schatten nur fällt lang noch übers Pflaster.
Hier standen rings, im Grunde, Leibtrabanten,
Mit Hellebarden, dicht gedrängt, und Spießen,
Hier Häuser, seht, vom großen Markt zu Brüssel,
Hier guckt noch ein Neugieriger aus dem Fenster:
Doch was er jetzo sieht, das weiß ich nicht.
ADAM: Frau Marth! Erlaßt uns das zerscherbte Paktum,
Wenn es zur Sache nicht gehört.
Uns geht das Loch – nichts die Provinzen an,
Die darauf übergeben worden sind.
FRAU MARTHE: Erlaubt! Wie schön der Krug, gehört zur Sache! –
Den Krug erbeutete sich Childerich,
Der Kesselflicker, als Oranien
Briel mit den Wassergeusen überrumpelte.

Ihn hatt ein Spanier, gefüllt mit Wein,
Just an den Mund gesetzt, als Childerich
Den Spanier von hinten niederwarf,
Den Krug ergriff, ihn leert' und weiterging.
ADAM: Ein würdger Wassergeuse.
FRAU MARTHE: Hierauf vererbte
Der Krug auf Fürchtegott, den Totengräber;
Der trank zu dreimal nur, der Nüchterne,
Und stets vermischt mit Wasser aus dem Krug.
Das erstemal, als er im Sechzigsten
Ein junges Weib sich nahm; drei Jahre drauf,
Als sie noch glücklich ihn zum Vater machte;
Und als sie jetzt noch funfzehn Kinder zeugte,
Trank er zum dritten Male, als sie starb.
ADAM: Gut. Das ist auch nicht übel.
FRAU MARTHE: Drauf fiel der Krug
An den Zachäus, Schneider in Tirlemont,
Der meinem sel'gen Mann, was ich euch jetzt
Berichten will, mit eignem Mund erzählt.
Der warf, als die Franzosen plünderten,
Den Krug, samt allem Hausrat aus dem Fenster,
Sprang selbst, und brach den Hals, der Ungeschickte,
Und dieser irdne Krug, der Krug von Ton,
Aufs Bein kam er zu stehen, und blieb ganz.
ADAM: Zur Sache, wenn's beliebt, Frau Marthe Rull! Zur Sache!
FRAU MARTHE: Drauf in der Feuersbrunst von sechsundsechzig,
Da hatt ihn schon mein Mann, Gott hab ihn selig –
ADAM: Zum Teufel! Weib! So seid Ihr noch nicht fertig?
FRAU MARTHE: – Wenn ich nicht reden soll, Herr Richter Adam,
So bin ich unnütz hier, so will ich gehn,
Und ein Gericht mir suchen, das mich hört.
WALTER: Ihr sollt hier reden: doch von Dingen nicht,
Die Eurer Klage fremd. Wenn Ihr uns sagt,
Daß jener Krug Euch wert, so wissen wir
So viel, als wir zum Richten hier gebrauchen.
FRAU MARTHE: Wieviel ihr brauchen möget, hier zu richten,
Das weiß ich nicht, und untersuch es nicht;
Das aber weiß ich, daß ich, um zu klagen,
Muß vor euch sagen dürfen, über was.
WALTER: Gut denn. Zum Schluß jetzt. Was geschah dem Krug?
Was? – Was geschah dem Krug im Feuer

Von Anno sechsundsechzig? Wird man's hören?
Was ist dem Krug geschehn?
FRAU MARTHE: Was ihm geschehen?
Nichts ist dem Krug, ich bitt euch sehr, ihr Herren,
Nichts Anno sechsundsechzig ihm geschehen.
Ganz blieb der Krug, ganz in der Flammen Mitte,
Und aus des Hauses Asche zog ich ihn
Hervor, glasiert, am andern Morgen, glänzend,
Als käm er eben aus dem Töpferofen.
WALTER: Nun gut. Nun kennen wir den Krug. Nun wissen
Wir alles, was dem Krug geschehn, was nicht.
Was gibt's jetzt weiter?
FRAU MARTHE: Nun diesen Krug jetzt seht – den Krug,
Zertrümmert einen Krug noch wert, den Krug
Für eines Fräuleins Mund, die Lippe selbst,
Nicht der Frau Erbstatthalterin zu schlecht,
Den Krug, ihr hohen Herren Richter beide,
Den Krug hat jener Schlingel mir zerbrochen.
ADAM: Wer?
FRAU MARTHE: Er, der Ruprecht dort.
RUPRECHT: Das ist gelogen,
Herr Richter.
ADAM: Schweig Er, bis man Ihn fragen wird.
Auch heut an Ihn noch wird die Reihe kommen.
– Habt Ihr's im Protokoll bemerkt?
LICHT: O ja.
ADAM: Erzählt den Hergang, würdige Frau Marthe.
FRAU MARTHE: Es war Uhr eilfe gestern –
ADAM: Wann, sagt Ihr?
FRAU MARTHE: Uhr eilf.
ADAM: Am Morgen!
FRAU MARTHE: Nein, verzeiht, am Abend –
Und schon die Lamp im Bette wollt ich löschen,
Als laute Männerstimmen, ein Tumult,
In meiner Tochter abgelegnen Kammer,
Als ob der Feind einbräche, mich erschreckt.
Geschwind die Trepp eil ich hinab, ich finde
Die Kammertür gewaltsam eingesprengt,
Schimpfreden schallen wütend mir entgegen,
Und da ich mir den Auftritt jetzt beleuchte,
Was find ich jetzt, Herr Richter, was jetzt find ich?

Den Krug find ich zerscherbt im Zimmer liegen,
In jedem Winkel liegt ein Stück,
Das Mädchen ringt die Händ, und er der Flaps dort,
Der trotzt, wie toll, Euch in des Zimmers Mitte.
ADAM: Ei, Wetter!
FRAU MARTHE: Was?
ADAM: Sieh da, Frau Marthe!
FRAU MARTHE: Ja! –
Drauf ist's, als ob in so gerechtem Zorn,
Mir noch zehn Arme wüchsen, jeglichen
Fühl ich mir wie ein Geier ausgerüstet.
Ihn stell ich dort zur Rede, was er hier
In später Nacht zu suchen, mir die Krüge
Des Hauses tobend einzuschlagen habe:
Und er, zur Antwort gibt er mir, jetzt ratet?
Der Unverschämte! Der Halunke, der!
Aufs Rad will ich ihn sehen, oder mich
Nicht mehr geduldig auf den Rücken legen:
Er spricht, es hab ein anderer den Krug
Vom Sims gestürzt – ein anderer, ich bitt Euch,
Der vor ihm aus der Kammer nur entwichen;
– Und überhäuft mit Schimpf mir da das Mädchen.
ADAM: Oh! faule Fische – Hierauf?
FRAU MARTHE: Auf dies Wort
Seh ich das Mädchen fragend an; die steht
Gleich einer Leiche da, ich sage: Eve! –
Sie setzt sich; ist's ein anderer gewesen,
Frag ich? Und „Joseph und Marie", ruft sie,
„Was denkt Ihr Mutter auch?" – So sprich! Wer war's?
„Wer sonst", sagt sie – und wer auch konnt es anders?
Und schwört mir zu, daß er's gewesen ist.
EVE: Was schwor ich Euch? Was hab ich Euch geschworen?
Nichts schwor ich, nichts Euch –
FRAU MARTHE: Eve!
EVE: Nein! Dies lügt Ihr. –
RUPRECHT: Da hört ihr's.
ADAM: Hund, jetzt, verfluchter, schweig,
Soll hier die Faust den Rachen dir noch stopfen!
Nachher ist Zeit für dich, nicht jetzt.
FRAU MARTHE: Du hättest nicht –?
EVE: Nein, Mutter! Dies verfälscht Ihr.

Seht, leid tut's in der Tat mir tief zur Seele,
Daß ich es öffentlich erklären muß:
Doch nichts schwor ich, nichts, nichts hab ich geschworen.
ADAM: Seid doch vernünftig, Kinder.
LICHT: Das ist ja seltsam.
FRAU MARTHE: Du hättest mir, o Eve, nicht versichert –?
Nicht Joseph und Maria angerufen?
EVE: Beim Schwur nicht! Schwörend nicht! Seht, dies jetzt schwör ich,
Und Joseph und Maria ruf ich an.
ADAM: Ei, Leutchen! Ei, Frau Marthe! Was auch macht Sie?
Wie schüchtert Sie das gute Kind auch ein.
Wenn sich die Jungfer wird besonnen haben,
Erinnert ruhig dessen, was geschehen
– Ich sage, was geschehen ist, und was,
Spricht sie nicht, wie sie soll, geschehn noch kann:
Gebt acht, so sagt sie heut uns aus, wie gestern,
Gleichviel, ob sie's beschwören kann, ob nicht.
Laßt Joseph und Maria aus dem Spiele.
WALTER: Nicht doch, Herr Richter, nicht! Wer wollte den
Parteien so zweideutge Lehren geben.
FRAU MARTHE: Wenn sie ins Angesicht mir sagen kann,
Schamlos, die liederliche Dirne, die,
Daß es ein andrer, als der Ruprecht war,
So mag meintwegen sie – ich mag nicht sagen, was.
Ich aber, ich versichr' es Euch, Herr Richter,
Und kann ich gleich nicht, daß sie's schwor, behaupten,
Daß sie's gesagt hat gestern, das beschwör ich,
Und Joseph und Maria ruf ich an.
ADAM: Nun weiter will ja auch die Jungfer –
WALTER: Herr Richter!
ADAM: Ew. Gnaden? – Was sagt er? – Nicht, Herzens-Evchen?
FRAU MARTHE: Heraus damit! Hast du's mir nicht gesagt?
Hast du's mir gestern nicht, mir nicht gesagt?
EVE: Wer leugnet Euch, daß ich's gesagt –
ADAM: Da habt ihr's.
RUPRECHT: Die Metze, die!
ADAM: Schreibt auf.
VEIT: Pfui, schäm Sie sich.
WALTER: Von Eurer Aufführung, Herr Richter Adam,
Weiß ich nicht, was ich denken soll. Wenn Ihr selbst
Den Krug zerschlagen hättet, könntet Ihr

Von Euch ab den Verdacht nicht eifriger
Hinwälzen auf den jungen Mann, als jetzt. –
Ihr setzt nicht mehr ins Protokoll, Herr Schreiber,
Als nur der Jungfer Eingeständnis, hoff ich,
Vom gestrigen Geständnis, nicht vom Fakto.
– Ist's an die Jungfer jetzt schon auszusagen?
ADAM: Mein Seel, wenn's ihre Reihe noch nicht ist,
In solchen Dingen irrt der Mensch, Ew. Gnaden.
Wen hätt ich fragen sollen jetzt? Beklagten?
Auf Ehr! Ich nehme gute Lehre an.
WALTER: Wie unbefangen! – Ja, fragt den Beklagten.
Fragt, macht ein Ende, fragt, ich bitt Euch sehr·
Dies ist die letzte Sache, die Ihr führt.
ADAM: Die letzte! Was! Ei freilich! Den Beklagten!
Wohin auch, alter Richter, dachtest du?
Verflucht, das pips'ge Perlhuhn mir! Daß es
Krepiert wär an der Pest in Indien!
Stets liegt der Kloß von Nudeln mir im Sinn.
WALTER: Was liegt? Was für ein Kloß liegt Euch –?
ADAM: Der Nudelkloß,
Verzeiht, den ich dem Huhne geben soll.
Schluckt mir das Aas die Pille nicht herunter,
Mein Seel, so weiß ich nicht, wie's werden wird.
WALTER: Tut Eure Schuldigkeit, sag ich, zum Henker!
ADAM: Beklagter trete vor.
RUPRECHT: Hier, Herr Dorfrichter.
Ruprecht, Veits des Kossäten Sohn, aus Huisum.
ADAM: Vernahm Er dort, was vor Gericht soeben
Frau Marthe gegen Ihn hat angebracht?
RUPRECHT: Ja, Herr Dorfrichter, das hab ich.
ADAM: Getraut Er sich
Etwas dagegen aufzubringen, was?
Bekennt Er, oder unterfängt Er sich,
Hier wie ein gottvergeßner Mensch zu leugnen?
RUPRECHT: Was ich dagegen aufzubringen habe,
Herr Richter? Ei! Mit Euerer Erlaubnis,
Daß sie kein wahres Wort gesprochen hat.
ADAM: So? Und das denkt Er zu beweisen?
RUPRECHT: O ja.
ADAM: Die würdige Frau Marthe, die.
Beruhige Sie sich. Es wird sich finden.

WALTER: Was geht Ihn die Frau Marthe an, Herr Richter?
ADAM: Was mir –? Bei Gott! Soll ich als Christ –?
WALTER: Bericht
   Er, was Er für sich anzuführen hat. –
   Herr Schreiber, wißt Ihr den Prozeß zu führen?
ADAM: Ach, was!
LICHT: Ob ich – ei nun, wenn Ew. Gnaden –
ADAM: Was glotzt Er da? Was hat Er aufzubringen?
   Steht nicht der Esel, wie ein Ochse, da?
   Was hat Er aufzubringen?
RUPRECHT: Was ich aufzubringen?
WALTER: Er ja, Er soll den Hergang jetzt erzählen.
RUPRECHT: Mein Seel, wenn man zu Wort mich kommen ließe.
WALTER: 's ist in der Tat, Herr Richter, nicht zu dulden.
RUPRECHT: Glock zehn Uhr mocht es etwa sein zu Nacht –
   Und warm, just diese Nacht des Januars
   Wie Mai, als ich zum Vater sage: Vater!
   Ich will ein bissel noch zur Eve gehn.
   Denn heuren wollt ich sie, das müßt ihr wissen,
   Ein rüstig Mädel ist's, ich hab's beim Ernten
   Gesehn, wo alles von der Faust ihr ging,
   Und ihr das Heu man flog, als wie gemaust.
   Da sagt ich: willst du? Und sie sagte: „Ach!
   Was du da gakelst." – Und nachher sagt' sie, ja.
ADAM: Bleib Er bei seiner Sache. Gakeln! Was!
   Ich sagte, willst du? Und sie sagte, ja.
RUPRECHT: Ja, meiner Treu, Herr Richter.
WALTER: Weiter! Weiter!
RUPRECHT: Nun –
   Da sagt ich: Vater, hört Er? Laß Er mich.
   Wir schwatzen noch am Fenster was zusammen.
   „Na", sagt er, „lauf; bleibst du auch draußen", sagt er?
   Ja, meiner Seel, sag ich, das ist geschworen.
   „Na", sagt' er, „lauf, um eilfe bist du hier".
ADAM: Na, so sag du, und gakle, und kein Ende.
   Na, hat er bald sich ausgesagt?
RUPRECHT: Na, sag ich,
   Das ist ein Wort, und setz die Mütze auf,
   Und geh; und übern Steig will ich, und muß
   Durchs Dorf zurückgehn, weil der Bach geschwollen.
   Ei, alle Wetter, denk ich, Ruprecht, Schlag!

Nun ist die Gartentür bei Marthens zu:
Denn bis um zehn läßt's Mädel sie nur offen,
Wenn ich um zehn nicht da bin, komm ich nicht.
ADAM: Die liederliche Wirtschaft, die.
WALTER: Drauf weiter?
RUPRECHT: Drauf – wie ich übern Lindengang mich näh're,
Bei Marthens, wo die Reihen dicht gewölbt,
Und dunkel, wie der Dom zu Utrecht, sind,
Hör ich die Gartentüre fernher knarren.
Sieh da! Da ist die Eve noch! sag ich,
Und schicke freudig Euch, von wo die Ohren
Mir Kundschaft brachten, meine Augen nach –
– Und schelte sie, da sie mir wiederkommen,
Für blind, und schicke auf der Stelle sie
Zum zweitenmal, sich besser umzusehen,
Und schimpfe sie nichtswürdige Verleumder,
Aufhetzer, niederträchtge Ohrenbläser,
Und schicke sie zum drittenmal, und denke,
Sie werden, weil sie ihre Pflicht getan,
Unwillig los sich aus dem Kopf mir reißen,
Und sich in einen andern Dienst begeben:
Die Eve ist's, am Latz erkenn ich sie,
Und einer ist's noch obenein.
ADAM: So? Einer noch? Und wer, Er Klugschwätzer?
RUPRECHT: Wer? Ja, mein Seel, da fragt Ihr mich –
ADAM: Nun also!
Und nicht gefangen, denk ich, nicht gehangen.
WALTER: Fort! Weiter in der Rede! Laßt ihn doch!
Was unterbrecht Ihr ihn, Herr Dorfrichter?
RUPRECHT: Ich kann das Abendmahl darauf nicht nehmen,
Stockfinster war's, und alle Katzen grau.
Doch müßt Ihr wissen, daß der Flickschuster,
Der Lebrecht, den man kürzlich losgesprochen,
Dem Mädel längst mir auf die Fährte ging
Ich sagte vorgen Herbst schon: Eve, höre,
Der Schuft schleicht mir ums Haus, das mag ich nicht;
Sag ihm, daß du kein Braten bist für ihn,
Mein Seel, sonst werf ich ihn vom Hof herunter.
Die spricht: „Ich glaub, du schierst mich", sagt ihm was,
Das ist nicht hin, nicht her, nicht Fisch, nicht Fleisch:
Drauf geh ich hin, und werf den Schlingel herunter.

ADAM: So? Lebrecht heißt der Kerl?
RUPRECHT: Ja, Lebrecht.
ADAM: Gut.
Das ist ein Nam. Es wird sich alles finden.
– Habt Ihr's bemerkt im Protokoll, Herr Schreiber?
LICHT: O ja, und alles andere, Herr Richter.
ADAM: Sprich weiter, Ruprecht, jetzt, mein Sohn.
RUPRECHT: Nun schießt,
Da ich Glock eilf das Pärchen hier begegne,
– Glock zehn Uhr zog ich immer ab – das Blatt mir.
Ich denke, halt, jetzt ist's noch Zeit, o Ruprecht,
Noch wachsen dir die Hirschgeweihe nicht: –
Hier mußt du sorgsam dir die Stirn befühlen,
Ob dir von fern hornartig etwas keimt.
Und drücke sacht mich durch die Gartenpforte,
Und berg in einen Strauch von Taxus mich:
Und hör Euch ein Gefispre hier, ein Scherzen,
Ein Zerren hin, Herr Richter, Zerren her,
Mein Seel, ich denk, ich soll vor Lust –
EVE: Du Böswicht!
Was das, o schändlich ist von dir!
FRAU MARTHE: Halunke!
Dir weis ich noch einmal, wenn wir allein sind,
Die Zähne! Wart! Du weißt noch nicht, wo mir
Die Haare wachsen! Du sollst's erfahren!
RUPRECHT: Ein Viertelstündchen dauert's so, ich denke,
Was wird's doch werden, ist doch heut nicht Hochzeit?
Und eh ich den Gedanken ausgedacht,
Husch! sind sie beid ins Haus schon, vor dem Pastor.
EVE: Geht, Mutter, mag es werden, wie es will –
ADAM: Schweig du mir dort, rat ich, das Donnerwetter
Schlägt über dich ein, unberufne Schwätzerin!
Wart, bis ich auf zur Red dich rufen werde.
WALTER: Sehr sonderbar, bei Gott!
RUPRECHT: Jetzt hebt, Herr Richter Adam,
Jetzt hebt sich's, wie ein Blutsturz, mir. Luft!
Da mir der Knopf am Brustlatz springt: Luft jetzt!
Und reiße mir den Latz auf: Luft jetzt sag ich!
Und geh, und drück, und tret und donnere,
Da ich der Dirne Tür verriegelt finde,
Gestemmt, mit Macht, auf einen Tritt, sie ein.

ADAM: Blitzjunge, du!
RUPRECHT: Just da sie auf jetzt rasselt,
Stürzt dort der Krug vom Sims ins Zimmer hin,
Und husch! springt einer aus dem Fenster Euch:
Ich seh die Schöße noch vom Rocke wehn.
ADAM: War das der Leberecht?
RUPRECHT: Wer sonst, Herr Richter?
Das Mädchen steht, die werf ich übern Haufen,
Zum Fenster eil ich hin, und find den Kerl
Noch in den Pfählen hangen, am Spalier,
Wo sich das Weinlaub aufrankt bis zum Dach.
Und da die Klinke in der Hand mir blieb,
Als ich die Tür eindonnerte, so reiß ich
Jetzt mit dem Stahl eins pfundschwer übern Detz ihm:
Den just, Herr Richter, konnt ich noch erreichen.
ADAM: War's eine Klinke?
RUPRECHT: Was?
ADAM: Ob's –
RUPRECHT: Ja, die Türklinke.
ADAM: Darum.
LICHT: Ihr glaubtet wohl, es war ein Degen?
ADAM: Ein Degen? Ich – wieso?
RUPRECHT: Ein Degen!
LICHT: Je nun!
Man kann sich wohl verhören. Eine Klinke
Hat sehr viel Ähnlichkeit mit einem Degen.
ADAM: Ich glaub –!
LICHT: Bei meiner Treu! Der Stiel, Herr Richter?
ADAM: Der Stiel!
RUPRECHT: Der Stiel! Der war's nun aber nicht.
Der Klinke umgekehrtes Ende war's.
ADAM: Das umgekehrte Ende war's der Klinke!
LICHT: So! So!
RUPRECHT: Doch auf dem Griffe lag ein Klumpen
Blei, wie ein Degengriff, das muß ich sagen.
ADAM: Ja, wie ein Griff.
LICHT: Gut. Wie ein Degengriff.
Doch irgendeine tückische Waffe mußt es
Gewesen sein. Das wußt ich wohl.
WALTER: Zur Sache stets, ihr Herren, doch! Zur Sache!
ADAM: Nichts als Allotrien, Herr Schreiber! – Er, weiter!

RUPRECHT: Jetzt stürzt der Kerl, und ich schon will mich wenden,
Als ich's im Dunkeln auf sich rappeln sehe.
Ich denke, lebst du noch? und steig aufs Fenster
Und will dem Kerl das Gehen unten legen:
Als jetzt, ihr Herrn, da ich zum Sprung just aushol,
Mir eine Handvoll grobgekörnten Sandes –
– Und Kerl und Nacht und Welt und Fensterbrett,
Worauf ich steh, denk ich nicht, straf mich Gott,
Das alles fällt in einen Sack zusammen –
Wie Hagel, stiebend, in die Augen fliegt.
ADAM: Verflucht! Sieh da! Wer tat das?
RUPRECHT: Wer? Der Lebrecht.
ADAM: Halunke!
RUPRECHT: Meiner Treu! Wenn er's gewesen.
ADAM: Wer sonst!
RUPRECHT: Als stürzte mich ein Schloßenregen
Von eines Bergs zehn Klaftern hohen Abhang,
So schlag ich jetzt vom Fenster Euch ins Zimmer:
Ich denk, ich schmettere den Boden ein.
Nun brech ich mir den Hals doch nicht, auch nicht
Das Kreuz mir, Hüften, oder sonst, inzwischen
Konnt ich des Kerls doch nicht mehr habhaft werden,
Und sitze auf, und wische mir die Augen.
Die kommt, und „ach, Herr Gott!" ruft sie, und „Ruprecht!
Was ist dir auch?" Mein Seel, ich hob den Fuß,
Gut war's, daß ich nicht sah, wohin ich stieß.
ADAM: Kam das vom Sande noch?
RUPRECHT: Vom Sandwurf, ja.
ADAM: Verdammt! Der traf!
RUPRECHT: Da ich jetzt aufersteh,
Was sollt ich auch die Fäuste hier mir schänden?
So schimpf ich sie, und sage liederliche Metze,
Und denke, das ist gut genug für sie.
Doch Tränen, seht, ersticken mir die Sprache.
Denn da Frau Marthe jetzt ins Zimmer tritt,
Die Lampe hebt, und ich das Mädchen dort
Jetzt schlotternd, zum Erbarmen vor mir sehe,
Sie, die so herzhaft sonst wohl um sich sah,
So sag ich zu mir, blind ist auch nicht übel.
Ich hätte meine Augen hingegeben,
Knippkügelchen, wer will, damit zu spielen.

EVE: Er ist nicht wert, der Böswicht –
ADAM: Sie soll schweigen.
RUPRECHT: Das Weitere wißt ihr.
ADAM: Wie, das Weitere?
RUPRECHT: Nun ja, Frau Marthe kam, und geiferte,
Und Ralf, der Nachbar, kam, und Hinz, der Nachbar,
Und Muhme Sus' und Muhme Liese kamen,
Und Knecht und Mägd und Hund' und Katzen kamen,
's war ein Spektakel, und Frau Marthe fragte
Die Jungfer dort, wer ihr den Krug zerschlagen,
Und die, die sprach, ihr wißt's, daß ich's gewesen.
Mein Seel, sie hat so unrecht nicht, ihr Herren.
Den Krug, den sie zu Wasser trug, zerschlug ich,
Und der Flickschuster hat im Kopf ein Loch. –
ADAM: Frau Marthe! Was entgegnet Ihr der Rede?
Sagt an!
FRAU MARTHE: Was ich der Red entgegne?
Daß sie, Herr Richter, wie der Marder einbricht,
Und Wahrheit wie ein gakelnd Huhn erwürgt.
Was Recht liebt, sollte zu den Keulen greifen,
Um dieses Ungetüm der Nacht zu tilgen.
ADAM: Da wird Sie den Beweis uns führen müssen.
FRAU MARTHE: O ja, sehr gern. – Hier ist mein Zeuge. – Rede!
ADAM: Die Tochter? Nein, Frau Marthe.
WALTER: Nein? Warum nicht?
ADAM: Als Zeugin, gnädger Herr? Steht im Gesetzbuch
Nicht titulo, ist's quarto? oder quinto?
Wenn Krüge oder sonst, was weiß ich?
Von jungen Bengeln sind zerschlagen worden,
So zeugen Töchter ihren Müttern nicht?
WALTER: In Eurem Kopf liegt Wissenschaft und Irrtum
Geknetet, innig, wie ein Teig, zusammen;
Mit jedem Schnitte gebt Ihr mir von beidem.
Die Jungfer zeugt noch nicht, sie deklariert jetzt;
Ob, und für wen, sie zeugen will und kann,
Wird erst aus der Erklärung sich ergeben.
ADAM: Ja, deklarieren. Gut. Titulo sexto.
Doch was sie sagt, das glaubt man nicht.
WALTER: Tritt vor, mein junges Kind.
ADAM: He! Lies' –! – Erlaubt!
Die Zunge wird sehr trocken mir – Margrete!

Achter Auftritt

Eine MAGD *tritt auf.* DIE VORIGEN.

ADAM: Ein Glas mit Wasser! –
DIE MAGD: Gleich! *Ab.*
ADAM: Kann ich Euch gleichfalls –?
WALTER: Ich danke.
ADAM: Franz? oder Mos'ler? Was Ihr wollt.
    Walter verneigt sich; die Magd bringt Wasser und entfernt sich.

Neunter Auftritt

WALTER. ADAM. FRAU MARTHE *usw. ohne die Magd.*

ADAM: – Wenn ich freimütig reden darf, Ihr Gnaden,
  Die Sache eignet gut sich zum Vergleich.
WALTER: Sich zum Vergleich? Das ist nicht klar, Herr Richter.
  Vernünftge Leute können sich vergleichen;
  Doch wie Ihr den Vergleich schon wollt bewirken,
  Da noch durchaus die Sache nicht entworren,
  Das hätt ich wohl von Euch zu hören Lust.
  Wie denkt Ihr's anzustellen, sagt mir an?
  Habt Ihr ein Urteil schon gefaßt?
ADAM: Mein Seel!
  Wenn ich, da das Gesetz im Stich mich läßt,
  Philosophie zu Hülfe nehmen soll,
  So war's – der Leberecht –
WALTER: Wer?
ADAM: Oder Ruprecht –
WALTER: Wer?
ADAM: Oder Lebrecht, der den Krug zerschlug.
WALTER: Wer also war's? Der Lebrecht oder Ruprecht?
  Ihr greift, ich seh, mit Eurem Urteil ein,
  Wie eine Hand in einen Sack voll Erbsen.
ADAM: Erlaubt!
WALTER: Schweigt, schweigt, ich bitt Euch.
ADAM: Wie Ihr wollt.
  Auf meine Ehr, mir wär's vollkommen recht,
  Wenn sie es alle beid gewesen wären.
WALTER: Fragt dort, so werdet Ihr's erfahren.

ADAM: Sehr gern.
Doch wenn Ihr's herausbekommt, bin ich ein Schuft.
– Habt Ihr das Protokoll da in Bereitschaft?
LICHT: Vollkommen.
ADAM: Gut.
LICHT: Und brech ein eignes Blatt mir,
Begierig, was darauf zu stehen kommt.
ADAM: Ein eignes Blatt? Auch gut.
WALTER: Sprich dort, mein Kind.
ADAM: Sprich, Evchen, hörst du, sprich jetzt, Jungfer Evchen!
Gib Gotte, hörst du, Herzchen, gib, mein Seel,
Ihm und der Welt, gib ihm was von der Wahrheit.
Denk, daß du hier vor Gottes Richtstuhl bist,
Und daß du deinen Richter nicht mit Leugnen,
Und Plappern, was zur Sache nicht gehört,
Betrüben mußt. Ach, was! Du bist vernünftig.
Ein Richter immer, weißt du, ist ein Richter,
Und einer braucht ihn heut, und einer morgen.
Sagst du, daß es der Lebrecht war: nun gut;
Und sagst du, daß es Ruprecht war: auch gut!
Sprich so, sprich so, ich bin kein ehrlicher Kerl,
Es wird sich alles, wie du's wünschest, finden.
Willst du mir hier von einem andern trätschen,
Und dritten etwa, dumme Namen nennen:
Sieh, Kind, nimm dich in acht, ich sag nichts weiter.
In Huisum, hol's der Henker, glaubt dir's keiner,
Und keiner, Evchen, in den Niederlanden,
Du weißt, die weißen Wände zeugen nicht,
Der auch wird zu verteidigen sich wissen:
Und deinen Ruprecht holt die Schwerenot!
WALTER: Wenn Ihr doch Eure Reden lassen wolltet.
Geschwätz, gehauen nicht und nicht gestochen.
ADAM: Verstehen's Ew. Gnaden nicht?
WALTER: Macht fort!
Ihr habt zulängst hier auf dem Stuhl gesprochen.
ADAM: Auf Ehr! Ich habe nicht studiert, Ew. Gnaden.
Bin ich euch Herrn aus Utrecht nicht verständlich,
Mit diesem Volk vielleicht verhält sich's anders:
Die Jungfer weiß, ich wette, was ich will.
FRAU MARTHE: Was soll das? Dreist heraus jetzt mit der Sprache!
EVE: O liebste Mutter!

FRAU MARTHE: Du –! Ich rate dir!
RUPRECHT: Mein Seel, 's ist schwer, Frau Marthe, dreist zu sprechen,
   Wenn das Gewissen an der Kehl uns sitzt.
ADAM: Schweig Er jetzt, Nasweis, mucks Er nicht.
FRAU MARTHE: Wer war's?
EVE: O Jesus!
FRAU MARTHE: Maulaffe, der! Der niederträchtige!
   O Jesus! Als ob sie eine Hure wäre.
   War's der Herr Jesus?
ADAM: Frau Marthe! Unvernunft!
   Was das für –! Laß Sie die Jungfer doch gewähren!
   Das Kind einschrecken – Hure – Schafsgesicht!
   So wird's uns nichts. Sie wird sich schon besinnen.
RUPRECHT: O ja, besinnen.
ADAM: Flaps dort, schweig Er jetzt.
RUPRECHT: Der Flickschuster wird ihr schon einfallen.
ADAM: Der Satan! Ruft den Büttel! He! Hanfriede!
RUPRECHT: Nun, nun! Ich schweig, Herr Richter, laßt's nur sein.
   Sie wird Euch schon auf meinen Namen kommen.
FRAU MARTHE: Hör du, mach mir hier kein Spektakel, sag ich.
   Hör, neunundvierzig bin ich alt geworden
   In Ehren: funfzig möcht ich gern erleben.
   Den dritten Februar ist mein Geburtstag;
   Heut ist der erste. Mach es kurz. Wer war's?
ADAM: Gut, meinethalben! Gut, Frau Marthe Rull!
FRAU MARTHE: Der Vater sprach, als er verschied: „Hör, Marthe,
   Dem Mädel schaff mir einen wackern Mann;
   Und wird sie eine liederliche Metze,
   So gib dem Totengräber einen Groschen,
   Und laß mich wieder auf den Rücken legen:
   Mein Seel, ich glaub ich kehr im Grab mich um."
ADAM: Nun, das ist auch nicht übel.
FRAU MARTHE: Willst du Vater
   Und Mutter jetzt, mein Evchen, nach dem vierten
   Gebot hoch ehren, gut, so sprich: in meine Kammer
   Ließ ich den Schuster, oder einen dritten,
   Hörst du? Der Bräutgam aber war es nicht.
RUPRECHT: Sie jammert mich. Laßt doch den Krug, ich bitt Euch;
   Ich will'n nach Utrecht tragen. Solch ein Krug –
   Ich wollt ich hätt ihn nur entzwei geschlagen.
EVE: Unedelmütger, du! Pfui, schäme dich,

Daß du nicht sagst, gut, ich zerschlug den Krug!
Pfui, Ruprecht, pfui, o schäme dich, daß du
Mir nicht in meiner Tat vertrauen kannst.
Gab ich die Hand dir nicht und sagte, ja,
Als du mich fragtest, „Eve, willst du mich?"
Meinst du, daß du den Flickschuster nicht wert bist?
Und hättest du durchs Schlüsselloch mich mit
Dem Lebrecht aus dem Kruge trinken sehen,
Du hättest denken sollen: Ev ist brav,
Es wird sich alles ihr zum Ruhme lösen,
Und ist's im Leben nicht, so ist es jenseits,
Und wenn wir auferstehn ist auch ein Tag.
RUPRECHT: Mein Seel, das dauert mir zu lange, Evchen.
Was ich mit Händen greife, glaub ich gern.
EVE: Gesetzt, es wär der Leberecht gewesen,
Warum – des Todes will ich ewig sterben,
Hätt ich's dir Einzigem nicht gleich vertraut;
Jedoch warum vor Nachbarn, Knecht' und Mägden –
Gesetzt, ich hätte Grund, es zu verbergen,
Warum, o Ruprecht, sprich, warum nicht sollt ich,
Auf dein Vertraun hin sagen, daß du's warst?
Warum nicht sollt ich's? Warum sollt ich's nicht?
RUPRECHT: Ei, so zum Henker, sag's, es ist mir recht,
Wenn du die Fiedel dir ersparen kannst.
EVE: O du Abscheulicher! Du Undankbarer!
Wert, daß ich mir die Fiedel spare! Wert,
Daß ich mit einem Wort zu Ehren mich,
Und dich in ewiges Verderben bringe.
WALTER: Nun –? Und dies einzge Wort –? Halt uns nicht auf.
Der Ruprecht also war es nicht?
EVE: Nein, gnädger Herr, weil er's denn selbst so will,
Um seinetwillen nur verschwieg ich es:
Den irdnen Krug zerschlug der Ruprecht nicht,
Wenn er's Euch selber leugnet, konnt Ihr's glauben.
FRAU MARTHE: Eve! Der Ruprecht nicht?
EVE: Nein, Mutter, nein!
Und wenn ich's gestern sagte, war's gelogen.
FRAU MARTHE: Hör, dir zerschlag ich alle Knochen!
Sie setzt den Krug nieder.
EVE: Tut, was Ihr wollt.
WALTER *drohend*:   Frau Marthe!

ADAM: He! Der Büttel! –
Schmeißt sie heraus dort, die verwünschte Vettel!
Warum soll's Ruprecht just gewesen sein?
Hat Sie das Licht dabei gehalten, was?
Die Jungfer, denk ich, wird es wissen müssen:
Ich bin ein Schelm, wenn's nicht der Lebrecht war.
FRAU MARTHE: War es der Lebrecht etwa? War's der Lebrecht?
ADAM: Sprich, Evchen, war's der Lebrecht nicht, mein Herzchen?
EVE: Er Unverschämter, Er! Er Niederträchtger!
Wie kann Er sagen, daß es Lebrecht –
WALTER: Jungfer!
Was untersteht Sie sich? Ist das mir der
Respekt, den Sie dem Richter schuldig ist?
EVE: Ei, was! Der Richter dort! Wert, selbst vor dem
Gericht, ein armer Sünder, dazustehn –
– Er, der wohl besser weiß, wer es gewesen!
Sich zum Dorfrichter wendend:
Hat Er den Lebrecht in die Stadt nicht gestern
Geschickt nach Utrecht, vor die Kommission,
Mit dem Attest, die die Rekruten aushebt?
Wie kann Er sagen, daß es Lebrecht war,
Wenn Er wohl weiß, daß der in Utrecht ist?
ADAM: Nun wer denn sonst? Wenn's Lebrecht nicht, zum Henker –
Nicht Ruprecht ist, nicht Lebrecht ist – – Was machst du?
RUPRECHT: Mein Seel, Herr Richter Adam, laßt Euch sagen,
Hierin mag doch die Jungfer just nicht lügen,
Dem Lebrecht bin ich selbst begegnet gestern,
Als er nach Utrecht ging, früh war's Glock acht,
Und wenn er auf ein Fuhrwerk sich nicht lud,
Hat sich der Kerl, krummbeinig wie er ist,
Glock zehn Uhr nachts noch nicht zurückgehaspelt.
Es kann ein dritter wohl gewesen sein.
ADAM: Ach, was! Krummbeinig! Schafsgesicht! Der Kerl
Geht seinen Stiefel, der, trotz einem.
Ich will von ungespaltnem Leibe sein,
Wenn nicht ein Schäferhund von mäßger Größe
Muß seinen Trab gehn, mit ihm fortzukommen.
WALTER: Erzähl den Hergang uns.
ADAM: Verzeihn Ew. Gnaden!
Hierauf wird Euch die Jungfer schwerlich dienen.
WALTER: Nicht dienen? Mir nicht dienen? Und warum nicht?

ADAM: Ein twatsches Kind. Ihr seht's. Gut, aber twatsch.
Blutjung, gefirmelt kaum; das schämt sich noch,
Wenn's einen Bart von weitem sieht. So'n Volk,
Im Finstern leiden sie's, und wenn es Tag wird,
So leugnen sie's vor ihrem Richter ab.
WALTER: Ihr seid sehr nachsichtsvoll, Herr Richter Adam,
Sehr mild, in allem, was die Jungfer angeht.
ADAM: Die Wahrheit Euch zu sagen, Herr Gerichtsrat,
Ihr Vater war ein guter Freund von mir.
Wollen Ew. Gnaden heute huldreich sein,
So tun wir hier nicht mehr, als unsre Pflicht,
Und lassen seine Tochter gehn.
WALTER: Ich spüre große Lust in mir, Herr Richter,
Der Sache völlig auf den Grund zu kommen. –
Sei dreist, mein Kind; sag, wer den Krug zerschlagen.
Vor niemand stehst du, in dem Augenblick,
Der einen Fehltritt nicht verzeihen könnte.
EVE: Mein lieber, würdiger und gnädger Herr,
Erlaßt mir, Euch den Hergang zu erzählen.
Von dieser Weigrung denkt uneben nicht.
Es ist des Himmels wunderbare Fügung,
Die mir den Mund in dieser Sache schließt.
Daß Ruprecht jenen Krug nicht traf, will ich
Mit einem Eid, wenn Ihr's verlangt,
Auf heiligem Altar bekräftigen.
Jedoch die gestrige Begebenheit,
Mit jedem andern Zuge, ist mein eigen,
Und nicht das ganze Garnstück kann die Mutter,
Um eines einzgen Fadens willen, fordern,
Der, ihr gehörig, durchs Gewebe läuft.
Ich kann hier, wer den Krug zerschlug, nicht melden,
Geheimnisse, die nicht mein Eigentum,
Müßt ich, dem Kruge völlig fremd, berühren.
Früh oder spat, will ich's ihr anvertrauen,
Doch hier das Tribunal ist nicht der Ort,
Wo sie das Recht hat, mich darnach zu fragen.
ADAM: Nein, Rechtens nicht. Auf meine Ehre nicht.
Die Jungfer weiß, wo unsre Zäume hängen.
Wenn sie den Eid hier vor Gericht will schwören,
So fällt der Mutter Klage weg:
Dagegen ist nichts weiter einzuwenden.

WALTER: Was sagt zu der Erklärung Sie, Frau Marthe?
FRAU MARTHE: Wenn ich gleich was Erkleckliches nicht aufbring,
  Gestrenger Herr, so glaubt, ich bitt Euch sehr,
  Daß mir der Schlag bloß jetzt die Zunge lähmte.
  Beispiele gibt's, daß ein verlorner Mensch,
  Um vor der Welt zu Ehren sich zu bringen,
  Den Meineid vor dem Richterstuhle wagt; doch daß
  Ein falscher Eid sich schwören kann, auf heilgem
  Altar, um an den Pranger hinzukommen,
  Das heut erfährt die Welt zum erstenmal.
  Wär, daß ein andrer, als der Ruprecht, sich
  In ihre Kammer gestern schlich, gegründet,
  Wär's überall nur möglich, gnädger Herr,
  Versteht mich wohl – so säumt ich hier nicht länger.
  Den Stuhl setzt ich, zur ersten Einrichtung,
  Ihr vor die Tür, und sagte, geh, mein Kind,
  Die Welt ist weit, da zahlst du keine Miete,
  Und lange Haare hast du auch geerbt,
  Woran du dich, kommt Zeit, kommt Rat, kannst hängen.
WALTER: Ruhig, ruhig, Frau Marthe.
FRAU MARTHE: Da ich jedoch
  Hier den Beweis noch anders führen kann,
  Als bloß durch sie, die diesen Dienst mir weigert,
  Und überzeugt bin völlig, daß nur er
  Mir, und kein anderer, den Krug zerschlug,
  So bringt die Lust, es kurzhin abzuschwören,
  Mich noch auf einen schändlichen Verdacht.
  Die Nacht von gestern birgt ein anderes
  Verbrechen noch, als bloß die Krugverwüstung.
  Ich muß Euch sagen, gnädger Herr, daß Ruprecht
  Zur Konskription gehört, in wenig Tagen
  Soll er den Eid zur Fahn in Utrecht schwören.
  Die jungen Landessöhne reißen aus.
  Gesetzt, er hätte gestern nacht gesagt:
  Was meinst du, Evchen? Komm. Die Welt ist groß.
  Zu Kist' und Kasten hast du ja die Schlüssel –
  Und sie, sie hätt ein wenig sich gesperrt:
  So hätte ohngefähr, da ich sie störte
  – Bei ihm aus Rach, aus Liebe noch bei ihr –
  Der Rest, so wie geschehn, erfolgen können.
RUPRECHT: Das Rabenaas! Was das für Reden sind!

Zu Kist' und Kasten —
WALTER: Still!
EVE: Er, austreten!
WALTER: Zur Sache hier. Vom Krug ist hier die Rede. —
Beweis, Beweis, daß Ruprecht ihn zerbrach!
FRAU MARTHE: Gut, gnädger Herr. Erst will ich hier beweisen,
Daß Ruprecht mir den Krug zerschlug,
Und dann will ich im Hause untersuchen. —
Seht, eine Zunge, die mir Zeugnis redet,
Bring ich für jedes Wort auf, das er sagte,
Und hätt in Reihen gleich sie aufgeführt,
Wenn ich von fern geahndet nur, daß diese
Die ihrige für mich nicht brauchen würde.
Doch wenn Ihr Frau Brigitte jetzo ruft,
Die ihm die Muhm ist, so genügt mir die,
Weil die den Hauptpunkt just bestreiten wird.
Denn die, die hat Glock halb auf eilf im Garten,
Merkt wohl, bevor der Krug zertrümmert worden,
Wortwechselnd mit der Ev ihn schon getroffen;
Und wie die Fabel, die er aufgestellt,
Vom Kopf zu Fuß dadurch gespalten wird,
Durch diese einzge Zung, ihr hohen Richter,
Das überlaß ich selbst euch einzusehn.
RUPRECHT: Wer hat mich —?
VEIT: Schwester Briggy?
RUPRECHT: Mich mit Ev? Im Garten?
FRAU MARTHE: Ihn mit der Ev, im Garten, Glock halb eilf,
Bevor er noch, wie er geschwätzt, um eilf
Das Zimmer überrumpelnd eingesprengt:
Im Wortgewechsel, kosend bald, bald zerrend,
Als wollt er sie zu etwas überreden.
ADAM *für sich*: Verflucht! Der Teufel ist mir gut.
WALTER: Schafft diese Frau herbei.
RUPRECHT: Ihr Herrn, ich bitt euch.
Das ist kein wahres Wort, das ist nicht möglich.
ADAM: O wart, Halunke! — He! Der Büttel! Hanfried! —
Denn auf der Flucht zerschlagen sich die Krüge —
— Herr Schreiber, geht, schafft Frau Brigitt herbei!
VEIT: Hör, du verfluchter Schlingel, du, was machst du?
Dir brech ich alle Knochen noch.
RUPRECHT: Weshalb auch?

VEIT: Warum verschwiegst du, daß du mit der Dirne
  Glock halb auf eilf im Garten schon scharwenzt?
  Warum verschwiegst du's?
RUPRECHT: Warum ich's verschwieg?
  Gotts Schlag und Donner, weil's nicht wahr ist, Vater!
  Wenn das die Muhme Briggy zeugt, so hängt mich.
  Und bei den Beinen sie meinthalb dazu.
VEIT: Wenn aber sie's bezeugt – nimm dich in acht!
  Du und die saubre Jungfer Eve dort,
  Wie ihr auch vor Gericht euch stellt, ihr steckt
  Doch unter einer Decke noch. 's ist irgend
  Ein schändliches Geheimnis noch, von dem
  Sie weiß, und nur aus Schonung hier nichts sagt.
RUPRECHT: Geheimnis! Welches?
VEIT: Warum hast du eingepackt?
  He? Warum hast du gestern abend eingepackt?
RUPRECHT: Die Sachen?
VEIT: Röcke, Hosen, ja, und Wäsche;
  Ein Bündel, wie's ein Reisender just auf
  Die Schultern wirft?
RUPRECHT: Weil ich nach Utrecht soll!
  Weil ich zum Regiment soll! Himmel-Donner –!
  Glaubt Er, daß ich –?
VEIT: Nach Utrecht? Ja, nach Utrecht!
  Du hast geeilt, nach Utrecht hinzukommen!
  Vorgestern wußtest du noch nicht, ob du
  Den fünften oder sechsten Tag wirst reisen.
WALTER: Weiß Er zur Sache was zu melden, Vater?
VEIT: – Gestrenger Herr, ich will noch nichts behaupten.
  Ich war daheim, als sich der Krug zerschlug,
  Und auch von einer andern Unternehmung
  Hab ich, die Wahrheit zu gestehn, noch nichts,
  Wenn ich jedweden Umstand wohl erwäge,
  Das meinen Sohn verdächtig macht, bemerkt.
  Von seiner Unschuld völlig überzeugt,
  Kam ich hieher, nach abgemachtem Streit
  Sein ehelich Verlöbnis aufzulösen,
  Und ihm das Silberkettlein einzufordern,
  Zusamt dem Schaupfennig, den er der Jungfer
  Bei dem Verlöbnis vorgen Herbst verehrt.
  Wenn jetzt von Flucht was, und Verräterei

An meinem grauen Haar zutage kommt,
So ist mir das so neu, ihr Herrn, als euch:
Doch dann der Teufel soll den Hals ihm brechen.
WALTER: Schafft Frau Brigitt herbei, Herr Richter Adam.
ADAM: – Wird Ew. Gnaden diese Sache nicht
Ermüden? Sie zieht sich in die Länge.
Ew. Gnaden haben meine Kassen noch,
Und die Registratur – Was ist die Glocke?
LICHT: Es schlug soeben halb.
ADAM: Auf eilf!
LICHT: Verzeiht, auf zwölfe.
WALTER: Gleichviel.
ADAM: Ich glaub, die Zeit ist, oder Ihr verrückt.
Er sieht nach der Uhr.
Ich bin kein ehrlicher Mann. – Ja, was befehlt Ihr?
WALTER: Ich bin der Meinung –
ADAM: Abzuschließen? Gut –!
WALTER: Erlaubt! Ich bin der Meinung, fortzufahren.
ADAM: Ihr seid der Meinung – Auch gut. Sonst würd ich
Auf Ehre, morgen früh, Glock neun, die Sache,
Zu Euerer Zufriedenheit beendgen.
WALTER: Ihr wißt um meinen Willen.
ADAM: Wie Ihr befehlt.
Herr Schreiber, schickt die Büttel ab; sie sollen
Sogleich ins Amt die Frau Brigitte laden.
WALTER: Und nehmt Euch – Zeit, die mir viel wert, zu sparen –
Gefälligst selbst der Sach ein wenig an.
Licht ab.

ZEHNTER AUFTRITT

DIE VORIGEN *ohne Licht. Späterhin einige* MÄGDE.

ADAM *aufstehend*: Inzwischen könnte man, wenn's so gefällig,
Vom Sitze sich ein wenig lüften –?
WALTER: Hm! O ja.
Was ich sagen wollt –
ADAM: Erlaubt Ihr gleichfalls,
Daß die Partein, bis Frau Brigitt erscheint –?
WALTER: Was? Die Partein?
ADAM: Ja, vor die Tür, wenn Ihr –

WALTER *für sich:* Verwünscht! *Laut:* Herr Richter Adam, wißt Ihr was?
Gebt ein Glas Wein mir in der Zwischenzeit.
ADAM: Von ganzem Herzen gern. He! Margarete!
Ihr macht mich glücklich, gnädger Herr. – Margrete!
Die Magd tritt auf.
DIE MAGD: Hier.
ADAM: Was befehlt Ihr? – Tretet ab, ihr Leute.
Franz? – Auf den Vorsaal draußen. – Oder Rhein?
WALTER: Von unserm Rhein.
ADAM: Gut. – Bis ich rufe. Marsch!
WALTER: Wohin?
ADAM: Geh, vom versiegelten, Margrete. –
Was? Auf den Flur bloß draußen. – Hier. – Der Schlüssel.
WALTER: Hm! Bleibt.
ADAM: Fort! Marsch, sag ich! – Geh, Margarete!
Und Butter, frisch gestampft, Käs auch aus Limburg,
Und von der fetten pommerschen Räuchergans.
WALTER: Halt! Einen Augenblick! Macht nicht so viel
Umständ, ich bitt Euch sehr, Herr Richter.
ADAM: Schert
Zum Teufel euch, sag ich! Tu, wie ich sagte.
WALTER: Schickt Ihr die Leute fort, Herr Richter?
ADAM: Ew. Gnaden?
WALTER: Ob Ihr –?
ADAM: Sie treten ab, wenn Ihr erlaubt.
Bloß ab, bis Frau Brigitt erscheint.
Wie, oder soll's nicht etwa –?
WALTER: Hm! Wie Ihr wollt.
Doch ob's der Mühe sich verlohnen wird?
Meint Ihr, daß es so lange Zeit wird währen,
Bis man im Ort sie trifft?
ADAM: 's ist heute Holztag,
Gestrenger Herr. Die Weiber größtenteils
Sind in den Fichten, Sträucher einzusammeln.
Es könnte leicht –
RUPRECHT: Die Muhme ist zu Hause.
WALTER: Zu Haus. Laßt sein.
RUPRECHT: Die wird sogleich erscheinen.
WALTER: Die wird uns gleich erscheinen. Schafft den Wein.
ADAM *für sich:* Verflucht!
WALTER: Macht fort. Doch nichts zum Imbiß, bitt ich,

Als ein Stück trocknen Brotes nur, und Salz.
ADAM *für sich:* Zwei Augenblicke mit der Dirn allein –
 Laut: Ach trocknes Brot! Was! Salz! Geht doch.
WALTER: Gewiß.
ADAM: Ei, ein Stück Käs aus Limburg mindstens. – Käse
 Macht erst geschickt die Zunge, Wein zu schmecken.
WALTER: Gut. Ein Stück Käse denn, doch weiter nichts.
ADAM: So geh. Und weiß, von Damast, aufgedeckt.
 Schlecht alles zwar, doch recht.
  Die Magd ab.
   Das ist der Vorteil
 Von uns verrufnen hagestolzen Leuten,
 Daß wir, was andre, knapp und kummervoll,
 Mit Weib und Kindern täglich teilen müssen,
 Mit einem Freunde, zur gelegnen Stunde,
 Vollauf genießen.
WALTER: Was ich sagen wollte –
 Wie kamt Ihr doch zu Eurer Wund, Herr Richter?
 Das ist ein böses Loch, fürwahr, im Kopf, das!
ADAM: – Ich fiel.
WALTER: Ihr fielt. Hm! So. Wann? Gestern abend?
ADAM: Heut, Glock halb sechs, verzeiht, am Morgen, früh,
 Da ich soeben aus dem Bette stieg.
WALTER: Worüber?
ADAM: Über – gnädger Herr Gerichtsrat,
 Die Wahrheit Euch zu sagen, über mich.
 Ich schlug Euch häuptlings an den Ofen nieder,
 Bis diese Stunde weiß ich nicht, warum?
WALTER: Von hinten?
ADAM: Wie? Von hinten –
WALTER: Oder vorn?
 Ihr habt zwo Wunden, vorne ein' und hinten.
ADAM: Von vorn und hinten. – Margarete!
  Die beiden Mägde mit Wein usw. Sie decken auf, und gehn wieder ab.
WALTER: Wie?
ADAM: Erst so, dann so. Erst auf die Ofenkante,
 Die vorn die Stirn mir einstieß, und sodann
 Vom Ofen rückwärts auf den Boden wieder,
 Wo ich mir noch den Hinterkopf zerschlug. *Er schenkt ein.*
 Ist's Euch gefällig?
WALTER *nimmt das Glas:* Hättet Ihr ein Weib,

So würd ich wunderliche Dinge glauben,
Herr Richter.
ADAM: Wieso?
WALTER: Ja, bei meiner Treu,
So rings seh ich zerkritzt Euch und zerkratzt.
ADAM *lacht*: Nein, Gott sei Dank! Fraunnägel sind es nicht.
WALTER: Glaub's. Auch ein Vorteil noch der Hagestolzen.
ADAM *fortlachend*: Strauchwerk, für Seidenwürmer, das man trocknend
Mir an dem Ofenwinkel aufgesetzt. –
Auf Euer Wohlergehn!
Sie trinken.
WALTER: Und grad auch heut
Noch die Perücke seltsam einzubüßen!
Die hätt Euch Eure Wunden noch bedeckt.
ADAM: Ja, ja. Jedwedes Übel ist ein Zwilling. –
Hier – von dem fetten jetzt – kann ich –?
WALTER: Ein Stückchen.
Aus Limburg?
ADAM: Rect' aus Limburg, gnädger Herr.
WALTER: – Wie Teufel aber, sagt mir, ging das zu?
ADAM: Was?
WALTER: Daß Ihr die Perücke eingebüßt.
ADAM: Ja, seht. Ich sitz und lese gestern abend
Ein Aktenstück, und weil ich mir die Brille
Verlegt, duck ich so tief mich in den Streit,
Daß bei der Kerze Flamme lichterloh
Mir die Perücke angeht. Ich, ich denke,
Feu'r fällt vom Himmel auf mein sündig Haupt,
Und greife sie, und will sie von mir werfen;
Doch eh ich noch das Nackenband gelöst,
Brennt sie wie Sodom und Gomorrha schon.
Kaum daß ich die drei Haare noch mir rette.
WALTER: Verwünscht! Und Eure andr' ist in der Stadt.
ADAM: Bei dem Perückenmacher. – Doch zur Sache.
WALTER: Nicht allzu rasch, ich bitt, Herr Richter Adam.
ADAM: Ei, was! Die Stunde rollt. Ein Gläschen. Hier. *Er schenkt ein.*
WALTER: Der Lebrecht – wenn der Kauz dort wahr gesprochen –
Er hat auch einen bösen Fall getan.
ADAM: Auf meine Ehr. *Er trinkt.*
WALTER: Wenn hier die Sache,
Wie ich fast fürchte, unentworren bleibt,

So werdet Ihr, in Eurem Ort, den Täter
Leicht noch aus seiner Wund entdecken können. *Er trinkt.*
Niersteiner?
ADAM: Was?
WALTER: Oder guter Oppenheimer?
ADAM: Nierstein. Sieh da! Auf Ehre! Ihr versteht's.
Aus Nierstein, gnädger Herr, als hätt ich ihn geholt.
WALTER: Ich prüft ihn, vor drei Jahren, an der Kelter.
Adam schenkt wieder ein.
– Wie hoch ist Euer Fenster? – Dort! Frau Marthe!
FRAU MARTHE: Mein Fenster?
WALTER: Das Fenster jener Kammer, ja,
Worin die Jungfer schläft?
FRAU MARTHE: Die Kammer zwar
Ist nur vom ersten Stock, ein Keller drunter,
Mehr als neun Fuß das Fenster nicht vom Boden;
Jedoch die ganze, wohlerwogene
Gelegenheit sehr ungeschickt zum Springen.
Denn auf zwei Fuß steht von der Wand ein Weinstock,
Der seine knotgen Äste rankend hin
Durch ein Spalier treibt, längs der ganzen Wand:
Das Fenster selbst ist noch davon umstrickt.
Es wird ein Eber, ein gewaffneter,
Müh mit den Fängern haben, durchzubrechen.
ADAM: Es hing auch keiner drin. *Er schenkt sich ein.*
WALTER: Meint Ihr?
ADAM: Ach, geht! *Er trinkt.*
WALTER *zu Ruprecht*: Wie traf Er denn den Sünder? Auf den Kopf?
ADAM: Hier.
WALTER: Laßt.
ADAM: Gebt her.
WALTER: 's ist halb noch voll.
ADAM: Will's füllen.
WALTER: Ihr hört's.
ADAM: Ei, für die gute Zahl.
WALTER: Ich bitt Euch.
ADAM: Ach, was! Nach der Pythagoräer-Regel. *Er schenkt ihm ein.*
WALTER *wieder zu Ruprecht*: Wie oft traf Er dem Sünder denn den Kopf?
ADAM: Eins ist der Herr. Zwei ist das finstre Chaos;
Drei ist die Welt. Drei Gläser lob ich mir.
Im dritten trinkt man mit den Tropfen Sonnen,

Und Firmamente mit den übrigen.
WALTER: Wie oftmals auf den Kopf traf Er den Sünder?
Er, Ruprecht, Ihn dort frag ich!
ADAM: Wird man's hören?
Wie oft trafst du den Sündenbock? Na, heraus!
Gotts Blitz, seht, weiß der Kerl wohl selbst, ob er –
Vergaßt du's?
RUPRECHT: Mit der Klinke?
ADAM: Ja, was weiß ich.
WALTER: Vom Fenster, als Er nach ihm heruntergehieb?
RUPRECHT: Zweimal, ihr Herrn.
ADAM: Halunke! Das behielt er! *Er trinkt.*
WALTER: Zweimal! Er könnt ihn mit zwei solchen Hieben
Erschlagen, weiß Er –?
RUPRECHT: Hätt ich ihn erschlagen,
So hätt ich ihn. Es wär mir grade recht.
Läg er hier vor mir, tot, so könnt ich sagen,
Der war's, ihr Herrn, ich hab euch nicht belogen.
ADAM: Ja, tot! Das glaub ich. Aber so – *Er schenkt ein.*
WALTER: Konnt Er ihn denn im Dunkeln nicht erkennen?
RUPRECHT: Nicht einen Stich, gestrenger Herr. Wie sollt ich?
ADAM: Warum sperrtst du nicht die Augen auf – Stoßt an!
RUPRECHT: Die Augen auf! Ich hatt sie aufgesperrt.
Der Satan warf sie mir voll Sand.
ADAM *in den Bart*: Voll Sand, ja!
Warum sperrtst du deine großen Augen auf.
– Hier. Was wir lieben, gnädger Herr! Stoßt an!
WALTER: – Was recht und gut und treu ist, Richter Adam!
Sie trinken.
ADAM: Nun denn, zum Schluß jetzt, wenn's gefällig ist. *Er schenkt ein.*
WALTER: Ihr seid zuweilen bei Frau Marthe wohl,
Herr Richter Adam. Sagt mir doch,
Wer, außer Ruprecht, geht dort aus und ein.
ADAM: Nicht allzuoft, gestrenger Herr, verzeiht.
Wer aus und ein geht, kann ich Euch nicht sagen.
WALTER: Wie? Solltet Ihr die Witwe nicht zuweilen
Von Eurem sel'gen Freund besuchen?
ADAM: Nein, in der Tat, sehr selten nur.
WALTER: Frau Marthe!
Habt Ihr's mit Richter Adam hier verdorben?
Er sagt, er spräche nicht mehr bei Euch ein?

FRAU MARTHE: Hm! Gnädger Herr, verdorben? Das just nicht.
Ich denk er nennt mein guter Freund sich noch.
Doch daß ich oft in meinem Haus ihn sähe,
Das vom Herrn Vetter kann ich just nicht rühmen.
Neun Wochen sind's, daß er's zuletzt betrat,
Und auch nur da noch im Vorübergehn.
WALTER: Wie sagt Ihr?
FRAU MARTHE: Was?
WALTER: Neun Wochen wären's –?
FRAU MARTHE: Neun,
Ja – Donnerstag sind's zehn. Er bat sich Samen
Bei mir, von Nelken und Aurikeln aus.
WALTER: Und – sonntags – wenn er auf das Vorwerk geht –?
FRAU MARTHE: Ja, da – da guckt er mir ins Fenster wohl,
Und saget guten Tag zu mir und meiner Tochter;
Doch dann so geht er wieder seiner Wege.
WALTER *für sich*: Hm! Sollt ich auch dem Manne wohl – *Er trinkt.*
Ich glaubte,
Weil Ihr die Jungfer Muhme dort zuweilen
In Eurer Wirtschaft braucht, so würdet Ihr
Zum Dank die Mutter dann und wann besuchen.
ADAM: Wieso, gestrenger Herr?
WALTER: Wieso? Ihr sagtet,
Die Jungfer helfe Euren Hühnern auf,
Die Euch im Hof erkranken. Hat sie nicht
Noch heut in dieser Sach Euch Rat erteilt?
FRAU MARTHE: Ja, allerdings, gestrenger Herr, das tut sie.
Vorgestern schickt' er ihr ein krankes Perlhuhn
Ins Haus, das schon den Tod im Leibe hatte.
Vorm Jahr rettete sie ihm eins vom Pips,
Und dies auch wird sie mit der Nudel heilen:
Jedoch zum Dank ist er noch nicht erschienen.
WALTER *verwirrt*: – Schenkt ein, Herr Richter Adam, seid so gut.
Schenkt gleich mir ein. Wir wollen eins noch trinken.
ADAM: Zu Eurem Dienst. Ihr macht mich glücklich. Hier. *Er schenkt ein.*
WALTER: Auf Euer Wohlergehn! – Der Richter Adam,
Er wird früh oder spät schon kommen.
FRAU MARTHE: Meint Ihr? Ich zweifle.
Könnt ich Niersteiner, solchen, wie Ihr trinkt,
Und wie mein sel'ger Mann, der Kastellan,
Wohl auch, von Zeit zu Zeit, im Keller hatte,

Vorsetzen dem Herrn Vetter, wär's was anders:
Doch so besitz ich nichts, ich arme Witwe,
In meinem Hause, das ihn lockt.
WALTER: Um so viel besser.

Eilfter Auftritt

LICHT, FRAU BRIGITTE *mit einer Perücke in der Hand. Die* MÄGDE *treten auf.* DIE VORIGEN.

LICHT: Hier, Frau Brigitt, herein.
WALTER: Ist das die Frau, Herr Schreiber Licht?
LICHT: Das ist die Frau Brigitte, Ew. Gnaden.
WALTER: Nun denn, so laßt die Sach uns jetzt beschließen.
 Nehmt ab, ihr Mägde. Hier.
     Die Mägde mit Gläsern usw. ab.
ADAM *währenddessen:*   Nun, Evchen, höre,
 Dreh du mir deine Pille ordentlich,
 Wie sich's gehört, so sprech ich heute abend
 Auf ein Gericht Karauschen bei euch ein.
 Dem Luder muß sie ganz jetzt durch die Gurgel,
 Ist sie zu groß, so mag's den Tod dran fressen.
WALTER *erblickt die Perücke:* Was bringt uns Frau Brigitte dort für eine
 Perücke?
LICHT: Gnädger Herr?
WALTER: Was jene Frau uns dort für eine
 Perücke bringt?
LICHT: Hm!
WALTER: Was?
LICHT: Verzeiht –
WALTER: Werd ich's erfahren?
LICHT: Wenn Ew. Gnaden gütigst
 Die Frau, durch den Herrn Richter, fragen wollen,
 So wird, wem die Perücke angehört,
 Sich, und das Weitere, zweifl' ich nicht, ergeben.
WALTER: – Ich will nicht wissen, wem sie angehört.
 Wie kam die Frau dazu? Wo fand sie sie?
LICHT: Die Frau fand die Perücke im Spalier
 Bei Frau Margrete Rull. Sie hing gespießt,
 Gleich einem Nest, im Kreuzgeflecht des Weinstocks,
 Dicht unterm Fenster, wo die Jungfer schläft.

FRAU MARTHE: Was? Bei mir? Im Spalier?
WALTER *heimlich*: Herr Richter Adam,
Habt Ihr mir etwas zu vertraun,
So bitt ich, um die Ehre des Gerichtes,
Ihr seid so gut, und sagt mir's an.
ADAM: Ich Euch –?
WALTER: Nicht? Habt Ihr nicht –?
ADAM: Auf meine Ehre –
Er ergreift die Perücke.
WALTER: Hier die Perücke ist die Eure nicht?
ADAM: Hier die Perück ihr Herren, ist die meine!
Das ist, Blitz-Element, die nämliche,
Die ich dem Burschen vor acht Tagen gab,
Nach Utrecht sie zum Meister Mehl zu bringen.
WALTER: Wem? Was?
LICHT: Dem Ruprecht?
RUPRECHT: Mir?
ADAM: Hab ich Ihm Schlingel,
Als Er nach Utrecht vor acht Tagen ging,
Nicht die Perück hier anvertraut, sie zum
Friseur, daß er sie renoviere, hinzutragen?
RUPRECHT. Ob Er –? Nun ja. Er gab mir –
ADAM: Warum hat Er
Nicht die Perück, Halunke, abgegeben?
Warum nicht hat Er sie, wie ich befohlen,
Beim Meister in der Werkstatt abgegeben?
RUPRECHT: Warum ich sie –? Gotts, Himmeldonner – Schlag!
Ich hab sie in der Werkstatt abgegeben.
Der Meister Mehl nahm sie –
ADAM: Sie abgegeben?
Und jetzt hängt sie im Weinspalier bei Marthens!
O wart, Kanaille! So entkommst du nicht.
Dahinter steckt mir von Verkappung was,
Und Meuterei, was weiß ich? – Wollt Ihr erlauben,
Daß ich sogleich die Frau nur inquiriere?
WALTER: Ihr hättet die Perücke –?
ADAM: Gnädger Herr,
Als jener Bursche dort, vergangnen Dienstag,
Nach Utrecht fuhr mit seines Vaters Ochsen,
Kam er ins Amt, und sprach, „Herr Richter Adam,
Habt Ihr im Städtlein etwas zu bestellen?"

Mein Sohn, sag ich, wenn du so gut willt sein,
So laß mir die Perück hier auftoupieren –
Nicht aber sagt ich ihm, geh und bewahre
Sie bei dir auf, verkappe dich darin,
Und laß sie im Spalier bei Marthens hängen.

FRAU BRIGITTE: Ihr Herrn, der Ruprecht, mein ich, halt zu Gnaden,
Der war's wohl nicht. Denn da ich gestern nacht
Hinaus aufs Vorwerk geh, zu meiner Muhme,
Die schwer im Kindbett liegt, hört ich die Jungfer
Gedämpft, im Garten hinten jemand schelten:
Wut scheint und Furcht die Stimme ihr zu rauben.
„Pfui, schäm Er sich, Er Niederträchtiger,
Was macht Er? Fort. Ich werd die Mutter rufen";
Als ob die Spanier im Lande wären.
Drauf: Eve! durch den Zaun hin: Eve! ruf ich.
Was hast du? Was auch gibt's? – Und still wird es:
Nun? Wirst du antworten? – „Was wollt Ihr, Muhme?" –
Was hast du vor, frag ich? – „Was werd ich haben." –
Ist es der Ruprecht? – „Ei so ja, der Ruprecht.
Geht Euren Weg doch nur." – So koch dir Tee.
Das liebt sich, denk ich, wie sich andre zanken.

FRAU MARTHE: Mithin –?

RUPRECHT: Mithin –?

WALTER: Schweigt! Laßt die Frau vollenden.

FRAU BRIGITTE: Da ich vom Vorwerk nun zurückekehre,
Zur Zeit der Mitternacht etwa, und just,
Im Lindengang, bei Marthens Garten bin,
Huscht euch ein Kerl bei mir vorbei, kahlköpfig,
Mit einem Pferdefuß, und hinter ihm
Erstinkt's wie Dampf von Pech und Haar und Schwefel.
Ich sprech ein Gottseibeiuns aus, und drehe
Ensetzensvoll mich um, und seh, mein Seel,
Die Glatz, ihr Herren, im Verschwinden noch,
Wie faules Holz, den Lindengang durchleuchten.

RUPRECHT: Was! Himmel – Tausend –!

FRAU MARTHE: Ist Sie toll, Frau Briggy?

RUPRECHT: Der Teufel, meint Sie, wär's –?

LICHT: Still! Still!

FRAU BRIGITTE: Mein Seel!
Ich weiß, was ich gesehen und gerochen. [suchen,

WALTER *ungeduldig*: Frau, ob's der Teufel war, will ich nicht unter-

Ihn aber, ihn denunziiert man nicht.
Kann Sie von einem andern melden, gut:
Doch mit dem Sünder da verschont Sie uns.
LICHT: Wollen Ew. Gnaden sie vollenden lassen.
WALTER: Blödsinnig Volk, das!
FRAU BRIGITTE: Gut, wie Ihr befehlt.
Doch der Herr Schreiber Licht sind mir ein Zeuge.
WALTER: Wie? Ihr ein Zeuge?
LICHT: Gewissermaßen, ja.
WALTER: Fürwahr, ich weiß nicht –
LICHT: Bitte ganz submiß,
Die Frau in dem Berichte nicht zu stören.
Daß es der Teufel war, behaupt ich nicht;
Jedoch mit Pferdefuß, und kahler Glatze
Und hinten Dampf, wenn ich nicht sehr mich irre,
Hat's seine völlge Richtigkeit! – Fahrt fort!
FRAU BRIGITTE: Da ich nun mit Erstaunen heut vernehme,
Was bei Frau Marthe Rull geschehn, und ich
Den Krugzertrümmrer auszuspionieren,
Der mir zu Nacht begegnet am Spalier,
Den Platz, wo er gesprungen, untersuche,
Find ich im Schnee, ihr Herrn, euch eine Spur –
Was find ich euch für eine Spur im Schnee?
Rechts fein und scharf und nett gekantet immer,
Ein ordentlicher Menschenfuß,
Und links unförmig grobhin eingetölpelt
Ein ungeheurer klotzger Pferdefuß.
WALTER *ärgerlich*: Geschwätz, wahnsinniges, verdammenswürdges –!
VEIT: Es ist nicht möglich, Frau!
FRAU BRIGITTE: Bei meiner Treu!
Erst am Spalier, da, wo der Sprung geschehn,
Seht, einen weiten, schneezerwühlten Kreis,
Als ob sich eine Sau darin gewälzt;
Und Menschenfuß und Pferdefuß von hier,
Und Menschenfuß und Pferdefuß, und Menschenfuß und Pferdefuß,
Quer durch den Garten, bis in alle Welt.
ADAM: Verflucht! – Hat sich der Schelm vielleicht erlaubt,
Verkappt des Teufels Art –?
RUPRECHT: Was! Ich!
LICHT: Schweigt! Schweigt!
FRAU BRIGITTE: Wer einen Dachs sucht, und die Fährt entdeckt,

Der Weidmann, triumphiert nicht so, als ich.
Herr Schreiber Licht, sag ich, denn eben seh ich
Von euch geschickt, den Würdgen zu mir treten,
Herr Schreiber Licht, spart eure Session,
Den Krugzertrümmrer judiziert ihr nicht,
Der sitzt nicht schlechter euch, als in der Hölle:
Hier ist die Spur die er gegangen ist.
WALTER: So habt Ihr selbst Euch überzeugt?
LICHT: Ew. Gnaden,
Mit dieser Spur hat's völlge Richtigkeit.
WALTER: Ein Pferdefuß?
LICHT: Fuß eines Menschen, bitte,
Doch praeter propter wie ein Pferdehuf.
ADAM: Mein Seel, ihr Herrn, die Sache scheint mir ernsthaft.
Man hat viel beißend abgefaßte Schriften,
Die, daß ein Gott sei, nicht gestehen wollen;
Jedoch den Teufel hat, soviel ich weiß,
Kein Atheist noch bündig wegbewiesen.
Der Fall, der vorliegt, scheint besonderer
Erörtrung wert. Ich trage darauf an,
Bevor wir ein Konklusum fassen,
Im Haag bei der Synode anzufragen
Ob das Gericht befugt sei, anzunehmen,
Daß Beelzebub den Krug zerbrochen hat.
WALTER: Ein Antrag, wie ich ihn von Euch erwartet.
Was wohl meint Ihr, Herr Schreiber?
LICHT: Ew. Gnaden werden
Nicht die Synode brauchen, um zu urteiln.
Vollendet – mit Erlaubnis! – den Bericht,
Ihr Frau Brigitte, dort; so wird der Fall
Aus der Verbindung, hoff ich, klar konstieren.
FRAU BRIGITTE: Hierauf: Herr Schreiber Licht, sag ich, laßt uns
Die Spur ein wenig doch verfolgen, sehn,
Wohin der Teufel wohl entwischt mag sein.
„Gut", sagt er, „Frau Brigitt, ein guter Einfall;
Vielleicht gehn wir uns nicht weit um,
Wenn wir zum Herrn Dorfrichter Adam gehn."
WALTER: Nun? Und jetzt fand sich –?
FRAU BRIGITTE: Zuerst jetzt finden wir
Jenseits des Gartens, in dem Lindengange,
Den Platz, wo Schwefeldämpfe von sich lassend,

Der Teufel bei mir angeprellt: ein Kreis,
Wie scheu ein Hund etwa zur Seite weicht,
Wenn sich die Katze prustend vor ihm setzt.
WALTER: Drauf weiter?
FRAU BRIGITTE: Nicht weit davon jetzt steht ein Denkmal seiner,
An einem Baum, daß ich davor erschrecke.
WALTER: Ein Denkmal? Wie?
FRAU BRIGITTE: Wie? Ja, da werdet Ihr –
ADAM *für sich*: Verflucht mein Unterleib.
LICHT: Vorüber, bitte,
Vorüber, hier, ich bitte, Frau Brigitte.
WALTER: Wohin die Spur Euch führte, will ich wissen!
FRAU BRIGITTE: Wohin? Mein Treu, den nächsten Weg zu euch,
Just wie Herr Schreiber Licht gesagt.
WALTER: Zu uns? Hierher?
FRAU BRIGITTE: Vom Lindengange, ja,
Aufs Schulzenfeld, den Karpfenteich entlang,
Den Steg, quer übern Gottesacker dann,
Hier, sag ich, her, zum Herrn Dorfrichter Adam.
WALTER: Zum Herrn Dorfrichter Adam?
ADAM: Hier zu mir?
FRAU BRIGITTE: Zu Euch, ja.
RUPRECHT: Wird doch der Teufel nicht
In dem Gerichtshof wohnen?
FRAU BRIGITTE: Mein Treu, ich weiß nicht,
Ob er in diesem Hause wohnt; doch hier,
Ich bin nicht ehrlich, ist er abgestiegen:
Die Spur geht hinten ein bis an die Schwelle.
ADAM: Sollt er vielleicht hier durchpassiert –?
FRAU BRIGITTE: Ja, oder durchpassiert. Kann sein. Auch das.
Die Spur vornaus –
WALTER: War eine Spur vornaus?
LICHT: Vornaus, verzeihn Ew. Gnaden, keine Spur.
FRAU BRIGITTE: Ja, vornaus war der Weg zertreten.
ADAM: Zertreten. Durchpassiert. Ich bin ein Schuft.
Der Kerl, paßt auf, hat den Gesetzen hier
Was angehängt. Ich will nicht ehrlich sein,
Wenn es nicht stinkt in der Registratur.
Wenn meine Rechnungen, wie ich nicht zweifle,
Verwirrt befunden werden sollten,
Auf meine Ehr, ich stehe für nichts ein.

WALTER: Ich auch nicht. *Für sich:*
                    Hm! Ich weiß nicht, war's der linke,
  War es der rechte? Seiner Füße einer –
  Herr Richter! Eure Dose! – Seid so gefällig.
ADAM: Die Dose?
WALTER: Die Dose. Gebt! Hier!
ADAM *zu Licht*:   Bringt dem Herrn Gerichtsrat.
WALTER: Wozu die Umständ? Einen Schritt gebraucht's.
ADAM: Es ist schon abgemacht. Gebt Sr. Gnaden.
WALTER: Ich hätt Euch was ins Ohr gesagt.
ADAM: Vielleicht, daß wir nachher Gelegenheit –
WALTER: Auch gut.
                Nachdem sich Licht wieder gesetzt.
  Sagt doch, ihr Herrn, ist jemand hier im Orte,
  Der mißgeschaffne Füße hat?
LICHT: Hm! Allerdings ist jemand hier in Huisum –
WALTER: So? Wer?
LICHT: Wollen Ew. Gnaden den Herrn Richter fragen –
WALTER: Den Herrn Richter Adam?
ADAM: Ich weiß von nichts.
  Zehn Jahre bin ich hier im Amt zu Huisum,
  Soviel ich weiß, ist alles grad gewachsen.
WALTER *zu Licht*: Nun? Wen hier meint Ihr?
FRAU MARTHE: Laß Er doch seine Füße draußen!
  Was steckt Er untern Tisch verstört sie hin,
  Daß man fast meint, Er wär die Spur gegangen.
WALTER: Wer? Der Herr Richter Adam?
ADAM: Ich? die Spur?
  Bin ich der Teufel? Ist das ein Pferdefuß? *Er zeigt seinen linken Fuß.*
WALTER: Auf meine Ehr. Der Fuß ist gut. *Heimlich:*
  Macht jetzt mit der Session sogleich ein Ende.
ADAM: Ein Fuß, wenn den der Teufel hätt,
  So könnt er auf die Bälle gehn und tanzen.
FRAU MARTHE: Das sag ich auch. Wo wird der Herr Dorfrichter –
ADAM: Ach, was! Ich!
WALTER: Macht, sag ich, gleich ein Ende.
FRAU BRIGITTE: Den einzgen Skrupel nur, ihr würdgen Herrn,
  Macht, dünkt mich, dieser feierliche Schmuck!
ADAM: Was für ein feierlicher –?
FRAU BRIGITTE: Hier, die Perücke!
  Wer sah den Teufel je in solcher Tracht?

Ein Bau, getürmter, strotzender von Talg,
Als eines Domdechanten auf der Kanzel!
ADAM: Wir wissen hierzuland nur unvollkommen,
Was in der Hölle Mod ist, Frau Brigitte!
Man sagt, gewöhnlich trägt er eignes Haar.
Doch auf der Erde, bin ich überzeugt,
Wirft er in die Perücke sich, um sich
Den Honoratioren beizumischen.
WALTER: Nichtswürdger! Wert, vor allem Volk ihn schmachvoll
Vom Tribunal zu jagen! Was Euch schützt,
Ist einzig nur die Ehre des Gerichts.
Schließt Eure Session!
ADAM: Ich will nicht hoffen –
WALTER: Ihr hofft jetzt nichts. Ihr zieht Euch aus der Sache.
ADAM: Glaubt Ihr, ich hätte, ich, der Richter, gestern,
Im Weinstock die Perücke eingebüßt?
WALTER: Behüte Gott! Die Eur' ist ja im Feuer,
Wie Sodom und Gomorrha, aufgegangen.
LICHT: Vielmehr – vergebt mir, gnädger Herr! die Katze
Hat gestern in die seinige gejungt.
ADAM: Ihr Herrn, wenn hier der Anschein mich verdammt:
Ihr übereilt euch nicht, bitt ich. Es gilt
Mir Ehre oder Prostitution.
Solang die Jungfer schweigt, begreif ich nicht,
Mit welchem Recht ihr mich beschuldiget.
Hier auf dem Richterstuhl von Huisum sitz ich,
Und lege die Perücke auf den Tisch:
Den, der behauptet, daß sie mein gehört,
Fordr' ich vors Oberlandgericht in Utrecht.
LICHT: Hm! Die Perücke paßt Euch doch, mein Seel,
Als wär auf Euren Scheiteln sie gewachsen. *Er setzt sie ihm auf.*
ADAM: Verleumdung!
LICHT: Nicht?
ADAM: Als Mantel um die Schultern
Mir noch zu weit, wie viel mehr um den Kopf.
        Er besieht sich im Spiegel.
RUPRECHT. Ei, solch ein Donnerwetter-Kerl!
WALTER: Still, Er!
FRAU MARTHE: Ei, solch ein blitzverfluchter Richter, das!
WALTER: Noch einmal, wollt Ihr gleich, soll ich die Sache enden?
ADAM: Ja, was befehlt Ihr?

RUPRECHT *zu Eve*: Eve, sprich, ist er's?
WALTER: Was untersteht der Unverschämte sich?
VEIT: Schweig du, sag ich.
ADAM: Wart, Bestie! Dich faß ich.
RUPRECHT: Ei, du Blitz-Pferdefuß!
WALTER: Heda! der Büttel!
VEIT: Halt's Maul, sag ich.
RUPRECHT: Wart! Heute reich ich dich.
Heut streust du keinen Sand mir in die Augen.
WALTER: Habt Ihr nicht so viel Witz, Herr Richter –?
ADAM: Ja, wenn Ew. Gnaden
Erlauben, fäll ich jetzo die Sentenz.
WALTER: Gut. Tut das. Fällt sie.
ADAM: Die Sache jetzt konstiert,
Und Ruprecht dort, der Racker, ist der Täter.
WALTER: Auch gut das. Weiter.
ADAM: Den Hals erkenn ich
Ins Eisen ihm, und weil er ungebührlich
Sich gegen seinen Richter hat betragen,
Schmeiß ich ihn ins vergitterte Gefängnis.
Wie lange, werd ich noch bestimmen.
EVE: Den Ruprecht –?
RUPRECHT: Ins Gefängnis mich?
EVE: Ins Eisen?
WALTER: Spart eure Sorgen, Kinder. – Seid Ihr fertig?
ADAM: Den Krug meinthalb mag er ersetzen, oder nicht.
WALTER: Gut denn. Geschlossen ist die Session.
Und Ruprecht appelliert an die Instanz zu Utrecht.
EVE: Er soll, er, erst nach Utrecht appellieren?
RUPRECHT: Was? Ich –?
WALTER: Zum Henker, ja! Und bis dahin –
EVE: Und bis dahin –?
RUPRECHT: In das Gefängnis gehn?
EVE: Den Hals ins Eisen stecken? Seid Ihr auch Richter?
Er dort, der Unverschämte, der dort sitzt,
Er selber war's –
WALTER: Du hörst's, zum Teufel! Schweig!
Ihm bis dahin krümmt sich kein Haar –
EVE: Auf, Ruprecht!
Der Richter Adam hat den Krug zerbrochen!
RUPRECHT: Ei, wart, du!

FRAU MARTHE: Er?
FRAU BRIGITTE: Der dort?
EVE: Er, ja! Auf, Ruprecht!
 Er war bei deiner Eve gestern!
 Auf! Faß ihn! Schmeiß ihn jetzo, wie du willst.
WALTER *steht auf*: Halt dort! Wer hier Unordnungen –
EVE: Gleichviel!
 Das Eisen ist verdient, geh, Ruprecht!
 Geh, schmeiß ihn von dem Tribunal herunter.
ADAM: Verzeiht, ihr Herrn. *Läuft weg.*
EVE: Hier! Auf!
RUPRECHT: Halt ihn!
EVE: Geschwind!
ADAM: Was?
RUPRECHT: Blitz-Hinketeufel!
EVE: Hast du ihn?
RUPRECHT: Gotts Schlag und Wetter!
 Es ist sein Mantel bloß!
WALTER: Fort! Ruft den Büttel!
RUPRECHT *schlägt den Mantel*: Ratz! Das ist eins. Und Ratz! Und Ratz!
 Und noch eins! In Ermangelung des Buckels. [Noch eins.
WALTER: Er ungezogner Mensch – Schafft hier mir Ordnung!
 – An Ihm, wenn Er sogleich nicht ruhig ist,
 Ihm wird der Spruch vom Eisen heut noch wahr.
VEIT: Sei ruhig, du vertrackter Schlingel!

ZWÖLFTER AUFTRITT

DIE VORIGEN *ohne Adam.*
Sie begeben sich alle in den Vordergrund der Bühne.

RUPRECHT: Ei, Evchen!
 Wie hab ich heute schändlich dich beleidigt!
 Ei Gotts Blitz, alle Wetter; und wie gestern!
 Ei, du mein goldnes Mädchen, Herzensbraut!
 Wirst du dein Lebtag mir vergeben können?
EVE *wirft sich dem Gerichtsrat zu Füßen*:
 Herr! Wenn Ihr jetzt nicht helft, sind wir verloren!
WALTER: Verloren? Warum das?
RUPRECHT: Herr Gott! Was gibt's?
EVE: Errettet Ruprecht von der Konskription!

Denn diese Konskription – der Richter Adam
Hat mir's als ein Geheimnis anvertraut,
Geht nach Ostindien; und von dort, Ihr wißt,
Kehrt von drei Männern einer nur zurück!
WALTER: Was! Nach Ostindien! Bist du bei Sinnen?
EVE: Nach Bantam, gnädger Herr; verleugnet's nicht!
Hier ist der Brief, die stille heimliche
Instruktion, die Landmiliz betreffend,
Die die Regierung jüngst deshalb erließ:
Ihr seht, ich bin von allem unterrichtet.
WALTER *nimmt den Brief und liest ihn*: O unerhört, arglistiger Betrug! –
Der Brief ist falsch!
EVE: Falsch?
WALTER: Falsch, so wahr ich lebe!
Herr Schreiber Licht, sagt selbst, ist das die Order,
Die man aus Utrecht jüngst an euch erließ?
LICHT: Die Order! Was! Der Sünder, der! Ein Wisch,
Den er mit eignen Händen aufgesetzt! –
Die Truppen, die man anwarb, sind bestimmt
Zum Dienst im Landesinneren; kein Mensch
Denkt dran, sie nach Ostindien zu schicken!
EVE: Nein, nimmermehr, ihr Herrn?
WALTER: Bei meiner Ehre!
Und zum Beweise meines Worts: den Ruprecht,
Wär's so, wie du mir sagst: ich kauf ihn frei!
EVE *steht auf*: O Himmel! Wie belog der Böswicht mich!
Denn mit der schrecklichen Besorgnis eben,
Quält' er mein Herz, und kam, zur Zeit der Nacht,
Mir ein Attest für Ruprecht aufzudringen;
Bewies, wie ein erlognes Krankheitszeugnis,
Von allem Kriegsdienst ihn befreien könnte;
Erklärte und versicherte und schlich,
Um es mir auszufertgen, in mein Zimmer:
So Schändliches, ihr Herren, von mir fordernd,
Daß es kein Mädchenmund wagt auszusprechen!
FRAU BRIGITTE: Ei, der nichtswürdig-schändliche Betrüger!
RUPRECHT: Laß, laß den Pferdehuf, mein süßes Kind!
Sieh, hätt ein Pferd bei dir den Krug zertrümmert,
Ich wär so eifersüchtig just, als jetzt!
                      Sie küssen sich.
VEIT: Das sag ich auch! Küßt und versöhnt und liebt euch;

Und Pfingsten, wenn ihr wollt, mag Hochzeit sein!
LICHT *am Fenster*: Seht, wie der Richter Adam, bitt ich euch,
Bergauf, bergab, als flöh er Rad und Galgen,
Das aufgepflügte Winterfeld durchstampft!
WALTER: Was? Ist das Richter Adam?
LICHT: Allerdings!
MEHRERE: Jetzt kommt er auf die Straße. Seht! seht!
Wie die Perücke ihm den Rücken peitscht!
WALTER: Geschwind, Herr Schreiber, fort! Holt ihn zurück!
Daß er nicht Übel rettend ärger mache.
Von seinem Amt zwar ist er suspendiert,
Und Euch bestell ich, bis auf weitere
Verfügung, hier im Ort es zu verwalten;
Doch sind die Kassen richtig, wie ich hoffe,
Zur Desertion ihn zwingen will ich nicht.
Fort! Tut mir den Gefallen, holt ihn wieder!
Licht ab.

Letzter Auftritt

Die Vorigen *ohne Licht*.

FRAU MARTHE: Sagt doch, gestrenger Herr, wo find ich auch
Den Sitz in Utrecht der Regierung?
WALTER: Weshalb, Frau Marthe?
FRAU MARTHE *empfindlich*: Hm! Weshalb? Ich weiß nicht –
Soll hier dem Kruge nicht sein Recht geschehn?
WALTER: Verzeiht mir! Allerdings. Am großen Markt,
Und Dienstag ist und Freitag Session.
FRAU MARTHE: Gut! Auf die Woche stell ich dort mich ein.
Alle ab.
Ende.

VARIANT

Zwölfter Auftritt

Die Vorigen *ohne Adam.* – *Sie bewegen sich alle in den Vordergrund der Bühne.*

RUPRECHT: Ei, Evchen!
   Wie hab ich heute schändlich dich beleidigt!
   Ei, Gotts Blitz, alle Wetter, und wie gestern!
   Ei, du mein goldnes Mädchen, Herzens-Braut!
   Wirst du dein Lebtag mir vergeben können?
EVE: Geh, laß mich sein.
RUPRECHT: Ei, ich verfluchter Schlingel!
   Könnt ich die Hände brauchen, mich zu prügeln.
   Nimm, weißt du was? hör: tu mir den Gefallen,
   Dein Pätschchen, hol's der Henker, nimm's und ball's,
   Und schlage tüchtig eins mir hinters Ohr.
   Willst du's mir tun? Mein Seel, ich bin nicht ruhig.
EVE: Du hörst. Ich will nichts von dir wissen.
RUPRECHT: Ei, solch ein Tölpel!
   Der Lebrecht denk ich, Schafsgesicht, und geh,
   Mich beim Dorfrichter ehrlich zu beklagen,
   Und er, vor dem ich klage, ist es selbst:
   Den Hals noch judiziert er mir ins Eisen.
WALTER: Wenn sich die Jungfer gestern gleich der Mutter
   Eröffnet hätte züchtiglich, so hätte
   Sie dem Gerichte Schand erspart, und sich
   Zweideutge Meinungen von ihrer Ehre.
RUPRECHT: Sie schämte sich. Verzeiht ihr, gnädger Herr!
   Es war ihr Richter doch, sie mußt ihn schonen. –
   Komm nur jetzt fort zu Haus. Es wird sich finden.
EVE: Ja, schämen!
RUPRECHT: Gut. So war's was anderes.
   Behalt's für dich, was brauchen wir's zu wissen.
   Du wirst's schon auf der Fliederbank mir eins,
   Wenn von dem Turm die Vesper geht, erzählen.
   Komm, sei nur gut.
WALTER: Was wir's zu wissen brauchen?
   So denk ich nicht. Wenn Jungfer Eve will,
   Daß wir an ihre Unschuld glauben sollen:
   So wird sie, wie der Krug zerbrochen worden,

Umständlich nach dem Hergang uns berichten.
Ein Wort keck hingeworfen, macht den Richter
In meinem Aug der Sünd noch gar nicht schuldig.
RUPRECHT: Nun denn, so faß ein Herz! Du bist ja schuldlos.
Sag's, was er dir gewollt, der Pferdefuß.
Sieh, hätt ein Pferd bei dir den Krug zertrümmert,
Ich wär so eifersüchtig just, als jetzt.
EVE: Was hilft's, daß ich jetzt schuldlos mich erzähle?
Unglücklich sind wir beid auf immerdar.
RUPRECHT: Unglücklich, wir?
WALTER: Warum ihr unglücklich?
RUPRECHT: Was gilt's, da ist die Konskription im Spiele.
EVE *wirft sich Waltern zu Füßen*:
Herr, wenn Ihr jetzt nicht helft, sind wir verloren!
WALTER: Wenn ich nicht –?
RUPRECHT: Ewiger Gott!
WALTER: Steh auf, mein Kind.
EVE: Nicht eher, Herr, als bis Ihr Eure Züge,
Die menschlichen, die Euch vom Antlitz strahlen,
Wahr macht durch eine Tat der Menschlichkeit.
WALTER: Mein liebenswertes Kind! Wenn du mir deine
Unschuldigen bewährst, wie ich nicht zweifle,
Bewähr ich auch dir meine menschlichen.
Steh auf!
EVE: Ja, Herr, das werd ich.
WALTER: Gut. So sprich.
EVE: Ihr wißt, daß ein Edikt jüngst ist erschienen,
Das von je hundert Söhnen jeden Orts
Zehn für dies Frühjahr zu den Waffen ruft,
Der rüstigsten. Denn der Hispanier
Versöhnt sich mit dem Niederländer nicht,
Und die Tyrannenrute will er wieder
Sich, die zerbrochene, zusammenbinden.
Kriegshaufen sieht man ziehn auf allen Wegen,
Die Flotten rings, die er uns zugesendet,
Von unsrer Staaten Küsten abzuhalten,
Und die Miliz steht auf, die Tor' inzwischen
In den verlaßnen Städten zu besetzen.
WALTER: So ist es.
EVE: Ja, so heißt's, ich weiß.
WALTER: Nun? Weiter?

EVE: Wir eben sitzen, Mutter, Vater, Ruprecht
 Und ich, an dem Kamin, und halten Rat,
 Ob Pfingsten sich, ob Pfingsten übers Jahr,
 Die Hochzeit feiern soll: als plötzlich jetzt
 Die Kommission, die die Rekruten aushebt,
 Ins Zimmer tritt, und Ruprecht aufnotiert,
 Und unsern frohen Streit mit schneidendem
 Machtspruch, just da er sich zu Pfingsten neigte,
 Für, Gott weiß, welches Pfingstfest nun? – entscheidet.
WALTER: Mein Kind –
EVE: Gut, gut.
WALTER: Das allgemeine Los.
EVE: Ich weiß.
WALTER: Dem kann sich Ruprecht gar nicht weigern.
RUPRECHT: Ich denk auch nicht daran.
EVE: Er denkt nicht dran,
 Gestrenger Herr, und Gott behüte mich,
 Daß ich in seiner Sinnesart ihn störte.
 Wohl uns, daß wir was Heilges, jeglicher,
 Wir freien Niederländer, in der Brust,
 Des Streites wert bewahren: so gebe jeder denn
 Die Brust auch her, es zu verteidigen.
 Müßt er dem Feind im Treffen selbst begegnen,
 Ich spräche noch, zieh hin, und Gott mit dir:
 Was werd ich jetzt ihn weigern, da er nur
 Die Wälle, die geebneten, in Utrecht,
 Vor Knaben soll, und ihren Spielen schützen.
 Inzwischen, lieber Herr, Ihr zürnt mir nicht –
 Wenn ich die Mai'n in unserm Garten rings
 Dem Pfingstfest rötlich seh entgegenknospen,
 So kann ich mich der Tränen nicht enthalten:
 Denk ich doch sonst, und tue, wie ich soll.
WALTER: Verhüt auch Gott, daß ich darum dir zürne.
 Sprich weiter.
EVE: Nun schickt die Mutter gestern
 Mich in gleichgültigem Geschäft ins Amt,
 Zum Richter Adam. Und da ich in das Zimmer trete,
 „Gott grüß dich, Evchen! Ei, warum so traurig?"
 Spricht er. „Das Köpfchen hängt dir ja wie'n Maienglöckchen!
 Ich glaubte fast, du weißt, daß es dir steht.
 Der Ruprecht! Gelt? Der Ruprecht!" – Je nun freilich,

Der Ruprecht, sag ich; wenn der Mensch was liebt,
Muß er schon auch auf Erden etwas leiden.
Drauf er: „Du armes Ding! Hm! Was wohl gäbst du,
Wenn ich den Ruprecht dir von der Miliz befreite?"
Und ich: wenn Ihr den Ruprecht mir befreitet?
Ei nun, dafür möcht ich Euch schon was geben.
Wie fingt Ihr das wohl an? – „Du Närrchen", sagt er,
„Der Physikus, der kann, und ich kann schreiben,
Verborgne Leibesschäden sieht man nicht,
Und bringt der Ruprecht ein Attest darüber
Zur Kommission, so gibt die ihm den Abschied:
Das ist ein Handel, wie um eine Semmel." –
So, sag ich. – „Ja" – So, so! Nun, laßt's nur sein,
Herr Dorfrichter, sprech ich. Daß Gott der Herr
Gerad den Ruprecht mir zur Lust erschaffen,
Mag ich nicht vor der Kommission verleugnen.
Des Herzens innerliche Schäden sieht er,
Und ihn irrt kein Attest vom Physikus.
WALTER: Recht! Brav!
EVE: „Gut", spricht er, „Wie du willst. So mag
Er seiner Wege gehn. Doch was ich sagen wollte –
Die hundert Gulden, die er kürzlich erbte,
Läßt du dir doch, bevor er geht, verschreiben?" –
Die hundert Gulden, frag ich? Ei, warum?
Was hat's mir für Gefahr auch mit den Gulden?
Wird er denn weiter, als nach Utrecht gehn? –
„Ob er dir weiter als nach Utrecht geht?
Ja, du gerechter Gott", spricht er, „was weiß ich,
Wohin der jetzo geht. Folgt er einmal der Trommel,
Die Trommel folgt dem Fähndrich, der dem Hauptmann,
Der Hauptmann folgt dem Obersten, der folgt
Dem General, und der folgt den vereinten Staaten wieder,
Und die vereinten Staaten, hol's der Henker,
Die ziehen in Gedanken weit herum.
Die lassen trommeln, daß die Felle platzen."
WALTER: Der Schändliche.
EVE: Bewahr mich Gott, sprech ich,
Ihr habt, als ihr den Ruprecht aufnotiert,
Ja die Bestimmung deutlich ihm verkündigt.
„Ja! Die Bestimmung!" spricht er: „Speck für Mäuse!
Wenn sie die Landmiliz in Utrecht haben,

So klappt die Falle hinten schnappend zu.
Laß du die hundert Gulden dir verschreiben." –
Ist das gewiß, frag ich, Herr Richter Adam?
Will man zum Kriegsdienst förmlich sie gebrauchen?
„Ob man zum Kriegsdienst sie gebrauchen will? –
Willst du Geheimnis, unverbrüchliches,
Mir angeloben gegen jedermann?"
Ei, Herr Gott, sprech ich, was auch gibt's, Herr Richter!
Was sieht Er so bedenklich? Sag Er's heraus.

WALTER: Nun? Nun? Was wird das werden?

EVE: Was das wird werden?
Herr, jetzo sagt er mir, was Ihr wohl wißt,
Daß die Miliz sich einschifft nach Batavia,
Den eingebornen Kön'gen dort, von Bantam,
Von Java, Jakatra, was weiß ich? Raub
Zum Heil der Haager Krämer abzujagen.

WALTER: Was? nach Batavia?

RUPRECHT: Ich, nach Asien?

WALTER: Davon weiß ich kein Wort.

EVE: Gestrenger Herr,
Ich weiß, Ihr seid verbunden, so zu reden.

WALTER: Auf meine Pflicht!

EVE: Gut, gut. Auf Eure Pflicht.
Und die ist, uns, was wahr ist, zu verbergen.

WALTER: Du hörst's. Wenn ich –

EVE: Ich sah den Brief, verzeiht, den Ihr
Aus Utrecht an die Ämter habt erlassen.

WALTER: Welch einen Brief?

EVE: Den Brief, Herr, die geheime
Instruktion, die Landmiliz betreffend,
Und ihre Stellung aus den Dörfern rings.

WALTER: Den hast du?

EVE: Herr, den sah ich.

WALTER: Und darin?

EVE: Stand, daß die Landmiliz, im Wahn, sie sei
Zum innern Friedensdienste nur bestimmt,
Soll hingehalten werden bis zum März:
Im März dann schiffe sie nach Asien ein.

WALTER: Das in dem Brief selbst hättest du gelesen?

EVE: Ich nicht. Ich las es nicht. Ich kann nicht lesen.
Doch er, der Richter, las den Brief mir vor.

WALTER: So. Er, der Richter.
EVE: Ja. Und Wort vor Wort.
WALTER: Gut, gut. Nun weiter.
EVE: Gott im Himmel, ruf ich,
Das junge Volk, das blühnde, nach Batavia!
Das Eiland, das entsetzliche, wo von
Jedweden Schiffes Mannschaft, das ihm naht,
Die eine Hälfte stets die andere begräbt.
Das ist ja keine offen ehrliche
Konskription, das ist Betrug, Herr Richter,
Gestohlen ist dem Land die schöne Jugend,
Um Pfeffer und Muskaten einzuhandeln.
List gegen List jetzt, schaff Er das Attest
Für Ruprecht mir, und alles geb ich Ihm
Zum Dank, was Er nur redlich fordern kann.
WALTER: Das machtest du nicht gut.
EVE: List gegen List.
WALTER: Drauf er?
EVE: „Das wird sich finden", spricht er, „Evchen,
Vom Dank nachher, jetzt gilt es das Attest.
Wann soll der Ruprecht gehn?" – In diesen Tagen.
„Gut", spricht er, „gut. Es trifft sich eben günstig.
Denn heut noch kommt der Physikus ins Amt;
Da kann ich gleich mein Heil mit ihm versuchen.
Wie lange bleibt der Garten bei dir offen?"
Bei mir der Garten, frag ich? – „Ja, der Garten."
Bis gegen zehn, sag ich. Warum, Herr Richter?
„Vielleicht kann ich den Schein dir heut noch bringen."
Er mir den Schein! Ei, wohin denkt Er auch?
Ich werd den Schein mir morgen früh schon holen. –
„Auch gut", spricht er. „Gleichviel. So holst du ihn.
Glock halb auf neun früh morgens bin ich auf."
WALTER: Nun?
EVE: Nun – geh ich zur Mutter heim, und harre,
Den Kummer, den verschwiegnen, in der Brust,
In meiner Klause, durch den Tag, und harre,
Bis zehn zu Nacht auf Ruprecht, der nicht kömmt.
Und geh verstimmt Glock zehn die Trepp hinab,
Die Gartentür zu schließen, und erblicke,
Da ich sie öffn', im Dunkel fernhin wen,
Der schleichend von den Linden her mir naht.

Und sage: Ruprecht! – „Evchen", heisert es. –
Wer ist da? frag ich. – „St! Wer wird es sein?" –
Ist Er's, Herr Richter? – „Ja, der alte Adam" –
RUPRECHT: Gotts Blitz!
EVE: Er selbst –
RUPRECHT: Gotts Donnerwetter!
EVE: Ist's,
Und kommt, und scherzt, und kneipt mir in die Backen,
Und fragt, ob Mutter schon zu Bette sei.
RUPRECHT: Seht den Halunken!
EVE: Drauf ich: Ei, was Herr Richter,
Was will Er auch so spät zu Nacht bei mir?
„Je, Närrchen", spricht er – Dreist heraus, sag ich;
Was hat Er hier Glock zehn bei mir zu suchen?
„Was ich Glock zehn bei dir zu suchen habe?" –
Ich sag, laß Er die Hand mir weg! Was will Er? –
„Ich glaube wohl, du bist verrückt", spricht er.
„Warst du nicht heut Glock eilf im Amt bei mir,
Und wolltest ein Attest für Ruprecht haben?"
Ob ich? – Nun ja. – „Nun gut. Das bring ich dir."
Ich sagt's Ihm ja, daß ich's mir holen wollte. –
„Bei meiner Treu! Die ist nicht recht gescheut.
Ich muß Glock fünf Uhr morgen früh verreisen,
Und ungewiß, wann ich zurücke kehre,
Liefr' ich den Schein noch heut ihr in die Hände;
Und sie, nichts fehlt, sie zeigt die Türe mir;
Sie will den Schein sich morgen bei mir holen." –
Wenn Er verreisen will Glock fünf Uhr morgen –
Davon ja wußt Er heut noch nichts Glock eilf?
„Ich sag's", spricht er, „die ist nicht recht bei Troste.
Glock zwölf bekam ich heut die Order erst." –
Das ist was anderes, das wußt ich nicht.
„Du hörst es ja", spricht er. – Gut, gut, Herr Richter.
So dank ich herzlich Ihm für seine Mühe.
Verzeih Er mir. Wo hat Er das Attest?
WALTER: Wißt Ihr was von der Order?
LICHT: Nicht ein Wort.
Vielmehr bekam er kürzlich noch die Order,
Sich nicht von seinem Amte zu entfernen.
Auch habt Ihr heut zu Haus ihn angetroffen.
WALTER: Nun?

EVE: Wenn er log, ihr Herrn, konnt ich's nicht prüfen.
Ich mußte seinem Wort vertraun.
WALTER: Ganz recht.
Du konntest es nicht prüfen. Weiter nur.
Wo ist der Schein, sprachst du?
EVE: „Hier", sagt er, „Evchen";
Und zieht ihn vor. „Doch höre", fährt er fort,
„Du mußt, so wahr ich lebe, mir vorher
Noch sagen, wie der Ruprecht zubenamst?
Heißt er nicht Ruprecht Gimpel?" – Wer? Der Ruprecht?
„Ja. Oder Simpel? Simpel oder Gimpel."
Ach, Gimpel! Simpel! Tümpel heißt der Ruprecht.
„Gotts Blitz, ja", spricht er; „Tümpel! Ruprecht Tümpel!
Hab ich, Gott töt mich, mit dem Wetternamen
Auf meiner Zunge nicht Versteck gespielt!" –
Ich sag, Herr Richter Adam, weiß Er nicht –?
„Der Teufel soll mich holen, nein!" spricht er. –
Steht denn der Nam hier im Attest noch nicht?
„Ob er in dem Attest –?" – Ja, hier im Scheine.
„Ich weiß nicht, wie du heute bist", spricht er.
„Du hörst's, ich sucht und fand ihn nicht, als ich
Heut nachmittag bei mir den Schein hier mit
Dem Physikus zusammen fabrizierte."
Das ist ja aber dann kein Schein, sprech ich.
Das ist, nehm Er's mir übel nicht, ein Wisch, das!
Ich brauch ein ordentlich Attest, Herr Richter. –
„Die ist, mein Seel, heut", spricht er, „ganz von Sinnen.
Der Schein ist fertig, ge- und unterschrieben,
Datiert, besiegelt auch, und in der Mitte
Ein Platz, so groß just, wie ein Tümpel, offen;
Den füll ich jetzt mit Dinte aus, so ist's
Ein Schein, nach allen Regeln, wie du brauchst." –
Doch ich: wo will Er in der Nacht, Herr Richter,
Hier unterm Birnbaum auch den Platz erfüllen? –
„Gotts Menschenkind auch, unvernünftiges!"
Spricht er; „du hast ja in der Kammer Licht,
Und Dint und Feder führ ich in der Tasche.
Fort! Zwei Minuten braucht's, so ist's geschehn."
RUPRECHT: Ei, solch ein blitzverfluchter Kerl!
WALTER: Und darauf gingst du mit ihm in die Kammer?
EVE: Ich sag: Herr Dorfrichter, was das auch für

Anstalten sind! Ich werde jetzt mit Ihm,
Da Mutter schläft, in meine Kammer gehn!
Daraus wird nichts, das konnt Er sich wohl denken.
„Gut", spricht er, „wie du willst. Ich bin's zufrieden.
So bleibt die Sach bis auf ein andermal.
In Tagner drei bis acht bin ich zurück." –
Herr Gott, sag ich, Er in acht Tagen erst!
Und in drei Tagen geht der Ruprecht schon –
WALTER: Nun, Evchen, kurz –
EVE: Kurz, gnädger Herr –
WALTER: Du gingst –
EVE: Ich ging. Ich führt ihn in die Kammer ein.
FRAU MARTHE: Ei, Eve! Eve!
EVE: Zürnt nicht!
WALTER: Nun jetzt – weiter?
EVE: Da wir jetzt in der Stube sind – zehnmal
Verwünscht ich's schon, eh wir sie noch erreicht –
Und ich die Tür behutsam zugedrückt,
Legt er Attest und Dint und Feder auf den Tisch,
Und rückt den Stuhl herbei sich, wie zum Schreiben.
Ich denke, setzen wird er sich: doch er,
Er geht und schiebt den Riegel vor die Türe,
Und räuspert sich, und lüftet sich die Weste,
Und nimmt sich die Perücke förmlich ab,
Und hängt, weil der Perückenstock ihm fehlt,
Sie auf den Krug dort, den zum Scheuern ich
Bei mir aufs Wandgesimse hingestellt.
Und da ich frag, was dies auch mir bedeute?
Läßt er am Tisch jetzt auf den Stuhl sich nieder,
Und faßt mich so, bei beiden Händen, seht,
Und sieht mich an.
FRAU MARTHE: Und sieht –?
RUPRECHT: Und sieht dich an –?
EVE: Zwei abgemessene Minuten starr mich an.
FRAU MARTHE: Und spricht –?
RUPRECHT: Spricht nichts –?
EVE: Er, Niederträchtger, sag ich,
Da er jetzt spricht; was denkt Er auch von mir?
Und stoß ihm vor die Brust, daß er euch taumelt –
Und: Jesus Christus! ruf ich: Ruprecht kömmt!
– Denn an der Tür ihn draußen hör ich donnern.

RUPRECHT: Ei, sieh! da kam ich recht.
EVE: „Verflucht!" spricht er,
    „Ich bin verraten!" – und springt, den Schein ergreifend,
    Und Dint und Feder, zu dem Fenster hin.
    „Du!" sagt er jetzt, „sei klug!" – und öffnet es.
    „Den Schein holst du dir morgen bei mir ab.
    Sagst du ein Wort, so nehm ich ihn, und reiß ihn,
    Und mit ihm deines Lebens Glück, entzwei."
RUPRECHT: Die Bestie!
EVE: Und tappt sich auf die Hütsche,
    Und auf den Stuhl, und steigt aufs Fensterbrett,
    Und untersucht, ob er wohl springen mag.
    Und wendet sich, und beugt sich zum Gesimse,
    Wo die Perück hängt, die er noch vergaß.
    Und greift und reißt vom Kruge sie, und reißt
    Von dem Gesims den Krug herab:
    Der stürzt; er springt; und Ruprecht kracht ins Zimmer.
RUPRECHT: Gotts Schlag und Wetter!
EVE: Jetzt will, ich jetzt will reden,
    Gott der Allwissende bezeugt es mir!
    Doch dieser – schnaubend fliegt er euch durchs Zimmer,
    Und stößt –
RUPRECHT: Verflucht!
EVE: Mir vor die Brust –
RUPRECHT: Mein Evchen!
EVE: Ich taumle sinnlos nach dem Bette hin.
VEIT: Verdammter Hitzkopf, du!
EVE: Jetzt steh ich noch,
    Goldgrün, wie Flammen rings, umspielt es mich,
    Und wank, und halt am Bette mich; da stürzt
    Der von dem Fenster schmetternd schon herab;
    Ich denk, er steht im Leben nicht mehr auf.
    Ich ruf: Heiland der Welt! und spring und neige
    Mich über ihn, und nehm ihn in die Arme,
    Und sage: Ruprecht! Lieber Mensch! Was fehlt dir?
    Doch er –
RUPRECHT: Fluch mir!
EVE: Er wütet –
RUPRECHT: Traf ich dich?
EVE: Ich weiche mit Entsetzen aus.
FRAU MARTHE: Der Grobian!

RUPRECHT: ⟶ Daß mir der Fuß erlahmte!
FRAU MARTHE: Nach ihr zu stoßen!
EVE: ⟶ Jetzt erscheint die Mutter,
  Und stutzt, und hebt die Lamp und fällt ergrimmt,
  Da sie den Krug in Scherben sieht, den Ruprecht
  Als den unzweifelhaften Täter an.
  Er, wutvoll steht er, sprachlos da, will sich
  Verteidigen: doch Nachbar Ralf fällt ihn,
  Vom Schein getäuscht, und Nachbar Hinz ihn an,
  Und Muhme Sus' und Lies' und Frau Brigitte,
  Die das Geräusch zusamt herbeigezogen,
  Sie alle, taub, sie schmähen ihn und schimpfen,
  Und sehen großen Auges auf mich ein,
  Da er mit Flüchen, schäumenden, beteuert,
  Daß nicht er, daß ein andrer das Geschirr,
  Der eben nur entwichen sei, zerschlagen.
RUPRECHT: Verwünscht! Daß ich nicht schwieg! Ein anderer!
  Mein liebes Evchen!
EVE: ⟶ Die Mutter stellt sich vor mich,
  Blaß, ihre Lippe zuckt, sie stemmt die Arme.
  „Ist's", fragt sie, „ist's ein anderer gewesen?"
  Und: Joseph, sag ich, und Maria, Mutter;
  Was denkt Ihr auch? – „Und was noch fragt Ihr sie",
  Schreit Muhme Sus' und Liese: „Ruprecht war's!"
  Und alle schrein: „Der Schändliche! Der Lügner!"
  Und ich – ich schwieg, ihr Herrn; ich log, ich weiß,
  Doch log ich anders nicht, ich schwör's, als schweigend.
RUPRECHT: Mein Seel, sie sprach kein Wort, das muß ich sagen.
FRAU MARTHE: Sie sprach nicht, nein, sie nickte mit dem Kopf bloß,
  Wenn man sie, ob's der Ruprecht war, befragte.
RUPRECHT: Ja, nicken. Gut.
EVE: ⟶ Ich nickte? Mutter!
RUPRECHT: ⟶ Nicht?
  Auch gut.
EVE: ⟶ Wann hätt ich –?
FRAU MARTHE: ⟶ Nun? Du hättest nicht,
  Als Muhme Suse vor dir stand, und fragte:
  „Nicht, Evchen, Ruprecht war es?" „ja" genickt?
EVE: Wie? Mutter? Wirklich? Nickt ich? Seht –
RUPRECHT: ⟶ Beim Schnauben,
  Beim Schnauben, Evchen! Laß die Sache gut sein.

Du hieltst das Tuch, und schneuztest heftig drein;
Mein Seel, es schien, als ob du 'n bissel nicktest.
EVE *verwirrt*: Es muß unmerklich nur gewesen sein.
FRAU MARTHE: Es war zum Merken just genug.
WALTER: Zum Schluß jetzt – ?
EVE: Nun war auch heut am Morgen noch mein erster
    Gedanke, Ruprecht alles zu vertraun.
    Denn weiß er nur der Lüge wahren Grund,
    Was gilt's, denk ich, so lügt er selbst noch mit,
    Und sagt, nun ja, den irdnen Krug zerschlug ich,
    Und dann so kriegt ich auch wohl noch den Schein.
    Doch Mutter, da ich in das Zimmer trete,
    Die hält den Krug schon wieder, und befiehlt,
    Sogleich zum Vater Tümpel ihr zu folgen.
    Dort fordert sie den Ruprecht vor Gericht.
    Vergebens, daß ich um Gehör ihn bitte,
    Wenn 'ch ihm nah, so schmäht und schimpft er mich,
    Und wendet sich, und will nichts von mir wissen.
RUPRECHT: Vergib mir.
WALTER: Nun laß dir sagen, liebes Kind,
    Wie zu so viel, stets tadelnswerten, Schritten –
    – Ich sage tadelnswert, wenn sie auch gleich
    Verzeihlich sind – dich ein gemeiner, grober
    Betrug verführt.
EVE: So? Wirklich?
WALTER: Die Miliz
    Wird nach Batavia nicht eingeschifft:
    Sie bleibt, bleibt in der Tat bei uns, in Holland.
EVE: Gut, gut, gut. Denn der Richter log, nicht wahr?
    So oft: und also log er gestern mir.
    Der Brief, den ich gesehen, war verfälscht;
    Er las mir's aus dem Stegreif nur so vor.
WALTER: Ja, ich versichr' es dich.
EVE: O gnädger Herr! –
    O Gott! Wie könnt Ihr mir das tun? O sagt –
WALTER: Herr Schreiber Licht! Wie lautete der Brief?
    Ihr müßt ihn kennen.
LICHT: Ganz unverfänglich.
    Wie's überall bekannt ist. Die Miliz
    Bleibt in dem Land, 's ist eine Landmiliz.
EVE: O Ruprecht! O mein Leben! Nun ist's aus.

RUPRECHT: Evchen! Hast du dich wohl auch überzeugt?
  Besinne dich!
EVE: Ob ich –? Du wirst's erfahren.
RUPRECHT: Stand's wirklich so –?
EVE: Du hörst es, alles, alles;
  Auch dies, daß sie uns täuschen sollen, Freund.
WALTER: Wenn ich mein Wort dir gebe –
EVE: O gnädger Herr!
RUPRECHT: Wahr ist's, es wär das erstemal wohl nicht –
EVE: Schweig! 's ist umsonst –
WALTER: Das erstemal wär's nicht?
RUPRECHT: Vor sieben Jahren soll was Ähnliches
  Im Land geschehen sein –
WALTER: Wenn die Regierung
  Ihn hinterginge, wär's das erstemal.
  Sooft sie Truppen noch nach Asien schickte,
  Hat sie's den Truppen noch gewagt zu sagen.
  Er geht –
EVE: Du gehst. Komm.
WALTER: Wo er hinbeordert;
  In Utrecht wird er merken, daß er bleibt.
EVE: Du gehst nach Utrecht. Komm. Da wirst du's merken.
  Komm, folg. Es sind die letzten Abschiedsstunden,
  Die die Regierung uns zum Weinen läßt;
  Die wird der Herr uns nicht verbittern wollen.
WALTER: Sieh da! So arm dein Busen an Vertrauen?
EVE: O Gott! Gott! Daß ich jetzt nicht schwieg.
WALTER: Dir glaubt ich Wort vor Wort, was du mir sagtest;
  Ich fürchte fast, daß ich mich übereilt.
EVE: Ich glaub Euch ja, Ihr hört's, so wie Ihr's meint.
  Komm fort.
WALTER: Bleib. Mein Versprechen will ich lösen.
  Du hast mir deines Angesichtes Züge
  Bewährt, ich will die meinen dir bewähren,
  Müßt ich auf andre Art dir den Beweis
  Auch führen, als du mir. Nimm diesen Beutel.
EVE: Ich soll –
WALTER: Den Beutel hier, mit zwanzig Gulden!
  Mit so viel Geld kaufst du den Ruprecht los.
EVE: Wie? Damit –?
WALTER: Ja, befreist du ganz vom Dienst ihn.

Doch so. Schifft die Miliz nach Asien ein,
So ist der Beutel ein Geschenk, ist dein.
Bleibt sie im Land, wie ich's vorher dir sagte,
So trägst du deines bösen Mißtrauns Strafe,
Und zahlst, wie billig, Beutel, samt Intressen,
Vom Hundert vier, terminlich mir zurück.

EVE: Wie, gnädger Herr? Wenn die –
WALTER: Die Sach ist klar.
EVE: Wenn die Miliz nach Asien sich einschifft,
So ist der Beutel ein Geschenk, ist mein.
Bleibt sie im Land, wie Ihr's vorher mir sagtet,
So soll ich bösen Mißtrauns Straf erdulden,
Und Beutel, samt, wie billig, Interessen – *Sie sieht Ruprecht an.*

RUPRECHT: Pfui! 's ist nicht wahr! Es ist kein wahres Wort!
WALTER: Was ist nicht wahr?
EVE: Da nehmt ihn! Nehmt ihn! Nehmt ihn!
WALTER: Wie?
EVE: Nehmt, ich bitt Euch, gnädger Herr, nehmt, nehmt ihn!
WALTER: Den Beutel?
EVE: O Herr Gott!
WALTER: Das Geld? Warum das?
Vollwichtig, neugeprägte Gulden sind's.
Sieh her, das Antlitz hier des Spanierkönigs:
Meinst du, daß dich der König wird betrügen?
EVE: O lieber, guter, edler Herr, verzeiht mir.
– O der verwünschte Richter!
RUPRECHT: Ei, der Schurke!
WALTER: So glaubst du jetzt, daß ich dir Wahrheit gab?
EVE: Ob Ihr mir Wahrheit gabt? O scharfgeprägte,
Und Gottes leuchtend Antlitz drauf. O Himmel!
Daß ich nicht solche Münze mehr erkenne!
WALTER: Hör, jetzt geb ich dir einen Kuß. Darf ich?
RUPRECHT: Und einen tüchtigen. So. Das ist brav.
WALTER: Du also gehst nach Utrecht?
RUPRECHT: Nach Utrecht geh ich,
Und steh ein Jahr lang auf den Wällen Schildwach,
Und wenn ich das getan, usw. . . . ist Eve mein!

AMPHITRYON

Ein Lustspiel nach Molière

Personen

Jupiter, *in der Gestalt des Amphitryon*
Merkur, *in der Gestalt des Sosias*
Amphitryon, *Feldherr der Thebaner*
Sosias, *sein Diener*
Alkmene, *Gemahlin des Amphitryon*
Charis, *Gemahlin des Sosias*
Feldherren

Die Szene ist in Theben vor dem Schlosse des Amphitryon.

ERSTER AKT

Es ist Nacht.

ERSTE SZENE

SOSIAS *tritt mit einer Laterne auf:*
Heda! Wer schleicht da? Holla! – Wenn der Tag
Anbräche, wär mir's lieb; die Nacht ist – Was?
Gut Freund, ihr Herrn! Wir gehen eine Straße –
Ihr habt den ehrlichsten Geselln getroffen,
Bei meiner Treu, auf den die Sonne scheint –
Vielmehr der Mond jetzt, wollt ich sagen –
Spitzbuben sind's entweder, feige Schufte,
Die nicht das Herz, mich anzugreifen, haben:
Oder der Wind hat durch das Laub gerasselt.
Jedweder Schall hier heult in dem Gebirge. –
Vorsichtig! Langsam! – Aber wenn ich jetzt
Nicht bald mit meinem Hut an Theben stoße
So will ich in den finstern Orkus fahren.
Ei, hol's der Henker! ob ich mutig bin,
Ein Mann von Herz; das hätte mein Gebieter
Auf anderm Wege auch erproben können.
Ruhm krönt ihn, spricht die ganze Welt, und Ehre,
Doch in der Mitternacht mich fortzuschicken,
Ist nicht viel besser, als ein schlechter Streich.
Ein wenig Rücksicht wär, und Nächstenliebe,
So lieb mir, als der Keil von Tugenden,
Mit welchem er des Feindes Reihen sprengt.
„Sosias", sprach er, „rüste dich mein Diener,
Du sollst in Theben meinen Sieg verkünden
Und meine zärtliche Gebieterin
Von meiner nahen Ankunft unterrichten."
Doch hätte das nicht Zeit gehabt bis morgen,
Will ich ein Pferd sein, ein gesatteltes!
Doch sieh! Da zeigt sich, denk ich, unser Haus!
Triumph, du bist nunmehr am Ziel, Sosias,
Und allen Feinden soll vergeben sein.

Jetzt, Freund, mußt du an deinen Auftrag denken;
Man wird dich feierlich zur Fürstin führen,
Alkmen', und den Bericht bist du ihr dann,
Vollständig und mit Rednerkunst gesetzt,
Des Treffens schuldig, das Amphitryon
Siegreich fürs Vaterland geschlagen hat.
– Doch wie zum Teufel mach ich das, da ich
Dabei nicht war? Verwünscht. Ich wollt: ich hätte
Zuweilen aus dem Zelt geguckt,
Als beide Heer im Handgemenge waren.
Ei was! Vom Hauen sprech ich dreist und Schießen,
Und werde schlechter nicht bestehn, als andre,
Die auch den Pfeil noch pfeifen nicht gehört. –
Doch wär es gut, wenn du die Rolle übtest?
Gut! Gut bemerkt, Sosias! Prüfe dich.
Hier soll der Audienzsaal sein, und diese
Latern Alkmene, die mich auf dem Thron erwartet.
          Er setzt die Laterne auf den Boden.
Durchlauchtigste! mich schickt Amphitryon,
Mein hoher Herr und Euer edler Gatte,
Von seinem Siege über die Athener
Die frohe Zeitung Euch zu überbringen.
– Ein guter Anfang! – „Ach, wahrhaftig, liebster
Sosias, meine Freude mäßg' ich nicht,
Da ich dich wiedersehe." – Diese Güte,
Vortreffliche, beschämt mich, wenn sie stolz gleich
Gewiß jedweden andern machen würde.
– Sieh! das ist auch nicht übel! – „Und dem teuren
Geliebten meiner Seel Amphitryon,
Wie geht's ihm?" – Gnädge Frau, das faß ich kurz:
Wie einem Mann von Herzen auf dem Feld des Ruhms!
– Ein Blitzkerl! Seht die Suade! – „Wann denn kommt er?"
Gewiß nicht später, als sein Amt verstattet,
Wenngleich vielleicht so früh nicht, als er wünscht.
– Potz, alle Welt! – „Und hat er sonst dir nichts
Für mich gesagt, Sosias?" – Er sagt wenig,
Tut viel, und es erbebt die Welt vor seinem Namen.
– Daß mich die Pest! Wo kömmt der Witz mir her?
„Sie weichen also, sagst du, die Athener?"
– Sie weichen, tot ist Labdakus, ihr Führer,
Erstürmt Pharissa, und wo Berge sind,

Da hallen sie von unserm Siegsgeschrei. –
„O teuerster Sosias! Sieh, das mußt du
Umständlich mir, auf jeden Zug, erzählen."
– Ich bin zu Euern Diensten, gnädge Frau.
Denn in der Tat kann ich von diesem Siege
Vollständge Auskunft, schmeichl' ich mir, erteilen:
Stellt Euch, wenn Ihr die Güte haben wollt,
Auf dieser Seite hier – *Er bezeichnet die Örter auf seiner Hand.*
              Pharissa vor
– Was eine Stadt ist, wie Ihr wissen werdet,
So groß im Umfang, praeter propter,
Um nicht zu übertreiben, wenn nicht größer,
Als Theben. Hier geht der Fluß. Die Unsrigen
In Schlachtordnung auf einem Hügel hier;
Und dort im Tale haufenweis der Feind.
Nachdem er ein Gelübd zum Himmel jetzt gesendet,
Daß Euch der Wolkenkreis erzitterte,
Stürzt, die Befehle treffend rings gegeben,
Er gleich den Strömen brausend auf uns ein.
Wir aber, minder tapfer nicht, wir zeigten
Den Rückweg ihm – und Ihr sollt gleich sehn, wie?
Zuerst begegnet' er dem Vortrab hier;
Der wich. Dann stieß er auf die Bogenschützen dort;
Die zogen sich zurück. Jetzt dreist gemacht, rückt er
Den Schleudrern auf den Leib; die räumten ihm das Feld.
Und als verwegen jetzt dem Hauptkorps er sich nahte,
Stürzt dies – halt! Mit dem Hauptkorps ist's nicht richtig.
Ich höre ein Geräusch dort, wie mir deucht.

Zweite Szene

Merkur *tritt in der Gestalt des Sosias aus Amphitryons Haus.* Sosias.

Merkur *für sich*: Wenn ich den ungerufnen Schlingel dort
Beizeiten nicht von diesem Haus entferne,
So steht, beim Styx, das Glück mir auf dem Spiel,
Das in Alkmenens Armen zu genießen,
Heut in der Truggestalt Amphitryons
Zeus der Olympische, zur Erde stieg.
Sosias *ohne den Merkur zu sehn*:
Es ist zwar nichts und meine Furcht verschwindet,

Doch um den Abenteuern auszuweichen,
Will ich mich vollends jetzt zu Hause machen,
Und meines Auftrags mich entledigen.
MERKUR *für sich*: Du überwindest den Merkur, Freund, oder
Dich werd ich davon abzuhalten wissen.
SOSIAS: Doch diese Nacht ist von endloser Länge.
Wenn ich fünf Stunden unterwegs nicht bin,
Fünf Stunden nach der Sonnenuhr von Theben,
Will ich stückweise sie vom Turme schießen.
Entweder hat in Trunkenheit des Siegs
Mein Herr den Abend für den Morgen angesehn,
Oder der lockre Phöbus schlummert noch,
Weil er zu tief ins Fläschchen gestern guckte.
MERKUR: Mit welcher Unehrbietigkeit der Schuft
Dort von den Göttern spricht. Geduld ein wenig;
Hier dieser Arm bald wird Respekt ihm lehren.
SOSIAS *erblickt den Merkur*:
Ach bei den Göttern der Nacht! Ich bin verloren.
Da schleicht ein Strauchdieb um das Haus, den ich
Früh oder spät am Galgen sehen werde.
– Dreist muß ich tun, und keck und zuversichtlich. *Er pfeift.*
MERKUR *laut*: Wer denn ist jener Tölpel dort, der sich
Die Freiheit nimmt, als wär er hier zu Hause,
Mit Pfeifen mir die Ohren vollzuleiern?
Soll hier mein Stock vielleicht ihm dazu tanzen?
SOSIAS: – Ein Freund nicht scheint er der Musik zu sein.
MERKUR: Seit der vergangnen Woche fand ich keinen,
Dem ich die Knochen hätte brechen können.
Mein Arm wird steif, empfind ich, in der Ruhe,
Und einen Buckel von des deinen Breite,
Ihn such ich just, mich wieder einzuüben.
SOSIAS: Wer, Teufel, hat den Kerl mir dort geboren?
Von Todesschrecken fühl ich mich ergriffen,
Die mir den Atem stocken machen.
Hätt ihn die Hölle ausgeworfen,
Es könnt entgeisternder mir nicht sein Anblick sein.
– Jedoch vielleicht geht's dem Hanswurst wie mir,
Und er versucht den Eisenfresser bloß,
Um mich ins Bockshorn schüchternd einzujagen.
Halt, Kauz, das kann ich auch. Und überdies,
Ich bin allein, er auch; zwei Fäuste hab ich,

Doch er nicht mehr; und will das Glück nicht wohl mir,
Bleibt mir ein sichrer Rückzug dort – Marsch also!
MERKUR *vertritt ihm den Weg*: Halt dort! Wer geht dort?
SOSIAS: Ich.
MERKUR: Was für ein Ich?
SOSIAS: Meins mit Verlaub. Und meines, denk ich, geht
Hier unverzollt gleich andern. Mut Sosias!
MERKUR: Halt! mit so leichter Zech entkommst du nicht.
Von welchem Stand bist du?
SOSIAS: Von welchem Stande?
Von einem auf zwei Füßen, wie Ihr seht.
MERKUR: Ob Herr du bist, ob Diener, will ich wissen?
SOSIAS: Nachdem Ihr so mich, oder so betrachtet,
Bin ich ein Herr, bin ich ein Dienersmann.
MERKUR: Gut. Du mißfällst mir.
SOSIAS: Ei das tut mir leid.
MERKUR: Mit einem Wort, Verräter, will ich wissen,
Nichtswürdger Gassentreter, Eckenwächter,
Wer du magst sein, woher du gehst, wohin,
Und was du hier herum zu zaudern hast?
SOSIAS: Darauf kann ich Euch nichts zur Antwort geben
Als dies: ich bin ein Mensch, dort komm ich her,
Da geh ich hin, und habe jetzt was vor,
Das anfängt, Langeweile mir zu machen.
MERKUR: Ich seh dich witzig, und du bist im Zuge,
Mich kurzhin abzufertigen. Mir aber kommt
Die Lust an, die Bekanntschaft fortzusetzen,
Und die Verwicklung einzuleiten, werd ich
Mit dieser Hand hier hinters Ohr dir schlagen.
SOSIAS: Mir?
MERKUR: Dir, und hier bist dessen du gewiß.
Was wirst du nun darauf beschließen.
SOSIAS: Wetter!
Ihr schlagt mir eine gute Faust, Gevatter.
MERKUR: Ein Hieb von mittlern Schrot. Zuweilen treff ich
Noch besser.
SOSIAS: Wär ich auch so aufgelegt,
Wir würden schön uns in die Haare kommen.
MERKUR: Das wär mir recht. Ich liebe solchen Umgang.
SOSIAS: Ich muß, jedoch, Geschäfts halb, mich empfehlen.
Er will gehn.

MERKUR *tritt ihm in den Weg*:
Wohin?
SOSIAS: Was geht's dich an, zum Teufel?
MERKUR: Ich will wissen,
Sag ich dir, wo du hingehst?
SOSIAS: Jene Pforte
Will ich mir öffnen lassen. Laß mich gehn.
MERKUR: Wenn du die Unverschämtheit hast, dich jener
Schloßpforte dort zu nähern, sieh, so rasselt
Ein Ungewitter auf dich ein von Schlägen.
SOSIAS: Was? soll ich nicht nach Hause gehen dürfen?
MERKUR: Nach Hause? sag das noch einmal.
SOSIAS: Nun ja.
Nach Haus.
MERKUR: Du sagst von diesem Hause dich?
SOSIAS: Warum nicht? Ist es nicht Amphitryons Haus?
MERKUR: Ob dies Amphitryons Haus ist? Allerdings,
Halunk, ist dies das Haus Amphitryons,
Das Schloß des ersten Feldherrn der Thebaner.
Doch welch ein Schluß erfolgt? –
SOSIAS: Was für ein Schluß?
Daß ich hineingehn werd. Ich bin sein Diener.
MERKUR: Sein Die–?
SOSIAS: Sein Diener.
MERKUR: Du?
SOSIAS: Ich, ja.
MERKUR: Amphitryons Diener?
SOSIAS: Amphitryons Diener, des Thebanerfeldherrn.
MERKUR: – Dein Name ist?
SOSIAS: Sosias.
MERKUR: So –?
SOSIAS: S o s i a s.
MERKUR: Hör, dir zerschlag ich alle Knochen.
SOSIAS: Bist du
Bei Sinnen?
MERKUR: Wer gibt das Recht dir, Unverschämter,
Den Namen des Sosias anzunehmen?
SOSIAS: Gegeben wird er mir, ich nehm ihn nicht.
Mag es mein Vater dir verantworten.
MERKUR: Hat man von solcher Frechheit je gehört?
Du wagst mir schamlos ins Gesicht zu sagen,

Daß du Sosias bist?
SOSIAS: Ja, allerdings.
Und das aus dem gerechten Grunde, weil es
Die großen Götter wollen; weil es nicht
In meiner Macht steht, gegen sie zu kämpfen,
Ein andrer sein zu wollen als ich bin;
Weil ich muß Ich, Amphitryons Diener sein,
Wenn ich auch zehenmal Amphitryon,
Sein Vetter lieber, oder Schwager wäre.
MERKUR: Nun, wart! Ich will dich zu verwandeln suchen.
SOSIAS: Ihr Bürger! Ihr Thebaner! Mörder! Diebe!
MERKUR: Wie du Nichtswürdiger, du schreist noch?
SOSIAS: Was?
Ihr schlagt mich, und nicht schreien soll ich dürfen?
MERKUR: Weißt du nicht, daß es Nacht ist, Schlafenszeit
Und daß in diesem Schloß Alkmene hier,
Amphitryons Gemahlin, schläft?
SOSIAS: Hol Euch der Henker!
Ich muß den kürzern ziehen, weil Ihr seht,
Daß mir zur Hand kein Prügel ist, wie Euch.
Doch Schläg erteilen, ohne zu bekommen,
Das ist kein Heldenstück. Das sag ich Euch:
Schlecht ist es, wenn man Mut zeigt gegen Leute,
Die das Geschick zwingt, ihren zu verbergen.
MERKUR: Zur Sach also. Wer bist du?
SOSIAS *für sich*: Wenn ich dem
Entkomme, will ich eine Flasche Wein
Zur Hälfte opfernd auf die Erde schütten.
MERKUR: Bist du Sosias noch?
SOSIAS: Ach laß mich gehn.
Dein Stock kann machen, daß ich nicht mehr bin.
Doch nicht, daß ich nicht Ich bin, weil ich bin.
Der einzge Unterschied ist, daß ich mich
Sosias jetzo der geschlagne, fühle.
MERKUR: Hund, sieh, so mach ich kalt dich. *Er droht.*
SOSIAS: Laß! Laß!
Hör auf, mir zuzusetzen.
MERKUR: Eher nicht,
Als bis du aufhörst –
SOSIAS: Gut, ich höre auf.
Kein Wort entgegn' ich mehr, recht sollst du haben,

Und allem, was du aufstellst, sag ich ja.
MERKUR: Bist du Sosias noch, Verräter?
SOSIAS: Ach!
  Ich bin jetzt, was du willst. Befiehl, was ich
  Soll sein, dein Stock macht dich zum Herren meines Lebens.
MERKUR: Du sprachst, du hättest dich Sosias sonst genannt?
SOSIAS: Wahr ist's, daß ich bis diesen Augenblick gewähnt,
  Die Sache hätte ihre Richtigkeit.
  Doch das Gewicht hat deiner Gründe mich
  Belehrt: ich sehe jetzt, daß ich mich irrte.
MERKUR: Ich bin's, der sich Sosias nennt.
SOSIAS: Sosias –?
Du –?
MERKUR: Ja Sosias. Und wer Glossen macht,
  Hat sich vor diesem Stock in acht zu nehmen.
SOSIAS *für sich*: Ihr ewgen Götter dort! So muß ich auf
  Mich selbst Verzicht jetzt leisten, mir von einem
  Betrüger meinen Namen stehlen lassen?
MERKUR: Du murmelst in die Zähne, wie ich höre?
SOSIAS: Nichts, was dir in der Tat zu nahe träte,
  Doch bei den Göttern allen Griechenlands
  Beschwör ich dich, die dich und mich regieren,
  Vergönne mir, auf einen Augenblick,
  Daß ich dir offenherzge Sprache führe.
MERKUR: Sprich.
SOSIAS: Doch dein Stock wird stumme Rolle spielen?
  Nicht von der Unterhaltung sein? Versprich mir,
  Wir schließen Waffenstillstand.
MERKUR: Gut, es sei.
  Den Punkt bewillg' ich.
SOSIAS: Nun so sage mir,
  Wie kommt der unerhörte Einfall dir,
  Mir meinen Namen schamlos wegzugaunern?
  Wär es mein Mantel, wär's mein Abendessen;
  Jedoch ein Nam! Kannst du dich darin kleiden?
  Ihn essen? trinken? oder ihn versetzen?
  Was also nützet dieser Diebstahl dir?
MERKUR: Wie? Du – du unterstehst dich?
SOSIAS: Halt! halt! sag ich.
  Wir schlossen Waffenstillstand.
MERKUR: Unverschämter!

Nichtswürdiger!
SOSIAS: Dawider hab ich nichts.
Schimpfwörter mag ich leiden, dabei kann ein
Gespräch bestehen.
MERKUR: Du nennst dich Sosias?
SOSIAS: Ja, ich gesteh's, ein unverbürgtes
Gerücht hat mir –
MERKUR: Genug. Den Waffenstillstand
Brech ich, und dieses Wort hier nehm ich wieder.
SOSIAS: Fahr in die Höll! Ich kann mich nicht vernichten,
Verwandeln nicht, aus meiner Haut nicht fahren,
Und meine Haut dir um die Schultern hängen.
Ward, seit die Welt steht, so etwas erlebt?
Träum ich etwa? Hab ich zur Morgenstärkung
Heut mehr, als ich gewöhnlich pfleg, genossen?
Bin ich mich meiner völlig nicht bewußt?
Hat nicht Amphitryon mich hergeschickt,
Der Fürstin seine Rückkehr anzumelden?
Soll ich ihr nicht den Sieg, den er erfochten,
Und wie Pharissa überging, beschreiben?
Bin ich soeben nicht hier angelangt?
Halt ich nicht die Laterne? Fand ich dich
Vor dieses Hauses Tür herum nicht lungern,
Und als ich mich der Pforte nähern wollte,
Nahmst du den Stock zur Hand nicht, und zerbläutest
Auf das unmenschlichste den Rücken mir,
Mir ins Gesicht behauptend, daß nicht ich,
Wohl aber du Amphitryons Diener seist.
Das alles, fühl ich, leider, ist zu wahr nur;
Gefiel's den Göttern doch, daß ich besessen wäre!
MERKUR: Halunke, sieh, mein Zorn wird augenblicklich,
Wie Hagel wieder auf dich niederregnen!
Was du gesagt hast, alles, Zug vor Zug,
Es gilt von mir: die Prügel ausgenommen.
SOSIAS: Von dir? – Hier die Laterne, bei den Göttern,
Ist Zeuge mir –
MERKUR: Du lügst, sag ich, Verräter.
Mich hat Amphitryon hiehergeschickt.
Mir gab der Feldherr der Thebaner gestern,
Da er vom Staub der Mordschlacht noch bedeckt,
Dem Temp'l enttrat, wo er dem Mars geopfert,

Gemeßnen Auftrag, seinen Sieg in Theben,
Und daß der Feinde Führer Labdakus
Von seiner Hand gefallen, anzukündgen;
Denn ich bin, sag ich dir, Sosias,
Sein Diener, Sohn des Davus, wackern Schäfers
Aus dieser Gegend, Bruder Harpagons,
Der in der Fremde starb, Gemahl der Charis,
Die mich mit ihren Launen wütend macht;
Sosias, der im Türmchen saß, und dem man
Noch kürzlich funfzig auf den Hintern zählte,
Weil er zu weit die Redlichkeit getrieben.
SOSIAS *für sich*: Da hat er recht! Und ohne daß man selbst
Sosias ist, kann man von dem, was er
Zu wissen scheint, nicht unterrichtet sein.
Man muß, mein Seel, ein bißchen an ihn glauben.
Zudem, da ich ihn jetzt ins Auge fasse,
Hat er Gestalt von mir und Wuchs und Wesen
Und die spitzbübsche Miene, die mir eigen.
– Ich muß ihm ein paar Fragen tun, die mich
Aufs reine bringen. *Laut:*
     Von der Beute,
Die in des Feindes Lager ward gefunden,
Sagst du mir wohl, wie sich Amphitryon
Dabei bedacht, und was sein Anteil war?
MERKUR: Das Diadem ward ihm des Labdakus,
Das man im Zelt desselben aufgefunden.
SOSIAS: Was nahm mit diesem Diadem man vor?
MERKUR: Man grub den Namenszug Amphitryons
Auf seine goldne Stirne leuchtend ein.
SOSIAS: Vermutlich trägt er's selber jetzt –?
MERKUR: Alkmenen
Ist es bestimmt. Sie wird zum Angedenken
Des Siegs den Schmuck um ihren Busen tragen.
SOSIAS: Und zugefertigt aus dem Lager wird
Ihr das Geschenk –?
MERKUR: In einem goldnen Kästchen,
Auf das Amphitryon sein Wappen drückte.
SOSIAS *für sich*: Er weiß um alles. – Alle Teufel jetzt!
Ich fang im Ernst an mir zu zweifeln an.
Durch seine Unverschämtheit ward er schon
Und seinen Stock, Sosias, und jetzt wird er,

Das fehlte nur, es auch aus Gründen noch.
Zwar wenn ich mich betaste, wollt ich schwören,
Daß dieser Leib Sosias ist
– Wie find ich nun aus diesem Labyrinth? –
Was ich getan, da ich ganz einsam war,
Was niemand hat gesehn, kann niemand wissen,
Falls er nicht wirklich Ich ist, so wie ich.
– Gut, diese Frage wird mir Licht verschaffen.
Was gilt's? Dies fängt ihn – nun wir werden sehn. *Laut:*
Als beide Heer im Handgemenge waren,
Was machtest du, sag an, in den Gezelten,
Wo du gewußt, geschickt dich hinzudrücken?
MERKUR: Von einem Schinken –
SOSIAS *für sich:*   Hat den Kerl der Teufel –?
MERKUR: Den ich im Winkel des Gezeltes fand,
Schnitt ich ein Kernstück mir, ein saftiges,
Und öffnete geschickt ein Flaschenfutter,
Um für die Schlacht, die draußen ward gefochten,
Ein wenig Munterkeit mir zu verschaffen.
SOSIAS *für sich:* Nun ist es gut. Nun wär's gleich viel, wenn mich
Die Erde gleich von diesem Platz verschlänge,
Denn aus dem Flaschenfutter trinkt man nicht,
Wenn man, wie ich, zufällig nicht im Sacke
Den Schlüssel, der gepaßt, gefunden hätte. *Laut:*
Ich sehe, alter Freund, nunmehr, daß du
Die ganze Portion Sosias bist,
Die man auf dieser Erde brauchen kann.
Ein mehreres scheint überflüssig mir.
Fern sei mir, den Zudringlichen zu spielen,
Und gern tret ich vor dir zurück. Nur habe die
Gefälligkeit für mich, und sage mir,
Da ich Sosias nicht bin, wer ich bin?
Denn etwas, gibst du zu, muß ich doch sein.
MERKUR: Wenn ich nicht mehr Sosias werde sein,
Sei du's, es ist mir recht, ich willge drein.
Jedoch solang ich's bin, wagst du den Hals,
Wenn dir der unverschämte Einfall kommt.
SOSIAS: Gut, gut. Mir fängt der Kopf zu schwirren an,
Ich sehe jetzt, mein Seel, wie sich's verhält,
Wenn ich's auch gleich noch völlig nicht begreife.
Jedoch – die Sache muß ein Ende nehmen;

Und das Gescheiteste, zum Schluß zu kommen,
Ist, daß ich meiner Wege geh. – Leb wohl. *Er geht dem Hause zu.*
MERKUR *stößt ihn zurück:* Wie, Galgenstrick! So muß ich alle Knochen
Dir lähmen? *Er schlägt ihn.*
SOSIAS: Ihr gerechten Götter!
Wo bleibt mir euer Schutz? Mein Rücken heilt
In Wochen nicht, wenn auch Amphitryon
Den Stock nicht rührt. Wohlan! Ich meide denn
Den Teufelskerl, und geh zurück ins Lager,
So finster diese Höllennacht auch glotzt. –
Das war mir eine rühmliche Gesandtschaft!
Wie wird dein Herr, Sosias, dich empfangen? *Ab.*

Dritte Szene

MERKUR: Nun, endlich! Warum trolltest du nicht früher?
Du hättst dir böse Risse sparen können. –
Denn daß ihn eines Gottes Arm getroffen,
Die Ehre kümmert den Halunken nicht:
Ich traf ihn wie der beste Büttel auch.
Nun, mag es sein. Gesündigt hat er gnug,
Verdient, wenn auch nicht eben heut, die Prügel;
Er mag auf Abschlag sie empfangen haben. –
Wenn mir der Schuft mit seinem Zeterschrei,
Als ob man ihn zum Braten spießen wollte,
Nur nicht die Liebenden geweckt! – So wahr ich lebe,
Zeus bricht schon auf. Er kommt, der Göttervater,
Und zärtlich gibt Alkmen', als wär's ihr teurer
Gemahl Amphitryon, ihm das Geleit.

Vierte Szene

JUPITER *in der Gestalt Amphitryons.* ALKMENE. CHARIS. MERKUR. *Fackeln.*

JUPITER: Laß, meine teuerste Alkmene, dort
Die Fackeln sich entfernen. Zwar sie leuchten
Dem schönsten Reiz, der auf der Erde blüht,
Und keiner der Olympier sah ihn schöner;
Jedoch – wie sag ich? Sie verraten den,
Den dieser Reiz hieher gelockt, Geliebte,
Und besser wird es ein Geheimnis bleiben,
Daß dein Amphitryon in Theben war.

Sie sind dem Krieg geraubt, die Augenblicke,
Die ich der Liebe opfernd dargebracht;
Die Welt könnt ihn mißdeuten, diesen Raub;
Und gern entbehrt ich andre Zeugen seiner,
Als nur die eine, die ihn mir verdankt.
ALKMENE: Amphitryon! So willst du gehn? Ach, wie
So lästig ist so vieler Ruhm, Geliebter!
Wie gern gäb ich das Diadem, das du
Erkämpft, für einen Strauß von Veilchen hin,
Um eine niedre Hütte eingesammelt.
Was brauchen wir, als nur uns selbst? Warum
Wird so viel Fremdes noch dir aufgedrungen,
Dir eine Krone und der Feldherrnstab?
Zwar wenn das Volk dir jauchzt, und sein Entzücken
In jedem großen Namen sich verschwendet,
Ist der Gedanke süß, daß du mir angehörst;
Doch dieser flüchtge Reiz, kann er vergelten,
Was ich empfinde, wenn im wilden Treffen
Der Pfeil auf diesen teuern Busen zielt?
Wie öd ist, ohne dich, dies Haus! Wie träge,
Bist du mir fern, der muntre Reihn der Stunden,
Wenn sie den Tag herauf mir führen sollen!
Ach was das Vaterland mir alles raubt,
Das fühl ich, mein Amphitryon, erst seit heute,
Da ich zwei kurze Stunden dich besaß.
JUPITER: Geliebte! Wie du mich entzückst! Doch eine
Besorgnis auch erregst du mir, die ich,
So scherzhaft sie auch klingt, dir nennen muß.
Du weißt, daß ein Gesetz der Ehe ist,
Und eine Pflicht, und daß, wer Liebe nicht erwirbt,
Noch Liebe vor dem Richter fordern kann.
Sieh dies Gesetz, es stört mein schönstes Glück.
Dir möcht ich, deinem Herzen, Teuerste,
Jedwede Gunst verdanken, möchte gern
Nicht, daß du einer Förmlichkeit dich fügtest,
Zu der du dich vielleicht verbunden wähnst.
Wie leicht verscheuchst du diese kleinen Zweifel?
So öffne mir dein Innres denn, und sprich,
Ob den Gemahl du heut, dem du verlobt bist,
Ob den Geliebten du empfangen hast?
ALKMENE: Geliebter und Gemahl! Was sprichst du da?

Ist es dies heilige Verhältnis nicht,
Das mich allein, dich zu empfahn, berechtigt?
Wie kann dich ein Gesetz der Welt nur quälen,
Das weit entfernt, beschränkend hier zu sein,
Vielmehr den kühnsten Wünschen, die sich regen,
Jedwede Schranke glücklich niederreißt?
JUPITER: Was ich dir fühle, teuerste Alkmene,
Das überflügelt, sieh, um Sonnenferne,
Was ein Gemahl dir schuldig ist. Entwöhne,
Geliebte, von dem Gatten dich,
Und unterscheide zwischen mir und ihm.
Sie schmerzt mich, diese schmähliche Verwechslung,
Und der Gedanke ist mir unerträglich,
Daß du den Laffen bloß empfangen hast,
Der kalt ein Recht auf dich zu haben wähnt.
Ich möchte dir, mein süßes Licht,
Dies Wesen eigner Art erschienen sein,
Besieger dein, weil über dich zu siegen,
Die Kunst, die großen Götter mich gelehrt.
Wozu den eitlen Feldherrn der Thebaner
Einmischen hier, der für ein großes Haus
Jüngst eine reiche Fürstentochter freite?
Was sagst du? Sieh, ich möchte deine Tugend
Ihm, jenem öffentlichen Gecken, lassen,
Und mir, mir deine Liebe vorbehalten.
ALKMENE: Amphitryon! Du scherzest. Wenn das Volk hier
Auf den Amphitryon dich schmähen hörte,
Es müßte doch dich einen andern wähnen,
Ich weiß nicht wen? Nicht, daß es mir entschlüpft
In dieser heitern Nacht, wie, vor dem Gatten,
Oft der Geliebte aus sich zeichnen kann;
Doch da die Götter eines und das andre
In dir mir einigten, verzeih ich diesem
Von Herzen gern, was der vielleicht verbrach.
JUPITER: Versprich mir denn, daß dieses heitre Fest,
Das wir jetzt frohem Wiedersehn gefeiert,
Dir nicht aus dem Gedächtnis weichen soll;
Daß du den Göttertag, den wir durchlebt,
Geliebteste, mit deiner weitern Ehe
Gemeinen Taglauf nicht verwechseln willst.
Versprich, sag ich, daß du an mich willst denken,

Wenn einst Amphitryon zurückekehrt —?
ALKMENE: Nun ja. Was soll man dazu sagen?
JUPITER: Dank dir!
Es hat mehr Sinn und Deutung, als du glaubst.
Leb wohl, mich ruft die Pflicht.
ALKMENE: So willst du fort?
Nicht diese kurze Nacht bei mir, Geliebter,
Die mit zehntausend Schwingen fleucht, vollenden?
JUPITER: Schien diese Nacht dir kürzer als die andern?
ALKMENE: Ach!
JUPITER: Süßes Kind! Es konnte doch Aurora
Für unser Glück nicht mehr tun, als sie tat.
Leb wohl. Ich sorge, daß die anderen
Nicht länger dauern, als die Erde braucht.
ALKMENE: Er ist berauscht, glaub ich. Ich bin es auch. *Ab.*

FÜNFTE SZENE

MERKUR. CHARIS.

CHARIS *für sich*: Das nenn ich Zärtlichkeit mir! Das mir Treue!
Das mir ein artig Fest, wenn Eheleute
Nach langer Trennung jetzt sich wiedersehn!
Doch jener Bauer dort, der mir verbunden,
Ein Klotz ist just so zärtlich auch, wie er.
MERKUR *für sich*: Jetzt muß ich eilen und die Nacht erinnern,
Daß uns der Weltkreis nicht aus aller Ordnung kommt.
Die gute Göttin Kupplerin verweilte
Uns siebzehn Stunden über Theben heut;
Jetzt mag sie weiterziehn, und ihren Schleier
Auch über andre Abenteuer werfen.
CHARIS *laut*: Jetzt seht den Unempfindlichen! da geht er.
MERKUR: Nun soll ich dem Amphitryon nicht folgen?
Ich werde doch, wenn er ins Lager geht,
Nicht auf die Bärenhaut mich legen sollen?
CHARIS: Man sagt doch was.
MERKUR: Ei was! Dazu ist Zeit. —
Was du gefragt, das weißt du, damit basta.
In diesem Stücke bin ich ein Lakoner.
CHARIS: Ein Tölpel bist du. Gutes Weib, sagt man,
Behalt mich lieb, und tröst dich, und was weiß ich?

MERKUR: Was, Teufel, kommt dir in den Sinn? Soll ich
  Mit dir zum Zeitvertreib hier Fratzen schneiden?
  Eilf Ehstandsjahr erschöpfen das Gespräch,
  Und schon seit Olims Zeit sagt ich dir alles.
CHARIS: Verräter, sieh Amphitryon, wie er,
  Den schlechtsten Leuten gleich, sich zärtlich zeigt,
  Und schäme dich, daß in Ergebenheit
  Zu seiner Frau, und ehelicher Liebe
  Ein Herr der großen Welt dich übertrifft.
MERKUR: Er ist noch in den Flitterwochen, Kind.
  Es gibt ein Alter, wo sich alles schickt.
  Was diesem jungen Paare steht, das möcht ich
  Von weitem sehn, wenn wir's verüben wollten.
  Es würd uns lassen, wenn wir alten Esel
  Mit süßen Brocken um uns werfen wollten.
CHARIS: Der Grobian! Was das für Reden sind.
  Bin ich nicht mehr imstand–?
MERKUR: Das sag ich nicht,
  Dein offner Schaden läßt sich übersehen,
  Wenn's finster ist, so bist du grau; doch hier
  Auf offnem Markt würd's einen Auflauf geben,
  Wenn mich der Teufel plagte, zu scharwenzeln.
CHARIS: Ging ich nicht gleich, sowie du kamst, Verräter,
  Zur Plumpe? Kämmt ich dieses Haar mir nicht?
  Legt ich dies reingewaschne Kleid nicht an?
  Und das, um ausgehunzt von dir zu werden.
MERKUR: Ei was ein reines Kleid! Wenn du das Kleid
  Ausziehen könntest, das dir von Natur ward,
  Ließ ich die schmutzge Schürze mir gefallen.
CHARIS: Als du mich freitest, da gefiel dir's doch.
  Da hätt es not getan, es in der Küche
  Beim Waschen und beim Heuen anzutun.
  Kann ich dafür, wenn es die Zeit genutzt?
MERKUR: Nein, liebstes Weib. Doch ich kann's auch nicht flicken.
CHARIS: Halunke, du verdienst es nicht, daß eine
  Frau dir von Ehr und Reputation geworden.
MERKUR: Wärst du ein wenig minder Frau von Ehre,
  Und rissest mir dafür die Ohren nicht
  Mit deinen ewgen Zänkereien ab.
CHARIS: Was? so mißfällt's dir wohl, daß ich in Ehren
  Mich stets erhielt, mir guten Ruf erwarb?

MERKUR: Behüt der Himmel mich. Pfleg deiner Tugend,
Nur führe sie nicht, wie ein Schlittenpferd,
Stets durch die Straße läutend, und den Markt.
CHARIS: Dir wär ein Weib gut, wie man sie in Theben
Verschmitzt und voller Ränke finden kann,
Ein Weib, das dich in süße Wort' ertränkte,
Damit du ihr den Hahnrei niederschluckst.
MERKUR: Was das betrifft, mein Seel, da sag ich dir:
Gedankenübel quälen nur die Narren,
Den Mann vielmehr beneid ich, dem ein Freund
Den Sold der Ehe vorschießt; alt wird er,
Und lebt das Leben aller seiner Kinder.
CHARIS: Du wärst so schamlos, mich zu reizen? Wärst
So frech, mich förmlich aufzufordern, dir
Den freundlichen Thebaner, welcher abends
Mir auf der Fährte schleicht, zu adjungieren?
MERKUR: Hol mich der Teufel, ja. Wenn du mir nur
Ersparst, Bericht darüber anzuhören.
Bequeme Sünd ist, find ich, soviel wert,
Als lästge Tugend; und mein Wahlspruch ist,
Nicht so viel Ehr in Theben, und mehr Ruhe –
Fahr wohl jetzt, Charis, Schatzkind! Fort muß ich.
Amphitryon wird schon im Lager sein. *Ab.*
CHARIS: Warum, um diesen Niederträchtigen
Mit einer offenbaren Tat zu strafen,
Fehlt's an Entschlossenheit mir? O ihr Götter!
Wie ich jetzt bereue, daß die Welt
Für eine ordentliche Frau mich hält!

ZWEITER AKT

Es ist Tag.

ERSTE SZENE

AMPHITRYON. SOSIAS.

AMPHITRYON: Steh, Gaudieb, sag ich, mir, vermaledeiter
Halunke! Weißt du, Taugenichts, daß dein
Geschwätz dich an den Galgen bringen wird?
Und daß, mit dir nach Würden zu verfahren,

Nur meinem Zorn ein tüchtges Rohr gebricht?
SOSIAS: Wenn Ihr's aus diesem Ton nehmt, sag ich nichts.
 Befehlt, so träum ich, oder bin betrunken.
AMPHITRYON: Mir solche Märchen schamlos aufzubürden!
 Erzählungen, wie unsre Ammen sie
 Den Kindern abends in die Ohren lullen. –
 Meinst du, ich werde dir die Possen glauben?
SOSIAS: Behüt! Ihr seid der Herr und ich der Diener,
 Ihr werdet tun und lassen, was Ihr wollt.
AMPHITRYON: Es sei. Ich unterdrücke meinen Zorn,
 Gewinne die Geduld mir ab, noch einmal
 Vom Ei den ganzen Hergang anzuhören.
 – Ich muß dies Teufelsrätsel mir entwirren,
 Und nicht den Fuß eh'r setz ich dort ins Haus.
 – Nimm alle deine Sinne wohl zusammen,
 Und steh mir Rede, pünktlich, Wort für Wort.
SOSIAS: Doch, Herr, aus Furcht, vergebt mir, anzustoßen,
 Ersuch ich Euch, eh wir zur Sache schreiten,
 Den Ton mir der Verhandlung anzugeben.
 Soll ich nach meiner Überzeugung reden,
 Ein ehrlicher Kerl, versteht mich, oder so,
 Wie es bei Hofe üblich, mit Euch sprechen?
 Sag ich Euch dreist die Wahrheit, oder soll ich
 Mich wie ein wohlgezogner Mensch betragen?
AMPHITRYON: Nichts von den Fratzen. Ich verpflichte dich,
 Bericht mir unverhohlen abzustatten.
SOSIAS: Gut. Laßt mich machen jetzt. Ihr sollt bedient sein.
 Ihr habt bloß mir die Fragen auszuwerfen.
AMPHITRYON: Auf den Befehl, den ich dir gab –?
SOSIAS: Ging ich
 Durch eine Höllenfinsternis, als wäre
 Der Tag zehntausend Klaftern tief versunken,
 Euch allen Teufeln, und den Auftrag gebend,
 Den Weg nach Theben, und die Königsburg.
AMPHITRYON: Was, Schurke, sagst du?
SOSIAS: Herr, es ist die Wahrheit.
AMPHITRYON: Gut. Weiter. Während du den Weg verfolgtest –?
SOSIAS: Setzt ich den Fuß stets einen vor den andern,
 Und ließ die Spuren hinter mir zurück.
AMPHITRYON: Was! Ob dir was begegnet, will ich wissen!
SOSIAS: Nichts, Herr, als daß ich salva venia

Die Seele voll von Furcht und Schrecken hatte.
AMPHITRYON: Drauf eingetroffen hier —?
SOSIAS: Übt ich ein wenig
Mich auf den Vortrag, den ich halten sollte,
Und stellte witzig die Laterne mir,
Als Eure Gattin, die Prinzessin, vor.
AMPHITRYON: Dies abgemacht —?
SOSIAS: Ward ich gestört. Jetzt kömmt's.
AMPHITRYON: Gestört? Wodurch? Wer störte dich?
SOSIAS: Sosias.
AMPHITRYON: Wie soll ich das verstehn?
SOSIAS: Wie Ihr's verstehn sollt?
Mein Seel! Da fragt Ihr mich zuviel.
Sosias störte mich, da ich mich übte.
AMPHITRYON: Sosias! Welch ein Sosias! Was für
Ein Galgenstrick, Halunke, von Sosias,
Der außer dir den Namen führt in Theben,
Hat dich gestört, da du dich eingeübt?
SOSIAS: Sosias! Der bei Euch in Diensten steht,
Den Ihr vom Lager gestern abgeschickt,
Im Schlosse Eure Ankunft anzumelden.
AMPHITRYON: Du? Was?
SOSIAS: Ich, ja. Ein Ich, das Wissenschaft
Von allen unsern Heimlichkeiten hat,
Das Kästchen und die Diamanten kennt,
Dem Ich vollkommen gleich, das mit Euch spricht.
AMPHITRYON: Was für Erzählungen?
SOSIAS: Wahrhaftige.
Ich will nicht leben, Herr, belüg ich Euch.
Dies Ich war früher angelangt, als ich,
Und ich war hier, in diesem Fall, mein Seel,
Noch eh ich angekommen war.
AMPHITRYON: Woher entspringt dies Irrgeschwätz? Der Wischwasch?
Ist's Träumerei? Ist es Betrunkenheit?
Gehirnverrückung? Oder soll's ein Scherz sein?
SOSIAS: Es ist mein völlger Ernst, Herr, und Ihr werdet,
Auf Ehrenwort, mir Euren Glauben schenken,
Wenn Ihr so gut sein wollt. Ich schwör's Euch zu,
Daß ich, der einfach aus dem Lager ging,
Ein Doppelter in Theben eingetroffen;
Daß ich mir glotzend hier begegnet bin;

Daß hier dies eine Ich, das vor Euch steht,
Vor Müdigkeit und Hunger ganz erschöpft,
Das andere, das aus dem Hause trat,
Frisch, einen Teufelskerl, gefunden hat;
Daß diese beiden Schufte, eifersüchtig
Jedweder, Euern Auftrag auszurichten,
Sofort in Streit gerieten, und daß ich
Mich wieder ab ins Lager trollen mußte,
Weil ich ein unvernünftger Schlingel war.
AMPHITRYON: Man muß von meiner Sanftmut sein, von meiner
Friedfertigkeit, von meiner Selbstverleugnung,
Um einem Diener solche Sprache zu gestatten.
SOSIAS: Herr, wenn Ihr Euch ereifert, schweig ich still.
Wir wollen von was andern sprechen.
AMPHITRYON: Gut. Weiter denn. Du siehst, ich mäßge mich.
Ich will geduldig bis ans End dich hören.
Doch sage mir auf dein Gewissen jetzt,
Ob das, was du für wahr mir geben willst,
Wahrscheinlich auch nur auf den Schatten ist.
Kann man's begreifen? reimen? Kann man's fassen?
SOSIAS: Behüte! Wer verlangt denn das von Euch?
Ins Tollhaus weis ich den, der sagen kann,
Daß er von dieser Sache was begreift.
Es ist gehauen nicht und nicht gestochen,
Ein Vorfall, koboldartig, wie ein Märchen,
Und dennoch ist es, wie das Sonnenlicht.
AMPHITRYON: Falls man demnach fünf Sinne hat, wie glaubt man's.
SOSIAS: Mein Seel! Es kostete die größte Pein mir,
So gut, wie Euch, eh ich es glauben lernte.
Ich hielt mich für besessen, als ich mich
Hier aufgepflanzt fand lärmend auf dem Platze,
Und einen Gauner schalt ich lange mich.
Jedoch zuletzt erkannt ich, mußt ich mich,
Ein Ich, so wie das andre, anerkennen.
Hier stand's, als wär die Luft ein Spiegel vor mir,
Ein Wesen völlig wie das meinige,
Von diesem Anstand, seht, und diesem Wuchse,
Zwei Tropfen Wasser sind nicht ähnlicher.
Ja, wär es nur geselliger gewesen,
Kein solcher mürrscher Grobian, ich könnte,
Auf Ehre, sehr damit zufrieden sein.

AMPHITRYON: Zu welcher Überwindung ich verdammt bin!
– Doch endlich, bist du nicht ins Haus gegangen?
SOSIAS: Ins Haus! Was! Ihr seid gut! Auf welche Weise?
Litt ich's? Hört ich Vernunft an? Untersagt ich
Nicht eigensinnig stets die Pforte mir?
AMPHITRYON: Wie? Was? Zum Teufel!
SOSIAS: Wie? Mit einem Stocke,
Von dem mein Rücken noch die Spuren trägt.
AMPHITRYON: So schlug man dich?
SOSIAS: Und tüchtig.
AMPHITRYON: Wer – wer schlug dich?
Wer unterstand sich das?
SOSIAS: Ich.
AMPHITRYON: Du? Dich schlagen?
SOSIAS: Mein Seel, ja, ich! Nicht dieses Ich von hier,
Doch das vermaledeite Ich vom Hause,
Das wie fünf Ruderknechte schlägt.
AMPHITRYON: Unglück verfolge dich, mit mir also zu reden!
SOSIAS: Ich kann's Euch dartun, Herr, wenn Ihr's begehrt.
Mein Zeuge, mein glaubwürdiger, ist der
Gefährte meines Mißgeschicks, mein Rücken.
– Das Ich, das mich von hier verjagte, stand
Im Vorteil gegen mich; es hatte Mut
Und zwei geübte Arme, wie ein Fechter.
AMPHITRYON: Zum Schlusse. Hast du meine Frau gesprochen?
SOSIAS: Nein.
AMPHITRYON: Nicht! Warum nicht?
SOSIAS: Ei! Aus guten Gründen.
AMPHITRYON: Und wer hat dich, Verräter, deine Pflicht
Verfehlen lassen? Hund, Nichtswürdiger!
SOSIAS: Muß ich es zehn- und zehnmal wiederholen?
Ich, hab ich Euch gesagt, dies Teufels-Ich,
Das sich der Türe dort bemächtigt hatte;
Das Ich, das das alleinige Ich will sein;
Das Ich vom Hause dort, das Ich vom Stocke,
Das Ich, das mich halb tot geprügelt hat.
AMPHITRYON: Es muß die Bestie getrunken haben,
Sich vollends um das bißchen Hirn gebracht.
SOSIAS: Ich will des Teufels sein, wenn ich heut mehr
Als meine Portion getrunken habe.
Auf meinen Schwur, mein Seel, könnt Ihr mir glauben.

AMPHITRYON: – So hast du dich unmäßgem Schlaf vielleicht
Ergeben? – Vielleicht daß dir ein böser Traum
Den aberwitzgen Vorfall vorgespiegelt,
Den du mir hier für Wirklichkeit erzählst –?
SOSIAS: Nichts, nichts von dem. Ich schlief seit gestern nicht
Und hatt im Wald auch gar nicht Lust zu schlafen,
Ich war erwacht vollkommen, als ich eintraf,
Und sehr erwacht und munter war der andre
Sosias, als er mich so tüchtig walkte.
AMPHITRYON: Schweig. Was ermüd ich mein Gehirn? Ich bin
Verrückt selbst, solchen Wischwasch anzuhören.
Unnützes, marklos-albernes Gewäsch,
In dem kein Menschensinn ist, und Verstand.
Folg mir.
SOSIAS *für sich*: So ist's. Weil es aus meinem Munde kommt,
Ist's albern Zeug, nicht wert, daß man es höre.
Doch hätte sich ein Großer selbst zerwalkt,
So würde man Mirakel schrein.
AMPHITRYON: Laß mir die Pforte öffnen. – Doch was seh ich?
Alkmene kommt. Es wird sie überraschen,
Denn freilich jetzt erwartet sie mich nicht.

ZWEITE SZENE

ALKMENE. CHARIS. DIE VORIGEN.

ALKMENE: Komm, meine Charis. Laß den Göttern uns
Ein Opfer dankbar auf den Altar legen.
Laß ihren großen, heilgen Schutz noch ferner
Mich auf den besten Gatten niederflehn. *Da sie den Amphitryon erblickt:*
O Gott! Amphitryon!
AMPHITRYON: Der Himmel gebe,
Daß meine Gattin nicht vor mir erschrickt,
Nicht fürcht ich, daß nach dieser flüchtgen Trennung
Alkmene minder zärtlich mich empfängt,
Als ihr Amphitryon zurückekehrt.
ALKMENE: So früh zurück –?
AMPHITRYON: Was! dieser Ausruf,
Fürwahr, scheint ein zweideutig Zeichen mir,
Ob auch die Götter jenen Wunsch erhört.
Dies: „Schon so früh zurück!" ist der Empfang,

Beim Himmel, nein! der heißen Liebe nicht.
Ich Törichter! Ich stand im Wahn, daß mich
Der Krieg zu lange schon von hier entfernt;
Zu spät, war meine Rechnung, kehrt ich wieder.
Doch du belehrst mich, daß ich mich geirrt,
Und mit Befremden nehm ich wahr, daß ich
Ein Überlästger aus den Wolken falle.
ALKMENE: Ich weiß nicht –
AMPHITRYON: Nein, Alkmene,
Verzeih. Mit diesem Worte hast du Wasser
Zu meiner Liebe Flammen hingetragen.
Du hast, seit ich dir fern, die Sonnenuhr
Nicht eines flüchtgen Blicks gewürdigt.
Hier ward kein Flügelschlag der Zeit vernommen,
Und unter rauschenden Vergnügen sind
In diesem Schloß fünf abgezählte Monden
Wie so viel Augenblicke hingeflohn.
ALKMENE: Ich habe Müh, mein teurer Freund, zu fassen,
Worauf du diesen Vorwurf gründen magst.
Beklagst du über meine Kälte dich,
So siehst du mich verlegen, wie ich dich
Befriedgen soll. Ich denke gestern, als
Du um die Abenddämmrung mir erschienst,
Trug ich die Schuld, an welche du mich mahnst,
Aus meinem warmen Busen reichlich ab.
Kannst du noch mehr dir wünschen, mehr begehren,
So muß ich meine Dürftigkeit gestehn:
Ich gab dir wirklich alles, was ich hatte.
AMPHITRYON: Wie?
ALKMENE: Und du fragst noch! Flog ich gestern nicht,
Als du mich heimlich auf den Nacken küßtest,
Ich spann, ins Zimmer warst du eingeschlichen,
Wie aus der Welt entrückt, dir an die Brust?
Kann man sich inn'ger des Geliebten freun?
AMPHITRYON: Was sagst du mir?
ALKMENE: Was das für Fragen sind!
Du selber warst unmäßger Freude voll,
Dich so geliebt zu sehn; und als ich lachte,
Inzwischen mir die Träne floß, schwurst du
Mit seltsam schauerlichen Schwur mir zu,
Daß nie die Here so den Jupiter beglückt.

AMPHITRYON: Ihr ewgen Götter!
ALKMENE: Drauf als der Tag erglühte,
Hielt länger dich kein Flehn bei mir zurück.
Auch nicht die Sonne wolltest du erwarten:
Du gehst, ich werfe mich aufs Lager nieder,
Heiß ist der Morgen, schlummern kann ich nicht,
Ich bin bewegt, den Göttern will ich opfern,
Und auf des Hauses Vorplatz treff ich dich!
Ich denke, Auskunft, traun, bist du mir schuldig,
Wenn deine Wiederkehr mich überrascht,
Bestürzt auch, wenn du willst; nicht aber ist
Ein Grund hier, mich zu schelten, mir zu zürnen.
AMPHITRYON: Hat mich etwan ein Traum bei dir verkündet,
Alkmene? Hast du mich vielleicht im Schlaf
Empfangen, daß du wähnst, du habest mir
Die Forderung der Liebe schon entrichtet?
ALKMENE: Hat dir ein böser Dämon das Gedächtnis
Geraubt, Amphitryon? hat dir vielleicht
Ein Gott den heitern Sinn verwirrt, daß du
Die keusche Liebe deiner Gattin, höhnend,
Von allem Sittlichen entkleiden willst?
AMPHITRYON: Was! Mir wagst du zu sagen, daß ich gestern
Hier um die Dämmrung eingeschlichen bin?
Daß ich dir scherzend auf den Nacken – Teufel!
ALKMENE: Was? Mir wagst du zu leugnen, daß du gestern
Hier um die Dämmrung eingeschlichen bist?
Daß du dir jede Freiheit hast erlaubt,
Die dem Gemahl mag zustehn über mich?
AMPHITRYON: – Du scherzest. Laß zum Ernst uns wiederkehren,
Denn nicht an seinem Platz ist dieser Scherz.
ALKMENE: Du scherzest. Laß zum Ernst uns wiederkehren,
Denn roh ist und empfindlich dieser Scherz.
AMPHITRYON: – Ich hätte jede Freiheit mir erlaubt,
Die dem Gemahl mag zustehn über dich? –
War's nicht so? –
ALKMENE: Geh, Unedelmütiger!
AMPHITRYON: O Himmel! Welch ein Schlag trifft mich! Sosias!
Mein Freund!
SOSIAS: Sie braucht fünf Grane Niesewurz;
In ihrem Oberstübchen ist's nicht richtig.
AMPHITRYON: Alkmene! Bei den Göttern! du bedenkst nicht,

Was dies Gespräch für Folgen haben kann.
Besinne dich. Versammle deine Geister.
Fortan werd ich dir glauben, was du sagst.
ALKMENE: Was auch daraus erfolgt, Amphitryon,
Ich will's, daß du mir glaubst, du sollst mich nicht
So unanständgen Scherzes fähig wähnen.
Sehr ruhig siehst du um den Ausgang mich.
Kannst du im Ernst ins Angesicht mir leugnen,
Daß du im Schlosse gestern dich gezeigt,
Falls nicht die Götter fürchterlich dich straften,
Gilt jeder andre schnöde Grund mir gleich.
Den innern Frieden kannst du mir nicht stören,
Und auch die Meinung, hoff ich, nicht der Welt:
Den Riß bloß werd ich in der Brust empfinden,
Daß mich der Liebste grausam kränken will.
AMPHITRYON: Unglückliche! Welch eine Sprach! – Und auch
Schon die Beweise hast du dir gefunden?
ALKMENE: Ist es erhört? die ganze Dienerschaft
Ist, dieses Schlosses, Zeuge mir; es würden
Die Steine mir, die du betratst, die Bäume,
Die Hunde, die deine Knie umwedelten,
Von dir mir Zeugnis reden, wenn sie könnten.
AMPHITRYON: Die ganze Dienerschaft? Es ist nicht möglich!
ALKMENE: Soll ich, du Unbegreiflicher, dir den
Beweis jetzt geben, den entscheidenden?
Von wem empfing ich diesen Gürtel hier?
AMPHITRYON: Was einen Gürtel? du? Bereits? Von mir?
ALKMENE: Das Diadem, sprachst du, des Labdakus,
Den du gefällt hast in der letzten Schlacht.
AMPHITRYON: Verräter dort! Was soll ich davon denken?
SOSIAS: Laßt mich gewähren. Das sind schlechte Kniffe,
Das Diadem halt ich mit meinen Händen.
AMPHITRYON: Wo?
SOSIAS: Hier. *Er zieht ein Kästchen aus der Tasche.*
AMPHITRYON: Das Siegel ist noch unverletzt!
            Er betrachtet den Gürtel an Alkmenes Brust.
Und gleichwohl – – trügen mich nicht alle Sinne – *Zu Sosias:*
Schnell öffne mir das Schloß.
SOSIAS: Mein Seel, der Platz ist leer.
Der Teufel hat es wegstipitzt, es ist
Kein Diadem des Labdakus zu finden.

AMPHITRYON: O ihr allmächtgen Götter, die die Welt
  Regieren! Was habt ihr über mich verhängt?
SOSIAS: Was über Euch verhängt ist? Ihr seid doppelt,
  Amphitryon vom Stock ist hier gewesen,
  Und glücklich schätz ich Euch, bei Gott –
AMPHITRYON: Schweig Schlingel!
ALKMENE *zu Charis*: Was kann in aller Welt ihn so bewegen?
  Warum ergreift Bestürzung ihn, Entgeisterung,
  Bei dieses Steines Anblick, den er kennt?
AMPHITRYON: Ich habe sonst von Wundern schon gehört,
  Von unnatürlichen Erscheinungen, die sich
  Aus einer andern Welt hieher verlieren;
  Doch heute knüpft der Faden sich von jenseits
  An meine Ehre und erdrosselt sie.
ALKMENE *zu Amphitryon*: Nach diesem Zeugnis, sonderbarer Freund,
  Wirst du noch leugnen, daß du mir erschienst
  Und daß ich meine Schuld schon abgetragen?
AMPHITRYON: Nein; doch du wirst den Hergang mir erzählen.
ALKMENE: Amphitryon!
AMPHITRYON: Du hörst, ich zweifle nicht.
  Man kann dem Diadem nicht widersprechen.
  Gewisse Gründe lassen bloß mich wünschen,
  Daß du umständlich die Geschichte mir
  Von meinem Aufenthalt im Schloß erzählst.
ALKMENE: Mein Freund, du bist doch krank nicht?
AMPHITRYON: Krank – krank nicht.
ALKMENE: Vielleicht daß eine Sorge dir des Krieges
  Den Kopf beschwert, dir, die zudringliche,
  Des Geistes heitre Tätigkeit befangen? –
AMPHITRYON: Wahr ist's. Ich fühle mir den Kopf benommen.
ALKMENE: Komm, ruhe dich ein wenig aus.
AMPHITRYON: Laß mich.
  Es drängt nicht. Wie gesagt, es ist mein Wunsch,
  Eh ich das Haus betrete, den Bericht
  Von dieser Ankunft gestern – anzuhören.
ALKMENE: Die Sach ist kurz. Der Abend dämmerte,
  Ich saß in meiner Klaus und spann, und träumte
  Bei dem Geräusch der Spindel mich ins Feld,
  Mich unter Krieger, Waffen hin, als ich
  Ein Jauchzen an der fernen Pforte hörte.
AMPHITRYON: Wer jauchzte?

ALKMENE: Unsre Leute.
AMPHITRYON: Nun?
ALKMENE: Es fiel
Mir wieder aus dem Sinn, auch nicht im Traume
Gedacht ich noch, welch eine Freude mir
Die guten Götter aufgespart, und eben
Nahm ich den Faden wieder auf, als es
Jetzt zuckend mir durch alle Glieder fuhr.
AMPHITRYON: Ich weiß.
ALKMENE: Du weißt es schon.
AMPHITRYON: Darauf?
ALKMENE: Darauf
Ward viel geplaudert, viel gescherzt, und stets
Verfolgten sich und kreuzten sich die Fragen.
Wir setzten uns – und jetzt erzähltest du
Mit kriegerischer Rede mir, was bei
Pharissa jüngst geschehn, mir von dem Labdakus,
Und wie er in die ewge Nacht gesunken
– Und jeden blutgen Auftritt des Gefechts.
Drauf – ward das prächtge Diadem mir zum
Geschenk, das einen Kuß mich kostete;
Viel bei dem Schein der Kerze ward's betrachtet
– Und einem Gürtel gleich verband ich es,
Den deine Hand mir um den Busen schlang.
AMPHITRYON *für sich*: Kann man, frag ich, den Dolch lebhafter fühlen?
ALKMENE: Jetzt ward das Abendessen aufgetragen,
Doch weder du noch ich beschäftigten
Uns mit dem Ortolan, der vor uns stand,
Noch mit der Flasche viel, du sagtest scherzend,
Daß du von meiner Liebe Nektar lebtest,
Du seist ein Gott, und was die Lust dir sonst,
Die ausgelaßne, in den Mund dir legte.
AMPHITRYON: – Die ausgelaßne in den Mund mir legte!
ALKMENE: – Ja, in den Mund dir legte. Nun – hierauf –
Warum so finster, Freund?
AMPHITRYON: Hierauf jetzt –?
ALKMENE: Standen
Wir von der Tafel auf; und nun –
AMPHITRYON: Und nun?
ALKMENE: Nachdem wir von der Tafel aufgestanden –
AMPHITRYON: Nachdem ihr von der Tafel aufgestanden –

ALKMENE: So gingen –
AMPHITRYON: Ginget –
ALKMENE: Gingen wir – – – nun ja!
Warum steigt solche Röt ins Antlitz dir?
AMPHITRYON: O dieser Dolch, er trifft das Leben mir!
Nein, nein, Verräterin, ich war es nicht!
Und wer sich gestern um die Dämmerung
Hier eingeschlichen als Amphitryon,
War der nichtswürdigste der Lotterbuben!
ALKMENE: Abscheulicher!
AMPHITRYON: Treulose! Undankbare! –
Fahr hin jetzt Mäßigung, und du, die mir
Bisher der Ehre Fordrung lähmtest, Liebe,
Erinnrung fahrt, und Glück und Hoffnung hin,
Fortan in Wut und Rache will ich schwelgen.
ALKMENE: Fahr hin auch du, unedelmütger Gatte,
Es reißt das Herz sich blutend von dir los.
Abscheulich ist der Kunstgriff, er empört mich.
Wenn du dich einer andern zugewendet,
Bezwungen durch der Liebe Pfeil, es hätte
Dein Wunsch, mir würdig selbst vertraut, so schnell dich
Als diese feige List zum Ziel geführt.
Du siehst entschlossen mich das Band zu lösen,
Das deine wankelmütge Seele drückt;
Und ehe noch der Abend sich verkündet,
Bist du befreit von allem, was dich bindet.
AMPHITRYON: Schmachvoll, wie die Beleidgung ist, die sich
Mir zugefügt, ist dies das Mindeste,
Was meine Ehre blutend fordern kann.
Daß ein Betrug vorhanden ist, ist klar,
Wenn meine Sinn auch das fluchwürdige
Gewebe noch nicht fassen. Zeugen doch
Jetzt ruf ich, die es mir zerreißen sollen.
Ich rufe deinen Bruder mir, die Feldherrn,
Das ganze Heer mir der Thebaner auf,
Aus deren Mitt ich eher nicht gewichen,
Als mit des heutgen Morgens Dämmerstrahl.
Dann werd ich auf des Rätsels Grund gelangen,
Und Wehe! ruf ich, wer mich hintergangen!
SOSIAS: Herr, soll ich etwa –?
AMPHITRYON: Schweig, ich will nichts wissen.

Du bleibst, und harrst auf diesem Platze mein. *Ab.*
CHARIS: Befehlt Ihr Fürstin?
ALKMENE: Schweig, ich will nichts wissen.
Verfolg mich nicht, ich will ganz einsam sein. *Ab.*

Dritte Szene

Charis. Sosias.

CHARIS: Was das mir für ein Auftritt war! Er ist
Verrückt, wenn er behaupten kann, daß er
Im Lager die verfloßne Nacht geschlafen. –
Nun wenn der Bruder kommt, so wird sich's zeigen.
SOSIAS: Dies ist ein harter Schlag für meinen Herrn.
– Ob mir wohl etwas Ähnliches beschert ist?
Ich muß ein wenig auf den Strauch ihr klopfen.
CHARIS *für sich*: Was gibt's? Er hat die Unverschämtheit dort,
Mir maulend noch den Rücken zuzukehren.
SOSIAS: Es läuft, mein Seel, mir übern Rücken, da ich
Den Punkt, den kitzlichen, berühren soll.
Ich möchte fast den Vorwitz bleiben lassen,
Zuletzt ist's doch so lang wie breit,
Wenn man's nur mit dem Licht nicht untersucht. –
Frisch auf, der Wurf soll gelten, wissen muß ich's!
– Helf dir der Himmel, Charis!
CHARIS: Was? du nahst mir noch,
Verräter? Was? du hast die Unverschämtheit,
Da ich dir zürne, keck mich anzureden?
SOSIAS: Nun, ihr gerechten Götter, sag, was hast denn du?
Man grüßt sich doch, wenn man sich wiedersieht.
Wie du gleich über nichts die Fletten sträubst.
CHARIS: Was nennst du über nichts? Was nennst du nichts?
Was nennst du über nichts? Unwürdger! Was?
SOSIAS: Ich nenne nichts, die Wahrheit dir zu sagen,
Was nichts in Prosa wie in Versen heißt,
Und nichts, du weißt, ist ohngefähr so viel,
Wie nichts, versteh mich, oder nur sehr wenig. –
CHARIS: Wenn ich nur wüßte, was die Hände mir
Gebunden hält. Es kribbelt mir, daß ich's
Kaum mäßge, dir die Augen auszukratzen,
Und was ein wütend Weib ist, dir zu zeigen.

SOSIAS: Ei, so bewahr der Himmel mich, was für ein Anfall!
CHARIS: Nichts also nennst du, nichts mir das Verfahren,
  Das du dir schamlos gegen mich erlaubt?
SOSIAS: Was denn erlaubt ich mir? Was ist geschehn?
CHARIS: Was mir geschehn? Ei seht! Den Unbefangenen!
  Er wird mir jetzo, wie sein Herr, behaupten,
  Daß er noch gar in Theben nicht gewesen.
SOSIAS: Was das betrifft, mein Seel! Da sag ich dir,
  Daß ich nicht den Geheimnisvollen spiele.
  Wir haben einen Teufelswein getrunken,
  Der die Gedanken rein uns weggespült.
CHARIS: Meinst du, mit diesem Pfiff mir zu entkommen?
SOSIAS: Nein Charis. Auf mein Wort. Ich will ein Schuft sein,
  Wenn ich nicht gestern schon hier angekommen.
  Doch weiß ich nichts von allem, was geschehn,
  Die ganze Welt war mir ein Dudelsack.
CHARIS: Du wüßtest nicht mehr, wie du mich behandelt,
  Da gestern abend du ins Haus getreten?
SOSIAS: Der Henker hol es! Nicht viel mehr, als nichts.
  Erzähl's, ich bin ein gutes Haus, du weißt,
  Ich werd mich selbst verdammen, wenn ich fehlte.
CHARIS: Unwürdiger! Es war schon Mitternacht,
  Und längst das junge Fürstenpaar zur Ruhe,
  Als du noch immer in Amphitryons
  Gemächern weiltest, deine Wohnung noch
  Mit keinem Blick gesehn. Es muß zuletzt
  Dein Weib sich selber auf die Strümpfe machen,
  Dich aufzusuchen, und was find ich jetzt?
  Wo find ich jetzt dich, Pflichtvergessener?
  Hin auf ein Kissen find ich dich gestreckt,
  Als ob du, wie zu Haus, hier hingehörtest.
  Auf meine zartbekümmerte Beschwerde,
  Hat dies dein Herr, Amphitryon, befohlen,
  Du sollst die Reisestunde nicht verschlafen,
  Er denke früh von Theben aufzubrechen,
  Und was dergleichen faule Fische mehr.
  Kein Wort, kein freundliches, von deinen Lippen.
  Und da ich jetzt mich niederbeuge, liebend,
  Zu einem Kusse, wendest du, Halunke,
  Der Wand dich zu, ich soll dich schlafen lassen.
SOSIAS: Brav, alter, ehrlicher Sosias!

CHARIS: Was?
 Ich glaube gar du lobst dich noch? Du lobst dich?
SOSIAS: Mein Seel, du mußt es mir zugute halten.
 Ich hatte Meerrettich gegessen, Charis,
 Und hatte recht, den Atem abzuwenden.
CHARIS: Ei was! Ich hätte nichts davon gespürt,
 Wir hatten auch zu Mittag Meerrettich.
SOSIAS: Mein Seel. Das wußt ich nicht. Man merkt's dann nicht.
CHARIS: Du kömmst mit diesen Schlichen mir nicht durch.
 Früh oder spät wird die Verachtung sich,
 Mit der ich mich behandelt sehe, rächen.
 Es wurmt mich, ich verwind es nicht, was ich
 Beim Anbruch hier des Tages hören mußte,
 Und ich benutze dir die Freiheit noch,
 Die du mir gabst, so wahr ich ehrlich bin.
SOSIAS: Welch eine Freiheit hab ich dir gegeben?
CHARIS: Du sagtest mir und warst sehr wohl bei Sinnen,
 Daß dich ein Hörnerschmuck nicht kümmern würde,
 Ja daß du sehr zufrieden wärst, wenn ich
 Mit dem Thebaner mir die Zeit vertriebe,
 Der hier, du weißt's, mir auf der Fährte schleicht.
 Wohlan, mein Freund, dein Wille soll geschehn.
SOSIAS: Das hat ein Esel dir gesagt, nicht ich.
 Spaß hier beiseit. Davon sag ich mich los.
 Du wirst in diesem Stück vernünftig sein.
CHARIS: Kann ich es gleichwohl über mich gewinnen?
SOSIAS: Still jetzt, Alkmene kommt, die Fürstin.

VIERTE SZENE

ALKMENE. DIE VORIGEN.

ALKMENE: Charis!
 Was ist mir, Unglücksel'gen, widerfahren?
 Was ist geschehn mir, sprich? Sich dieses Kleinod.
CHARIS: Was ist dies für ein Kleinod, meine Fürstin?
ALKMENE: Das Diadem ist es, des Labdakus,
 Das teure Prachtgeschenk Amphitryons,
 Worauf sein Namenszug gegraben ist.
CHARIS: Dies? Dies das Diadem des Labdakus?
 Hier ist kein Namenszug Amphitryons.

ALKMENE: Unselige, so bist du sinnberaubt?
  Hier stünde nicht, daß man's mit Fingern läse,
  Mit großem, goldgegrabnen Zug ein A?
CHARIS: Gewiß nicht, beste Fürstin. Welch ein Wahn?
  Hier steht ein andres fremdes Anfangszeichen.
  Hier steht ein J.
ALKMENE: Ein J?
CHARIS: Ein J. Man irrt nicht.
ALKMENE: Weh mir sodann! Weh mir! Ich bin verloren.
CHARIS: Was ist's, erklärt mir, das Euch so bewegt?
ALKMENE: Wie soll ich Worte finden, meine Charis,
  Das Unerklärliche dir zu erklären?
  Da ich bestürzt mein Zimmer wiederfinde,
  Nicht wissend, ob ich wache, ob ich träume,
  Wenn sich die rasende Behauptung wagt,
  Daß mir ein anderer erschienen sei;
  Da ich gleichwohl den heißen Schmerz erwäg
  Amphitryons, und dies sein letztes Wort,
  Er geh den eignen Bruder, denke dir!
  Den Bruder wider mich zum Zeugnis aufzurufen;
  Da ich jetzt frage, hast du wohl geirrt?
  Denn einen äfft der Irrtum doch von beiden,
  Nicht ich, nicht er, sind einer Tücke fähig;
  Und jener doppelsinnge Scherz mir jetzt
  Durch das Gedächtnis zuckt, da der Geliebte,
  Amphitryon, ich weiß nicht, ob du's hörtest,
  Mir auf Amphitryon den Gatten schmähte,
  Wie Schaudern jetzt, Entsetzen mich ergreift
  Und alle Sinne treulos von mir weichen –
  Faß ich, o du Geliebte, diesen Stein,
  Das einzig, unschätzbare, teure Pfand,
  Das ganz untrüglich mir zum Zeugnis dient.
  Jetzt faß ich's, will den werten Namenszug,
  Des lieben Lügners eignen Widersacher,
  Bewegt an die entzückten Lippen drücken:
  Und einen andern fremden Zug erblick ich,
  Und wie vom Blitz steh ich gerührt – ein J!
CHARIS: Entsetzlich! solltet Ihr getäuscht Euch haben?
ALKMENE: Ich mich getäuscht!
CHARIS: Hier in dem Zuge, mein ich.
ALKMENE: Ja in dem Zug meinst du – so scheint es fast.

CHARIS: Und also – ?
ALKMENE: Was und also – ?
CHARIS: Beruhigt Euch.
Es wird noch alles sich zum Guten wenden.
ALKMENE: O Charis! – Eh will ich irren in mir selbst!
Eh will ich dieses innerste Gefühl,
Das ich am Mutterbusen eingesogen,
Und das mir sagt, daß ich Alkmene bin,
Für einen Parther oder Perser halten.
Ist diese Hand mein? Diese Brust hier mein?
Gehört das Bild mir, das der Spiegel strahlt?
Er wäre fremder mir, als ich! Nimm mir
Das Aug, so hör ich ihn; das Ohr, ich fühl ihn;
Mir das Gefühl hinweg, ich atm' ihn noch;
Nimm Aug und Ohr, Gefühl mir und Geruch,
Mir alle Sinn und gönne mir das Herz:
So läßt du mir die Glocke, die ich brauche,
Aus einer Welt noch find ich ihn heraus.
CHARIS: Gewiß! Wie konnt ich auch nur zweifeln, Fürstin?
Wie könnt ein Weib in solchem Falle irren?
Man nimmt ein falsches Kleid, ein Hausgerät,
Doch einen Mann greift man im Finstern.
Zudem, ist er uns allen nicht erschienen?
Empfing ihn freudig an der Pforte nicht
Das ganze Hofgesind, als er erschien?
Tag war es noch, hier müßten tausend Augen
Mit Mitternacht bedeckt gewesen sein.
ALKMENE: Und gleichwohl dieser wunderliche Zug!
Warum fiel solch ein fremdes Zeichen mir,
Das kein verletzter Sinn verwechseln kann,
Warum nicht auf den ersten Blick mir auf?
Wenn ich zwei solche Namen, liebste Charis,
Nicht unterscheiden kann, sprich, können sie
Zwei Führern, ist es möglich, eigen sein,
Die leichter nicht zu unterscheiden wären?
CHARIS: Ihr seid doch sicher, hoff ich, beste Fürstin? –
ALKMENE: Wie meiner reinen Seele! Meiner Unschuld!
Du müßtest denn die Regung mir mißdeuten,
Daß ich ihn schöner niemals fand, als heut.
Ich hätte für sein Bild ihn halten können,
Für sein Gemälde, sieh, von Künstlershand,

Dem Leben treu, ins Göttliche verzeichnet.
Er stand, ich weiß nicht, vor mir, wie im Traum,
Und ein unsägliches Gefühl ergriff
Mich meines Glücks, wie ich es nie empfunden,
Als er mir strahlend, wie in Glorie, gestern
Der hohe Sieger von Pharissa nahte.
Er war's, Amphitryon, der Göttersohn!
Nur schien er selber einer schon mir der
Verherrlichten, ich hätt ihn fragen mögen,
Ob er mir aus den Sternen niederstiege.

CHARIS: Einbildung, Fürstin, das Gesicht der Liebe.

ALKMENE: Ach, und der doppeldeutge Scherz, o Charis,
Der immer wiederkehrend zwischen ihm
Und dem Amphitryon mir unterschied.
War er's, dem ich zu eigen mich gegeben,
Warum stets den Geliebten nannt er sich,
Den Dieb nur, welcher bei mir nascht? Fluch mir,
Die ich leichtsinnig diesem Scherz gelächelt,
Kam er mir aus des Gatten Munde nicht.

CHARIS: Quält Euch mit übereiltem Zweifel nicht.
Hat nicht Amphitryon den Zug selbst anerkannt,
Als Ihr ihm heut das Diadem gezeigt?
Gewiß, hier ist ein Irrtum, beste Fürstin.
Wenn dieses fremde Zeichen ihn nicht irrte,
So folgt, daß es dem Steine eigen ist,
Und Wahn hat gestern uns getäuscht, geblendet;
Doch heut ist alles, wie es soll.

ALKMENE: Und wenn er's flüchtig nur betrachtet hätte,
Und jetzt mit allen Feldherrn wiederkehrte,
Und die Behauptung rasend wiederholte,
Daß er die Schwelle noch des Hauses nicht betrat!
Nicht nur entblößt bin ich von jedem Zeugnis,
Ein Zeugnis wider mich ist dieser Stein.
Was kann ich, ich Verwirrte, dem entgegnen?
Wohin rett ich vor Schmerz mich, vor Vernichtung,
Wenn der Verdacht der Männer ihn geprüft?
Muß ich nicht eingestehn, daß dieser Zug
Der Namenszug nicht des Amphitryon?
Nicht eingestehn, daß ein Geschenk mir nicht
Mit fremden Zeichen von ihm kommen kann?
Ja, schwör ich auf den Altar gleich, daß er

Mir das Gestein selbst gestern überreicht,
Bin ich wohl sicher, sprich, daß ich auch gestern
Das Zeichen, das hier steht, von ihm empfing?
CHARIS: Faßt Euch. Hier ist er selbst. Jetzt wird sich's lösen.

Fünfte Szene

Jupiter. Die Vorigen.

ALKMENE: Mein Herr und mein Gemahl! Vergönne mir,
Daß ich dir knieend dieses Kleinod reiche.
Ich lege treu mein Leben dir zu Füßen,
Hast du mir diesen Stein, betracht ihn wohl,
Mit eines fremden Namens Zug gegeben,
So küß ich ihn vor Lust und wein auf ihn;
Gabst du ihn nicht, und leugnest du ihn mir,
Verleugnest ihn, so sei der Tod mein Los
Und ewge Nacht begrabe meine Schmach.
JUPITER: Mein schönes Weib! Werd ich den Stein ergreifen,
Da solch ein Wert vor mir im Staube liegt.
Erhebe dich. Was willst du? Fasse dich.
ALKMENE: Mein zuversichtlich Wort hat dich beleidigt,
Ich fühlte damals schuldlos mich und stark.
Doch seit ich diesen fremden Zug erblickt,
Will ich dem innersten Gefühl mißtrauen:
Ich glaub's – daß mir – ein anderer – erschienen,
Wenn es dein Mund mir noch versichern kann.
JUPITER: Mein großes Weib! Wie sehr beschämst du mich.
Welch eine Lüg ist deiner Lipp entflohen?
Wie könnte dir ein anderer erscheinen?
Wer nahet dir, o du, vor deren Seele
Nur stets des Ein- und Ein'gen Züge stehn?
Du bist, du Heilige, vor jedem Zutritt
Mit diamantnem Gürtel angetan.
Auch selbst der Glückliche, den du empfängst
Entläßt dich schuldlos noch und rein, und alles,
Was sich dir nahet, ist Amphitryon.
ALKMENE: O mein Gemahl! Kannst du mir gütig sagen,
Warst du's, warst du es nicht? O sprich! du warst's!
JUPITER: Ich war's. Sei's wer es wolle. Sei – sei ruhig,
Was du gesehn, gefühlt, gedacht, empfunden,

War ich: wer wäre außer mir, Geliebte?
Wer deine Schwelle auch betreten hat,
Mich immer hast du, Teuerste, empfangen,
Und für jedwede Gunst, die du ihm schenktest,
Bin ich dein Schuldner, und ich danke dir.
ALKMENE: Nein, mein Amphitryon, hier irrst du dich.
Jetzt lebe wohl auf ewig, du Geliebter,
Auf diesen Fall war ich gefaßt.
JUPITER: Alkmene!
ALKMENE: Leb wohl! Leb wohl!
JUPITER: Was denkst du?
ALKMENE: Fort, fort, fort –
JUPITER: Mein Augenstern!
ALKMENE: Geh, sag ich.
JUPITER: Höre mich.
ALKMENE: Ich will nichts hören, leben will ich nicht,
Wenn nicht mein Busen mehr unsträflich ist.
JUPITER: Mein angebetet Weib, was sprichst du da?
Was könntest du, du Heilige, verbrechen?
Und wär ein Teufel gestern dir erschienen,
Und hätt er Schlamm der Sünd, durchgeiferten,
Aus Höllentiefen über dich geworfen,
Den Glanz von meines Weibes Busen nicht
Mit einem Makel fleckt er! Welch ein Wahn!
ALKMENE: Ich Schändlich-Hintergangene!
JUPITER: Er war
Der Hintergangene, mein Abgott! Ihn
Hat seine böse Kunst, nicht dich getäuscht,
Nicht dein unfehlbares Gefühl! Wenn er
In seinem Arm dich wähnte, lagst du an
Amphitryons geliebter Brust, wenn er
Von Küssen träumte, drücktest du die Lippe
Auf des Amphitryon geliebten Mund.
O einen Stachel trägt er, glaub es mir,
Den aus dem liebeglühnden Busen ihm
Die ganze Götterkunst nicht reißen kann.
ALKMENE: Daß ihn Zeus mir zu Füßen niederstürzte!
O Gott! Wir müssen uns auf ewig trennen.
JUPITER: Mich fester hat der Kuß, den du ihm schenktest,
Als alle Lieb an dich, die je für mich
Aus deinem Busen loderte, geknüpft.

Und könnt ich aus der Tage fliehndem Reigen
Den gestrigen, sieh, liebste Frau, so leicht
Wie eine Dohl aus Lüften niederstürzen,
Nicht um olympsche Seligkeit wollt ich,
Um Zeus' unsterblich Leben, es nicht tun.
ALKMENE: Und ich, zehn Toden reicht ich meine Brust.
Geh! Nicht in deinem Haus siehst du mich wieder.
Du zeigst mich keiner Frau in Hellas mehr.
JUPITER: Dem ganzen Kreise der Olympischen,
Alkmene! – Welch ein Wort? Dich in die Schar
Glanzwerfend aller Götter führ ich ein.
Und wär ich Zeus, wenn du dem Reigen nahtest,
Die ewge Here müßte vor dir aufstehn,
Und Artemis, die strenge, dich begrüßen.
ALKMENE: Geh, deine Güt erdrückt mich. Laß mich fliehn.
JUPITER: Alkmene!
ALKMENE: Laß mich.
JUPITER: Meiner Seelen Weib!
ALKMENE: Amphitryon, du hörst's! Ich will jetzt fort.
JUPITER: Meinst du, dich diesem Arme zu entwinden?
ALKMENE: Amphitryon, ich will's, du sollst mich lassen.
JUPITER: Und flöhst du über ferne Länder hin,
Dem scheußlichen Geschlecht der Wüste zu,
Bis an den Strand des Meeres folgt ich dir,
Ereilte dich, und küßte dich, und weinte,
Und höbe dich in Armen auf, und trüge
Dich im Triumph zu meinem Bett zurück.
ALKMENE: Nun dann, weil du's so willst, so schwör ich dir,
Und rufe mir der Götter ganze Schar,
Des Meineids fürchterliche Rächer auf:
Eh' will ich meiner Gruft, als diesen Busen,
So lang er atmet, deinem Bette nahn.
JUPITER: Den Eid, kraft angeborner Macht, zerbrech ich
Und seine Stücken werf ich in die Lüfte.
Es war kein Sterblicher, der dir erschienen,
Zeus selbst, der Donnergott, hat dich besucht.
ALKMENE: Wer?
JUPITER: Jupiter.
ALKMENE: Wer, Rasender, sagst du?
JUPITER: Er, Jupiter, sag ich.
ALKMENE: Er Jupiter?

Du wagst, Elender —?
JUPITER: Jupiter sagt ich,
  Und wiederhol's. Kein anderer, als er,
  Ist in verfloßner Nacht erschienen dir.
ALKMENE: Du zeihst, du wagst es, die Olympischen
  Des Frevels, Gottvergeßner, der verübt ward?
JUPITER: Ich zeihe Frevels die Olympischen?
  Laß solch ein Wort nicht, Unbesonnene,
  Aus deinem Mund mich wieder hören.
ALKMENE: Ich solch ein Wort nicht mehr —? Nicht Frevel wär's —?
JUPITER: Schweig, sag ich, ich befehl's.
ALKMENE: Verlorner Mensch!
JUPITER: Wenn du empfindlich für den Ruhm nicht bist,
  Zu den Unsterblichen die Staffel zu ersteigen,
  Bin ich's: und du vergönnst mir, es zu sein.
  Wenn du Kallisto nicht, die herrliche,
  Europa auch und Leda nicht beneidest,
  Wohlan, ich sag's, ich neide Tyndarus,
  Und wünsche Söhne mir, wie Tyndariden.
ALKMENE: Ob ich Kallisto auch beneid? Europa?
  Die Frauen, die verherrlichten, in Hellas?
  Die hohen Auserwählten Jupiters?
  Bewohnerinnen ewgen Ätherreichs?
JUPITER: Gewiß! Was solltest du sie auch beneiden?
  Du, die gesättigt völlig von dem Ruhm,
  Den einen Sterblichen zu Füßen dir zu sehn.
ALKMENE: Was das für unerhörte Reden sind!
  Darf ich auch den Gedanken nur mir gönnen?
  Würd ich vor solchem Glanze nicht versinken?
  Würd ich, wär er's gewesen, noch das Leben
  In diesem warmen Busen freudig fühlen?
  Ich, solcher Gnad Unwürdg'? Ich, Sünderin?
JUPITER: Ob du der Gnade wert, ob nicht, kömmt nicht
  Zu prüfen dir zu. Du wirst über dich,
  Wie er dich würdiget, ergehen lassen.
  Du unternimmst, Kurzsichtge, ihn zu meistern,
  Ihn, der der Menschen Herzen kennt?
ALKMENE: Gut, gut, Amphitryon. Ich verstehe dich,
  Und deine Großmut rührt mich bis zu Tränen,
  Du hast dies Wort, ich weiß es, hingeworfen,
  Mich zu zerstreun — doch meine Seele kehrt

Zu ihrem Schmerzgedanken wiederum zurück.
Geh du, mein lieber Liebling, geh, mein Alles,
Und find ein andres Weib dir, und sei glücklich,
Und laß des Lebens Tage mich durchweinen,
Daß ich dich nicht beglücken darf.
JUPITER: Mein teures Weib! Wie rührst du mich?
Sieh doch den Stein, den du in Händen hältst.
ALKMENE: Ihr Himmlischen, schützt mich vor Wahn!
JUPITER: Ist's nicht sein Nam? Und war's nicht gestern meiner?
Ist hier nicht Wunder alles, was sich zeigt?
Hielt ich nicht heut dies Diadem noch in
Versiegeltem Behältnis eingeschlossen?
Und da ich's öffne, dir den Schmuck zu reichen,
Find ich die leere Spur nicht in der Wolle?
Seh ich's nicht glänzend an der Brust dir schon?
ALKMENE: So soll's die Seele denken? Jupiter?
Der Götter ewger, und der Menschen, Vater?
JUPITER: Wer könnte dir die augenblickliche
Goldwaage der Empfindung so betrügen?
Wer so die Seele dir, die weibliche,
Die so vielgliedrig fühlend um sich greift,
So wie das Glockenspiel der Brust umgehn,
Das von dem Atem lispelnd schon erklingt?
ALKMENE: Er selber! Er!
JUPITER: Nur die Allmächtgen mögen
So dreist, wie dieser Fremdling, dich besuchen,
Und solcher Nebenbuhler triumphier ich!
Gern mag ich sehn, wenn die Allwissenden
Den Weg zu deinem Herzen finden, gern,
Wenn die Allgegenwärtigen dir nahn:
Und müssen nicht sie selber noch, Geliebte,
Amphitryon sein, und seine Züge stehlen,
Wenn deine Seele sie empfangen soll?
ALKMENE: Nun ja. *Sie küßt ihn.*
JUPITER: Du Himmlische!
ALKMENE: Wie glücklich bin ich!
Und o wie gern, wie gern noch bin ich glücklich!
Wie gern will ich den Schmerz empfunden haben,
Den Jupiter mir zugefügt,
Bleibt mir nur alles freundlich wie es war.
JUPITER: Soll ich dir sagen, was ich denke?

ALKMENE: Nun?
JUPITER: Und was, wenn Offenbarung uns nicht wird,
 So gar geneigt zu glauben ich mich fühle?
ALKMENE: Nun? Und? du machst mir bang –
JUPITER: Wie, wenn du seinen
 Unwillen – du erschrickst dich nicht, gereizt?
ALKMENE: Ihn? Ich? gereizt?
JUPITER: Ist er dir wohl vorhanden?
 Nimmst du die Welt, sein großes Werk, wohl wahr?
 Siehst du ihn in der Abendröte Schimmer,
 Wenn sie durch schweigende Gebüsche fällt?
 Hörst du ihn beim Gesäusel der Gewässer,
 Und bei dem Schlag der üppgen Nachtigall?
 Verkündet nicht umsonst der Berg ihn dir
 Getürmt gen Himmel, nicht umsonst ihn dir,
 Der felszerstiebten Katarakten Fall?
 Wenn hoch die Sonn in seinen Tempel strahlt
 Und von der Freude Pulsschlag eingeläutet,
 Ihn alle Gattungen Erschaffner preisen,
 Steigst du nicht in des Herzens Schacht hinab
 Und betest deinen Götzen an?
ALKMENE: Entsetzlicher! Was sprichst du da? Kann man
 Ihn frömmer auch, und kindlicher, verehren?
 Verglüht ein Tag, daß ich an seinem Altar
 Nicht für mein Leben dankend, und dies Herz,
 Für dich auch du Geliebter, niedersänke?
 Warf ich nicht jüngst noch in gestirnter Nacht
 Das Antlitz tief, inbrünstig, vor ihm nieder,
 Anbetung, glüh'nd, wie Opferdampf, gen Himmel
 Aus dem Gebrodel des Gefühls entsendend?
JUPITER: Weshalb warfst du aufs Antlitz dich? – War's nicht,
 Weil in des Blitzes zuckender Verzeichnung
 Du einen wohlbekannten Zug erkannt?
ALKMENE: Mensch! Schauerlicher! Woher weißt du das?
JUPITER: Wer ist's, dem du an seinem Altar betest?
 Ist er's dir wohl, der über Wolken ist?
 Kann dein befangner Sinn ihn wohl erfassen?
 Kann dein Gefühl, an seinem Nest gewöhnt,
 Zu solchem Fluge wohl die Schwingen wagen?
 Ist's nicht Amphitryon, der Geliebte stets,
 Vor welchem du im Staube liegst?

ALKMENE: Ach, ich Unsel'ge, wie verwirrst du mich.
Kann man auch Unwillkürliches verschulden?
Soll ich zur weißen Wand des Marmors beten?
Ich brauche Züge nun, um ihn zu denken.
JUPITER: Siehst du? Sagt ich es nicht? Und meinst du nicht, daß solche
Abgötterei ihn kränkt? Wird er wohl gern
Dein schönes Herz entbehren? Nicht auch gern
Von dir sich innig angebetet fühlen?
ALKMENE: Ach, freilich wird er das. Wo ist der Sünder,
Des Huldgung nicht den Göttern angenehm.
JUPITER: Gewiß! Er kam, wenn er dir niederstieg,
Dir nur, um dich zu zwingen ihn zu denken,
Um sich an dir, Vergessenen, zu rächen.
ALKMENE: Entsetzlich!
JUPITER: Fürchte nichts. Er straft nicht mehr dich,
Als du verdient. Doch künftig wirst du immer
Nur ihn, versteh, der dir zu Nacht erschien,
An seinem Altar denken, und nicht mich.
ALKMENE: Wohlan! Ich schwör's dir heilig zu! Ich weiß
Auf jede Miene, wie er ausgesehn,
Und werd ihn nicht mit dir verwechseln.
JUPITER: Das tu. Sonst wagst du, daß er wiederkömmt.
Sooft du seinen Namenszug erblickst,
Dem Diadem verzeichnet, wirst du seiner
Erscheinung auf das innigste gedenken;
Dich der Begebenheit auf jeden Zug erinnern;
Erinnern, wie vor dem Unsterblichen
Der Schreck am Rocken dich durchzuckt; wie du
Das Kleinod von ihm eingetauscht; wer dir
Beim Gürten hülfreich war, und was
Beim Ortolan geschehn. Und stört dein Gatte dich,
So bittest du ihn freundlich, daß er dich
Auf eine Stunde selbst dir überlasse.
ALKMENE: Gut, gut, du sollst mit mir zufrieden sein.
Es soll in jeder ersten Morgenstunde
Auch kein Gedanke fürder an dich denken:
Jedoch nachher vergeß ich Jupiter.
JUPITER: Wenn also jetzt in seinem vollen Glanze,
Gerührt durch so viel Besserung,
Der ewg' Erschütterer der Wolken sich dir zeigte,
Geliebte! sprich, wie würdest du dich fassen?

ALKMENE: Ach, der furchtbare Augenblick! hätt ich
  Doch immer ihn gedacht nur beim Altar,
  Da er so wenig von dir unterschieden.
JUPITER: Du sahst noch sein unsterblich Antlitz nicht,
  Alkmene. Ach, es wird das Herz vor ihm
  In tausendfacher Seligkeit dir aufgehn.
  Was du ihm fühlen wirst, wird Glut dir dünken,
  Und Eis, was du Amphitryon empfindest.
  Ja, wenn er deine Seele jetzt berührte,
  Und zum Olymp nun scheidend wiederkehrt,
  So wirst du das Unglaubliche erfahren,
  Und weinen, daß du ihm nicht folgen darfst.
ALKMENE: Nein, nein, das glaube nicht, Amphitryon.
  Und könnt ich einen Tag zurücke leben,
  Und mich vor allen Göttern und Heroen
  In meine Klause riegelfest verschließen,
  So willigt ich –
JUPITER: Wahrhaftig? tätst du das?
ALKMENE: So willigt ich von ganzem Herzen ein.
JUPITER *für sich*: Verflucht der Wahn, der mich hieher gelockt!
ALKMENE: Was ist dir? zürnst du? Kränkt ich dich, Geliebter?
JUPITER: Du wolltest ihm, mein frommes Kind,
  Sein ungeheures Dasein nicht versüßen?
  Ihm deine Brust verweigern, wenn sein Haupt,
  Das weltenordnende, sie sucht,
  Auf seinen Flaumen auszuruhen? Ach Alkmene!
  Auch der Olymp ist öde ohne Liebe.
  Was gibt der Erdenvölker Anbetung
  Gestürzt in Staub, der Brust, der lechzenden?
  Er will geliebt sein, nicht ihr Wahn von ihm.
  In ewge Schleier eingehüllt,
  Möcht er sich selbst in einer Seele spiegeln,
  Sich aus der Träne des Entzückens widerstrahlen.
  Geliebte, sieh! So viele Freude schüttet
  Er zwischen Erd und Himmel endlos aus;
  Wärst du vom Schicksal nun bestimmt
  So vieler Millionen Wesen Dank,
  Ihm seine ganze Fordrung an die Schöpfung
  In einem einzgen Lächeln auszuzahlen,
  Würdst du dich ihm wohl – ach! ich kann's nicht denken,
  Laß mich's nicht denken – laß –

ALKMENE: Fern sei von mir,
Der Götter großem Ratschluß mich zu sträuben,
Ward ich so heilgem Amte auserkoren.
Er, der mich schuf, er walte über mich.
Doch —
JUPITER: Nun? —
ALKMENE: Läßt man die Wahl mir —
JUPITER: Läßt man dir —?
ALKMENE: Die Wahl, so bliebe meine Ehrfurcht ihm,
Und meine Liebe dir, Amphitryon.
JUPITER: Wenn ich nun dieser Gott dir wär —?
ALKMENE: Wenn du
— Wie ist mir denn? Wenn du mir dieser Gott wärst
— — Ich weiß nicht, soll ich vor dir niederfallen,
Soll ich es nicht? Bist du's mir? Bist du's mir?
JUPITER: Entscheide du. Amphitryon bin ich.
ALKMENE: Amphitryon —
JUPITER: Amphitryon, dir ja.
Doch wenn ich, frag ich, dieser Gott dir wäre,
Dir liebend vom Olymp herabgestiegen,
Wie würdest du dich dann zu fassen wissen?
ALKMENE: Wenn du mir, Liebster, dieser Gott wärst — ja,
So wüßt ich nicht, wo mir Amphitryon wäre,
So würd ich folgen dir, wohin du gehst,
Und wär's auch, wie Eurydike, zum Orkus.
JUPITER: Wenn du nicht wüßtest, wo Amphitryon wäre.
Doch wie, wenn sich Amphitryon jetzt zeigte?
ALKMENE: Wenn sich Amphitryon mir — ach, du quälst mich.
Wie kann sich auch Amphitryon mir zeigen,
Da ich Amphitryon in Armen halte?
JUPITER: Und dennoch könntst du leicht den Gott in Armen halten,
Im Wahn, es sei Amphitryon.
Warum soll dein Gefühl dich überraschen?
Wenn ich, der Gott, dich hier umschlungen hielte,
Und jetzo dein Amphitryon sich zeigte,
Wie würd dein Herz sich wohl erklären?
ALKMENE. Wenn du, der Gott, mich hier umschlungen hieltest
Und jetzo sich Amphitryon mir zeigte,
Ja — dann so traurig würd ich sein, und wünschen,
Daß er der Gott mir wäre, und daß du
Amphitryon mir bliebst, wie du es bist.

JUPITER: Mein süßes, angebetetes Geschöpf!
In dem so selig ich mich, selig preise!
So urgemäß, dem göttlichen Gedanken,
In Form und Maß, und Sait und Klang,
Wie's meiner Hand Äonen nicht entschlüpfte!
ALKMENE: Amphitryon!
JUPITER: Sei ruhig, ruhig, ruhig!
Es wird sich alles dir zum Siege lösen.
Es drängt den Gott Begier, sich dir zu zeigen,
Und ehe noch des Sternenheeres Reigen
Herauf durchs stille Nachtgefilde zieht,
Weiß deine Brust auch schon, wem sie erglüht –
Sosias!
SOSIAS: Herr!
JUPITER: Auf jetzt, mein treuer Diener,
Auf daß sich dieser Tag verherrliche!
Alkmene hat sich liebend mir versöhnt:
Und du, du gehst, und rufst zu einem Feste
Im Lager mir, wo du sie triffst, die Gäste.
Beide ab.

Sechste Szene

Charis. Sosias.

CHARIS *für sich*: Was hast du da gehört, Unselige?
Olympsche Götter wären es gewesen?
Und der sich für Sosias hier mir gibt,
Der wäre einer der Unsterblichen,
Apollon, Hermes, oder Ganymed?
SOSIAS *für sich*: Der Blitzgott! Zeus soll es gewesen sein.
CHARIS *für sich*: Pfui, schäme dich, wie du dich aufgeführt.
SOSIAS *für sich*: Mein Seel, er war nicht schlecht bedient.
Ein Kerl, der seinen Mann stund, und sich
Für seinen Herrn schlug, wie ein Panthertier.
CHARIS *für sich*: Wer weiß auch, irr ich nicht. Ich muß ihn prüfen.
Laut: Komm, laß uns Frieden machen auch, Sosias.
SOSIAS: Ein andermal. Jetzt ist nicht Zeit dazu.
CHARIS: Wo gehst du hin?
SOSIAS: Ich soll die Feldherrn rufen.
CHARIS: Vergönne mir ein Wort vorher, mein Gatte.

SOSIAS: Dein Gatte –? Oh, recht gern.
CHARIS: Hast du gehört,
Daß in der Dämmerung zu meiner Fürstin gestern,
Und ihrer treuen Dienerin,
Zwei große Götter vom Olymp gestiegen,
Daß Zeus, der Gott der Wolken, hier gewesen,
Und Phöbus ihn, der herrliche, begleitet?
SOSIAS: Ja wenn's noch wahr ist. Leider hört ich's, Charis.
Dergleichen Heirat war mir stets zuwider.
CHARIS: Zuwider? Warum das? Ich wüßte nicht –
SOSIAS: Hm! Wenn ich dir die Wahrheit sagen soll,
Es ist wie Pferd und Esel.
CHARIS: Pferd und Esel!
Ein Gott und eine Fürstin! *Für sich:* Der auch kömmt
Wohl vom Olymp nicht. *Laut:* Du beliebst
Mit deiner schlechten Dienerin zu scherzen.
Solch ein Triumph, wie über uns gekommen,
Ward noch in Theben nicht erhört.
SOSIAS: Mir für mein Teil, schlecht ist er mir bekommen.
Und ein gemeßnes Maß von Schande wär mir
So lieb, als die verteufelten Trophäen,
Die mir auf beiden Schultern prangen. –
Doch muß ich eilen.
CHARIS: Ja, was ich sagen wollte –
Wer träumte, solche Gäste zu empfangen?
Wer glaubte in der schlechten Menschen Leiber
Zwei der Unsterblichen auch eingehüllt.
Gewiß, wir hätten manche gute Seite,
Die unachtsam zuinnerst blieb, mehr hin
Nach außen wenden können, als geschehn ist.
SOSIAS: Mein Seel, das hätt ich brauchen können, Charis.
Denn du bist zärtlich gegen mich gewesen,
Wie eine wilde Katze. Beßre dich.
CHARIS: Ich wüßte nicht, daß ich dich just beleidigt?
Dir mehr getan als sich –
SOSIAS: Mich nicht beleidigt?
Ich will ein Schuft sein, wenn du heute morgen
Nicht Prügel, so gesalzene verdient,
Als je herab sind auf ein Weib geregnet.
CHARIS: Nun was – Was ist geschehn denn?
SOSIAS: Was geschehn ist,

Maulaffe? Hast du nicht gesagt, du würdest
Dir den Thebaner holen, den ich jüngst
Schon, den Halunken, aus dem Hause warf?
Nicht mir ein Hörnerpaar versprochen? Nicht
Mich einen Hahnrei schamlos tituliert?
CHARIS: Ei, Scherz! Gewiß!
SOSIAS: Ja, Scherz! Kömmst du
Mit diesem Scherz mir wieder, prell ich dir,
Hol mich der Teufel, eins –!
CHARIS: O Himmel! Wie geschieht mir?
SOSIAS: Der Saupelz!
CHARIS: Blicke nicht so grimmig her!
Das Herz in Stücken fühl ich mir zerspalten!
SOSIAS: Pfui, schäme dich, du Gotteslästerliche!
So deiner heilgen Ehepflicht zu spotten!
Geh mach dich solcher Sünd nicht mehr teilhaftig,
Das rat ich dir – und wenn ich wiederkomme,
Will ich gebratne Wurst mit Kohlköpf essen.
CHARIS: Was du begehrst: Was säum ich auch noch länger?
Was zaudr' ich noch? Ist er's nicht? Ist er's nicht?
SOSIAS: Ob ich es bin?
CHARIS: Sieh mich in Staub.
SOSIAS: Was fehlt dir?
CHARIS: Sieh mich zerknirscht vor dir im Staube liegen.
SOSIAS: Bist du von Sinnen?
CHARIS: Ach du bist's! du bist's!
SOSIAS: Wer bin ich?
CHARIS: Ach was leugnest du dich mir.
SOSIAS: Ist heute alles rasend toll?
CHARIS: Sah ich
Aus deines Auges Flammenzorne nicht
Den fernhintreffenden Apollon strahlen?
SOSIAS: Apollon, ich? bist du des Teufels? – Der eine
Macht mich zum Hund, der andre mich zum Gott? –
Ich bin der alte, wohlbekannte Esel
Sosias! *Ab.*
CHARIS: Sosias? Was? Der alte,
Mir wohlbekannte Esel du, Sosias?
Halunke, gut, daß ich das weiß,
So wird die Bratwurst heute dir nicht heiß. *Ab.*

DRITTER AKT

Erste Szene

AMPHITRYON: Wie widerlich mir die Gesichter sind
Von diesen Feldherrn. Jeder hat mir Glückwunsch
Für das erfochtne Treffen abzustatten,
Und in die Arme schließen muß ich jeden,
Und in die Hölle jeden fluch ich hin.
Nicht einer, dem ein Herz geworden wäre,
Das meine, volle, darin auszuschütten.
Daß man ein Kleinod aus versiegeltem
Behältnis wegstiehlt ohne Siegellösung,
Sei's; Taschenspieler können uns von fern
Hinweg, was wir in Händen halten, gaunern.
Doch daß man einem Mann Gestalt und Art
Entwendet, und bei seiner Frau für voll bezahlt,
Das ist ein leidges Höllenstück des Satans.
In Zimmern, die vom Kerzenlicht erhellt,
Hat man bis heut mit fünf gesunden Sinnen
In seinen Freunden nicht geirret; Augen,
Aus ihren Höhlen auf den Tisch gelegt,
Von Leib getrennte Glieder, Ohren, Finger,
Gepackt in Schachteln, hätten hingereicht,
Um einen Gatten zu erkennen. Jetzo wird man
Die Ehemänner brennen, Glocken ihnen,
Gleich Hämmeln um die Hälse hängen müssen.
Zu argen Trug ist sie so fähig just,
Wie ihre Turteltaub; eh' will ich an
Die Redlichkeit dem Strick entlaufner Schelme,
Als an die Tücke dieses Weibes glauben.
– Verrückt ist sie, und morgen, wenn der Tag graut,
Werd ich gewiß nach Ärzten schicken müssen.
– Fänd nur Gelegenheit sich, anzuknüpfen.

Zweite Szene

MERKUR *auf dem Altan.* AMPHITRYON.

MERKUR *für sich*: Auf dies verliebte Erdenabenteuer
Dir, alter Vater Jupiter, zu folgen,

Es ist ein wahres Freundschaftsstück Merkurs.
Beim Styx! Mir macht's von Herzen Langeweile.
Denn jener Zofe Charis täuschender
Als es vonnöten, den Gemahl zu spielen,
So groß in dieser Sach ist nicht mein Eifer.
– Ich will mir hier ein Abenteuer suchen,
Und toll den eifersüchtgen Kauz dort machen.
AMPHITRYON: Warum verriegelt man am Tage denn dies Haus?
MERKUR: Holla! Geduld! Wer klopfet?
AMPHITRYON: Ich.
MERKUR: Wer? Ich!
AMPHITRYON: Ah! Öffne!
MERKUR: Öffne! Tölpel! Wer denn bist du,
Der solchen Lärm verführt, und so mir spricht?
AMPHITRYON: Ich glaub du kennst mich nicht?
MERKUR: O ja;
Ich kenne jeden der die Klinke drückt.
– Ob ich ihn kenne!
AMPHITRYON: Hat ganz Theben heut
Tollwurz gefressen, den Verstand verloren? –
Sosias! he! Sosias!
MERKUR: Ja, Sosias!
So heiß ich. Schreit der Schuft nicht meinen Namen,
Als ob er sorgt', ich möcht ihn sonst vergessen.
AMPHITRYON: Gerechte Götter! Mensch! Siehst du mich nicht?
MERKUR: Vollkommen.
Was gibt's?
AMPHITRYON: Halunke! Was es gibt?
MERKUR: Was gibt's denn nicht,
Zum Teufel? Sprich, soll man dir Rede stehn.
AMPHITRYON: Du Hundsfott wart! Mit einem Stock da oben
Lehr ich dich, solche Sprache mit mir führen.
MERKUR: Ho, ho! Da unten ist ein ungeschliffner Riegel.
Nimm's nicht für ungut.
AMPHITRYON: Teufel!
MERKUR: Fasse dich.
AMPHITRYON: Heda! Ist niemand hier zu Hause?
MERKUR: Philippus! Charmion! Wo steckt ihr denn!
AMPHITRYON: Der Niederträchtige!
MERKUR: Man muß dich doch bedienen.
Doch harrst du in Geduld nicht, bis sie kommen,

Und rührst mir noch ein einzigs Mal
Den Klöpfel an, so schick ich von hier oben
Dir eine sausende Gesandtschaft zu.
AMPHITRYON: Der Freche! Der Schamlose, der! Ein Kerl,
Den ich mit Füßen oft getreten; ich,
Wenn mir die Lust kommt, kreuzgen lassen könnte. –
MERKUR: Nun? bist du fertig? Hast du mich besehen?
Hast du mit deinen stieren Augen bald
Mich ausgemessen? Wie er auf sie reißt!
Wenn man mit Blicken um sich beißen könnte,
Er hätte mich bereits zerrissen hier.
AMPHITRYON: Ich zittre selbst, Sosias, wenn ich denke,
Was du mit diesen Reden dir bereitest.
Wie viele Schläg entsetzlich warten dein!
– Komm, steig herab, und öffne mir.
MERKUR: Nun endlich!
AMPHITRYON: Laß mich nicht länger warten, ich bin dringend.
MERKUR: Erfährt man doch, was dein Begehren ist.
Ich soll die Pforte unten öffnen?
AMPHITRYON: Ja.
MERKUR: Nun gut. Das kann man auch mit Gutem sagen.
Wen suchst du?
AMPHITRYON: Wen ich suche?
MERKUR: Wen du suchst,
Zum Teufel! bist du taub? Wen willst du sprechen?
AMPHITRYON: Wen ich will sprechen? Hund! ich trete alle Knochen
Dir ein, wenn sich das Haus mir öffnet.
MERKUR: Freund, weißt du was? Ich rat dir, daß du gehst.
Du reizest mir die Galle. Geh, geh, sag ich.
AMPHITRYON: Du sollst, du Niederträchtiger, erfahren,
Wie man mit einem Knecht verfährt,
Der seines Herren spottet.
MERKUR: Seines Herrn?
Ich spotte meines Herrn? Du wärst mein Herr? –
AMPHITRYON: Jetzt hör ich noch, daß er's mir leugnet.
MERKUR: Ich kenne
Nur einen, und das ist Amphitryon.
AMPHITRYON: Und wer ist außer mir Amphitryon,
Triefäug'ger Schuft, der Tag und Nacht verwechselt?
MERKUR: Amphitryon?
AMPHITRYON: Amphitryon, sag ich.

MERKUR: Ha, ha! O ihr Thebaner, kommt doch her.
AMPHITRYON: Daß mich die Erd entrafft'! Solch eine Schmach!
MERKUR: Hör, guter Freund dort! Nenn mir doch die Kneipe
 Wo du so selig dich gezecht?
AMPHITRYON: O Himmel!
MERKUR: War's junger oder alter Wein?
AMPHITRYON: Ihr Götter!
MERKUR: Warum nicht noch ein Gläschen mehr? Du hättest
 Zum König von Ägypten dich getrunken!
AMPHITRYON: Jetzt ist es aus mit mir.
MERKUR: Geh, lieber Junge,
 Du tust mir leid. Geh, lege dich aufs Ohr.
 Hier wohnt Amphitryon, Thebanerfeldherr,
 Geh, störe seine Ruhe nicht.
AMPHITRYON: Was! dort im Hause wär Amphitryon?
MERKUR: Hier in dem Hause ja, er und Alkmene.
 Geh, sag ich noch einmal, und hüte dich
 Das Glück der beiden Liebenden zu stören,
 Willst du nicht, daß er selber dir erscheine,
 Und deine Unverschämtheit strafen soll. *Ab.*

Dritte Szene

AMPHITRYON: Was für ein Schlag fällt dir, Unglücklicher!
 Vernichtend ist er, es ist aus mit mir.
 Begraben bin ich schon, und meine Witwe
 Schon einem andern Ehgemahl verbunden.
 Welch ein Entschluß ist jetzo zu ergreifen?
 Soll ich die Schande, die mein Haus getroffen,
 Der Welt erklären, soll ich sie verschweigen?
 Was! Hier ist nichts zu schonen. Hier ist nichts
 In dieser Ratsversammlung laut, als die
 Empfindung nur, die glühende, der Rache,
 Und meine einzge zarte Sorgfalt sei,
 Daß der Verräter lebend nicht entkomme.

Vierte Szene

Sosias. Feldherren. Amphitryon.

SOSIAS: Hier seht Ihr alles Herr, was ich an Gästen
In solcher Eil zusammenbringen konnte.
Mein Seel, speis ich auch nicht an Eurer Tafel,
Das Essen hab ich doch verdient.
AMPHITRYON: Ah sieh! da bist du.
SOSIAS: Nun?
AMPHITRYON: Hund! Jetzo stirbst du.
SOSIAS: Ich? Sterben?
AMPHITRYON: Jetzt erfährst du, wer ich bin.
SOSIAS: Zum Henker, weiß ich's nicht?
AMPHITRYON: Du wußtest es, Verräter?
    Er legt die Hand an den Degen.
SOSIAS: Ihr Herren, nehmt euch meiner an, ich bitt euch.
ERSTER FELDHERR: Verzeiht! *Er fällt ihm in den Arm.*
AMPHITRYON: Laßt mich.
SOSIAS: Sagt nur, was ich verbrochen?
AMPHITRYON: Das fragst du noch? – Fort, sag ich euch, laßt meiner
   Gerechten Rache ein Genüge tun.
SOSIAS: Wenn man wen hängt, so sagt man ihm, warum?
ERSTER FELDHERR: Seid so gefällig.
ZWEITER FELDHERR: Sagt, worin er fehlte.
SOSIAS: Halt't euch, ihr Herrn, wenn ihr so gut sein wollt.
AMPHITRYON: Was! Dieser weggeworfne Knecht soeben
   Hielt vor dem Antlitz mir die Türe zu,
   Schamlose Red in Strömen auf mich sendend,
   Jedwede wert, daß man ans Kreuz ihn nagle.
   Stirb, Hund!
SOSIAS: Ich bin schon tot. *Er sinkt in die Knie.*
ERSTER FELDHERR: Beruhigt Euch.
SOSIAS: Ihr Feldherrn! Ah!
ZWEITER FELDHERR: Was gibt's?
SOSIAS: Sticht er nach mir?
AMPHITRYON: Fort sag ich euch, und wieder! Ihm muß Lohn
   Dort, vollgezählter, werden für die Schmach,
   Die er zur Stunde jetzt mir zugefügt.
SOSIAS: Was kann ich aber jetzt verschuldet haben,
   Da ich die letzten neun gemeßnen Stunden

Auf Eueren Befehl im Lager war?
ERSTER FELDHERR: Wahr ist's. Er lud zu Eurer Tafel uns.
  Zwei Stunden sind's, daß er im Lager war,
  Und nicht aus unsern Augen kam.
AMPHITRYON: Wer gab dir den Befehl?
SOSIAS: Wer? Ihr! Ihr selbst!
AMPHITRYON: Wann? Ich!
SOSIAS: Nachdem Ihr mit Alkmenen Euch versöhnt.
  Ihr wart voll Freud und ordnetet sogleich
  Ein Fest im ganzen Schlosse an.
AMPHITRYON: O Himmel! Jede Stunde, jeder Schritt
  Führt tiefer mich ins Labyrinth hinein.
  Was soll ich, meine Freunde, davon denken?
  Habt ihr gehört, was hier sich zugetragen?
ERSTER FELDHERR: Was hier uns dieser sagte, ist so wenig
  Für das Begreifen noch gemacht, daß Eure Sorge
  Für jetzt nur sein muß, dreisten Schrittes
  Des Rätsels ganzes Trugnetz zu zerreißen.
AMPHITRYON: Wohlan, es sei! Und eure Hülfe brauch ich.
  Euch hat mein guter Stern mir zugeführt.
  Mein Glück will ich, mein Lebensglück, versuchen.
  Oh! hier im Busen brennt's, mich aufzuklären,
  Und ach! ich fürcht es, wie den Tod. *Er klopft.*

Fünfte Szene

Jupiter. Die Vorigen.

JUPITER: Welch ein Geräusch zwingt mich, herabzusteigen?
  Wer klopft ans Haus? Seid ihr es, meine Feldherrn?
AMPHITRYON: Wer bist du? Ihr allmächtgen Götter!
ZWEITER FELDHERR: Was seh ich? Himmel! Zwei Amphitryonen.
AMPHITRYON: Starr ist vor Schrecken meine ganze Seele!
  Weh mir! Das Rätsel ist nunmehr gelöst.
ERSTER FELDHERR: Wer von euch beiden ist Amphitryon?
ZWEITER FELDHERR: Fürwahr! Zwei so einander nachgeformte Wesen,
  Kein menschlich Auge unterscheidet sie.
SOSIAS: Ihr Herrn, hier ist Amphitryon, der andre,
  Ein Schubjack ist's, der Züchtigung verdient.
                 Er stellt sich auf Jupiters Seite.
DRITTER FELDHERR *auf Amphitryon deutend:*

Unglaublich! Dieser ein Verfälscher hier?
AMPHITRYON: Gnug der unwürdigen Bezauberung!
Ich schließe das Geheimnis auf. *Er legt die Hand an den Degen.*
ERSTER FELDHERR: Halt!
AMPHITRYON: Laßt mich!
ZWEITER FELDHERR: Was beginnt Ihr?
AMPHITRYON: Strafen will ich
Den niederträchtigsten Betrug! Fort, sag ich.
JUPITER: Fassung dort. Hier bedarf es nicht des Eifers,
Wer so besorgt um seinen Namen ist,
Wird schlechte Gründe haben, ihn zu führen.
SOSIAS: Das sag ich auch. Er hat den Bauch
Sich ausgestopft, und das Gesicht bemalt,
Der Gauner, um dem Hausherrn gleichzusehn.
AMPHITRYON: Verräter! Dein empörendes Geschwätz,
Dreihundert Peitschenhiebe strafen es,
Dir von drei Armen wechselnd zugeteilt.
SOSIAS: Ho! ho! Mein Herr ist Mann von Herz,
Der wird dich lehren seine Leute schlagen.
AMPHITRYON: Wehrt mir nicht länger, sag ich, meine Schmach
In des Verräters Herzblut abzuwaschen.
ERSTER FELDHERR: Verzeiht uns, Herr! Wir dulden diesen Kampf nicht,
Amphitryons mit dem Amphitryon.
AMPHITRYON: Was? Ihr – Ihr duldet nicht –?
ERSTER FELDHERR: Ihr müßt Euch fassen.
AMPHITRYON: Ist das mir eure Freundschaft auch, ihr Feldherrn?
Das mir der Beistand, den ihr angelobt?
Statt meiner Ehre Rache selbst zu nehmen,
Ergreift ihr des Betrügers schnöde Sache,
Und hemmt des Racheschwerts gerechten Fall?
ERSTER FELDHERR: Wär Euer Urteil frei, wie es nicht ist,
Ihr würdet unsre Schritte billigen.
Wer von euch beiden ist Amphitryon?
Ihr seid es, gut; doch jener ist es auch.
Wo ist des Gottes Finger, der uns zeigte,
In welchem Busen, einer wie der andre,
Sich lauernd das Verräterherz verbirgt?
Ist es erkannt, so haben wir, nicht zweifelt,
Das Ziel auch unsrer Rache aufgefunden.
Jedoch solang des Schwertes Schneide hier
In blinder Wahl nur um sich wüten könnte,

Bleibt es gewiß noch besser in der Scheide.
Laßt uns in Ruh die Sache untersuchen,
Und fühlt Ihr wirklich Euch Amphitryon,
Wie wir in diesem sonderbaren Falle
Zwar hoffen, aber auch bezweifeln müssen,
So wird es schwerer Euch, als ihm, nicht werden,
Uns diesen Umstand gültig zu beweisen.
AMPHITRYON: Ich euch den Umstand? –
ERSTER FELDHERR: Und mit triftgen Gründen.
Eh' wird in dieser Sache nichts geschehn.
JUPITER: Recht hast du, Photidas; und diese Gleichheit,
Die zwischen uns sich angeordnet findet,
Entschuldigt dich, wenn mir dein Urteil wankt.
Ich zürne nicht, wenn zwischen mir und ihm
Hier die Vergleichung an sich stellen soll.
Nichts von des Schwerts feigherziger Entscheidung.
Ganz Theben denk ich selber zu berufen,
Und in des Volks gedrängtester Versammlung,
Aus wessen Blut ich stamme, darzutun.
Er selber dort soll meines Hauses Adel,
Und daß ich Herr in Theben, anerkennen.
Vor mir in Staub, das Antlitz soll er senken.
Mein soll er Thebens reiche Felder alle,
Mein alle Herden, die die Triften decken,
Mein auch dies Haus, mein die Gebieterin,
Die still in seinen Räumen waltet, nennen.
Es soll der ganze Weltenkreis erfahren,
Daß keine Schmach Amphitryon getroffen.
Und den Verdacht, den jener Tor erregt,
Hier steht, wer ihn zuschanden machen kann. –
Bald wird sich Theben hier zusammenfinden.
Indessen kommt und ehrt die Tafel gütigst,
Zu welcher euch Sosias eingeladen.
SOSIAS: Mein Seel, ich wußt es wohl. – Dies Wort, ihr Herrn,
Streut allen weitern Zweifel in die Lüfte.
Der ist der wirkliche Amphitryon,
Bei dem zu Mittag jetzt gegessen wird.
AMPHITRYON: Ihr ewgen und gerechten Götter!
Kann auch so tief ein Mensch erniedrigt werden?
Von dem verruchtesten Betrüger mir
Weib, Ehre, Herrschaft, Namen stehlen lassen!

Und Freunde binden mir die Hände?
ERSTER FELDHERR: Ihr müßt, wer Ihr auch seid, Euch noch gedulden.
In wenig Stunden wissen wir's. Alsdann
Wird ungesäumt die Rache sich vollstrecken,
Und Wehe! ruf ich, wen sie trifft.
AMPHITRYON: Geht, ihr Schwachherzgen! Huldigt dem Verräter!
Mir bleiben noch der Freunde mehr, als ihr.
Es werden Männer noch in Theben mir begegnen,
Die meinen Schmerz im Busen mitempfinden,
Und nicht den Arm mir weigern, ihn zu rächen.
JUPITER: Wohlan! Du rufst sie. Ich erwarte sie.
AMPHITRYON: Marktschreierischer Schelm! Du wirst inzwischen
Dich durch die Hintertür zu Felde machen.
Doch meiner Rach entfliehst du nicht!
JUPITER: Du gehst, und rufst, und bringst mir deine Freunde,
Nachher sag ich zwei Worte, jetzo nichts.
AMPHITRYON: Beim Zeus, da sagst du wahr, dem Gott der Wolken!
Denn ist es mir bestimmt, dich aufzufinden,
Mehr als zwei Worte, Mordhund, sagst du nicht,
Und bis ans Heft füllt dir das Schwert den Rachen.
JUPITER: Du rufst mir deine Freund; ich sag auch nichts,
Ich sprech auch bloß mit Blicken, wenn du willst.
AMPHITRYON: Fort, jetzo, schleunig, eh er mir entwischt!
Die Lust, ihr Götter, müßt ihr mir gewähren,
Ihn eurem Orkus heut noch zuzusenden!
Mit einer Schar von Freunden kehr ich wieder,
Gewaffneter, die mir dies Haus umnetzen,
Und, einer Wespe gleich, drück ich den Stachel
Ihm in die Brust, aussaugend, daß der Wind
Mit seinem trocknen Bein mir spielen soll. *Ab.*

SECHSTE SZENE

JUPITER. SOSIAS. DIE FELDHERREN.

JUPITER: Auf denn, ihr Herrn, gefällt's euch! Ehrt dies Haus
Mit eurem Eintritt.
ERSTER FELDHERR: Nun, bei meinem Eid!
Dies Abenteur macht meinen Witz zuschanden.
SOSIAS: Jetzt schließt mit dem Erstaunen Waffenstillstand,

Und geht, und tischt, und pokuliert bis morgen.
Jupiter und die Feldherrn ab.

SIEBENTE SZENE

SOSIAS: Wie ich mich jetzt auch auf den Stuhl will setzen!
  Und wie ich tapfer,
  Wenn man vom Kriege spricht, erzählen will.
  Ich brenne, zu berichten, wie man bei
  Pharissa eingehauen; und mein Lebtag
  Hatt ich noch so wolfmäßgen Hunger nicht.

ACHTE SZENE

MERKUR. SOSIAS.

MERKUR: Wohin? Ich glaub, du steckst die Nase auch hierher?
  Durchschnüffler, unverschämter, du, der Küchen?
SOSIAS: Nein! – Mit Erlaubnis!
MERKUR: Fort! Hinweg dort, sag ich!
  Soll ich die Haube dir zurechte setzen?
SOSIAS: Wie? Was? Großmütiges und edles Ich,
  Faß dich! Verschon ein wenig den Sosias,
  Sosias! Wer wollte immer bitterlich
  Erpicht sein, auf sich selber loszuschlagen?
MERKUR: Du fällst in deine alten Tücken wieder?
  Du nimmst, Nichtswürdiger, den Namen mir?
  Den Namen des Sosias mir?
SOSIAS: Ei, was! Behüt mich Gott, mein wackres Selbst,
  Werd ich so karg dir, so mißgünstig sein?
  Nimm ihn, zur Hälfte, diesen Namen hin,
  Nimm ihn, den Plunder, willst du's, nimm ihn ganz.
  Und wär's der Name Kastor oder Pollux,
  Was teilt ich gern nicht mit dir, Bruderherz?
  Ich dulde dich in meines Herren Hause,
  Duld auch du mich in brüderlicher Liebe,
  Und während jene beiden eifersüchtgen
  Amphitryonen sich die Hälse brechen,
  Laß die Sosias einverständig beide
  Zu Tische sitzen, und die Becher heiter

Zusammenstoßen, daß sie leben sollen!
MERKUR: Nichts, nichts! – Der aberwitzge Vorschlag der!
 Soll ich inzwischen Hungerpfoten saugen?
 Es ist für einen nur gedeckt.
SOSIAS: Gleichviel! Ein mütterlicher Schoß hat uns
 Geboren, eine Hütte uns beschirmt,
 In einem Bette haben wir geschlafen,
 Ein Kleid ward brüderlich, ein Los uns beiden,
 So laß uns auch aus einer Schüssel essen.
MERKUR: Von der Gemeinschaft weiß ich nichts. Ich bin
 Von Jugend mutterseel' allein gewesen,
 Und weder Bette hab ich je, noch Kleid,
 Noch einen Bissen Brot geteilt.
SOSIAS: Besinne dich. Wir sind zwei Zwillingsbrüder.
 Du bist der ältre, ich bescheide mich.
 Du wirst in jedem Stück voran mir gehen.
 Den ersten nimmst du, und die ungeraden,
 Den zweiten Löffel, und die graden, ich.
MERKUR: Nichts. Meine volle Portion gebrauch ich,
 Und was mir übrigbleibt, das heb ich auf.
 Den wollt ich lehren, bei den großen Göttern,
 Der mit der Hand mir auf den Teller käme.
SOSIAS: So dulde mich als deinen Schatten mindstens,
 Der hintern Stuhl entlangfällt, wo du ißt.
MERKUR: Auch nicht als meine Spur im Sande! Fort!
SOSIAS: O du barbarisch Herz! Du Mensch von Erz,
 Auf einem Amboß keilend ausgeprägt!
MERKUR: Was denkst du, soll ich wie ein wandernder
 Geselle vor dem Tor ins Gras mich legen,
 Und von der blauen Luft des Himmels leben?
 Ein reichlich zugemeßnes Mahl hat heut
 Bei Gott! kein Pferd so gut verdient, als ich.
 Kam ich zu Nacht nicht aus dem Lager an?
 Mußt ich zurück nicht wieder mit dem Morgen,
 Um Gäste für die Tafel aufzutreiben?
 Hab ich auf diesen Teufelsreisen mir
 Nicht die geschäftigen alten Beine fast
 Bis auf die Hüften tretend abgelaufen?
 Wurst gibt es heut, und aufgewärmten Kohl.
 Und die just brauch ich, um mich herzustellen.
SOSIAS: Da hast du recht. Und über die verfluchten

Kienwurzeln, die den ganzen Weg durchflechten,
Bricht man die Beine fast sich, und den Hals.
MERKUR: Nun also!
SOSIAS: – Ich Verlaßner von den Göttern!
Wurst also hat die Charis –?
MERKUR: Frische, ja.
Doch nicht für dich. Man hat ein Schwein geschlachtet.
Und Charis hab ich wieder gut gemacht.
SOSIAS: Gut, gut. Ich lege mich ins Grab. Und Kohl?
MERKUR: Kohl, aufgewärmten, ja. Und wem das Wasser
Im Mund etwa zusammenläuft, der hat
Vor mir und Charis sich in acht zu nehmen.
SOSIAS: Vor mir freßt euren Kohl, daß ihr dran stickt.
Was brauch ich eure Würste? Wer den Vögeln
Im Himmel Speisung reicht, wird auch, so denk ich,
Den alten ehrlichen Sosias speisen.
MERKUR: Du gibst, Verräter, dir den Namen noch?
Du wagst, Hund, niederträchtger –!
SOSIAS: Ei was! Ich sprach von mir nicht.
Ich sprach von einem alten Anverwandten
Sosias, der hier sonst in Diensten stand –
Und der die andern Diener sonst zerbleute,
Bis eines Tags ein Kerl, der wie aus Wolken fiel,
Ihn aus dem Haus warf, just zur Essenszeit.
MERKUR: Nimm dich in acht, sag ich, und weiter nichts.
Nimm dich in acht, rat ich dir, willst du länger
Zur Zahl noch der Lebendigen dich zählen.
SOSIAS *für sich*: Wie ich dich schmeißen würde, hätt ich Herz,
Du von der Bank gefallner Gauner, du,
Von zuviel Hochmut aufgebläht.
MERKUR: Was sagst du?
SOSIAS: Was?
MERKUR: Mir schien, du sagtest etwas –?
SOSIAS: Ich?
MERKUR: Du.
SOSIAS: Ich muckste nicht.
MERKUR: Ich hörte doch von schmeißen, irr ich nicht –
Und von der Bank gefallnem Gauner reden?
SOSIAS: So wird's ein Papagei gewesen sein.
Wenn's Wetter gut ist, schwatzen sie.
MERKUR: Es sei.

Du lebst jetzt wohl. Doch juckt der Rücken dir,
In diesem Haus hier kannst du mich erfragen. *Ab.*

Neunte Szene

SOSIAS: Hochmütger Satan! Möchtest du am Schwein
Den Tod dir holen, das man schlachtete!
– „Den lehrt' er, der ihm auf den Teller käme!" –
Ich möcht eh'r mit einem Schäferhund
Halbpart, als ihm, aus einer Schüssel essen.
Sein Vater könnte Hungers vor ihm sterben,
Daß er ihm auch so viel nicht gönnt, als ihm
In hohlen Zähnen kauend steckenbleibt.
– Geh! dir geschieht ganz recht, Abtrünniger.
Und hätt ich Würst in jeder Hand hier eine,
Ich wollte sie in meinen Mund nicht stecken.
So seinen armen, wackern Herrn verlassen,
Den Übermacht aus seinem Hause stieß.
– Dort naht er sich mit rüstgen Freunden schon.
– – Und auch von hier strömt Volk herbei! Was gibt's?

Zehnte Szene

AMPHITRYON *mit* OBERSTEN, *von der einen Seite.* VOLK, *von der andern.*

AMPHITRYON: Seid mir gegrüßt! Wer rief euch meine Freunde?
EINER AUS DEM VOLK: Herolde riefen durch die ganze Stadt,
  Wir sollten uns vor Eurem Schloß versammeln.
AMPHITRYON: Herolde! Und zu welchem Zweck?
DERSELBE: Wir sollten Zeugen sein, so sagte man,
  Wie ein entscheidend Wort aus Eurem Munde
  Das Rätsel lösen wird, das in Bestürzung
  Die ganze Stadt gesetzt.
AMPHITRYON *zu den Obersten:* Der Übermütge!
  Kann man die Unverschämtheit weiter treiben?
ZWEITER OBERSTER: Zuletzt erscheint er noch.
AMPHITRYON: Was gilt's? Er tut's.
ERSTER OBERSTER: Sorgt nicht. Hier steht Argatiphontidas.
  Hab ich nur erst ins Auge ihn gefaßt,
  So tanzt sein Leben auch auf dieses Schwertes Spitze.
AMPHITRYON *zum Volk:* Ihr Bürger Thebens, hört mich an!

Ich bin es nicht, der euch hieher gerufen,
Wenn eure strömende Versammlung gleich
Von Herzen mir willkommen ist. Er war's,
Der lügnerische Höllengeist, der mich
Aus Theben will, aus meiner Frauen Herzen,
Aus dem Gedächtnis mich der Welt, ja könnt er's,
Aus des Bewußtseins eigner Feste drängen.
Drum sammelt eure Sinne jetzt, und wärt
Ihr tausendäugig auch, ein Argus jeder,
Geschickt, zur Zeit der Mitternacht, ein Heimchen
Aus seiner Spur im Sande zu erkennen,
So reißet, laßt die Müh euch nicht verdrießen,
Jetzt eure Augen auf, wie Maulwürfe,
Wenn sie zur Mittagszeit die Sonne suchen;
All diese Blicke werft in einen Spiegel,
Und kehrt den ganzen vollen Strahl auf mich,
Von Kopf zu Fuß ihn auf und nieder führend,
Und sagt mir an, und sprecht, und steht mir Rede:
Wer bin ich?

DAS VOLK: Wer du bist? Amphitryon!

AMPHITRYON: Wohlan. Amphitryon. Es gilt. Wenn nunmehr
Dort jener Sohn der Finsternis erscheint,
Der ungeheure Mensch, auf dessen Haupte
Jedwedes Haar sich, wie auf meinem, krümmt;
Wenn euren trugverwirrten Sinnen jetzt
Nicht so viel Merkmal wird, als Mütter brauchen,
Um ihre jüngsten Kinder zu erkennen;
Wenn ihr jetzt zwischen mir und ihm, wie zwischen
Zwei Wassertropfen, euch entscheiden müßt,
Der eine süß und rein und echt und silbern,
Gift, Trug, und List, und Mord, und Tod der andre:
Alsdann erinnert euch, daß ich Amphitryon,
Ihr Bürger Thebens, bin,
Der dieses Helmes Feder eingeknickt.

VOLK: Oh! Oh! Was machst du? laß die Feder ganz,
Solang du blühend uns vor Augen stehst.

ZWEITER OBERSTER: Meint Ihr, wir würden auch –?

AMPHITRYON: Laßt mich, ihr Freunde.
Bei Sinnen fühl ich mich, weiß, was ich tue.

ERSTER OBERSTER: Tut, was Ihr wollt. Inzwischen werd ich hoffen,
Daß Ihr die Possen nicht für mich gemacht.

Wenn Eure Feldherrn hier gezaudert haben,
Als jener Aff erschien, so folgt ein gleiches
Noch nicht für den Argatiphontidas.
Braucht uns ein Freund in einer Ehrensache,
So soll ins Auge man den Helm sich drücken,
Und auf den Leib dem Widersacher gehn.
Den Gegner lange schwadronieren hören,
Steht alten Weibern gut; ich, für mein Teil,
Bin für die kürzesten Prozesse stets;
In solchen Fällen fängt man damit an,
Dem Widersacher, ohne Federlesens,
Den Degen querhin durch den Leib zu jagen.
Argatiphontidas, mit einem Worte,
Wird heute Haare auf den Zähnen zeigen,
Und nicht von einer andern Hand, beim Ares,
Beißt dieser Schelm ins Gras, Ihr seht's, als meiner.

AMPHITRYON: Auf denn!

SOSIAS: Hier leg ich mich zu Euren Füßen,
Mein echter, edler und verfolgter Herr.
Gekommen bin ich völlig zur Erkenntnis,
Und warte jetzt auf meines Frevels Lohn.
Schlagt, ohrfeigt, prügelt, stoßt mich, tretet mich,
Gebt mir den Tod, mein Seel ich muckse nicht.

AMPHITRYON: Steh auf. Was ist geschehen?

SOSIAS: Vom aufgetragnen Essen
Nicht den Geruch auch hat man mir gegönnt.
Das andre Ich, das andre Ihr Bedienter,
Vom Teufel wieder völlig war's besessen,
Und kurz ich bin entsosiatisiert,
Wie man Euch entamphitryonisiert.

AMPHITRYON: Ihr hört's, ihr Bürger.

SOSIAS: Ja, ihr Bürger Thebens!
Hier ist der wirkliche Amphitryon;
Und jener, der bei Tische sitzt,
Ist wert, daß ihn die Raben selber fressen.
Auf! Stürmt das Haus jetzt, wenn ihr wollt so gut sein,
So finden wir den Kohl noch warm.

AMPHITRYON: Folgt mir.

SOSIAS: Doch seht! Da kommt er selbst schon. Er und sie.

EILFTE SZENE

JUPITER. ALKMENE. MERKUR. CHARIS. FELDHERREN. DIE VORIGEN.

ALKMENE: Entsetzlicher! Ein Sterblicher sagst du,
  Und schmachvoll willst du seinem Blick mich zeigen?
VOLK: Ihr ewgen Götter! Was erblicken wir!
JUPITER: Die ganze Welt, Geliebte, muß erfahren,
  Daß niemand deiner Seele nahte,
  Als nur dein Gatte, als Amphitryon.
AMPHITRYON: Herr, meines Lebens! Die Unglückliche!
ALKMENE: Niemand! Kannst ein gefallnes Los du ändern?
DIE OBERSTEN: All ihr Olympischen! Amphitryon dort.
JUPITER: Du bist dir's, Teuerste, du bist mir's schuldig,
  Du mußt, du wirst, mein Leben, dich bezwingen;
  Komm, sammle dich, dein wartet ein Triumph!
AMPHITRYON: Blitz, Höll und Teufel! Solch ein Auftritt mir?
JUPITER: Seid mir willkommen, Bürger dieser Stadt.
AMPHITRYON: Mordhund! Sie kamen dir den Tod zu geben.
  Auf jetzt! *Er zieht.*
ZWEITER FELDHERR *tritt ihm in den Weg*: Halt dort!
AMPHITRYON: Auf, ruf ich, ihr Thebaner!
ERSTER FELDHERR *auf Amphitryon deutend*: Thebaner, greift ihn, ruf ich,
AMPHITRYON: Argatiphontidas!   [den Verräter!
ERSTER OBERSTER: Bin ich behext?
DAS VOLK: Kann sich ein menschlich Auge hier entscheiden?
AMPHITRYON: Tod! Teufel! Wut und keine Rache!
  Vernichtung! *Er fällt dem Sosias in die Arme.*
JUPITER: Tor, der du bist, laß dir zwei Worte sagen.
SOSIAS: Mein Seel! Er wird schlecht hören. Er ist tot.
ERSTER OBERSTER: Was hilft der eingeknickte Federbusch?
  – „Reißt eure Augen auf, wie Maulwürfe!"
  Der ist's, den seine eigne Frau erkennt.
ERSTER FELDHERR: Hier steht, ihr Obersten, Amphitryon.
AMPHITRYON *erwachend*: Wen kennt die eigne Frau hier?
ERSTER OBERSTER: Ihn erkennt sie,
  Ihn an, mit dem sie aus dem Hause trat.
  Um welchen, wie das Weinlaub, würd sie ranken,
  Wenn es ihr Stamm nicht ist, Amphitryon?
AMPHITRYON: Daß mir so viele Kraft noch wär, die Zung
  In Staub zu treten, die das sagt!

Sie anerkennt ihn nicht! *Er erhebt sich wieder.*
ERSTER FELDHERR: Das lügst du dort!
Meinst du des Volkes Urteil zu verwirren,
Wo es mit eignen Augen sieht?
AMPHITRYON: Sie anerkennt ihn nicht, ich wiederhol's!
– Wenn sie als Gatten ihn erkennen kann,
So frag ich nichts danach mehr, wer ich bin:
So will ich ihn Amphitryon begrüßen.
ERSTER FELDHERR: Es gilt. Sprecht jetzt.
ZWEITER FELDHERR: Erklärt Euch jetzo, Fürstin.
AMPHITRYON: Alkmene! Meine Braut! Erkläre dich:
Schenk mir noch einmal deiner Augen Licht!
Sag, daß du jenen anerkennst, als Gatten,
Und so urschnell, als der Gedanke zuckt,
Befreit dies Schwert von meinem Anblick dich.
ERSTER FELDHERR: Wohlan! Das Urteil wird sogleich gefällt sein.
ZWEITER FELDHERR: Kennt Ihr ihn dort?
ERSTER FELDHERR: Kennt Ihr den Fremdling dort?
AMPHITRYON: Dir wäre dieser Busen unbekannt,
Von dem so oft dein Ohr dir lauschend sagte,
Wie viele Schläge liebend er dir klopft?
Du solltest diese Töne nicht erkennen,
Die du so oft, noch eh sie laut geworden,
Mit Blicken schon mir von der Lippe stahlst?
ALKMENE: Daß ich zu ewger Nacht versinken könnte!
AMPHITRYON: Ich wußt es wohl. Ihr seht's, ihr Bürger Thebens,
Eh' wird der rasche Peneus rückwärts fließen,
Eh' sich der Bosporus auf Ida betten,
Eh' wird das Dromedar den Ozean durchwandeln,
Als sie dort jenen Fremdling anerkennen.
VOLK: Wär's möglich? Er, Amphitryon? Sie zaudert.
ERSTER FELDHERR: Sprecht!
ZWEITER FELDHERR: Redet!
DRITTER FELDHERR: Sagt uns! –
ZWEITER FELDHERR: Fürstin, sprecht ein Wort! –
ERSTER FELDHERR: Wir sind verloren, wenn sie länger schweigt.
JUPITER: Gib, gib der Wahrheit deine Stimme, Kind.
ALKMENE: Hier dieser ist Amphitryon, ihr Freunde.
AMPHITRYON: Er dort Amphitryon! Allmächtge Götter!
ERSTER FELDHERR: Wohlan. Es fiel dein Los. Entferne dich.
AMPHITRYON: Alkmene!

ZWEITER FELDHERR: Fort Verräter: willst du nicht,
  Daß wir das Urteil dir vollstrecken sollen.
AMPHITRYON: Geliebte!
ALKMENE: Nichtswürdger! Schändlicher!
  Mit diesem Namen wagst du mich zu nennen?
  Nicht vor des Gatten scheugebietendem
  Antlitz bin ich vor deiner Wut gesichert?
  Du Ungeheuer! Mir scheußlicher,
  Als es geschwollen in Morästen nistet!
  Was tat ich dir, daß du mir nahen mußtest,
  Von einer Höllennacht bedeckt,
  Dein Gift mir auf den Fittich hinzugeifern?
  Was mehr, als daß ich, o du Böser, dir
  Still, wie ein Maienwurm, ins Auge glänzte?
  Jetzt erst, was für ein Wahn mich täuscht', erblick ich.
  Der Sonne heller Lichtglanz war mir nötig,
  Solch einen feilen Bau gemeiner Knechte,
  Vom Prachtwuchs dieser königlichen Glieder,
  Den Farren von dem Hirsch zu unterscheiden?
  Verflucht die Sinne, die so gröblichem
  Betrug erliegen. O verflucht der Busen,
  Der solche falschen Töne gibt!
  Verflucht die Seele, die nicht so viel taugt,
  Um ihren eigenen Geliebten sich zu merken!
  Auf der Gebirge Gipfel will ich fliehen,
  In tote Wildnis hin, wo auch die Eule
  Mich nicht besucht, wenn mir kein Wächter ist,
  Der in Unsträflichkeit den Busen mir bewahrt. –
  Geh! deine schnöde List ist dir geglückt,
  Und meiner Seele Frieden eingeknickt.
AMPHITRYON: Du Unglückselige! Bin ich es denn,
  Der dir in der verfloßnen Nacht erschienen?
ALKMENE: Genug fortan! Entlaß mich, mein Gemahl.
  Du wirst die bitterste der Lebensstunden
  Jetzt gütig mir ein wenig kürzen.
  Laß diesen tausend Blicken mich entfliehn,
  Die mich wie Keulen, kreuzend niederschlagen.
JUPITER: Du Göttliche! Glanzvoller als die Sonne!
  Dein wartet ein Triumph, wie er in Theben
  Noch keiner Fürstentochter ist geworden.
  Und einen Augenblick verweilst du noch. *Zu Amphitryon:*

Glaubst du nunmehr, daß ich Amphitryon?
AMPHITRYON: Ob ich nunmehr Amphitryon dich glaube?
Du Mensch – entsetzlicher,
Als mir der Atem reicht, es auszusprechen! –
ERSTER FELDHERR: Verräter! Was? du weigerst dich?
ZWEITER FELDHERR: Du leugnest?
ERSTER FELDHERR: Wirst du jetzt etwa zu beweisen suchen,
Daß uns die Fürstin hinterging?
AMPHITRYON: O ihrer Worte jedes ist wahrhaftig,
Zehnfach geläutert Gold ist nicht so wahr.
Läs ich, mit Blitzen in die Nacht, Geschriebnes,
Und riefe Stimme mir des Donners zu,
Nicht dem Orakel würd ich so vertraun,
Als was ihr unverfälschter Mund gesagt.
Jetzt einen Eid selbst auf den Altar schwör ich,
Und sterbe siebenfachen Todes gleich,
Des unerschütterlich erfaßten Glaubens,
Daß er Amphitryon ihr ist.
JUPITER: Wohlan! Du bist Amphitryon.
AMPHITRYON: Ich bin's! –
Und wer bist du, furchtbarer Geist?
JUPITER: Amphitryon. Ich glaubte, daß du's wüßtest.
AMPHITRYON: Amphitryon! Das faßt kein Sterblicher.
Sei uns verständlich.
ALKMENE: Welche Reden das?
JUPITER: Amphitryon! Du Tor! Du zweifelst noch?
Argatiphontidas und Photidas,
Die Kadmusburg und Griechenland,
Das Licht, der Äther, und das Flüssige,
Das was da war, was ist, und was sein wird.
AMPHITRYON: Hier, meine Freunde, sammelt euch um mich,
Und laßt uns sehn, wie sich dies Rätsel löst.
ALKMENE: Entsetzlich!
DIE FELDHERREN: Was von diesem Auftritt denkt man?
JUPITER *zu Alkmenen*:
Meinst du, dir sei Amphitryon erschienen?
ALKMENE: Laß ewig in dem Irrtum mich, soll mir
Dein Licht die Seele ewig nicht umnachten.
JUPITER: O Fluch der Seligkeit, die du mir schenktest,
Müßt ich dir ewig nicht vorhanden sein.
AMPHITRYON: Heraus jetzt mit der Sprache dort: Wer bist du?

Blitz und Donnerschlag. Die Szene verhüllt sich mit Wolken. Es schwebt ein Adler mit dem Donnerkeil aus den Wolken nieder.

JUPITER: Du willst es wissen? *Er ergreift den Donnerkeil; der Adler entflieht.*

VOLK: Götter!

JUPITER: Wer bin ich?

DIE FELDHERREN UND OBERSTEN: Der Schreckliche! Er selbst ist's! Jupiter!

ALKMENE: Schützt mich ihr Himmlischen! *Sie fällt in Amphitryons Arme.*

AMPHITRYON: Anbetung dir
In Staub. Du bist der große Donnerer!
Und dein ist alles, was ich habe.

VOLK: Er ist's! In Staub! In Staub das Antlitz hin!

Alles wirft sich zur Erde außer Amphitryon.

JUPITER: Zeus hat in deinem Hause sich gefallen,
Amphitryon, und seiner göttlichen
Zufriedenheit soll dir ein Zeichen werden.
Laß deinen schwarzen Kummer jetzt entfliehen,
Und öffne dem Triumph dein Herz.
Was du, in mir, dir selbst getan, wird dir
Bei mir, dem, was ich ewig bin, nicht schaden.
Willst du in meiner Schuld den Lohn dir finden,
Wohlan, so grüß ich freundlich dich, und scheide.
Es wird dein Ruhm fortan, wie meine Welt,
In den Gestirnen seine Grenze haben.
Bist du mit deinem Dank zufrieden nicht,
Auch gut: Dein liebster Wunsch soll sich erfüllen,
Und eine Zunge geb ich ihm vor mir.

AMPHITRYON: Nein, Vater Zeus, zufrieden bin ich nicht!
Und meines Herzens Wunsche wächst die Zunge.
Was du dem Tyndarus getan, tust du
Auch dem Amphitryon: Schenk einen Sohn
Groß, wie die Tyndariden, ihm.

JUPITER: Es sei. Dir wird ein Sohn geboren werden,
Des Name Herkules: es wird an Ruhm
Kein Heros sich, der Vorwelt, mit ihm messen,
Auch meine ewgen Dioskuren nicht.
Zwölf ungeheure Werke, wälzt er türmend
Ein unvergänglich Denkmal sich zusammen.
Und wenn die Pyramide jetzt, vollendet,
Den Scheitel bis zum Wolkensaum erhebt,
Steigt er auf ihren Stufen himmelan
Und im Olymp empfang ich dann, den Gott.

AMPHITRYON: Dank dir! – Und diese hier, nicht raubst du mir?
Sie atmet nicht. Sieh her.
JUPITER: Sie wird dir bleiben;
Doch laß sie ruhn, wenn sie dir bleiben soll! –
Hermes!
Er verliert sich in den Wolken, welche sich mittlerweile in der Höhe geöffnet haben, und den Gipfel des Olymps zeigen, auf welchem die Olympischen gelagert sind.
ALKMENE: Amphitryon!
MERKUR: Gleich folg ich dir, du Göttlicher! –
Wenn ich erst jenem Kauze dort gesagt,
Daß ich sein häßliches Gesicht zu tragen,
Nun müde bin, daß ich's mir mit Ambrosia jetzt
Von den olympschen Wangen waschen werde;
Daß er besingenswürdge Schläg empfangen,
Und daß ich mehr und minder nicht, als Hermes,
Der Fußgeflügelte der Götter bin! *Ab.*
SOSIAS: Daß du für immer unbesungen mich
Gelassen hättst! Mein Lebtag sah ich noch
Solch einen Teufelskerl, mit Prügeln, nicht.
ERSTER FELDHERR: Fürwahr! Solch ein Triumph –
ZWEITER FELDHERR: So vieler Ruhm –
ERSTER OBERSTER: Du siehst durchdrungen uns –
AMPHITRYON: Alkmene!
ALKMENE: Ach!

PENTHESILEA

Ein Trauerspiel

PERSONEN

Penthesilea, *Königin*
Prothoe
Meroe — *Fürstinnen* — *der Amazonen*
Asteria
Die Oberpriesterin der Diana
Achilles
Odysseus
Diomedes — *Könige des Griechenvolks*
Antilochus
Griechen *und* Amazonen

Szene: Schlachtfeld bei Troja.

Erster Auftritt

Odysseus *und* Diomedes *von der einen Seite,* Antilochus *von der andern,* Gefolge *treten auf.*

Antilochus: Seid mir gegrüßt, ihr Könige! Wie geht's,
 Seit wir zuletzt bei Troja uns gesehn?
Odysseus: Schlecht, Antiloch. Du siehst auf diesen Feldern,
 Der Griechen und der Amazonen Heer,
 Wie zwei erboste Wölfe sich umkämpfen:
 Beim Jupiter! sie wissen nicht warum?
 Wenn Mars entrüstet, oder Delius,
 Den Stecken nicht ergreift, der Wolkenrüttler
 Mit Donnerkeilen nicht dazwischenwettert:
 Tot sinken die Verbißnen heut noch nieder,
 Des einen Zahn im Schlund des anderen. –
 Schafft einen Helm mit Wasser!
Antilochus: Element!
 Was wollen diese Amazonen uns?
Odysseus: Wir zogen aus, auf des Atriden Rat,
 Mit der gesamten Schar der Myrmidonen,
 Achill und ich; Penthesilea, hieß es,
 Sei in den skyth'schen Wäldern aufgestanden,
 Und führ ein Heer, bedeckt mit Schlangenhäuten,
 Von Amazonen, heißer Kampflust voll,
 Durch der Gebirge Windungen heran,
 Den Priamus in Troja zu entsetzen.
 Am Ufer des Skamandros hören wir,
 Deiphobus auch, der Priamide, sei
 Aus Ilium mit einer Schar gezogen,
 Die Königin, die ihm mit Hülfe naht,
 Nach Freundesart zu grüßen. Wir verschlingen
 Die Straße jetzt, uns zwischen dieser Gegner
 Heillosem Bündnis wehrend aufzupflanzen;
 Die ganze Nacht durch windet sich der Zug.
 Doch, bei des Morgens erster Dämmerröte,
 Welch ein Erstaunen faßt uns, Antiloch,

Da wir, in einem weiten Tal vor uns,
Mit des Deiphobus Iliern im Kampf
Die Amazonen sehn! Penthesilea,
Wie Sturmwind ein zerrissenes Gewölk,
Weht der Trojaner Reihen vor sich her,
Als gält es übern Hellespont hinaus,
Hinweg vom Rund der Erde sie zu blasen.

ANTILOCHUS: Seltsam, bei unserm Gott!

ODYSSEUS: Wir sammeln uns,
Der Trojer Flucht, die wetternd auf uns ein,
Gleich einem Anfall keilt, zu widerstehen,
Und dicht zur Mauer drängen wir die Spieße.
Auf diesen Anblick stutzt der Priamide;
Und wir, im kurzen Rat beschließen, gleich,
Die Amazonenfürstin zu begrüßen:
Sie auch hat ihren Siegeslauf gehemmt.
War je ein Rat einfältiger und besser?
Hätt ihn Athene, wenn ich sie befragt,
Ins Ohr verständiger mir flüstern können?
Sie muß, beim Hades! diese Jungfrau, doch,
Die wie vom Himmel plötzlich, kampfgerüstet,
In unsern Streit fällt, sich darin zu mischen,
Sie muß zu einer der Partein sich schlagen;
Und uns die Freundin müssen wir sie glauben,
Da sie sich Teukrischen die Feindin zeigt.

ANTILOCHUS: Was sonst, beim Styx! Nichts anders gibt's.

ODYSSEUS: Nun gut.
Wir finden sie, die Heldin Skythiens,
Achill und ich – in kriegerischer Feier
An ihrer Jungfraun Spitze aufgepflanzt,
Geschürzt, der Helmbusch wallt ihr von der Scheitel,
Und seine Gold- und Purpurtroddeln regend,
Zerstampft ihr Zelter unter ihr den Grund.
Gedankenvoll, auf einen Augenblick,
Sieht sie in unsre Schar, von Ausdruck leer,
Als ob in Stein gehaun wir vor ihr stünden;
Hier diese flache Hand, versichr' ich dich,
Ist ausdrucksvoller als ihr Angesicht:
Bis jetzt ihr Aug auf den Peliden trifft:
Und Glut ihr plötzlich, bis zum Hals hinab,
Das Antlitz färbt, als schlüge rings um ihr

Die Welt in helle Flammenlohe auf.
Sie schwingt, mit einer zuckenden Bewegung
– Und einen finstern Blick wirft sie auf ihn –,
Vom Rücken sich des Pferds herab, und fragt,
Die Zügel einer Dienrin überliefernd,
Was uns, in solchem Prachtzug, zu ihr führe.
Ich jetzt, wie wir Argiver hoch erfreut,
Auf eine Feindin des Dardanervolks zu stoßen;
Was für ein Haß den Priamiden längst
Entbrannt sei in der Griechen Brust, wie nützlich,
So ihr, wie uns, ein Bündnis würde sein;
Und was der Augenblick noch sonst mir beut:
Doch mit Erstaunen, in dem Fluß der Rede,
Bemerk ich, daß sie mich nicht hört. Sie wendet,
Mit einem Ausdruck der Verwunderung,
Gleich einem sechzehnjährgen Mädchen plötzlich,
Das von olympschen Spielen wiederkehrt,
Zu einer Freundin, ihr zur Seite sich,
Und ruft: „Solch einem Mann, o Prothoe, ist
Otrere, meine Mutter, nie begegnet!"
Die Freundin, auf dies Wort betreten, schweigt,
Achill und ich, wir sehn uns lächelnd an,
Sie ruht, sie selbst, mit trunknem Blick schon wieder
Auf des Äginers schimmernde Gestalt:
Bis jen' ihr schüchtern naht, und sie erinnert,
Daß sie mir noch die Antwort schuldig sei.
Drauf mit der Wangen Rot, war's Wut, war's Scham,
Die Rüstung wieder bis zum Gurt sich färbend,
Verwirrt und stolz und wild zugleich: sie sei
Penthesilea, kehrt sie sich zu mir,
Der Amazonen Königin, und werde
Aus Köchern mir die Antwort übersenden!

ANTILOCHUS: So, Wort für Wort, der Bote, den du sandtest;
Doch keiner in dem ganzen Griechenlager,
Der ihn begriff.

ODYSSEUS: Hierauf unwissend jetzt,
Was wir von diesem Auftritt denken sollen,
In grimmiger Beschämung gehn wir heim,
Und sehn die Teukrischen, die unsre Schmach
Von fern her, die hohnlächelnden, erraten,
Wie im Triumph sich sammeln. Sie beschließen

Im Wahn, sie seien die Begünstigten,
Und nur ein Irrtum, der sich lösen müsse,
Sei an dem Zorn der Amazone schuld,
Schnell ihr, durch einen Herold, Herz und Hand,
Die sie verschmäht, von neuem anzutragen.
Doch eh der Bote, den sie senden wollen,
Den Staub noch von der Rüstung abgeschüttelt,
Stürzt die Kentaurin, mit verhängtem Zügel,
Auf sie und uns schon, Griech' und Trojer, ein,
Mit eines Waldstroms wütendem Erguß
Die einen, wie die andern, niederbrausend.

ANTILOCHUS: Ganz unerhört, ihr Danaer!

ODYSSEUS: Jetzt hebt
Ein Kampf an, wie er, seit die Furien walten,
Noch nicht gekämpft ward auf der Erde Rücken.
Soviel ich weiß, gibt es in der Natur
Kraft bloß und ihren Widerstand, nichts Drittes.
Was Glut des Feuers löscht, löst Wasser siedend
Zu Dampf nicht auf und umgekehrt. Doch hier
Zeigt ein ergrimmter Feind von beiden sich,
Bei dessen Eintritt nicht das Feuer weiß,
Ob's mit dem Wasser rieseln soll, das Wasser
Ob's mit dem Feuer himmelan soll lecken.
Der Trojer wirft, gedrängt von Amazonen,
Sich hinter eines Griechen Schild, der Grieche
Befreit ihn von der Jungfrau, die ihn drängte,
Und Griech' und Trojer müssen jetzt sich fast,
Dem Raub der Helena zu Trotz, vereinen,
Um dem gemeinen Feinde zu begegnen.

Ein Grieche bringt ihm Wasser.

Dank! Meine Zunge lechzt.

DIOMEDES: Seit jenem Tage
Grollt über dieser Ebne unverrückt
Die Schlacht, mit immer reger Wut, wie ein
Gewitter, zwischen waldgekrönter Felsen Gipfeln
Geklemmt. Als ich mit den Ätoliern gestern
Erschien, der Unsern Reihen zu verstärken,
Schlug sie mit Donnerkrachen eben ein,
Als wollte sie den ganzen Griechenstamm
Bis auf den Grund, die Wütende, zerspalten.
Der Krone ganze Blüte liegt, Ariston,

Astyanax, von Sturm herabgerüttelt,
Menandros, auf dem Schlachtfeld da, den Lorbeer,
Mit ihren jungen, schönen Leibern groß,
Für diese kühne Tochter Ares', düngend.
Mehr der Gefangnen siegreich nahm sie schon,
Als sie uns Augen, sie zu missen, Arme,
Sie wieder zu befrein, uns übrigließ.
ANTILOCHUS: Und niemand kann, was sie uns will, ergründen?
DIOMEDES: Kein Mensch, das eben ist's: wohin wir spähend
Auch des Gedankens Senkblei fallen lassen.
– Oft, aus der sonderbaren Wut zu schließen,
Mit welcher sie, im Kampfgewühl, den Sohn
Der Thetis sucht, scheint's uns, als ob ein Haß
Persönlich wider ihn die Brust ihr füllte.
So folgt, so hungerheiß, die Wölfin nicht,
Durch Wälder, die der Schnee bedeckt, der Beute,
Die sich ihr Auge grimmig auserkor,
Als sie, durch unsre Schlachtreihn, dem Achill.
Doch jüngst, in einem Augenblick, da schon
Sein Leben war in ihre Macht gegeben,
Gab sie es lächelnd, ein Geschenk, ihm wieder:
Er stieg zum Orkus, wenn sie ihn nicht hielt.
ANTILOCHUS: Wie? Wenn ihn wer? Die Königin?
DIOMEDES: Sie selbst!
Denn als sie, um die Abenddämmrung gestern,
Im Kampf, Penthesilea und Achill,
Einander trafen, stürmt Deiphobus her,
Und auf der Jungfrau Seite hingestellt,
Der Teukrische, trifft er dem Peleïden
Mit einem tückschen Schlag die Rüstung prasselnd,
Daß rings der Ormen Wipfel widerhallten.
Die Königin, entfärbt, läßt zwei Minuten
Die Arme sinken; und die Locken dann
Entrüstet um entflammte Wangen schüttelnd,
Hebt sie vom Pferdesrücken hoch sich auf,
Und senkt, wie aus dem Firmament geholt,
Das Schwert ihm wetterstrahlend in den Hals,
Daß er zu Füßen hin, der Unberufne,
Dem Sohn, dem göttlichen, der Thetis rollt.
Er jetzt, zum Dank, will ihr, der Peleïde,
Ein Gleiches tun; doch sie bis auf den Hals

Gebückt, den mähnumflossenen, des Schecken,
Der, in den Goldzaum beißend, sich herumwirft,
Weicht seinem Mordhieb aus, und schießt die Zügel,
Und sieht sich um, und lächelt, und ist fort.
ANTILOCHUS: Ganz wunderbar!
ODYSSEUS: Was bringst du uns von Troja?
ANTILOCHUS: Mich sendet Agamemnon her, und fragt dich,
Ob Klugheit nicht, bei so gewandelten
Verhältnissen, den Rückzug dir gebiete.
Uns gelt es Iliums Mauern einzustürzen,
Nicht einer freien Fürstin Heereszug,
Nach einem uns gleichgültigen Ziel, zu stören.
Falls du daher Gewißheit dir verschafft,
Daß nicht mit Hülfe der Dardanerburg
Penthesilea naht, woll er, daß ihr
Sogleich, um welchen Preis gleichviel, euch wieder
In die argivische Verschanzung werft.
Verfolgt sie euch, so werd er, der Atride,
Dann an des Heeres Spitze selber sehn,
Wozu sich diese rätselhafte Sphinx
Im Angesicht von Troja wird entscheiden.
ODYSSEUS: Beim Jupiter! Der Meinung bin ich auch.
Meint ihr, daß der Laertiade sich
In diesem sinnentblößten Kampf gefällt?
Schafft den Peliden weg von diesem Platze!
Denn wie die Dogg entkoppelt, mit Geheul
In das Geweih des Hirsches fällt: der Jäger,
Erfüllt von Sorge, lockt und ruft sie ab;
Jedoch verbissen in des Prachttiers Nacken,
Tanzt sie durch Berge neben ihm, und Ströme,
Fern in des Waldes Nacht hinein: so er,
Der Rasende, seit in der Forst des Krieges
Dies Wild sich von so seltner Art, ihm zeigte.
Durchbohrt mit einem Pfeilschuß, ihn zu fesseln,
Die Schenkel ihm: er weicht, so schwört er, eher
Von dieser Amazone Ferse nicht,
Bis er bei ihren seidnen Haaren sie
Von dem gefleckten Tigerpferd gerissen.
Versuch's, o Antiloch, wenn's dir beliebt,
Und sieh, was deine rednerische Kunst,
Wenn seine Lippe schäumt, bei ihm vermag.

DIOMEDES: Laßt uns vereint, ihr Könige, noch einmal
Vernunft keilförmig, mit Gelassenheit,
Auf seine rasende Entschließung setzen.
Du wirst, erfindungsreicher Larissäer,
Den Riß schon, den er beut, zu finden wissen.
Weicht er dir nicht, wohlan, so will ich ihn
Mit zwei Ätoliern auf den Rücken nehmen,
Und einem Klotz gleich, weil der Sinn ihm fehlt,
In dem Argiverlager niederwerfen.
ODYSSEUS: Folgt mir!
ANTILOCHUS: Nun? Wer auch eilt uns dort heran?
DIOMEDES: Es ist Adrast. So bleich und so verstört.

Zweiter Auftritt

Die Vorigen. *Ein* Hauptmann *tritt auf.*

ODYSSEUS: Was bringst du?
DIOMEDES: Botschaft?
DER HAUPTMANN: Euch die ödeste,
Die euer Ohr noch je vernahm.
DIOMEDES: Wie?
ODYSSEUS: Rede!
DER HAUPTMANN: Achill – ist in der Amazonen Händen,
Und Pergams Mauern fallen jetzt nicht um.
DIOMEDES: Ihr Götter, ihr olympischen!
ODYSSEUS: Unglücksbote!
ANTILOCHUS: Wann trug, wo, das Entsetzliche sich zu?
DER HAUPTMANN: Ein neuer Anfall, heiß, wie Wetterstrahl,
Schmolz, dieser wuterfüllten Mavorstöchter,
Rings der Ätolier wackre Reihen hin,
Auch uns, wie Wassersturz, hernieder sie,
Die unbesiegten Myrmidonier, gießend.
Vergebens drängen wir dem Fluchtgewog
Entgegen uns: in wilder Überschwemmung
Reißt's uns vom Kampfplatz strudelnd mit sich fort:
Und eher nicht vermögen wir den Fuß,
Als fern von dem Peliden fest zu setzen.
Erst jetzo wickelt er, umstarrt von Spießen,
Sich aus der Nacht des Kampfes los, er rollt
Von eines Hügels Spitze scheu herab,

Auf uns kehrt glücklich sich sein Lauf, wir senden
Aufjauchzend ihm den Rettungsgruß schon zu:
Doch es erstirbt der Laut im Busen uns,
Da plötzlich jetzt sein Viergespann zurück
Vor einem Abgrund stutzt, und hoch aus Wolken
In grause Tiefe bäumend niederschaut.
Vergebens jetzt, in der er Meister ist,
Des Isthmus ganze vielgeübte Kunst:
Das Roßgeschwader wendet, das erschrockne,
Die Häupter rückwärts in die Geißelhiebe,
Und im verworrenen Geschirre fallend,
Zum Chaos, Pferd und Wagen, eingestürzt,
Liegt unser Göttersohn, mit seinem Fuhrwerk,
Wie in der Schlinge eingefangen da.

ANTILOCHUS: Der Rasende! Wohin treibt ihn –?

DER HAUPTMANN: Es stürzt
Automedon, des Fahrzeugs rüstger Lenker,
In die Verwirrung hurtig sich der Rosse:
Er hilft dem Viergekoppel wieder auf.
Doch eh er noch aus allen Knoten rings
Die Schenkel, die verwickelten, gelöst,
Sprengt schon die Königin, mit einem Schwarm
Siegreicher Amazonen, ins Geklüft,
Jedweden Weg zur Rettung ihm versperrend.

ANTILOCHUS: Ihr Himmlischen!

DER HAUPTMANN: Sie hemmt, Staub rings umqualmt sie,
Des Zelters flüchtgen Lauf, und hoch zum Gipfel
Das Angesicht, das funkelnde, gekehrt,
Mißt sie, auf einen Augenblick, die Wand:
Der Helmbusch selbst, als ob er sich entsetzte,
Reißt bei der Scheitel sie von hinten nieder.
Drauf plötzlich jetzt legt sie die Zügel weg:
Man sieht, gleich einer Schwindelnden, sie hastig
Die Stirn, von einer Lockenflut umwallt,
In ihre beiden kleinen Hände drücken.
Bestürzt, bei diesem sonderbaren Anblick,
Umwimmeln alle Jungfraun sie, mit heiß
Eindringlicher Gebärde sie beschwörend;
Die eine, die zunächst verwandt ihr scheint,
Schlingt ihren Arm um sie, indes die andre
Entschloßner noch, des Pferdes Zügel greift:

Man will den Fortschritt mit Gewalt ihr wehren,
Doch sie –
DIOMEDES: Wie? wagt sie es?
ANTILOCHUS: Nein, sprich!
DER HAUPTMANN: Ihr hört's.
Umsonst sind die Versuche, sie zu halten,
Sie drängt mit sanfter Macht von beiden Seiten
Die Fraun hinweg, und im unruh'gen Trabe
An dem Geklüfte auf und nieder streifend,
Sucht sie, ob nicht ein schmaler Pfad sich biete
Für einen Wunsch, der keine Flügel hat;
Drauf jetzt, gleich einer Rasenden, sieht man
Empor sie an des Felsens Wände klimmen,
Jetzt hier, in glühender Begier, jetzt dort,
Unsinnger Hoffnung voll, auf diesem Wege
Die Beute, die im Garn liegt, zu erhaschen.
Jetzt hat sie jeden sanftern Riß versucht,
Den sich im Fels der Regen ausgewaschen;
Der Absturz ist, sie sieht es, unersteiglich;
Doch, wie beraubt des Urteils, kehrt sie um,
Und fängt, als wär's von vorn, zu klettern an.
Und schwingt, die Unverdrossene, sich wirklich
Auf Pfaden, die des Wandrers Fußtritt scheut,
Schwingt sich des Gipfels höchstem Rande näher
Um einer Orme Höh; und da sie jetzt auf einem
Granitblock steht, von nicht mehr Flächenraum
Als eine Gemse sich zu halten braucht;
Von ragendem Geklüfte rings geschreckt,
Den Schritt nicht vorwärts mehr, nicht rückwärts wagt;
Der Weiber Angstgeschrei durchkreischt die Luft:
Stürzt sie urplötzlich, Roß und Reuterin,
Von los sich lösendem Gestein umprasselt,
Als ob sie in den Orkus führe, schmetternd
Bis an des Felsens tiefsten Fuß zurück,
Und bricht den Hals sich nicht und lernt auch nichts;
Sie rafft sich bloß zu neuem Klimmen auf.
ANTILOCHUS: Seht die Hyäne, die blind-wütende!
ODYSSEUS: Nun? Und Automedon?
DER HAUPTMANN: Er endlich schwingt,
Das Fahrzeug steht, die Rosse auch, geordnet –
– Hephästos hätt in so viel Zeit fast neu

Den ganzen erznen Wagen schmieden können –
Er schwingt dem Sitz sich zu, und greift die Zügel:
Ein Stein fällt uns Argivern von der Brust.
Doch eben jetzt, da er die Pferde wendet,
Erspähn die Amazonen einen Pfad,
Dem Gipfel sanfthin zugeführt, und rufen,
Das Tal rings mit Geschrei des Jubels füllend,
Die Königin dahin, die sinnberaubte,
Die immer noch des Felsens Sturz versucht.
Sie, auf dies Wort, das Roß zurücke werfend,
Rasch einen Blick den Pfad schickt sie hinan;
Und dem gestreckten Parder gleich, folgt sie
Dem Blick auch auf den Fuß: er, der Pelide,
Entwich zwar mit den Rossen, rückwärts strebend;
Doch in den Gründen bald verschwand er mir,
Und was aus ihm geworden, weiß ich nicht.
ANTILOCHUS: Verloren ist er!
DIOMEDES: Auf! Was tun wir, Freunde?
ODYSSEUS: Was unser Herz, ihr Könige, gebeut!
Auf! laßt uns ihn der Königin entreißen!
Gilt's einen Kampf um ihn auf Tod und Leben:
Den Kampf bei den Atriden fecht ich aus.
Odysseus, Diomedes, Antilochus ab.

Dritter Auftritt

DER HAUPTMANN. *Eine Schar von* GRIECHEN, *welche währenddessen einen Hügel bestiegen haben.*

EIN MYRMIDONIER *in die Gegend schauend*: Seht! Steigt dort über jenes
Ein Haupt nicht, ein bewaffnetes, empor? [Berges Rücken,
Ein Helm, von Federbüschen überschattet?
Der Nacken schon, der mächtge, der es trägt?
Die Schultern auch, die Arme, stahlumglänzt?
Das ganze Brustgebild, o seht doch, Freunde,
Bis wo den Leib der goldne Gurt umschließt?
DER HAUPTMANN: Ha! Wessen!
DER MYRMIDONIER: Wessen! Träum ich, ihr Argiver?
Die Häupter sieht man schon, geschmückt mit Blessen,
Des Roßgespanns! Nur noch die Schenkel sind,
Die Hufen, von der Höhe Rand bedeckt!

Jetzt, auf dem Horizonte, steht das ganze
Kriegsfahrzeug da! So geht die Sonne prachtvoll
An einem heitern Frühlingstage auf!
DIE GRIECHEN: Triumph, Achilleus ist's! Der Göttersohn!
Selbst die Quadriga führet er heran!
Er ist gerettet!
DER HAUPTMANN: Ihr Olympischen!
So sei euch ewger Ruhm gegönnt! – Odysseus!
– Flieg einer den argolschen Fürsten nach!
Ein Grieche schnell ab.
Naht er sich uns, ihr Danaer?
DER MYRMIDONIER: O sieh!
DER HAUPTMANN: Was gibt's?
DER MYRMIDONIER: O mir vergeht der Atem, Hauptmann!
DER HAUPTMANN: So rede, sprich!
DER MYRMIDONIER: Oh, wie er mit der Linken
Vor über seiner Rosse Rücken geht!
Wie er die Geißel umschwingt über sie!
Wie sie von ihrem bloßen Klang erregt,
Der Erde Grund, die göttlichen, zerstampfen!
Am Zügel ziehn sie, beim Lebendigen,
Mit ihrer Schlünde Dampf, das Fahrzeug fort!
Gehetzter Hirsche Flug ist schneller nicht!
Der Blick drängt unzerknickt sich durch die Räder,
Zur Scheibe fliegend eingedreht, nicht hin!
EIN ÄTOLIER: Doch hinter ihm –
DER HAUPTMANN: Was?
DER MYRMIDONIER: An des Berges Saum –
DER ÄTOLIER: Staub –
DER MYRMIDONIER: Staub aufqualmend, wie Gewitterwolken:
Und, wie der Blitz vorzuckt –
DER ÄTOLIER: Ihr ewgen Götter!
DER MYRMIDONIER: Penthesilea.
DER HAUPTMANN: Wer?
DER ÄTOLIER: Die Königin! –
Ihm auf dem Fuß, dem Peleïden, schon
Mit ihrem ganzen Troß von Weibern folgend.
DER HAUPTMANN: Die rasende Megär!
DIE GRIECHEN *rufend*: Hieher der Lauf!
Hieher den Lauf, du Göttlicher gerichtet!
Auf uns den Lauf!

DER ÄTOLIER: Seht! wie sie mit den Schenkeln
  Des Tigers Leib inbrünstiglich umarmt!
  Wie sie, bis auf die Mähn herabgebeugt,
  Hinweg die Luft trinkt lechzend, die sie hemmt!
  Sie fliegt, wie von der Senne abgeschossen:
  Numid'sche Pfeile sind nicht hurtiger!
  Das Heer bleibt keuchend, hinter ihr, wie Köter,
  Wenn sich ganz aus die Dogge streckt, zurück!
  Kaum daß ihr Federbusch ihr folgen kann!
DER HAUPTMANN: So naht sie ihm?
EIN DOLOPER: Naht ihm!
DER MYRMIDONIER: Naht ihm noch nicht!
DER DOLOPER: Naht ihm, ihr Danaer! Mit jedem Hufschlag,
  Schlingt sie, wie hungerheiß, ein Stück des Weges,
  Der sie von dem Peliden trennt, hinunter!
DER MYRMIDONIER: Bei allen hohen Göttern, die uns schützen!
  Sie wächst zu seiner Größe schon heran!
  Sie atmet schon, zurückgeführt vom Winde,
  Den Staub, den säumend seine Fahrt erregt!
  Der rasche Zelter wirft, auf dem sie reitet,
  Erdschollen, aufgewühlt von seiner Flucht,
  Schon in die Muschel seines Wagens hin!
DER ÄTOLIER: Und jetzt – der Übermütge! Rasende!
  Er lenkt im Bogen spielend noch! Gib acht:
  Die Amazone wird die Sehne nehmen.
  Siehst du? Sie schneidet ihm den Lauf –
DER MYRMIDONIER: Hilf! Zeus!
  An seiner Seite fliegt sie schon! Ihr Schatten,
  Groß, wie ein Riese, in der Morgensonne,
  Erschlägt ihn schon!
DER ÄTOLIER: Doch jetzt urplötzlich reißt er –
DER DOLOPER: Das ganze Roßgeschwader reißt er plötzlich
  Zur Seit herum!
DER ÄTOLIER: Zu uns her fliegt er wieder!
DER MYRMIDONIER: Ha! Der Verschlagne! Er betrog sie –
DER DOLOPER: Hui!
  Wie sie, die Unaufhaltsame, vorbei
  Schießt an dem Fuhrwerk –
DER MYRMIDONIER: Prellt, im Sattel fliegt,
  Und stolpert –
DER DOLOPER: Stürzt!

DER HAUPTMANN: Was?
DER MYRMIDONIER: Stürzt, die Königin!
Und eine Jungfrau blindhin über sie –
DER DOLOPER: Und eine noch –
DER MYRMIDONIER: Und wieder –
DER DOLOPER: Und noch eine –
DER HAUPTMANN: Ha! Stürzen, Freunde?
DER DOLOPER: Stürzen –
DER MYRMIDONIER: Stürzen, Hauptmann,
Wie in der Feueresse eingeschmelzt,
Zum Haufen, Roß und Reutrinnen, zusammen!
DER HAUPTMANN: Daß sie zu Asche würden!
DER DOLOPER: Staub ringsum,
Vom Glanz der Rüstungen durchzuckt und Waffen:
Das Aug erkennt nichts mehr, wie scharf es sieht.
Ein Knäuel, ein verworrener, von Jungfraun
Durchwebt von Rossen bunt: das Chaos war,
Das erst', aus dem die Welt sprang, deutlicher.
DER ÄTOLIER: Doch jetzt – ein Wind erhebt sich; Tag wird es,
Und eine der Gestürzten rafft sich auf.
DER DOLOPER: Ha! Wie sich das Gewimmel lustig regt!
Wie sie die Spieße sich, die Helme, suchen,
Die weithin auf das Feld geschleuderten!
DER MYRMIDONIER: Drei Rosse noch, und eine Reutrin, liegen
Gestreckt wie tot –
DER HAUPTMANN: Ist das die Königin?
DER ÄTOLIER: Penthesilea, fragst du?
DER MYRMIDONIER: Ob's die Königin?
– Daß mir den Dienst die Augen weigerten!
Dort steht sie!
DER DOLOPER: Wo?
DER HAUPTMANN: Nein, sprich!
DER MYRMIDONIER: Dort, beim Kroniden,
Wo sie gestürzt: in jener Eiche Schatten!
An ihres Pferdes Nacken hält sie sich,
Das Haupt entblößt – seht ihr den Helm am Boden?
Die Locken schwachhin mit der Rechten greifend,
Wischt sie, ist's Staub, ist's Blut, sich von der Stirn.
DER DOLOPER: Bei Gott, sie ist's!
DER HAUPTMANN: Die Unverwüstliche!
DER ÄTOLIER: Die Katze, die so stürzt, verreckt; nicht sie!

DER HAUPTMANN: Und der Pelid?
DER DOLOPER: Ihn schützen alle Götter!
  Um drei Pfeilschüsse flog er fort und drüber!
  Kaum mehr mit Blicken kann sie ihn erreichen,
  Und der Gedanke selbst, der strebende,
  Macht ihr im atemlosen Busen: halt!
DER MYRMIDONIER: Triumph! Dort tritt Odysseus jetzt hervor!
  Das ganze Griechenheer, im Strahl der Sonne,
  Tritt plötzlich aus des Waldes Nacht hervor!
DER HAUPTMANN: Odyß? Und Diomed auch? O ihr Götter!
  – Wie weit noch in dem Feld ist er zurück?
DER DOLOPER: Kaum einen Steinwurf, Hauptmann! Sein Gespann
  Fliegt auf die Höhen am Skamandros schon,
  Wo sich das Heer raschhin am Rande ordnet.
  Die Reihn schon wettert er entlang –
STIMMEN *aus der Ferne*:   Heil dir!
DER DOLOPER: Sie rufen, die Argiver, ihm –
STIMMEN: Heil dir!
  Achill! Heil dir, Pelide! Göttersohn!
  Heil dir! Heil dir! Heil dir!
DER DOLOPER: Er hemmt den Lauf!
  Vor den versammelten Argiverfürsten
  Hemmt er den Lauf! Odysseus naht sich ihm!
  Vom Sitz springt er, der Staubbedeckte, nieder!
  Die Zügel gibt er weg! Er wendet sich!
  Er nimmt den Helm ab, der sein Haupt beschwert!
  Und alle Könige umringen ihn!
  Die Griechen reißen ihn, die jauchzenden,
  Um seine Kniee wimmelnd, mit sich fort:
  Indes Automedon die Rosse schrittweis,
  Die dampfenden, an seiner Seite führt!
  Hier wälzt der ganze Jubelzug sich schon
  Auf uns heran! Heil dir! du Göttlicher!
  O seht doch her, seht her – Da ist er schon!

Vierter Auftritt

ACHILLES, *ihm folgen* ODYSSEUS, DIOMEDES, ANTILOCHUS, AUTOMEDON *mit der Quadriga ihm zur Seite, das Heer der* GRIECHEN.

ODYSSEUS: Sei mir, Äginerheld, aus heißer Brust
 Gegrüßt! Du Sieger auch noch in der Flucht!
 Beim Jupiter! Wenn hinter deinem Rücken,
 Durch deines Geistes Obmacht über ihren,
 In Staub die Feindin stürzt, was wird geschehn,
 Wenn's dir gelingt, du Göttlicher, sie einst
 Von Angesicht zu Angesicht zu fassen.
ACHILLES *er hält den Helm in der Hand und wischt sich den Schweiß von der Stirn. Zwei Griechen ergreifen, ihm unbewußt, einen seiner Arme, der verwundet ist, und verbinden ihn*: Was ist? Was gibt's?
ANTILOCHUS: Du hast in einem Kampf
 Wetteifernder Geschwindigkeit bestanden,
 Neridensohn, wie losgelassene
 Gewitterstürm, am Himmelsplane brausend,
 Noch der erstaunten Welt ihn nicht gezeigt.
 Bei den Erinnyen! Meiner Reue würd ich
 Mit deinem flüchtigen Gespann entfliehn,
 Hätt ich, des Lebens Gleise schwer durchknarrend,
 Die Sünden von der ganzen Trojerburg
 Der Muschel meiner Brust auch aufgeladen.
ACHILLES *zu den zwei Griechen, welche ihn mit ihrem Geschäft zu belästigen scheinen*: Die Narren.
EIN GRIECHENFÜRST: Wer?
ACHILLES: Was neckt ihr –
DER ERSTE GRIECHE *der ihm den Arm verbindet*: Halt! Du blutest!
ACHILLES: Nun ja.
DER ZWEITE GRIECHE: So steh!
DER ERSTE: So laß dich auch verbinden.
DER ZWEITE: Gleich ist's geschehn.
DIOMEDES: – Es ließ zu Anfang hier,
 Der Rückzug meiner Völker habe dich
 In diese Flucht gestürzt; beschäftigt
 Mit dem Ulyß, den Antiloch zu hören,
 Der Botschaft uns von den Atriden brachte,
 War ich selbst auf dem Platz nicht gegenwärtig.
 Doch alles, was ich sehe, überzeugt mich,

Daß dieser meisterhaften Fahrt ein freier
Entwurf zum Grunde lag. Man könnte fragen,
Ob du bei Tagesanbruch, da wir zum
Gefecht noch allererst uns rüsteten,
Den Feldstein schon gedacht dir, über welchen
Die Königin zusammenstürzen sollte:
So sichern Schrittes, bei den ewigen Göttern,
Hast du zu diesem Stein sie hingeführt.
ODYSSEUS: Doch jetzt, Doloperheld, wirst du gefällig,
Wenn dich ein anderes nicht besser dünkt,
Mit uns dich ins Argiverlager werfen.
Die Söhne Atreus' rufen uns zurück.
Wir werden mit verstelltem Rückzug sie
In das Skamandrostal zu locken suchen,
Wo Agamemnon aus dem Hinterhalt
In einer Hauptschlacht sie empfangen wird.
Beim Gott des Donners! Nirgends, oder dort
Kühlst du die Brunst dir ab, die, rastlos drängend,
Gleich einem jungen Spießer, dich verfolgt;
Und meinen besten Segen schenk ich dir.
Denn mir ein Greul auch, in den Tod verhaßt,
Schweift die Megäre, unsre Taten störend,
Auf diesem Feld herum, und gern möcht ich,
Gesteh ich dir, die Spur von deinem Fußtritt
Auf ihrer rosenblütnen Wange sehn.
ACHILLES *sein Blick fällt auf die Pferde*: Sie schwitzen.
ANTILOCHUS: Wer?
AUTOMEDON *indem er ihre Hälse mit der Hand prüft*: Wie Blei.
ACHILLES: Gut. Führe sie.
Und wenn die Luft sie abgekühlt, so wasche
Brüst ihnen und der Schenkel Paar mit Wein.
AUTOMEDON: Man bringt die Schläuche schon.
DIOMEDES: — Hier siehst du wohl,
Vortrefflicher, daß wir im Nachteil kämpfen.
Bedeckt, so weit das schärfste Auge reicht,
Sind alle Hügel von der Weiber Haufen;
Heuschrecken lassen dichtgeschloßner nicht
Auf eine reife Saatenflur sich nieder.
Wem noch gelang ein Sieg, wie er ihn wünschte?
Ist einer, außer dir, der sagen kann,
Er hab auch die Kentaurin nur gesehn?

Umsonst, daß wir, in goldnen Rüstungen,
Hervor uns drängen, unsern Fürstenstand
Lautschmetternd durch Trompeten ihr verkünden;
Sie rückt nicht aus dem Hintergrund hervor;
Und wer auch fern, vom Windzug hergeführt,
Nur ihre Silberstimme hören wollte,
Müßt eine Schlacht, unrühmlich, zweifelhaft,
Vorher mit losem Kriegsgesindel kämpfen,
Das sie, den Höllenhunden gleich, bewacht.

ACHILLES *in die Ferne hinaus schauend*: Steht sie noch da?

DIOMEDES: Du fragst? –

ANTILOCHUS: Die Königin?

DER HAUPTMANN: Man sieht nichts – Platz! Die Federbüsch hinweg!

DER GRIECHE *der ihm den Arm verbindet*: Halt! Einen Augenblick.

EIN GRIECHENFÜRST: Dort, allerdings!

DIOMEDES: Wo?

DER GRIECHENFÜRST: Bei der Eiche, unter der sie fiel.
Der Helmbusch wallt schon wieder ihr vom Haupte,
Und ihr Mißschicksal scheint verschmerzt. –

DER ERSTE GRIECHE: Nun endlich!

DER ZWEITE: Den Arm jetzt magst du, wie du willst, gebrauchen.

DER ERSTE: Jetzt kannst du gehn.

Die Griechen verknüpfen noch einen Knoten und lassen seinen Arm fahren.

ODYSSEUS: Hast du gehört, Pelide,
Was wir dir vorgestellt?

ACHILLES: Mir vorgestellt?
Nein, nichts. Was war's? Was wollt ihr?

ODYSSEUS: Was wir wollen?
Seltsam. – Wir unterrichteten von den Befehlen
Dich der Atriden! Agamemnon will,
Daß wir sogleich ins Griechenlager kehren;
Den Antiloch sandt er, wenn du ihn siehst,
Mit diesem Schluß des Feldherrnrats uns ab.
Der Kriegsplan ist, die Amazonenkönigin
Herab nach der Dardanerburg zu locken,
Wo sie, in beider Heere Mitte nun,
Von treibenden Verhältnissen gedrängt,
Sich muß, wem sie die Freundin sei, erklären;
Und wir dann, sie erwähle, was sie wolle,
Wir werden wissen mindestens, was zu tun.
Ich traue deiner Klugheit zu, Pelide,

Du folgst der Weisheit dieser Anordnung.
Denn Wahnsinn wär's, bei den Olympischen,
Da dringend uns der Krieg nach Troja ruft,
Mit diesen Jungfraun hier uns einzulassen,
Bevor wir wissen, was sie von uns wollen,
Noch überhaupt nur, ob sie uns was wollen?

ACHILLES *indem er sich den Helm wieder aufsetzt*:
Kämpft ihr, wie die Verschnittnen, wenn ihr wollt;
Mich einen Mann fühl ich, und diesen Weibern,
Wenn keiner sonst im Heere, will ich stehn!
Ob ihr hier länger, unter kühlen Fichten,
Ohnmächtiger Lust voll, sie umschweift, ob nicht,
Vom Bette fern der Schlacht, die sie umwogt,
Gilt mir gleichviel: beim Styx, ich willge drein,
Daß ihr nach Ilium zurücke kehrt.
Was mir die Göttliche begehrt, das weiß ich;
Brautwerber schickt sie mir, gefiederte,
Genug in Lüften zu, die ihre Wünsche
Mit Todgeflüster in das Ohr mir raunen.
Im Leben keiner Schönen war ich spröd;
Seid mir der Bart gekeimt, ihr lieben Freunde,
Ihr wißt's, zu Willen jeder war ich gern:
Und wenn ich dieser mich gesperrt bis heute,
Beim Zeus, des Donners Gott, geschah's, weil ich
Das Plätzchen unter Büschen noch nicht fand,
Sie ungestört, ganz wie ihr Herz es wünscht,
Auf Küssen heiß von Erz im Arm zu nehmen.
Kurz, geht: ins Griechenlager folg ich euch;
Die Schäferstunde bleibt nicht lang mehr aus:
Doch müßt ich auch durch ganze Monden noch,
Und Jahre, um sie frein: den Wagen dort
Nicht eh'r zu meinen Freunden will ich lenken,
Ich schwör's, und Pergamos nicht wiedersehn,
Als bis ich sie zu meiner Braut gemacht,
Und sie, die Stirn bekränzt mit Todeswunden,
Kann durch die Straßen häuptlings mit mir schleifen.
Folgt mir!

EIN GRIECHE *tritt auf*: Penthesilea naht sich dir, Pelide!
ACHILLES: Ich auch. Bestieg sie schon den Perser wieder?
DER GRIECHE: Noch nicht. Zu Fuße schreitet sie heran,
Doch ihr zur Seite stampft der Perser schon.

ACHILLES: Wohlan! So schafft mir auch ein Roß, ihr Freunde! –
Folgt, meine tapfern Myrmidonier, mir.
Das Heer bricht auf.
ANTILOCHUS: Der Rasende!
ODYSSEUS: Nun, so versuche doch
Jetzt deine Rednerkunst, o Antiloch!
ANTILOCHUS: Laßt mit Gewalt uns ihn –
DIOMEDES: Fort ist er schon!
ODYSSEUS: Verwünscht sei dieser Amazonenkrieg!
Alle ab.

Fünfter Auftritt

Penthesilea, Prothoe, Meroe, Asteria, Gefolge, *das* Amazonenheer.

DIE AMAZONEN: Heil dir, du Siegerin! Überwinderin!
Des Rosenfestes Königin! Triumph dir!
PENTHESILEA: Nichts vom Triumph mir! Nichts vom Rosenfeste!
Es ruft die Schlacht noch einmal mich ins Feld.
Den jungen trotzgen Kriegsgott bändg' ich mir,
Gefährtinnen, zehntausend Sonnen dünken,
Zu einem Glutball eingeschmelzt, so glanzvoll
Nicht, als ein Sieg, ein Sieg mir über ihn.
PROTHOE: Geliebte, ich beschwöre dich –
PENTHESILEA: Laß mich!
Du hörst, was ich beschloß, eh' würdest du
Den Strom, wenn er herab von Bergen schießt,
Als meiner Seele Donnersturz regieren.
Ich will zu meiner Füße Staub ihn sehen,
Den Übermütigen, der mir an diesem
Glorwürdgen Schlachtentag, wie keiner noch,
Das kriegerische Hochgefühl verwirrt.
Ist das die Siegerin, die schreckliche,
Der Amazonen stolze Königin,
Die seines Busens erzne Rüstung mir,
Wenn sich mein Fuß ihm naht, zurückespiegelt?
Fühl ich, mit aller Götter Fluch beladne,
Da rings das Heer der Griechen vor mir flieht,
Bei dieses einzgen Helden Anblick mich
Gelähmt nicht, in dem Innersten getroffen,
Mich, mich die Überwundene, Besiegte?

Wo ist der Sitz mir, der kein Busen ward,
Auch des Gefühls, das mich zu Boden wirft?
Ins Schlachtgetümmel stürzen will ich mich,
Wo der Hohnlächelnde mein harrt, und ihn
Mir überwinden, oder leben nicht!
PROTHOE: Wenn du dein Haupt doch, teure Königin,
An diesem treuen Busen ruhen wolltest.
Der Sturz, der dir die Brust gewaltsam traf,
Hat dir das Blut entflammt, den Sinn empört:
An allen jungen Gliedern zitterst du!
Beschließe nichts, wir alle flehen dich,
Bis heitrer dir der Geist zurückgekehrt.
Komm, ruhe dich bei mir ein wenig aus.
PENTHESILEA: Warum? Weshalb? Was ist geschehn? Was sagt ich?
Hab ich? – Was hab ich denn –?
PROTHOE: Um eines Siegs,
Der deine junge Seele flüchtig reizt,
Willst du das Spiel der Schlachten neu beginnen?
Weil unerfüllt ein Wunsch, ich weiß nicht welcher,
Dir im geheimen Herzen blieb, den Segen,
Gleich einem übellaun'gen Kind, hinweg,
Der deines Volks Gebete krönte, werfen?
PENTHESILEA: Ha, sieh! Verwünscht das Los mir dieses Tages!
Wie mit dem Schicksal heut, dem tückischen,
Sich meiner Seele liebste Freundinnen
Verbünden, mir zu schaden, mich zu kränken!
Wo sich die Hand, die lüsterne, nur regt,
Den Ruhm, wenn er bei mir vorüberfleucht,
Bei seinem goldnen Lockenhaar zu fassen,
Tritt eine Macht mir hämisch in den Weg –
– Und Trotz ist, Widerspruch, die Seele mir!
Hinweg!
PROTHOE *für sich*: Ihr Himmlischen, beschützet sie!
PENTHESILEA: Denk ich bloß mich, sind's meine Wünsche bloß,
Die mich zurück aufs Feld der Schlachten rufen?
Ist es das Volk, ist's das Verderben nicht,
Das in des Siegs wahnsinniger Berauschung,
Hörbaren Flügelschlags, von fern ihm naht?
Was ist geschehn, daß wir zur Vesper schon,
Wie nach vollbrachter Arbeit ruhen wollen?
Gemäht liegt uns, zu Garben eingebunden,

Der Ernte üppger Schatz, in Scheuern hoch,
Die in den Himmel ragen, aufgetürmt:
Jedoch die Wolke heillos überschwebt ihn,
Und den Vernichtungsstrahl droht sie herab.
Die Jünglingsschar, die überwundene,
Ihr werdet sie, bekränzt mit Blumen nicht,
Bei der Posaunen und der Zymbeln Klang,
Zu euren duftgen Heimatstälern führen.
Aus jedem tückschen Hinterhalt hervor,
Der sich ihm beut, seh ich den Peleïden
Auf euren frohen Jubelzug sich stürzen;
Euch und dem Trosse der Gefangenen,
Bis zu den Mauern Themiscyras folgen;
Ja in der Artemis geweihtem Tempel
Die Ketten noch, die rosenblütenen,
Von ihren Gliedern reißen und die unsern
Mit erzgegoßner Fessel Last bewuchten.
Soll ich von seiner Fers, ich Rasende,
Die nun fünf schweißerfüllte Sonnen schon
An seinem Sturze rüttelte, entweichen:
Da er vom Windzug eines Streiches muß,
Getroffen, unter meines Rosses Huf,
Wie eine reife Südfrucht, niederfallen?
Nein, eh ich, was so herrlich mir begonnen,
So groß, nicht endige, eh ich nicht völlig
Den Kranz, der mir die Stirn umrauscht', erfasse,
Eh ich Mars' Töchter nicht, wie ich versprach,
Jetzt auf des Glückes Gipfel jauchzend führe,
Eh' möge seine Pyramide schmetternd
Zusammenbrechen über mich und sie:
Verflucht das Herz, das sich nicht mäßgen kann.
PROTHOE: Dein Aug, o Herrscherin, erglüht ganz fremd,
Ganz unbegreiflich, und Gedanken wälzen,
So finster, wie der ewgen Nacht entstiegen,
In meinem ahndungsvollen Busen sich.
Die Schar, die deine Seele seltsam fürchtet,
Entfloh rings vor dir her, wie Spreu vor Winden;
Kaum daß ein Speer sich noch erblicken läßt.
Achill, so wie du mit dem Heer dich stelltest,
Von dem Skamandros ist er abgeschnitten;
Reiz ihn nicht mehr, aus seinem Blick nur weiche:

Den ersten Schritt, beim Jupiter, ich schwör's,
In seine Danaerschanze setzt er hin.
Ich will, ich, dir des Heeres Schweif beschirmen.
Sieh, bei den Göttern des Olymps, nicht **einen**
Gefangenen entreißt er dir! Es soll
Der Glanz, auch meilenfernhin, seiner Waffen,
Dein Heer nicht schrecken, seiner Rosse ferner Tritt
Dir kein Gelächter einer Jungfrau stören:
Mit meinem Haupt steh ich dir dafür ein!

PENTHESILEA *indem sie sich plötzlich zu Asteria wendet*:
Kann das geschehn, Asteria?

ASTERIA: Herrscherin –

PENTHESILEA: Kann ich das Heer, wie Prothoe verlangt,
Nach Themiscyra wohl zurücke führen?

ASTERIA: Vergib, wenn ich in meinem Fall, o Fürstin –

PENTHESILEA: Sprich dreist. Du hörst.

PROTHOE *schüchtern*:   Wenn du den Rat willst gütig
Versammelt aller Fürstinnen befragen,
So wird –

PENTHESILEA: Den Rat hier **dieser** will ich wissen!
– Was bin ich denn seit einer Handvoll Stunden?
              Pause, in welcher sie sich sammelt.
– – Kann ich das Heer, du sprichst, Asteria,
Kann ich es wohl zurück zur Heimat führen?

ASTERIA: Wenn du so willst, o Herrscherin, so laß
Mich dir gestehn, wie ich des Schauspiels staune,
Das mir in die ungläubgen Sinne fällt.
Vom Kaukasus, mit meinem Völkerstamm,
Um eine Sonne später aufgebrochen,
Konnt ich dem Zuge deines Heeres nicht,
Der reißend wie ein Strom dahinschoß, folgen.
Erst heute, weißt du, mit der Dämmerung,
Auf diesem Platz schlagfertig treff ich ein;
Und jauchzend schallt aus tausend Kehlen mir
Die Nachricht zu: Der Sieg, er sei erkämpft,
Beschlossen schon, auf jede Forderung
Der ganze Amazonenkrieg. Erfreut,
Versichr' ich dich, daß das Gebet des Volks sich dir
So leicht, und unbedürftig mein, erfüllt,
Ordn' ich zur Rückkehr alles wieder an;
Neugierde treibt mich doch, die Schar zu sehen,

Die man mir als des Sieges Beute rühmt;
Und eine Handvoll Knechte, bleich und zitternd,
Erblickt mein Auge, der Archiver Auswurf,
Auf Schildern, die sie fliehend weggeworfen,
Von deinem Kriegstroß schwärmend aufgelesen.
Vor Trojas stolzen Mauern steht das ganze
Hellenenheer, steht Agamemnon noch,
Stehn Menelaus, Ajax, Palamed;
Ulysses, Diomedes, Antilochus,
Sie wagen dir ins Angesicht zu trotzen:
Ja jener junge Nereïdensohn,
Den deine Hand mit Rosen schmücken sollte,
Die Stirn beut er, der Übermütge, dir;
Den Fußtritt will er, und erklärt es laut,
Auf deinen königlichen Nacken setzen:
Und meine große Arestochter fragt mich,
Ob sie den Siegesheimzug feiern darf?
PROTHOE *leidenschaftlich*: Der Königin, du Falsche, sanken Helden
  An Hoheit, Mut und Schöne –
PENTHESILEA: Schweig, Verhaßte!
  Asteria fühlt, wie ich, es ist nur einer
  Hier mir zu sinken wert: und dieser eine,
  Dort steht er noch im Feld der Schlacht und trotzt!
PROTHOE: Nicht von der Leidenschaft, o Herrscherin,
  Wirst du dich –
PENTHESILEA: Natter! Deine Zunge nimm gefangen!
  – Willst du den Zorn nicht deiner Königin wagen!
  Hinweg!
PROTHOE: So wag ich meiner Königin Zorn!
  Eh' will ich nie dein Antlitz wiedersehen,
  Als feig, in diesem Augenblick, dir eine
  Verräterin schmeichlerisch zur Seite stehn.
  Du bist, in Flammen wie du loderst, nicht
  Geschickt, den Krieg der Jungfraun fortzuführen;
  So wenig, wie, sich mit dem Spieß zu messen,
  Der Löwe, wenn er von dem Gift getrunken,
  Das ihm der Jäger tückisch vorgesetzt.
  Nicht den Peliden, bei den ewgen Göttern,
  Wirst du in dieser Stimmung dir gewinnen:
  Vielmehr, noch eh die Sonne sinkt, versprech ich,
  Die Jünglinge, die unser Arm bezwungen,

So vieler unschätzbarer Mühen Preis,
Uns bloß, in deiner Raserei, verlieren.
PENTHESILEA: Das ist ja sonderbar und unbegreiflich!
Was macht dich plötzlich denn so feig?
PROTHOE: Was mich? –
PENTHESILEA: Wen überwandst du, sag mir an?
PROTHOE: Lykaon,
Den jungen Fürsten der Arkadier.
Mich dünkt, du sahst ihn.
PENTHESILEA: So, so. War es jener,
Der zitternd stand, mit eingeknicktem Helmbusch,
Als ich mich den Gefangnen gestern –
PROTHOE: Zitternd!
Er stand so fest, wie je dir der Pelide!
Im Kampf von meinen Pfeilen heiß getroffen,
Sank er zu Füßen mir, stolz werd ich ihn,
An jenem Fest der Rosen, stolz, wie eine,
Zu unserm heilgen Tempel führen können.
PENTHESILEA: Wahrhaftig? Wie du so begeistert bist. –
Nun denn – er soll dir nicht entrissen werden!
– Führt aus der Schar ihn den Gefangenen,
Lykaon, den Arkadier herbei!
– Nimm, du unkriegerische Jungfrau, ihn,
Entfleuch, daß er dir nicht verlorengehe,
Aus dem Geräusch der Schlacht mit ihm, bergt euch
In Hecken von süß duftendem Holunder,
In der Gebirge fernsten Kluft, wo ihr
Wollüstig Lied die Nachtigall dir flötet,
Und fei'r es gleich, du Lüsterne, das Fest,
Das deine Seele nicht erwarten kann.
Doch aus dem Angesicht sei ewig mir,
Sei aus der Hauptstadt mir verbannt, laß den
Geliebten dich und seine Küsse, trösten,
Wenn alles, Ruhm dir, Vaterland und Liebe,
Die Königin, die Freundin untergeht.
Geh und befreie – geh! ich will nichts wissen!
Von deinem hassenswürdgen Anblick mich!
MEROE: Oh, Königin!
EINE ANDERE FÜRSTIN *aus ihrem Gefolge*: Welch ein Wort sprachst du!
PENTHESILEA: Schweigt, sag ich!
Der Rache weih ich den, der für sie fleht!

EINE AMAZONE *tritt auf*: Achilles nahet dir, o Herrscherin!
PENTHESILEA: Er naht – Wohlauf, ihr Jungfraun, denn zur Schlacht! –
Reicht mir der Spieße treffendsten, o reicht
Der Schwerter wetterflammendstes mir her!
Die Lust, ihr Götter, müßt ihr mir gewähren,
Den einen heißersehnten Jüngling siegreich
Zum Staub mir noch der Füße hinzuwerfen.
Das ganze Maß von Glück erlaß ich euch,
Das meinem Leben zugemessen ist. –
Asteria! Du wirst die Scharen führen.
Beschäftige den Griechentroß und sorge
Daß sich des Kampfes Inbrunst mir nicht störe.
Der Jungfraun keine, wer sie immer sei,
Trifft den Peliden selbst! Dem ist ein Pfeil
Geschärft des Todes, der sein Haupt, was sag ich!
Der seiner Locken eine mir berührt!
Ich nur, ich weiß den Göttersohn zu fällen.
Hier dieses Eisen soll, Gefährtinnen,
Soll mit der sanftesten Umarmung ihn
(Weil ich mit Eisen ihn umarmen muß!)
An meinen Busen schmerzlos niederziehn.
Hebt euch, ihr Frühlingsblumen, seinem Fall,
Daß seiner Glieder keines sich verletze.
Blut meines Herzens mißt ich eh'r, als seines.
Nicht eher ruhn will ich, bis ich aus Lüften,
Gleich einem schöngefärbten Vogel, ihn
Zu mir herabgestürzt; doch liegt er jetzt
Mit eingeknickten Fittichen, ihr Jungfraun,
Zu Füßen mir, kein Purpurstäubchen missend,
Nun dann, so mögen alle Seligen
Daniedersteigen, unsern Sieg zu feiern,
Zur Heimat geht der Jubelzug, dann bin ich
Die Königin des Rosenfestes euch! –
Jetzt kommt! – *Indem sie abgehen will, erblickt sie die weinende Prothoe, und wendet sich unruhig. Darauf plötzlich, indem sie ihr um den Hals fällt:*
Prothoe! Meiner Seelen Schwester!
Willst du mir folgen?
PROTHOE *mit gebrochener Stimme*: In den Orkus dir!
Ging ich auch zu den Seligen ohne dich?
PENTHESILEA: Du Bessere, als Menschen sind! Du willst es?
Wohlan, wir kämpfen, siegen miteinander,

Wir beide oder keine, und die Losung
Ist: Rosen für die Scheitel unsrer Helden,
Oder Zypressen für die unsrigen.
Alle ab.

Sechster Auftritt

Die Oberpriesterin *der Diana mit ihren* Priesterinnen *treten auf. Ihnen folgen eine* Schar junger Mädchen *mit Rosen in Körben auf den Köpfen, und die* Gefangenen, *geführt von einigen bewaffneten* Amazonen.

die oberpriesterin: Nun, ihr geliebten, kleinen Rosenjungfraun,
Laßt jetzt die Frucht mich eurer Wandrung sehn.
Hier, wo die Felsenquelle einsam schäumt,
Beschattet von der Pinie, sind wir sicher:
Hier schüttet eure Ernte vor mir aus.
ein junges mädchen *ihren Korb ausschüttend*:
Sieh, diese Rosen pflückt ich, heilge Mutter!
ein anderes *ebenso*: Hier diesen Schoßvoll ich!
ein drittes: Und diesen ich!
ein viertes: Und diesen ganzen üppgen Frühling ich!
    Die andern jungen Mädchen folgen.
die oberpriesterin: Das blüht ja wie der Gipfel von Hymetta!
Nun solch ein Tag des Segens, o Diana!
Ging deinem Volke herrlich noch nicht auf.
Die Mütter bringen mir, die Töchter, Gaben;
Nicht von der Pracht, der doppelten, geblendet,
Weiß ich, wem schönrer Dank gebühren mag. –
Doch ist dies euer ganzer Vorrat, Kinder?
das erste mädchen: Mehr nicht, als du hier siehst, war aufzufinden.
die oberpriesterin: So waren eure Mütter fleißiger.
das zweite mädchen: Auf diesen Feldern, heilge Priestrin, ernten
Gefangne leichter auch, als Rosen, sich.
Wenn dichtgedrängt, auf allen Hügeln rings,
Die Saat der jungen Griechen steht, die Sichel
Nur einer muntern Schnitterin erwartend,
So blüht so sparsam in den Tälern rings,
Und so verschanzt, versichr' ich dich, die Rose,
Daß man durch Pfeile sich und Lanzen lieber,
Als ihr Geflecht der Dornen schlagen möchte.
– Sieh nur die Finger an, ich bitte dich.

DAS DRITTE MÄDCHEN: Auf eines Felsens Vorsprung wagt ich mich,
Um eine einzge Rose dir zu pflücken.
Und blaß nur, durch des Kelches Dunkelgrün,
Erschimmerte sie noch, ein Knösplein nur,
Für volle Liebe noch nicht aufgeblüht.
Doch greif ich sie, und strauchl' und sinke plötzlich
In einen Abgrund hin, der Nacht des Todes
Glaubt ich, Verlorne, in den Schoß zu sinken.
Mein Glück doch war's, denn eine Rosenpracht
Stand hier im Flor, daß wir zehn Siege noch
Der Amazonen hätten feiern können.
DAS VIERTE MÄDCHEN: Ich pflückte dir, du heilge Priesterin,
Dir pflückt ich eine Rose nur, nur eine;
Doch eine Rose ist's, hier diese, sieh!
Um eines Königs Scheitel zu bekränzen:
Nicht schöner wünscht Penthesilea sie,
Wenn sie Achill, den Göttersohn, sich fällt.
DIE OBERPRIESTERIN: Wohlan, wenn ihn Penthesilea fällt,
Sollst du die königliche Ros ihr reichen.
Verwahre sie nur sorgsam, bis sie kömmt.
DAS ERSTE MÄDCHEN: Zukünftig, wenn, beim Zymbelnschlag, von neuem
Das Amazonenheer ins Schlachtfeld rückt,
Ziehn wir zwar mit, doch nicht mehr, das versprichst du,
Durch Rosenpflücken bloß und Kränzewinden,
Den Sieg der Mütter zu verherrlichen.
Sieh, dieser Arm, er schwingt den Wurfspieß schon,
Und sausend trifft die Schleuder mir das Ziel:
Was gilt's? Mir selbst schon blüht ein Kranz zusammen,
– Und tapfer im Gedräng schon mag er kämpfen,
Der Jüngling, dem sich diese Sehne strafft.
DIE OBERPRIESTERIN: Meinst du? – Nun freilich wohl, du mußt es wissen,
– Hast du die Rosen schon drauf angesehn?
– Den nächsten Lenz, sobald sie wieder rief,
Sollst du den Jüngling, im Gedräng dir suchen.
– Doch jetzt, der Mütter frohe Herzen drängen:
Die Rosen schnell zu Kränzen eingewunden!
DIE MÄDCHEN *durcheinander*: Fort zum Geschäft! Wie greifen wir es an?
DAS ERSTE MÄDCHEN *zur zweiten*: Komm her, Glaukothoe!
DAS DRITTE *zum vierten*:   Komm, Charmion!
Sie setzen sich paarweise.
DAS ERSTE MÄDCHEN: Wir – der Ornythia winden wir den Kranz,

Die sich Alcest mit hohen Büschen fällte.
DAS DRITTE: Und wir – Parthenion, Schwester: Athenäus,
Mit der Medus im Schilde, soll sie fesseln.
DIE OBERPRIESTERIN *zu den bewaffneten Amazonen*:
Nun? Wollt ihr eure Gäste nicht erheitern?
– Steht ihr nicht unbehülflich da, ihr Jungfraun,
Als müßt ich das Geschäft der Lieb euch lehren! –
Wollt ihr das Wort nicht freundlich ihnen wagen?
Nicht hören, was die Schlachtermüdeten,
Was sie begehren? Wünschen? Was sie brauchen?
DIE ERSTE AMAZONE: Sie sagen, sie bedürfen nichts, Ehrwürdge.
DIE ZWEITE: Bös sind sie uns.
DIE DRITTE: Wenn man sich ihnen nahet,
So wenden sich die Trotzigen schmähnd hinweg.
DIE OBERPRIESTERIN: Ei, wenn sie bös euch sind, bei unsrer Göttin,
So macht sie wieder gut! Warum auch habt ihr
So heftig sie im Kampfgewühl getroffen?
Sagt ihnen, was geschehn wird, sie zu trösten:
So werden sie nicht unerbittlich sein.
DIE ERSTE AMAZONE *zu einem gefangenen Griechen*:
Willst du auf weichen Teppichen, o Jüngling,
Die Glieder ruhn? Soll ich von Frühlingsblumen,
Denn müde scheinst du sehr, ein Lager dir,
Im Schatten jenes Lorbeerbaums, bereiten?
DIE ZWEITE *ebenso*: Soll ich das duftendste der Peseröle
In Wasser mischen, frisch dem Quell entschöpft,
Und dir den staubbedeckten Fuß erquicken?
DIE DRITTE: Doch der Orange Saft verschmähst du nicht
Mit eigner Hand dir liebend dargebracht?
DIE DREI AMAZONEN: Sprecht! Redet! Womit dient man euch?
EIN GRIECHE: Mit nichts!
DIE ERSTE AMAZONE: Ihr sonderbaren Fremdlinge! Was härmt euch?
Was ist's, da uns der Pfeil im Köcher ruht,
Daß ihr vor unserm Anblick euch entsetzt?
Ist es die Löwenhaut, die euch erschreckt? –
Du, mit dem Gürtel, sprich! Was fürchtest du?
DER GRIECHE *nachdem er sie scharf angesehn*:
Wem winden jene Kränze sich? Sagt an!
DIE ERSTE AMAZONE: Wem? Euch! Wem sonst?
DER GRIECHE: Uns! und das sagt ihr noch,
Unmenschliche! Wollt ihr, geschmückt mit Blumen,

Gleich Opfertieren, uns zur Schlachtbank führen?
DIE ERSTE AMAZONE: Zum Tempel euch der Artemis! Was denkt ihr?
In ihren dunklen Eichenhain, wo eurer
Entzücken ohne Maß und Ordnung wartet!
DER GRIECHE *erstaunt, mit unterdrückter Stimme, zu den andern Gefangenen*:
War je ein Traum so bunt, als was hier wahr ist?

SIEBENTER AUFTRITT

Eine HAUPTMÄNNIN *tritt auf.* DIE VORIGEN.

DIE HAUPTMÄNNIN: Auf diesem Platz, Hochwürdge, find ich dich!
— Inzwischen sich, auf eines Steinwurfs Nähe,
Das Heer zur blutigen Entscheidung rüstet!
DIE OBERPRIESTERIN: Das Heer! Unmöglich! Wo?
DIE HAUPTMÄNNIN: In jenen Gründen,
Die der Skamandros ausgeleckt. Wenn du
Dem Wind, der von den Bergen weht, willst horchen,
Kannst du den Donnerruf der Königin,
Gezückter Waffen Klirren, Rosse wiehern,
Drommeten, Tuben, Zymbeln und Posaunen,
Des Krieges ganze eh'rne Stimme hören.
EINE PRIESTERIN: Wer rasch erfleucht den Hügel dort?
DIE MÄDCHEN: Ich! Ich!
Sie ersteigen den Hügel.
DIE OBERPRIESTERIN: Der Königin! — Nein, sprich! Es ist unglaublich —
— Warum, wenn noch die Schlacht nicht ausgewütet,
Das Fest der Rosen ordnete sie an?
DIE HAUPTMÄNNIN: Das Rosenfest — Gab sie Befehl denn wem?
DIE OBERPRIESTERIN: Mir! Mir!
DIE HAUPTMÄNNIN: Wo? Wann?
DIE OBERPRIESTERIN: Vor wenigen Minuten
In jenes Obelisken Schatten stand ich,
Als der Pelid, und sie, auf seiner Ferse,
Den Winden gleich, an mir vorüberrauschten.
Und ich: wie geht's? fragt ich die Eilende.
„Zum Fest der Rosen", rief sie, „wie du siehst!"
Und flog an mir vorbei und jauchzte noch:
„Laß es an Blüten nicht, du Heilge, fehlen!"
DIE ERSTE PRIESTERIN *zu den Mädchen*:
Seht ihr sie? sprecht!

DAS ERSTE MÄDCHEN *auf dem Hügel*: Nichts, gar nichts sehen wir!
  Es läßt kein Federbusch sich unterscheiden.
  Ein Schatten überfleucht von Wetterwolken
  Das weite Feld ringsher, das Drängen nur
  Verwirrter Kriegerhaufen nimmt sich wahr,
  Die im Gefild des Tods einander suchen.
DIE ZWEITE PRIESTERIN: Sie wird des Heeres Rückzug decken wollen.
DIE ERSTE: Das denk ich auch. –
DIE HAUPTMÄNNIN: Zum Kampf steht sie gerüstet,
  Ich sag's euch, dem Peliden gegenüber,
  Die Königin, frisch, wie das Perserroß,
  Das in die Luft hoch aufgebäumt sie trägt,
  Den Wimpern heißre Blick', als je, entsendend,
  Mit Atemzügen, freien, jauchzenden,
  Als ob ihr junger kriegerischer Busen
  Jetzt in die erste Luft der Schlachten käme.
DIE OBERPRIESTERIN: Was denn, bei den Olympischen, erstrebt sie?
  Was ist's, da rings, zu Tausenden, uns die
  Gefangenen in allen Wäldern wimmeln,
  Das ihr noch zu erringen übrigbleibt?
DIE HAUPTMÄNNIN: Was ihr noch zu erringen übrigbleibt?
DIE MÄDCHEN *auf dem Hügel*: Ihr Götter!
DIE ERSTE PRIESTERIN: Nun? Was gibt's? Entwich der Schatten?
DAS ERSTE MÄDCHEN: O ihr Hochheiligen, kommt doch her!
DIE ZWEITE PRIESTERIN: So sprecht!
DIE HAUPTMÄNNIN: Was ihr noch zu erringen übrigbleibt?
DAS ERSTE MÄDCHEN: Seht, seht, wie durch der Wetterwolken Riß,
  Mit einer Masse Licht, die Sonne eben
  Auf des Peliden Scheitel niederfällt!
DIE OBERPRIESTERIN: Auf wessen?
DAS ERSTE MÄDCHEN: S e i n e, sagt ich! Wessen sonst?
  Auf einem Hügel leuchtend steht er da,
  In Stahl geschient sein Roß und er, der Saphir,
  Der Chrysolith, wirft solche Strahlen nicht!
  Die Erde rings, die bunte, blühende,
  In Schwärze der Gewitternacht gehüllt;
  Nichts als ein dunkler Grund nur, eine Folie,
  Die Funkelpracht des Einzigen zu heben!
DIE OBERPRIESTERIN: Was geht dem Volke der Pelide an?
  – Ziemt's einer Tochter Ares', Königin,
  Im Kampf auf einen Namen sich zu stellen? *Zu einer Amazone:*

Fleuch gleich, Arsinoe, vor ihr Antlitz hin,
Und sag in meiner Göttin Namen ihr,
Mars habe seinen Bräuten sich gestellt:
Ich forderte, bei ihrem Zorn sie auf,
Den Gott bekränzt zur Heimat jetzt zu führen,
Und unverzüglich ihm, in ihrem Tempel,
Das heilge Fest der Rosen zu eröffnen!
Die Amazone ab.
Ward solch ein Wahnsinn jemals noch erhört!

DIE ERSTE PRIESTERIN: Ihr Kinder! Seht ihr noch die Königin nicht?

DAS ERSTE MÄDCHEN *auf dem Hügel*:
Wohl, wohl! Das ganze Feld erglänzt — da ist sie!

DIE ERSTE PRIESTERIN: Wo zeigt sie sich?

DAS MÄDCHEN: An aller Jungfraun Spitze!
Seht, wie sie in dem goldnen Kriegsschmuck funkelnd,
Voll Kampflust ihm entgegentanzt! Ist's nicht,
Als ob sie, heiß von Eifersucht gespornt,
Die Sonn im Fluge übereilen wollte,
Die seine jungen Scheitel küßt! O seht!
Wenn sie zum Himmel auf sich schwingen wollte,
Der hohen Nebenbuhlrin gleich zu sein,
Der Perser könnte, ihren Wünschen frönend,
Geflügelter sich in die Luft nicht heben!

DIE OBERPRIESTERIN *zur Hauptmännin*: War keine unter allen Jungfraun
Die sie gewarnt, die sie zurückgehalten? [denn,

DIE HAUPTMÄNNIN: Es warf ihr ganzes fürstliches Gefolge
Sich in den Weg ihr: hier auf diesem Platze
Hat Prothoe ihr Äußerstes getan.
Jedwede Kunst der Rede ward erschöpft,
Nach Themiscyra sie zurückzuführen.
Doch taub schien sie der Stimme der Vernunft:
Vom giftigsten der Pfeile Amors sei,
Heißt es, ihr jugendliches Herz getroffen.

DIE OBERPRIESTERIN: Was sagst du?

DAS ERSTE MÄDCHEN *auf dem Hügel*: Ha, jetzt treffen sie einander!
Ihr Götter! Haltet eure Erde fest —
Jetzt, eben jetzt, da ich dies sage, schmettern
Sie, wie zwei Sterne, aufeinander ein!

DIE OBERPRIESTERIN *zur Hauptmännin*:
Die Königin, sagst du? Unmöglich, Freundin!
Von Amors Pfeil getroffen — wann? Und wo?

Die Führerin des Diamantengürtels?
Die Tochter Mars', der selbst der Busen fehlt,
Das Ziel der giftgefiederten Geschosse?
DIE HAUPTMÄNNIN: So sagt des Volkes Stimme mindestens,
Und Meroe hat es eben mir vertraut.
DIE OBERPRIESTERIN: Es ist entsetzlich!

Die Amazone kehrt wieder zurück.

DIE ERSTE PRIESTERIN: Nun? was bringst du? Rede!
DIE OBERPRIESTERIN: Ist es bestellt? Sprachst du die Königin?
DIE AMAZONE: Es war zu spät, Hochheilige, vergib.
Ich konnte sie, die von dem Troß der Frauen
Umschwärmt, bald hier, bald dort erschien, nicht treffen.
Wohl aber Prothoe, auf einen Augenblick,
Traf ich, und sagt ihr, was dein Wille sei;
Doch sie entgegnete – ein Wort, nicht weiß ich,
Ob ich in der Verwirrung recht gehört.
DIE OBERPRIESTERIN: Nun, welch ein Wort?
DIE AMAZONE: Sie hielt, auf ihrem Pferde
Und sah, es schien, mit tränenvollen Augen,
Der Königin zu. Und als ich ihr gesagt,
Wie du entrüstet, daß die Sinnberaubte
Den Kampf noch um ein einzeln Haupt verlängre,
Sprach sie: „Geh hin zu deiner Priesterin,
Und heiße sie daniederknien und beten,
Daß ihr dies eine Haupt im Kampf noch falle;
Sonst keine Rettung gibt's, für sie und uns."
DIE OBERPRIESTERIN: O sie geht steil-bergab den Pfad zum Orkus!
Und nicht dem Gegner, wenn sie auf ihn trifft,
Dem Feind in ihrem Busen wird sie sinken.
Uns alle reißt sie in den Abgrund hin;
Den Kiel seh ich, der uns Gefesselte
Nach Hellas trägt, geschmückt mit Bändern höhnend
Im Geiste schon den Hellespont durchschäumen.
DIE ERSTE PRIESTERIN: Was gilt's? Dort naht die Unheilskunde schon.

ACHTER AUFTRITT

Eine OBERSTE *tritt auf,* DIE VORIGEN.

DIE OBERSTE: Flieh! Rette die Gefangnen, Priesterin!
Das ganze Heer der Griechen stürzt heran.

DIE OBERPRIESTERIN: Ihr Götter des Olymps! Was ist geschehn?
DIE ERSTE PRIESTERIN: Wo ist die Königin?
DIE OBERSTE: Im Kampf gefallen,
   Das ganze Amazonenheer zerstreut.
DIE OBERPRIESTERIN: Du Rasende! Was für ein Wort sprachst du?
DIE ERSTE PRIESTERIN *zu den bewaffneten Amazonen*:
   Bringt die Gefangenen fort!
                Die Gefangenen werden abgeführt.
DIE OBERPRIESTERIN: Sag an: wo? wann?
DIE OBERSTE: Laß kurz das Ungeheuerste dir melden!
   Achill und sie, mit vorgelegten Lanzen,
   Begegnen beide sich, zween Donnerkeile,
   Die aus Gewölken ineinanderfahren;
   Die Lanzen, schwächer als die Brüste, splittern:
   Er, der Pelide, steht, Penthesilea,
   Sie sinkt, die Todumschattete, vom Pferd.
   Und da sie jetzt, der Rache preisgegeben,
   Im Staub sich vor ihm wälzt, denkt jeglicher,
   Zum Orkus völlig stürzen wird er sie;
   Doch bleich selbst steht der Unbegreifliche,
   Ein Todesschatten da, „ihr Götter!" ruft er,
   „Was für ein Blick der Sterbenden traf mich!"
   Vom Pferde schwingt er eilig sich herab;
   Und während, von Entsetzen noch gefesselt,
   Die Jungfraun stehn, des Wortes eingedenk
   Der Königin, kein Schwert zu rühren wagen,
   Dreist der Erblaßten naht er sich, er beugt
   Sich über sie, „Penthesilea!" ruft er,
   In seinen Armen hebt er sie empor,
   Und laut die Tat, die er vollbracht, verfluchend,
   Lockt er ins Leben jammernd sie zurück!
DIE OBERPRIESTERIN: Er – was? Er selbst?
DIE OBERSTE: „Hinweg, Verhaßter!" donnert
   Das ganze Heer ihm zu; „dankt mit dem Tod ihm",
   Ruft Prothoe, „wenn er vom Platz nicht weicht:
   Den treffendsten der Pfeile über ihn!"
   Und mit des Pferdes Huftritt ihn verdrängend,
   Reißt sie die Königin ihm aus dem Arm.
   Indes erwacht die Unglückselige,
   Man führt sie röchelnd, mit zerrißner Brust
   Das Haar verstört vom Scheitel niederflatternd,

Den hintern Reihn zu, wo sie sich erholt;
Doch er, der unbegriffne Doloper –
Ein Gott hat, in der erzgekeilten Brust,
Das Herz in Liebe plötzlich ihm geschmelzt –
Er ruft: „Verweilet, meine Freundinnen!
Achilles grüßt mit ewgem Frieden euch!"
Und wirft das Schwert hinweg, das Schild hinweg,
Die Rüstung reißt er von der Brust sich nieder,
Und folgt – mit Keulen könnte man, mit Händen ihn,
Wenn man ihn treffen dürfte, niederreißen –
Der Kön'gin unerschrocknen Schrittes nach:
Als wüßt er schon, der Rasende, Verwegne,
Daß unserm Pfeil sein Leben heilig ist.
DIE OBERPRIESTERIN: Und wer gab den wahnsinnigen Befehl?
DIE OBERSTE: Die Königin! Wer sonst?
DIE OBERPRIESTERIN: Es ist entsetzlich!
DIE ERSTE PRIESTERIN: Seht, seht! Da wankt, geführt von Prothoe,
Sie selbst, das Bild des Jammers, schon heran!
DIE ZWEITE: Ihr ewgen Himmelsgötter! Welch ein Anblick!

Neunter Auftritt

PENTHESILEA *geführt von* PROTHOE *und* MEROE, GEFOLGE *treten auf.*

PENTHESILEA *mit schwacher Stimme*:
Hetzt alle Hund auf ihn! Mit Feuerbränden
Die Elefanten peitschet auf ihn los!
Mit Sichelwagen schmettert auf ihn ein,
Und mähet seine üppgen Glieder nieder!
PROTHOE: Geliebte! Wir beschwören dich –
MEROE: Hör uns!
PROTHOE: Er folgt dir auf dem Fuße, der Pelide;
Wenn dir dein Leben irgend lieb, so flieh!
PENTHESILEA: Mir diesen Busen zu zerschmettern, Prothoe!
– Ist's nicht, als ob ich eine Leier zürnend
Zertreten wollte, weil sie still für sich,
Im Zug des Nachtwinds, meinen Namen flüstert?
Dem Bären kauert ich zu Füßen mich,
Und streichelte das Panthertier, das mir
In solcher Regung nahte, wie ich ihm.
MEROE: So willst du nicht entweichen?

PROTHOE: Willst nicht fliehen?
MEROE: Willst dich nicht retten?
PROTHOE: Was kein Name nennt,
Auf diesem Platz hier soll es sich vollbringen?
PENTHESILEA: Ist's meine Schuld, daß ich im Feld der Schlacht
Um sein Gefühl mich kämpfend muß bewerben?
Was will ich denn, wenn ich das Schwert ihm zücke?
Will ich ihn denn zum Orkus niederschleudern?
Ich will ihn ja, ihr ewgen Götter, nur
An diese Brust will ich ihn niederziehn!
PROTHOE: Sie rast –
DIE OBERPRIESTERIN: Unglückliche!
PROTHOE: Sie ist von Sinnen!
DIE OBERPRIESTERIN: Sie denkt nichts, als den Einen nur.
PROTHOE: Der Sturz
Hat völlig ums Bewußtsein sie gebracht.
PENTHESILEA *mit erzwungener Fassung*:
Gut. Wie ihr wollt. Sei's drum. Ich will mich fassen.
Dies Herz, weil es sein muß, bezwingen will ich's,
Und tun mit Grazie, was die Not erheischt.
Recht habt ihr auch. Warum auch wie ein Kind gleich,
Weil sich ein flüchtger Wunsch mir nicht gewährt,
Mit meinen Göttern brechen? Kommt hinweg.
Das Glück, gesteh ich, wär mir lieb gewesen;
Doch fällt es mir aus Wolken nicht herab,
Den Himmel drum erstürmen will ich nicht.
Helft mir nur fort von hier, schafft mir ein Pferd,
So will ich euch zurück zur Heimat führen.
PROTHOE: Gesegnet sei, o Herrscherin, dreimal
Ein Wort, so würdig königlich, als dies.
Komm, alles steht zur Flucht bereit –
PENTHESILEA *da sie die Rosenkränze in der Kinder Händen erblickt, mit plötzlich aufflammendem Gesicht*: Ha, sieh!
Wer gab Befehl, die Rosen einzupflücken?
DAS ERSTE MÄDCHEN: Das fragst du noch, Vergessene? Wer sonst,
Als nur –
PENTHESILEA: Als wer?
DIE OBERPRIESTERIN: – Das Siegsfest sollte sich,
Das heißersehnte, deiner Jungfraun feiern!
War's nicht dein eigner Mund, der's so befahl?
PENTHESILEA: Verflucht mir diese schnöde Ungeduld!

Verflucht, im blutumschäumten Mordgetümmel,
Mir der Gedanke an die Orgien!
Verflucht, im Busen keuscher Arestöchter,
Begierden, die, wie losgelaßne Hunde,
Mir der Drommete erzne Lunge bellend,
Und aller Feldherrn Rufen, überschrein! –
Der Sieg, ist er erkämpft mir schon, daß mit
Der Hölle Hohn schon der Triumph mir naht?
– Mir aus den Augen! *Sie zerhaut die Rosenkränze.*
DAS ERSTE MÄDCHEN: Herrscherin! Was tust du?
DAS ZWEITE *die Rosen wieder aufsuchend*:
Der Frühling bringt dir rings, auf Meilenferne,
Nichts für das Fest mehr –
PENTHESILEA: Daß der ganze Frühling
Verdorrte! Daß der Stern, auf dem wir atmen,
Geknickt, gleich dieser Rosen einer, läge!
Daß ich den ganzen Kranz der Welten so,
Wie dies Geflecht der Blumen, lösen könnte!
– O Aphrodite!
DIE OBERPRIESTERIN: Die Unselige!
DIE ERSTE PRIESTERIN: Verloren ist sie!
DIE ZWEITE: Den Erinnyen
Zum Raub ist ihre Seele hingegeben!
EINE PRIESTERIN *auf dem Hügel*:
Der Peleïd, ihr Jungfraun, ich beschwör euch,
Im Schuß der Pfeile naht er schon heran!
PROTHOE: So fleh ich dich auf Knieen – rette dich!
PENTHESILEA: Ach, meine Seel ist matt bis in den Tod! *Sie setzt sich.*
PROTHOE: Entsetzliche! Was tust du?
PENTHESILEA: Flieht, wenn ihr wollt.
PROTHOE: Du willst –?
MEROE: Du säumst –?
PROTHOE: Du willst –?
PENTHESILEA: Ich will hier bleiben.
PROTHOE: Wie, Rasende!
PENTHESILEA: Ihr hört's. Ich kann nicht stehen.
Soll das Gebein mir brechen? Laßt mich sein.
PROTHOE: Verlorenste der Fraun! Und der Pelide,
Er naht, du hörst, im Pfeilschuß –
PENTHESILEA: Laßt ihn kommen.
Laßt ihn den Fuß gestählt, es ist mir recht,

Auf diesen Nacken setzen. Wozu auch sollen
Zwei Wangen länger, blühnd wie diese, sich
Vom Kot, aus dem sie stammen, unterscheiden?
Laßt ihn mit Pferden häuptlings heim mich schleifen,
Und diesen Leib hier, frischen Lebens voll,
Auf offnem Felde schmachvoll hingeworfen,
Den Hunden mag er ihn zur Morgenspeise,
Dem scheußlichen Geschlecht der Vögel, bieten.
Staub lieber, als ein Weib sein, das nicht reizt.
PROTHOE: O Königin!
PENTHESILEA *indem sie sich den Halsschmuck abreißt*:
                    Weg ihr verdammten Flittern!
PROTHOE: Ihr ewgen Götter dort! Ist das die Fassung,
Die mir dein Mund soeben angelobt?
PENTHESILEA: Vom Haupt, ihr auch – was nickt ihr? Seid verflucht mir,
Hülflosere, als Pfeil und Wangen, noch!
– Die Hand verwünsch ich, die zur Schlacht mich heut
Geschmückt, und das verräterische Wort,
Das mir gesagt, es sei zum Sieg, dazu.
Wie sie mit Spiegeln mich, die Gleißnerinnen,
Umstanden, rechts und links, der schlanken Glieder
In Erz gepreßte Götterbildung preisend. –
Die Pest in eure wilden Höllenkünste!
GRIECHEN *außerhalb der Szene*: Vorwärts, Pelide, vorwärts! Sei getrost!
Nur wenig Schritte noch, so hast du sie.
DIE PRIESTERIN *auf dem Hügel*: Diana! Königin! Du bist verloren,
Wenn du nicht weichst!
PROTHOE: Mein Schwesterherz! Mein Leben!
Du willst nicht fliehn? nicht gehn?
PENTHESILEA *die Tränen stürzen ihr aus den Augen, sie lehnt sich an einen Baum.*
PROTHOE *plötzlich gerührt, indem sie sich neben ihr niedersetzt*:
                    Nun, wie du willst.
Wenn du nicht kannst, nicht willst – sei's! Weine nicht.
Ich bleibe bei dir. Was nicht möglich ist,
Nicht ist, in deiner Kräfte Kreis nicht liegt,
Was du nicht leisten kannst: die Götter hüten,
Daß ich es von dir fordre! Geht, ihr Jungfraun,
Geht; kehrt in eure Heimatsflur zurück:
Die Königin und ich, wir bleiben hier.
DIE OBERPRIESTERIN: Wie, du Unsel'ge? Du bestärkst sie noch?

MEROE: Unmöglich wär's ihr, zu entfliehn?
DIE OBERPRIESTERIN: Unmöglich,
  Da nichts von außen sie, kein Schicksal, hält,
  Nichts als ihr töricht Herz –
PROTHOE: Das ist ihr Schicksal!
  Dir scheinen Eisenbanden unzerreißbar,
  Nicht wahr? Nun sieh: sie bräche sie vielleicht,
  Und das Gefühl doch nicht, das du verspottest.
  Was in ihr walten mag, das weiß nur sie,
  Und jeder Busen ist, der fühlt, ein Rätsel.
  Des Lebens höchstes Gut erstrebte sie,
  Sie streift', ergriff es schon: die Hand versagt ihr,
  Nach einem andern noch sich auszustrecken. –
  Komm, magst du's jetzt an meiner Brust vollenden.
  – Was fehlt dir? Warum weinst du?
PENTHESILEA: Schmerzen, Schmerzen –
PROTHOE: Wo?
PENTHESILEA: Hier.
PROTHOE: Kann ich dir Lindrung –?
PENTHESILEA: Nichts, nichts, nichts.
PROTHOE: Nun, fasse dich; in kurzem ist's vollbracht.
DIE OBERPRIESTERIN *halblaut*: Ihr Rasenden zusamt –!
PROTHOE *ebenso*:   Schweig bitt ich dich.
PENTHESILEA: Wenn ich zur Flucht mich noch – wenn ich es täte:
  Wie, sag, wie faßt ich mich?
PROTHOE: Du gingst nach Pharsos.
  Dort fändest du, denn dorthin wies ich es,
  Dein ganzes Heer, das jetzt zerstreut, zusammen.
  Du ruhtest dich, du pflegtest deiner Wunden,
  Und mit des nächsten Tages Strahl, gefiel's dir,
  Nähmst du den Krieg der Jungfraun wieder auf.
PENTHESILEA: Wenn es mir möglich wär –! Wenn ich's vermöchte –!
  Das Äußerste, das Menschenkräfte leisten,
  Hab ich getan – Unmögliches versucht –
  Mein Alles hab ich an den Wurf gesetzt;
  Der Würfel, der entscheidet, liegt, er liegt:
  Begreifen muß ich's – – und daß ich verlor.
PROTHOE: Nicht, nicht, mein süßes Herz! Das glaube nicht,
  So niedrig schlägst du deine Kraft nicht an.
  So schlecht von jenem Preis nicht wirst du denken,
  Um den du spielst, als daß du wähnen solltest,

Das, was er wert, sei schon für ihn geschehn.
Ist diese Schnur von Perlen, weiß und rot,
Die dir vom Nacken rollt, der ganze Reichtum,
Den deine Seele aufzubieten hat?
Wieviel, woran du gar nicht denkst, in Pharsos,
Endlos für deinen Zweck noch ist zu tun!
Doch freilich wohl – jetzt ist es fast zu spät.
PENTHESILEA *nach einer unruhigen Bewegung*:
Wenn ich rasch wäre – – Ach es macht mich rasend!
– Wo steht die Sonne?
PROTHOE: Dort, dir grad im Scheitel,
Noch eh die Nacht sinkt, träfest du dort ein.
Wir schlössen Bündnis, unbewußt den Griechen,
Mit den Dardanischen, erreichten still
Die Bucht des Meers, wo jener Schiffe liegen;
Zur Nachtzeit, auf ein Merkmal, lodern sie
In Flammen auf, das Lager wird erstürmt,
Das Heer, gedrängt zugleich von vorn und hinten,
Zerrissen, aufgelöst, ins Land zerstreut,
Verfolgt, gesucht, gegriffen und bekränzet
Jedwedes Haupt, das unsrer Lust gefiel.
O selig wär ich, wenn ich dies erlebte!
Nicht ruhn wollt ich, an deiner Seite kämpfen,
Der Tage Glut nicht scheuen, unermüdlich,
Müßt ich an allen Gliedern mich verzehren,
Bis meiner lieben Schwester Wunsch erfüllt,
Und der Pelid ihr doch, nach so vielen Mühen,
Besiegt zuletzt zu Füßen niedersank.
PENTHESILEA *die währenddessen unverwandt in die Sonne gesehen*:
Daß ich mit Flügeln weit gespreizt und rauschend,
Die Luft zerteilte –!
PROTHOE: Wie!
MEROE: – Was sagte sie?
PROTHOE: Was siehst du, Fürstin?
MEROE: Worauf heftet sich –?
PROTHOE: Geliebte, sprich!
PENTHESILEA: Zu hoch, ich weiß, zu hoch –
Er spielt in ewig fernen Flammenkreisen
Mir um den sehnsuchtsvollen Busen hin.
PROTHOE: Wer, meine beste Königin?
PENTHESILEA: Gut, gut.

– Wo geht der Weg? *Sie sammelt sich und steht auf.*
MEROE: So willst du dich entschließen?
PROTHOE: So hebst du dich empor? – Nun, meine Fürstin,
So sei's auch wie ein Riese! Sinke nicht,
Und wenn der ganze Orkus auf dich drückte!
Steh, stehe fest, wie das Gewölbe steht,
Weil seiner Blöcke jeder stürzen will!
Beut deine Scheitel, einem Schlußstein gleich,
Der Götter Blitzen dar, und rufe, trefft!
Und laß dich bis zum Fuß herab zerspalten,
Nicht aber wanke in dir selber mehr,
Solang ein Atem Mörtel und Gestein,
In dieser jungen Brust, zusammenhält.
Komm. Gib mir deine Hand.
PENTHESILEA: Geht's hier, geht's dort?
PROTHOE: Du kannst den Felsen dort, der sichrer ist,
Du kannst auch das bequemre Tal hier wählen. –
Wozu entschließen wirst du dich?
PENTHESILEA: Den Felsen!
Da komm ich ihm um soviel näher. Folgt mir.
PROTHOE: Wem, meine Königin?
PENTHESILEA: Euren Arm, ihr Lieben.
PROTHOE: Sobald du jenen Hügel dort erstiegen,
Bist du in Sicherheit.
MEROE: Komm fort.
PENTHESILEA *indem sie plötzlich auf eine Brücke gekommen, stehenbleibt*:
Doch höre:
Eins eh ich weiche, bleibt mir übrig noch.
PROTHOE: Dir übrig noch?
MEROE: Und was?
PROTHOE: Unglückliche!
PENTHESILEA: Eins noch, ihr Freundinnen, und rasend wär ich,
Das müßt ihr selbst gestehn, wenn ich im ganzen
Gebiet der Möglichkeit mich nicht versuchte.
PROTHOE *unwillig*: Nun denn, so wollt ich, daß wir gleich versänken!
Denn Rettung gibt's nicht mehr.
PENTHESILEA *erschrocken*: Was ist? Was fehlt dir?
Was hab ich ihr getan, ihr Jungfraun, sprecht!
DIE OBERPRIESTERIN: Du denkst –?
MEROE: Du willst auf diesem Platze noch –?
PENTHESILEA: Nichts, nichts, gar nichts, was sie erzürnen sollte. –

Den Ida will ich auf den Ossa wälzen,
Und auf die Spitze ruhig bloß mich stellen.
DIE OBERPRIESTERIN: Den Ida wälzen —?
MEROE: Wälzen auf den Ossa —?
PROTHOE *mit einer Wendung*: Schützt, all ihr Götter, sie!
DIE OBERPRIESTERIN: Verlorene!
MEROE *schüchtern*: Dies Werk ist der Giganten, meine Königin!
PENTHESILEA: Nun ja, nun ja: worin denn weich ich ihnen?
MEROE: Worin du ihnen —?
PROTHOE: Himmel!
DIE OBERPRIESTERIN: Doch gesetzt —?
MEROE: Gesetzt nun du vollbrächtest dieses Werk —?
PROTHOE: Gesetzt was würdest du —?
PENTHESILEA: Blödsinnige!
Bei seinen goldnen Flammenhaaren zög ich
Zu mir hernieder ihn —
PROTHOE: Wen?
PENTHESILEA: Helios,
Wenn er am Scheitel mir vorüberfleucht!
Die Fürstinnen sehn sprachlos und mit Entsetzen einander an.
DIE OBERPRIESTERIN: Reißt mit Gewalt sie fort!
PENTHESILEA *schaut in den Fluß nieder*: Ich, Rasende!
Da liegt er mir zu Füßen ja! Nimm mich —
Sie will in den Fluß sinken, Prothoe und Meroe halten sie.
PROTHOE: Die Unglückselige!
MEROE: Da fällt sie leblos,
Wie ein Gewand, in unsrer Hand zusammen.
DIE PRIESTERIN *auf dem Hügel*: Achill erscheint, ihr Fürstinnen! Es kann
Die ganze Schar der Jungfraun ihn nicht halten!
EINE AMAZONE: Ihr Götter! Rettet! Schützet vor dem Frechen
Die Königin der Jungfraun!
DIE OBERPRIESTERIN *zu den Priesterinnen*: Fort! Hinweg!
Nicht im Gewühl des Kampfs ist unser Platz.
Die Oberpriesterin mit den Priesterinnen und den Rosenmädchen ab.

ZEHNTER AUFTRITT

Eine SCHAR VON AMAZONEN *tritt mit Bogen in den Händen auf.* DIE VORIGEN.

DIE ERSTE AMAZONE *in die Szene rufend*: Zurück, Verwegner!
DIE ZWEITE: Er hört uns nicht.

DIE DRITTE: Ihr Fürstinnen, wenn wir nicht treffen dürfen,
  So hemmt sich sein wahnsinniger Fortschritt nicht!
DIE ZWEITE: Was ist zu tun? Sprich, Prothoe!
PROTHOE *mit der Königin beschäftigt*:   So sendet
  Zehntausend Pfeile über ihn! –
MEROE *zu dem Gefolge*:   Schafft Wasser!
PROTHOE: Doch sorget, daß ihr ihn nicht tödlich trefft! –
MEROE: Schafft einen Helm voll Wasser, sag ich!
EINE FÜRSTIN *aus dem Gefolge der Königin*:   Hier!
  Sie schöpft und bringt.
DIE DRITTE AMAZONE *zur Prothoe*: Sei ruhig! Fürchte nichts!
DIE ERSTE: Hier ordnet euch!
  Die Wangen streift ihm, sengt die Locken ihm,
  Den Kuß des Todes flüchtig laßt ihn schmecken!
  Sie bereiten ihre Bögen.

Eilfter Auftritt

ACHILLES *ohne Helm, Rüstung und Waffen, im Gefolge einiger* GRIECHEN.
DIE VORIGEN.

ACHILLES: Nun? Wem auch gelten diese Pfeil, ihr Jungfraun?
  Doch diesem unbeschützten Busen nicht?
  Soll ich den seidnen Latz noch niederreißen,
  Daß ihr das Herz mir harmlos schlagen seht?
DIE ERSTE AMAZONE: Herunter, wenn du willst, damit!
DIE ZWEITE: Es braucht's nicht!
DIE DRITTE: Den Pfeil genau, wo er die Hand jetzt hält!
DIE ERSTE: Daß er das Herz gespießt ihm, wie ein Blatt,
  Fort mit sich reiß im Flug –
MEHRERE: Schlagt! Trefft!
  Sie schießen über sein Haupt hin.
ACHILLES: Laßt, laßt!
  Mit euren Augen trefft ihr sicherer.
  Bei den Olympischen, ich scherze nicht,
  Ich fühle mich im Innersten getroffen,
  Und ein Entwaffneter, in jedem Sinne,
  Leg ich zu euren kleinen Füßen mich.
DIE FÜNFTE AMAZONE *von einem Spieß hinter der Szene hervor getroffen*:
  Ihr guten Götter! *Sie sinkt.*
DIE SECHSTE *ebenso*: Weh mir! *Sie sinkt.*

DIE SIEBENTE *ebenso:* Artemis! *Sie sinkt.*
DIE ERSTE: Der Rasende!
MEROE *mit der Königin beschäftigt:* } *zugleich.*
  Die Unglückselige!
DIE ZWEITE AMAZONE: Entwaffnet nennt er sich.
PROTHOE *ebenso:* Entseelt ist sie. } *zugleich.*
DIE DRITTE AMAZONE: Indessen uns die Seinen niederwerfen!
MEROE: Indessen ringsumher die Jungfraun sinken! } *zugleich.*
  Was ist zu tun?
DIE ERSTE AMAZONE: Den Sichelwagen her!
DIE ZWEITE: Die Doggen über ihn!
DIE DRITTE: Mit Steinen ihn
  Hochher, vom Elefantenturm begraben!
EINE AMAZONENFÜRSTIN *die Königin plötzlich verlassend:*
  Wohlan, so will ich das Geschoß versuchen.
    Sie wirft den Bogen von der Schulter und spannt ihn.
ACHILLES *bald zu dieser bald zu jener Amazone sich wendend:*
  Ich kann's nicht glauben: süß, wie Silberklang,
  Straft eure Stimme eure Reden Lügen.
  Du mit den blauen Augen bist es nicht,
  Die mir die Doggen reißend schickt, noch du,
  Die mit der seidenweichen Locke prangt.
  Seht, wenn, auf euer übereiltes Wort,
  Jetzt heulend die Entkoppelten mir nahten,
  So würft ihr noch, mit euern eignen Leibern,
  Euch zwischen sie und mich, dies Männerherz,
  Dies euch in Lieb erglühende, zu schirmen.
DIE ERSTE AMAZONE: Der Übermütge!
DIE ZWEITE: Hört, wie er sich brüstet!
DIE ERSTE: Er meint mit Schmeichelworten uns –
DIE DRITTE *die erste geheimnisvoll rufend:* Oterpe!
DIE ERSTE *sich umwendend:* Ha, sieh! Die Meisterin des Bogens jetzt! –
  Still öffnet euren Kreis, ihr Fraun!
DIE FÜNFTE: Was gibt's?
DIE VIERTE: Frag nicht! Du wirst es sehn.
DIE ACHTE: Hier! Nimm den Pfeil!
DIE AMAZONENFÜRSTIN *indem sie den Pfeil auf den Bogen legt:*
  Die Schenkel will ich ihm zusammenheften.
ACHILLES *zu einem Griechen, der neben ihm, schon den Bogen angelegt hat:*
  Triff sie!
DIE AMAZONENFÜRSTIN: Ihr Himmlischen! *Sie sinkt.*

DIE ERSTE AMAZONE: Der Schreckliche!
DIE ZWEITE: Getroffen sinkt sie selbst!
DIE DRITTE: Ihr ewigen Götter!
  Und dort naht uns ein neuer Griechenhaufen!

ZWÖLFTER AUFTRITT

DIOMEDES *mit den* ÄTOLIERN *treten von der andern Seite auf. Bald darauf auch* ODYSSEUS *von der Seite* ACHILLS *mit dem Heer.*

DIOMEDES: Hier meine wackeren Ätolier,
  Heran! *Er führt sie über die Brücke.*
PROTHOE: Oh, Artemis! Du Heilige! Rette!
  Jetzt ist's um uns geschehn!
  Sie trägt die Königin, mit Hülfe einiger Amazonen wieder auf den Vorgrund der Szene.
DIE AMAZONEN *in Verwirrung*: Wir sind gefangen!
  Wir sind umzingelt! Wir sind abgeschnitten!
  Fort! Rette sich, wer retten kann!
DIOMEDES *zu Prothoe*: Ergebt euch!
MEROE *zu den flüchtigen Amazonen*:
  Ihr Rasenden! Was tut ihr? Wollt ihr stehn? –
  Prothoe! Sieh her!
PROTHOE *immer bei der Königin*: Hinweg! Verfolge sie,
  Und wenn du kannst, so mach uns wieder frei.
      Die Amazonen zerstreuen sich, Meroe folgt ihnen.
ACHILLES: Auf jetzt, wo ragt sie mit dem Haupte?
EIN GRIECHE: Dort!
ACHILLES: Dem Diomed will ich zehn Kronen schenken.
DIOMEDES: Ergebt euch, sag ich noch einmal!
PROTHOE: Dem Sieger
  Ergeb ich sie, nicht dir! Was willst du auch?
  Der Peleïd ist's, dem sie angehört!
DIOMEDES: So werft sie nieder!
EIN ÄTOLIER: Auf!
ACHILLES *den Ätolier zurückstoßend*: Der weicht ein Schatten
  Vom Platz, der mir die Königin berührt! –
  Mein ist sie! Fort! Was habt ihr hier zu suchen –
DIOMEDES: So! Dein! Ei sieh, bei Zeus, des Donnrers, Locken,
  Aus welchen Gründen auch? Mit welchem Rechte?
ACHILLES: Aus einem Grund, der rechts, und einer links. –
  Gib.

PROTHOE: Hier. Von deiner Großmut fürcht ich nichts.
ACHILLES *indem er die Königin in seine Arme nimmt*:
  Nichts, nichts. –
      Zu Diomedes: Du gehst und folgst und schlägst die Frauen;
  Ich bleib auf einen Augenblick zurück.
  – Fort! Mir zulieb. Erwidre nichts. Dem Hades
  Stünd ich im Kampf um sie, vielmehr denn dir.
      Er legt sie an die Wurzel einer Eiche nieder.
DIOMEDES: Es sei! Folgt mir!
ODYSSEUS *mit dem Heer über die Bühne ziehend*:
                Glück auf, Achill! Glück auf!
  Soll ich dir die Quadriga rasselnd schicken?
ACHILLES *über die Königin geneigt*:
  Es braucht's nicht. Laß noch sein.
ODYSSEUS: Gut. Wie du willst. –
  Folgt mir! Eh sich die Weiber wieder sammeln.
  Odysseus und Diomedes mit dem Heer von der Seite der Amazonen ab.

Dreizehnter Auftritt

Penthesilea, Prothoe, Achilles, *Gefolge von* Griechen *und* Amazonen.

ACHILLES *indem er der Königin die Rüstung öffnet*:
  Sie lebt nicht mehr.
PROTHOE: O möcht ihr Auge sich
  Für immer diesem öden Licht verschließen!
  Ich fürchte nur zu sehr, daß sie erwacht.
ACHILLES: Wo traf ich sie?
PROTHOE: Sie raffte von dem Stoß sich,
  Der ihr die Brust zerriß, gewaltsam auf;
  Hier führten wir die Wankende heran,
  Und diesen Fels just wollten wir erklimmen.
  Doch sei's der Glieder, der verwundeten,
  Sei's der verletzten Seele Schmerz: sie konnte,
  Daß sie im Kampf gesunken dir, nicht tragen;
  Der Fuß versagte brechend ihr den Dienst,
  Und Irrgeschwätz von bleichen Lippen sendend,
  Fiel sie zum zweitenmal mir in den Arm.
ACHILLES: Sie zuckte – sahst du es?
PROTHOE: Ihr Himmlischen!
  So hat sie noch den Kelch nicht ausgeleert?

Seht, o die Jammervolle, seht –
ACHILLES: Sie atmet.
PROTHOE: Pelide! Wenn du das Erbarmen kennst,
Wenn ein Gefühl den Busen dir bewegt,
Wenn du sie töten nicht, in Wahnsinn völlig
Die Leichtgereizte nicht verstricken willst,
So gönne eine Bitte mir.
ACHILLES: Sprich rasch!
PROTHOE: Entferne dich! Tritt, du Vortrefflicher,
Tritt aus dem Antlitz ihr, wenn sie erwacht.
Entrück ihr gleich die Schar, die dich umsteht,
Und laß, bevor die Sonne sich erneut,
Fern auf der Berge Duft ihr niemand nahn,
Der sie begrüßte, mit dem Todeswort:
Du bist die Kriegsgefangene Achills.
ACHILLES: So haßt sie mich?
PROTHOE: O frage nicht, Großherzger! –
Wenn sie jetzt freudig an der Hoffnung Hand
Ins Leben wiederkehrt, so sei der Sieger
Das erste nicht, das freudlos ihr begegnet.
Wie manches regt sich in der Brust der Frauen,
Das für das Licht des Tages nicht gemacht.
Muß sie zuletzt, wie ihr Verhängnis will,
Als die Gefangne schmerzlich dich begrüßen,
So fordr' es früher nicht, beschwör ich dich!
Als bis ihr Geist dazu gerüstet steht.
ACHILLES: Mein Will ist, ihr zu tun, muß ich dir sagen,
Wie ich dem stolzen Sohn des Priam tat.
PROTHOE: Wie, du Entsetzlicher!
ACHILLES: – Fürchtet sie dies?
PROTHOE: Du willst das Namenlos' an ihr vollstrecken?
Hier diesen jungen Leib, du Mensch voll Greuel,
Geschmückt mit Reizen, wie ein Kind mit Blumen,
Du willst ihn schändlich, einer Leiche gleich –?
ACHILLES: Sag ihr, daß ich sie liebe.
PROTHOE: Wie? – Was war das?
ACHILLES: Beim Himmel, wie! Wie Männer Weiber lieben;
Keusch und das Herz voll Sehnsucht doch, in Unschuld,
Und mit der Lust doch, sie darum zu bringen.
Ich will zu meiner Königin sie machen.
PROTHOE: Ihr ewgen Götter, sag das noch einmal.

— Du willst?

ACHILLES: Kann ich nun bleiben?

PROTHOE: O so laß
Mich deine Füße küssen, Göttlicher!
O jetzt, wärst du nicht hier, jetzt sucht ich dich,
Und müßt's an Herkuls Säulen sein, Pelide! –
Doch sieh: sie schlägt die Augen auf –

ACHILLES: Sie regt sich –

PROTHOE: Jetzt gilt's! Ihr Männer, fort von hier; und du
Rasch hinter diese Eiche berge dich!

ACHILLES: Fort, meine Freunde! Tretet ab.

Das Gefolge des Achills ab.

PROTHOE *zu Achill, der sich hinter die Eiche stellt*: Noch tiefer!
Und eher nicht, beschwör ich dich, erscheine,
Als bis mein Wort dich ruft. Versprichst du mir? –
Es läßt sich ihre Seele nicht berechnen.

ACHILLES: Es soll geschehn.

PROTHOE: Nun denn, so merk jetzt auf!

VIERZEHNTER AUFTRITT

PENTHESILEA, PROTHOE, ACHILLES. *Gefolge von* AMAZONEN.

PROTHOE: Penthesilea! O du Träumerin!
In welchen fernen Glanzgefilden schweift
Dein Geist umher, mit unruhvollem Flattern,
Als ob sein eigner Sitz ihm nicht gefiele,
Indes das Glück, gleich einem jungen Fürsten,
In deinen Busen einkehrt, und, verwundert
Die liebliche Behausung leer zu finden,
Sich wieder wendet und zum Himmel schon
Die Schritte wieder flüchtig setzen will?
Willst du den Gast nicht fesseln, o du Törin? –
Komm hebe dich an meine Brust.

PENTHESILEA: Wo bin ich?

PROTHOE: — Kennst du die Stimme deiner Schwester nicht?
Führt jener Fels dich, dieser Brückenpfad,
Die ganze blühnde Landschaft nicht zurück?
— Sieh diese Jungfraun, welche dich umringen:
Wie an den Pforten einer schönren Welt,
Stehn sie, und rufen dir: willkommen! zu.

– Du seufzest. Was beängstigt dich?
PENTHESILEA: Ach Prothoe!
Welch einen Traum entsetzensvoll träumt ich –
Wie süß ist es, ich möchte Tränen weinen,
Dies mattgequälte Herz, da ich erwache,
An deinem Schwesterherzen schlagen fühlen –
– Mir war, als ob, im heftigen Getümmel,
Mich des Peliden Lanze traf: umrasselt
Von meiner erznen Rüstung, schmettr' ich nieder;
Der Boden widerhallte meinem Sturz.
Und während das erschrockne Heer entweicht,
Umstrickt an allen Gliedern lieg ich noch,
Da schwingt er sich vom Pferde schon herab,
Mit Schritten des Triumphes naht er mir,
Und er ergreift die Hingesunkene,
In starken Armen hebt er mich empor,
Und jeder Griff nach diesem Dolch versagt mir,
Gefangen bin ich und mit Hohngelächter
Zu seinen Zelten werd ich abgeführt.
PROTHOE: Nicht, meine beste Königin! Der Hohn
Ist seiner großmutsvollen Seele fremd.
Wär es, was dir im Traum erschien: glaub mir,
Ein sel'ger Augenblick wär dir beschieden,
Und in den Staub vielleicht, dir huldigend,
Sähst du den Sohn der Götter niederfallen.
PENTHESILEA: Fluch mir, wenn ich die Schmach erlebte, Freundin!
Fluch mir, empfing ich jemals einen Mann,
Den mir das Schwert nicht würdig zugeführt.
PROTHOE: Sei ruhig, meine Königin.
PENTHESILEA: Wie! Ruhig –
PROTHOE: Liegst du an meinem treuen Busen nicht?
Welch ein Geschick auch über dich verhängt sei,
Wir tragen es, wir beide: fasse dich.
PENTHESILEA: Ich war so ruhig, Prothoe, wie das Meer,
Das in der Bucht des Felsen liegt; nicht ein
Gefühl, das sich in Wellen mir erhob.
Dies Wort: sei ruhig! jagt mich plötzlich jetzt,
Wie Wind die offnen Weltgewässer, auf.
Was ist es denn, das Ruh hier nötig macht? –
Ihr steht so seltsam um mich, so verstört –
– Und sendet Blicke, bei den ewgen Göttern,

In meinen Rücken hin, als stünd ein Unhold,
Mit wildem Antlitz dräuend, hinter mir.
– Du hörst's, es war ja nur ein Traum, es ist nicht –
Wie! Oder ist es? Ist's? Wär's wirklich? Rede! –
– Wo ist denn Meroe? Megaris?
           Sie sieht sich um und erblickt den Achilles.
                             Entsetzlich!
Da steht der Fürchterliche hinter mir.
Jetzt meine freie Hand – *Sie zieht den Dolch.*
PROTHOE: Unglückliche!
PENTHESILEA: O die Nichtswürdige, sie wehret mir –
PROTHOE: Achilles! Rette sie.
PENTHESILEA: O Rasende!
Er soll den Fuß auf meinen Nacken setzen.
PROTHOE: Den Fuß, Wahnsinnige –
PENTHESILEA: Hinweg, sag ich! –
PROTHOE: So sieh ihn doch nur an, Verlorene –!
Steht er nicht ohne Waffen hinter dir?
PENTHESILEA: Wie? Was?
PROTHOE: Nun ja! Bereit, wenn du's verlangst,
Selbst deinem Fesselkranz sich darzubieten.
PENTHESILEA: Nein, sprich.
PROTHOE: Achill! Sie glaubt mir nicht. Sprich du!
PENTHESILEA: Er wär gefangen mir?
PROTHOE: Wie sonst? Ist's nicht?
ACHILLES *der währenddessen vorgetreten*:
In jedem schönren Sinn, erhabne Königin!
Gewillt mein ganzes Leben fürderhin,
In deiner Blicke Fesseln zu verflattern.
           Penthesilea drückt ihre Hände vors Gesicht.
PROTHOE: Nun denn, da hörtest du's aus seinem Mund.
– Er sank, wie du, als ihr euch traft, in Staub;
Und während du entseelt am Boden lagst,
Ward er entwaffnet – nicht?
ACHILLES: Ich ward entwaffnet;
Man führte mich zu deinen Füßen her. *Er beugt ein Knie vor ihr.*
PENTHESILEA *nach einer kurzen Pause*:
Nun denn, so sei mir, frischer Lebensreiz,
Du junger, rosenwang'ger Gott, gegrüßt!
Hinweg jetzt, o mein Herz, mit diesem Blute,
Das aufgehäuft, wie seiner Ankunft harrend,

In beiden Kammern dieser Brüste liegt,
Ihr Boten, ihr geflügelten, der Lust,
Ihr Säfte meiner Jugend, macht euch auf,
Durch meine Adern fleucht, ihr jauchzenden,
Und laßt es einer roten Fahne gleich,
Von allen Reichen dieser Wangen wehn:
Der junge Nereïdensohn ist mein! *Sie steht auf.*
PROTHOE: O meine teure Königin, mäßge dich.
PENTHESILEA *indem sie vorschreitet:* Heran, ihr sieggekrönten Jungfraun [jetzt,
    Ihr Töchter Mars', vom Wirbel bis zur Sohle
Vom Staub der Schlacht noch überdeckt, heran,
Mit dem Archiverjüngling jegliche,
Den sie sich überwunden, an der Hand!
Ihr Mädchen, naht euch, mit den Rosenkörben:
Wo sind für soviel Scheitel Kränze mir?
Hinaus mir über die Gefilde, sag ich,
Und mir die Rosen, die der Lenz verweigert,
Mit eurem Atem aus der Flur gehaucht!
An euer Amt, ihr Priestrinnen der Diana:
Daß eures Tempels Pforten rasselnd auf,
Des glanzerfüllten, weihrauchduftenden,
Mir, wie des Paradieses Tore, fliegen!
Zuerst den Stier, den feisten, kurzgehörnten,
Mir an den Altar hin; das Eisen stürz ihn,
Das blinkende, an heilger Stätte lautlos,
Daß das Gebäu erschüttere, darnieder.
Ihr Dienrinnen, ihr rüstigen, des Tempels,
Das Blut, wo seid ihr? rasch, ihr Emsigen,
Mit Perserölen, von der Kohle zischend,
Von des Getäfels Plan hinweggewaschen!
Und all ihr flatternden Gewänder, schürzt euch,
Ihr goldenen Pokale, füllt euch an,
Ihr Tuben, schmettert, donnert, ihr Posaunen,
Der Jubel mache, der melodische,
Den festen Bau des Firmamentes beben! –
O Prothoe! Hilf jauchzen mir, frohlocken,
Erfinde, Freundin, Schwesterherz, erdenke,
Wie ich ein Fest jetzt göttlicher, als der
Olymp durchjubelte, verherrliche,
Das Hochzeitsfest der krieggeworbnen Bräute,
Der Inachiden und der Kinder Mars'! –

O Meroe, wo bist du? Megaris?
PROTHOE *mit unterdrückter Rührung*:
   Freud ist und Schmerz dir, seh ich, gleich verderblich,
   Und gleich zum Wahnsinn reißt dich beides hin.
   Du wähnst, wähnst dich in Themiscyra schon.
   Und wenn du so die Grenzen überschwärmst,
   Fühl ich gereizt mich, dir das Wort zu nennen,
   Das dir den Fittich plötzlich wieder lähmt.
   Blick um dich her, Betrogene, wo bist du?
   Wo ist das Volk? Wo sind die Priesterinnen?
   Asteria? Meroe? Megaris? Wo sind sie?
PENTHESILEA *an ihrem Busen*: O laß mich, Prothoe! O laß dies Herz
   Zwei Augenblick in diesem Strom der Lust,
   Wie ein besudelt Kind, sich untertauchen;
   Mit jedem Schlag in seine üppgen Wellen
   Wäscht sich ein Makel mir vom Busen weg.
   Die Eumeniden fliehn, die schrecklichen,
   Es weht, wie Nahn der Götter um mich her,
   Ich möchte gleich in ihren Chor mich mischen,
   Zum Tode war ich nie so reif als jetzt.
   Doch jetzt vor allem: du vergibst mir doch?
PROTHOE: O meine Herrscherin!
PENTHESILEA: Ich weiß, ich weiß –
   Nun, meines Blutes beßre Hälft ist dein.
   – Das Unglück, sagt man, läutert die Gemüter,
   Ich, du Geliebte, ich empfand es nicht;
   Erbittert hat es, Göttern mich und Menschen
   In unbegriffner Leidenschaft empört.
   Wie seltsam war, auf jedem Antlitz, mir,
   Wo ich sie traf, der Freude Spur verhaßt;
   Das Kind, das in der Mutter Schoße spielte,
   Schien mir verschworen wider meinen Schmerz.
   Wie möcht ich alles jetzt, was mich umringt,
   Zufrieden gern und glücklich sehn! Ach, Freundin!
   Der Mensch kann groß, ein Held, im Leiden sein,
   Doch göttlich ist er, wenn er selig ist!
   – Doch rasch zur Sache jetzt. Es soll das Heer
   Zur Rückkehr schleunig jede Anstalt treffen;
   Sobald die Scharen ruhten, Tier und Menschen,
   Bricht auch der Zug mit den Gefangenen,
   Nach unsern heimatlichen Fluren auf. –

— Wo ist Lykaon?
PROTHOE: Wer?
PENTHESILEA *mit zärtlichem Unwillen*: Wer, fragst du noch!
Er, jener blühende Arkadierheld,
Den dir das Schwert erwarb. Was hält ihn fern?
PROTHOE *verwirrt*: Er weilt noch in den Wäldern, meine Königin!
Wo man die übrigen Gefangnen hält.
Vergönne, daß er, dem Gesetz gemäß,
Eh' nicht, als in der Heimat mir erscheine.
PENTHESILEA: Man ruf ihn mir! — Er weilt noch in den Wäldern!
— Zu meiner Prothoe Füßen ist sein Platz!
— — Ich bitte dich, Geliebte, ruf ihn her,
Du stehst mir, wie ein Maienfrost, zur Seite,
Und hemmst der Freude junges Leben mir.
PROTHOE *für sich*: Die Unglückselige! — Wohlan so geht,
Und tut, wie euch die Königin befohlen.
Sie winkt einer Amazone; diese geht ab.
PENTHESILEA: Wer schafft mir jetzt die Rosenmädchen her?
Sie erblickt Rosen auf dem Boden.
Sieh! Kelche finden, und wie duftende,
Auf diesem Platz sich — !
Sie fährt sich mit der Hand über die Stirne.
Ach mein böser Traum! *Zu Prothoe:*
War denn der Diana Oberpriestrin hier?
PROTHOE: Nicht, daß ich wüßte, meine Königin —
PENTHESILEA: Wie kommen denn die Rosen her?
PROTHOE *rasch*: Sieh da!
Die Mädchen, die die Fluren plünderten,
Sie ließen einen Korb voll hier zurück.
Nun, diesen Zufall wahrlich nenn ich günstig.
Hier, diese duftgen Blüten raff ich auf,
Und winde den Pelidenkranz dir. Soll ich?
Sie setzt sich an der Eiche nieder.
PENTHESILEA: Du Liebe! Treffliche! Wie du mich rührst. —
Wohlan! Und diese Hundertblättrigen
Ich dir zum Siegerkranz Lykaons. Komm.
Sie rafft gleichfalls einige Rosen auf, und setzt sich neben Prothoe nieder.
Musik, ihr Fraun, Musik! Ich bin nicht ruhig.
Laßt den Gesang erschallen! Macht mich still.
EINE JUNGFRAU *aus ihrem Gefolge*:
Was wünschest du?

EINE ANDERE: Den Siegsgesang?
PENTHESILEA: – Die Hymne.
DIE JUNGFRAU: Es sei. – O die Betrogene! – Singt! Spielt!
CHOR DER JUNGFRAUEN *mit Musik*: Ares entweicht!
Seht, wie sein weißes Gespann
Fernhin dampfend zum Orkus niedereilt!
Die Eumeniden öffnen, die scheußlichen:
Sie schließen die Tore wieder hinter ihm zu.
EINE JUNGFRAU: Hymen! Wo weilst du?
Zünde die Fackel an, und leuchte! leuchte!
Hymen! wo weilst du?
CHOR: Ares entweicht! *usw.*
ACHILLES *nähert sich während des Gesanges der Prothoe heimlich*:
Sprich! Wohin führt mich dies? Ich will es wissen!
PROTHOE: Noch einen Augenblick, Großherziger,
Fleh ich dich um Geduld – du wirst es sehn.

Wenn die Kränze gewunden sind, wechselt Penthesilea den ihrigen gegen den Kranz der Prothoe, sie umarmen sich und betrachten die Windungen. Die Musik schweigt.

Die Amazone kehrt zurück.

PENTHESILEA: Hast du's bestellt?
DIE AMAZONE: Lykaon wird sogleich,
Der junge Prinz Arkadiens, erscheinen.

FÜNFZEHNTER AUFTRITT

PENTHESILEA, PROTHOE, ACHILLES, AMAZONEN.

PENTHESILEA: Komm jetzt, du süßer Nereïdensohn,
Komm, lege dich zu Füßen mir – Ganz her!
Nur dreist heran! – – Du fürchtest mich doch nicht?
– Verhaßt nicht, weil ich siegte, bin ich dir?
Sprich! Fürchtest du, die dich in Staub gelegt?
ACHILLES *zu ihren Füßen*: Wie Blumen Sonnenschein.
PENTHESILEA: Gut, gut gesagt!
So sieh mich auch wie deine Sonne an. –
Diana, meine Herrscherin, er ist
Verletzt!
ACHILLES: Geritzt am Arm, du siehst, nichts weiter.
PENTHESILEA: Ich bitte dich, Pelide, glaube nicht,
Daß ich jemals nach deinem Leben zielte.

Zwar gern mit diesem Arm hier traf ich dich;
Doch als du niedersankst, beneidete
Hier diese Brust den Staub, der dich empfing.
ACHILLES: Wenn du mich liebst, so sprichst du nicht davon.
Du siehst es heilt schon.
PENTHESILEA: So verzeihst du mir?
ACHILLES: Von ganzem Herzen. –
PENTHESILEA: Jetzt – kannst du mir sagen,
Wie es die Liebe macht, der Flügelknabe,
Wenn sie den störr'gen Leun in Fesseln schlägt?
ACHILLES: Sie streichelt, denk ich, seine rauhen Wangen,
So hält er still.
PENTHESILEA: Nun denn, so wirst du dich
Nicht mehr als eine junge Taube regen,
Um deren Hals ein Mädchen Schlingen legt.
Denn die Gefühle dieser Brust, o Jüngling,
Wie Hände sind sie, und sie streicheln dich.
                Sie umschlingt ihn mit Kränzen.
ACHILLES: Wer bist du, wunderbares Weib?
PENTHESILEA: Gib her. –
Ich sagte, still! Du wirst es schon erfahren.
– Hier diese leichte Rosenwindung nur
Um deine Scheitel, deinen Nacken hin –
Zu deinen Armen, Händen, Füßen nieder –
Und wieder auf zum Haupt – – so ist's geschehn.
– Was atmest du?
ACHILLES: ·   Duft deiner süßen Lippen.
PENTHESILEA *indem sie sich zurückbeugt*: Es sind die Rosen, die Gerüche
– Nichts, nichts!   [streun.
ACHILLES: Ich wollte sie am Stock versuchen.
PENTHESILEA: Sobald sie reif sind, Liebster, pflückst du sie.
   Sie setzt ihm noch einen Kranz auf die Scheitel und läßt ihn gehn.
Jetzt ist's geschehn. – O sieh, ich bitte dich,
Wie der zerfloßne Rosenglanz ihm steht!
Wie sein gewitterdunkles Antlitz schimmert!
Der junge Tag, wahrhaftig, liebste Freundin,
Wenn ihn die Horen von den Bergen führen,
Demanten perlen unter seinen Tritten:
Er sieht so weich und mild nicht drein, als er. –
Sprich! Dünkt's dich nicht, als ob sein Auge glänzte? –
Fürwahr! Man möchte, wenn er so erscheint, fast zweifeln,

Daß er es sei.
PROTHOE: Wer, meinst du?
PENTHESILEA: Der Pelide! –
Sprich, wer den Größesten der Priamiden
Vor Trojas Mauern fällte, warst das du?
Hast du ihm wirklich, du, mit diesen Händen
Den flüchtgen Fuß durchkeilt, an deiner Achse
Ihn häuptlings um die Vaterstadt geschleift? –
Sprich! Rede! Was bewegt dich so? Was fehlt dir?
ACHILLES: Ich bin's.
PENTHESILEA *nachdem sie ihn scharf angesehen*: Er sagt, er sei's.
PROTHOE: Er ist es, Königin;
An diesem Schmuck hier kannst du ihn erkennen.
PENTHESILEA: Woher?
PROTHOE: Es ist die Rüstung, sieh nur her,
Die Thetis ihm, die hohe Göttermutter,
Bei dem Hephäst, des Feuers Gott, erschmeichelt.
PENTHESILEA: Nun denn, so grüß ich dich mit diesem Kuß,
Unbändigster der Menschen, mein! Ich bin's,
Du junger Kriegsgott, der du angehörst;
Wenn man im Volk dich fragt, so nennst du mich.
ACHILLES: O du, die eine Glanzerscheinung mir,
Als hätte sich das Ätherreich eröffnet,
Herabsteigst, Unbegreifliche, wer bist du?
Wie nenn ich dich, wenn meine eigne Seele
Sich, die entzückte, fragt, wem sie gehört?
PENTHESILEA: Wenn sie dich fragt, so nenne diese Züge,
Das sei der Nam, in welchem du mich denkst. –
Zwar diesen goldnen Ring hier schenk ich dir,
Mit jedem Merkmal, das dich sicherstellt;
Und zeigst du ihn, so weist man dich zu mir.
Jedoch ein Ring vermißt sich, Namen schwinden;
Wenn dir der Nam entschwänd, der Ring sich mißte:
Fändst du mein Bild in dir wohl wieder aus?
Kannst du's wohl mit geschloßnen Augen denken?
ACHILLES: Es steht so fest, wie Züg in Diamanten.
PENTHESILEA: Ich bin die Königin der Amazonen,
Er nennt sich marserzeugt, mein Völkerstamm.
Otrere war die große Mutter mir,
Und mich begrüßt das Volk: Penthesilea.
ACHILLES: Penthesilea.

PENTHESILEA: Ja, so sagt ich dir.
ACHILLES: Mein Schwan singt noch im Tod: Penthesilea.
PENTHESILEA: Die Freiheit schenk ich dir, du kannst den Fuß
  Im Heer der Jungfraun setzen, wie du willst.
  Denn eine andre Kette denk ich noch,
  Wie Blumen leicht, und fester doch, als Erz,
  Die dich mir fest verknüpft, ums Herz zu schlagen.
  Doch bis sie zärtlich, Ring um Ring, geprägt,
  In der Gefühle Glut, und ausgeschmiedet,
  Der Zeit nicht, und dem Zufall, mehr zerstörbar,
  Kehrst du, weil es die Pflicht erheischt, mir wieder,
  Mir, junger Freund, versteh mich, die für jedes,
  Sei's ein Bedürfnis, sei's ein Wunsch, dir sorgt.
  Willst du das tun, sag an?
ACHILLES: Wie junge Rosse
  Zum Duft der Krippe, die ihr Leben nährt.
PENTHESILEA: Gut. Ich verlaß mich drauf. Wir treten jetzt
  Die Reise gleich nach Themiscyra an;
  Mein ganzer Harras bis dahin ist dein.
  Man wird dir purpurne Gezelte bringen.
  Und auch an Sklaven nicht, dich zu bedienen,
  Wird's deinem königlichen Willen fehlen.
  Doch weil mich, auf dem Zuge, du begreifst,
  So manche Sorge fesselt, wirst du dich
  Noch zu den übrigen Gefangnen halten:
  In Themiscyra erst, Neridensohn,
  Kann ich mich ganz, aus voller Brust, dir weihn.
ACHILLES: Es soll geschehn.
PENTHESILEA *zu Prothoe*: Nun aber sage mir,
  Wo weilt auch dein Arkadier?
PROTHOE: Meine Fürstin –
PENTHESILEA: So gern von deiner Hand, geliebte Prothoe,
  Möcht ich bekränzt ihn sehn.
PROTHOE: Er wird schon kommen. –
  Der Kranz hier soll ihm nicht verlorengehn.
PENTHESILEA *aufbrechend*: Nun denn – mich rufen mancherlei Geschäfte,
  So laßt mich gehn.
ACHILLES: Wie?
PENTHESILEA: Laß mich aufstehn, Freund.
ACHILLES: Du fliehst? Du weichst? Du lässest mich zurück?
  Noch eh du meiner sehnsuchtsvollen Brust

So vieler Wunder Aufschluß gabst, Geliebte?
PENTHESILEA: In Themiscyra, Freund.
ACHILLES: Hier, meine Königin!
PENTHESILEA: In Themiscyra, Freund, in Themiscyra –
Laß mich!
PROTHOE *sie zurückhaltend, unruhig*:
              Wie? Meine Königin! Wo willst du hin?
PENTHESILEA *befremdet*: Die Scharen will ich mustern – sonderbar!
Mit Meroe will ich sprechen, Megaris.
Hab ich, beim Styx, jetzt nichts zu tun, als plaudern?
PROTHOE: Das Heer verfolgt die flüchtgen Griechen noch. –
Laß Meroe, die die Spitze führt, die Sorge;
Du brauchst der Ruhe noch. – Sobald der Feind
Nur völlig über den Skamandros setzte,
Wird dir das Heer hier siegreich vorgeführt.
PENTHESILEA *erwägend*: So! – – Hier auf dieses Feld? Ist das gewiß?
PROTHOE: Gewiß. Verlaß dich drauf. –
PENTHESILEA *zum Achill*:   Nun sei so kurz.
ACHILLES: Was ist's, du wunderbares Weib, daß du,
Athene gleich, an eines Kriegsheers Spitze,
Wie aus den Wolken nieder, unbeleidigt,
In unsern Streit vor Troja plötzlich fällst?
Was treibt, vom Kopf zu Fuß in Erz gerüstet,
So unbegriffner Wut voll, Furien ähnlich,
Dich gegen das Geschlecht der Griechen an;
Du, die sich bloß in ihrer Schöne ruhig
Zu zeigen brauchte, Liebliche, das ganze
Geschlecht der Männer dir im Staub zu sehn?
PENTHESILEA: Ach, Nereïdensohn! – Sie ist mir nicht,
Die Kunst vergönnt, die sanftere, der Frauen!
Nicht bei dem Fest, wie deines Landes Töchter,
Wenn zu wetteifernd frohen Übungen
Die ganze Jugendpracht zusammenströmt,
Darf ich mir den Geliebten ausersehn;
Nicht mit dem Strauß, so oder so gestellt,
Und dem verschämten Blick, ihn mir zu locken;
Nicht in dem Nachtigall-durchschmetterten
Granatwald, wenn der Morgen glüht, ihm sagen,
An seine Brust gesunken, daß er's sei.
Im blutgen Feld der Schlacht muß ich ihn suchen,
Den Jüngling, den mein Herz sich auserkor,

Und ihn mit eh'rnen Armen mir ergreifen,
Den diese weiche Brust empfangen soll.
ACHILLES: Und woher quillt, von wannen ein Gesetz,
Unweiblich, du vergibst mir, unnatürlich,
Dem übrigen Geschlecht der Menschen fremd?
PENTHESILEA: Fern aus der Urne alles Heiligen,
O Jüngling: von der Zeiten Gipfeln nieder,
Den unbetretnen, die der Himmel ewig
In Wolkenduft geheimnisvoll verhüllt.
Der ersten Mütter Wort entschied es also,
Und dem verstummen wir, Neridensohn,
Wie deiner ersten Väter Worten du.
ACHILLES: Sei deutlicher.
PENTHESILEA: Wohlan! So höre mich. –
Wo jetzt das Volk der Amazonen herrschet,
Da lebte sonst, den Göttern untertan,
Ein Stamm der Skythen, frei und kriegerisch,
Jedwedem andern Volk der Erde gleich.
Durch Reihn schon nannt er von Jahrhunderten
Den Kaukasus, den fruchtumblühten, sein:
Als Vexoris, der Äthioper König,
An seinem Fuß erschien, die Männer rasch,
Die kampfverbundnen, vor sich niederwarf,
Sich durch die Täler goß, und Greis' und Knaben,
Wo sein gezückter Stahl sie traf, erschlug:
Das ganze Prachtgeschlecht der Welt ging aus.
Die Sieger bürgerten, barbarenartig,
In unsre Hütten frech sich ein, ernährten
Von unsrer reichen Felder Früchten sich,
Und voll der Schande Maß uns zuzumessen,
Ertrotzten sie der Liebe Gruß sich noch:
Sie rissen von den Gräbern ihrer Männer
Die Fraun zu ihren schnöden Betten hin.
ACHILLES: Vernichtend war das Schicksal, Königin,
Das deinem Frauenstaat das Leben gab.
PENTHESILEA: Doch alles schüttelt, was ihm unerträglich,
Der Mensch von seinen Schultern sträubend ab;
Den Druck nur mäßger Leiden duldet er.
Durch ganze Nächte lagen, still und heimlich,
Die Fraun im Tempel Mars', und höhlten weinend
Die Stufen mit Gebet um Rettung aus.

Die Betten füllten, die entweihten, sich
Mit blankgeschliffnen Dolchen an, gekeilt,
Aus Schmuckgeräten, bei des Herdes Flamme,
Aus Senkeln, Ringen, Spangen: nur die Hochzeit
Ward, des Äthioperkönigs Vexoris
Mit Tanaïs, der Königin, erharrt,
Der Gäste Brust zusamt damit zu küssen.
Und als das Hochzeitsfest erschienen war,
Stieß ihm die Kön'gin ihren in das Herz;
Mars, an des Schnöden Statt, vollzog die Ehe,
Und das gesamte Mordgeschlecht, mit Dolchen,
In einer Nacht, ward es zu Tod gekitzelt.
ACHILLES: Solch eine Tat der Weiber läßt sich denken.
PENTHESILEA: Und dies jetzt ward im Rat des Volks beschlossen:
Frei, wie der Wind auf offnem Blachfeld, sind
Die Fraun, die solche Heldentat vollbracht,
Und dem Geschlecht der Männer nicht mehr dienstbar.
Ein Staat, ein mündiger, sei aufgestellt,
Ein Frauenstaat, den fürder keine andre
Herrschsüchtge Männerstimme mehr durchtrotzt,
Der das Gesetz sich würdig selber gebe,
Sich selbst gehorche, selber auch beschütze:
Und Tanaïs sei seine Königin.
Der Mann, des Auge diesen Staat erschaut,
Der soll das Auge gleich auf ewig schließen;
Und wo ein Knabe noch geboren wird,
Von der Tyrannen Kuß, da folg er gleich
Zum Orkus noch den wilden Vätern nach.
Der Tempel Ares' füllte sich sogleich
Gedrängt mit Volk, die große Tanaïs
Zu solcher Satzung Schirmerin zu krönen.
Gerad als sie, im festlichsten Moment,
Die Altarstuf erstieg, um dort den Bogen,
Den großen, goldenen, des Skythenreichs,
Den sonst die Könige geführt, zu greifen,
Von der geschmückten Oberpriesterin Hand,
Ließ eine Stimme also sich vernehmen:
„Den Spott der Männer werd er reizen nur,
Ein Staat, wie der, und gleich dem ersten Anfall
Des kriegerischen Nachbarvolks erliegen:
Weil doch die Kraft des Bogens nimmermehr,

Von schwachen Fraun beengt durch volle Brüste,
Leicht, wie von Männern, sich regieren würde."
Die Königin stand einen Augenblick,
Und harrrte still auf solcher Rede Glück;
Doch als die feige Regung um sich griff,
Riß sie die rechte Brust sich ab, und taufte:
Die Frauen, die den Bogen spannen würden,
Und fiel zusammen, eh sie noch vollendet:
Die Amazonen oder Busenlosen! –
Hierauf ward ihr die Krone aufgesetzt.

ACHILLES: Nun denn, beim Zeus, die brauchte keine Brüste!
Die hätt ein Männervolk beherrschen können,
Und meine ganze Seele beugt sich ihr.

PENTHESILEA: Still auch auf diese Tat ward's, Peleïde,
Nichts als der Bogen ließ sich schwirrend hören,
Der aus den Händen, leichenbleich und starr,
Der Oberpriesterin daniederfiel.
Er stürzt', der große, goldene, des Reichs,
Und klirrte von der Marmorstufe dreimal,
Mit dem Gedröhn der Glocken, auf, und legte,
Stumm wie der Tod, zu ihren Füßen sich. –

ACHILLES: Man folgt ihr, hoff ich doch, im Staat der Frauen,
In diesem Beispiel nicht?

PENTHESILEA: Nicht – allerdings!
Man ging so lebhaft nicht zu Werk als sie.

ACHILLES *mit Erstaunen*: Wie! Also doch –? Unmöglich!

PENTHESILEA: Was sagst du?

ACHILLES: – Die ungeheure Sage wäre wahr?
Und alle diese blühenden Gestalten,
Die dich umstehn, die Zierden des Geschlechts,
Vollständig, einem Altar gleich, jedwede
Geschmückt, in Liebe davor hinzuknien,
Sie sind beraubt, unmenschlich, frevelhaft –?

PENTHESILEA: Hast du das nicht gewußt?

ACHILLES *indem er sein Gesicht an ihre Brust drückt*: O Königin!
Der Sitz der jungen, lieblichen Gefühle,
Um eines Wahns, barbarisch –

PENTHESILEA: Sei ganz ruhig.
Sie retteten in diese Linke sich,
Wo sie dem Herzen um so näher wohnen.
Du wirst mir, hoff ich, deren keins vermissen. –

ACHILLES: Fürwahr! Ein Traum, geträumt in Morgenstunden,
Scheint mir wahrhaftger, als der Augenblick.
– Doch weiter.
PENTHESILEA: Wie?
ACHILLES: – Du bist den Schluß noch schuldig.
Denn dieser überstolze Frauenstaat,
Der ohn der Männer Hülf entstand, wie pflanzt er
Doch ohne Hülfe sich der Männer fort?
Wirft euch Deukalion, von Zeit zu Zeit,
Noch seiner Schollen eine häuptlings zu?
PENTHESILEA: Sooft nach jährlichen Berechnungen,
Die Königin dem Staat ersetzen will,
Was ihr der Tod entrafft, ruft sie die blühendsten
Der Frauen – *Stockt und sieht ihn an.*
  Warum lächelst du?
ACHILLES: Wer? Ich?
PENTHESILEA: Mich dünkt, du lächelst, Lieber.
ACHILLES: – Deiner Schöne.
Ich war zerstreut. Vergib. Ich dachte eben,
Ob du mir aus dem Monde niederstiegst? –
PENTHESILEA *nach einer Pause*: Sooft, nach jährlichen Berechnungen,
Die Königin, was ihr der Tod entrafft,
Dem Staat ersetzen will, ruft sie die blühndsten
Der Fraun, von allen Enden ihres Reichs,
Nach Themiscyra hin, und fleht, im Tempel
Der Artemis, auf ihre jungen Schöße
Den Segen keuscher Marsbefruchtung nieder.
Ein solches Fest heißt, still und weich gefeiert,
Der blühnden Jungfraun Fest, wir warten stets,
Bis – wenn das Schneegewand zerhaucht, der Frühling
Den Kuß drückt auf den Busen der Natur.
Dianas heilge Priesterin verfügt,
Auf dies Gesuch, sich in den Tempel Mars',
Und trägt, am Altar hingestreckt, dem Gott
Den Wunsch der weisen Völkermutter vor.
Der Gott dann, wenn er sie erhören will
– Denn oft verweigert er's, die Berge geben,
Die schneeigen, der Nahrung nicht zu viel –,
Der Gott zeigt uns, durch seine Priesterin,
Ein Volk an, keusch und herrlich, das, statt seiner,
Als Stellvertreter, uns erscheinen soll.

Des Volkes Nam und Wohnsitz ausgesprochen,
Ergeht ein Jubel nun durch Stadt und Land.
Marsbräute werden sie begrüßt, die Jungfraun,
Beschenkt mit Waffen, von der Mütter Hand,
Mit Pfeil und Dolch, und allen Gliedern fliegt,
Von emsgen Händen jauchzend rings bedient,
Das erzene Gewand der Hochzeit an.
Der frohe Tag der Reise wird bestimmt,
Gedämpfter Tuben Klang ertönt, es schwingt
Die Schar der Mädchen flüsternd sich zu Pferd,
Und still und heimlich, wie auf wollnen Sohlen,
Geht's in der Nächte Glanz, durch Tal und Wald,
Zum Lager fern der Auserwählten hin.
Das Land erreicht, ruhn wir, an seiner Pforte,
Uns noch zwei Tage, Tier' und Menschen, aus:
Und wie die feuerrote Windsbraut brechen
Wir plötzlich in den Wald der Männer ein,
Und wehn die Reifsten derer, die da fallen,
Wie Samen, wenn die Wipfel sich zerschlagen,
In unsre heimatlichen Fluren hin.
Hier pflegen wir, im Tempel Dianas, ihrer,
Durch heilger Feste Reihn, von denen mir
Bekannt nichts, als der Name: Rosenfest –
Und denen sich, bei Todesstrafe, niemand,
Als nur die Schar der Bräute nahen darf –
Bis uns die Saat selbst blühend aufgegangen;
Beschenken sie, wie Könige zusamt;
Und schicken sie am Fest der reifen Mütter,
Auf stolzen Prachtgeschirren wieder heim.
Dies Fest dann freilich ist das frohste nicht,
Neridensohn – denn viele Tränen fließen,
Und manches Herz, von düsterm Gram ergriffen,
Begreift nicht, wie die große Tanaïs
In jedem ersten Wort zu preisen sei. –
Was träumst du?
ACHILLES: Ich?
PENTHESILEA: Du.
ACHILLES *zerstreut*: Geliebte, mehr,
Als ich in Worte eben fassen kann.
– – Und auch mich denkst du also zu entlassen?
PENTHESILEA: Ich weiß nicht, Lieber. Frag mich nicht. –

ACHILLES: Traun! Seltsam. – *Er versinkt in Nachdenken.*
– Doch einen Aufschluß noch gewährst du mir.
PENTHESILEA: Sehr gern, mein Freund. Sei dreist.
ACHILLES: Wie faß ich es,
Daß du gerade mich so heiß verfolgtest?
Es schien, ich sei bekannt dir.
PENTHESILEA: Allerdings.
ACHILLES: Wodurch?
PENTHESILEA: Willst du der Törichten nicht lächeln?
ACHILLES *lächelnd*: Ich weiß nicht, sag ich jetzt, wie du.
PENTHESILEA: Nun denn,
Du sollst's erfahren. – Sieh ich hatte schon
Das heitre Fest der Rosen zwanzigmal
Erlebt und drei, und immer nur von fern,
Wo aus dem Eichenwald der Tempel ragt,
Den frohen Jubelschall gehört, als Ares,
Bei der Otrere, meiner Mutter, Tod,
Zu seiner Braut mich auserkor. Denn die
Prinzessinnen, aus meinem Königshaus,
Sie mischen nie aus eigener Bewegung,
Sich in der blühnden Jungfraun Fest; der Gott,
Begehrt er ihrer, ruft sie würdig auf,
Durch seiner großen Oberpriestrin Mund.
Die Mutter lag, die bleiche, scheidende,
Mir in den Armen eben, als die Sendung
Des Mars mir feierlich im Palast erschien,
Und mich berief, nach Troja aufzubrechen,
Um ihn von dort bekränzt heranzuführen.
Es traf sich, daß kein Stellvertreter je
Ernannt noch ward, willkommener den Bräuten,
Als die Hellenenstämme, die sich dort umkämpften.
An allen Ecken hörte man erjauchzend,
Auf allen Märkten, hohe Lieder schallen,
Die des Hero'nkriegs Taten feierten:
Vom Paris-Apfel, dem Helenenraub,
Von den geschwaderführenden Atriden,
Vom Streit um Briseïs, der Schiffe Brand,
Auch von Patroklus' Tod, und welche Pracht
Du des Triumphes rächend ihm gefeiert;
Und jedem großen Auftritt dieser Zeit. –
In Tränen schwamm ich, Jammervolle, hörte

Mit halbem Ohr nur, was die Botschaft mir,
In der Otrere Todesstunde, brachte;
„Laß mich dir bleiben", rief ich, „meine Mutter,
Dein Ansehn, brauch es heut zum letztenmal,
Und heiße diese Frauen wieder gehn."
Doch sie, die würdge Königin, die längst
Mich schon ins Feld gewünscht – denn ohne Erben
War, wenn sie starb, der Thron und eines andern
Ehrgeizgen Nebenstammes Augenmerk –
Sie sagte: „Geh, mein süßes Kind! Mars ruft dich!
Du wirst den Peleïden dir bekränzen:
Werd eine Mutter, stolz und froh, wie ich –"
Und drückte sanft die Hand mir, und verschied.

PROTHOE: So nannte sie den Namen dir, Otrere?
PENTHESILEA: – Sie nannt ihn, Prothoe, wie's einer Mutter
Wohl im Vertraun zu ihrer Tochter ziemt.
ACHILLES: Warum? Weshalb? Verbeut dies das Gesetz?
PENTHESILEA: Es schickt sich nicht, daß eine Tochter Mars'
Sich ihren Gegner sucht, den soll sie wählen,
Den ihr der Gott im Kampf erscheinen läßt. –
Doch wohl ihr, zeigt die Strebende sich da,
Wo ihr die Herrlichsten entgegenstehn.
– Nicht, Prothoe?
PROTHOE: So ist's.
ACHILLES: Nun –?
PENTHESILEA: – Lange weint ich,
Durch einen ganzen kummervollen Mond,
An der Verblichnen Grab, die Krone selbst,
Die herrenlos am Rande lag, nicht greifend,
Bis mich zuletzt der wiederholte Ruf
Des Volks, das den Palast mir ungeduldig,
Bereit zum Kriegeszug, umlagerte,
Gewaltsam auf den Thron riß. Ich erschien,
Wehmütig strebender Gefühle voll,
Im Tempel Mars', den Bogen gab man mir,
Den klirrenden, des Amazonenreichs,
Mir war, als ob die Mutter mich umschwebte,
Da ich ihn griff, nichts schien mir heiliger,
Als ihren letzten Willen zu erfüllen.
Und da ich Blumen noch, die duftigsten,
Auf ihren Sarkophag gestreut, brach ich

Jetzt mit dem Heer der Amazonen auf,
Nach der Dardanerburg – Mars weniger,
Dem großen Gott, der mich dahin gerufen,
Als der Otrere Schatten, zu gefallen.
ACHILLES: Wehmut um die Verblichne lähmte flüchtig
Die Kraft, die deine junge Brust sonst ziert.
PENTHESILEA: Ich liebte sie.
ACHILLES: Nun? Hierauf? –
PENTHESILEA: In dem Maße,
Als ich mich dem Skamandros näherte,
Und alle Täler rings, die ich durchrauschte,
Von dem Trojanerstreite widerhallten,
Schwand mir der Schmerz, und meiner Seele ging
Die große Welt des heitern Krieges auf.
Ich dachte so: wenn sie sich allzusamt,
Die großen Augenblicke der Geschichte,
Mir wiederholten, wenn die ganze Schar
Der Helden, die die hohen Lieder feiern,
Herab mir aus den Sternen stieg', ich fände
Doch keinen Trefflichern, den ich mit Rosen
Bekränzt', als ihn, den mir die Mutter ausersehn –
Den Lieben, Wilden, Süßen, Schrecklichen,
Den Überwinder Hektors! O Pelide!
Mein ewiger Gedanke, wenn ich wachte,
Mein ewger Traum warst du! Die ganze Welt
Lag wie ein ausgespanntes Musternetz
Vor mir; in jeder Masche, weit und groß,
War deiner Taten eine eingeschürzt,
Und in mein Herz, wie Seide weiß und rein,
Mit Flammenfarben jede brannt ich ein.
Bald sah ich dich, wie du ihn niederschlugst,
Vor Ilium, den flüchtgen Priamiden;
Wie du, entflammt von hoher Siegerlust,
Das Antlitz wandtest, während er die Scheitel,
Die blutigen, auf nackter Erde schleifte;
Wie Priam flehnd in deinem Zelt erschien –
Und heiße Tränen weint ich, wenn ich dachte,
Daß ein Gefühl doch, Unerbittlicher,
Den marmorharten Busen dir durchzuckt.
ACHILLES: Geliebte Königin!
PENTHESILEA: Wie aber ward mir,

O Freund, als ich dich selbst erblickte –!
Als du mir im Skamandrostal erschienst,
Von den Heroen deines Volks umringt,
Ein Tagsstern unter bleichen Nachtgestirnen!
So müßt es mir gewesen sein, wenn er
Unmittelbar, mit seinen weißen Rossen,
Von dem Olymp herabgedonnert wäre,
Mars selbst, der Kriegsgott, seine Braut zu grüßen!
Geblendet stand ich, als du jetzt entwichen,
Von der Erscheinung da – wie wenn zur Nachtzeit
Der Blitz vor einen Wandrer fällt, die Pforten
Elysiums, des glanzerfüllten, rasselnd,
Vor einem Geist sich öffnen und verschließen.
Im Augenblick, Pelid, erriet ich es,
Von wo mir das Gefühl zum Busen rauschte;
Der Gott der Liebe hatte mich ereilt.
Doch von zwei Dingen schnell beschloß ich eines,
Dich zu gewinnen, oder umzukommen:
Und jetzt ist mir das Süßere erreicht.
– Was blickst du?
    Man hört ein Waffengeräusch in der Ferne.
PROTHOE *heimlich*: Göttersohn! Ich bitte dich.
Du mußt dich augenblicklich ihr erklären.
PENTHESILEA *aufbrechend*: Argiver nahn, ihr Fraun! Erhebt euch!
ACHILLES *sie haltend*:   Ruhig!
Es sind Gefangne, meine Königin.
PENTHESILEA: Gefangene?
PROTHOE *heimlich zum Achilles*: Es ist Ulyß, beim Styx!
Die Deinen, heiß gedrängt von Meroe, weichen!
ACHILLES *in den Bart murmelnd*: Daß sie zu Felsen starrten!
PENTHESILEA: Sagt! Was gibt's?
ACHILLES *mit erzwungener Heiterkeit*:
Du sollst den Gott der Erde mir gebären!
Prometheus soll von seinem Sitz erstehn,
Und dem Geschlecht der Welt verkündigen:
Hier ward ein Mensch, so hab ich ihn gewollt!
Doch nicht nach Temiscyra folg ich dir,
Vielmehr du, nach der blühnden Phtia, mir:
Denn dort, wenn meines Volkes Krieg beschlossen,
Führ ich dich jauchzend hin, und setze dich,
Ich Seliger, auf meiner Väter Thron.

Das Geräusch dauert fort.
PENTHESILEA: Wie? Was? Kein Wort begreif ich –
DIE FRAUEN *unruhig*: All ihr Götter!
PROTHOE: Neridensohn! Willst du –?
PENTHESILEA: Was ist's? Was gibt's denn?
ACHILLES: Nichts, nichts, erschrick nicht, meine Königin,
Du siehst, es drängt die Zeit, wenn du nun hörst,
Was über dich der Götter Schar verhängt.
Zwar durch die Macht der Liebe bin ich dein,
Und ewig diese Banden trag ich fort;
Doch durch der Waffen Glück gehörst du mir;
Bist mir zu Füßen, Treffliche, gesunken,
Als wir im Kampf uns trafen, nicht ich dir.
PENTHESILEA *sich aufraffend*: Entsetzlicher!
ACHILLES: Ich bitte dich, Geliebte!
Kronion selbst nicht ändert, was geschehn.
Beherrsche dich, und höre, wie ein Felsen,
Den Boten an, der dort, wenn ich nicht irre,
Mit irgendeinem Unheilswort mir naht.
Denn dir, begreifst du wohl, dir bringt er nichts,
Dein Schicksal ist auf ewig abgeschlossen;
Gefangen bist du mir, ein Höllenhund
Bewacht dich minder grimmig, als ich dich.
PENTHESILEA: Ich die Gefangne dir?
PROTHOE: So ist es Königin!
PENTHESILEA *die Hände aufhebend*:
Ihr ewigen Himmelsmächt! Euch ruf ich auf!

Sechzehnter Auftritt

Ein HAUPTMANN *tritt auf, das* GEFOLGE *des Achilles mit seiner Rüstung.*
DIE VORIGEN.

ACHILLES: Was bringst du mir?
DER HAUPTMANN: Entferne dich, Pelide!
Das Schlachtglück lockt, das wetterwendische,
Die Amazonen siegreich wieder vor.
Auf diesen Platz hier stürzen sie heran,
Und ihre Losung ist: Penthesilea!
ACHILLES *steht auf und reißt sich die Kränze ab*:
Die Waffen mir herbei! Die Pferde vor!
Mit meinem Wagen rädern will ich sie!

PENTHESILEA *mit zitternder Lippe*:
Nein, sieh den Schrecklichen! Ist das derselbe –?
ACHILLES *wild*: Sind sie noch weit von hier?
DER HAUPTMANN: Hier in dem Tal
Erblickst du ihren goldnen Halbmond schon.
ACHILLES *indem er sich rüstet*: Bringt sie hinweg!
EIN GRIECHE: Wohin?
ACHILLES: Ins Griechenlager,
In wenig Augenblicken folg ich euch.
DER GRIECHE *zu Penthesilea*: Erhebe dich.
PROTHOE: O meine Königin!
PENTHESILEA *außer sich*: Mir keinen Blitz, Zeus, sendest du herab!

SIEBENZEHNTER AUFTRITT

ODYSSEUS *und* DIOMEDES *mit dem Heer.* DIE VORIGEN.

DIOMEDES *über die Bühne ziehend*:
Vom Platz hier fort, Doloperheld! Vom Platze!
Den einzgen Weg, der dir noch offen bleibt,
Den schneiden dir die Frauen eben ab.
Hinweg! *Ab.*
ODYSSEUS: Schafft diese Kön'gin fort, ihr Griechen.
ACHILLES *zum Hauptmann*: Alexis! Tu mir den Gefallen. Hilf ihr.
DER GRIECHE *zum Hauptmann*:
Sie regt sich nicht.
ACHILLES *zu den Griechen, die ihn bedienen*:
Den Schild mir her! Den Spieß!
Aufrufend, da sich die Königin sträubt:
Penthesilea!
PENTHESILEA: O Neridensohn!
Du willst mir nicht nach Themiscyra folgen?
Du willst mir nicht zu jenem Tempel folgen,
Der aus den fernen Eichenwipfeln ragt?
Komm her, ich sagte dir noch alles nicht –
ACHILLES *nun völlig gerüstet, tritt vor sie und reicht ihr die Hand*:
Nach Phtia, Kön'gin.
PENTHESILEA: Oh! – Nach Themiscyra!
Oh! Freund! Nach Themiscyra, sag ich dir,
Wo Dianas Tempel aus den Eichen ragt!
Und wenn der Sel'gen Sitz in Phtia wäre,

Doch, doch, oh! Freund! nach Themiscyra noch,
Wo Dianas Tempel aus den Wipfeln ragt!
ACHILLES *indem er sie aufhebt*: So mußt du mir vergeben, Teuerste;
Ich bau dir solchen Tempel bei mir auf.

ACHTZEHNTER AUFTRITT

MEROE, ASTERIA *mit dem Heer der* AMAZONEN *treten auf.* DIE VORIGEN.

MEROE: Schlagt ihn zu Boden!
ACHILLES *läßt die Königin fahren und wendet sich*: Reiten sie auf Stürmen?
DIE AMAZONEN *sich zwischen Penthesilea und Achilles eindrängend*:
  Befreit die Königin!
ACHILLES: Bei dieser Rechten, sag ich!
            Er will die Königin mit sich fortziehen.
PENTHESILEA *ihn nach sich ziehend*:
  Du folgst mir nicht? Folgst nicht?
            Die Amazonen spannen ihre Bogen.
ODYSSEUS: Fort! Rasender!
  Hier ist der Ort nicht mehr, zu trotzen. – Folgt!
            Er reißt den Achill hinweg. Alle ab.

NEUNZEHNTER AUFTRITT

DIE OBERPRIESTERIN *der Diana mit ihren Priesterinnen.* DIE VORIGEN *ohne die Griechen.*

DIE AMAZONEN: Triumph! Triumph! Triumph! Sie ist gerettet!
PENTHESILEA *nach einer Pause*:
  Verflucht sei dieser schändliche Triumph mir!
  Verflucht jedwede Zunge, die ihn feiert,
  Die Luft verflucht mir, die ihn weiterbringt!
  War ich, nach jeder würdgen Rittersitte,
  Nicht durch das Glück der Schlacht ihm zugefallen?
  Wenn das Geschlecht der Menschen unter sich,
  Mit Wolf und Tiger nicht, im Streite liegt:
  Gibt's ein Gesetz, frag ich, in solchem Kriege,
  Das den Gefangenen, der sich ergeben,
  Aus seines Siegers Banden lösen kann?
  – Neridensohn!
DIE AMAZONEN: Ihr Götter, hört ich recht?

MEROE: Ehrwürdge Priesterin der Artemis,
   Tritt näher vor, ich bitte dich –
ASTERIA: Sie zürnt,
   Weil wir sie aus der Knechtschaft Schmach befreiten!
DIE OBERPRIESTERIN *aus dem Gewühl der Frauen hervortretend*:
   Nun denn, du setzest würdig, Königin,
   Mit diesem Schmähungswort, muß ich gestehn,
   Den Taten dieses Tags die Krone auf.
   Nicht bloß, daß du, die Sitte wenig achtend,
   Den Gegner dir im Feld der Schlacht gesucht,
   Nicht bloß, daß du, statt ihn in Staub zu werfen,
   Ihm selbst im Kampf erliegst, nicht bloß, daß du
   Zum Lohn dafür ihn noch mit Rosen kränzest:
   Du zürnst auch deinem treuen Volke noch,
   Das deine Ketten bricht, du wendest dich,
   Und rufst den Überwinder dir zurück.
   Wohlan denn große Tochter Tanaïs',
   So bitt ich – ein Versehn war's, weiter nichts –
   Für diese rasche Tat dich um Verzeihung.
   Das Blut, das sie gekostet, reut mich jetzt,
   Und die Gefangnen, eingebüßt um dich,
   Wünsch ich von ganzer Seele mir zurück.
   Frei, in des Volkes Namen, sprech ich dich;
   Du kannst den Fuß jetzt wenden, wie du willst,
   Kannst ihn mit flatterndem Gewand ereilen,
   Der dich in Fesseln schlug, und ihm den Riß,
   Da, wo wir sie zersprengten, überreichen:
   Also ja will's das heilge Kriegsgesetz!
   Uns aber, uns vergönnst du, Königin,
   Den Krieg jetzt aufzugeben, und den Fuß
   Nach Themiscyra wieder heimzusetzen;
   Wir mindestens, wir können jene Griechen,
   Die dort entfliehn, nicht bitten, stillzustehn,
   Nicht, so wie du, den Siegskranz in der Hand,
   Zu unsrer Füße Staub sie nieder flehn.
         Pause.
PENTHESILEA *wankend*:
   Prothoe!
PROTHOE: Mein Schwesterherz!
PENTHESILEA: Ich bitte dich, bleib bei mir.
PROTHOE: Im Tod, du weißt – – Was bebst du, meine Königin?

PENTHESILEA: Nichts, es ist nichts, ich werde gleich mich sammeln.
PROTHOE: Ein großer Schmerz traf dich. Begegn' ihm groß.
PENTHESILEA: Sie sind verloren?
PROTHOE: $\qquad$ Meine Königin?
PENTHESILEA: Die ganze junge Prachtschar, die wir fällten? –
Sie sind's durch mich?
PROTHOE: $\qquad$ Beruh'ge dich. Du wirst sie
In einem andern Krieg uns wiederschenken.
PENTHESILEA *an ihrem Busen*: O niemals!
PROTHOE: $\qquad$ Meine Königin?
PENTHESILEA: $\qquad$ O niemals!
Ich will in ewge Finsternis mich bergen!

ZWANZIGSTER AUFTRITT

Ein HEROLD *tritt auf.* DIE VORIGEN.

MEROE: Ein Herold naht dir, Königin!
ASTERIA: $\qquad$ Was willst du?
PENTHESILEA *mit schwacher Freude*:
Von dem Peliden! – Ach, was werd ich hören?
Ach, Prothoe, heiß ihn wieder gehn!
PROTHOE: $\qquad$ Was bringst du?
DER HEROLD: Mich sendet dir Achilleus, Königin,
Der schilfumkränzten Nereïde Sohn,
Und läßt durch meinen Mund dir kündigen:
Weil dich Gelüst treibt, als Gefangnen ihn
Nach deinen Heimatsfluren abzuführen,
Ihn aber auch hinwiederum Gelüst,
Nach seinen heimatlichen Fluren dich:
So fordert er zum Kampf, auf Tod und Leben,
Noch einmal dich ins Feld hinaus, auf daß
Das Schwert, des Schicksals eh'rne Zung entscheide,
In der gerechten Götter Angesicht,
Wer würdig sei, du oder er, von beiden,
Den Staub nach ihrem heiligen Beschluß,
Zu seines Gegners Füßen aufzulecken.
Hast du's auf solchen Strauß zu wagen Lust?
PENTHESILEA *mit einer fliegenden Blässe*:
Laß dir vom Wetterstrahl die Zunge lösen,
Verwünschter Redner, eh du wieder sprichst!

Hört ich doch einen Sandblock just so gern,
Endlosen Falls, bald hier, bald dort anschmetternd,
Dem klafternhohen Felsenriff entpoltern. *Zu Prothoe:*
– Du mußt es Wort für Wort mir wiederholen.
PROTHOE *zitternd*: Der Sohn des Peleus, glaub ich, schickt ihn her,
Und fordert dich aufs Feld hinaus;
Verweigre kurz dich ihm, und sage, nein.
PENTHESILEA: Es ist nicht möglich.
PROTHOE: Meine Königin?
PENTHESILEA: Der Sohn des Peleus fordert mich ins Feld?
PROTHOE: Sag ich dem Mann gleich: nein, und laß ihn gehn?
PENTHESILEA: Der Sohn des Peleus fordert mich ins Feld?
PROTHOE: Zum Kampf ja, meine Herrscherin, so sagt ich.
PENTHESILEA: Der mich zu schwach weiß, sich mit ihm zu messen,
Der ruft zum Kampf mich, Prothoe, ins Feld?
Hier diese treue Brust, sie rührt ihn erst,
Wenn sie sein scharfer Speer zerschmetterte?
Was ich ihm zugeflüstert, hat sein Ohr
Mit der Musik der Rede bloß getroffen?
Des Tempels unter Wipfeln denkt er nicht,
Ein steinern Bild hat meine Hand bekränzt?
PROTHOE: Vergiß den Unempfindlichen.
PENTHESILEA *glühend*:   Nun denn,
So ward die Kraft mir jetzo, ihm zu stehen:
So soll er in den Staub herab, und wenn
Lapithen und Giganten ihn beschützten!
PROTHOE: Geliebte Königin –
MEROE: Bedenkst du auch?
PENTHESILEA *sie unterbrechend*: Ihr sollt all die Gefangnen wiederhaben!
DER HEROLD: Du willst im Kampf dich –?
PENTHESILEA: Stellen will ich mich:
Er soll im Angesicht der Götter mich,
Die Furien auch ruf ich herab, mich treffen!
Der Donner rollt.
DIE OBERPRIESTERIN: Wenn dich mein Wort gereizt, Penthesilea,
So wirst du mir den Schmerz nicht –
PENTHESILEA *ihre Tränen unterdrückend*: Laß, du Heilige!
Du sollst mir nicht umsonst gesprochen haben.
MEROE: Ehrwürdge Priesterin, dein Ansehen brauche.
DIE OBERPRIESTERIN: Hörst du ihn, Königin, der dir zürnt?
PENTHESILEA: Ihn ruf ich

Mit allen seinen Donnern mir herab!
ERSTE OBERSTE *in Bewegung*: Ihr Fürstinnen –
DIE ZWEITE: Unmöglich ist's!
DIE DRITTE: Es kann nicht!
PENTHESILEA *mit zuckender Wildheit*:
Herbei, Ananke, Führerin der Hunde!
DIE ERSTE OBERSTE: Wir sind zerstreut, geschwächt –
DIE ZWEITE: Wir sind ermüdet –
PENTHESILEA: Du, mit den Elefanten, Thyrroe!
PROTHOE: Königin!
Willst du mit Hunden ihn und Elefanten –
PENTHESILEA: Ihr Sichelwagen, kommt, ihr blinkenden,
Die ihr des Schlachtfelds Erntefest bestellt,
Kommt, kommt in greul'gen Schnitterreihn herbei!
Und ihr, die ihr der Menschen Saat zerdrescht,
Daß Halm und Korn auf ewig untergehen,
Ihr Reuterscharen, stellt euch um mich her!
Du ganzer Schreckenspomp des Kriegs, dich ruf ich,
Vernichtender, entsetzlicher, herbei!
     Sie ergreift den großen Bogen aus einer Amazone Hand.
Amazonen mit Meuten gekoppelter Hunde. Späterhin Elefanten, Feuerbrände,
           Sichelwagen usw.
PROTHOE: Geliebte meiner Seele! Höre mich!
PENTHESILEA *sich zu den Hunden wendend*:
Auf, Tigris, jetzt, dich brauch ich! Auf Leäne!
Auf, mit der Zoddelmähne du, Melampus!
Auf, Akle, die den Fuchs erhascht, auf Sphinx,
Und der die Hirschkuh übereilt, Alektor,
Auf, Oxus, der den Eber niederreißt,
Und der dem Leuen nicht erbebt, Hyrkaon!
         Der Donner rollt heftig.
PROTHOE: Oh! Sie ist außer sich –!
ERSTE OBERSTE: Sie ist wahnsinnig!
PENTHESILEA *kniet nieder, mit allen Zeichen des Wahnsinns, während die
     Hunde ein gräßliches Geheul anstimmen*:
Dich, Ares, ruf ich jetzt, dich Schrecklichen,
Dich, meines Hauses hohen Gründer, an!
Oh! – – deinen erznen Wagen mir herab:
Wo du der Städte Mauern auch und Tore
Zermalmst, Vertilgergott, gekeilt in Straßen,
Der Menschen Reihen jetzt auch niedertrittst;

Oh! – – deinen erznen Wagen mir herab:
Daß ich den Fuß in seine Muschel setze,
Die Zügel greife, durch die Felder rolle,
Und wie ein Donnerkeil aus Wetterwolken,
Auf dieses Griechen Scheitel niederfalle! *Sie steht auf.*
DIE ERSTE OBERSTE: Ihr Fürstinnen!
DIE ZWEITE: Auf! Wehrt der Rasenden!
PROTHOE: Hör, meine große Königin, mich!
PENTHESILEA *indem sie den Bogen spannt*: Ei, lustig!
So muß ich sehn, ob mir der Pfeil noch trifft. *Sie legt auf Prothoe an.*
PROTHOE *niederstürzend*: Ihr Himmlischen!
EINE PRIESTERIN *indem sie sich rasch hinter die Königin stellt*:
Achill ruft!
EINE ZWEITE *ebenso*: Der Pelide!
EINE DRITTE: Hier steht er hinter dir!
PENTHESILEA *wendet sich*: Wo?
DIE ERSTE PRIESTERIN: War er's nicht?
PENTHESILEA: Nein, hier sind noch die Furien nicht versammelt.
– Folg mir, Ananke! Folgt, ihr anderen!
Ab mit dem ganzen Kriegstroß unter heftigen Gewitterschlägen.
MEROE *indem sie Prothoe aufhebt*:
Die Gräßliche!
ASTERIA: Fort! Eilt ihr nach, ihr Frauen!
DIE OBERPRIESTERIN *leichenbleich*:
Ihr Ewgen! Was beschloßt ihr über uns?
Alle ab.

EINUNDZWANZIGSTER AUFTRITT

ACHILLES, DIOMEDES *treten auf. Späterhin* ODYSSEUS, *zuletzt der* HEROLD.

ACHILLES: Hör, tu mir den Gefallen, Diomed,
Und sag dem Sittenrichter nichts, dem grämlichen
Odyß, von dem, was ich dir anvertraue;
Mir widersteht's, es macht mir Übelkeiten,
Wenn ich den Zug um seine Lippe sehe.
DIOMEDES: Hast du den Herold ihr gesandt, Pelide?
Ist's wahr? Ist's wirklich?
ACHILLES: Ich will dir sagen, Freund:
– Du aber, du erwiderst nichts, verstehst du?
Gar nichts, kein Wort! – Dies wunderbare Weib,

Halb Furie, halb Grazie, sie liebt mich –
Und allen Weibern Hellas' ich zum Trotz,
Beim Styx! beim ganzen Hades! – ich sie auch.
DIOMEDES: Was!
ACHILLES: Ja. Doch eine Grille, die ihr heilig,
Will, daß ich ihrem Schwert im Kampf erliege;
Eh' nicht in Liebe kann sie mich umfangen.
Nun schickt ich –
DIOMEDES: Rasender!
ACHILLES: Er hört mich nicht!
Was er im Weltkreis noch, solang er lebt,
Mit seinem blauen Auge nicht gesehn,
Das kann er in Gedanken auch nicht fassen.
DIOMEDES: Du willst –? Nein, sprich! Du willst –?
ACHILLES *nach einer Pause*:   – Was also will ich?
Was ist's, daß ich so Ungeheures will?
DIOMEDES: Du hast sie in die Schranken bloß gefordert,
Um ihr –?
ACHILLES: Beim wolkenrüttelnden Kroniden,
Sie tut mir nichts, sag ich! Eh' wird ihr Arm,
Im Zweikampf gegen ihren Busen wüten,
Und rufen: „Sieg!" wenn er von Herzblut trieft,
Als wider mich! – Auf einen Mond bloß will ich ihr,
In dem, was sie begehrt, zu Willen sein;
Auf einen oder zwei, mehr nicht: das wird
Euch ja den alten, meerzerfreßnen Isthmus
Nicht gleich zusammenstürzen! – Frei bin ich dann,
Wie ich aus ihrem eignen Munde weiß,
Wie Wild auf Heiden wieder; und folgt sie mir,
Beim Jupiter! ich wär ein Seliger,
Könnt ich auf meiner Väter Thron sie setzen.
              Odysseus kommt.
DIOMEDES: Komm her, Ulyß, ich bitte dich.
ODYSSEUS: Pelide!
Du hast die Königin ins Feld gerufen;
Willst du, ermüdet, wie die Scharen sind,
Von neu'm das oft mißlungne Wagstück wagen?
DIOMEDES: Nichts, Freund, von Wagestücken, nichts von Kämpfen;
Er will sich bloß ihr zu gefangen geben.
ODYSSEUS: Was?
ACHILLES *das Blut schießt ihm ins Gesicht*:

Tu mir dein Gesicht weg, bitt ich dich!
ODYSSEUS: Er will –?
DIOMEDES: Du hörst's, ja! Ihr den Helm zerkeilen;
Gleich einem Fechter, grimmig sehn, und wüten;
Dem Schild aufdonnern, daß die Funken sprühen,
Und stumm sich, als ein Überwundener,
Zu ihren kleinen Füßen niederlegen.
ODYSSEUS: Ist dieser Mann bei Sinnen, Sohn des Peleus?
Hast du gehört, was er –?
ACHILLES *sich zurückhaltend*: Ich bitte dich,
Halt deine Oberlippe fest, Ulyß!
Es steckt mich an, bei den gerechten Göttern,
Und bis zur Faust gleich zuckt es mir herab.
ODYSSEUS *wild*: Bei dem Kozyt, dem feurigen! Wissen will ich,
Ob meine Ohren hören, oder nicht!
Du wirst mir, Sohn des Tydeus, bitt ich, jetzt,
Mit einem Eid, daß ich aufs reine komme,
Bekräftigen, was ich dich fragen werde.
Er will der Königin sich gefangen geben?
DIOMEDES: Du hörst's!
ODYSSEUS: Nach Themiscyra will er gehn?
DIOMEDES: So ist's.
ODYSSEUS: Und unseren Helenenstreit,
Vor der Dardanerburg, der Sinnentblößte,
Den will er, wie ein Kinderspiel, weil sich
Was anders Buntes zeigt, im Stiche lassen?
DIOMEDES: Beim Jupiter! Ich schwör's.
ODYSSEUS *indem er die Arme verschränkt*: – Ich kann's nicht glauben.
ACHILLES: Er spricht von der Dardanerburg.
ODYSSEUS: Was?
ACHILLES: Was?
ODYSSEUS: Mich dünkt, du sagtest was.
ACHILLES: Ich?
ODYSSEUS: Du!
ACHILLES: Ich sagte:
Er spricht von der Dardanerburg.
ODYSSEUS: Nun, ja!
Wie ein Beseßner frag ich, ob der ganze
Helenenstreit, vor der Dardanerburg,
Gleich einem Morgentraum, vergessen sei?
ACHILLES *indem er ihm näher tritt*: Wenn die Dardanerburg, Laertiade,

Versänke, du verstehst, so daß ein See,
Ein bläulicher, an ihre Stelle träte;
Wenn graue Fischer, bei dem Schein des Monds,
Den Kahn an ihre Wetterhähne knüpften;
Wenn im Palast des Priamus ein Hecht
Regiert', ein Ottern- oder Ratzenpaar
Im Bette sich der Helena umarmten:
So wär's für mich gerad so viel, als jetzt.
ODYSSEUS: Beim Styx! Es ist sein voller Ernst, Tydide!
ACHILLES: Beim Styx! Bei dem Lernäersumpf! Beim Hades!
Der ganzen Oberwelt und Unterwelt,
Und jedem dritten Ort: es ist mein Ernst;
Ich will den Tempel der Diana sehn!
ODYSSEUS *halb ihm ins Ohr:* Laß ihn nicht von der Stelle, Diomed,
Wenn du so gut willst sein.
DIOMEDES: Wenn ich – ich glaube!
Sei doch so gut, und leih mir deine Arme.
Der Herold tritt auf.
ACHILLES: Ha! Stellt sie sich? Was bringst du? Stellt sie sich?
DER HEROLD: Sie stellt sich, ja, Neridensohn, sie naht schon;
Jedoch mit Hunden auch und Elefanten,
Und einem ganzen wilden Reutertroß:
Was die beim Zweikampf sollen, weiß ich nicht.
ACHILLES: Gut. Dem Gebrauch, war sie das schuldig. Folgt mir!
– O sie ist listig, bei den ewigen Göttern!
– – Mit Hunden, sagst du?
DER HEROLD: Ja.
ACHILLES: Und Elefanten?
DER HEROLD: Daß es ein Schrecken ist, zu sehn, Pelide!
Gält es, die Atreïden anzugreifen,
Im Lager vor der Trojerburg, sie könnte
In keiner finstrern Greuelrüstung nahn.
ACHILLES *in den Bart:* Die fressen aus der Hand, wahrscheinlich – Folgt mir!
– Oh! Die sind zahm, wie sie. *Ab mit dem Gefolge.*
DIOMEDES: Der Rasende!
ODYSSEUS: Laßt uns ihn knebeln, binden – hört ihr Griechen!
DIOMEDES: Hier nahn die Amazonen schon – hinweg!
Alle ab.

Zweiundzwanzigster Auftritt

Die Oberpriesterin, *bleich im Gesicht, mehrere andere* Priesterinnen *und*
Amazonen.

DIE OBERPRIESTERIN: Schafft Stricke her, ihr Frauen!
DIE ERSTE PRIESTERIN: Hochwürdigste!
DIE OBERPRIESTERIN: Reißt sie zu Boden nieder! Bindet sie!
EINE AMAZONE: Meinst du die Königin?
DIE OBERPRIESTERIN: Die Hündin, mein ich!
– Der Menschen Hände bändgen sie nicht mehr.
DIE AMAZONEN: Hochheilge Mutter! Du scheinst außer dir.
DIE OBERPRIESTERIN: Drei Jungfraun trat sie wütend in den Staub,
Die wir geschickt, sie aufzuhalten; Meroe,
Weil sie auf Knien sich in den Weg ihr warf,
Bei jedem süßen Namen sie beschwörend,
Mit Hunden hat sie sie hinweggehetzt.
Als ich von fern der Rasenden nur nahte,
Gleich einen Stein, gebückt, mit beiden Händen,
Den grimmerfüllten Blick auf mich gerichtet,
Riß sie vom Boden auf – verloren war ich,
Wenn ich im Haufen nicht des Volks verschwand.
DIE ERSTE PRIESTERIN: Es ist entsetzlich!
DIE ZWEITE: Schrecklich ist's, ihr Fraun.
DIE OBERPRIESTERIN: Jetzt unter ihren Hunden wütet sie,
Mit schaumbedeckter Lipp, und nennt sie Schwestern,
Die heulenden, und der Mänade gleich,
Mit ihrem Bogen durch die Felder tanzend,
Hetzt sie die Meute, die mordatmende,
Die sie umringt, das schönste Wild zu fangen,
Das je die Erde, wie sie sagt, durchschweift.
DIE AMAZONEN: Ihr Orkusgötter! Wie bestraft ihr sie!
DIE OBERPRIESTERIN: Drum mit dem Strick, ihr Arestöchter, schleunig
Dort auf den Kreuzweg hin, legt Schlingen ihr,
Bedeckt mit Sträuchern, vor der Füße Tritt.
Und reißt, wenn sich ihr Fuß darin verfängt,
Dem wutgetroffnen Hunde gleich, sie nieder:
Daß wir sie binden, in die Heimat bringen,
Und sehen, ob sie noch zu retten sei.
DAS HEER DER AMAZONEN *außerhalb der Szene*:
Triumph! Triumph! Triumph! Achilleus stürzt!

Gefangen ist der Held! Die Siegerin,
Mit Rosen wird sie seine Scheitel kränzen!
Pause.
DIE OBERPRIESTERIN *mit freudebeklemmter Stimme*:
Hört ich auch recht?
DIE PRIESTERINNEN UND AMAZONEN: Ihr hochgepriesnen Götter!
DIE OBERPRIESTERIN: War dieser Jubellaut der Freude nicht?
DIE ERSTE PRIESTERIN: Geschrei des Siegs, o du Hochheilige,
Wie noch mein Ohr keins seliger vernahm!
DIE OBERPRIESTERIN: Wer schafft mir Kund, ihr Jungfraun?
DIE ZWEITE PRIESTERIN: Terpi! rasch!
Sag an, was du auf jenem Hügel siehst?
EINE AMAZONE *die währenddessen den Hügel erstiegen, mit Entsetzen*:
Euch, ihr der Hölle grauenvolle Götter,
Zu Zeugen ruf ich nieder – was erblick ich!
DIE OBERPRIESTERIN: Nun denn – als ob sie die Medus' erblickte!
DIE PRIESTERINNEN: Was siehst du? Rede! Sprich!
DIE AMAZONE: Penthesilea,
Sie liegt, den grimmgen Hunden beigesellt,
Sie, die ein Menschenschoß gebar, und reißt –
Die Glieder des Achills reißt sie in Stücken!
DIE OBERPRIESTERIN: Entsetzen! o Entsetzen!
ALLE: Fürchterlich!
DIE AMAZONE: Hier kommt es, bleich, wie eine Leiche, schon
Das Wort des Greuelrätsels uns heran.
Sie steigen vom Hügel herab.

DREIUNDZWANZIGSTER AUFTRITT

MEROE *tritt auf.* DIE VORIGEN.

MEROE: O ihr, der Diana heilge Priesterinnen,
Und ihr, Mars' reine Töchter, hört mich an:
Die afrikanische Gorgone bin ich,
Und wie ihr steht, zu Steinen starr ich euch.
DIE OBERPRIESTERIN: Sprich, Gräßliche! was ist geschehn?
MEROE: Ihr wißt,
Sie zog dem Jüngling, den sie liebt, entgegen,
Sie, die fortan kein Name nennt –
In der Verwirrung ihrer jungen Sinne,
Den Wunsch, den glühenden, ihn zu besitzen,

Mit allen Schrecknissen der Waffen rüstend.
Von Hunden rings umheult und Elefanten,
Kam sie daher, den Bogen in der Hand:
Der Krieg, der unter Bürgern rast, wenn er,
Die blutumtriefte Graungestalt, einher,
Mit weiten Schritten des Entsetzens geht,
Die Fackel über blühnde Städte schwingend,
Er sieht so wild und scheußlich nicht, als sie.
Achilleus, der, wie man im Heer versichert,
Sie bloß ins Feld gerufen, um freiwillig
Im Kampf, der junge Tor, ihr zu erliegen:
Denn er auch, o wie mächtig sind die Götter!
Er liebte sie, gerührt von ihrer Jugend,
Zu Dianas Tempel folgen wollt er ihr:
Er naht sich ihr, voll süßer Ahndungen,
Und läßt die Freunde hinter sich zurück.
Doch jetzt, da sie mit solchen Greulnissen
Auf ihn herangrollt, ihn, der nur zum Schein
Mit einem Spieß sich arglos ausgerüstet:
Stutzt er, und dreht den schlanken Hals, und horcht,
Und eilt entsetzt, und stutzt, und eilet wieder:
Gleich einem jungen Reh, das im Geklüft
Fern das Gebrüll des grimmen Leun vernimmt.
Er ruft: „Odysseus!" mit beklemmter Stimme,
Und sieht sich schüchtern um, und ruft: „Tydide!"
Und will zurück noch zu den Freunden fliehn;
Und steht, von seiner Schar schon abgeschnitten,
Und hebt die Händ empor, und duckt und birgt
In eine Fichte sich, der Unglücksel'ge,
Die schwer mit dunkeln Zweigen niederhangt. –
Inzwischen schritt die Königin heran,
Die Doggen hinter ihr, Gebirg und Wald
Hochher, gleich einem Jäger, überschauend;
Und da er eben, die Gezweige öffnend,
Zu ihren Füßen niedersinken will:
„Ha! sein Geweih verrät den Hirsch", ruft sie,
Und spannt mit Kraft der Rasenden, sogleich
Den Bogen an, daß sich die Enden küssen,
Und hebt den Bogen auf und zielt und schießt,
Und jagt den Pfeil ihm durch den Hals; er stürzt:
Ein Siegsgeschrei schallt roh im Volk empor.

Jetzt gleichwohl lebt der Ärmste noch der Menschen,
Den Pfeil, den weit vorragenden, im Nacken,
Hebt er sich röchelnd auf, und überschlägt sich,
Und hebt sich wiederum und will entfliehn;
Doch, „hetz!" schon ruft sie: „Tigris! hetz, Leäne!
Hetz, Sphinx! Melampus! Dirke! Hetz, Hyrkaon!"
Und stürzt – stürzt mit der ganzen Meut, o Diana!
Sich über ihn, und reißt – reißt ihn beim Helmbusch,
Gleich einer Hündin, Hunden beigesellt,
Der greift die Brust ihm, dieser greift den Nacken,
Daß von dem Fall der Boden bebt, ihn nieder!
Er, in dem Purpur seines Bluts sich wälzend,
Rührt ihre sanfte Wange an, und ruft:
„Penthesilea! meine Braut! was tust du?
Ist dies das Rosenfest, das du versprachst?"
Doch sie – die Löwin hätte ihn gehört,
Die hungrige, die wild nach Raub umher,
Auf öden Schneegefilden heulend treibt;
Sie schlägt, die Rüstung ihm vom Leibe reißend,
Den Zahn schlägt sie in seine weiße Brust,
Sie und die Hunde, die wetteifernden,
Oxus und Sphinx den Zahn in seine rechte,
In seine linke sie; als ich erschien,
Troff Blut von Mund und Händen ihr herab.
Pause voll Entsetzen.
Vernahmt ihr mich, ihr Fraun, wohlan so redet,
Und gebt ein Zeichen eures Lebens mir.
Pause.
DIE ERSTE PRIESTERIN *am Busen der zweiten weinend*:
Solch eine Jungfrau, Hermia! So sittsam!
In jeder Kunst der Hände so geschickt!
So reizend, wenn sie tanzte, wenn sie sang!
So voll Verstand und Würd und Grazie!
DIE OBERPRIESTERIN: O die gebar Otrere nicht! Die Gorgo
Hat im Palast der Hauptstadt sie gezeugt!
DIE ERSTE PRIESTERIN *fortfahrend*: Sie war wie von der Nachtigall geboren,
Die um den Tempel der Diana wohnt.
Gewiegt im Eichenwipfel saß sie da,
Und flötete, und schmetterte, und flötete,
Die stille Nacht durch, daß der Wandrer horchte,
Und fern die Brust ihm von Gefühlen schwoll.

Sie trat den Wurm nicht, den gesprenkelten,
Der unter ihrer Füße Sohle spielte,
Den Pfeil, der eines Ebers Busen traf,
Rief sie zurück, es hätte sie sein Auge,
Im Tod gebrochen, ganz zerschmelzt in Reue,
Auf Knieen vor ihn niederziehen können!
Pause.
MEROE: Jetzt steht sie lautlos da, die Grauenvolle,
Bei seiner Leich, umschnüffelt von der Meute,
Und blicket starr, als wär's ein leeres Blatt,
Den Bogen siegreich auf der Schulter tragend,
In das Unendliche hinaus, und schweigt.
Wir fragen mit gesträubten Haaren, sie,
Was sie getan? Sie schweigt. Ob sie uns kenne?
Sie schweigt. Ob sie uns folgen will? Sie schweigt.
Entsetzen griff mich, und ich floh zu euch.

Vierundzwanzigster Auftritt

PENTHESILEA. – *Die Leiche des Achills, mit einem roten Teppich bedeckt.* –
PROTHOE *und* ANDERE.

DIE ERSTE AMAZONE: Seht, seht, ihr Fraun! – Da schreitet sie heran,
Bekränzt mit Nesseln, die Entsetzliche,
Dem dürren Reif des Hagdorns eingewebt,
An Lorbeerschmuckes Statt, und folgt der Leiche,
Die Gräßliche, den Bogen festlich schulternd,
Als wär's der Todfeind, den sie überwunden!
DIE ZWEITE PRIESTERIN: O diese Händ –!
DIE ERSTE PRIESTERIN: O wendet euch ihr Frauen!
PROTHOE *der Oberpriesterin an den Busen sinkend:*
O meine Mutter!
DIE OBERPRIESTERIN *mit Entsetzen*: Diana ruf ich an:
Ich bin an dieser Greueltat nicht schuldig!
DIE ERSTE AMAZONE: Sie stellt sich grade vor die Oberpriesterin.
DIE ZWEITE: Sie winket, schaut!
DIE OBERPRIESTERIN: Hinweg, du Scheußliche!
Du Hadesbürgerin! Hinweg, sag ich!
Nehmt diesen Schleier, nehmt, und deckt sie zu.
    Sie reißt sich den Schleier ab, und wirft ihn der Königin ins Gesicht.
DIE ERSTE AMAZONE: O die lebendge Leich. Es rührt sie nicht –!

DIE ZWEITE: Sie winket immerfort —
DIE DRITTE: Winkt immer wieder —
DIE ERSTE: Winkt immer zu der Priestrin Füßen nieder —
DIE ZWEITE: Seht, seht!
DIE OBERPRIESTERIN: Was willst du mir? hinweg, sag ich!
Geh zu den Raben, Schatten! Fort! Verwese!
Du blickst die Ruhe meines Lebens tot.
DIE ERSTE AMAZONE: Ha! man verstand sie, seht —
DIE ZWEITE: Jetzt ist sie ruhig.
DIE ERSTE: Den Peleïden sollte man, das war's,
Vor der Diana-Priestrin Füßen legen.
DIE DRITTE: Warum just vor der Diana-Priestrin Füßen?
DIE VIERTE: Was meint sie auch damit?
DIE OBERPRIESTERIN: Was soll mir das?
Was soll die Leiche hier vor mir? Laß sie
Gebirge decken, unzugängliche,
Und den Gedanken deiner Tat dazu!
War ich's, du — Mensch nicht mehr, wie nenn ich dich?
Die diesen Mord dir schrecklich abgefordert? —
Wenn ein Verweis, sanft aus der Liebe Mund,
Zu solchen Greuelnissen treibt, so sollen
Die Furien kommen, und uns Sanftmut lehren!
DIE ERSTE AMAZONE: Sie blicket immer auf die Priestrin ein.
DIE ZWEITE: Grad ihr ins Antlitz —
DIE DRITTE: Fest und unverwandt,
Als ob sie durch und durch sie blicken wollte. —
DIE OBERPRIESTERIN: Geh, Prothoe, ich bitte dich, geh, geh,
Ich kann sie nicht mehr sehn, entferne sie.
PROTHOE *weinend*: Weh mir!
DIE OBERPRIESTERIN: Entschließe dich!
PROTHOE: Die Tat, die sie
Vollbracht hat, ist zu scheußlich; laß mich sein.
DIE OBERPRIESTERIN: Faß dich. — Sie hatte eine schöne Mutter.
— Geh, biet ihr deine Hülf und führ sie fort.
PROTHOE: Ich will sie nie mit Augen wiedersehn!
DIE ZWEITE AMAZONE: Seht, wie sie jetzt den schlanken Pfeil betrachtet!
DIE ERSTE: Wie sie ihn dreht und wendet —
DIE DRITTE: Wie sie ihn mißt!
DIE ERSTE PRIESTERIN: Das scheint der Pfeil, womit sie ihn erlegt.
DIE ERSTE AMAZONE: So ist's, ihr Fraun!
DIE ZWEITE: Wie sie vom Blut ihn säubert!

Wie sie an seiner Flecken jeden wischt!
DIE DRITTE: Was denkt sie wohl dabei?
DIE ZWEITE: Und das Gefieder,
Wie sie es trocknet, kräuselt, wie sie's lockt!
So zierlich! Alles, wie es sich gehört.
O seht doch!
DIE DRITTE: – Ist sie das gewohnt zu tun?
DIE ERSTE: Tat sie das sonst auch selber?
DIE ERSTE PRIESTERIN: Pfeil und Bogen,
Sie hat sie stets mit eigner Hand gereinigt.
DIE ZWEITE: O heilig hielt sie ihn, das muß man sagen! – –
DIE ZWEITE AMAZONE: Doch jetzt den Köcher nimmt sie von der Schulter,
Und stellt den Pfeil in seinen Schaft zurück.
DIE DRITTE: Nun ist sie fertig –
DIE ZWEITE: Nun ist es geschehen –
Nun sieht sie wieder in die Welt hinaus –!
MEHRERE FRAUEN: O jammervoller Anblick! O so öde
Wie die Sandwüste, die kein Gras gebiert!
Lustgärten, die der Feuerstrom verwüstet,
Gekocht im Schoß der Erd und ausgespieen,
Auf alle Blüten ihres Busens hin,
Sind anmutsvoller als ihr Angesicht.
PENTHESILEA *ein Schauer schüttelt sie zusammen; sie läßt den Bogen fallen.*
DIE OBERPRIESTERIN: O die Entsetzliche!
PROTHOE *erschrocken*: Nun, was auch gibt's?
DIE ERSTE AMAZONE: Der Bogen stürzt' ihr aus der Hand danieder!
DIE ZWEITE: Seht, wie er taumelt –
DIE VIERTE: Klirrt, und wankt, und fällt –!
DIE ZWEITE: Und noch einmal am Boden zuckt –
DIE DRITTE: Und stirbt,
Wie er der Tanaïs geboren ward.
Pause.
DIE OBERPRIESTERIN *sich plötzlich zu ihr wendend*:
Du, meine große Herrscherin, vergib mir!
Diana ist, die Göttin, dir zufrieden,
Besänftigt wieder hast du ihren Zorn.
Die große Stifterin des Frauenreiches,
Die Tanaïs, das gesteh ich jetzt, sie hat
Den Bogen würdger nicht geführt als du.
DIE ERSTE AMAZONE: Sie schweigt –
DIE ZWEITE: Ihr Auge schwillt –

DIE DRITTE: Sie hebt den Finger,
Den blutigen, was will sie – Seht, o seht!
DIE ZWEITE: O Anblick, herzzerreißender, als Messer!
DIE ERSTE: Sie wischt sich eine Träne ab.
DIE OBERPRIESTERIN *an Prothoes Busen zurücksinkend*: O Diana!
Welch eine Träne!
DIE ERSTE PRIESTERIN: O eine Träne, du Hochheilge,
Die in der Menschen Brüste schleicht,
Und alle Feuerglocken der Empfindung zieht,
Und: „Jammer!" rufet, daß das ganze
Geschlecht, das leicht bewegliche, hervor
Stürzt aus den Augen, und in Seen gesammelt,
Um die Ruine ihrer Seele weint.
DIE OBERPRIESTERIN *mit einem bittern Ausdruck*:
Nun denn – wenn Prothoe ihr nicht helfen will,
So muß sie hier in ihrer Not vergehn.
PROTHOE *drückt den heftigsten Kampf aus. Drauf, indem sie sich ihr nähert,
mit einer immer von Tränen unterbrochenen, Stimme*:
Willst du dich niederlassen, meine Königin?
Willst du an meiner treuen Brust nicht ruhn?
Viel kämpftest du, an diesem Schreckenstag,
Viel auch, viel littest du – von so viel Leiden
Willst du an meiner treuen Brust nicht ruhn?
PENTHESILEA *sie sieht sich um, wie nach einem Sessel*.
PROTHOE: Schafft einen Sitz herbei! Ihr seht, sie will's.
*Die Amazonen wälzen einen Stein herbei. Penthesilea läßt sich an Prothoes
Hand darauf nieder. Hierauf setzt sich auch Prothoe.*
PROTHOE: Du kennst mich doch, mein Schwesterherz?
PENTHESILEA *sieht sie an, ihr Antlitz erheitert sich ein wenig*.
PROTHOE: Prothoe
Bin ich, die dich so zärtlich liebt.
PENTHESILEA *streichelt sanft ihre Wange*.
PROTHOE: O du,
Vor der mein Herz auf Knien niederfällt,
Wie rührst du mich! *Sie küßt die Hand der Königin.*
– Du bist wohl sehr ermüdet?
Ach, wie man dir dein Handwerk ansieht, Liebe!
Nun freilich – Siegen geht so rein nicht ab,
Und jede Werkstatt kleidet ihren Meister.
Doch wie, wenn du dich jetzo reinigtest,
Händ und Gesicht? – Soll ich dir Wasser schaffen?

– – Geliebte Königin!
PENTHESILEA *sie besieht sich und nickt.*
PROTHOE: Nun ja. Sie will's.
Sie winkt den Amazonen; diese gehen Wasser zu schöpfen.
– Das wird dir wohltun, das wird dich erquicken,
Und sanft, auf kühle Teppiche gestreckt,
Von schwerer Tagesarbeit wirst du ruhn.
DIE ERSTE PRIESTERIN: Wenn man mit Wasser sie besprengt, gebt acht,
Besinnt sie sich.
DIE OBERPRIESTERIN: O ganz gewiß, das hoff ich.
PROTHOE: Du hoffst's, hochheilige Priesterin? – Ich fürcht es.
DIE OBERPRIESTERIN *indem sie zu überlegen scheint*:
Warum? Weshalb? – Es ist nur nicht zu wagen,
Sonst müßte man die Leiche des Achills –
PENTHESILEA *blickt die Oberpriesterin blitzend an.*
PROTHOE: Laßt, laßt –!
DIE OBERPRIESTERIN: Nichts, meine Königin, nichts, nichts!
Es soll dir alles bleiben, wie es ist. –
PROTHOE: Nimm dir den Lorbeer ab, den dornigen,
Wir alle wissen ja, daß du gesiegt.
Und auch den Hals befreie dir – So, so!
Schau! Eine Wund und das recht tief! Du Arme!
Du hast es dir recht sauer werden lassen –
Nun dafür triumphierst du jetzo auch!
– O Artemis!
Zwei Amazonen bringen ein großes flaches Marmorbecken, gefüllt mit Wasser.
PROTHOE: Hier setzt das Becken her. –
Soll ich dir jetzt die jungen Scheitel netzen?
Und wirst du auch erschrecken nicht – –? Was machst du?
PENTHESILEA *läßt sich von ihrem Sitz auf Knien vor das Becken niederfallen,
und begießt sich das Haupt mit Wasser.*
PROTHOE: Sieh da! Du bist ja traun recht rüstig, Königin!
– Das tut dir wohl recht wohl?
PENTHESILEA *sie sieht sich um*: Ach Prothoe!
Sie begießt sich von neuem mit Wasser.
MEROE *froh*: Sie spricht!
DIE OBERPRIESTERIN: Dem Himmel sei gedankt!
PROTHOE: Gut, gut!
MEROE: Sie kehrt ins Leben uns zurück!
PROTHOE: Vortrefflich!
Das Haupt ganz unter Wasser, Liebe! So!

Und wieder! So, so! Wie ein junger Schwan! –
MEROE: Die Liebliche!
DIE ERSTE PRIESTERIN: Wie sie das Köpfchen hängt!
MEROE: Wie sie das Wasser niederträufeln läßt!
PROTHOE: – Bist du jetzt fertig?
PENTHESILEA: Ach! – Wie wunderbar.
PROTHOE: Nun denn, so komm mir auf den Sitz zurück! –
  Rasch eure Schleier mir, ihr Priesterinnen,
  Daß ich ihr die durchweichten Locken trockne!
  So, Phania, deinen! Terpi! helft mir, Schwestern!
  Laßt uns ihr Haupt und Nacken ganz verhüllen!
  So, so! – Und jetzo auf den Sitz zurück!
Sie verhüllt die Königin, hebt sie auf den Sitz, und drückt sie fest an ihre Brust.
PENTHESILEA: Wie ist mir?
PROTHOE: Wohl denk ich – nicht?
PENTHESILEA *lispelnd*: Zum Entzücken!
PROTHOE: Mein Schwesterherz! Mein Süßes! O mein Leben!
PENTHESILEA: O sagt mir! – Bin ich in Elysium?
  Bist du der ewig jungen Nymphen eine,
  Die unsre hehre Königin bedienen,
  Wenn sie von Eichenwipfeln still umrauscht,
  In die kristallne Grotte niedersteigt?
  Nahmst du die Züge bloß, mich zu erfreuen,
  Die Züge meiner lieben Prothoe an?
PROTHOE: Nicht, meine beste Königin, nicht, nicht.
  Ich bin es, deine Prothoe, die dich
  In Armen hält, und was du hier erblickst,
  Es ist die Welt noch, die gebrechliche,
  Auf die nur fern die Götter niederschaun.
PENTHESILEA: So, so. Auch gut. Recht sehr gut. Es tut nichts.
PROTHOE: Wie, meine Herrscherin?
PENTHESILEA: Ich bin vergnügt.
PROTHOE: Erkläre dich, Geliebte. Wir verstehn nicht –
PENTHESILEA: Daß ich noch bin, erfreut mich. Laßt mich ruhn.
Pause.
MEROE: Seltsam!
DIE OBERPRIESTERIN: Welch eine wunderbare Wendung!
MEROE: Wenn man geschickt ihr doch entlocken könnte –?
PROTHOE: – Was war es denn, das dir den Wahn erregt,
  Du seist ins Reich der Schatten schon gestiegen?
PENTHESILEA *nach einer Pause, mit einer Art von Verzückung*:

Ich bin so selig, Schwester! Überselig!
Ganz reif zum Tod o Diana, fühl ich mich!
Zwar weiß ich nicht, was hier mit mir geschehn
Doch gleich des festen Glaubens könnt ich sterben,
Daß ich mir den Peliden überwand.
PROTHOE *verstohlen zur Oberpriesterin*:
Rasch jetzt die Leich hinweg!
PENTHESILEA *sich lebhaft aufrichtend*: O Prothoe!
Mit wem sprichst du?
PROTHOE *da die beiden Trägerinnen noch säumen*: Fort, Rasende!
PENTHESILEA: O Diana!
So ist es wahr?
PROTHOE: Was, fragst du, wahr, Geliebte?
– Hier! Drängt euch dicht heran!
*Sie winkt den Priesterinnen, die Leiche, die aufgehoben wird, mit ihren Leibern
zu verbergen.*
PENTHESILEA *hält ihre Hände freudig vors Gesicht*: Ihr heilgen Götter!
Ich habe nicht das Herz mich umzusehn.
PROTHOE: Was hast du vor? Was denkst du, Königin?
PENTHESILEA *sich umsehend*: O Liebe, du verstellst dich.
PROTHOE: Nein, beim Zeus,
Dem ewgen Gott der Welt!
PENTHESILEA *mit immer steigender Ungeduld*: O ihr Hochheiligen,
Zerstreut euch doch!
DIE OBERPRIESTERIN *sich dicht mit den übrigen Frauen zusammendrängend*:
Geliebte Königin!
PENTHESILEA *indem sie aufsteht*: O Diana! Warum soll ich nicht? O Diana!
Er stand schon einmal hinterm Rücken mir.
MEROE: Seht, seht! Wie sie Entsetzen faßt!
PENTHESILEA *zu den Amazonen, welche die Leiche tragen*: Halt dort! –
Was tragt ihr dort? Ich will es wissen. Steht!
Sie macht sich Platz unter den Frauen und dringt bis zur Leiche vor.
PROTHOE: O meine Königin! Untersuche nicht!
PENTHESILEA: Ist er's, ihr Jungfraun? Ist er's?
EINE TRÄGERIN *indem die Leiche niedergelassen wird*: Wer, fragst du?
PENTHESILEA: – Es ist unmöglich nicht, das seh ich ein.
Zwar einer Schwalbe Flügel kann ich lähmen,
So, daß der Flügel noch zu heilen ist;
Den Hirsch lock ich mit Pfeilen in den Park.
Doch ein Verräter ist die Kunst der Schützen;
Und gilt's den Meisterschuß ins Herz des Glückes,

So führen tücksche Götter uns die Hand.
– Traf ich zu nah ihn, wo es gilt? Sprecht ist er's?
PROTHOE: O bei den furchtbarn Mächten des Olymps,
Frag nicht –!
PENTHESILEA: Hinweg! Und wenn mir seine Wunde,
Ein Höllenrachen, gleich entgegengähnte:
Ich will ihn sehn! *Sie hebt den Teppich auf.*
Wer von euch tat das, ihr Entsetzlichen!
PROTHOE: Das fragst du noch?
PENTHESILEA: O Artemis! Du Heilige!
Jetzt ist es um dein Kind geschehn!
DIE OBERPRIESTERIN: Da stürzt sie hin!
PROTHOE: Ihr ewgen Himmelsgötter!
Warum nicht meinem Rate folgtest du?
O dir war besser, du Unglückliche,
In des Verstandes Sonnenfinsternis
Umherzuwandeln, ewig, ewig, ewig,
Als diesen fürchterlichen Tag zu sehn!
– Geliebte, hör mich!
DIE OBERPRIESTERIN: Meine Königin!
MEROE: Zehntausend Herzen teilen deinen Schmerz!
DIE OBERPRIESTERIN: Erhebe dich!
PENTHESILEA *halb aufgerichtet*: Ach, diese blutgen Rosen!
Ach, dieser Kranz von Wunden um sein Haupt!
Ach, wie die Knospen, frischen Grabduft streuend,
Zum Fest für die Gewürme, niedergehn!
PROTHOE *mit Zärtlichkeit*: Und doch war es die Liebe, die ihn kränzte?
MEROE: Nur allzufest –!
PROTHOE: Und mit der Rose Dornen,
In der Beeifrung, daß es ewig sei!
DIE OBERPRIESTERIN: Entferne dich!
PENTHESILEA: Das aber will ich wissen,
Wer mir so gottlos neben hat gebuhlt! –
Ich frage nicht, wer den Lebendigen
Erschlug; bei unsern ewig hehren Göttern!
Frei, wie ein Vogel, geht er von mir weg.
Wer mir den Toten tötete, frag ich,
Und darauf gib mir Antwort, Prothoe.
PROTHOE: Wie, meine Herrscherin?
PENTHESILEA: Versteh mich recht.
Ich will nicht wissen, wer aus seinem Busen

Den Funken des Prometheus stahl. Ich will's nicht,
Weil ich's nicht will; die Laune steht mir so:
Ihm soll vergeben sein, er mag entfliehn.
Doch wer, o Prothoe, bei diesem Raube
Die offne Pforte ruchlos mied, durch alle
Schneeweißen Alabasterwände mir
In diesen Tempel brach; wer diesen Jüngling,
Das Ebenbild der Götter, so entstellt,
Daß Leben und Verwesung sich nicht streiten,
Wem er gehört, wer ihn so zugerichtet,
Daß ihn das Mitleid nicht beweint, die Liebe
Sich, die unsterbliche, gleich einer Metze,
Im Tod noch untreu, von ihm wenden muß:
Den will ich meiner Rache opfern. Sprich!
PROTHOE *zur Oberpriesterin*:
Was soll man nun der Rasenden erwidern? –
PENTHESILEA: Nun, werd ich's hören?
MEROE: – O meine Königin,
Bringt es Erleichterung der Schmerzen dir,
In deiner Rache opfre, wen du willst.
Hier stehn wir all und bieten dir uns an.
PENTHESILEA: Gebt acht, sie sagen noch, daß ich es war.
DIE OBERPRIESTERIN *schüchtern*: Wer sonst, du Unglückselige, als nur –?
PENTHESILEA: Du Höllenfürstin, im Gewand des Lichts,
Das wagst du mir –?
DIE OBERPRIESTERIN: Diana ruf ich an!
Laß es die ganze Schar, die dich umsteht,
Bekräftigen! Dein Pfeil war's der ihn traf,
Und Himmel! wär es nur dein Pfeil gewesen!
Doch, als er niedersank, warfst du dich noch,
In der Verwirrung deiner wilden Sinne,
Mit allen Hunden über ihn und schlugst –
O meine Lippe zittert auszusprechen,
Was du getan. Frag nicht! Komm, laß uns gehn.
PENTHESILEA: Das muß ich erst von meiner Prothoe hören.
PROTHOE: O meine Königin! Befrag mich nicht.
PENTHESILEA: Was! Ich? Ich hätt ihn –? Unter meinen Hunden – –?
Mit diesen kleinen Händen hätt ich ihn –?
Und dieser Mund hier, den die Liebe schwellt –?
Ach, zu ganz anderm Dienst gemacht, als ihn –!
Die hätten, lustig stets einander helfend,

Mund jetzt und Hand, und Hand und wieder Mund –?
PROTHOE: O Königin!
DIE OBERPRIESTERIN: Ich rufe Wehe! dir.
PENTHESILEA: Nein, hört, davon nicht überzeugt ihr mich.
Und stünd's mit Blitzen in die Nacht geschrieben,
Und rief es mir des Donners Stimme zu,
So rief ich doch noch beiden zu: ihr lügt!
MEROE: Laß ihn, wie Berge, diesen Glauben stehn;
Wir sind es nicht, die ihn erschüttern werden.
PENTHESILEA: – Wie kam es denn, daß er sich nicht gewehrt?
DIE OBERPRIESTERIN: Er liebte dich, Unseligste! Gefangen
Wollt er sich dir ergeben, darum naht' er!
Darum zum Kampfe fordert' er dich auf!
Die Brust voll süßen Friedens kam er her,
Um dir zum Tempel Artemis' zu folgen.
Doch du –
PENTHESILEA: So, so –
DIE OBERPRIESTERIN: Du trafst ihn –
PENTHESILEA: Ich zerriß ihn.
PROTHOE: O meine Königin!
PENTHESILEA: Oder war es anders?
MEROE: Die Gräßliche!
PENTHESILEA: Küßt ich ihn tot?
DIE ERSTE PRIESTERIN: O Himmel!
PENTHESILEA: Nicht? Küßt ich nicht? Zerrissen wirklich? sprecht!
DIE OBERPRIESTERIN: Weh! Wehe! ruf ich dir. Verberge dich!
Laß fürder ewge Mitternacht dich decken!
PENTHESILEA: – So war es ein Versehen. Küsse, Bisse,
Das reimt sich, und wer recht von Herzen liebt,
Kann schon das eine für das andre greifen.
MEROE: Helft ihr, ihr Ewgen, dort!
PROTHOE *ergreift sie*: Hinweg!
PENTHESILEA: Laßt, laßt!
Sie wickelt sich los, und läßt sich auf Knieen vor der Leiche nieder.
Du ärmster aller Menschen, du vergibst mir!
Ich habe mich, bei Diana, bloß versprochen,
Weil ich der raschen Lippe Herr nicht bin;
Doch jetzt sag ich dir deutlich, wie ich's meinte:
Dies, du Geliebter, war's, und weiter nichts. *Sie küßt ihn.*
DIE OBERPRIESTERIN: Schafft sie hinweg!
MEROE: Was soll sie länger hier?

PENTHESILEA: Wie manche, die am Hals des Freundes hängt,
Sagt wohl das Wort: sie lieb ihn, o so sehr,
Daß sie vor Liebe gleich ihn essen könnte;
Und hinterher, das Wort beprüft, die Närrin!
Gesättigt sein zum Ekel ist sie schon.
Nun, du Geliebter, so verfuhr ich nicht.
Sieh her: als ich an deinem Halse hing,
Hab ich's wahrhaftig Wort für Wort getan;
Ich war nicht so verrückt, als es wohl schien.
MEROE: Die Ungeheuerste! Was sprach sie da?
DIE OBERPRIESTERIN: Ergreift sie! Bringt sie fort!
PROTHOE: Komm, meine Königin!
PENTHESILEA *sie läßt sich aufrichten*:
Gut, gut. Hier bin ich schon.
DIE OBERPRIESTERIN: So folgst du uns?
PENTHESILEA: Euch nicht! – –
Geht ihr nach Themiscyra, und seid glücklich,
Wenn ihr es könnt –
Vor allen meine Prothoe –
Ihr alle –
Und – – – im Vertraun ein Wort, das niemand höre,
Der Tanaïs Asche, streut sie in die Luft!
PROTHOE: Und du, mein teures Schwesterherz?
PENTHESILEA: Ich?
PROTHOE: Du!
PENTHESILEA: – Ich will dir sagen, Prothoe,
Ich sage vom Gesetz der Fraun mich los,
Und folge diesem Jüngling hier.
PROTHOE: Wie, meine Königin?
DIE OBERPRIESTERIN: Unglückliche!
PROTHOE: Du willst –?
DIE OBERPRIESTERIN: Du denkst –
PENTHESILEA: Was? Allerdings!
MEROE: O Himmel!
PROTHOE: So laß mich dir ein Wort, mein Schwesterherz –
             Sie sucht ihr den Dolch wegzunehmen.
PENTHESILEA: Nun denn, und was? – – Was suchst du mir am Gurt?
– Ja, so. Wart gleich! Verstand ich dich doch nicht.
– – Hier ist der Dolch.
     Sie löst sich den Dolch aus dem Gurt, und gibt ihn der Prothoe.
                          Willst du die Pfeile auch?

Sie nimmt den Köcher von der Schulter.
Hier schütt ich ihren ganzen Köcher aus!
    Sie schüttet die Pfeile vor sich nieder.
Zwar reizend wär's von e i n e r Seite – *Sie hebt einige davon wieder auf.*
Denn dieser hier – nicht? Oder war es dieser –?
Ja, der! Ganz recht – Gleichviel! Da! Nimm sie hin!
Nimm alle die Geschosse zu dir hin!
Sie rafft den ganzen Bündel wieder auf, und gibt ihn der Prothoe in die Hände.
PROTHOE: Gib her.
PENTHESILEA: Denn jetzt steig ich in meinen Busen nieder,
Gleich einem Schacht, und grabe, kalt wie Erz,
Mir ein vernichtendes Gefühl hervor.
Dies Erz, dies läutr' ich in der Glut des Jammers
Hart mir zu Stahl; tränk es mit Gift sodann,
Heißätzendem, der Reue, durch und durch;
Trag es der Hoffnung ewgem Amboß zu,
Und schärf und spitz es mir zu einem Dolch;
Und diesem Dolch jetzt reich ich meine Brust:
So! So! So! So! Und wieder! – Nun ist's gut. *Sie fällt und stirbt.*
PROTHOE *die Königin auffassend*:
Sie stirbt!
MEROE: Sie folgt ihm, in der Tat!
PROTHOE: Wohl ihr!
Denn hier war ihres fernern Bleibens nicht.
    Sie legt sie auf den Boden nieder.
DIE OBERPRIESTERIN: Ach! Wie gebrechlich ist der Mensch, ihr Götter!
Wie stolz, die hier geknickt liegt, noch vor kurzem,
Hoch auf des Lebens Gipfeln, rauschte sie!
PROTHOE: Sie sank, weil sie zu stolz und kräftig blühte!
Die abgestorbne Eiche steht im Sturm,
Doch die gesunde stürzt er schmetternd nieder,
Weil er in ihre Krone greifen kann.

DAS KÄTHCHEN VON HEILBRONN

ODER

DIE FEUERPROBE

Ein großes historisches Ritterschauspiel

Aufgeführt auf dem Theater an der Wien
den 17., 18. und 19. März 1810

Personen

Der Kaiser
Gebhardt, *Erzbischof von Worms*
Friedrich Wetter, Graf vom Strahl
Gräfin Helena, *seine Mutter*
Eleonore, *ihre Nichte*
Ritter Flammberg, *des Grafen Vasall*
Gottschalk, *sein Knecht*
Brigitte, *Haushälterin im gräflichen Schloß*
Kunigunde von Thurneck
Rosalie, *ihre Kammerzofe*
Theobald Friedeborn, *Waffenschmidt aus Heilbronn*
Käthchen, *seine Tochter*
Gottfried Friedeborn, *ihr Bräutigam*
Maximilian, Burggraf von Freiburg
Georg von Waldstätten, *sein Freund*
Der Rheingraf vom Stein, *Verlobter Kunigundens*
Friedrich von Herrnstadt ⎫
Eginhardt von der Wart ⎭ *seine Freunde*
Graf Otto von der Flühe ⎫
Wenzel von Nachtheim ⎬ *Räte des Kaisers und Richter des*
Hans von Bärenklau ⎭ *heimlichen Gerichts*
Jakob Pech, *ein Gastwirt*
Drei Herren von Thurneck
Kunigundens alte Tanten
Ein Köhlerjunge
Ein Nachtwächter
Mehrere Ritter
Ein Herold, zwei Köhler, Bedienten, Boten, Häscher, Knechte *und* Volk

Die Handlung spielt in Schwaben.

ERSTER AKT

Szene: Eine unterirdische Höhle, mit den Insignien des Femgerichts, von einer Lampe erleuchtet.

ERSTER AUFTRITT

GRAF OTTO VON DER FLÜHE als *Vorsitzer*, WENZEL VON NACHTHEIM, HANS VON BÄRENKLAU *als Beisassen, mehrere* GRAFEN, RITTER *und* HERREN, *sämtlich vermummt,* HÄSCHER *mit Fackeln usw.* – THEOBALD FRIEDEBORN, *Bürger aus Heilbronn, als Kläger,* GRAF WETTER VOM STRAHLE, *als Beklagter, stehen vor den Schranken.*

GRAF OTTO *steht auf*: Wir, Richter des hohen, heimlichen Gerichts, die wir, die irdischen Schergen Gottes, Vorläufer der geflügelten Heere, die er in seinen Wolken mustert, den Frevel aufsuchen, da, wo er, in der Höhle der Brust, gleich einem Molche verkrochen, vom Arm weltlicher Gerechtigkeit nicht aufgefunden werden kann: wir rufen dich, Theobald Friedeborn, ehrsamer und vielbekannter Waffenschmidt aus Heilbronn auf, deine Klage anzubringen gegen Friedrich, Graf Wetter vom Strahle; denn dort, auf den ersten Ruf der heiligen Feme, von des Femherolds Hand dreimal mit dem Griff des Gerichtsschwerts, an die Tore seiner Burg, deinem Gesuch gemäß, ist er erschienen, und fragt, was du willst? *Er setzt sich.*

THEOBALD FRIEDEBORN: Ihr hohen, heiligen und geheimnisvollen Herren! Hätte er, auf den ich klage, sich bei mir ausrüsten lassen – setzet in Silber, von Kopf bis zu Fuß, oder in schwarzen Stahl, Schienen, Schnallen und Ringe von Gold; und hätte nachher, wenn ich gesprochen: Herr, bezahlt mich! geantwortet: Theobald! Was willst du? Ich bin dir nichts schuldig; oder wäre er vor die Schranken meiner Obrigkeit getreten, und hätte meine Ehre, mit der Zunge der Schlangen – oder wäre er aus dem Dunkel mitternächtlicher Wälder herausgebrochen und hätte mein Leben mit Schwert und Dolch angegriffen: so wahr mir Gott helfe! ich glaube, ich hätte nicht vor euch geklagt. Ich erlitt, in dreiundfunfzig Jahren, da ich lebe, so viel Unrecht, daß meiner Seele Gefühl nun gegen seinen Stachel wie gepanzert ist; und während ich Waffen schmiede, für andere, die die Mücken stechen, sag ich selbst zum Skorpion: fort mit dir! und laß ihn fahren. Friedrich,

Graf Wetter vom Strahl, hat mir mein Kind verführt, meine Katharine. Nehmt ihn, ihr irdischen Schergen Gottes, und überliefert ihn allen geharnischten Scharen, die an den Pforten der Hölle stehen und ihre glutroten Spieße schwenken: ich klage ihn schändlicher Zauberei, aller Künste der schwarzen Nacht und der Verbrüderung mit dem Satan an!

GRAF OTTO: Meister Theobald von Heilbronn! Erwäge wohl, was du sagst. Du bringst vor, der Graf vom Strahl, uns vielfältig und von guter Hand bekannt, habe dir dein Kind verführt. Du klagst ihn, hoff ich, der Zauberei nicht an, weil er deines Kindes Herz von dir abwendig gemacht? Weil er ein Mädchen, voll rascher Einbildungen, mit einer Frage, wer sie sei? oder wohl gar mit dem bloßen Schein seiner roten Wangen, unter dem Helmsturz hervorglühend, oder mit irgendeiner andern Kunst des hellen Mittags ausgeübt auf jedem Jahrmarkt, für sich gewonnen hat?

THEOBALD: Es ist wahr, ihr Herren, ich sah ihn nicht zur Nachtzeit, an Mooren und schilfreichen Gestaden, oder wo sonst des Menschen Fuß selten erscheint, umherwandeln und mit den Irrlichtern Verkehr treiben. Ich fand ihn nicht auf den Spitzen der Gebirge, den Zauberstab in der Hand, das unsichtbare Reich der Luft abmessen, oder in unterirdischen Höhlen, die kein Strahl erhellt, Beschwörungsformeln aus dem Staub heraufmurmeln. Ich sah den Satan und die Scharen, deren Verbrüderten ich ihn nannte, mit Hörnern, Schwänzen und Klauen, wie sie zu Heilbronn, über dem Altar abgebildet sind, an seiner Seite nicht. Wenn ihr mich gleichwohl reden lassen wollt, so denke ich es durch eine schlichte Erzählung dessen, was sich zugetragen, dahin zu bringen, daß ihr aufbrecht, und ruft: unsrer sind dreizehn und der vierzehnte ist der Teufel! zu den Türen rennt und den Wald, der diese Höhle umgibt, auf dreihundert Schritte im Umkreis, mit euren Taftmänteln und Federhüten besäet.

GRAF OTTO: Nun, du alter, wilder Kläger! so rede!

THEOBALD: Zuvörderst müßt ihr wissen, ihr Herren, daß mein Käthchen Ostern, die nun verflossen, funfzehn Jahre alt war; gesund an Leib und Seele, wie die ersten Menschen, die geboren worden sein mögen; ein Kind recht nach der Lust Gottes, das heraufging aus der Wüsten, am stillen Feierabend meines Lebens, wie ein gerader Rauch von Myrrhen und Wachholdern! Ein Wesen von zarterer, frommerer und lieberer Art müßt ihr euch nicht denken, und kämt ihr, auf Flügeln der Einbildung, zu den lieben, kleinen Engeln, die, mit hellen Augen, aus den Wolken, unter Gottes Händen und Füßen hervorgucken. Ging sie in ihrem bürgerlichen Schmuck über die Straße, den Strohhut auf, von gelbem Lack erglänzend, das schwarzsamtene Leibchen, das ihre Brust umschloß, mit feinen Silberkettlein behängt: so lief es flüsternd von allen Fenstern herab: das ist das Käthchen von Heilbronn; das Käthchen von Heilbronn, ihr Herren, als ob der Himmel von Schwaben sie erzeugt, und von seinem Kuß geschwängert, die Stadt, die unter ihm liegt, sie geboren hätte. Vettern und Basen, mit welchen die Verwandtschaft, seit drei Menschengeschlechtern vergessen worden war, nannten sie, auf Kindtaufen und Hochzeiten, ihr liebes Mühmchen, ihr liebes Bäschen; der ganze Markt, auf dem wir wohnten, erschien an ihrem Namenstage, und bedrängte sich und wetteiferte, sie zu beschenken; wer sie nur einmal gesehen und einen Gruß im Vorübergehen von ihr empfangen hatte, schloß sie acht folgende Tage lang, als ob sie ihn gebessert hätte, in sein Gebet ein. Eigentümerin eines Landguts, das ihr der Großvater, mit Ausschluß meiner, als einem Goldkinde, dem er sich liebreich bezeigen wollte, vermacht hatte, war sie schon unabhängig von mir, eine der wohlhabendsten Bürgerinnen der Stadt. Fünf Söhne wackerer Bürger, bis in den Tod von ihrem Werte gerührt, hatten nun schon um sie angehalten; die Ritter, die durch die Stadt zogen, weinten, daß sie kein Fräulein war; ach, und wäre sie eines gewesen, das Morgenland wäre aufgebrochen, und hätte Perlen und Edelgesteine, von Mohren getragen, zu ihren Füßen gelegt. Aber sowohl ihre, als meine Seele, bewahrte der Himmel vor Stolz; und weil Gottfried Friedeborn, der junge Landmann, dessen Güter das ihrige umgrenzen, sie zum Weibe begehrte, und sie auf meine Frage: Katharine, willst du ihn? antwortete: „Vater! Dein Wille sei meiner"; so sagte ich: der Herr segne euch! und weinte und jauchzte, und beschloß, Ostern, die kommen, sie nun zur Kirche zu bringen. – So war sie, ihr Herren, bevor sie mir dieser entführte.

GRAF OTTO: Nun? Und wodurch entführte er sie dir? Durch welche Mittel hat er sie dir und dem Pfade, auf welchen du sie geführt hattest, wieder entrissen?

THEOBALD: Durch welche Mittel? – Ihr Herren, wenn ich das sagen könnte, so begriffen es diese fünf Sinne, und so ständ ich nicht vor euch und klagte auf alle, mir unbegreiflichen, Greuel der Hölle. Was soll ich vorbringen, wenn ihr mich fragt, durch welche Mittel? Hat er sie am Brunnen getroffen, wenn sie Wasser schöpfte, und gesagt: Lieb Mädel, wer bist du? hat er sich an den Pfeiler gestellt, wenn sie aus der Mette kam, und gefragt: Lieb Mädel, wo wohnst du? hat er sich, bei nächtlicher Weile, an ihr Fenster geschlichen, und, indem er ihr einen Halsschmuck umgehängt, gesagt: Lieb Mädel, wo ruhst du? Ihr hochheiligen Herren, damit war sie nicht zu gewinnen! Den Judaskuß er-

riet unser Heiland nicht rascher, als sie solche Künste. Nicht mit Augen, seit sie geboren ward, hat sie ihn gesehen; ihren Rücken, und das Mal darauf, das sie von ihrer seligen Mutter erbte, kannte sie besser, als ihn.
Er weint.
GRAF OTTO *nach einer Pause*: Und gleichwohl, wenn er sie verführt hat, du wunderlicher Alter, so muß es wann und irgendwo geschehen sein?
THEOBALD: Heiligen Abend vor Pfingsten, da er auf fünf Minuten in meine Werkstatt kam, um sich, wie er sagte, eine Eisenschiene, die ihm zwischen Schulter und Brust losgegangen war, wieder zusammenheften zu lassen.
WENZEL: Was!
HANS: Am hellen Mittag?
WENZEL: Da er auf fünf Minuten in deine Werkstatt kam, um sich eine Brustschiene anheften zu lassen?
Pause.
GRAF OTTO: Fasse dich, Alter, und erzähle den Hergang.
THEOBALD *indem er sich die Augen trocknet*: Es mochte ohngefähr eilf Uhr morgens sein, als er, mit einem Troß Reisiger, vor mein Haus sprengte, rasselnd, der Erzgepanzerte, vom Pferd stieg, und in meine Werkstatt trat: das Haupt tief herab neigt' er, um mit den Reiherbüschen, die ihm vom Helm niederwankten, durch die Tür zu kommen. „Meister, schau her", spricht er: „dem Pfalzgrafen, der eure Wälle niederreißen will, zieh ich entgegen; die Lust, ihn zu treffen, sprengt mir die Schienen; nimm Eisen und Draht, ohne daß ich mich zu entkleiden brauche, und heft sie mir wieder zusammen." Herr! sag ich: wenn Euch die Brust so die Rüstung zerschmeißt, so läßt der Pfalzgraf unsere Wälle ganz; nötig ihn auf einen Sessel, in des Zimmers Mitte nieder, und: Wein! ruf ich in die Türe, und vom frischgeräucherten Schinken, zum Imbiß! und setz, einen Schemel, mit Werkzeugen versehn, vor ihn, um ihm die Schiene wiederherzustellen. Und während draußen noch der Streithengst wiehert, und, mit den Pferden der Knechte, den Grund zerstampft, daß der Staub, als wär ein Cherub vom Himmel niedergefahren, emporquoll: öffnet langsam, ein großes, flaches Silbergeschirr auf dem Kopf tragend, auf welchem Flaschen, Gläser und der Imbiß gestellt waren, das Mädchen die Türe und tritt ein. Nun seht, wenn mir Gott der Herr aus Wolken erschiene, so würd ich mich ohngefähr so fassen, wie sie. Geschirr und Becher und Imbiß, da sie den Ritter erblickt, läßt sie fallen; und leichenbleich, mit Händen, wie zur Anbetung verschränkt, den Boden mit Brust und Scheiteln küssend, stürzt sie vor ihm nieder, als ob sie ein Blitz niedergeschmettert hätte! Und da ich sage: Herr meines Lebens! Was fehlt dem Kind? und

sie aufhebe: schlingt sie, wie ein Taschenmesser zusammenfallend, den Arm um mich, das Antlitz flammend auf ihn gerichtet, als ob sie eine Erscheinung hätte. Der Graf vom Strahl, indem er ihre Hand nimmt, fragt: „Wes ist das Kind?" Gesellen und Mägde strömen herbei und jammern: „Hilf Himmel! Was ist dem Jüngferlein widerfahren"; doch da sie sich, mit einigen schüchternen Blicken auf sein Antlitz, erholt, so denk ich, der Anfall ist wohl auch vorüber, und gehe, mit Pfriemen und Nadeln, an mein Geschäft. Drauf sag ich: Wohlauf, Herr Ritter! Nun mögt Ihr den Pfalzgrafen treffen; die Schiene ist eingerenkt, das Herz wird sie Euch nicht mehr zersprengen. Der Graf steht auf; er schaut das Mädchen, das ihm bis an die Brusthöhle ragt, vom Wirbel zur Sohle gedankenvoll an, und beugt sich, und küßt ihr die Stirn und spricht: „Der Herr segne dich, und behüte dich, und schenke dir seinen Frieden, Amen!" Und da wir an das Fenster treten: schmeißt sich das Mädchen, in dem Augenblick, da er den Streithengst besteigt, dreißig Fuß hoch, mit aufgehobenen Händen, auf das Pflaster der Straße nieder: gleich einer Verlorenen, die ihrer fünf Sinne beraubt ist! Und bricht sich beide Lenden, ihr heiligen Herren, beide zarte Lendchen, dicht über des Knierunds elfenbeinernem Bau; und ich, alter, bejammernswürdiger Narr, der mein versinkendes Leben auf sie stützen wollte, muß sie, auf meinen Schultern, wie zu Grabe tragen; indessen er dort, den Gott verdamme! zu Pferd, unter dem Volk, das herbeiströmt, herrüberruft von hinten, was vorgefallen sei! – Hier liegt sie nun, auf dem Todbett, in der Glut des hitzigen Fiebers, sechs endlose Wochen, ohne sich zu regen. Keinen Laut bringt sie hervor; auch nicht der Wahnsinn, dieser Dietrich aller Herzen, eröffnet das ihrige; kein Mensch vermag das Geheimnis, das in ihr waltet, ihr zu entlocken. Und prüft, da sie sich ein wenig erholt hat, den Schritt, und schnürt ihr Bündel, und tritt, beim Strahl der Morgensonne, in die Tür: „wohin?" fragt sie die Magd; „zum Grafen Wetter vom Strahl", antwortet sie, und verschwindet.

WENZEL: Es ist nicht möglich!
HANS: Verschwindet?
WENZEL: Und läßt alles hinter sich zurück?
HANS: Eigentum, Heimat und den Bräutigam, dem sie verlobt war?
WENZEL: Und begehrt auch deines Segens nicht einmal?
THEOBALD: Verschwindet, ihr Herren – Verläßt mich und alles, woran Pflicht, Gewohnheit und Natur sie knüpften – Küßt mir die Augen, die schlummernden, und verschwindet; ich wollte, sie hätte sie mir zugedrückt.
WENZEL: Beim Himmel! Ein seltsamer Vorfall. –

THEOBALD: Seit jenem Tage folgt sie ihm nun, gleich einer Metze, in blinder Ergebung, von Ort zu Ort; geführt am Strahl seines Angesichts, fünfdrähtig, wie einen Tau, um ihre Seele gelegt; auf nackten, jedem Kiesel ausgesetzten, Füßen, das kurze Röckchen, das ihre Hüfte deckt, im Winde flatternd, nichts als den Strohhut auf, sie gegen der Sonne Stich, oder den Grimm empörter Witterung zu schützen. Wohin sein Fuß, im Lauf seiner Abenteuer, sich wendet: durch den Dampf der Klüfte, durch die Wüste, die der Mittag versengt, durch die Nacht verwachsener Wälder: wie ein Hund, der von seines Herren Schweiß gekostet, schreitet sie hinter ihm her; und die gewohnt war, auf weichen Kissen zu ruhen, und das Knötlein spürte, in des Bettuchs Faden, das ihre Hand unachtsam darin eingesponnen hatte: die liegt jetzt, einer Magd gleich, in seinen Ställen, und sinkt, wenn die Nacht kömmt, ermüdet auf die Streu nieder, die seinen stolzen Rossen untergeworfen wird.

GRAF OTTO: Graf Wetter vom Strahl! Ist dies gegründet?

DER GRAF VOM STRAHL: Wahr ist's, ihr Herren; sie geht auf der Spur, die hinter mir zurückbleibt. Wenn ich mich umsehe, erblick ich zwei Dinge: meinen Schatten und sie.

GRAF OTTO: Und wie erklärt Ihr Euch diesen sonderbaren Umstand?

DER GRAF VOM STRAHL: Ihr unbekannten Herren der Feme! Wenn der Teufel sein Spiel mit mir treibt, so braucht er mich dabei, wie der Affe die Pfoten der Katze; ein Schelm will ich sein, holt er den Nußkern für mich. Wollt ihr meinem Wort schlechthin, wie's die Heilige Schrift vorschreibt, glauben: ja, ja, nein, nein; gut! Wo nicht, so will ich nach Worms, und den Kaiser bitten, daß er den Theobald ordiniere. Hier werf ich ihm vorläufig meinen Handschuh hin!

GRAF OTTO: Ihr sollt hier Rede stehn, auf unsre Frage! Womit rechtfertigt Ihr, daß sie unter Eurem Dache schläft? Sie, die in das Haus hingehört, wo sie geboren und erzogen ward?

DER GRAF VOM STRAHL: Ich war, es mögen ohngefähr zwölf Wochen sein, auf einer Reise, die mich nach Straßburg führte, ermüdet, in der Mittagshitze, an einer Felswand, eingeschlafen – nicht im Traum gedacht ich des Mädchens mehr, das in Heilbronn aus dem Fenster gestürzt war – da liegt sie mir, wie ich erwache, gleich einer Rose, entschlummert zu Füßen; als ob sie vom Himmel herabgeschneit wäre! Und da ich zu den Knechten, die im Grase herumliegen, sage: Ei, was der Teufel! Das ist ja das Käthchen von Heilbronn! schlägt sie die Augen auf, und bindet sich das Hütlein zusammen, das ihr schlafend vom Haupt herabgerutscht war. Katharine! ruf ich: Mädel! Wo kömmst auch her? Auf funfzehn Meilen von Heilbronn, fernab am Gestade

des Rheins? „Hab ein Geschäft, gestrenger Herr", antwortet sie, „das
mich gen Straßburg führt; schauert mich im Wald so einsam zu
wandern, und schlug mich zu Euch." Drauf laß ich ihr zur Erfrischung
reichen, was mir Gottschalk, der Knecht, mit sich führt, und erkundige mich: wie der Sturz abgelaufen? auch, was der Vater macht?
Und was sie in Straßburg zu erschaffen denke? Doch da sie nicht freiherzig mit der Sprache herausrückt: was auch geht's dich an, denk ich;
ding ihr einen Boten, der sie durch den Wald führe, schwing
mich auf den Rappen, und reite ab. Abends, in der Herberg, an
der Straßburger Straß, will ich mich eben zur Ruh niederlegen: da
kommt Gottschalk, der Knecht, und spricht: das Mädchen sei unten
und begehre in meinen Ställen zu übernachten. Bei den Pferden? frag
ich. Ich sage: wenn's ihr weich genug ist, mich wird's nicht drücken.
Und füge noch, indem ich mich im Bett wende, hinzu: magst ihr
wohl eine Streu unterlegen, Gottschalk, und sorgen, daß ihr nichts
widerfahre. Drauf, wandert sie, kommenden Tages früher aufgebrochen, als ich, wieder auf der Heerstraße, und lagert sich wieder in meinen
Ställen, und lagert sich Nacht für Nacht, so wie mir der Streifzug fortschreitet, darin, als ob sie zu meinem Troß gehörte. Nun litt ich das,
ihr Herren, um jenes grauen, unwirschen Alten willen, der mich jetzt
darum straft; denn der Gottschalk, in seiner Wunderlichkeit, hatte
das Mädchen liebgewonnen, und pflegte ihrer, in der Tat, als seiner
Tochter; führt dich die Reise einst, dacht ich, durch Heilbronn, so
wird der Alte dir's danken. Doch da sie sich auch in Straßburg, in der
erzbischöflichen Burg, wieder bei mir einfindet, und ich gleichwohl
spüre, daß sie nichts im Orte erschafft: denn mir hatte sie sich ganz
und gar geweiht, und wusch und flickte, als ob es sonst am Rhein
nicht zu haben wäre; so trete ich eines Tages, da ich sie auf der Stallschwelle finde, zu ihr und frage: was für ein Geschäft sie in Straßburg
betreibe? „Ei", spricht sie, „gestrenger Herr", und eine Röte, daß ich
denke, ihre Schürze wird angehen, flammt über ihr Antlitz empor: „was
fragt Ihr doch? Ihr wißt's ja!" – Holla! denk ich, steht es so mit dir?
und sende einen Boten flugs nach Heilbronn, dem Vater zu, mit folgender Meldung: das Käthchen sei bei mir; ich hütete seiner; in kurzem
könne er es, vom Schlosse zu Strahl, wohin ich es zurückbringen würde, abholen.
GRAF OTTO: Nun? Und hierauf?
WENZEL: Der Alte holte die Jungfrau nicht ab?
DER GRAF VOM STRAHL: Drauf, da er am zwanzigsten Tage, um sie abzuholen, bei mir erscheint, und ich ihn in meiner Väter Saal führe:
erschau ich mit Befremden, daß er, beim Eintritt in die Tür, die Hand in

den Weihkessel steckt, und mich mit dem Wasser, das darin befindlich ist, besprengt. Ich arglos, wie ich von Natur bin, nöt'ge ihn auf einen Stuhl nieder; erzähle ihm, mit Offenherzigkeit, alles, was vorgefallen; eröffne ihm auch, in meiner Teilnahme, die Mittel, wie er die Sache, seinen Wünschen gemäß, wieder ins Geleis rücken könne; und tröste ihn und führ ihn, um ihm das Mädchen zu übergeben, in den Stall hinunter, wo sie steht, und mir eine Waffe von Rost säubert. Sowie er in die Tür tritt, und die Arme mit tränenvollen Augen öffnet, sie zu empfangen, stürzt mir das Mädchen leichenbleich zu Füßen, alle Heiligen anrufend, daß ich sie vor ihm schütze. Gleich einer Salzsäule steht er, bei diesem Anblick, da; und ehe ich mich noch gefaßt habe, spricht er schon, das entsetzensvolle Antlitz auf mich gerichtet: „Das ist der leibhaftige Satan!" und schmeißt mir den Hut, den er in der Hand hält, ins Gesicht, als wollt er ein Greuelbild verschwinden machen, und läuft, als setzte die ganze Hölle ihm nach, nach Heilbronn zurück.

GRAF OTTO: Du wunderlicher Alter! Was hast du für Einbildungen?

WENZEL: Was war in dem Verfahren des Ritters, das Tadel verdient? Kann er dafür, wenn sich das Herz deines törichten Mädchens ihm zuwendet?

HANS: Was ist in diesem ganzen Vorfall, das ihn anklagt?

THEOBALD: Was ihn anklagt? O du – Mensch, entsetzlicher, als Worte fassen, und der Gedanke ermißt: stehst du nicht rein da, als hätten die Cherubim sich entkleidet, und ihren Glanz dir, funkelnd wie Mailicht, um die Seele gelegt! – Mußt ich vor dem Menschen nicht erbeben, der die Natur, in dem reinsten Herzen, das je geschaffen ward, dergestalt umgekehrt hat, daß sie vor dem Vater, zu ihr gekommen, seiner Liebe Brust ihren Lippen zu reichen, kreideweißen Antlitzes entweicht, wie vor dem Wolfe, der sie zerreißen will? Nun denn, so walte, Hekate, Fürstin des Zaubers, moorduftige Königin der Nacht! Sproßt, ihr dämonischen Kräfte, die die menschliche Satzung sonst auszujäten bemüht war, blüht auf, unter dem Atem der Hexen, und schoßt zu Wäldern empor, daß die Wipfel sich zerschlagen, und die Pflanze des Himmels, die am Boden keimt, verwese; rinnt, ihr Säfte der Hölle, tröpfelnd aus Stämmen und Stielen gezogen, fallt, wie ein Katarakt, ins Land, daß der erstickende Pestqualm zu den Wolken empordampft; fließt und ergießt euch durch alle Röhren des Lebens, und schwemmt, in allgemeiner Sündenflut, Unschuld und Tugend hinweg!

GRAF OTTO: Hat er ihr Gift eingeflößt?

WENZEL: Meinst du, daß er ihr verzauberte Tränke gereicht?

HANS: Opiate, die des Menschen Herz, der sie genießt, mit geheimnisvoller Gewalt umstricken?

THEOBALD: Gift? Opiate? Ihr hohen Herren, was fragt ihr mich? Ich habe die Flaschen nicht gepfropft, von welchen er ihr, an der Wand des Felsens, zur Erfrischung reichte; ich stand nicht dabei, als sie in der Herberge, Nacht für Nacht, in seinen Ställen schlief. Wie soll ich wissen, ob er ihr Gift eingeflößt? habt neun Monate Geduld; alsdann sollt ihr sehen, wie's ihrem jungen Leibe bekommen ist.

DER GRAF VOM STRAHL: Der alte Esel, der! Dem entgegn' ich nichts, als meinen Namen! Ruft sie herein; und wenn sie ein Wort sagt, auch nur von fern duftend, wie diese Gedanken, so nennt mich den Grafen von der stinkenden Pfütze, oder wie es sonst eurem gerechten Unwillen beliebt.

Zweiter Auftritt

KÄTHCHEN *mit verbundenen Augen, geführt von* ZWEI HÄSCHERN – *Die Häscher nehmen ihr das Tuch ab, und gehen wieder fort.* – DIE VORIGEN.

KÄTHCHEN *sieht sich in der Versammlung um, und beugt, da sie den Grafen erblickt ein Knie vor ihm:* Mein hoher Herr!
DER GRAF VOM STRAHL: Was willst du?
KÄTHCHEN: Vor meinen Richter hat man mich gerufen.
DER GRAF VOM STRAHL: Dein Richter bin nicht ich. Steh auf, dort sitzt er; Hier steh ich, ein Verklagter, so wie du.
KÄTHCHEN: Mein hoher Herr! Du spottest.
DER GRAF VOM STRAHL: Nein! Du hörst!
Was neigst du mir dein Angesicht in Staub?
Ein Zaubrer bin ich, und gestand es schon,
Und laß, aus jedem Band, das ich dir wirkte,
Jetzt deine junge Seele los. *Er erhebt sie.*
GRAF OTTO: Hier Jungfrau, wenn's beliebt; hier ist die Schranke!
HANS: Hier sitzen deine Richter!
KÄTHCHEN *sieht sich um:* Ihr versucht mich.
WENZEL: Hier tritt heran! Hier sollst du Rede stehn.
KÄTHCHEN *stellt sich neben den Grafen vom Strahl, und sieht die Richter an.*
GRAF OTTO: Nun?
WENZEL: Wird's?
HANS: Wirst du gefällig dich bemühn?
GRAF OTTO: Wirst dem Gebot dich deiner Richter fügen?
KÄTHCHEN *für sich:* Sie rufen mich.
WENZEL: Nun, ja!

HANS: Was sagte sie?
GRAF OTTO *befremdet*: Ihr Herrn, was fehlt dem sonderbaren Wesen?
Sie sehen sich an.
KÄTHCHEN *für sich*: Vermummt von Kopf zu Füßen sitzen sie,
  Wie das Gericht, am Jüngsten Tage, da!
DER GRAF VOM STRAHL *sie aufweckend*:
  Du wunderliche Maid! Was träumst, was treibst du?
  Du stehst hier vor dem heimlichen Gericht!
  Auf jene böse Kunst bin ich verklagt,
  Mit der ich mir, du weißt, dein Herz gewann,
  Geh hin, und melde jetzo, was geschehn!
KÄTHCHEN *sieht ihn an und legt ihre Hände auf die Brust*:
  – Du quälst mich grausam, daß ich weinen möchte!
  Belehre deine Magd, mein edler Herr,
  Wie soll ich mich in diesem Falle fassen?
GRAF OTTO *ungeduldig*: Belehren – was!
HANS: Bei Gott! Ist es erhört?
DER GRAF VOM STRAHL *mit noch milder Strenge*:
  Du sollst sogleich vor jene Schranke treten,
  Und Rede stehn, auf was man fragen wird!
KÄTHCHEN: Nein, sprich! Du bist verklagt?
DER GRAF VOM STRAHL: Du hörst.
KÄTHCHEN: Und jene Männer dort sind deine Richter?
DER GRAF VOM STRAHL: So ist's.
KÄTHCHEN *zur Schranke tretend*:
  Ihr würdgen Herrn, wer ihr auch sein mögt dort,
  Steht gleich vom Richtstuhl auf und räumt ihn diesem!
  Denn, beim lebendgen Gott, ich sag es euch,
  Rein, wie sein Harnisch ist sein Herz, und eures
  Verglichen ihm, und meins, wie eure Mäntel.
  Wenn hier gesündigt ward, ist er der Richter,
  Und ihr sollt zitternd vor der Schranke stehn!
GRAF OTTO: Du, Närrin, jüngst der Nabelschnur entlaufen,
  Woher kommt die prophet'sche Kunde dir?
  Welch ein Apostel hat dir das vertraut?
THEOBALD: Seht die Unselige!
KÄTHCHEN *da sie den Vater erblickt, auf ihn zugehend*: Mein teurer Vater!
  Sie will seine Hand ergreifen.
THEOBALD *streng*: Dort ist der Ort jetzt, wo du hingehörst!
KÄTHCHEN: Weis mich nicht von dir. *Sie faßt seine Hand und küßt sie.*
THEOBALD: – Kennst du das Haar noch wieder,

Das deine Flucht mir jüngsthin grau gefärbt?
KÄTHCHEN: Kein Tag verging, daß ich nicht einmal dachte,
Wie seine Locken fallen. Sei geduldig,
Und gib dich nicht unmäßgem Grame preis:
Wenn Freude Locken wieder dunkeln kann,
So sollst du wieder wie ein Jüngling blühn.
GRAF OTTO: Ihr Häscher dort! ergreift sie! bringt sie her!
THEOBALD: Geh hin, wo man dich ruft.
KÄTHCHEN *zu den Richtern, da sich ihr die Häscher nähern*:
                              Was wollt ihr mir?
WENZEL: Saht ihr ein Kind, so störrig je, als dies?
GRAF OTTO *da sie vor der Schranke steht*:
Du sollst hier Antwort geben, kurz und bündig,
Auf unsre Fragen! Denn wir, von unserem
Gewissen eingesetzt, sind deine Richter,
Und an der Strafe, wenn du frevieltest,
Wird's deine übermütge Seele fühlen.
KÄTHCHEN: Sprecht ihr verehrten Herrn; was wollt ihr wissen?
GRAF OTTO: Warum, als Friedrich Graf vom Strahl erschien,
In deines Vaters Haus, bist du zu Füßen,
Wie man vor Gott tut, nieder ihm gestürzt?
Warum warfst du, als er von dannen ritt,
Dich aus dem Fenster sinnlos auf die Straße,
Und folgtest ihm, da kaum dein Bein vernarbt,
Von Ort zu Ort, durch Nacht und Graus und Nebel,
Wohin sein Roß den Fußtritt wendete?
KÄTHCHEN *hochrot zum Grafen*: Das soll ich hier vor diesen Männern sagen?
DER GRAF VOM STRAHL: Die Närrin, die verwünschte, sinnverwirrte,
Was fragt sie mich? Ist's nicht an jener Männer
Gebot, die Sache darzutun, genug?
KÄTHCHEN *in Staub niederfallend*:
Nimm mir, o Herr, das Leben, wenn ich fehlte!
Was in des Busens stillem Reich geschehn,
Und Gott nicht straft, das braucht kein Mensch zu wissen;
Den nenn ich grausam, der mich darum fragt!
Wenn du es wissen willst, wohlan, so rede,
Denn dir liegt meine Seele offen da!
HANS: Ward, seit die Welt steht, so etwas erlebt?
WENZEL: Im Staub liegt sie vor ihm –
HANS: Gestürzt auf Knieen –
WENZEL: Wie wir vor dem Erlöser hingestreckt!

DER GRAF VOM STRAHL *zu den Richtern*:
 Ihr würdgen Herrn, ihr rechnet hoff ich, mir
 Nicht dieses Mädchens Torheit an! Daß sie
 Ein Wahn betört, ist klar, wenn euer Sinn
 Auch gleich, wie meiner, noch nicht einsieht, welcher?
 Erlaubt ihr mir, so frag ich sie darum:
 Ihr mögt aus meinen Wendungen entnehmen,
 Ob meine Seele schuldig ist, ob nicht?
GRAF OTTO *ihn forschend ansehend*:
 Es sei! Versucht's einmal, Herr Graf, und fragt sie.
DER GRAF VOM STRAHL *wendet sich zu Käthchen, die noch immer auf Knieen
           liegt*:
 Willt den geheimsten der Gedanken mir,
 Kathrina, der dir irgend, faß mich wohl,
 Im Winkel wo des Herzens schlummert, geben?
KÄTHCHEN: Das ganze Herz, o Herr, dir, willt du es,
 So bist du sicher des, was darin wohnt.
DER GRAF VOM STRAHL: Was ist's, mit einem Wort, mir rund gesagt,
 Das dich aus deines Vaters Hause trieb?
 Was fesselt dich an meine Schritte an?
KÄTHCHEN: Mein hoher Herr! Da fragst du mich zuviel.
 Und läg ich so, wie ich vor dir jetzt liege,
 Vor meinem eigenen Bewußtsein da:
 Auf einem goldnen Richtstuhl laß es thronen,
 Und alle Schrecken des Gewissens ihm,
 In Flammenrüstungen, zur Seite stehn;
 So spräche jeglicher Gedanke noch,
 Auf das, was du gefragt: ich weiß es nicht.
DER GRAF VOM STRAHL:
 Du lügst mir, Jungfrau? Willst mein Wissen täuschen?
 Mir, der doch das Gefühl dir ganz umstrickt;
 Mir, dessen Blick du daliegst, wie die Rose,
 Die ihren jungen Kelch dem Licht erschloß? –
 Was hab ich dir einmal, du weißt, getan?
 Was ist an Leib und Seel dir widerfahren?
KÄTHCHEN: Wo?
DER GRAF VOM STRAHL: Da oder dort.
KÄTHCHEN: Wann?
DER GRAF VOM STRAHL: Jüngst oder früherhin.
KÄTHCHEN: Hilf mir, mein hoher Herr.
DER GRAF VOM STRAHL: Ja, ich dir helfen,

Du wunderliches Ding. – *Er hält inne.* Besinnst du dich auf nichts?
KÄTHCHEN *sieht vor sich nieder.*
DER GRAF VOM STRAHL: Was für ein Ort, wo du mich je gesehen,
  Ist dir im Geist, vor andern, gegenwärtig.
KÄTHCHEN: Der Rhein ist mir vor allen gegenwärtig.
DER GRAF VOM STRAHL: Ganz recht. Da eben war's. Das wollt ich wissen.
  Der Felsen am Gestad des Rheins, wo wir
  Zusammen ruhten, in der Mittagshitze.
  – Und du gedenkst nicht, was dir da geschehn?
KÄTHCHEN: Nein, mein verehrter Herr.
DER GRAF VOM STRAHL: Nicht? Nicht?
  – Was reicht ich deiner Lippe zur Erfrischung?
KÄTHCHEN: Du sandtest, weil ich deines Weins verschmähte,
  Den Gottschalk, deinen treuen Knecht, und ließest
  Ihn einen Trunk mir, aus der Grotte schöpfen.
DER GRAF VOM STRAHL: Ich aber nahm dich bei der Hand, und reichte
  Sonst deiner Lippe – nicht? Was stockst du da?
KÄTHCHEN: Wann?
DER GRAF VOM STRAHL: Eben damals.
KÄTHCHEN: Nein, mein hoher Herr.
DER GRAF VOM STRAHL: Jedoch nachher.
KÄTHCHEN: In Straßburg?
DER GRAF VOM STRAHL: Oder früher.
KÄTHCHEN: Du hast mich niemals bei der Hand genommen.
DER GRAF VOM STRAHL: Kathrina!
KÄTHCHEN *errötend*: Ach vergib mir; in Heilbronn!
DER GRAF VOM STRAHL: Wann?
KÄTHCHEN: Als der Vater dir am Harnisch wirkte.
DER GRAF VOM STRAHL: Und sonst nicht?
KÄTHCHEN: Nein, mein hoher Herr.
DER GRAF VOM STRAHL: Kathrina!
KÄTHCHEN: Mich bei der Hand?
DER GRAF VOM STRAHL: Ja, oder sonst, was weiß ich.
KÄTHCHEN *besinnt sich*: In Straßburg einst, erinnr' ich mich, beim Kinn.
DER GRAF VOM STRAHL: Wann?
KÄTHCHEN: Als ich auf der Schwelle saß und weinte,
  Und dir auf was du sprachst, nicht Rede stand.
DER GRAF VOM STRAHL: Warum nicht standst du Red?
KÄTHCHEN: Ich schämte mich.
DER GRAF VOM STRAHL:
  Du schämtest dich? Ganz recht. Auf meinen Antrag.

Du wardst glutrot bis an den Hals hinab.
Welch einen Antrag macht ich dir?

KÄTHCHEN: Der Vater,
Der würd, sprachst du, daheim im Schwabenland,
Um mich sich härmen, und befragtest mich,
Ob ich mit Pferden, die du senden wolltest,
Nicht nach Heilbronn zu ihm zurück begehrte?

DER GRAF VOM STRAHL *kalt*: Davon ist nicht die Rede! – Nun, wo auch,
Wo hab ich sonst im Leben dich getroffen?
– Ich hab im Stall zuweilen dich besucht.

KÄTHCHEN: Nein, mein verehrter Herr.

DER GRAF VOM STRAHL: Nicht? Katharina!

KÄTHCHEN: Du hast mich niemals in dem Stall besucht,
Und noch viel wen'ger rührtest du mich an.

DER GRAF VOM STRAHL: Was! Niemals?

KÄTHCHEN: Nein, mein hoher Herr.

DER GRAF VOM STRAHL: Kathrina!

KÄTHCHEN *mit Affekt*: Niemals, mein hochverehrter Herr, niemals.

DER GRAF VOM STRAHL: Nun seht, bei meiner Treu, die Lügnerin!

KÄTHCHEN: Ich will nicht selig sein, ich will verderben,
Wenn du mich je –!

DER GRAF VOM STRAHL *mit dem Schein der Heftigkeit*:
Da schwört sie und verflucht
Sich, die leichtfertge Dirne, noch und meint,
Gott werd es ihrem jungen Blut vergeben!
– Was ist geschehn, fünf Tag, von hier, am Abend,
In meinem Stall, als es schon dunkelte,
Und ich den Gottschalk hieß, sich zu entfernen?

KÄTHCHEN: Oh! Jesus! Ich bedacht es nicht! –
Im Stall zu Strahl, da hast du mich besucht.

DER GRAF VOM STRAHL: Nun denn! Da ist's heraus! Da hat sie nun
Der Seelen Seligkeit sich weggeschworen!
Im Stall zu Strahl, da hab ich sie besucht!

Käthchen weint.
Pause.

GRAF OTTO: Ihr quält das Kind zu sehr.

THEOBALD *nähert sich gerührt*: Komm, meine Tochter.
Er will sie an seine Brust heben.

KÄTHCHEN: Laß, laß!

WENZEL: Das nenn ich menschlich nicht verfahren.

GRAF OTTO: Zuletzt ist nichts im Stall zu Strahl geschehen.

DER GRAF VOM STRAHL *sieht sie an*:
Bei Gott, ihr Herrn, wenn ihr des Glaubens seid:
Ich bin's! Befehlt, so gehn wir auseinander.
GRAF OTTO: Ihr sollt das Kind befragen, ist die Meinung,
Nicht mit barbarischem Triumph verhöhnen.
Sei's, daß Natur Euch solche Macht verliehen:
Geübt wie Ihr's tut, ist sie hassenswürdger,
Als selbst die Höllenkunst, der man Euch zeiht.
DER GRAF VOM STRAHL *erhebt das Käthchen vom Boden*:
Ihr Herrn, was ich getan, das tat ich nur,
Sie mit Triumph hier vor euch zu erheben!
Statt meiner –
   Auf den Boden hinzeigend:
  steht mein Handschuh vor Gericht!
Glaubt ihr von Schuld sie rein, wie sie es ist,
Wohl, so erlaubt denn, daß sie sich entferne.
WENZEL: Es scheint Ihr habt viel Gründe, das zu wünschen?
DER GRAF VOM STRAHL: Ich? Gründ? Entscheidende! Ihr wollt sie, hoff ich,
Nicht mit barbarischem Übermut verhöhnen?
WENZEL *mit Bedeutung*: Wir wünschen doch, erlaubt Ihr's, noch zu hören,
Was in dem Stall damals zu Strahl geschehn.
DER GRAF VOM STRAHL: Das wollt ihr Herrn noch –?
WENZEL: Allerdings!
DER GRAF VOM STRAHL *glutrot, indem er sich zum Käthchen wendet*:
            Knie nieder!
KÄTHCHEN *läßt sich auf Knieen vor ihm nieder.*
GRAF OTTO: Ihr seid sehr dreist, Herr Friedrich Graf vom Strahl!
DER GRAF VOM STRAHL *zum Käthchen*:
So! Recht! Mir gibst du Antwort und sonst keinem.
HANS: Erlaubt! Wir werden sie –
DER GRAF VOM STRAHL *ebenso*: Du rührst dich nicht!
Hier soll dich keiner richten, als nur der,
Dem deine Seele frei sich unterwirft.
WENZEL: Herr Graf, man wird hier Mittel –
DER GRAF VOM STRAHL *mit unterdrückter Heftigkeit*: Ich sage, nein!
Der Teufel soll mich holen, zwingt ihr sie! –
Was wollt ihr wissen, ihr verehrten Herrn?
HANS *auffahrend*: Beim Himmel!
WENZEL: Solch ein Trotz soll –!
HANS: He! Die Häscher!
GRAF OTTO *halblaut*: Laßt, Freunde, laßt! Vergeßt nicht, wer er ist.

ERSTER RICHTER: Er hat nicht eben, drückt Verschuldung ihn,
  Mit List sie überhört.
ZWEITER RICHTER: Das sag ich auch!
  Man kann ihm das Geschäft wohl überlassen.
GRAF OTTO *zum Grafen vom Strahl*:
  Befragt sie, was geschehn, fünf Tag von hier,
  Im Stall zu Strahl, als es schon dunkelte,
  Und Ihr den Gottschalk hießt, sich zu entfernen?
DER GRAF VOM STRAHL *zum Käthchen*:
  Was ist geschehn, fünf Tag von hier, am Abend,
  Im Stall zu Strahl, als es schon dunkelte,
  Und ich den Gottschalk hieß, sich zu entfernen?
KÄTHCHEN: Mein hoher Herr! Vergib mir, wenn ich fehlte;
  Jetzt leg ich alles, Punkt für Punkt, dir dar.
DER GRAF VOM STRAHL:
  Gut. – – Da berühr ich dich und zwar – nicht? Freilich!
  Das schon gestandst du?
KÄTHCHEN: Ja, mein verehrter Herr.
DER GRAF VOM STRAHL: Nun?
KÄTHCHEN: Mein verehrter Herr?
DER GRAF VOM STRAHL: Was will ich wissen?
KÄTHCHEN: Was du willst wissen?
DER GRAF VOM STRAHL: Heraus damit! Was stockst du?
  Ich nahm, und herzte dich, und küßte dich,
  Und schlug den Arm dir –?
KÄTHCHEN: Nein, mein hoher Herr.
DER GRAF VOM STRAHL: Was sonst?
KÄTHCHEN: Du stießest mich mit Füßen von dir.
DER GRAF VOM STRAHL:
  Mit Füßen? Nein! Das tu ich keinem Hund.
  Warum? Weshalb? Was hattst du mir getan?
KÄTHCHEN: Weil ich dem Vater, der voll Huld und Güte,
  Gekommen war, mit Pferden, mich zu holen,
  Den Rücken, voller Schrecken, wendete,
  Und mit der Bitte, mich vor ihm zu schützen
  Im Staub vor dir bewußtlos niedersank.
DER GRAF VOM STRAHL: Da hätt ich dich mit Füßen weggestoßen?
KÄTHCHEN: Ja, mein verehrter Herr.
DER GRAF VOM STRAHL: Ei, Possen, was!
  Das war nur Schelmerei, des Vaters wegen.
  Du bliebst doch nach wie vor im Schloß zu Strahl.

KÄTHCHEN: Nein, mein verehrter Herr.
DER GRAF VOM STRAHL: Nicht? Wo auch sonst?
KÄTHCHEN: Als du die Peitsche, flammenden Gesichts,
  Herab vom Riegel nahmst, ging ich hinaus,
  Vor das bemooste Tor, und lagerte
  Mich draußen, am zerfallnen Mauernring
  Wo in süßduftenden Holunderbüschen
  Ein Zeisig zwitschernd sich das Nest gebaut.
DER GRAF VOM STRAHL: Hier aber jagt ich dich mit Hunden weg?
KÄTHCHEN: Nein, mein verehrter Herr.
DER GRAF VOM STRAHL: Und als du wichst,
  Verfolgt vom Hundgeklaff, von meiner Grenze,
  Rief ich den Nachbar auf, dich zu verfolgen?
KÄTHCHEN: Nein, mein verehrter Herr! Was sprichst du da?
DER GRAF VOM STRAHL: Nicht? Nicht? – Das werden diese Herren tadeln.
KÄTHCHEN: Du kümmerst dich um diese Herren nicht.
  Du sandtest Gottschalk mir am dritten Tage,
  Daß er mir sag: dein liebes Käthchen wär ich;
  Vernünftig aber möcht ich sein, und gehn.
DER GRAF VOM STRAHL: Und was entgegnetest du dem?
KÄTHCHEN: Ich sagte,
  Den Zeisig littest du, den zwitschernden,
  In den süßduftenden Holunderbüschen:
  Möchtst denn das Käthchen von Heilbronn auch leiden.
DER GRAF VOM STRAHL *erhebt das Käthchen*:
  Nun dann, so nehmt sie hin, ihr Herrn der Feme,
  Und macht mit ihr und mir jetzt, was ihr wollt.
    Pause.
GRAF OTTO *unwillig*: Der aberwitzige Träumer, unbekannt
  Mit dem gemeinen Zauber der Natur! –
  Wenn euer Urteil reif, wie meins, ihr Herrn,
  Geh ich zum Schluß, und laß die Stimmen sammeln.
WENZEL: Zum Schluß!
HANS: Die Stimmen!
ALLE: Sammelt sie!
EIN RICHTER: Der Narr, der!
  Der Fall ist klar. Es ist hier nichts zu richten.
GRAF OTTO: Fem-Herold nimm den Helm und sammle sie.
Fem-Herold sammelt die Kugeln und bringt den Helm, worin sie liegen, dem
    Grafen.
GRAF OTTO *steht auf*: Herr Friedrich Wetter Graf vom Strahl, du bist

Einstimmig von der Feme losgesprochen,
Und dir dort, Theobald, dir geb ich auf,
Nicht fürder mit der Klage zu erscheinen,
Bis du kannst bessere Beweise bringen. *Zu den Richtern:*
Steht auf, ihr Herrn! die Sitzung ist geschlossen.
Die Richter erheben sich.

THEOBALD: Ihr hochverehrten Herrn, ihr sprecht ihn schuldlos?
Gott, sagt ihr, hat die Welt aus nichts gemacht;
Und er, der sie durch nichts und wieder nichts
Vernichtet, in das erste Chaos stürzt,
Der sollte nicht der leidge Satan sein?

GRAF OTTO: Schweig, alter, grauer Tor! Wir sind nicht da,
Dir die verrückten Sinnen einzurenken.
Fem-Häscher, an dein Amt! Blend ihm die Augen,
Und führ ihn wieder auf das Feld hinaus.

THEOBALD: Was! Auf das Feld? Mich hilflos greisen Alten?
Und dies mein einzig liebes Kind –?

GRAF OTTO: Herr Graf,
Das überläßt die Feme Euch! Ihr zeigtet
Von der Gewalt, die Ihr hier übt, so manche
Besondre Probe uns; laßt uns noch eine,
Die größeste, bevor wir scheiden sehn,
Und gebt sie ihrem alten Vater wieder.

DER GRAF VOM STRAHL: Ihr Herren, was ich tun kann, soll geschehn. –
Jungfrau!

KÄTHCHEN: Mein hoher Herr!

DER GRAF VOM STRAHL: Du liebst mich?

KÄTHCHEN: Herzlich!

DER GRAF VOM STRAHL: So tu mir was zulieb.

KÄTHCHEN: Was willst du? Sprich.

DER GRAF VOM STRAHL: Verfolg mich nicht. Geh nach Heilbronn zurück.
– Willst du das tun?

KÄTHCHEN: Ich hab es dir versprochen.
Sie fällt in Ohnmacht.

THEOBALD *empfängt sie*: Mein Kind! Mein einziges! Hilf, Gott im Himmel!

DER GRAF VOM STRAHL *wendet sich*: Dein Tuch her, Häscher!
Er verbindet sich die Augen.

THEOBALD: O verflucht sei,
Mordschaunder Basiliskengeist! Mußt ich
Auch diese Probe deiner Kunst noch sehn?

GRAF OTTO *vom Richtstuhl herabsteigend*:

Was ist geschehn, ihr Herrn?
WENZEL: Sie sank zu Boden.
Sie betrachten sie.
GRAF VOM STRAHL *zu den Häschern*: Führt mich hinweg!
THEOBALD: Der Hölle zu, du Satan!
Laß ihre schlangenhaargen Pförtner dich
An ihrem Eingang, Zauberer, ergreifen,
Und dich zehntausend Klafter tiefer noch,
Als ihre wildsten Flammen lodern, schleudern!
GRAF OTTO: Schweig Alter, schweig!
THEOBALD *weint*: Mein Kind! Mein Käthchen!
KÄTHCHEN: Ach!
WENZEL *freudig*: Sie schlägt die Augen auf!
HANS: Sie wird sich fassen.
GRAF OTTO: Bringt in des Pförtners Wohnung sie! Hinweg!
Alle ab.

ZWEITER AKT

Szene: Wald vor der Höhle des heimlichen Gerichts.

ERSTER AUFTRITT

DER GRAF VOM STRAHL *tritt auf, mit verbundenen Augen, geführt von zwei Häschern, die ihm die Augen aufbinden, und alsdann in die Höhle zurückkehren. – Er wirft sich auf den Boden nieder und weint.*

Nun will ich hier, wie ein Schäfer liegen und klagen. Die Sonne scheint noch rötlich durch die Stämme, auf welchen die Wipfel des Waldes ruhn; und wenn ich, nach einer kurzen Viertelstunde, sobald sie hinter den Hügel gesunken ist, aufsitze, und mich im Blachfelde, wo der Weg eben ist, ein wenig daranhalte, so komme ich noch nach Schloß Wetterstrahl, ehe die Lichter darin erloschen sind. Ich will mir einbilden, meine Pferde dort unten, wo die Quelle rieselt, wären Schafe und Ziegen, die an dem Felsen kletterten, und an Gräsern und bittern Gesträuchen rissen; ein leichtes weißes linnenes Zeug bedeckte mich, mit roten Bändern zusammengebunden, und um mich her flatterte eine Schar muntrer Winde, um die Seufzer, die meiner, von Gram sehr gepreßten, Brust entquillen, gradaus zu der guten Götter Ohr emporzutragen. Wirklich und wahrhaftig! Ich will meine

Muttersprache durchblättern, und das ganze, reiche Kapitel, das diese Überschrift führt: Empfindung, dergestalt plündern, daß kein Reimschmidt mehr, auf eine neue Art, soll sagen können: ich bin betrübt. Alles, was die Wehmut Rührendes hat, will ich aufbieten, Lust und in den Tod gehende Betrübnis sollen sich abwechseln, und meine Stimme, wie einen schönen Tänzer, durch alle Beugungen hindurchführen, die die Seele bezaubern; und wenn die Bäume nicht in der Tat bewegt werden, und ihren milden Tau, als ob es geregnet hätte, herabträufeln lassen, so sind sie von Holz, und alles, was uns die Dichter von ihnen sagen, ein bloßes liebliches Märchen. O du – – – wie nenn ich dich? Käthchen! Warum kann ich dich nicht mein nennen? Käthchen, Mädchen, Käthchen! Warum kann ich dich nicht mein nennen? Warum kann ich dich nicht aufheben, und in das duftende Himmelbett tragen, das mir die Mutter, daheim im Prunkgemach, aufgerichtet hat? Käthchen, Käthchen, Käthchen! Du, deren junge Seele, als sie heut nackt vor mir stand, von wollüstiger Schönheit gänzlich triefte, wie die mit Ölen gesalbte Braut eines Perserkönigs, wenn sie, auf alle Teppiche niederregnend, in sein Gemach geführt wird! Käthchen, Mädchen, Käthchen! Warum kann ich es nicht? Du Schönere, als ich singen kann, ich will eine eigene Kunst erfinden, und dich weinen. Alle Phiolen der Empfindung, himmlische und irdische, will ich eröffnen, und eine solche Mischung von Tränen, einen Erguß so eigentümlicher Art, so heilig zugleich und üppig, zusammenschütten, daß jeder Mensch gleich, an dessen Hals ich sie weine, sagen soll: sie fließen dem Käthchen von Heilbronn! – – – Ihr grauen, bärtigen Alten, was wollt ihr? Warum verlaßt ihr eure goldnen Rahmen, ihr Bilder meiner geharnischten Väter, die meinen Rüstsaal bevölkern, und tretet, in unruhiger Versammlung, hier um mich herum, eure ehrwürdigen Locken schüttelnd? Nein, nein, nein! Zum Weibe, wenn ich sie gleich liebe, begehr ich sie nicht; eurem stolzen Reigen will ich mich anschließen: das war beschloßne Sache, noch ehe ihr kamt. Dich aber, Winfried, der ihn führt, du Erster meines Namens, Göttlicher mit der Scheitel des Zeus, dich frag ich, ob die Mutter meines Geschlechts war, wie diese: von jeder frommen Tugend strahlender, makelloser an Leib und Seele, mit jedem Liebreiz geschmückter, als sie? O Winfried! Grauer Alter! Ich küsse dir die Hand, und danke dir, daß ich bin; doch hättest du sie an die stählerne Brust gedrückt, du hättest ein Geschlecht von Königen erzeugt, und Wetter vom Strahl hieße jedes Gebot auf Erden! Ich weiß, daß ich mich fassen und diese Wunde vernarben werde: denn welche Wunde vernarbte nicht der Mensch? Doch wenn ich jemals ein Weib finde, Käthchen, dir gleich: so will ich die Länder durchreisen, und die Sprachen der Welt lernen, und Gott preisen in jeder Zunge, die geredet wird. – Gottschalk!

ZWEITER AUFTRITT

GOTTSCHALK. DER GRAF VOM STRAHL.

GOTTSCHALK *draußen*: Heda! Herr Graf vom Strahl!
DER GRAF VOM STRAHL: Was gibt's?
GOTTSCHALK: Was zum Henker! – – Ein Bote ist angekommen von Eurer Mutter.
DER GRAF VOM STRAHL: Ein Bote?
GOTTSCHALK: Gestreckten Lauf, keuchend, mit verhängtem Zügel; mein Seel, wenn Euer Schloß ein eiserner Bogen und er ein Pfeil gewesen wäre, er hätte nicht rascher herangeschossen werden können.
DER GRAF VOM STRAHL: Was hat er mir zu sagen?
GOTTSCHALK: He! Ritter Franz!

DRITTER AUFTRITT

RITTER FLAMMBERG *tritt auf*. DIE VORIGEN.

DER GRAF VOM STRAHL: Flammberg! – Was führt dich so eilig zu mir her?
FLAMMBERG: Gnädigster Herr! Eurer Mutter, der Gräfin, Gebot; sie befahl mir den besten Renner zu nehmen, und Euch entgegenzureiten!
DER GRAF VOM STRAHL: Nun? Und was bringst du mir?
FLAMMBERG: Krieg, bei meinem Eid, Krieg! Ein Aufgebot zu neuer Fehde, warm, wie sie es eben von des Herolds Lippen empfangen hat.
DER GRAF VOM STRAHL *betreten*: Wessen? – Doch nicht des Burggrafen, mit dem ich eben den Frieden abschloß? *Er setzt sich den Helm auf.*
FLAMMBERG: Des Rheingrafen, des Junkers vom Stein, der unten am weinumblühten Neckar seinen Sitz hat.
DER GRAF VOM STRAHL: Des Rheingrafen! – Was hab ich mit dem Rheingrafen zu schaffen, Flammberg?
FLAMMBERG: Mein Seel! Was hattet Ihr mit dem Burggrafen zu schaffen? Und was wollte so mancher andere von Euch, ehe Ihr mit dem Burggrafen zu schaffen kriegtet? Wenn Ihr den kleinen griechischen Feuerfunken nicht austretet, der diese Kriege veranlaßt, so sollt Ihr noch das ganze Schwabengebirge wider Euch auflodern sehen, und die Alpen und den Hundsrück obenein.
DER GRAF VOM STRAHL: Es ist nicht möglich! Fräulein Kunigunde –

FLAMMBERG: Der Rheingraf fordert, im Namen Fräulein Kunigundens von Thurneck, den Wiederkauf Eurer Herrschaft Stauffen; jener drei Städtlein und siebzehn Dörfer und Vorwerker, Eurem Vorfahren Otto, von Peter, dem ihrigen, unter der besagten Klausel, käuflich abgetreten; grade so, wie dies der Burggraf von Freiburg, und, in früheren Zeiten schon ihre Vettern, in ihrem Namen getan haben.

DER GRAF VOM STRAHL *steht auf*: Die rasende Megäre! Ist das nicht der dritte Reichsritter, den sie mir, einem Hund gleich, auf den Hals hetzt, um mir diese Landschaft abzujagen! Ich glaube, das ganze Reich frißt ihr aus der Hand. Kleopatra fand einen, und als der sich den Kopf zerschellt hatte, schauten die anderen; doch ihr dient alles, was eine Ribbe weniger hat, als sie, und für jeden einzelnen, den ich ihr zerzaust zurücksende, stehen zehn andere wider mich auf. – Was führt' er für Gründe an?

FLAMMBERG: Wer? Der Herold?

DER GRAF VOM STRAHL: Was führt' er für Gründe an?

FLAMMBERG: Ei, gestrenger Herr, da hätt er ja rot werden müssen.

DER GRAF VOM STRAHL: Er sprach von Peter von Thurneck – nicht? Und von der Landschaft ungültigem Verkauf?

FLAMMBERG: Allerdings. Und von den schwäbischen Gesetzen; mischte Pflicht und Gewissen bei jedem dritten Wort, in die Rede, und rief Gott zum Zeugen an, daß nichts als die reinsten Absichten seinen Herrn, den Rheingrafen, vermöchten, des Fräuleins Sache zu ergreifen.

DER GRAF VOM STRAHL: Aber die roten Wangen der Dame behielt er für sich?

FLAMMBERG: Davon hat er kein Wort gesagt.

DER GRAF VOM STRAHL: Daß sie die Pocken kriegte! Ich wollte, ich könnte den Nachttau in Eimern auffassen, und über ihren weißen Hals ausgießen! Ihr kleines verwünschtes Gesicht ist der letzte Grund aller dieser Kriege wider mich; und solange ich den Märzschnee nicht vergiften kann, mit welchem sie sich wäscht, hab ich auch vor den Rittern des Landes keine Ruhe. Aber Geduld nur! – Wo hält sie sich jetzt auf?

FLAMMBERG: Auf der Burg zum Stein, wo ihr schon seit drei Tagen Prunkgelage gefeiert werden, daß die Feste des Himmels erkracht, und Sonne, Mond und Sterne nicht mehr angesehen werden. Der Burggraf, den sie verabschiedet hat, soll Rache kochen, und wenn Ihr einen Boten an ihn absendet. so zweifl' ich nicht, er zieht mit Euch gegen den Rheingrafen zu Felde.

DER GRAF VOM STRAHL: Wohlan! Führt mir die Pferde vor, ich will reiten. – Ich habe dieser jungen Aufwieglerin versprochen, wenn sie die

Waffen ihres kleinen schelmischen Angesichts nicht ruhen ließe wider
mich, so würd ich ihr einen Possen zu spielen wissen, daß sie es ewig
in einer Scheide tragen sollte; und so wahr ich diese Rechte aufhebe,
ich halte Wort! – Folgt mir, meine Freunde!

Alle ab.

Szene: Köhlerhütte im Gebirg. Nacht, Donner und Blitz.

VIERTER AUFTRITT

BURGGRAF VON FREIBURG *und* GEORG VON WALDSTÄTTEN *treten auf.*

FREIBURG *in die Szene rufend:* Hebt sie vom Pferd herunter! – *Blitz und Donnerschlag.* – Ei, so schlag ein wo du willst; nur nicht auf die Scheitel, belegt mit Kreide, meiner lieben Braut, der Kunigunde von Thurneck!
EINE STIMME *außerhalb:* He! Wo seid Ihr?
FREIBURG: Hier!
GEORG: Habt Ihr jemals eine solche Nacht erlebt?
FREIBURG: Das gießt vom Himmel herab, Wipfel und Bergspitzen ersäufend, als ob eine zweite Sündflut heranbräche. – Hebt sie vom Pferd herunter!
EINE STIMME *außerhalb:* Sie rührt sich nicht.
EINE ANDERE: Sie liegt, wie tot, zu des Pferdes Füßen da.
FREIBURG: Ei, Possen! Das tut sie bloß, um ihre falschen Zähne nicht zu verlieren. Sagt ihr, ich wäre der Burggraf von Freiburg und die echten, die sie im Mund hätte, hätte ich gezählt. – So! bringt sie her.
Ritter Schauermann erscheint, das Fräulein von Thurneck auf der Schulter tragend.
GEORG: Dort ist eine Köhlerhütte.

FÜNFTER AUFTRITT

RITTER SCHAUERMANN *mit dem* FRÄULEIN, RITTER WETZLAF *und die* REISIGEN *des Burggrafen.* ZWEI KÖHLER. DIE VORIGEN.

FREIBURG *an die Köhlerhütte klopfend.* Heda!
DER ERSTE KÖHLER *drinnen:* Wer klopfet?
FREIBURG: Frag nicht, du Schlingel, und mach auf.
DER ZWEITE KÖHLER *ebenso:* Holla! Nicht eher bis ich den Schlüssel umgekehrt habe. Wird doch der Kaiser nicht vor der Tür sein?
FREIBURG: Halunke! Wenn nicht der, doch einer, der hier regiert, und den Szepter gleich vom Ast brechen wird, um's dir zu zeigen.

DER ERSTE KÖHLER *auftretend, eine Laterne in der Hand*: Wer seid ihr? Was wollt ihr?

FREIBURG: Ein Rittersmann bin ich; und diese Dame, die hier todkrank herangetragen wird, das ist —

SCHAUERMANN *von hinten*: Das Licht weg!

WETZLAF: Schmeißt ihm die Laterne aus der Hand!

FREIBURG *indem er ihm die Laterne wegnimmt*: Spitzbube! Du willst hier leuchten?

DER ERSTE KÖHLER: Ihr Herren, ich will hoffen, der größeste unter euch bin ich! Warum nehmt ihr mir die Laterne weg?

DER ZWEITE KÖHLER: Wer seid ihr? Und was wollt ihr?

FREIBURG: Rittersleute, du Flegel, hab ich dir schon gesagt!

GEORG: Wir sind reisende Ritter, ihr guten Leute, die das Unwetter überrascht hat.

FREIBURG *unterbricht ihn*: Kriegsmänner, die von Jerusalem kommen, und in ihre Heimat ziehen; und jene Dame dort, die herangetragen wird, von Kopf zu Fuß in einem Mantel eingewickelt, das ist —

Ein Gewitterschlag.

DER ERSTE KÖHLER: Ei, so plärr du, daß die Wolken reißen! — Von Jerusalem, sagt ihr?

DER ZWEITE KÖHLER: Man kann vor dem breitmäuligen Donner kein Wort verstehen.

FREIBURG: Von Jerusalem, ja.

DER ZWEITE KÖHLER: Und das Weibsen, das herangetragen wird —?

GEORG *auf den Burggrafen zeigend*: Das ist des Herren kranke Schwester, ihr ehrlichen Leute, und begehrt —

FREIBURG *unterbricht ihn*: Das ist jenes Schwester, du Schuft, und meine Gemahlin; todkrank, wie du siehst, von Schloßen und Hagel halb erschlagen, so daß sie kein Wort vorbringen kann: die begehrt eines Platzes in deiner Hütte, bis das Ungewitter vorüber und der Tag angebrochen ist.

DER ERSTE KÖHLER: Die begehrt einen Platz in meiner Hütte?

GEORG: Ja, ihr guten Köhler; bis das Gewitter vorüber ist, und wir unsre Reise fortsetzen können.

DER ZWEITE KÖHLER: Mein Seel, da habt ihr Worte gesagt, die waren den Lungenodem nicht wert, womit ihr sie ausgestoßen.

DER ERSTE KÖHLER: Isaak!

FREIBURG: Du willst das tun?

DER ZWEITE KÖHLER: Des Kaisers Hunden, ihr Herrn, wenn sie vor meiner Tür darum heulten. — Isaak! Schlingel! hörst nicht?

JUNGE *in der Hütte*: He! sag ich. Was gibt's?

DER ZWEITE KÖHLER: Das Stroh schüttle auf, Schlingel, und die Decken drüberhin; ein krank Weibsen wird kommen und Platz nehmen, in der Hütten! Hörst du?
FREIBURG: Wer spricht drin?
DER ERSTE KÖHLER: Ei, ein Flachskopf von zehn Jahren, der uns an die Hand geht.
FREIBURG: Gut. – Tritt heran, Schauermann! hier ist ein Knebel losgegangen.
SCHAUERMANN: Wo?
FREIBURG: Gleichviel! – In den Winkel mit ihr hin, dort! – – Wenn der Tag anbricht, werd ich dich rufen.

Schauermann trägt das Fräulein in die Hütte.

Sechster Auftritt

Die Vorigen *ohne Schauermann und das Fräulein.*

FREIBURG: Nun, Georg, alle Saiten des Jubels schlag ich an: wir haben sie; wir haben diese Kunigunde von Thurneck! So wahr ich nach meinem Vater getauft bin, nicht um den ganzen Himmel, um den meine Jugend gebetet hat, geb ich die Lust weg, die mir beschert ist, wenn der morgende Tag anbricht! – Warum kamst du nicht früher von Waldstätten herab?
GEORG.: Weil du mich nicht früher rufen ließest.
FREIBURG: Oh, Georg! Du hättest sie sehen sollen, wie sie dahergeritten kam, einer Fabel gleich, von den Rittern des Landes umringt, gleich einer Sonne, unter ihren Planeten! War's nicht, als ob sie zu den Kieseln sagte, die unter ihr Funken sprühten: ihr müßt mir schmelzen, wenn ihr mich seht? Thalestris, die Königin der Amazonen, als sie herabzog vom Kaukasus, Alexander den Großen zu bitten, daß er sie küsse: sie war nicht reizender und göttlicher, als sie.
GEORG: Wo fingst du sie?
FREIBURG: Fünf Stunden, Georg, fünf Stunden von der Steinburg, wo ihr der Rheingraf, durch drei Tage, schallende Jubelfeste gefeiert hatte. Die Ritter, die sie begleiteten, hatten sie kaum verlassen, da werf ich ihren Vetter Isidor, der bei ihr geblieben war, in den Sand, und auf den Rappen mit ihr, und auf und davon.
GEORG: Aber, Max! Max! Was hast du –?
FREIBURG: Ich will dir sagen, Freund –
GEORG: Was bereitest du dir, mit allen diesen ungeheuren Anstalten, vor?
FREIBURG: Lieber! Guter! Wunderlicher! Honig von Hybla, für diese

vom Durst der Rache zu Holz vertrocknete Brust. Warum soll dies wesenlose Bild länger, einer olympischen Göttin gleich, auf dem Fußgestell prangen, die Hallen der christlichen Kirchen von uns und unsersgleichen entvölkernd? Lieber angefaßt, und auf den Schutt hinaus, das Oberste zuunterst, damit mit Augen erschaut wird, daß kein Gott in ihm wohnt.

GEORG: Aber in aller Welt, sag mir, was ist's, das dich mit so rasendem Haß gegen sie erfüllt?

FREIBURG: O Georg! Der Mensch wirft alles, was er sein nennt, in eine Pfütze, aber kein Gefühl. Georg, ich liebte sie, und sie war dessen nicht wert. Ich liebte sie und ward verschmäht, Georg; und sie war meiner Liebe nicht wert. Ich will dir was sagen – Aber es macht mich blaß, wenn ich daran denke. Georg! Georg! Wenn die Teufel um eine Erfindung verlegen sind: so müssen sie einen Hahn fragen der sich vergebens um eine Henne gedreht hat, und hinterher sieht, daß sie, vom Aussatz zerfressen, zu seinem Spaße nicht taugt.

GEORG: Du wirst keine unritterliche Rache an ihr ausüben?

FREIBURG: Nein; Gott behüt mich! Keinem Knecht mut ich zu, sie an ihr zu vollziehn. – Ich bringe sie nach der Steinburg zum Rheingrafen zurück, wo ich nichts tun will, als ihr das Halstuch abnehmen: das soll meine ganze Rache sein!

GEORG: Was! Das Halstuch abnehmen?

FREIBURG: Ja Georg; und das Volk zusammenrufen.

GEORG: Nun, und wenn das geschehn ist, da willst du –?

FREIBURG: Ei, da will ich über sie philosophieren. Da will ich euch einen metaphysischen Satz über sie geben, wie Platon, und meinen Satz nachher erläutern, wie der lustige Diogenes getan. Der Mensch ist – – Aber still: *Er horcht.*

GEORG: Nun! Der Mensch ist? –

FREIBURG: Der Mensch ist, nach Platon, ein zweibeinigtes, ungefiedertes Tier; du weißt, wie Diogenes dies bewiesen; einen Hahn, glaub ich, rupft' er, und warf ihn unter das Volk. – Und diese Kunigunde, Freund, diese Kunigunde von Thurneck, die ist nach mir – – – Aber still! So wahr ich ein Mann bin: dort steigt jemand vom Pferd!

Siebenter Auftritt

Der Graf vom Strahl *und* Ritter Flammberg *treten auf. Nachher* Gottschalk. – Die Vorigen.

der graf vom strahl *an die Hütte klopfend*: Heda! Ihr wackern Köhlers-
leute!
flammberg: Das ist eine Nacht, die Wölfe in den Klüften um ein Unterkommen anzusprechen.
der graf vom strahl: Ist's erlaubt, einzutreten?
freiburg *ihm in den Weg*: Erlaubt, ihr Herrn! Wer ihr auch sein mögt
dort –
georg: Ihr könnt hier nicht einkehren.
der graf vom strahl: Nicht? Warum nicht?
freiburg: Weil kein Raum drin ist, weder für euch noch für uns. Meine
Frau liegt darin todkrank, den einzigen Winkel der leer ist mit ihrer
Bedienung erfüllend: ihr werdet sie nicht daraus vertreiben wollen.
der graf vom strahl: Nein, bei meinem Eid! Vielmehr wünsche ich,
daß sie sich bald darin erholen möge. – Gottschalk!
flammberg: So müssen wir beim Gastwirt zum blauen Himmel übernachten.
der graf vom strahl: Gottschalk sag ich!
gottschalk *draußen*: Hier!
der graf vom strahl: Schaff die Decken her! Wir wollen uns hier ein
Lager bereiten, unter den Zweigen.
   Gottschalk und der Köhlerjunge treten auf.
gottschalk *indem er ihnen die Decken bringt*: Das weiß der Teufel, was
das hier für eine Wirtschaft ist. Der Junge sagt, drinnen wäre ein ge-
harnischter Mann, der ein Fräulein bewachte: das läge geknebelt und
mit verstopftem Munde da, wie ein Kalb, das man zur Schlachtbank
bringen will.
der graf vom strahl: Was sagst du? Ein Fräulein? Geknebelt und mit
verstopftem Munde? – Wer hat dir das gesagt?
flammberg: Jung! Woher weißt du das?
köhlerjunge *erschrocken*: St! – Um aller Heiligen willen! Ihr Herren,
was macht ihr?
der graf vom strahl: Komm her.
köhlerjunge: Ich sage: St!
flammberg: Jung! Wer hat dir das gesagt? So sprich.
köhlerjunge *heimlich nachdem er sich umgesehen*: Hab's geschaut, ihr
Herren. Lag auf dem Stroh, als sie sie hineintrugen, und sprachen, sie

sei krank. Kehrt ihr die Lampe zu und erschaut, daß sie gesund war, und Wangen hatt als wie unsre Lore. Und wimmert' und druckt' mir die Händ und blinzelte, und sprach so vernehmlich, wie ein kluger Hund: mach mich los, lieb Bübel, mach mich los! daß ich's mit Augen hört und mit den Fingern verstand.

DER GRAF VOM STRAHL: Jung, du flachsköpfiger; so tu's!

FLAMMBERG: Was säumst du? Was machst du?

DER GRAF VOM STRAHL: Bind sie los und schick sie her!

KÖHLERJUNGE *schüchtern*: St! sag ich. – Ich wollt, daß ihr zu Fischen würdet. – Da erheben sich ihrer drei schon und kommen her, und sehen, was es gibt? *Er bläst seine Laterne aus.*

DER GRAF VOM STRAHL: Nichts, du wackrer Junge, nichts.

FLAMMBERG: Sie haben nichts davon gehört.

DER GRAF VOM STRAHL: Sie wechseln bloß um des Regens willen ihre Plätze.

KÖHLERJUNGE *sieht sich um*: Wollt ihr mich schützen?

DER GRAF VOM STRAHL: Ja, so wahr ich ein Ritter bin; das will ich.

FLAMMBERG: Darauf kannst du dich verlassen.

KÖHLERJUNGE: Wohlan! Ich will's dem Vater sagen. – Schaut was ich tue, und ob ich in die Hütte gehe, oder nicht?

Er spricht mit den Alten, die hinten am Feuer stehen, und verliert sich nachher in die Hütte.

FLAMMBERG: Sind das solche Kauze? Beelzebubs-Ritter, deren Ordensmantel die Nacht ist? Eheleute, auf der Landstraße mit Stricken und Banden aneinander getraut?

DER GRAF VOM STRAHL: Krank, sagten sie!

FLAMMBERG: Todkrank, und dankten für alle Hülfe!

GOTTSCHALK: Nun wart! Wir wollen sie scheiden.

Pause.

SCHAUERMANN *in der Hütte*: He! holla! Die Bestie!

DER GRAF VOM STRAHL: Auf, Flammberg; erhebe dich!

Sie stehen auf.

FREIBURG: Was gibt's?

Die Partei des Burggrafen erhebt sich.

SCHAUERMANN: Ich bin angebunden! Ich bin angebunden!

Das Fräulein erscheint.

FREIBURG: Ihr Götter! Was erblick ich?

Achter Auftritt

Fräulein Kunigunde von Thurneck *im Reisekleide, mit entfesselten Haaren.* – Die Vorigen.

KUNIGUNDE *wirft sich vor dem Grafen vom Strahl nieder*:
Mein Retter! Wer Ihr immer seid! Nehmt einer
Vielfach geschmähten und geschändeten
Jungfrau Euch an! Wenn Euer ritterlicher Eid
Den Schutz der Unschuld Euch empfiehlt; hier liegt sie
In Staub gestreckt, die jetzt ihn von Euch fordert!
FREIBURG: Reißt sie hinweg, ihr Männer!
GEORG *ihn zurückhaltend*:   Max! hör mich an.
FREIBURG: Reißt sie hinweg, sag ich; laßt sie nicht reden!
DER GRAF VOM STRAHL: Halt dort ihr Herrn! Was wollt ihr!
FREIBURG: Was wir wollen?
Mein Weib will ich, zum Henker! – Auf! ergreift sie!
KUNIGUNDE: Dein Weib? Du Lügnerherz!
DER GRAF VOM STRAHL *streng*:   Berühr sie nicht!
Wenn du von dieser Dame was verlangst,
So sagst du's mir! Denn mir gehört sie jetzt,
Weil sie sich meinem Schutze anvertraut. *Er erhebt sie.*
FREIBURG: Wer bist du, Übermütiger, daß du
Dich zwischen zwei Vermählte drängst? Wer gibt
Das Recht dir, mir die Gattin zu verweigern?
KUNIGUNDE: Die Gattin? Bösewicht! Das bin ich nicht!
DER GRAF VOM STRAHL: Und wer bist du, Nichtswürdiger, daß du
Sie deine Gattin sagst, verfluchter Bube,
Daß du sie dein nennst, geiler Mädchenräuber,
Die Jungfrau, dir vom Teufel in der Hölle,
Mit Knebeln und mit Banden angetraut?
FREIBURG: Wie? Was? Wer?
GEORG: Max, ich bitte dich.
DER GRAF VOM STRAHL!   Wer bist du?
FREIBURG: Ihr Herrn, ihr irrt euch sehr –
DER GRAF VOM STRAHL: Wer bist du, frag ich?
FREIBURG: Ihr Herren, wenn ihr glaubt, daß ich –
DER GRAF VOM STRAHL: Schafft Licht her!
FREIBURG: Dies Weib hier, das ich mitgebracht, das ist –
DER GRAF VOM STRAHL: Ich sage Licht herbeigeschafft!
Gottschalk und die Köhler kommen mit Fackeln und Feuerhaken.

FREIBURG: Ich bin –
GEORG *heimlich*: Ein Rasender bist du! Fort! Gleich hinweg!
  Willst du auf ewig nicht dein Wappen schänden.
DER GRAF VOM STRAHL: So, meine wackern Köhler; leuchtet mir!
FREIBURG *schließt sein Visier.*
DER GRAF VOM STRAHL: Wer bist du jetzt, frag ich? Öffn' das Visier.
FREIBURG: Ihr Herrn, ich bin –
DER GRAF VOM STRAHL: Öffn' das Visier.
FREIBURG: Ihr hört.
DER GRAF VOM STRAHL: Meinst du, leichtfertger Bube, ungestraft
  Die Antwort mir zu weigern, wie ich dir?
  Er reißt ihm den Helm vom Haupt, der Burggraf taumelt.
SCHAUERMANN: Schmeißt den Verwegenen doch gleich zu Boden!
WETZLAF: Auf! Zieht!
FREIBURG: Du Rasender, welch eine Tat!
  Er erhebt sich, zieht und haut nach dem Grafen, der weicht aus.
DER GRAF VOM STRAHL: Du wehrst dich mir, du Afterbräutigam?
  Er haut ihn nieder.
  So fahr zur Hölle hin, woher du kamst,
  Und feire deine Flitterwochen drin!
WETZLAF: Entsetzen! Schaut! Er stürzt, er wankt, er fällt!
FLAMMBERG *dringt vor*: Auf jetzt, ihr Freunde!
SCHAUERMANN: Fort! Entflieht!
FLAMMBERG: Schlagt drein!
  Jagt das Gesindel völlig in die Flucht!
Die Burggräflichen entweichen; niemand bleibt als Georg, der über den Burggrafen beschäftigt ist.
DER GRAF VOM STRAHL *zum Burggrafen*:
  Freiburg! Was seh ich? Ihr allmächtgen Götter!
  Du bist's?
KUNIGUNDE *unterdrückt*: Der undankbare Höllenfuchs!
DER GRAF VOM STRAHL: Was galt dir diese Jungfrau, du Unsel'ger?
  Was wolltest du mit ihr?
GEORG: – Er kann nicht reden.
  Blut füllt, vom Scheitel quellend, ihm den Mund.
KUNIGUNDE: Laßt ihn ersticken drin!
DER GRAF VOM STRAHL: Ein Traum erscheint mir's!
  Ein Mensch wie der, so wacker sonst, und gut.
  – Kommt ihm zu Hülf, ihr Leute!
FLAMMBERG: Auf! Greift an!
  Und tragt ihn dort in jener Hütte Raum.

KUNIGUNDE: Ins Grab! Die Schaufeln her! Er sei gewesen!
DER GRAF VOM STRAHL: Beruhigt Euch! – Wie er darniederliegt,
    Wird er auch unbeerdigt Euch nicht schaden.
KUNIGUNDE: Ich bitt um Wasser!
DER GRAF VOM STRAHL: Fühlt Ihr Euch nicht wohl?
KUNIGUNDE: Nichts, nichts – Es ist – Wer hilft? – Ist hier kein Sitz?
    – Weh mir! *Sie wankt.*
DER GRAF VOM STRAHL: Ihr Himmlischen! He! Gottschalk! hilf!
GOTTSCHALK: Die Fackeln her!
KUNIGUNDE: Laßt, laßt!
DER GRAF VOM STRAHL *hat sie auf einen Sitz geführt*: Es geht vorüber?
KUNIGUNDE: Das Licht kehrt meinen trüben Augen wieder. –
DER GRAF VOM STRAHL: Was war's, das so urplötzlich Euch ergriff?
KUNIGUNDE: Ach, mein großmütger Retter und Befreier,
    Wie nenn ich das? Welch ein entsetzensvoller,
    Unmenschlicher Frevel war mir zugedacht?
    Denk ich, was ohne Euch, vielleicht schon jetzt,
    Mir widerfuhr, hebt sich mein Haar empor,
    Und meiner Glieder jegliches erstarrt.
DER GRAF VOM STRAHL: Wer seid Ihr? Sprecht! Was ist Euch wider-
KUNIGUNDE: O Seligkeit, Euch dies jetzt zu entdecken!   [fahren?
    Die Tat, die Euer Arm vollbracht, ist keiner
    Unwürdigen geschehen; Kunigunde,
    Freifrau von Thurneck, bin ich, daß Ihr's wißt;
    Das süße Leben, das Ihr mir erhieltet,
    Wird, außer mir, in Thurneck, dankbar noch
    Ein ganz Geschlecht Euch von Verwandten lohnen.
DER GRAF VOM STRAHL: Ihr seid? – Es ist nicht möglich? Kunigunde
    Von Thurneck? –
KUNIGUNDE: Ja, so sagt ich! Was erstaunt Ihr?
DER GRAF VOM STRAHL *steht auf*: Nun denn, bei meinem Eid, es tut mir
    So kamt Ihr aus dem Regen in die Traufe: [leid,
    Denn ich bin Friedrich Wetter Graf vom Strahl!
KUNIGUNDE: Was! Euer Name? – Der Name meines Retters! –
DER GRAF VOM STRAHL: Ist Friedrich Strahl, Ihr hört's. Es tut mir leid,
    Daß ich Euch keinen bessern nennen kann.
KUNIGUNDE *steht auf*: Ihr Himmlischen! Wie prüft ihr dieses Herz?
GOTTSCHALK *heimlich*: Die Thurneck? hört ich recht?
FLAMMBERG *erstaunt*:   Bei Gott! Sie ist's!
            Pause.
KUNIGUNDE: Es sei. Es soll mir das Gefühl, das hier

In diesem Busen sich entflammt, nicht stören.
Ich will nichts denken, fühlen will ich nichts,
Als Unschuld, Ehre, Leben, Rettung – Schutz
Vor diesem Wolf, der hier am Boden liegt. –
Komm her, du lieber, goldner Knabe, du,
Der mich befreit, nimm diesen Ring von mir,
Es ist jetzt alles, was ich geben kann:
Einst lohn ich würdiger, du junger Held,
Die Tat dir, die mein Band gelöst, die mutige,
Die mich vor Schmach bewahrt, die mich errettet,
Die Tat, die mich zur Seligen gemacht! *Sie wendet sich zum Grafen:*
Euch, mein Gebieter – Euer nenn ich alles,
Was mein ist! Sprecht! Was habt Ihr über mich beschlossen?
In Eurer Macht bin ich; was muß geschehn?
Muß ich nach Eurem Rittersitz Euch folgen?

DER GRAF VOM STRAHL *nicht ohne Verlegenheit:*
Mein Fräulein – es ist nicht eben allzu weit.
Wenn Ihr ein Pferd besteigt, so könnt Ihr bei
Der Gräfin, meiner Mutter, übernachten.

KUNIGUNDE: Führt mir das Pferd vor!

DER GRAF VOM STRAHL *nach einer Pause:* Ihr vergebt mir,
Wenn die Verhältnisse, in welchen wir –

KUNIGUNDE: Nichts, nichts! Ich bitt Euch sehr! Beschämt mich nicht!
In Eure Kerker klaglos würd ich wandern.

DER GRAF VOM STRAHL: In meinen Kerker! Was! Ihr überzeugt Euch –

KUNIGUNDE *unterbricht ihn:*
Drückt mich mit Eurer Großmut nicht zu Boden! –
Ich bitt um Eure Hand!

DER GRAF VOM STRAHL: He! Fackeln! Leuchtet! *Ab.*

Szene: Schloß Wetterstrahl. Ein Gemach in der Burg.

Neunter Auftritt

KUNIGUNDE *in einem halb vollendeten, romantischen Anzuge, tritt auf, und setzt sich vor einer Toilette nieder. Hinter ihr* ROSALIE *und die* ALTE BRIGITTE.

ROSALIE *zu Brigitten:* Hier, Mütterchen, setz dich! Der Graf vom Strahl hat sich bei meinem Fräulein anmelden lassen; sie läßt sich nur noch die Haare von mir zurechtlegen, und mag gern dein Geschwätz hören.

BRIGITTE *die sich gesetzt*: Also Ihr seid Fräulein Kunigunde von Thurneck?
KUNIGUNDE: Ja Mütterchen; das bin ich.
BRIGITTE: Und nennt Euch eine Tochter des Kaisers?
KUNIGUNDE: Des Kaisers? Nein; wer sagt dir das? Der jetzt lebende Kaiser ist mir fremd; die Urenkelin eines der vorigen Kaiser bin ich, die in verflossenen Jahrhunderten, auf dem deutschen Thron saßen.
BRIGITTE: O Herr! Es ist nicht möglich! Die Urenkeltochter –
KUNIGUNDE: Nun ja!
ROSALIE: Hab ich es dir nicht gesagt?
BRIGITTE: Nun, bei meiner Treu, so kann ich mich ins Grab legen: der Traum des Grafen vom Strahl ist aus!
KUNIGUNDE: Welch ein Traum?
ROSALIE: Hört nur, hört! Es ist die wunderlichste Geschichte von der Welt! – – Aber sei bündig, Mütterchen, und spare den Eingang; denn die Zeit, wie ich dir schon gesagt, ist kurz.
BRIGITTE: Der Graf war gegen das Ende des vorletzten Jahres, nach einer seltsamen Schwermut, von welcher kein Mensch die Ursache ergründen konnte, erkrankt; matt lag er da, mit glutrotem Antlitz und phantasierte; die Ärzte, die ihre Mittel erschöpft hatten, sprachen, er sei nicht zu retten. Alles, was in seinem Herzen verschlossen war, lag nun, im Wahnsinn des Fiebers, auf seiner Zunge: er scheide gern, sprach er, von hinnen; das Mädchen, das fähig wäre, ihn zu lieben, sei nicht vorhanden; Leben aber ohne Liebe sei Tod; die Welt nannt er ein Grab, und das Grab eine Wiege, und meinte, er würde nun erst geboren werden. – Drei hintereinanderfolgende Nächte, während welcher seine Mutter nicht von seinem Bette wich, erzählte er ihr, ihm sei ein Engel erschienen und habe ihm zugerufen: „Vertraue, vertraue, vertraue!" Auf der Gräfin Frage: ob sein Herz sich, durch diesen Zuruf des Himmlischen, nicht gestärkt fühle? antwortete er: „Gestärkt? Nein!" – und mit einem Seufzer setzte er hinzu: „doch! doch, Mutter! Wenn ich sie werde gesehen haben!" – Die Gräfin fragt: „Und wirst du sie sehen?" „Gewiß!" antwortet er. „Wann?" fragt sie. „Wo?" – „In der Silvesternacht, wenn das neue Jahr eintritt; da wird er mich zu ihr führen." „Wer?" fragt sie, „Lieber; zu wem?" „Der Engel", spricht er, „zu meinem Mädchen" – wendet sich und schläft ein.
KUNIGUNDE: Geschwätz!
ROSALIE: Hört sie nur weiter. – Nun?
BRIGITTE: Drauf in der Silvesternacht, in dem Augenblick, da eben das Jahr wechselt, hebt er sich halb vom Lager empor, starrt, als ob er eine Erscheinung hätte, ins Zimmer hinein, und, indem er mit der Hand zeigt: „Mutter! Mutter! Mutter!" spricht er. „Was gibt's?" fragt sie.

„Dort! Dort!" „Wo?" „Geschwind!" spricht er – „Was?" – „Den Helm! Den Harnisch! Das Schwert!" – „Wo willst du hin?" fragt die Mutter. „Zu ihr", spricht er; „zu ihr! So! so! so!" und sinkt zurück; „Ade, Mutter ade!" streckt alle Glieder von sich, und liegt wie tot.

KUNIGUNDE: Tot?

ROSALIE: Tot, ja!

KUNIGUNDE: Sie meint, einem Toten gleich.

ROSALIE: Sie sagt, tot! Stört sie nicht. – Nun?

BRIGITTE: Wir horchten an seiner Brust: es war so still darin, wie in einer leeren Kammer. Eine Feder ward ihm vorgehalten, seinen Atem zu prüfen: sie rührte sich nicht. Der Arzt meinte in der Tat, sein Geist habe ihn verlassen; rief ihm ängstlich seinen Namen ins Ohr; reizt' ihn, um ihn zu erwecken, mit Gerüchen; reizt' ihn mit Stiften und Nadeln, riß ihm ein Haar aus, daß sich das Blut zeigte; vergebens: er bewegte kein Glied und lag, wie tot.

KUNIGUNDE: Nun? Darauf?

BRIGITTE: Darauf, nachdem er einen Zeitraum so gelegen, fährt er auf, kehrt sich, mit dem Ausdruck der Betrübnis, der Wand zu, und spricht: „Ach! Nun bringen sie die Lichter! Nun ist sie mir wieder verschwunden!" – gleichsam, als ob er durch den Glanz derselben verscheucht würde. – Und da die Gräfin sich über ihn neigt und ihn an ihre Brust hebt und spricht: „Mein Friedrich! Wo warst du?" „Bei ihr", versetzt er, mit freudiger Stimme; „bei ihr, die mich liebt! bei der Braut, die mir der Himmel bestimmt hat! Geh, Mutter geh, und laß nun in allen Kirchen für mich beten: denn nun wünsch ich zu leben."

KUNIGUNDE: Und bessert sich wirklich?

ROSALIE: Das eben ist das Wunder.

BRIGITTE: Bessert sich, mein Fräulein, bessert sich, in der Tat; erholt sich, von Stund an, gewinnt, wie durch himmlischen Balsam geheilt, seine Kräfte wieder, und ehe der Mond sich erneut, ist er so gesund wie zuvor.

KUNIGUNDE: Und erzählte? – Was erzählte er nun?

BRIGITTE: Ach, und erzählte, und fand kein Ende zu erzählen: wie der Engel ihn, bei der Hand, durch die Nacht geleitet: wie er sanft des Mädchens Schlafkämmerlein eröffnet, und alle Wände mit seinem Glanz erleuchtend, zu ihr eingetreten sei; wie es dagelegen, das holde Kind, mit nichts, als dem Hemdchen angetan, und die Augen bei seinem Anblick groß aufgemacht, und gerufen habe, mit einer Stimme, die das Erstaunen beklemmt: „Mariane!" welches jemand gewesen sein müsse, der in der Nebenkammer geschlafen; wie sie darauf, vom Purpur der Freude über und über schimmernd, aus dem Bette gestiegen, und sich auf Knieen vor ihm niedergelassen, das Haupt gesenkt, und: „mein hoher Herr!" gelispelt; wie der Engel ihm darauf, daß es eine Kaisertochter sei, gesagt, und ihm ein Mal gezeigt, das dem Kindlein rötlich auf dem Nacken verzeichnet war – wie er, von unendlichem Entzücken durchbebt, sie eben beim Kinn gefaßt, um ihr ins Antlitz zu schauen: und wie die unselige Magd nun, die Mariane, mit Licht gekommen, und die ganze Erscheinung bei ihrem Eintritt wieder verschwunden sei.

KUNIGUNDE: Und nun meinst du, diese Kaisertochter sei ich?
BRIGITTE: Wer sonst?
ROSALIE: Das sag ich auch.
BRIGITTE: Die ganze Strahlburg, bei Eurem Einzug, als sie erfuhr, wer Ihr seid, schlug die Hände über den Kopf zusammen und rief: sie ist's!
ROSALIE: Es fehlte nichts, als daß die Glocken ihre Zungen gelöst, und gerufen hätten: ja, ja, ja!
KUNIGUNDE *steht auf*: Ich danke dir, Mütterchen, für deine Erzählung. Inzwischen nimm diese Ohrringe zum Andenken, und entferne dich.
Brigitte ab.

ZEHNTER AUFTRITT

KUNIGUNDE *und* ROSALIE.

KUNIGUNDE *nachdem sie sich im Spiegel betrachtet, geht gedankenlos ans Fenster und öffnet es. – Pause.* Hast du mir alles dort zurechtgelegt,
Was ich dem Grafen zugedacht, Rosalie?
Urkunden, Briefe, Zeugnisse?
ROSALIE *am Tisch zurückgeblieben*: Hier sind sie.
In diesem Einschlag liegen sie beisammen.
KUNIGUNDE: Gib mir doch –
Sie nimmt eine Leimrute, die draußen befestigt ist, herein.
ROSALIE: Was, mein Fräulein?
KUNIGUNDE *lebhaft*: Schau, o Mädchen!
Ist dies die Spur von einem Fittich nicht?
ROSALIE *indem sie zu ihr geht*: Was habt Ihr da?
KUNIGUNDE: Leimruten, die, ich weiß
Nicht wer? an diesem Fenster aufgestellt!
– Sieh, hat hier nicht ein Fittich schon gestreift?
ROSALIE: Gewiß! Das ist die Spur. Wer war's? Ein Zeisig?
KUNIGUNDE: Ein Finkenhähnchen war's, das ich vergebens
Den ganzen Morgen schon herangelockt.

ROSALIE: Seht nur dies Federchen. Das ließ er stecken!
KUNIGUNDE *gedankenvoll*: Gib mir doch –
ROSALIE: Was, mein Fräulein? Die Papiere?
KUNIGUNDE *lacht und schlägt sie*:
  Schelmin! – Die Hirse will ich, die dort steht.
              Rosalie lacht, und geht und holt die Hirse.

Eilfter Auftritt

Ein Bedienter *tritt auf.* Die Vorigen.

DER BEDIENTE: Graf Wetter vom Strahl, und die Gräfin seine Mutter!
KUNIGUNDE *wirft alles aus der Hand*: Rasch! Mit den Sachen weg.
ROSALIE: Gleich, gleich! *Sie macht die Toilette zu und geht ab.*
KUNIGUNDE: Sie werden mir willkommen sein.

Zwölfter Auftritt

Gräfin Helena, Der Graf vom Strahl *treten auf.* Fräulein Kunigunde.

KUNIGUNDE *ihnen entgegen*: Verehrungswürdge! Meines Retters Mutter,
  Wem dank ich, welchem Umstand, das Vergnügen,
  Daß Ihr mir Euer Antlitz schenkt, daß Ihr
  Vergönnt, die teuren Hände Euch zu küssen?
GRÄFIN: Mein Fräulein, Ihr demütigt mich. Ich kam,
  Um Eure Stirn zu küssen, und zu fragen,
  Wie Ihr in meinem Hause Euch befindet?
KUNIGUNDE: Sehr wohl. Ich fand hier alles, was ich brauchte.
  Ich hatte nichts von Eurer Huld verdient,
  Und Ihr besorgtet mich, gleich einer Tochter.
  Wenn irgend etwas mir die Ruhe störte
  So war es dies beschämende Gefühl;
  Doch ich bedurfte nur den Augenblick,
  Um diesen Streit in meiner Brust zu lösen. *Sie wendet sich zum Grafen.*
  Wie steht's mit Eurer linken Hand, Graf Friedrich?
DER GRAF VOM STRAHL: Mit meiner Hand? mein Fräulein! Diese Frage
  Ist mir empfindlicher als ihre Wunde!
  Der Sattel war's, sonst nichts, an dem ich mich
  Unachtsam stieß, Euch hier vom Pferde hebend.
GRÄFIN: Ward sie verwundet? – Davon weiß ich nichts.
KUNIGUNDE: Es fand sich, als wir dieses Schloß erreichten,

Daß ihr, in hellen Tropfen, Blut entfloß.
DER GRAF VOM STRAHL: Die Hand selbst, seht Ihr, hat es schon vergessen.
Wenn's Freiburg war, dem ich im Kampf um Euch,
Dies Blut gezahlt, so kann ich wirklich sagen:
Schlecht war der Preis, um den er Euch verkauft.
KUNIGUNDE: Ihr denkt von seinem Werte so – nicht ich.
Indem sie sich zur Mutter wendet:
– Doch wie? Wollt Ihr Euch, Gnädigste, nicht setzen?
Sie holt einen Stuhl, der Graf bringt die andern. Sie lassen sich sämtlich nieder.
GRÄFIN: Wie denkt Ihr, über Eure Zukunft, Fräulein?
Habt Ihr die Lag, in die das Schicksal Euch
Versetzt, bereits erwogen? Wißt Ihr schon,
Wie Euer Herz darin sich fassen wird?
KUNIGUNDE *bewegt*: Verehrungswürdige und gnädge Gräfin,
Die Tage, die mir zugemessen, denk ich
In Preis und Dank, in immer glühender
Erinnerung des, was jüngst für mich geschehn,
In unauslöschlicher Verehrung Eurer,
Und Eures Hauses, bis auf den letzten Odem,
Der meine Brust bewegt, wenn's mir vergönnt ist,
In Thurneck bei den Meinen hinzubringen. *Sie weint.*
GRÄFIN: Wann denkt Ihr zu den Euren aufzubrechen?
KUNIGUNDE: Ich wünsche – weil die Tanten mich erwarten
– Wenn's sein kann, morgen – oder mindestens –
In diesen Tagen, abgeführt zu werden.
GRÄFIN: Bedenkt Ihr auch, was dem entgegensteht?
KUNIGUNDE: Nichts mehr, erlauchte Frau, wenn Ihr mir nur
Vergönnt, mich offen vor Euch zu erklären.
Sie küßt ihr die Hand; steht auf und holt die Papiere.
Nehmt dies von meiner Hand, Herr Graf vom Strahl.
DER GRAF VOM STRAHL *steht auf*: Mein Fräulein! Kann ich wissen, was es [ist?
KUNIGUNDE: Die Dokumente sind's, den Streit betreffend,
Um Eure Herrschaft Stauffen, die Papiere
Auf die ich meinen Anspruch gründete.
DER GRAF VOM STRAHL: Mein Fräulein, Ihr beschämt mich, in der Tat!
Wenn dieses Heft, wie Ihr zu glauben scheint,
Ein Recht begründet: weichen will ich Euch,
Und wenn es meine letzte Hütte gälte!
KUNIGUNDE: Nehmt, nehmt, Herr Graf vom Strahl! Die Briefe sind
Zweideutig, seh ich ein, der Wiederkauf,
Zu dem sie mich berechtigen, verjährt;

Doch wär mein Recht so klar auch, wie die Sonne,
Nicht gegen Euch mehr kann ich's geltend machen.
DER GRAF VOM STRAHL: Niemals, mein Fräulein, niemals, in der Tat!
Mit Freuden nehm ich, wollt Ihr mir ihn schenken,
Von Euch den Frieden an; doch, wenn auch nur
Der Zweifel eines Rechts auf Stauffen Euer,
Das Dokument nicht, das ihn Euch belegt!
Bringt Eure Sache vor, bei Kaiser und bei Reich,
Und das Gesetz entscheide, wer sich irrte.
KUNIGUNDE *zur Gräfin*: Befreit denn Ihr, verehrungswürdge Gräfin,
Von diesen leidgen Dokumenten mich,
Die mir in Händen brennen, widerwärtig
Zu dem Gefühl, das mir erregt ist, stimmen,
Und mir auf Gottes weiter Welt zu nichts mehr,
Lebt ich auch neunzig Jahre, helfen können.
GRÄFIN *steht gleichfalls auf*: Mein teures Fräulein! Eure Dankbarkeit
Führt Euch zu weit. Ihr könnt, was Eurer ganzen
Familie angehört, in einer flüchtigen
Bewegung nicht, die Euch ergriff, veräußern.
Nehmt meines Sohnes Vorschlag an und laßt
In Wetzlar die Papiere untersuchen;
Versichert Euch, Ihr werdet wert uns bleiben,
Man mag auch dort entscheiden, wie man wolle.
KUNIGUNDE *mit Affekt*: Nun denn, der Anspruch war mein Eigentum!
Ich brauche keinen Vetter zu befragen,
Und meinem Sohn vererb ich einst mein Herz!
Die Herrn in Wetzlar mag ich nicht bemühn:
Hier diese rasche Brust entscheidet so!
    Sie zerreißt die Papiere und läßt sie fallen.
GRÄFIN: Mein liebes, junges, unbesonnen Kind,
Was habt Ihr da getan? – – Kommt her,
Weil's doch geschehen ist, daß ich Euch küsse. *Sie umarmt sie.*
KUNIGUNDE: Ich will daß dem Gefühl, das mir entflammt,
Im Busen ist, nichts fürder widerspreche!
Ich will, die Scheidewand soll niedersinken,
Die zwischen mir und meinem Retter steht!
Ich will mein ganzes Leben ungestört,
Durchatmen, ihn zu preisen, ihn zu lieben.
GRÄFIN *gerührt*: Gut, gut, mein Töchterchen. Es ist schon gut,
Ihr seid zu sehr erschüttert.
DER GRAF VOM STRAHL: – Ich will wünschen,

Daß diese Tat Euch nie gereuen möge.
Pause.
KUNIGUNDE *trocknet sich die Augen*:
Wann darf ich nun nach Thurneck wiederkehren?
GRÄFIN: Gleich! Wann Ihr wollt! Mein Sohn selbst wird Euch führen!
KUNIGUNDE: So sei's – auf morgen denn!
GRÄFIN: Gut! Ihr begehrt es.
Obschon ich gern Euch länger bei mir sähe. –
Doch heut bei Tisch noch macht Ihr uns die Freude?
KUNIGUNDE *verneigt sich*:
Wenn ich mein Herz kann sammeln, wart ich auf. *Ab.*

Dreizehnter Auftritt

Gräfin Helena. Der Graf vom Strahl.

DER GRAF VOM STRAHL: So wahr, als ich ein Mann bin, die begehr ich
Zur Frau!
GRÄFIN: Nun, nun, nun, nun!
DER GRAF VOM STRAHL: Was! Nicht?
Du willst, daß ich mir eine wählen soll;
Doch die nicht? Diese nicht? Die nicht?
GRÄFIN: Was willst du?
Ich sagte nicht, daß sie mir ganz mißfällt.
DER GRAF VOM STRAHL: Ich will auch nicht, daß heut noch Hochzeit sei:
– Sie ist vom Stamm der alten sächs'schen Kaiser.
GRÄFIN: Und der Sylvesternachttraum spricht für sie?
Nicht? Meinst du nicht?
DER GRAF VOM STRAHL: Was soll ich's bergen: ja!
GRÄFIN: Laß uns die Sach ein wenig überlegen.
Ab.

DRITTER AKT

Szene: Gebirg und Wald, Eine Einsiedelei.

Erster Auftritt

Theobald *und* Gottfried Friedeborn *führen das* Käthchen *von einem Felsen herab.*

THEOBALD: Nimm dich in acht, mein liebes Käthchen; der Gebirgspfad, siehst du, hat eine Spalte. Setze deinen Fuß hier auf diesen Stein, der ein wenig mit Moos bewachsen ist; wenn ich wüßte, wo eine Rose wäre, so wollte ich es dir sagen. – So!

GOTTFRIED: Doch hast wohl Gott, Käthchen, nichts von der Reise anvertraut, die du heut zu tun willens warst? – Ich glaubte, an dem Kreuzweg, wo das Marienbild steht, würden zwei Engel kommen, Jünglinge, von hoher Gestalt, mit schneeweißen Fittichen an den Schultern, und sagen: Ade, Theobald! Ade, Gottfried! Kehrt zurück, von wo ihr gekommen seid; wir werden das Käthchen jetzt auf seinem Wege zu Gott weiterführen. – Doch es war nichts; wir mußten dich ganz bis ans Kloster herbringen.

THEOBALD: Die Eichen sind so still, die auf den Bergen verstreut sind: man hört den Specht, der daran pickt. Ich glaube, sie wissen, daß Käthchen angekommen ist, und lauschen auf das, was sie denkt. Wenn ich mich doch in die Welt auflösen könnte, um es zu erfahren. Harfenklang muß nicht lieblicher sein, als ihr Gefühl; es würde Israel hinweggelockt von David und seinen Zungen neue Psalter gelehrt haben. – Mein liebes Käthchen?

KÄTHCHEN: Mein lieber Vater!

THEOBALD: Sprich ein Wort.

KÄTHCHEN: Sind wir am Ziele?

THEOBALD: Wir sind's. Dort in jenem freundlichen Gebäude, das mit seinen Türmen zwischen die Felsen geklemmt ist, sind die stillen Zellen der frommen Augustinermönche; und hier, der geheiligte Ort, wo sie beten.

KÄTHCHEN: Ich fühle mich matt.

THEOBALD: Wir wollen uns setzen. Komm, gib mir deine Hand, daß ich dich stütze. Hier vor diesem Gitter ist eine Ruhebank, mit kurzem und dichtem Gras bewachsen: schau her, das angenehmste Plätzchen, das ich jemals sah.

Sie setzen sich.

GOTTFRIED: Wie befindest du dich?
KÄTHCHEN: Sehr wohl.
THEOBALD: Du scheinst doch blaß, und deine Stirne ist voll Schweiß?
Pause.
GOTTFRIED: Sonst warst du so rüstig, konntest meilenweit wandern, durch Wald und Feld, und brauchtest nichts, als einen Stein, und das Bündel, das du auf der Schulter trugst, zum Pfühl, um dich wiederherzustellen; und heut bist du so erschöpft, daß es scheint, als ob alle Betten, in welchen die Kaiserin ruht, dich nicht wieder auf die Beine bringen würden.
THEOBALD: Willst du mit etwas erquickt sein?
GOTTFRIED: Soll ich gehen und dir einen Trunk Wasser schöpfen?
THEOBALD: Oder suchen wo dir eine Frucht blüht?
GOTTFRIED: Sprich, mein liebes Käthchen!
KÄTHCHEN: Ich danke dir, lieber Vater.
THEOBALD: Du dankst uns.
GOTTFRIED: Du verschmähst alles.
THEOBALD: Du begehrst nichts, als daß ich ein Ende mache: hingehe und dem Prior Hatto – meinem alten Freund, sage: der alte Theobald sei da, der sein einzig liebes Kind begraben wolle.
KÄTHCHEN: Mein lieber Vater!
THEOBALD: Nun gut. Es soll geschehn. Doch bevor wir die entscheidenden Schritte tun, die nicht mehr zurückzunehmen sind, will ich dir noch etwas sagen. Ich will dir sagen, was Gottfried und mir eingefallen ist, auf dem Wege hierher, und was, wie uns scheint, ins Werk zu richten notwendig ist, bevor wir den Prior in dieser Sache sprechen. – Willst du es wissen?
KÄTHCHEN: Rede!
THEOBALD: Nun wohlan, so merk auf, und prüfe dein Herz wohl! – Du willst in das Kloster der Ursulinerinnen gehen, das tief im einsamen kieferreichen Gebirge seinen Sitz hat. Die Welt, der liebliche Schauplatz des Lebens, reizt dich nicht mehr; Gottes Antlitz, in Abgezogenheit und Frömmigkeit angeschaut, soll dir Vater, Hochzeit, Kind, und der Kuß kleiner blühender Enkel sein.
KÄTHCHEN: Ja, mein lieber Vater.
THEOBALD *nach einer kurzen Pause*: Wie wär's, wenn du auf ein paar Wochen, da die Witterung noch schön ist, zu dem Gemäuer zurückkehrtest, und dir die Sache ein wenig überlegtest?
KÄTHCHEN: Wie?
THEOBALD: Wenn du wieder hingingst, mein ich, nach der Strahlburg, unter den Holunderstrauch, wo sich der Zeisig das Nest gebaut hat,

am Hang des Felsens, du weißt, von wo das Schloß, im Sonnenstrahl funkelnd, über die Gauen des Landes herniederschaut?

KÄTHCHEN: Nein, mein lieber Vater!

THEOBALD: Warum nicht?

KÄTHCHEN: Der Graf, mein Herr, hat es mir verboten.

THEOBALD: Er hat es dir verboten. Gut. Und was er dir verboten hat, das darfst du nicht tun. Doch wie, wenn ich hinginge und ihn bäte, daß er es erlaubte?

KÄTHCHEN: Wie? Was sagst du?

THEOBALD: Wenn ich ihn ersuchte, dir das Plätzchen, wo dir so wohl ist, zu gönnen, und mir die Freiheit würde, dich daselbst mit dem, was du zur Notdurft brauchst, freundlich auszustatten?

KÄTHCHEN: Nein, mein lieber Vater.

THEOBALD: Warum nicht?

KÄTHCHEN *beklemmt*: Das würdest du nicht tun; und wenn du es tätest, so würde es der Graf nicht erlauben; und wenn der Graf es erlaubte, so würd ich doch von seiner Erlaubnis keinen Gebrauch machen.

THEOBALD: Käthchen! Mein liebes Käthchen! Ich will es tun. Ich will mich so vor ihm niederlegen, wie ich es jetzt vor dir tue, und sprechen: mein hoher Herr! erlaubt, daß das Käthchen unter dem Himmel, der über Eure Burg gespannt ist, wohne: reitet Ihr aus, so vergönnt, daß sie Euch von ferne, auf einen Pfeilschuß, folge, und räumt ihr, wenn die Nacht kömmt, ein Plätzchen auf dem Stroh ein, das Euren stolzen Rossen untergeschüttet wird. Es ist besser, als daß sie vor Gram vergehe.

KÄTHCHEN *indem sie sich gleichfalls vor ihm niederlegt*: Gott im höchsten Himmel; du vernichtest mich! Du legst mir deine Worte kreuzweise, wie Messer, in die Brust! Ich will jetzt nicht mehr ins Kloster gehen, nach Heilbronn will ich mit dir zurückkehren, ich will den Grafen vergessen, und, wen du willst heiraten; müßt auch ein Grab mir, von acht Ellen Tiefe, das Brautbett sein.

THEOBALD *der aufgestanden ist und sie aufhebt*: Bist du mir bös, Käthchen?

KÄTHCHEN: Nein, nein! Was fällt dir ein?

THEOBALD: Ich will dich ins Kloster bringen!

KÄTHCHEN: Nimmer und nimmermehr! Weder auf die Strahlburg, noch ins Kloster! – Schaff mir nur jetzt, bei dem Prior, ein Nachtlager, daß ich mein Haupt niederlege, und mich erhole; mit Tagesanbruch, wenn es sein kann, gehen wir zurück. *Sie weint.*

GOTTFRIED: Was hast du gemacht, Alter?

THEOBALD: Ach! Ich habe sie gekränkt!

GOTTFRIED *klingelt*: Prior Hatto ist zu Hause?

PFÖRTNER *öffnet*: Gelobt sei Jesus Christus!
THEOBALD: In Ewigkeit, Amen!
GOTTFRIED: Vielleicht besinnt sie sich!
THEOBALD: Komm meine Tochter!
Alle ab.

Szene: Eine Herberge.

ZWEITER AUFTRITT

DER RHEINGRAF VOM STEIN *und* FRIEDRICH VON HERRNSTADT *treten auf, ihnen folgt:* JAKOB PECH, *der Gastwirt.* GEFOLGE VON KNECHTEN.

RHEINGRAF *zu dem Gefolge*: Laßt die Pferde absatteln! Stellt Wachen aus, auf dreihundert Schritte um die Herberge, und laßt jeden ein, niemand aus! Füttert und bleibt in den Ställen, und zeigt euch, so wenig es sein kann; wenn Eginhardt mit Kundschaft aus der Thurneck zurückkommt, geb ich euch meine weitern Befehle.
Das Gefolge ab.
Wer wohnt hier?
JAKOB PECH: Halten zu Gnaden, ich und meine Frau, gestrenger Herr.
RHEINGRAF: Und hier?
JAKOB PECH: Vieh.
RHEINGRAF: Wie?
JAKOB PECH: Vieh. – Eine Sau mit ihrem Wurf, halten zu Gnaden; es ist ein Schweinstall, von Latten draußen angebaut.
RHEINGRAF: Gut. – Wer wohnt hier?
JAKOB PECH: Wo?
RHEINGRAF: Hinter dieser dritten Tür?
JAKOB PECH: Niemand, halten zu Gnaden.
RHEINGRAF: Niemand?
JAKOB PECH: Niemand gestrenger Herr, gewiß und wahrhaftig. Oder vielmehr jedermann. Es geht wieder aufs offne Feld hinaus.
RHEINGRAF: Gut. – Wie heißest du?
JAKOB PECH: Jakob Pech.
RHEINGRAF: Tritt ab, Jakob Pech. –
Der Gastwirt ab.
RHEINGRAF: Ich will mich hier, wie die Spinne, zusammenknäueln, daß ich aussehe, wie ein Häuflein argloser Staub; und wenn sie im Netz sitzt, diese Kunigunde, über sie herfahren – den Stachel der Rache tief eindrücken in ihre treulose Brust: töten, töten, töten, und ihr Gerippe,

als das Monument einer Erzbuhlerin, in dem Gebälke der Steinburg aufbewahren!

FRIEDRICH: Ruhig, ruhig Albrecht! Eginhardt, den du nach Thurneck gesandt hast, ist noch, mit der Bestätigung dessen, was du argwohnst, nicht zurück.

RHEINGRAF: Du hast recht, Freund; Eginhardt ist noch nicht zurück. Zwar in dem Zettel, den mir die Bübin schrieb, steht: ihre Empfehlung voran; es sei nicht nötig, daß ich mich fürder um sie bemühe; Stauffen sei ihr von dem Grafen vom Strahl, auf dem Wege freundlicher Vermittlung, abgetreten. Bei meiner unsterblichen Seele, hat dies irgendeinen Zusammenhang, der rechtschaffen ist: so will ich es hinunterschlucken, und die Kriegsrüstung, die ich für sie gemacht, wieder auseinandergehen lassen. Doch wenn Eginhardt kommt und mir sagt, was mir das Gerüchte schon gesteckt, daß sie ihm mit ihrer Hand verlobt ist: so will ich meine Artigkeit, wie ein Taschenmesser, zusammenlegen, und ihr die Kriegskosten wieder abjagen: müßt ich sie umkehren, und ihr den Betrag hellerweise aus den Taschen herausschütteln.

Dritter Auftritt

Eginhardt von der Wart *tritt auf*. Die Vorigen.

RHEINGRAF: Nun, Freund, alle Grüße treuer Brüderschaft über dich! – Wie steht's auf dem Schlosse zu Thurneck?

EGINHARDT: Freunde, es ist alles, wie der Ruf uns erzählt! Sie gehen mit vollen Segeln auf dem Ozean der Liebe, und ehe der Mond sich erneut, sind sie in den Hafen der Ehe eingelaufen.

RHEINGRAF: Der Blitz soll ihre Masten zersplittern, ehe sie ihn erreichen!

FRIEDRICH: Sie sind miteinander verlobt?

EGINHARDT: Mit dürren Worten, glaub ich, nein; doch wenn Blicke reden, Mienen schreiben und Händedrücke siegeln können, so sind die Ehepakten fertig.

RHEINGRAF: Wie ist es mit der Schenkung von Stauffen zugegangen? Das erzähle!

FRIEDRICH: Wann machte er ihr das Geschenk?

EGINHARDT: Ei! Vorgestern, am Morgen ihres Geburtstags, da die Vettern ihr ein glänzendes Fest in der Thurneck bereitet hatten. Die Sonne schien kaum rötlich auf ihr Lager: da findet sie das Dokument schon auf der Decke liegen; das Dokument, versteht mich, in ein Briefchen des verliebten Grafen eingewickelt, mit der Versicherung, daß es ihr

Brautgeschenk sei, wenn sie sich entschließen könne, ihm ihre Hand zu geben.

RHEINGRAF: Sie nahm es? Natürlich! Sie stellte sich vor den Spiegel, knickste, und nahm es?

EGINHARDT: Das Dokument? Allerdings.

FRIEDRICH: Aber die Hand, die dagegen gefordert ward?

EGINHARDT: O die verweigerte sie nicht.

FRIEDRICH: Was! Nicht?

EGINHARDT: Nein. Gott behüte! Wann hätte sie je einem Freier ihre Hand verweigert.

RHEINGRAF: Aber sie hält, wenn die Glocke geht, nicht Wort?

EGINHARDT: Danach habt Ihr mich nicht gefragt.

RHEINGRAF: Wie beantwortete sie den Brief?

EGINHARDT: Sie sei so gerührt, daß ihre Augen, wie zwei Quellen, niederträufelten, und ihre Schrift ertränkten; – die Sprache, an die sie sich wenden müsse, ihr Gefühl auszudrücken, sei ein Bettler. – Er habe, auch ohne dieses Opfer, ein ewiges Recht an ihre Dankbarkeit, und es sei, wie mit einem Diamanten, in ihre Brust geschrieben; – kurz, einen Brief voll doppelsinniger Fratzen, der, wie der Schillertaft, zwei Farben spielt, und weder ja sagt, noch nein.

RHEINGRAF: Nun, Freunde; ihre Zauberei geht, mit diesem Kunststück zu Grabe! Mich betrog sie, und keinen mehr; die Reihe derer, die sie am Narrenseil geführt hat, schließt mit mir ab. – Wo sind die beiden reitenden Boten?

FRIEDRICH *in die Tür rufend*: He!

Vierter Auftritt

Zwei Boten *treten auf.* Die Vorigen.

RHEINGRAF *nimmt zwei Briefe aus dem Kollett*: Diese beiden Briefe nehmt ihr – diesen du, diesen du; und tragt sie – diesen hier du an den Dominikanerprior Hatto, verstehst du? Ich würd Glock sieben gegen Abend kommen, und Absolution in seinem Kloster empfangen! Diesen hier du an Peter Quanz, Haushofmeister in der Burg zu Thurneck; Schlag zwölf um Mitternacht stünd ich mit meinem Kriegshaufen vor dem Schloß, und bräche ein. Du gehst nicht eher in die Burg, du, bis es finster ist, und lässest dich vor keinem Menschen sehen; verstehst du mich? – Du brauchst das Tageslicht nicht zu scheuen. – Habt ihr mich verstanden?

DIE BOTEN: Gut.

RHEINGRAF *nimmt ihnen die Briefe wieder aus der Hand*:
   Die Briefe sind doch nicht verwechselt?
FRIEDRICH: Nein, nein.
RHEINGRAF: Nicht? – – Himmel und Erde!
EGINHARDT: Was gibt's?
RHEINGRAF: Wer versiegelte sie?
FRIEDRICH: Die Briefe?
RHEINGRAF: Ja!
FRIEDRICH: Tod und Verderben! Du versiegeltest sie selbst!
RHEINGRAF *gibt den Boten die Briefe wieder*:
   Ganz recht! hier, nehmt! Auf der Mühle, beim Sturzbach, werd ich
   euch erwarten. – Kommt meine Freunde!
                        Alle ab.

                Szene: Thurneck. Ein Zimmer in der Burg.

                        FÜNFTER AUFTRITT

DER GRAF VOM STRAHL *sitzt gedankenvoll an einem Tisch, auf welchem zwei
Lichter stehen. Er hält eine Laute in der Hand, und tut einige Griffe darauf. Im
Hintergrunde, bei seinen Kleidern und Waffen beschäftigt,* GOTTSCHALK.

STIMME *von außen*: Macht auf! Macht auf! Macht auf!
GOTTSCHALK: Holla! – Wer ruft?
STIMME: Ich, Gottschalk, bin's; ich bin's, du lieber Gottschalk!
GOTTSCHALK: Wer?
STIMME: Ich!
GOTTSCHALK: Du?
STIMME: Ja!
GOTTSCHALK: Wer?
STIMME: Ich!
DER GRAF VOM STRAHL *legt die Laute weg*: Die Stimme kenn ich!
GOTTSCHALK: Mein Seel! Ich hab sie auch schon wo gehört.
STIMME: Herr Graf vom Strahl! Macht auf! Herr Graf vom Strahl!
DER GRAF VOM STRAHL: Bei Gott! Das ist –
GOTTSCHALK: Das ist, so wahr ich lebe –
STIMME: Das Käthchen ist's! Wer sonst! Das Käthchen ist's,
   Das kleine Käthchen von Heilbronn!
DER GRAF VOM STRAHL *steht auf*:   Wie? Was? zum Teufel!
GOTTSCHALK *legt alles aus der Hand*:
   Du, Mädel? Was! O Herzensmädel! Du? *Er öffnet die Tür.*

DER GRAF VOM STRAHL: Ward, seit die Welt steht, so etwas –?
KÄTHCHEN *indem sie eintritt*: Ich bin's.
GOTTSCHALK: Schaut her, bei Gott! Schaut her, sie ist es selbst!

SECHSTER AUFTRITT

Das KÄTHCHEN *mit einem Brief.* DIE VORIGEN.

DER GRAF VOM STRAHL:
  Schmeiß sie hinaus. Ich will nichts von ihr wissen.
GOTTSCHALK: Was! Hört ich recht –?
KÄTHCHEN: Wo ist der Graf vom Strahl?
DER GRAF VOM STRAHL: Schmeiß sie hinaus! Ich will nichts von ihr wissen!
GOTTSCHALK *nimmt sie bei der Hand*:
  Wie, gnädiger Herr, vergönnt –!
KÄTHCHEN *reicht ihm den Brief*: Hier! nehmt, Herr Graf!
DER GRAF VOM STRAHL *sich plötzlich zu ihr wendend*:
  Was willst du hier? Was hast du hier zu suchen?
KÄTHCHEN *erschrocken*: Nichts! – Gott behüte! Diesen Brief hier bitt ich –
DER GRAF VOM STRAHL: Ich will ihn nicht! – Was ist dies für ein Brief?
  Wo kommt er her? Und was enthält er mir?
KÄTHCHEN: Der Brief hier ist –
DER GRAF VOM STRAHL: Ich will davon nichts wissen!
  Fort! Gib ihn unten in dem Vorsaal ab.
KÄTHCHEN: Mein hoher Herr! Laßt bitt ich, Euch bedeuten –
DER GRAF VOM STRAHL *wild*: Die Dirne, die landstreichend unverschämte!
  Ich will nichts von ihr wissen! Hinweg, sag ich!
  Zurück nach Heilbronn, wo du hingehörst!
KÄTHCHEN: Herr meines Lebens! Gleich verlaß ich Euch!
  Den Brief nur hier, der Euch sehr wichtig ist,
  Erniedrigt Euch, von meiner Hand zu nehmen.
DER GRAF VOM STRAHL: Ich aber will ihn nicht! Ich mag ihn nicht!
  Fort! Augenblicks! Hinweg!
KÄTHCHEN: Mein hoher Herr!
DER GRAF VOM STRAHL *wendet sich*:
  Die Peitsche her! An welchem Nagel hangt sie?
  Ich will doch sehn, ob ich, vor losen Mädchen,
  In meinem Haus nicht Ruh mir kann verschaffen.
    Er nimmt die Peitsche von der Wand.
GOTTSCHALK: O gnädger Herr! Was macht Ihr? Was beginnt Ihr?

Warum auch wollt Ihr, den nicht sie verfaßt,
Den Brief, nicht freundlich aus der Hand ihr nehmen?
DER GRAF VOM STRAHL: Schweig, alter Esel, du, sag ich.
KÄTHCHEN *zu Gottschalk*: Laß, laß!
DER GRAF VOM STRAHL: In Thurneck bin ich hier, weiß, was ich tue;
Ich will den Brief aus ihrer Hand nicht nehmen!
– Willst du jetzt gehn?
KÄTHCHEN *rasch*: Ja, mein verehrter Herr!
DER GRAF VOM STRAHL: Wohlan!
GOTTSCHALK *halblaut zu Käthchen da sie zittert*:
Sei ruhig. Fürchte nichts.
DER GRAF VOM STRAHL: So fern dich! –
Am Eingang steht ein Knecht, dem gib den Brief,
Und kehr des Weges heim, von wo du kamst.
KÄTHCHEN: Gut, gut. Du wirst mich dir gehorsam finden.
Peitsch mich nur nicht, bis ich mit Gottschalk sprach. –
Sie kehrt sich zu Gottschalk um.
Nimm du den Brief.
GOTTSCHALK: Gib her, mein liebes Kind.
Was ist dies für ein Brief? Und was enthält er?
KÄTHCHEN: Der Brief hier ist vom Graf vom Stein, verstehst du?
Ein Anschlag, der noch heut vollführt soll werden,
Auf Thurneck, diese Burg, darin enthalten,
Und auf das schöne Fräulein Kunigunde,
Des Grafen, meines hohen Herren, Braut.
GOTTSCHALK: Ein Anschlag auf die Burg? Es ist nicht möglich!
Und vom Graf Stein? – Wie kamst du zu dem Brief?
KÄTHCHEN: Der Brief ward Prior Hatto übergeben,
Als ich mit Vater just, durch Gottes Fügung,
In dessen stiller Klause mich befand.
Der Prior, der verstand den Inhalt nicht,
Und wollt ihn schon dem Boten wiedergeben;
Ich aber riß den Brief ihm aus der Hand,
Und eilte gleich nach Thurneck her, euch alles
Zu melden, in die Harnische zu jagen;
Denn heut, Schlag zwölf um Mitternacht, soll schon
Der mörderische Frevel sich vollstrecken.
GOTTSCHALK: Wie kam der Prior Hatto zu dem Brief?
KÄTHCHEN: Lieber, das weiß ich nicht; es ist gleichviel.
Er ist, du siehst, an irgendwen geschrieben,
Der hier im Schloß zu Thurneck wohnhaft ist;

Was er dem Prior soll, begreift man nicht.
Doch daß es mit dem Anschlag richtig ist,
Das hab ich selbst gesehn; denn kurz und gut,
Der Graf zieht auf die Thurneck schon heran:
Ich bin ihm, auf dem Pfad hieher, begegnet.
GOTTSCHALK: Du siehst Gespenster, Töchterchen!
KÄTHCHEN: Gespenster! –
Ich sage, nein! So wahr ich Käthchen bin!
Der Graf liegt draußen vor der Burg, und wer
Ein Pferd besteigen will, und um sich schauen,
Der kann den ganzen weiten Wald ringsum
Erfüllt von seinen Reisigen erblicken!
GOTTSCHALK: – Nehmt doch den Brief, Herr Graf, und seht selbst zu.
Ich weiß nicht, was ich davon denken soll.
DER GRAF VOM STRAHL *legt die Peitsche weg, nimmt den Brief und entfaltet ihn*:
„Um zwölf Uhr, wenn das Glöckchen schlägt, bin ich
Vor Thurneck. Laß die Tore offen sein.
Sobald die Flamme zuckt, zieh ich hinein.
Auf niemand münz ich es, als Kunigunden,
Und ihren Bräutigam, den Graf vom Strahl:
Tu mir zu wissen, Alter, wo sie wohnen."
GOTTSCHALK: Ein Höllenfrevel! – Und die Unterschrift?
DER GRAF VOM STRAHL: Das sind drei Kreuze.
Pause.
Wie stark fandst du den Kriegstroß, Katharina?
KÄTHCHEN: Auf sechzig Mann, mein hoher Herr, bis siebzig.
DER GRAF VOM STRAHL: Sahst du ihn selbst den Graf vom Stein?
KÄTHCHEN: Ihn nicht.
DER GRAF VOM STRAHL: Wer führte seine Mannschaft an?
KÄTHCHEN: Zwei Ritter,
Mein hochverehrter Herr, die ich nicht kannte.
DER GRAF VOM STRAHL: Und jetzt, sagst du, sie lägen vor der Burg?
KÄTHCHEN: Ja, mein verehrter Herr.
DER GRAF VOM STRAHL: Wie weit von hier?
KÄTHCHEN: Auf ein Dreitausend Schritt, verstreut im Walde.
DER GRAF VOM STRAHL: Rechts, auf der Straße?
KÄTHCHEN: Links, im Föhrengrunde,
Wo überm Sturzbach sich die Brücke baut.
Pause.
GOTTSCHALK: Ein Anschlag, greuelhaft, und unerhört!
DER GRAF VOM STRAHL *steckt den Brief ein*:

Ruf mir sogleich die Herrn von Thurneck her!
— Wie hoch ist's an der Zeit?
GOTTSCHALK: Glock halb auf zwölf.
DER GRAF VOM STRAHL: So ist kein Augenblick mehr zu verlieren.
Er setzt sich den Helm auf.
GOTTSCHALK: Gleich, gleich; ich gehe schon! — Komm, liebes Käthchen,
Daß ich dir das erschöpfte Herz erquicke! —
Wie großen Dank, bei Gott, sind wir dir schuldig?
So in der Nacht, durch Wald und Feld und Tal —
DER GRAF VOM STRAHL:
Hast du mir sonst noch, Jungfrau, was zu sagen?
KÄTHCHEN: Nein, mein verehrter Herr.
DER GRAF VOM STRAHL: — Was suchst du da?
KÄTHCHEN *sich in den Busen fassend*:
Den Einschlag, der vielleicht dir wichtig ist.
Ich glaub, ich hab —? Ich glaub, er ist —? *Sie sieht sich um.*
DER GRAF VOM STRAHL: Der Einschlag?
KÄTHCHEN: Nein, hier. *Sie nimmt das Kuvert und gibt es dem Grafen.*
DER GRAF VOM STRAHL: Gib her! *Er betrachtet das Papier.*
Dein Antlitz speit ja Flammen! —
Du nimmst dir gleich ein Tuch um, Katharina,
Und trinkst nicht eh'r, bis du dich abgekühlt.
— Du aber hast keins?
KÄTHCHEN: Nein —
DER GRAF VOM STRAHL *macht sich die Schärpe los — wendet sich plötzlich, und wirft sie auf den Tisch*: So nimm die Schürze.
Nimmt die Handschuh und zieht sie sich an.
Wenn du zum Vater wieder heim willst kehren,
Werd ich, wie sich's von selbst versteht — *Er hält inne.*
KÄTHCHEN: Was wirst du?
DER GRAF VOM STRAHL *erblickt die Peitsche*:
Was macht die Peitsche hier?
GOTTSCHALK: Ihr selbst ja nahmt sie —!
DER GRAF VOM STRAHL *ergrimmt*:
Hab ich hier Hunde, die zu schmeißen sind?
Er wirft die Peitsche, daß die Scherben niederklirren, durchs Fenster; hierauf zu Käthchen:
Pferd dir, mein liebes Kind, und Wagen geben,
Die sicher nach Heilbronn dich heimgeleiten.
— Wann denkst du heim?
KÄTHCHEN *zitternd*: Gleich, mein verehrter Herr.

DER GRAF VOM STRAHL *streichelt ihre Wangen*:
Gleich nicht! Du kannst im Wirtshaus übernachten. *Er weint.*
– Was glotzt er da? Geh, nimm die Scherben auf!
Gottschalk hebt die Scherben auf. Er nimmt die Schärpe vom Tisch, und gibt sie Käthchen.
Da! Wenn du dich gekühlt, gib mir sie wieder.
KÄTHCHEN *sie will seine Hand küssen*:
Mein hoher Herr!
DER GRAF VOM STRAHL *wendet sich von ihr ab*:
Leb wohl! Leb wohl! Leb wohl!
Getümmel und Glockenklang draußen.
GOTTSCHALK: Gott, der Allmächtige!
KÄTHCHEN: Was ist? Was gibt's?
GOTTSCHALK: Ist das nicht Sturm?
KÄTHCHEN: Sturm?
DER GRAF VOM STRAHL: Auf! Ihr Herrn von Thurneck!
Der Rheingraf, beim Lebendgen, ist schon da!
Alle ab.

Szene: Platz vor dem Schloß. Es ist Nacht. Das Schloß brennt. Sturmgeläute.

SIEBENTER AUFTRITT

EIN NACHTWÄCHTER *tritt auf und stößt ins Horn*: Feuer! Feuer! Feuer! Erwacht ihr Männer von Thurneck, ihr Weiber und Kinder des Flekkens, erwacht! Werft den Schlaf nieder, der, wie ein Riese, über euch liegt; besinnt euch, ersteht und erwacht! Feuer! Der Frevel zog auf Socken durchs Tor! Der Mord steht, mit Pfeil und Bogen, mitten unter euch, und die Verheerung, um ihm zu leuchten, schlägt ihre Fackel an alle Ecken der Burg! Feuer! Feuer! O daß ich eine Lunge von Erz und ein Wort hätte, das sich mehr schreien ließe, als dies: Feuer! Feuer! Feuer!

ACHTER AUFTRITT

DER GRAF VOM STRAHL. DIE DREI HERREN VON THURNECK. GEFOLGE. DER NACHTWÄCHTER.

DER GRAF VOM STRAHL: Himmel und Erde! Wer steckte das Schloß in Brand? – Gottschalk!
GOTTSCHALK *außerhalb der Szene*: He!

DER GRAF VOM STRAHL: Mein Schild, meine Lanze!
RITTER VON THURNECK: Was ist geschehn?
DER GRAF VOM STRAHL: Fragt nicht, nehmt was hier steht, fliegt auf die Wälle, kämpft und schlagt um euch, wie angeschossene Eber!
RITTER VON THURNECK: Der Rheingraf ist vor den Toren?
DER GRAF VOM STRAHL: Vor den Toren, ihr Herrn, und ehe ihr den Riegel vorschiebt, drin: Verräterei, im Innern des Schlosses, hat sie ihm geöffnet!
RITTER VON THURNECK: Der Mordanschlag, der unerhörte! – Auf!
Ab mit Gefolge.
DER GRAF VOM STRAHL: Gottschalk!
GOTTSCHALK *außerhalb*: He!
DER GRAF VOM STRAHL: Mein Schwert! Mein Schild! meine Lanze.

Neunter Auftritt

Das KÄTHCHEN *tritt auf.* DIE VORIGEN.

KÄTHCHEN *mit Schwert, Schild und Lanze*: Hier!
DER GRAF VOM STRAHL *indem er das Schwert nimmt und es sich umgürtet*: Was willst du?
KÄTHCHEN: Ich bringe dir die Waffen.
DER GRAF VOM STRAHL: Dich rief ich nicht!
KÄTHCHEN: Gottschalk rettet.
DER GRAF VOM STRAHL: Warum schickt er den Buben nicht? – Du dringst dich schon wieder auf?
Der Nachtwächter stößt wieder ins Horn.

Zehnter Auftritt

RITTER FLAMMBERG *mit* REISIGEN. DIE VORIGEN.

FLAMMBERG: Ei, so blase du, daß dir die Wangen bersten! Fische und Maulwürfe wissen, daß Feuer ist, was braucht es deines gotteslästerlichen Gesangs, um es uns zu verkündigen?
DER GRAF VOM STRAHL: Wer da?
FLAMMBERG: Strahlburgische!
DER GRAF VOM STRAHL: Flammberg?
FLAMMBERG: Er selbst!
DER GRAF VOM STRAHL: Tritt heran! – Verweil hier, bis wir erfahren, wo der Kampf tobt!

Eilfter Auftritt

Die Tanten von Thurneck *treten auf.* Die Vorigen.

erste tante: Gott helf uns!
der graf vom strahl: Ruhig, ruhig.
zweite tante: Wir sind verloren! Wir sind gespießt.
der graf vom strahl: Wo ist Fräulein Kunigunde, eure Nichte?
die tanten: Das Fräulein, unsre Nichte?
kunigunde *im Schloß*: Helft! Ihr Menschen! Helft!
der graf vom strahl: Gott im Himmel! War das nicht ihre Stimme?
    Er gibt Schild und Lanze an Käthchen.
erste tante: Sie rief! – Eilt, eilt!
zweite tante: Dort erscheint sie im Portal!
erste tante: Geschwind! Um aller Heiligen! Sie wankt, sie fällt!
zweite tante: Eilt sie zu unterstützen!

Zwölfter Auftritt

Kunigunde von Thurneck. Die Vorigen.

der graf vom strahl *empfängt sie in seinen Armen*: Meine Kunigunde!
kunigunde *schwach*:
 Das Bild, das Ihr mir jüngst geschenkt, Graf Friedrich!
 Das Bild mit dem Futtral!
der graf vom strahl: Was soll's? Wo ist's?
kunigunde: Im Feur! Weh mir! Helft! Rettet! Es verbrennt.
der graf vom strahl: Laßt, laßt! Habt Ihr mich selbst nicht, Teuerste?
kunigunde: Das Bild mit dem Futtral, Herr Graf vom Strahl!
 Das Bild mit dem Futtral!
käthchen *tritt vor*:   Wo liegt's, wo steht's?
    Sie gibt Schild und Lanze an Flammberg.
kunigunde: Im Schreibtisch! Hier, mein Goldkind, ist der Schlüssel!
    Käthchen geht.
der graf vom strahl: Hör, Käthchen!
kunigunde: Eile!
der graf vom strahl: Hör, mein Kind!
kunigunde: Hinweg!
 Warum auch stellt Ihr wehrend Euch –?
der graf vom strahl: Mein Fräulein,
 Ich will zehn andre Bilder Euch statt dessen –

KUNIGUNDE *unterbricht ihn:*
  Dies brauch ich, dies; sonst keins! – Was es mir gilt,
  Ist hier der Ort jetzt nicht, Euch zu erklären. –
  Geh, Mädchen geh, schaff Bild mir und Futtral:
  Mit einem Diamanten lohn ich's dir!
DER GRAF VOM STRAHL: Wohlan, so schaff's! Es ist der Törin recht!
  Was hatte sie an diesem Ort zu suchen?
KÄTHCHEN: Das Zimmer – rechts?
KUNIGUNDE: Links, Liebchen; eine Treppe,
  Dort, wo der Altan, schau, den Eingang ziert!
KÄTHCHEN: Im Mittelzimmer?
KUNIGUNDE: In dem Mittelzimmer!
  Du fehlst nicht, lauf; denn die Gefahr ist dringend!
KÄTHCHEN: Auf! Auf! Mit Gott! Mit Gott! Ich bring es Euch! *Ab.*

Dreizehnter Auftritt

Die Vorigen, *ohne Käthchen.*

DER GRAF VOM STRAHL: Ihr Leut, hier ist ein Beutel Gold für den,
  Der in das Haus ihr folgt!
KUNIGUNDE: Warum? Weshalb?
DER GRAF VOM STRAHL:
  Veit Schmidt! Hans, du! Karl Böttiger! Fritz Töpfer!
  Ist niemand unter euch?
KUNIGUNDE: Was fällt Euch ein?
DER GRAF VOM STRAHL: Mein Fräulein, in der Tat, ich muß gestehn –
KUNIGUNDE: Welch ein besondrer Eifer glüht Euch an! –
  Was ist dies für ein Kind?
DER GRAF VOM STRAHL: – Es ist die Jungfrau,
  Die heut mit so viel Eifer uns gedient.
KUNIGUNDE: Bei Gott, und wenn's des Kaisers Tochter wäre!
  – Was fürchtet Ihr? Das Haus, wenn es gleich brennt,
  Steht, wie ein Fels, auf dem Gebälke noch;
  Sie wird, auf diesem Gang, nicht gleich verderben.
  Die Treppe war noch unberührt vom Strahl;
  Rauch ist das einzge Übel, das sie findet.
KÄTHCHEN *erscheint in einem brennenden Fenster:*
  Mein Fräulein! He! Hilf Gott! Der Rauch erstickt mich!
  – Es ist der rechte Schlüssel nicht.

DER GRAF VOM STRAHL *zu Kunigunde*: Tod und Teufel!
 Warum regiert Ihr Eure Hand nicht besser?
KUNIGUNDE: Der rechte Schlüssel nicht?
KÄTHCHEN *mit schwacher Stimme*: Hilf Gott! Hilf Gott!
DER GRAF VOM STRAHL: Komm herab, mein Kind!
KUNIGUNDE: Laßt, laßt!
DER GRAF VOM STRAHL: Komm herab, sag ich!
 Was sollst du ohne Schlüssel dort? Komm herab!
KUNIGUNDE: Laßt einen Augenblick –!
DER GRAF VOM STRAHL: Wie? Was, zum Teufel!
KUNIGUNDE: Der Schlüssel, liebes Herzenstöchterchen,
 Hängt, jetzt erinnr' ich mich's, am Stift des Spiegels,
 Der überm Putztisch glänzend eingefugt!
KÄTHCHEN: Am Spiegelstift?
DER GRAF VOM STRAHL: Beim Gott der Welt! Ich wollte,
 Er hätte nie gelebt, der mich gezeichnet,
 Und er, der mich gemacht hat, obenein!
 – So such!
KUNIGUNDE: Mein Augenlicht! Am Putztisch, hörst du?
KÄTHCHEN *indem sie das Fenster verläßt*:
 Wo ist der Putztisch? Voller Rauch ist alles.
DER GRAF VOM STRAHL: Such!
KUNIGUNDE: An der Wand rechts.
KÄTHCHEN *unsichtbar*: Rechts?
DER GRAF VOM STRAHL: Such, sag ich!
KÄTHCHEN *schwach*: Hilf Gott! Hilf Gott! Hilf Gott!
DER GRAF VOM STRAHL: Ich sage, such! –
 Verflucht die hündische Dienstfertigkeit!
FLAMMBERG: Wenn sie nicht eilt: das Haus stürzt gleich zusammen!
DER GRAF VOM STRAHL: Schafft eine Leiter her!
KUNIGUNDE: Wie, mein Geliebter?
DER GRAF VOM STRAHL: Schafft eine Leiter her! Ich will hinauf.
KUNIGUNDE: Mein teurer Freund! Ihr selber wollt –?
DER GRAF VOM STRAHL: Ich bitte!
 Räumt mir den Platz! Ich will das Bild Euch schaffen.
KUNIGUNDE: Harrt einen Augenblick noch, ich beschwör Euch.
 Sie bringt es gleich herab.
DER GRAF VOM STRAHL: Ich sage, laßt mich! –
 Putztisch und Spiegel ist, und Nagelstift,
 Ihr unbekannt, mir nicht; ich find's heraus,
 Das Bild von Kreid und Öl auf Leinewand,

Und bring's Euch her, nach Eures Herzens Wunsch.
Vier Knechte bringen eine Feuerleiter.
– Hier! Legt die Leiter an!
ERSTER KNECHT *vorn, indem er sich umsieht*: Holla! Da hinten!
EIN ANDERER *zum Grafen*: Wo?
DER GRAF VOM STRAHL: Wo das Fenster offen ist.
DIE KNECHTE *heben die Leiter auf*: O ha!
DER ERSTE *vorn*: Blitz! Bleibt zurück, ihr hinten da! Was macht ihr?
Die Leiter ist zu lang!
DIE ANDEREN *hinten*: Das Fenster ein!
Das Kreuz des Fensters eingestoßen! So!
FLAMMBERG *der mitgeholfen*: Jetzt steht die Leiter fest und rührt sich nicht!
DER GRAF VOM STRAHL *wirft sein Schwert weg*:
Wohlan denn!
KUNIGUNDE: Mein Geliebter! Hört mich an!
DER GRAF VOM STRAHL: Ich bin gleich wieder da!
Er setzt einen Fuß auf die Leiter.
FLAMMBERG *aufschreiend*: Halt! Gott im Himmel!
KUNIGUNDE *eilt erschreckt von der Leiter weg*:
Was gibt's?
DIE KNECHTE: Das Haus sinkt! Fort zurücke!
ALLE: Heiland der Welt! Da liegt's in Schutt und Trümmern!
Das Haus sinkt zusammen, der Graf wendet sich, und drückt beide Hände vor die Stirne; alles, was auf der Bühne ist, weicht zurück und wendet sich gleichfalls ab. – Pause.

VIERZEHNTER AUFTRITT

KÄTHCHEN *tritt rasch, mit einer Papierrolle, durch ein großes Portal, das stehen geblieben ist, auf; hinter ihr ein* CHERUB *in der Gestalt eines Jünglings, von Licht umflossen, blondlockig, Fittiche an den Schultern und einen Palmzweig in der Hand.*

KÄTHCHEN *sowie sie aus dem Portal ist, kehrt sie sich, und stürzt vor ihm nieder*:
Schirmt mich, ihr Himmlischen! Was widerfährt mir?
DER CHERUB *berührt ihr Haupt mit der Spitze des Palmenzweigs, und verschwindet.*

Pause.

Funfzehnter Auftritt

Die Vorigen *ohne den Cherub.*

KUNIGUNDE *sieht sich zuerst um*:
   Nun, beim lebendgen Gott, ich glaub, ich träume! –
   Mein Freund! Schaut her!
DER GRAF VOM STRAHL *vernichtet*: Flammberg!
         Er stützt sich auf seine Schulter.
KUNIGUNDE: Ihr Vettern! Tanten! –
   Herr Graf! so hört doch an!
DER GRAF VOM STRAHL *schiebt sie von sich*:
            Geht, geht! – – Ich bitt Euch.
KUNIGUNDE: Ihr Toren! Seid ihr Säulen Salz geworden?
   Gelöst ist alles glücklich.
DER GRAF VOM STRAHL *mit abgewandtem Gesicht*: Trostlos mir!
   Die Erd hat nichts mehr Schönes. Laßt mich sein.
FLAMMBERG *zu den Knechten*: Rasch, Brüder, rasch!
EIN KNECHT: Herbei, mit Hacken, Spaten!
EIN ANDERER: Laßt uns den Schutt durchsuchen, ob sie lebt!
KUNIGUNDE *scharf*: Die alten, bärtgen Gecken, die! das Mädchen,
   Das sie verbrannt zu Feuersasche glauben,
   Frisch und gesund am Boden liegt sie da,
   Die Schürze kichernd vor dem Mund, und lacht!
DER GRAF VOM STRAHL *wendet sich*:
   Wo?
KUNIGUNDE: Hier!
FLAMMBERG: Nein, sprecht! Es ist nicht möglich.
DIE TANTEN: Das Mädchen wär –?
ALLE: O Himmel! Schaut! Da liegt sie.
DER GRAF VOM STRAHL *tritt zu ihr und betrachtet sie*:
   Nun über dich schwebt Gott mit seinen Scharen!
         Er erhebt sie vom Boden.
   Wo kommst du her?
KÄTHCHEN: Weiß nit, mein hoher Herr.
DER GRAF VOM STRAHL:
   Hier stand ein Haus, dunkt mich, und du warst drin.
   – Nicht? War's nicht so?
FLAMMBERG: – Wo warst du, als es sank?
KÄTHCHEN: Weiß nit, ihr Herren, was mir widerfahren.
         Pause.

DER GRAF VOM STRAHL: Und hat noch obenein das Bild.
Er nimmt ihr die Rolle aus der Hand.
KUNIGUNDE *reißt sie an sich*: Wo?
DER GRAF VOM STRAHL: Hier.
KUNIGUNDE *erblaßt*.
DER GRAF VOM STRAHL: Nicht? Ist's das Bild nicht? – Freilich!
DIE TANTEN: Wunderbar!
FLAMMBERG: Wer gab dir es? Sag an!
KUNIGUNDE *indem sie ihr mit der Rolle einen Streich auf die Backen gibt*:
Die dumme Trine!
Hatt ich ihr nicht gesagt, das Futteral?
DER GRAF VOM STRAHL: Nun, beim gerechten Gott, das muß ich sagen –!
– Ihr wolltet das Futtral?
KUNIGUNDE: Ja und nichts anders!
Ihr hattet Euren Namen draufgeschrieben;
Es war mir wert, ich hatt's ihr eingeprägt.
DER GRAF VOM STRAHL: Wahrhaftig, wenn es sonst nichts war –
KUNIGUNDE: So? Meint Ihr?
Das kommt zu prüfen mir zu, und nicht Euch.
DER GRAF VOM STRAHL: Mein Fräulein, Eure Güte macht mich stumm.
KUNIGUNDE *zu Käthchen*: Warum nahmst du's heraus, aus dem Futtral?
DER GRAF VOM STRAHL:
Warum nahmst du's heraus, mein Kind?
KÄTHCHEN: Das Bild?
DER GRAF VOM STRAHL: Ja!
KÄTHCHEN: Ich nahm es nicht heraus, mein hoher Herr.
Das Bild, halb aufgerollt, im Schreibtischwinkel,
Den ich erschloß, lag neben dem Futtral.
KUNIGUNDE: Fort! – das Gesicht der Äffin!
DER GRAF VOM STRAHL: Kunigunde! –
KÄTHCHEN: Hätt ich's hinein erst wieder ordentlich
In das Futtral –?
DER GRAF VOM STRAHL: Nein, nein, mein liebes Käthchen!
Ich lobe dich, du hast es recht gemacht.
Wie konntest du den Wert der Pappe kennen?
KUNIGUNDE: Ein Satan leitet' ihr die Hand!
DER GRAF VOM STRAHL: Sei ruhig! –
Das Fräulein meint es nicht so bös. – Tritt ab.
KÄTHCHEN: Wenn du mich nur nicht schlägst, mein hoher Herr!
Sie geht zu Flammberg und mischt sich im Hintergrund unter die Knechte.

Sechzehnter Auftritt

Die Herren von Thurneck. Die Vorigen.

RITTER VON THURNECK: Triumph, ihr Herrn! Der Sturm ist abgeschlagen!
Der Rheingraf zieht mit blutgem Schädel heim!
FLAMMBERG: Was! Ist er fort?
VOLK: \hspace{4em} Heil, Heil!
DER GRAF VOM STRAHL: \hspace{4em} Zu Pferd, zu Pferd!
Laßt uns den Sturzbach ungesäumt erreichen,
So schneiden wir die ganze Rotte ab!
\hspace{10em}*Alle ab.*

VIERTER AKT

Szene: Gegend im Gebirg, mit Wasserfällen und einer Brücke.

Erster Auftritt

DER RHEINGRAF VOM STEIN *zu Pferd, zieht mit einem* TROSS FUSSVOLK *über die Brücke. Ihnen folgt* DER GRAF VOM STRAHL *zu Pferd; bald darauf* RITTER FLAMMBERG *mit* KNECHTEN *und* REISIGEN *zu Fuß. Zuletzt* GOTTSCHALK *gleichfalls zu Pferd, neben ihm das* KÄTHCHEN.

RHEINGRAF *zu dem Troß*: Über die Brücke, Kinder, über die Brücke!
Dieser Wetter vom Strahl kracht, wie vom Sturmwind getragen,
hinter uns drein; wir müssen die Brücke abwerfen, oder wir sind alle
verloren! *Er reitet über die Brücke.*
KNECHTE DES RHEINGRAFEN *folgen ihm*: Reißt die Brücke nieder!
\hspace{6em}*Sie werfen die Brücke ab.*
DER GRAF VOM STRAHL *erscheint in der Szene, sein Pferd tummelnd*: Hinweg! –
Wollt ihr den Steg unberührt lassen?
KNECHTE DES RHEINGRAFEN *schießen mit Pfeilen auf ihn*: Hei! Diese Pfeile
zur Antwort dir!
DER GRAF VOM STRAHL *wendet das Pferd*: Meuchelmörder! – He! Flammberg!
KÄTHCHEN *hält eine Rolle in die Höhe*: Mein hoher Herr!
DER GRAF VOM STRAHL *zu Flammberg*: Die Schützen her!
RHEINGRAF *über den Fluß rufend*: Auf Wiedersehn, Herr Graf! Wenn Ihr
schwimmen könnt, so schwimmt; auf der Steinburg, diesseits der
Brücke, sind wir zu finden. *Ab mit dem Troß.*

DER GRAF VOM STRAHL: Habt Dank ihr Herrn! Wenn der Fluß trägt, so sprech ich bei euch ein! *Er reitet hindurch.*
EIN KNECHT *aus seinem Troß*: Halt! zum Henker! nehmt Euch in acht!
KÄTHCHEN *am Ufer zurückbleibend*: Herr Graf vom Strahl!
EIN ANDERER KNECHT: Schafft Balken und Bretter her!
RITTER FLAMMBERG: Was! bist du ein Jud?
ALLE: Setzt hindurch! Setzt hindurch! *Sie folgen ihm.*
DER GRAF VOM STRAHL: Folgt! Folgt! Es ist ein Forellenbach, weder breit noch tief! So recht! So recht! Laßt uns das Gesindel völlig in die Pfanne hauen! *Ab mit dem Troß.*
KÄTHCHEN: Herr Graf vom Strahl! Herr Graf vom Strahl!
GOTTSCHALK *wendet mit dem Pferde um*: Ja, was lärmst und schreist du? – Was hast du hier im Getümmel zu suchen? Warum läufst du hinter uns drein?
KÄTHCHEN *hält sich an einem Stamm*: Himmel!
GOTTSCHALK *indem er absteigt*: Komm! Schürz und schwinge dich! Ich will das Pferd an die Hand nehmen, und dich hindurchführen.
DER GRAF VOM STRAHL *hinter der Szene*: Gottschalk!
GOTTSCHALK: Gleich, gnädiger Herr, gleich! Was befehlt Ihr?
DER GRAF VOM STRAHL: Meine Lanze will ich haben!
GOTTSCHALK *hilft das Käthchen in den Steigbügel*: Ich bringe sie schon!
KÄTHCHEN: Das Pferd ist scheu.
GOTTSCHALK *reißt das Pferd in den Zügel*: Steh, Mordmähre! – – – So zieh dir Schuh und Strümpfe aus!
KÄTHCHEN *setzt sich auf einen Stein*: Geschwind!
DER GRAF VOM STRAHL *außerhalb*: Gottschalk!
GOTTSCHALK: Gleich, gleich! Ich bringe die Lanze schon. – Was hast du denn da in der Hand?
KÄTHCHEN *indem sie sich auszieht*: Das Futteral, Lieber, das gestern – nun!
GOTTSCHALK: Was! Das im Feuer zurückblieb?
KÄTHCHEN: Freilich! Um das ich gescholten ward. Frühmorgens, im Schutt, heut sucht ich nach und durch Gottes Fügung – – nun, so!
Sie zerrt sich am Strumpf.
GOTTSCHALK: Je, was der Teufel! *Er nimmt es ihr aus der Hand.* Und unversehrt, bei meiner Treu, als wär's Stein! – Was steckt denn drin?
KÄTHCHEN: Ich weiß nicht.
GOTTSCHALK *nimmt ein Blatt heraus*: „Akte, die Schenkung, Stauffen betreffend, von Friedrich Grafen vom Strahl" – Je, verflucht!
DER GRAF VOM STRAHL *draußen*: Gottschalk!
GOTTSCHALK: Gleich, gnädiger Herr, gleich!
KÄTHCHEN *steht auf*: Nun bin ich fertig!

GOTTSCHALK: Nun, das mußt du dem Grafen geben! *Er gibt ihr das Futtral wieder.* Komm, reich mir die Hand, und folg mir! *Er führt sie und das Pferd durch den Bach.*
KÄTHCHEN *mit dem ersten Schritt ins Wasser:* Ah!
GOTTSCHALK: Du mußt dich ein wenig schürzen.
KÄTHCHEN: Nein, beileibe, schürzen nicht! *Sie steht still.*
GOTTSCHALK: Bis an den Zwickel nur, Käthchen!
KÄTHCHEN: Nein! Lieber such ich mir einen Steg! *Sie kehrt um.*
GOTTSCHALK *hält sie:* Bis an den Knöchel nur, Kind! bis an die äußerste, unterste Kante der Sohle!
KÄTHCHEN: Nein, nein, nein, nein; ich bin gleich wieder bei dir!
Sie macht sich los, und läuft weg.
GOTTSCHALK *kehrt aus dem Bach zurück, und ruft ihr nach:* Käthchen! Käthchen! Ich will mich umkehren! Ich will mir die Augen zuhalten! Käthchen! Es ist kein Steg auf Meilenweite zu finden! – – Ei so wollt ich, daß ihr der Gürtel platzte! Da läuft sie am Ufer entlang, der Quelle zu, den weißen schroffen Spitzen der Berge; mein Seel, wenn sich kein Fährmann ihrer erbarmt, so geht sie verloren!
DER GRAF VOM STRAHL *draußen:* Gottschalk! Himmel und Erde! Gottschalk!
GOTTSCHALK: Ei, so schrei du! – – Hier, gnädiger Herr; ich komme schon.
Er leitet sein Pferd mürrisch durch den Bach. Ab.

Szene: Schloß Wetterstrahl. Platz, dicht mit Bäumen bewachsen, am äußeren zerfallenen Mauernring der Burg. Vorn ein Holunderstrauch, der eine Art von natürlicher Laube bildet, worunter von Feldsteinen, mit einer Strohmatte bedeckt, ein Sitz. An den Zweigen sieht man ein Hemdchen und ein Paar Strümpfe usw. zum Trocknen aufgehängt.

ZWEITER AUFTRITT

KÄTHCHEN *liegt und schläft.* DER GRAF VOM STRAHL *tritt auf.*

DER GRAF VOM STRAHL *indem er das Futteral in den Busen steckt:* Gottschalk, der mir dies Futteral gebracht, hat mir gesagt, das Käthchen wäre wieder da. Kunigunde zog eben, weil ihre Burg niedergebrannt ist, in die Tore der meinigen ein; da kommt er und spricht: unter dem Holunderstrauch läge sie wieder da, und schliefe; und bat mich, mit tränenden Augen, ich möchte ihm doch erlauben, sie in den Stall zu nehmen. Ich sagte, bis der alte Vater, der Theobald sich aufgefunden, würd ich ihr in der Herberge ein Unterkommen verschaffen; und indessen hab ich mich herabgeschlichen, um einen Entwurf mit ihr auszuführen. – Ich kann diesem Jammer nicht mehr zusehen. Dies Mädchen, bestimmt, den herrlichsten Bürger von Schwaben zu beglücken, wissen will ich, warum ich verdammt bin, sie einer Metze gleich, mit mir herumzuführen; wissen, warum sie hinter mir herschreitet, einem Hunde gleich, durch Feuer und Wasser, mir Elenden, der nichts für sich hat, als das Wappen auf seinem Schild. – Es ist mehr, als der bloße sympathetische Zug des Herzens; es ist irgend von der Hölle angefacht, ein Wahn, der in ihrem Busen sein Spiel treibt. Sooft ich sie gefragt habe: Käthchen! Warum erschrakst du doch so, als du mich zuerst in Heilbronn sahst? hat sie mich immer zerstreut angesehen, und dann geantwortet: „Ei, gestrenger Herr! Ihr wißt's ja!" – – – Dort ist sie! – Wahrhaftig, wenn ich sie so daliegen sehe, mit roten Backen und verschränkten Händchen, so kommt die ganze Empfindung der Weiber über mich, und macht meine Tränen fließen. Ich will gleich sterben, wenn sie mir nicht die Peitsche vergeben hat – ach! was sag ich? wenn sie nicht im Gebet für mich, der sie mißhandelte, eingeschlafen! – – – Doch rasch, ehe Gottschalk kommt, und mich stört. Dreierlei hat er mir gesagt: einmal, daß sie einen Schlaf hat, wie ein Murmeltier; zweitens, daß sie, wie ein Jagdhund, immer träumt, und drittens, daß sie im Schlaf spricht; und auf diese Eigenschaften hin, will ich meinen Versuch gründen. – Tue ich eine Sünde, so mag sie mir Gott verzeihen.

Er läßt sich auf Knieen vor ihr nieder und legt seine beiden Arme sanft um ihren Leib. – Sie macht eine Bewegung als ob sie erwachen wollte, liegt aber gleich wieder still.

DER GRAF VOM STRAHL: Käthchen! Schläfst du?

KÄTHCHEN: Nein, mein verehrter Herr.

Pause.

DER GRAF VOM STRAHL: Und doch hast du die Augenlider zu.

KÄTHCHEN: Die Augenlider?

DER GRAF VOM STRAHL: Ja; und fest, dünkt mich.

KÄTHCHEN: – Ach, geh!

DER GRAF VOM STRAHL: Was! Nicht? Du hättst die Augen auf?

KÄTHCHEN: Groß auf, so weit ich kann, mein bester Herr;
Ich sehe dich ja, wie du zu Pferde sitzest.

DER GRAF VOM STRAHL:
So! – Auf dem Fuchs – nicht?

KÄTHCHEN: Nicht doch! Auf dem Schimmel.

Pause.

DER GRAF VOM STRAHL: Wo bist du denn, mein Herzchen? Sag mir an.

KÄTHCHEN: Auf einer schönen grünen Wiese bin ich,

Wo alles bunt und voller Blumen ist.
DER GRAF VOM STRAHL: Ach, die Vergißmeinnicht! Ach, die Kamillen!
KÄTHCHEN: Und hier die Veilchen; schau! ein ganzer Busch.
DER GRAF VOM STRAHL: Ich will vom Pferde niedersteigen, Käthchen,
  Und mich ins Gras ein wenig zu dir setzen.
  – Soll ich?
KÄTHCHEN: Das tu, mein hoher Herr.
DER GRAF VOM STRAHL *als ob er riefe*: He, Gottschalk! –
  Wo laß ich doch das Pferd? – Gottschalk! Wo bist du?
KÄTHCHEN: Je, laß es stehn. Die Liese läuft nicht weg.
DER GRAF VOM STRAHL *lächelt*:
  Meinst du? – Nun denn, so sei's!
               Pause. – Er rasselt mit seiner Rüstung.
                         Mein liebes Käthchen. *Er faßt ihre Hand.*
KÄTHCHEN: Mein hoher Herr!
DER GRAF VOM STRAHL: Du bist mir wohl recht gut.
KÄTHCHEN: Gewiß! Von Herzen.
DER GRAF VOM STRAHL: Aber ich – was meinst du?
  Ich nicht.
KÄTHCHEN *lächelnd*: O Schelm!
DER GRAF VOM STRAHL: Was, Schelm! Ich hoff – ?
KÄTHCHEN: O geh! –
  Verliebt ja, wie ein Käfer, bist du mir.
DER GRAF VOM STRAHL: Ein Käfer! Was! Ich glaub du bist – ?
KÄTHCHEN: Was sagst du?
DER GRAF VOM STRAHL *mit einem Seufzer*:
  Ihr Glaub ist, wie ein Turm, so fest gegründet! –
  Sei's! Ich ergebe mich darin. – Doch, Käthchen,
  Wenn's ist, wie du mir sagst –
KÄTHCHEN: Nun? Was beliebt?
DER GRAF VOM STRAHL:
  Was, sprich, was soll draus werden?
KÄTHCHEN: Was draus soll werden?
DER GRAF VOM STRAHL:
  Ja! hast du's schon bedacht?
KÄTHCHEN: Je, nun.
DER GRAF VOM STRAHL: – Was heißt das?
KÄTHCHEN: Zu Ostern, über's Jahr, wirst du mich heuern.
DER GRAF VOM STRAHL *das Lachen verbeißend*:
  So! Heuern! In der Tat! Das wußt ich nicht!
  Kathrinchen, schau! – Wer hat dir das gesagt?

KÄTHCHEN: Das hat die Mariane mir gesagt.
DER GRAF VOM STRAHL: So! Die Mariane! Ei! – Wer ist denn das?
KÄTHCHEN: Das ist die Magd, die sonst das Haus uns fegte.
DER GRAF VOM STRAHL: Und die, die wußt es wiederum – von wem?
KÄTHCHEN: Die sah's im Blei, das sie geheimnisvoll
   In der Silvesternacht, mir zugegossen.
DER GRAF VOM STRAHL: Was du mir sagst! Da prophezeite sie –?
KÄTHCHEN: Ein großer, schöner Ritter würd mich heuern.
DER GRAF VOM STRAHL: Und nun meinst du so frischweg, das sei ich?
KÄTHCHEN: Ja, mein verehrter Herr.
                Pause.
DER GRAF VOM STRAHL *gerührt*:   – Ich will dir sagen,
   Mein Kind, ich glaub, es ist ein anderer.
   Der Ritter Flammberg. Oder sonst. Was meinst du?
KÄTHCHEN: Nein, nein!
DER GRAF VOM STRAHL: Nicht?
KÄTHCHEN: Nein, nein, nein!
DER GRAF VOM STRAHL: Warum nicht? Rede!
KÄTHCHEN: – Als ich zu Bett ging, da das Blei gegossen,
   In der Silvesternacht, bat ich zu Gott,
   Wenn's wahr wär, was mir die Mariane sagte,
   Möcht er den Ritter mir im Traume zeigen.
   Und da erschienst du ja, um Mitternacht,
   Leibhaftig, wie ich jetzt dich vor mir sehe,
   Als deine Braut mich liebend zu begrüßen.
DER GRAF VOM STRAHL: Ich wär dir –? Herzchen! Davon weiß ich nichts.
   – Wann hätt ich dich –?
KÄTHCHEN: In der Silvesternacht.
   Wenn wiederum Silvester kommt, zwei Jahr.
DER GRAF VOM STRAHL: Wo? In dem Schloß zu Strahl?
KÄTHCHEN: Nicht! In Heilbronn;
   Im Kämmerlein, wo mir das Bette steht.
DER GRAF VOM STRAHL: Was du da schwatzst, mein liebes Kind. – Ich lag
   Und obenein todkrank, im Schloß zu Strahl.
        Pause. – Sie seufzt, bewegt sich, und lispelt etwas.
DER GRAF VOM STRAHL: Was sagst du?
KÄTHCHEN: Wer?
DER GRAF VOM STRAHL: Du!
KÄTHCHEN: Ich? Ich sagte nichts.
              Pause.
DER GRAF VOM STRAHL *für sich*:

Seltsam, beim Himmel! In der Silvesternacht —
Er träumt vor sich nieder.
— Erzähl mir doch etwas davon, mein Käthchen!
Kam ich allein?
KÄTHCHEN: Nein, mein verehrter Herr.
DER GRAF VOM STRAHL: Nicht? — Wer war bei mir?
KÄTHCHEN: Ach, so geh!
DER GRAF VOM STRAHL: So rede!
KÄTHCHEN: Das weißt du nicht mehr?
DER GRAF VOM STRAHL: Nein, so wahr ich lebe.
KÄTHCHEN: Ein Cherubim, mein hoher Herr, war bei dir,
Mit Flügeln, weiß wie Schnee, auf beiden Schultern,
Und Licht — o Herr! das funkelte! das glänzte! —
Der führt', an seiner Hand, dich zu mir ein.
DER GRAF VOM STRAHL *starrt sie an:*
So wahr, als ich will selig sein, ich glaube,
Da hast du recht!
KÄTHCHEN: Ja, mein verehrter Herr.
DER GRAF VOM STRAHL *mit beklemmter Stimme:*
Auf einem härnen Kissen lagst du da,
Das Bettuch weiß, die wollne Decke rot?
KÄTHCHEN: Ganz recht! so war's!
DER GRAF VOM STRAHL: Im bloßen leichten Hemdchen?
KÄTHCHEN: Im Hemdchen? — Nein.
DER GRAF VOM STRAHL: Was! Nicht?
KÄTHCHEN: Im leichten Hemdchen?
DER GRAF VOM STRAHL: „Mariane", riefst du?
KÄTHCHEN: Mariane, rief ich!
Geschwind! Ihr Mädchen! Kommt doch her! Christine!
DER GRAF VOM STRAHL: Sahst groß, mit schwarzem Aug, mich an?
KÄTHCHEN: Ja, weil ich glaubt, es wär ein Traum.
DER GRAF VOM STRAHL: Stiegst langsam,
An allen Gliedern zitternd, aus dem Bett,
Und sankst zu Füßen mir —?
KÄTHCHEN: Und flüsterte —
DER GRAF VOM STRAHL *unterbricht sie:*
Und flüstertest, „mein hochverehrter Herr!"
KÄTHCHEN *lächelnd:* Nun! Siehst du wohl? — Der Engel zeigte dir —
DER GRAF VOM STRAHL:
Das Mal — Schützt mich, ihr Himmlischen! Das hast du?
KÄTHCHEN: Je, freilich!

DER GRAF VOM STRAHL *reißt ihr das Tuch ab*: Wo? Am Halse?
KÄTHCHEN *bewegt sich*: Bitte, bitte.
DER GRAF VOM STRAHL: O ihr Urewigen! – Und als ich jetzt,
Dein Kinn erhob, ins Antlitz dir zu schauen?
KÄTHCHEN: Ja, da kam die unselige Mariane
Mit Licht – – – und alles war vorbei;
Ich lag im Hemdchen auf der Erde da,
Und die Mariane spottete mich aus.
DER GRAF VOM STRAHL: Nun steht mir bei, ihr Götter: ich bin doppelt!
Ein Geist bin ich und wandele zur Nacht! *Er läßt sie los und springt auf.*
KÄTHCHEN *erwacht*: Gott, meines Lebens Herr! Was widerfährt mir!
Sie steht auf und sieht sich um.
DER GRAF VOM STRAHL: Was mir ein Traum schien, nackte Wahrheit ist's:
Im Schloß zu Strahl, todkrank am Nervenfieber,
Lag ich darnieder, und hinweggeführt,
Von einem Cherubim, besuchte sie
Mein Geist in ihrer Klause zu Heilbronn!
KÄTHCHEN: Himmel! Der Graf!
Sie setzt sich den Hut auf, und rückt sich das Tuch zurecht.
DER GRAF VOM STRAHL: Was tu ich jetzt? Was laß ich?
Pause.
KÄTHCHEN *fällt auf ihre beiden Kniee nieder*:
Mein hoher Herr, hier lieg ich dir zu Füßen,
Gewärtig dessen, was du mir verhängst!
An deines Schlosses Mauer fandst du mich,
Trotz des Gebots, das du mir eingeschärft;
Ich schwör's, es war ein Stündchen nur zu ruhn,
Und jetzt will ich gleich wieder weitergehn.
DER GRAF VOM STRAHL:
Weh mir! Mein Geist, von Wunderlicht geblendet,
Schwankt an des Wahnsinns grausem Hang umher!
Denn wie begreif ich die Verkündigung,
Die mir noch silbern widerklingt im Ohr,
Daß sie die Tochter meines Kaisers sei?
GOTTSCHALK *draußen*: Käthchen! He, junge Maid!
DER GRAF VOM STRAHL *erhebt sie rasch vom Boden*: Geschwind erhebe dich!
Mach dir das Tuch zurecht! Wie siehst du aus?

Dritter Auftritt

GOTTSCHALK *tritt auf.* DIE VORIGEN.

DER GRAF VOM STRAHL:
Gut, Gottschalk, daß du kommst! Du fragtest mich,
Ob du die Jungfrau in den Stall darfst nehmen;
Das aber schickt aus manchem Grund sich nicht;
Die Friedborn zieht aufs Schloß zu meiner Mutter.
GOTTSCHALK: Wie? Was? Wo? – Oben auf das Schloß hinauf?
DER GRAF VOM STRAHL: Ja, und das gleich! Nimm ihre Sachen auf,
Und auf dem Pfad zum Schlosse folg ihr nach.
GOTTSCHALK: Gotts Blitz auch, Käthchen! hast du das gehört?
KÄTHCHEN *mit einer zierlichen Verbeugung*:
Mein hochverehrter Herr! Ich nehm es an,
Bis ich werd wissen, wo mein Vater ist.
DER GRAF VOM STRAHL:
Gut, gut! Ich werd mich gleich nach ihm erkundgen.
 Gottschalk bindet die Sachen zusammen; Käthchen hilft ihm.
Nun? Ist's geschehn?
 Er nimmt ein Tuch vom Boden auf, und übergibt es ihr.
KÄTHCHEN *errötend*: Was! Du bemühst dich mir?
 Gottschalk nimmt das Bündel in die Hand.
GRAF VOM STRAHL: Gib deine Hand!
KÄTHCHEN: Mein hochverehrter Herr!
Er führt sie über die Steine; wenn sie hinüber ist, läßt er sie vorangehen und folgt.
 Alle ab.

Szene: Garten. Im Hintergrunde eine Grotte, im gotischen Stil.

Vierter Auftritt

KUNIGUNDE *von Kopf zu Fuß in einen feuerfarbnen Schleier verhüllt und*
 ROSALIE *treten auf.*

KUNIGUNDE: Wo ritt der Graf vom Strahl hin?
ROSALIE: Mein Fräulein, es ist dem ganzen Schloß unbegreiflich. Drei
 kaiserliche Kommissarien kamen spät in der Nacht, und weckten ihn
 auf; er verschloß sich mit ihnen, und heut, bei Anbruch des Tages
 schwingt er sich aufs Pferd, und verschwindet.
KUNIGUNDE: Schließ mir die Grotte auf.
ROSALIE: Sie ist schon offen.

KUNIGUNDE: Ritter Flammberg, hör ich, macht dir den Hof; zu Mittag, wann ich mich gebadet und angekleidet, werd ich dich fragen, was dieser Vorfall zu bedeuten? *Ab in die Grotte.*

FÜNFTER AUFTRITT

FRÄULEIN ELEONORE *tritt auf*, ROSALIE.

ELEONORE: Guten Morgen, Rosalie.
ROSALIE: Guten Morgen, mein Fräulein! – Was führt Euch so früh schon hierher?
ELEONORE: Ei, ich will mich mit Käthchen, dem kleinen, holden Gast, den uns der Graf ins Schloß gebracht, weil die Luft so heiß ist, in dieser Grotte baden.
ROSALIE: Vergebt! – Fräulein Kunigunde ist in der Grotte.
ELEONORE: Fräulein Kunigunde? – Wer gab euch den Schlüssel?
ROSALIE: Den Schlüssel? – Die Grotte war offen.
ELEONORE: Habt ihr das Käthchen nicht darin gefunden?
ROSALIE: Nein, mein Fräulein. Keinen Menschen.
ELEONORE: Ei, das Käthchen, so wahr ich lebe, ist drin!
ROSALIE: In der Grotte? Unmöglich!
ELEONORE: Wahrhaftig! In der Nebenkammern eine, die dunkel und versteckt sind. – Sie war vorangegangen; ich sagte nur, als wir an die Pforte kamen, ich wollte mir ein Tuch von der Gräfin zum Trocknen holen. – O Herr meines Lebens; da ist sie schon!

SECHSTER AUFTRITT

KÄTHCHEN *aus der Grotte*. DIE VORIGEN.

ROSALIE *für sich*: Himmel! Was seh ich dort?
KÄTHCHEN *zitternd*: Eleonore!
ELEONORE: Ei, Käthchen! Bist du schon im Bad gewesen?
Schaut, wie das Mädchen funkelt, wie es glänzet!
Dem Schwane gleich, der in die Brust geworfen,
Aus des Kristallsees blauen Fluten steigt!
– Hast du die jungen Glieder dir erfrischt?
KÄTHCHEN: Eleonore! Komm hinweg.
ELEONORE: Was fehlt dir?
ROSALIE *schreckenblaß*: Wo kommst du her? Aus jener Grotte dort?
Du hattest in den Gängen dich versteckt?

KÄTHCHEN: Eleonore! Ich beschwöre dich!
KUNIGUNDE *im Innern der Grotte*:
  Rosalie!
ROSALIE: Gleich, mein Fräulein!
                    Zu Käthchen:
                    Hast sie gesehn?
ELEONORE: Was gibt's? Sag an! – Du bleichst?
KÄTHCHEN *sinkt in ihre Arme*:   Eleonore!
ELEONORE: Hilf, Gott im Himmel! Käthchen! Kind! Was fehlt dir?
KUNIGUNDE *in der Grotte*: Rosalie!
ROSALIE *zu Käthchen*:   Nun, beim Himmel! Dir wär besser,
  Du rissest dir die Augen aus, als daß sie
  Der Zunge anvertrauten, was sie sahn! *Ab in die Grotte.*

Siebenter Auftritt

KÄTHCHEN *und* ELEONORE.

ELEONORE: Was ist geschehn, mein Kind? Was schilt man dich?
  Was macht an allen Gliedern so dich zittern?
  Wär dir der Tod, in jenem Haus, erschienen,
  Mit Hipp und Stundenglas, von Schrecken könnte
  Dein Busen grimmiger erfaßt nicht sein!
KÄTHCHEN: Ich will dir sagen – *Sie kann nicht sprechen.*
ELEONORE: Nun, sag an! Ich höre.
KÄTHCHEN: – Doch du gelobst mir, nimmermehr, Lenore,
  Wem es auch sei, den Vorfall zu entdecken.
ELEONORE: Nein, keiner Seele; nein! Verlaß dich drauf.
KÄTHCHEN: Schau, in die Seitengrotte hatt ich mich,
  Durch die verborgne Türe eingeschlichen;
  Das große Prachtgewölb war mir zu hell.
  Und nun, da mich das Bad erquickt, tret ich
  In jene größre Mitte scherzend ein,
  Und denke du, du seist's, die darin rauscht;
  Und eben von dem Rand ins Becken steigend,
  Erblickt mein Aug –
ELEONORE.   Nun, was? wen? Sprich!
KÄTHCHEN: Was sag ich!
  Du mußt sogleich zum Grafen, Leonore,
  Und von der ganzen Sach ihn unterrichten.
ELEONORE: Mein Kind! Wenn ich nur wüßte, was es wäre?

KÄTHCHEN: – Doch ihm nicht sagen, nein, ums Himmels willen,
Daß es von mir kommt. Hörst du? Eher wollt ich,
Daß er den Greuel nimmermehr entdeckte.
ELEONORE: In welchen Rätseln sprichst du, liebstes Käthchen?
Was für ein Greul? Was ist's, das du erschaut?
KÄTHCHEN: Ach, Leonor, ich fühle, es ist besser,
Das Wort kommt über meine Lippen nie!
Durch mich kann er, durch mich, enttäuscht nicht werden!
ELEONORE: Warum nicht? Welch ein Grund ist, ihm zu bergen –?
Wenn du nur sagtest –
KÄTHCHEN *wendet sich*: Horch!
ELEONORE: Was gibt's?
KÄTHCHEN: Es kommt!
ELEONORE: Das Fräulein ist's, sonst niemand, und Rosalie.
KÄTHCHEN: Fort! Gleich! Hinweg!
ELEONORE: Warum?
KÄTHCHEN: Fort, Rasende!
ELEONORE: Wohin?
KÄTHCHEN: Hier fort, aus diesem Garten will ich –
ELEONORE: Bist du bei Sinnen?
KÄTHCHEN: Liebe Leonore!
Ich bin verloren, wenn sie mich hier trifft!
Fort! In der Gräfin Arme flücht ich mich! *Ab.*

ACHTER AUFTRITT

KUNIGUNDE *und* ROSALIE *aus der Grotte.*

KUNIGUNDE *gibt Rosalien einen Schlüssel*:
Hier, nimm! – Im Schubfach, unter meinem Spiegel;
Das Pulver, in der schwarzen Schachtel, rechts,
Schütt es in Wein, in Wasser oder Milch,
Und sprich: komm her, mein Käthchen! – Doch du nimmst
Vielleicht sie lieber zwischen deine Kniee?
Gift, Tod und Rache! Mach es, wie du willst,
Doch sorge mir, daß sie's hinunterschluckt.
ROSALIE: Hört mich nur an, mein Fräulein –
KUNIGUNDE: Gift! Pest! Verwesung!
Stumm mache sie und rede nicht!
Wenn sie vergiftet, tot ist, eingesargt,
Verscharrt, verwest, zerstiebt, als Myrtenstengel,

Von dem, was sie jetzt sah, im Winde flüstert;
So komm und sprich von Sanftmut und Vergebung,
Pflicht und Gesetz und Gott und Höll und Teufel,
Von Reue und Gewissensbissen mir.
ROSALIE: Sie hat es schon entdeckt, es hilft zu nichts.
KUNIGUNDE: Gift! Asche! Nacht! Chaotische Verwirrung!
Das Pulver reicht, die Burg ganz wegzufressen,
Mit Hund und Katzen hin! – Tu, wie ich sagte!
Sie buhlt mir so zur Seite um sein Herz,
Wie ich vernahm, und ich – des Todes sterb ich,
Wenn ihn das Affenangesicht nicht rührt;
Fort! In die Dünste mit ihr hin: die Welt,
Hat nicht mehr Raum genug, für mich und sie! *Ab.*

FÜNFTER AKT

Szene: Worms. Freier Platz vor der kaiserlichen Burg, zur Seite ein Thron; im Hintergrunde die Schranken des Gottesgerichts.

ERSTER AUFTRITT

DER KAISER *auf dem Thron. Ihm zur Seite* DER ERZBISCHOF VON WORMS, GRAF OTTO VON DER FLÜHE *und mehrere andere* RITTER, HERREN *und* TRABANTEN. DER GRAF VOM STRAHL *im leichten Helm und Harnisch, und* THEOBALD *von Kopf zu Fuß in voller Rüstung; beide stehen dem Thron gegenüber.*

DER KAISER: Graf Wetterstrahl, du hast, auf einem Zuge,
Der durch Heilbronn dich, vor drei Monden, führte,
In einer Törin Busen eingeschlagen;
Den alten Vater jüngst verließ die Dirne,
Und, statt sie heimzusenden, birgst du sie
Im Flügel deiner väterlichen Burg.
Nun sprengst du, solchen Frevel zu beschönen,
Gerüchte, lächerlich und gottlos, aus;
Ein Cherubim, der dir zu Nacht erschienen,
Hab dir vertraut, die Maid, die bei dir wohnt,
Sei meiner kaiserlichen Lenden Kind.
Solch eines abgeschmackt prophet'schen Grußes
Spott ich, wie sich's versteht, und meinethalb
Magst du die Krone selbst aufs Haupt ihr setzen;
Von Schwaben einst, begreifst du, erbt sie nichts,

Und meinem Hof auch bleibt sie fern zu Worms.
Hier aber steht ein tiefgebeugter Mann,
Dem du, zufrieden mit der Tochter nicht,
Auch noch die Mutter willst zur Metze machen;
Denn er, sein Lebelang fand er sie treu,
Und rühmt des Kinds unsel'gen Vater sich.
Darum, auf seine schweren Klagen, riefen wir
Vor unsern Thron dich her, die Schmach, womit
Du ihre Gruft geschändet, darzutun;
Auf, rüste dich, du Freund der Himmlischen:
Denn du bist da, mit einem Wort von Stahl,
Im Zweikampf ihren Ausspruch zu beweisen!
DER GRAF VOM STRAHL *mit dem Erröten des Unwillens*:
Mein kaiserlicher Herr! Hier ist ein Arm,
Von Kräften strotzend, markig, stahlgeschient,
Geschickt im Kampf dem Teufel zu begegnen;
Treff ich auf jene graue Scheitel dort,
Flach schmettr' ich sie, wie einen Schweizerkäse,
Der gärend auf dem Brett des Sennen liegt.
Erlaß, in deiner Huld und Gnade, mir,
Ein Märchen, aberwitzig, sinnverwirrt,
Dir darzutun, das sich das Volk aus zwei
Ereignissen, zusammen seltsam freilich,
Wie die zwei Hälften eines Ringes, passend,
Mit müßgem Scharfsinn, aneinandersetzte.
Begreif, ich bitte dich, in deiner Weisheit,
Den ganzen Vorfall der Silvesternacht,
Als ein Gebild des Fiebers, und sowenig
Als es mich kümmern würde, träumtest du,
Ich sei ein Jud, so wenig kümmre dich,
Daß ich gerast, die Tochter jenes Mannes
Sei meines hochverehrten Kaisers Kind!
ERZBISCHOF: Mein Fürst und Herr, mit diesem Wort, fürwahr,
Kann sich des Klägers wackres Herz beruh'gen.
Geheimer Wissenschaft, sein Weib betreffend,
Rühmt er sich nicht; schau, was er der Mariane
Jüngst, in geheimer Zwiesprach, vorgeschwatzt:
Er hat es eben jetzo widerrufen!
Straft um den Wunderbau der Welt ihn nicht,
Der ihn, auf einen Augenblick, verwirrt.
Er gab, vor einer Stund, o Theobald,

Mir seine Hand, das Käthchen, wenn du kommst,
Zu Strahl, in seiner Burg, dir abzuliefern;
Geh hin und tröste dich und hole sie,
Du alter Herr, und laß die Sache ruhn!
THEOBALD: Verfluchter Heuchler, du, wie kannst du leugnen,
Daß deine Seele ganz durchdrungen ist,
Vom Wirbel bis zur Sohle, von dem Glauben,
Daß sie des Kaisers Bänkeltochter sei?
Hast du den Tag nicht, bei dem Kirchenspiel,
Erforscht, wann sie geboren, nicht berechnet,
Wohin die Stunde der Empfängnis fällt;
Nicht ausgemittelt, mit verruchtem Witze,
Daß die erhabne Majestät des Kaisers
Vor sechzehn Lenzen durch Heilbronn geschweift?
Ein Übermütiger, aus eines Gottes Kuß,
Auf einer Furie Mund gedrückt, entsprungen;
Ein glanzumfloßner Vatermördergeist,
An jeder der granitnen Säulen rüttelnd,
In dem urewgen Tempel der Natur;
Ein Sohn der Hölle, den mein gutes Schwert
Entlarven jetzo, oder, rückgewendet,
Mich selbst zur Nacht des Grabes schleudern soll!
DER GRAF VOM STRAHL: Nun, den Gott selbst verdamme, gifterfüllter
Verfolger meiner, der dich nie beleidigt,
Und deines Mitleids eher würdig wäre,
So sei's, Mordraufer, denn, so wie du willst.
Ein Cherubim, der mir, in Glanz gerüstet,
Zu Nacht erschien, als ich im Tode lag,
Hat mir, was leugn' ich's länger, Wissenschaft,
Entschöpft dem Himmelsbronnen, anvertraut.
Hier vor des höchsten Gottes Antlitz steh ich,
Und die Behauptung schmettr' ich dir ins Ohr:
Käthchen von Heilbronn, die dein Kind du sagst,
Ist meines höchsten Kaisers dort; komm her,
Mich von dem Gegenteil zu überzeugen!
DER KAISER: Trompeter, blast, dem Lästerer zum Tode!

Trompetenstöße.

THEOBALD *zieht*: Und wäre gleich mein Schwert auch eine Binse,
Und einem Griffe, locker, wandelbar,
Von gelbem Wachs geknetet, eingefugt,
So wollt ich doch von Kopf zu Fuß dich spalten,

Wie einen Giftpilz, der der Heid entblüht,
Der Welt zum Zeugnis, Mordgeist, daß du logst!
DER GRAF VOM STRAHL *er nimmt sich sein Schwert ab und gibt es weg*:
Und wär mein Helm gleich und die Stirn, die drunter,
Durchsichtig, messerrückendünn, zerbrechlich,
Die Schale eines ausgenommnen Eis,
So sollte doch dein Sarraß, Funken sprühend,
Abprallen, und in alle Ecken splittern,
Als hättst du einen Diamant getroffen,
Der Welt zum Zeugnis, daß ich wahr gesprochen!
Hau, und laß jetzt mich sehn, wes Sache rein?
Er nimmt sich den Helm ab und tritt dicht vor ihn.
THEOBALD *zurückweichend*:
Setz dir den Helm auf!
DER GRAF VOM STRAHL *folgt ihm*: Hau!
THEOBALD: Setz dir den Helm auf!
DER GRAF VOM STRAHL *stößt ihn zu Boden*:
Dich lähmt der bloße Blitz aus meiner Wimper?
*Er windet ihm das Schwert aus der Hand, tritt über ihm und setzt ihm den Fuß
auf die Brust.*
Was hindert mich, im Grimm gerechten Siegs,
Daß ich den Fuß ins Hirn dir drücke? – Lebe!
Er wirft das Schwert vor des Kaisers Thron.
Mag es die alte Sphinx, die Zeit, dir lösen,
Das Käthchen aber ist, wie ich gesagt,
Die Tochter meiner höchsten Majestät!
VOLK *durcheinander*: Himmel! Graf Wetterstrahl hat obgesiegt!
DER KAISER *erblaßt und steht auf*:
Brecht auf, ihr Herrn!
ERZBISCHOF: Wohin?
EIN RITTER *aus dem Gefolge*: Was ist geschehn?
GRAF OTTO: Allmächtger Gott! Was fehlt der Majestät?
Ihr Herren, folgt! Es scheint, ihr ist nicht wohl? *Ab.*

Szene: Ebendaselbst. Zimmer im kaiserlichen Schloß.

ZWEITER AUFTRITT

DER KAISER *wendet sich unter der Tür*: Hinweg! Es soll mir niemand folgen!
Den Burggrafen von Freiburg und den Ritter von Waldstätten laßt
herein; das sind die einzigen Männer, die ich sprechen will! *Er wirft*

die Tür zu. – – – Der Engel Gottes, der dem Grafen vom Strahl versichert hat, das Käthchen sei meine Tochter: ich glaube, bei meiner kaiserlichen Ehre, er hat recht! Das Mädchen ist, wie ich höre, funfzehn Jahr alt; und vor sechszehn Jahren, weniger drei Monaten, genau gezählt, feierte ich der Pfalzgräfin, meiner Schwester, zu Ehren das große Turnier in Heilbronn! Es mochte ohngefähr eilf Uhr abends sein, und der Jupiter ging eben, mit seinem funkelnden Licht, im Osten auf, als ich, vom Tanz sehr ermüdet, aus dem Schloßtor trat, um mich in dem Garten, der daran stößt, unerkannt, unter dem Volk, das ihn erfüllte, zu erlaben; und ein Stern, mild und kräftig, wie der, leuchtete, wie ich gar nicht zweifle, bei ihrer Empfängnis. Gertrud, soviel ich mich erinnere, hieß sie, mit der ich mich in einem, von dem Volk minder besuchten, Teil des Gartens, beim Schein verlöschender Lampen, während die Musik, fern von dem Tanzsaal her, in den Duft der Linden niedersäuselte, unterhielt; und Käthchens Mutter heißt Gertrud! Ich weiß, daß ich mir, als sie sehr weinte, ein Schaustück, mit dem Bildnis Papst Leos, von der Brust losmachte, und es ihr, als ein Andenken von mir, den sie gleichfalls nicht kannte, in das Mieder steckte; und ein solches Schaustück, wie ich eben vernehme, besitzt das Käthchen von Heilbronn! O Himmel! Die Welt wankt aus ihren Fugen! Wenn der Graf vom Strahl, dieser Vertraute der Auserwählten, von der Buhlerin, an die er geknüpft ist, loslassen kann: so werd ich die Verkündigung wahrmachen, den Theobald, unter welchem Vorwand es sei, bewegen müssen, daß er mir dies Kind abtrete, und sie mit ihm verheiraten müssen: will ich nicht wagen, daß der Cherub zum zweitenmal zur Erde steige und das ganze Geheimnis, das ich hier den vier Wänden anvertraut, ausbringe! *Ab.*

Dritter Auftritt

Burggraf von Freiburg *und* Georg von Waldstätten *treten auf. Ihnen folgt* Ritter Flammberg.

flammberg *erstaunt*: Herr Burggraf von Freiburg! – Seid Ihr es, oder ist es Euer Geist? O eilt nicht, ich beschwör Euch –!
freiburg *wendet sich*: Was willst du?
georg: Wen suchst du?
flammberg: Meinen bejammernswürdigen Herrn, den Grafen vom Strahl! Fräulein Kunigunde, seine Braut – o hätten wir sie Euch nimmermehr abgewonnen! Den Koch hat sie bestechen wollen, dem Käthchen Gift zu reichen –: Gift, ihr gestrengen Herren, und zwar aus dem

abscheulichen, unbegreiflichen und rätselhaften Grunde, weil das Kind sie im Bade belauschte!
FREIBURG: Und das begreift ihr nicht?
FLAMMBERG: Nein!
FREIBURG: So will ich es dir sagen. Sie ist eine mosaische Arbeit, aus allen drei Reichen der Natur zusammengesetzt. Ihre Zähne gehören einem Mädchen aus München, ihre Haare sind aus Frankreich verschrieben, ihrer Wangen Gesundheit kommt aus den Bergwerken in Ungarn, und den Wuchs, den ihr an ihr bewundert, hat sie einem Hemde zu danken, das ihr der Schmidt, aus schwedischem Eisen, verfertigt hat. – Hast du verstanden?
FLAMMBERG: Was!
FREIBURG: Meinen Empfehl an deinen Herrn! *Ab.*
GEORG: Den meinigen auch! – Der Graf ist bereits nach der Strahlburg zurück; sag ihm wenn er den Hauptschlüssel nehmen, und sie in der Morgenstunde, wenn ihre Reize auf den Stühlen liegen, überraschen wolle, so könne er seine eigne Bildsäule werden und sich, zur Verewigung seiner Heldentat, bei der Köhlerhütte aufstellen lassen! *Ab.*

Szene: Schloß Wetterstrahl. Kunigundens Zimmer.

Vierter Auftritt

ROSALIE *bei der Toilette des Fräuleins beschäftigt.* KUNIGUNDE *tritt ungeschminkt, wie sie aus dem Bette kömmt, auf; bald darauf* DER GRAF VOM STRAHL.

KUNIGUNDE *indem sie sich bei der Toilette niedersetzt:*
  Hast du die Tür besorgt?
ROSALIE: Sie ist verschlossen.
KUNIGUNDE: Verschlossen! Was! Verriegelt, will ich wissen! Verschlossen und verriegelt, jedesmal!
    Rosalie geht, die Tür zu verriegeln; der Graf kommt ihr entgegen.
ROSALIE *erschrocken:* Mein Gott! Wie kommt Ihr hier herein, Herr Graf? – Mein Fräulein!
KUNIGUNDE *sieht sich um:* Wer?
ROSALIE: Seht, bitt ich Euch!
KUNIGUNDE: Rosalie!
    Sie erhebt sich schnell, und geht ab.

Fünfter Auftritt

Der Graf vom Strahl *und* Rosalie.

DER GRAF VOM STRAHL *steht wie vom Donner gerührt*:
  Wer war die unbekannte Dame?
ROSALIE: – Wo?
DER GRAF VOM STRAHL: Die, wie der Turm von Pisa, hier vorbeiging? –
  Doch, hoff ich, nicht –?
ROSALIE: Wer?
DER GRAF VOM STRAHL: Fräulein Kunigunde?
ROSALIE: Bei Gott, ich glaub, Ihr scherzt! Sybille, meine
  Stiefmutter, gnädger Herr –
KUNIGUNDE *drinnen*:   Rosalie!
ROSALIE: Das Fräulein, das im Bett liegt, ruft nach mir. –
  Verzeiht, wenn ich –! *Sie holt einen Stuhl.* Wollt Ihr Euch gütigst setzen?
  Sie nimmt die Toilette und geht ab.

Sechster Auftritt

DER GRAF VOM STRAHL *vernichtet*:
  Nun, du allmächtger Himmel, meine Seele,
  Sie ist doch wert nicht, daß sie also heiße!
  Das Maß, womit sie, auf dem Markt der Welt,
  Die Dinge mißt, ist falsch; scheusel'ge Bosheit
  Hab ich für milde Herrlichkeit erstanden!
  Wohin flücht ich, Elender, vor mir selbst?
  Wenn ein Gewitter wo in Schwaben tobte,
  Mein Pferd könnt ich, in meiner Wut, besteigen,
  Und suchen, wo der Keil mein Haupt zerschlägt!
  Was ist zu tun, mein Herz? Was ist zu lassen?

Siebenter Auftritt

KUNIGUNDE *in ihrem gewöhnlichen Glanz,* ROSALIE *und die alte* SYBILLE, *die schwächlich auf Krücken, durch die Mitteltür abgeht.*

KUNIGUNDE: Sieh da, Graf Friedrich! Was für ein Anlaß
  Führt Euch so früh in meine Zimmer her?
DER GRAF VOM STRAHL *indem er die Sybille mit den Augen verfolgt*:
  Was! Sind die Hexen doppelt?

KUNIGUNDE *sieht sich um*: Wer?
DER GRAF VOM STRAHL *faßt sich*: Vergebt! –
 Nach Eurem Wohlsein wollt ich mich erkunden.
KUNIGUNDE: Nun? – Ist zur Hochzeit alles vorbereitet?
DER GRAF VOM STRAHL *indem er näher tritt und sie prüft*:
 Es ist, bis auf den Hauptpunkt, ziemlich alles –
KUNIGUNDE *weicht zurück*: Auf wann ist sie bestimmt?
DER GRAF VOM STRAHL: Sie war's – auf morgen.
KUNIGUNDE *nach einer Pause*:
 Ein Tag mit Sehnsucht längst von mir erharrt!
 – Ihr aber seid nicht froh, dünkt mich, nicht heiter?
DER GRAF VOM STRAHL *verbeugt sich*:
 Erlaubt! ich bin der Glücklichste der Menschen!
ROSALIE *traurig*: Ist's wahr, daß jenes Kind, das Käthchen, gestern,
 Das Ihr im Schloß beherbergt habt –?
DER GRAF VOM STRAHL: O Teufel!
KUNIGUNDE *betreten*:
 Was fehlt Euch? Sprecht!
ROSALIE *für sich*: Verwünscht!
DER GRAF VOM STRAHL *faßt sich*: – Das Los der Welt!
 Man hat sie schon im Kirchhof beigesetzt.
KUNIGUNDE: Was Ihr mir sagt!
ROSALIE: Jedoch noch nicht begraben?
KUNIGUNDE: Ich muß sie doch im Leichenkleid, noch sehn.

Achter Auftritt

Ein DIENER *tritt auf.* DIE VORIGEN.

DIENER: Gottschalk schickt einen Boten, gnädger Herr,
 Der Euch im Vorgemach zu sprechen wünscht!
KUNIGUNDE: Gottschalk?
ROSALIE: Von wo?
DER GRAF VOM STRAHL: Vom Sarge der Verblichnen!
 Laßt Euch im Putz, ich bitte sehr, nicht stören! *Ab.*

Neunter Auftritt

KUNIGUNDE *und* ROSALIE.
Pause.

KUNIGUNDE *ausbrechend*: Er weiß, umsonst ist's, alles hilft zu nichts,
  Er hat's gesehn, es ist um mich getan!
ROSALIE: Er weiß es nicht!
KUNIGUNDE: Er weiß!
ROSALIE: Er weiß es nicht!
  Ihr klagt, und ich, vor Freuden möcht ich hüpfen.
  Er steht im Wahn, daß die, die hier gesessen,
  Sybille, meine Mutter, sei gewesen;
  Und nimmer war ein Zufall glücklicher
  Als daß sie just in Eurem Zimmer war;
  Schnee, im Gebirg gesammelt, wollte sie,
  Zum Waschen eben Euch ins Becken tragen.
KUNIGUNDE: Du sahst, wie er mich prüfte, mich ermaß.
ROSALIE: Gleichviel! Er traut den Augen nicht! Ich bin
  So fröhlich, wie ein Eichhorn in den Fichten!
  Laßt sein, daß ihm von fern ein Zweifel kam;
  Daß Ihr Euch zeigtet, groß und schlank und herrlich,
  Schlägt seinen Zweifel völlig wieder nieder.
  Des Todes will ich sterben, wenn er nicht,
  Den Handschuh jedem hinwirft, der da zweifelt,
  Daß Ihr die Königin der Frauen seid.
  O seid nicht mutlos! Kommt und zieht Euch an;
  Der nächsten Sonne Strahl, was gilt's begrüßt Euch,
  Als Gräfin Kunigunde Wetterstrahl!
KUNIGUNDE: Ich wollte, daß die Erde mich verschlänge! *Ab.*

Szene: Das Innere einer Höhle mit der Aussicht auf eine Landschaft.

Zehnter Auftritt

KÄTHCHEN *in einer Verkleidung, sitzt traurig auf einem Stein, den Kopf an die Wand gelehnt.* GRAF OTTO VON DER FLÜHE, WENZEL VON NACHTHEIM, HANS VON BÄRENKLAU, *in der Tracht kaiserlicher Reichsräte, und* GOTT-SCHALK *treten auf.* GEFOLGE, *zuletzt* DER KAISER *und* THEOBALD, *welche in Mänteln verhüllt, im Hintergrunde bleiben.*

GRAF OTTO *eine Pergamentrolle in der Hand*:
Jungfrau von Heilbronn! Warum herbergst du,
Dem Sperber gleich, in dieser Höhle Raum?
KÄTHCHEN *steht auf*: O Gott! Wer sind die Herrn?
GOTTSCHALK: Erschreckt sie nicht! –
Der Anschlag einer Feindin, sie zu töten,
Zwang uns, in diese Berge sie zu flüchten.
GRAF OTTO: Wo ist dein Herr, der Reichsgraf, dem du dienst?
KÄTHCHEN: Ich weiß es nicht.
GOTTSCHALK: Er wird sogleich erscheinen!
GRAF OTTO *gibt ihr das Pergament*:
Nimm diese Rolle hier; es ist ein Schreiben,
Verfaßt von kaiserlicher Majestät.
Durchfleuch's und folge mir; hier ist kein Ort,
Jungfraun, von deinem Range, zu bewirten;
Worms nimmt fortan, in seinem Schloß, dich auf!
DER KAISER *im Hintergrund*: Ein lieber Anblick!
THEOBALD: O ein wahrer Engel!

Eilfter Auftritt

Der Graf vom Strahl *tritt auf*. Die Vorigen.

DER GRAF VOM STRAHL *betroffen*:
Reichsrät, in festlichem Gepräng, aus Worms!
GRAF OTTO: Seid uns gegrüßt, Herr Graf!
DER GRAF VOM STRAHL: – Was bringt Ihr mir?
GRAF OTTO: Ein kaiserliches Schreiben dieser Jungfrau!
Befragt sie selbst; sie wird es Euch bedeuten.
DER GRAF VOM STRAHL: O Herz, was pochst du? *Zu Käthchen:*
Kind, was hältst du da?
KÄTHCHEN: Weiß nit, mein hoher Herr. –
GOTTSCHALK: Gib, gib, mein Herzchen.
DER GRAF VOM STRAHL *liest*: „Der Himmel, wisset, hat mein Herz gestellt,
Das Wort des Auserwählten einzulösen.
Das Käthchen ist nicht mehr des Theobalds,
Des Waffenschmidts, der mir sie abgetreten,
Das Käthchen fürderhin ist meine Tochter,
Und Katharina heißt sie jetzt von Schwaben."
Er durchblättert die andern Papiere.
Und hier: „Kund sei" – Und hier: „das Schloß zu Schwabach" –

Kurze Pause.
Nun möcht ich vor der Hochgebenedeiten
In Staub mich werfen, ihren Fuß ergreifen,
Und mit des Danks glutheißer Träne waschen.
KÄTHCHEN *setzt sich*: Gottschalk, hilf, steh mir bei; mir ist nicht wohl!
DER GRAF VOM STRAHL *zu den Räten*:
Wo ist der Kaiser? Wo der Theobald?
DER KAISER *indem beide ihre Mäntel abwerfen*:
Hier sind sie!
KÄTHCHEN *steht auf*: Gott im hohen Himmel! Vater!
Sie eilt auf ihn zu; er empfängt sie.
GOTTSCHALK *für sich*: Der Kaiser! Ei, so wahr ich bin! Da steht er!
DER GRAF VOM STRAHL: Nun, sprich du – Göttlicher! Wie nenn ich dich?
– Sprich, las ich recht?
DER KAISER: Beim Himmel, ja, das tatst du!
Die einen Cherubim zum Freunde hat,
Der kann mit Stolz ein Kaiser Vater sein!
Das Käthchen ist die Erst itzt vor den Menschen,
Wie sie's vor Gott längst war; wer sie begehrt,
Der muß bei mir jetzt würdig um sie frein.
DER GRAF VOM STRAHL *beugt ein Knie vor ihm*:
Nun, hier auf Knieen bitt ich: gib sie mir!
DER KAISER: Herr Graf! Was fällt Ihm ein?
DER GRAF VOM STRAHL: Gib, gib sie mir!
Welch andern Zweck ersänn ich deiner Tat?
DER KAISER: So! Meint Er das? – Der Tod nur ist umsonst,
Und die Bedingung setz ich dir.
DER GRAF VOM STRAHL: Sprich! Rede!
DER KAISER *ernst*: In deinem Haus den Vater nimmst du auf!
DER GRAF VOM STRAHL: Du spottest!
DER KAISER: Was! du weigerst dich?
DER GRAF VOM STRAHL: In Händen!
In meines Herzens Händen nehm ich ihn!
DER KAISER *zu Theobald*: Nun, Alter; hörtest du?
THEOBALD *führt ihm Käthchen zu*: So gib sie ihm!
Was Gott fügt, heißt es, soll der Mensch nicht scheiden.
DER GRAF VOM STRAHL *steht auf, und nimmt Käthchens Hand*:
Nun denn, zum Sel'gen hast du mich gemacht! –
Laßt einen Kuß mich, Väter, einen Kuß nur
Auf ihre himmelsüßen Lippen drücken.
Hätt ich zehn Leben, nach der Hochzeitsnacht,

Opfr' ich sie jauchzend jedem von euch hin!
DER KAISER: Fort jetzt! daß er das Rätsel ihr erkläre! *Ab.*

ZWÖLFTER AUFTRITT

DER GRAF VOM STRAHL *und das* KÄTHCHEN.

DER GRAF VOM STRAHL *indem er sie bei der Hand nimmt, und sich setzt*:
Nun denn, mein Käthchen, komm! komm her, o Mädchen!
Mein Mund hat jetzt dir etwas zu vertraun.
KÄTHCHEN: Mein hoher Herr! Sprich! Was bedeutet mir –?
DER GRAF VON STRAHL: Zuerst, mein süßes Kind, muß ich dir sagen,
Daß ich mit Liebe dir, unsäglich, ewig,
Durch alle meine Sinne zugetan.
Der Hirsch, der von der Mittagsglut gequält,
Den Grund zerwühlt, mit spitzigem Geweih,
Er sehnt sich so begierig nicht,
Vom Felsen in den Waldstrom sich zu stürzen,
Den reißenden, als ich, jetzt, da du mein bist,
In alle deine jungen Reize mich.
KÄTHCHEN *schamrot*: Jesus! Was sprichst du? Ich versteh dich nicht.
DER GRAF VOM STRAHL: Vergib mir, wenn mein Wort dich oft gekränkt,
Beleidigt; meine roh mißhandelnde
Gebärde dir zuweilen weh getan.
Denk ich, wie lieblos einst mein Herz geeifert,
Dich von mir wegzustoßen – und seh ich gleichwohl jetzo dich
So voll von Huld und Güte vor mir stehn,
Sieh, so kommt Wehmut, Käthchen, über mich,
Und meine Tränen halt ich nicht zurück. *Er weint.*
KÄTHCHEN *ängstlich*: Himmel! Was fehlt dir? Was bewegt dich so?
Was hast du mir getan? Ich weiß von nichts.
DER GRAF VOM STRAHL: O Mädchen, wenn die Sonne wieder scheint,
Will ich den Fuß in Gold und Seide legen,
Der einst auf meiner Spur sich wund gelaufen.
Ein Baldachin soll diese Scheitel schirmen,
Die einst der Mittag hinter mir versengt.
Arabien soll sein schönstes Pferd mir schicken,
Geschirrt in Gold, mein süßes Kind zu tragen,
Wenn mich ins Feld der Klang der Hörner ruft;
Und wo der Zeisig sich das Nest gebaut,
Der zwitschernde, in dem Holunderstrauch,

Soll sich ein Sommersitz dir auferbaun,
In heitern, weitverbreiteten Gemächern,
Mein Käthchen, kehr ich wieder, zu empfangen.
KÄTHCHEN: Mein Friederich! Mein angebeteter!
Was soll ich auch von dieser Rede denken?
Du willst? – Du sagst? – *Sie will seine Hand küssen.*
DER GRAF VOM STRAHL *zieht sie zurück*: Nichts, nichts, mein süßes Kind.
Er küßt ihre Stirn.
KÄTHCHEN: Nichts?
DER GRAF VOM STRAHL: Nichts. Vergib. Ich glaubt, es wäre morgen.
– Was wollt ich doch schon sagen? – Ja, ganz recht,
Ich wollte dich um einen Dienst ersuchen. *Er wischt sich die Tränen ab.*
KÄTHCHEN *kleinlaut*: Um einen Dienst? Nun, welchen? Sag nur an.
Pause.
DER GRAF VOM STRAHL: Ganz recht. Das war's. – Du weißt, ich mache
[morgen Hochzeit.
Es ist zur Feier alles schon bereitet;
Am nächsten Mittag bricht der Zug,
Mit meiner Braut bereits zum Altar auf.
Nun sann ich mir ein Fest aus, süßes Mädchen,
Zu welchem du die Göttin spielen sollst.
Du sollst, aus Lieb zu deinem Herrn, für morgen
Die Kleidung, die dich deckt, beiseite legen,
Und in ein reiches Schmuckgewand dich werfen,
Das Mutter schon für dich zurechtgelegt.
– Willst du das tun?
KÄTHCHEN *hält ihre Schürze vor die Augen*: Ja, ja, es soll geschehn.
DER GRAF VOM STRAHL: Jedoch recht schön; hörst du? Still aber prächtig!
Recht, wie's Natur und Weis in dir erheischt.
Man wird dir Perlen und Smaragden reichen;
Gern möcht ich daß du alle Fraun im Schloß,
Selbst noch die Kunigunde überstrahlst. –
Was weinst du?
KÄTHCHEN: – Ich weiß nicht, mein verehrter Herr,
Es ist ins Aug mir was gekommen.
DER GRAF VOM STRAHL: Ins Auge? Wo?
Er küßt ihr die Tränen aus den Augen.
Nun komm nur fort. Es wird sich schon erhellen. *Er führt sie ab.*

Szene: Schloßplatz, zur Rechten, im Vorder[grund], ein Portal. Zur Linken, mehr in der Tiefe, das Schloß, mit einer Rampe. Im Hintergrund die Kirche.

Dreizehnter Auftritt

Marsch. Ein Aufzug. Ein Herold *eröffnet ihn; darauf* Trabanten. *Ein Baldachin von vier Mohren getragen. In der Mitte des Schloßplatzes stehen* der Kaiser, der Graf vom Strahl, Theobald, Graf Otto von der Flühe, der Rheingraf vom Stein, der Burggraf von Freiburg *und das übrige* Gefolge *des Kaisers und empfangen den Baldachin. Unter dem Portal, rechts* Fräulein Kunigunde von Thurneck *im Brautschmuck, mit ihren* Tanten *und* Vettern, *um sich dem Zuge anzuschließen. Im Hintergrunde* Volk, *worunter* Flammberg, Gottschalk, Rosalie *usw.*

der Graf vom Strahl: Halt hier, mit dem Baldachin! – Herold, tue dein Amt!

der Herold *ablesend*: „Kund und zu wissen sei hiermit jedermann, daß der Reichsgraf, Friedrich Wetter vom Strahl, heut seine Vermählung feiert, mit Katharina, Prinzessin von Schwaben, Tochter unsers durchlauchtigsten Herrn Herrn und Kaisers. Der Himmel segne das hohe Brautpaar, und schütte das ganze Füllhorn von Glück, das in den Wolken schwebt, über ihre teuren Häupter aus!"

kunigunde *zu Rosalie*: Ist dieser Mann besessen, Rosalie?

rosalie: Beim Himmel! Wenn er es nicht ist, so ist es darauf angelegt, uns dazu zu machen. –

burggraf von Freiburg: Wo ist die Braut?

ritter von thurneck: Hier, ihr verehrungswürdigen Herren!

freiburg: Wo?

thurneck: Hier steht das Fräulein, unsere Muhme, unter diesem Portal!

freiburg: Wir suchen die Braut des Grafen vom Strahl. – Ihr Herren, an euer Amt! Folgt mir und laßt uns sie holen.

Burggraf von Freiburg, Georg von Waldstätten und der Rheingraf vom Stein, besteigen die Rampe und gehen ins Schloß.

die Herren von Thurneck: Hölle, Tod und Teufel! Was haben diese Anstalten zu bedeuten?

Vierzehnter Auftritt

KÄTHCHEN *im kaiserlichen Brautschmuck, geführt von* GRÄFIN HELENA *und* FRÄULEIN ELEONORE, *ihre Schleppe von* DREI PAGEN *getragen; hinter ihr* BURGGRAF VON FREIBURG *usw. steigen die Rampe herab.*

GRAF OTTO: Heil dir, o Jungfrau!
RITTER FLAMMBERG *und* GOTTSCHALK: Heil dir, Käthchen von Heilbronn, kaiserliche Prinzessin von Schwaben!
VOLK: Heil dir! Heil! Heil dir!
HERRNSTADT *und* VON DER WART *die auf dem Platz geblieben*: Ist dies die Braut?
FREIBURG: Dies ist sie.
KÄTHCHEN: Ich? Ihr hohen Herren! Wessen?
DER KAISER: Dessen, den dir der Cherub geworben. Willst du diesen Ring mit ihm wechseln?
THEOBALD: Willst du dem Grafen deine Hand geben?
DER GRAF VOM STRAHL *umfaßt sie*: Käthchen! Meine Braut! Willst du mich?
KÄTHCHEN: Schütze mich Gott und alle Heiligen!
Sie sinkt; die Gräfin empfängt sie.
DER KAISER: Wohlan, so nehmt sie, Herr Graf vom Strahl, und führt sie zur Kirche!
Glockenklang.
KUNIGUNDE: Pest, Tod und Rache! Diesen Schimpf sollt ihr mir büßen!
Ab, mit Gefolge.
DER GRAF VOM STRAHL: Giftmischerin!
Marsch: Der Kaiser stellt sich mit Käthchen und dem Grafen vom Strahl unter den Baldachin; die Damen und Ritter folgen. Trabanten beschließen den Zug. – Alle ab.
Ende

DIE HERMANNSSCHLACHT

Ein Drama

Wehe, mein Vaterland, dir! Die Leier, zum Ruhm dir, zu schlagen,
  Ist, getreu dir im Schoß, mir, deinem Dichter, verwehrt.

PERSONEN

Hermann, *Fürst der Cherusker*
Thusnelda, *seine Gemahlin*
Rinold \
Adelhart / *seine Knaben*
Eginhardt, *sein Rat*
Luitgar \
Astolf } *dessen Söhne, seine Hauptleute*
Winfried /
Egbert, *ein andrer cheruskischer Anführer*
Gertrud \
Bertha / *Frauen der Thusnelda*
Marbod, *Fürst der Sueven, Verbündeter des Hermann*
Attarin, *sein Rat*
Komar, *ein suevischer Hauptmann*
Wolf, *Fürst der Katten* \
Thuiskomar, *Fürst der Sicambrier* \
Dagobert, *Fürst der Marsen* } *Mißvergnügte*
Selgar, *Fürst der Brukterer* /
Fust, *Fürst der Cimbern* \
Gueltar, *Fürst der Nervier* } *Verbündete des Varus*
Aristan, *Fürst der Ubier* /
Quintilius Varus, *römischer Feldherr*
Ventidius, *Legat von Rom*
Scäpio, *sein Geheimschreiber*
Septimius \
Crassus / *römische Anführer*
Teuthold, *ein Waffenschmidt*
Childerich, *ein Zwingerwärter*
Eine Alraune
Zwei Ältesten von Teutoburg
Drei cheruskische Hauptleute
Drei cheruskische Boten
Feldherrn, Hauptleute, Krieger, Volk

ERSTER AKT

Szene: Gegend im Wald, mit einer Jagdhütte.

ERSTER AUFTRITT

WOLF, *Fürst der Katten,* THUISKOMAR, *Fürst der Sicambrier,* DAGOBERT, *Fürst der Marsen,* SELGAR, *Fürst der Brukterer, und* ANDERE *treten, mit Pfeil und Bogen, auf.*

WOLF *indem er sich auf dem Boden wirft:*
Es ist umsonst, Thuskar, wir sind verloren!
Rom, dieser Riese, der, das Mittelmeer beschreitend,
Gleich dem Koloß von Rhodus, trotzig,
Den Fuß auf Ost und Westen setzet,
Des Parthers mutgen Nacken hier,
Und dort den tapfern Gallier niedertretend:
Er wirft auch jetzt uns Deutsche in den Staub.
Gueltar, der Nervier, und Fust, der Fürst der Cimbern,
Erlagen dem Augustus schon;
Holm auch, der Friese, wehrt sich nur noch sterbend;
Aristan hat, der Ubier,
Der ungroßmütigste von allen deutschen Fürsten,
In Varus' Arme treulos sich geworfen;
Und Hermann, der Cherusker, endlich,
Zu dem wir, als dem letzten Pfeiler, uns,
Im allgemeinen Sturz Germanias, geflüchtet,
Ihr seht es, Freunde, wie er uns verhöhnt:
Statt die Legionen mutig aufzusuchen,
In seine Forsten spielend führt er uns,
Und läßt den Hirsch uns und den Ur besiegen.
THUISKOMAR *zu Dagobert und Selgar, die im Hintergrund auf und nieder gehen:* Er m u ß hier diese Briefe lesen!
– Ich bitt euch, meine Freunde, wanket nicht,
Bis die Verräterei des Varus ihm eröffnet.
Ein förmlicher Vertrag ward jüngst,
Geschlossen zwischen mir und ihm:
Wenn ich dem Fürsten mich der Friesen nicht verbände,

So solle dem August mein Erbland heilig sein;
Und hier, seht diesen Brief, ihr Herrn,
Mein Erbland ist von Römern überflutet.
Der Krieg, so schreibt der falsche Schelm,
In welchem er mit Holm, dem Friesen, liege,
Erfordere, daß ihm Sicambrien sich öffne:
Und meine Freundschaft für Augustus laß ihn hoffen,
Ich werd ihm diesen dreisten Schritt,
Den Not ihm dringend abgepreßt, verzeihn.
Laßt Hermann, wenn er kömmt, den Gaunerstreich uns melden:
So kommt gewiß, Freund Dagobert,
Freund Selgar, noch der Bund zustande,
Um dessenthalb wir hier bei ihm versammelt sind.

DAGOBERT: Freund Thuiskomar! Ob ich dem Bündnis mich,
Das diese Fremdlinge aus Deutschland soll verjagen,
Anschließen werd, ob nicht: darüber, weißt du,
Entscheidet hier ein Wort aus Selgars Munde!
Augustus trägt, Roms Kaiser, mir,
Wenn ich mich seiner Sache will vermählen,
Das ganze, jüngst dem Ariovist entrißne,
Reich der Narisker an –

Wolf und Thuiskomar machen eine Bewegung.

Nichts! Nichts! Was fahrt ihr auf? Ich will es nicht!
Dem Vaterlande bleib ich treu,
Ich schlag es aus, ich bin bereit dazu.
Doch der hier, Selgar, soll, der Fürst der Brukterer,
Den Strich mir, der mein Eigentum,
An dem Gestad der Lippe überlassen;
Wir lagen längst im Streit darum.
Und wenn er mir Gerechtigkeit verweigert,
Selbst jetzt noch, da er meiner Großmut braucht,
So werd ich mich in euren Krieg nicht mischen.

SELGAR: Dein Eigentum! Sieh da! Mit welchem Rechte
Nennst du, was mir verpfändet, dein,
Bevor das Pfand, das Horst, mein Ahnherr, zahlte,
An seinen Enkel du zurückgezahlt?
Ist jetzt der würdge Augenblick,
Zur Sprache solche Zwistigkeit zu bringen?
Eh ich, Unedelmütgem, dir
Den Strich am Lippgestade überlasse,
Eh' will an Augusts Heere ich

Mein ganzes Reich, mit Haus und Hof verlieren!
THUISKOMAR *dazwischentretend*: O meine Freunde!
EIN FÜRST *ebenso*: Selgar! Dagobert!
Man hört Hörner in der Ferne.
EIN CHERUSKER *tritt auf*:
Hermann, der Fürst, kommt!
THUISKOMAR: Laßt den Strich, ich bitt euch,
Ruhn, an der Lippe, bis entschieden ist,
Wem das gesamte Reich Germaniens gehört!
WOLF *indem er sich erhebt*:
Da hast du recht! Es bricht der Wolf, o Deutschland,
In deine Hürde ein, und deine Hirten streiten
Um eine Handvoll Wolle sich.

ZWEITER AUFTRITT

THUSNELDA, *den* VENTIDIUS *aufführend. Ihr folgt* HERMANN, SCÄPIO, *ein*
GEFOLGE VON JÄGERN *und ein leerer römischer Wagen mit vier breitgespannten*
weißen Rossen.

THUSNELDA: Heil dem Ventidius Carbo! Römerritter!
Dem kühnen Sieger des gehörnten Urs!
DAS GEFOLGE: Heil! Heil!
THUISKOMAR: Was! Habt ihr ihn?
HERMANN: Hier, seht, ihr Freunde!
Man schleppt ihn bei den Hörnern schon herbei!
Der erlegte Auerochs wird herangeschleppt.
VENTIDIUS: Ihr deutschen Herrn, der Ruhm gehört nicht mir!
Er kommt Thusnelden, Hermanns Gattin,
Kommt der erhabenen Cheruskerfürstin zu!
Ihr Pfeil, auf mehr denn hundert Schritte,
Warf mit der Macht des Donnerkeils ihn nieder,
Und, Sieg! rief, wem ein Odem ward;
Der Ur hob plötzlich nur, mit pfeildurchbohrtem Nacken
Noch einmal sich vom Sand empor:
Da kreuzt ich seinen Nacken durch noch einen.
THUSNELDA: Du häufst, Ventidius, Siegsruhm auf die Scheitel,
Die du davon entkleiden willst.
Das Tier schoß, von dem Pfeil gereizt, den ich entsendet,
Mit wuterfüllten Sätzen auf mich ein,
Und schon verloren glaubt ich mich;

Da half dein beßrer Schuß dem meinen nach,
Und warf es völlig leblos vor mir nieder.
SCÄPIO: Bei allen Helden des Homers!
Dir ward ein Herz von par'schem Marmel, Fürstin!
Des Todes Nacht schlug über mich zusammen,
Als es gekrümmt, mit auf die Brust
Gesetzten Hörnern, auf dich ein,
Das rachentflammte Untier, wetterte:
Und du, du wichst, du wanktest nicht – was sag ich?
Sorg überflog, mit keiner Wolke,
Den heitern Himmel deines Angesichts!
THUSNELDA *mutwillig*: Was sollt ich fürchten, Scäpio,
Solang Ventidius mir zur Seite stand.
VENTIDIUS: Du warst des Todes gleichwohl, wenn ich fehlte.
WOLF *finster*: – Stand sie im Freien, als sie schoß?
VENTIDIUS: Die Fürstin?
SCÄPIO: Nein – hier im Wald. Warum?
VENTIDIUS: Ganz in der Nähe,
Wo kreuzend durch die Forst die Wildbahn bricht.
WOLF *lachend*: Nun denn, beim Himmel –!
THUISKOMAR: Wenn sie im Walde stand –
WOLF: Ein Auerochs ist keine Katze,
Und geht, soviel bekannt mir, auf die Wipfel
Der Pinien und Eichen nicht.
HERMANN *abbrechend*: Kurz, Heil ruf ich Ventidius noch einmal,
Des Urs, des hornbewehrten, Sieger,
Und der Thusnelda Retter obenein!
THUSNELDA *zu Hermann*: Vergönnst du mein Gebieter mir,
Nach Teutoburg nunmehr zurückzukehren?
                 Sie gibt den Pfeil und Bogen weg.
HERMANN *wendet sich*: Holla! Die Pferd!
VENTIDIUS *halblaut zu Thusnelden*:   Wie, Göttliche, du willst –?
                 Sie sprechen heimlich zusammen.
THUISKOMAR *die Pferde betrachtend*:
Schau, die Quadriga, die August dir schenkte.
SELGAR: Die Pferd aus Rom?
HERMANN *zerstreut*:   Aus Rom, beim Jupiter!
Ein Zug, wie der Pelid ihn nicht geführt!
VENTIDIUS *zu Thusnelda*: Darf ich in Teutoburg –?
THUSNELDA: Ich bitte dich.
HERMANN: Ventidius Carbo! Willst du sie begleiten?

VENTIDIUS: Mein Fürst! Du machst zum Sel'gen mich –
  Er gibt Pfeil und Bogen gleichfalls weg; offiziös:
                              Wann wohl vergönnst du,
  Vor deinem Thron, o Herr, in Ehrfurcht
  Dir eine Botschaft des Augustus zu entdecken?
HERMANN: Wenn du begehrst, Ventidius!
VENTIDIUS: So werd ich
  Dir mit der nächsten Sonne Strahl erscheinen.
HERMANN: Auf denn! – Ein Roß dem Scäpio, ihr Jäger!
  – Gib deine Hand, Thusnelda mir!
  Er hebt, mit Ventidius, Thusnelda in den Wagen; Ventidius folgt ihr.
THUSNELDA *sich aus dem Wagen herausbeugend*:
  Ihr Herrn, wir sehn uns an der Tafel doch?
HERMANN *zu den Fürsten*: Wolf! Selgar! Redet!
DIE FÜRSTEN: Zu deinem Dienst, Erlauchte!
  Wir werden gleich nach dem Gezelt dir folgen.
HERMANN: Wohlauf, ihr Jäger! Laßt das Horn dann schmettern,
  Und bringt sie im Triumph nach Teutoburg!
        Der Wagen fährt ab; Hörnermusik.

Dritter Auftritt

HERMANN, WOLF, THUISKOMAR, DAGOBERT *und* SELGAR *lassen sich, auf eine Rasenbank, um einen steinernen Tisch nieder, der vor der Jagdhütte steht.*

HERMANN: Setzt euch, ihr Freunde! Laßt den Becher
  Zur Letzung jetzt der müden Glieder kreisen!
  Das Jagen selbst ist weniger das Fest,
  Als dieser heitre Augenblick,
  Mit welchem sich das Fest der Jagd beschließet!
        Knaben bedienen ihn mit Wein.
WOLF: O könnten wir, beim Mahle, bald
  Ein andres größres Siegsfest selig feiern!
  Wie durch den Hals des Urs Thusneldens sichre Hand
  Den Pfeil gejagt: o Hermann! könnten wir
  Des Krieges eh'rnen Bogen spannen,
  Und, mit vereinter Kraft, den Pfeil der Schlacht zerschmetternd
  So durch den Nacken hin des Römerheeres jagen,
  Das in den Feldern Deutschlands aufgepflanzt!
THUISKOMAR: Hast du gehört, was mir geschehn?
  Daß Varus treulos den Vertrag gebrochen,

Und mir Sicambrien mit Römern überschwemmt?
Sieh, Holm, der Friesen wackern Fürsten,
Der durch das engste Band der Freundschaft mir verbunden:
Als jüngst die Rach Augustus' auf ihn fiel,
Mir die Legionen fernzuhalten,
Gab ich der Rach ihn des Augustus preis.
Solang an dem Gestad der Ems der Krieg nun wütet,
Mit keinem Wort, ich schwör's mit keinem Blick,
Bin ich zu Hülfe ihm geeilt;
Ich hütet, in Calpurns, des Römerboten, Nähe,
Die Mienen, Hermann, die sich traurend
Auf des verlornen Schwagers Seite stellten:
Und jetzt – noch um den Lohn seh ich
Mich der fluchwürdigen Feigherzigkeit betrogen:
Varus führt die Legionen mir ins Land,
Und gleich, als wär ich Augusts Feind,
Wird es jedwedem Greul des Krieges preisgegeben.
HERMANN: Ich hab davon gehört, Thuiskar.
Ich sprach den Boten, der die Nachricht
Dir eben aus Sicambrien gebracht.
THUISKOMAR: Was nun – was wird für dich davon die Folge sein?
Marbod, der herrschensgier'ge Suevenfürst,
Der, fern von den Sudeten kommend,
Die Oder rechts und links die Donau überschwemmt,
Und seinem Szepter (so erklärt er)
Ganz Deutschland siegreich unterwerfen will:
Am Weserstrom, im Osten deiner Staaten,
Mit einem Heere steht er da,
Und den Tribut hat er dir abgefordert.
Du weißt, wie oft dir Varus schon
Zu Hülfe schelmisch die Kohorten bot.
Nur allzuklar ließ er die Absicht sehn,
Den Adler auch im Land Cheruskas aufzupflanzen;
Den schlausten Wendungen der Staatskunst nur
Gelang es, bis auf diesen Tag,
Dir den bösartgen Gast entfernt zu halten.
Nun ist er bis zur Lippe vorgerückt;
Nun steht er, mit drei Legionen,
In deines Landes Westen drohend da:
Nun mußt du, wenn er es in Augusts Namen fordert,
Ihm deiner Plätze Tore öffnen:

Du hast nicht mehr die Macht, es ihm zu wehren.
HERMANN: Gewiß. Da siehst du richtig. Meine Lage
Ist in der Tat bedrängter als jemals.
THUISKOMAR: Beim Himmel, wenn du schnell nicht hilfst,
Die Lage eines ganz Verlornen!
– Daß ich, mein wackrer Freund, dich in dies Irrsal stürzte,
Durch Schritte, wenig klug und überlegt,
Gewiß, ich fühl's mit Schmerz, im Innersten der Brust.
Ich hätte nimmer, fühl ich, Frieden
Mit diesen Kindern des Betruges schließen,
Und diesen Varus, gleich dem Wolf der Wüste,
In einem ewgen Streit, bekriegen sollen.
– Das aber ist geschehn, und wenig frommt, du weißt,
In das Vergangene sich reuig zu versenken.
Was wirst du, fragt sich, nun darauf beschließen?
HERMANN: Ja! Freund! Davon kann kaum die Red noch sein. –
Nach allem, was geschehn, find ich
Läuft nun mein Vorteil ziemlich mit des Varus,
Und wenn er noch darauf besteht,
So nehm ich ihn in meinen Grenzen auf.
THUISKOMAR *erstaunt*: Du nimmst ihn – was?
DAGOBERT: In deines Landes Grenze? –
SELGAR: Wenn Varus drauf besteht, du nimmst ihn auf?
THUISKOMAR: Du Rasender! Hast du auch überlegt? –
DAGOBERT: Warum?
SELGAR: Weshalb, sag an?
DAGOBERT: Zu welchem Zweck?
HERMANN: – Mich gegen Marbod zu beschützen,
Der den Tribut mir trotzig abgefordert.
THUISKOMAR: Dich gegen Marbod zu beschützen!
Und du weißt nicht, Unseliger, daß er
Den Marbod schelmisch gegen dich erregt,
Daß er mit Geld und Waffen heimlich
Ihn unterstützt, ja, daß er Feldherrn
Ihm zugesandt, die in der Kunst ihn tückisch,
Dich aus dem Feld zu schlagen, unterrichten?
HERMANN: Ihr Freund', ich bitt euch, kümmert euch
Um meine Wohlfahrt nicht! Bei Wodan, meinem hohen Herrn!
So weit im Kreise mir der Welt
Das Heer der muntern Gedanken reichet,
Erstreb ich und bezweck ich nichts,

Als jenem Römerkaiser zu erliegen.
Das aber möcht ich gern mit Ruhm, ihr Brüder,
Wie's einem deutschen Fürsten ziemt:
Und daß ich das vermög, im ganzen vollen Maße,
Wie sich's die freie Seele glorreich denkt –
Will ich allein stehn, und mit euch mich –
– Die manch ein andrer Wunsch zur Seite lockend zieht –
In dieser wichtgen Sache nicht verbinden.
DAGOBERT: Nun, bei den Nornen! Wenn du sonst nichts willst,
Als dem August erliegen –?! *Er lacht.*
SELGAR: — Man kann nicht sagen,
Daß hoch Arminius das Ziel sich stecket!
HERMANN: So! –
Ihr würdet beide euren Witz vergebens
Zusammenlegen, dieses Ziel,
Das vor der Stirn euch dünket, zu erreichen.
Denn setzt einmal, ihr Herrn, ihr stündet
(Wohin ihr es im Lauf der Ewigkeit nicht bringt)
Dem Varus kampfverbunden gegenüber;
Im Grund morastger Täler er,
Auf Gipfeln waldbekränzter Felsen ihr:
So dürft er dir nur, Dagobert,
Selgar, dein Lippgestad verbindlich schenken:
Bei den fuchshaarigen Alraunen, seht,
Den Römer laßt ihr beid im Stich,
Und fallt euch, wie zwei Spinnen, selber an.
WOLF *einlenkend*: Du hältst nicht eben hoch im Wert uns, Vetter!
Es scheint, das Bündnis nicht sowohl,
Als die Verbündeten mißfallen dir.
HERMANN: Verzeiht. – Ich nenn euch meine wackern Freunde,
Und will mit diesem Wort, das glaubt mir, mehr, als euren
Verletzten Busen höflich bloß versöhnen.
Die Zeit stellt, heißen Drangs voll, die Gemüter
Auf eine schwere Prob; und manchen kenn ich besser,
Als er in diesem Augenblick sich zeigt.
Wollt ich auf Erden irgend was **erringen**,
Ich würde glücklich sein, könnt ich mit Männern mich,
Wie hier um mich versammelt sind, verbinden;
Jedoch, weil alles zu **verlieren** bloß
Die Absicht ist – so läßt, begreift ihr,
Solch ein Entschluß nicht wohl ein Bündnis zu:

Allein muß ich, in solchem Kriege, stehn,
Verknüpft mit niemand, als nur meinem Gott.
THUISKOMAR: Vergib mir, Freund, man sieht nicht ein,
Warum notwendig wir erliegen sollen;
Warum es soll unmöglich ganz,
Undenkbar sein (wenn es auch schwer gleich sein mag),
Falls wir nur sonst vereint, nach alter Sitte, wären,
Den Adler Roms, in einer muntern Schlacht,
Aus unserm deutschen Land hinwegzujagen.
HERMANN: Nein, nein! Das eben ist's! Der Wahn, Thuiskar,
Der stürzt just rettungslos euch ins Verderben hin!
Ganz Deutschland ist verloren schon,
Dir der Sicambern Thron, der Thron der Katten dir,
Der Marsen dem, mir der Cherusker,
Und auch der Erb, bei Hertha! schon benannt:
Es gilt nur bloß noch jetzt, sie abzutreten.
Wie wollt ihr doch, ihr Herrn, mit diesem Heer des Varus
Euch messen – an eines Haufens Spitze,
Zusammen aus den Waldungen gelaufen,
Mit der Kohorte, der gegliederten,
Die, wo sie geht und steht, des Geistes sich erfreut?
Was habt ihr, sagt doch selbst, das Vaterland zu schirmen,
Als nur die nackte Brust allein,
Und euren Morgenstern, indessen jene dort
Gerüstet mit der eh'rnen Waffe kommen,
Die ganze Kunst des Kriegs entfaltend,
In den vier Himmelsstrichen ausgelernt?
Nein, Freunde, so gewiß der Bär dem schlanken Löwen
Im Kampf erliegt, so sicherlich
Erliegt ihr, in der Feldschlacht, diesen Römern.
WOLF: Es scheint, du hältst dies Volk des fruchtumblühten Latiens
Für ein Geschlecht von höh'rer Art,
Bestimmt, uns roh're Kauze zu beherrschen?
HERMANN: Hm! In gewissem Sinne sag ich: ja.
Ich glaub, der Deutsch' erfreut sich einer größern
Anlage, der Italier doch hat seine mindre
In diesem Augenblicke mehr entwickelt.
Wenn sich der Barden Lied erfüllt,
Und, unter einem Königsszepter,
Jemals die ganze Menschheit sich vereint,
So läßt, daß es ein Deutscher führt, sich denken,

Ein Britt', ein Gallier, oder wer ihr wollt;
Doch nimmer jener Latier, beim Himmel!
Der keine andre Volksnatur
Verstehen kann und ehren, als nur seine.
Dazu am Schluß der Ding auch kommt es noch;
Doch bis die Völker sich, die diese Erd umwogen,
Noch jetzt vom Sturm der Zeit gepeitscht,
Gleich einer See, ins Gleichgewicht gestellt,
Kann es leicht sein, der Habicht rupft
Die Brut des Aars, die, noch nicht flügg,
Im stillen Wipfel einer Eiche ruht.

WOLF: Mithin ergibst du wirklich völlig dich
In das Verhängnis – beugst den Nacken
Dem Joch, das dieser Römer bringt,
Ohn auch ein Glied nur sträubend zu bewegen?

HERMANN: Behüte Wodan mich! Ergeben! Seid ihr toll?
Mein alles, Haus und Hof, die gänzliche
Gesamtheit des, was mein sonst war,
Als ein verlornes Gut in meiner Hand noch ist,
Das, Freunde, setz ich dran, im Tod nur,
Wie König Porus, glorreich es zu lassen!
Ergeben! – Einen Krieg, bei Mana! will ich
Entflammen, der in Deutschland rasselnd,
Gleich einem dürren Walde, um sich greifen,
Und auf zum Himmel lodernd schlagen soll!

THUISKOMAR: Und gleichwohl – unbegreiflich bist du, Vetter!
Gleichwohl nährst keine Hoffnung du,
In solchem tüchtgen Völkerstreit zu siegen?

HERMANN: Wahrhaftig, nicht die mindeste,
Ihr Freunde. Meine ganze Sorge soll
Nur sein, wie ich, nach meinen Zwecken,
Geschlagen werd. – Welch ein wahnsinnger Tor
Müßt ich doch sein, wollt ich mir und der Heeresschar,
Die ich ins Feld des Todes führ, erlauben,
Das Aug, von dieser finstern Wahrheit ab,
Buntfarbgen Siegesbildern zuzuwenden,
Und gleichwohl dann gezwungen sein,
In dem gefährlichen Momente der Entscheidung,
Die ungeheure Wahrheit anzuschaun?
Nein! Schritt vor Schritt will ich das Land der großen Väter
Verlieren – über jeden Waldstrom schon im voraus,

Mir eine goldne Brücke baun,
In jeder Mordschlacht denken, wie ich in
Den letzten Winkel nur mich des Cheruskerlands
Zurückezieh: und triumphieren,
Wie nimmer Marius und Sylla triumphierten,
Wenn ich – nach einer runden Zahl von Jahren,
Versteht sich – im Schatten einer Wodanseiche,
Auf einem Grenzstein, mit den letzten Freunden,
Den schönen Tod der Helden sterben kann.

DAGOBERT: Nun denn, beim Styxfluß –!

SELGAR: Das gestehst du, Vetter,
Auf diesem Weg nicht kömmst du eben weit.

DAGOBERT: Gleich einem Löwen grimmig steht er auf,
Warum? Um, wie ein Krebs, zurückzugehn.

HERMANN: Nicht weit? Hm! – Seht, das möcht ich just nicht sagen.
Nach Rom – ihr Herren, Dagobert und Selgar!
Wenn mir das Glück ein wenig günstig ist.
Und wenn nicht ich, wie ich fast zweifeln muß,
Der Enkel einer doch, wag ich zu hoffen,
Die hier in diesem Paar der Lenden ruhn!

WOLF *umarmt ihn*: Du Lieber, Wackrer, Göttlicher –!
Wahrhaftig, du gefällst mir. – Kommt, stoßt an!
Hermann soll, der Befreier Deutschlands, leben!

HERMANN *sich losmachend*: Kurz, wollt ihr, wie ich schon einmal euch
Zusammenraffen Weib und Kind,   [sagte,
Und auf der Weser rechtes Ufer bringen,
Geschirre, goldn' und silberne, die ihr
Besitzet, schmelzen, Perlen und Juwelen
Verkaufen oder sie verpfänden,
Verheeren eure Fluren, eure Herden
Erschlagen, eure Plätze niederbrennen,
So bin ich euer Mann –:

WOLF: Wie? Was?

HERMANN: Wo nicht –?

THUISKOMAR: Die eignen Fluren sollen wir verheeren ?

DAGOBERT: Die Herden töten –?

SELGAR: Unsre Plätze niederbrennen –?

HERMANN: Nicht? Nicht? Ihr wollt es nicht?

THUISKOMAR: Das eben Rasender, das ist es ja,
Was wir in diesem Krieg verteidigen wollen!

HERMANN *abbrechend*: Nun denn, ich glaubte, eure Freiheit wär's.

Er steht auf.

THUISKOMAR: Was? – Allerdings. Die Freiheit –
HERMANN: Ihr vergebt mir!
THUISKOMAR: Wohin, ich bitte dich?
SELGAR: Was fällt dir ein?
HERMANN: Ihr Herrn, ihr hört's; so kann ich euch nicht helfen.
DAGOBERT *bricht auf:* Laß dir bedeuten, Hermann.
HERMANN *in die Szene rufend:*   Horst! die Pferde!
SELGAR *ebenso:* Ein Augenblick! Hör an! Du mißverstehst uns!
        Die Fürsten brechen sämtlich auf.
HERMANN: Ihr Herrn, zur Mittagstafel sehn wir uns.
        Er geht ab; Hörnermusik.
WOLF: O Deutschland! Vaterland! Wer rettet dich,
  Wenn es ein Held, wie Siegmars Sohn nicht tut!
        Alle ab.

ZWEITER AKT

Szene: Teutoburg. Das Innere eines großen und prächtigen Fürstenzelts, mit einem Thron.

ERSTER AUFTRITT

HERMANN *auf dem Thron. Ihm zur Seite* EGINHARDT, VENTIDIUS, *der Legat von Rom, steht vor ihm.*

HERMANN: Ventidius! Deine Botschaft, in der Tat,
  Erfreut zugleich mich und bestürzt mich.
  – Augustus, sagst du, beut zum drittenmal,
  Mir seine Hülfe gegen Marbod an.
VENTIDIUS: Ja, mein erlauchter Herr. Die drei Legionen,
  Die, in Sicambrien, am Strom der Lippe stehn,
  Betrachte sie wie dein! Quintilius Varus harrt,
  Ihr großer Feldherr, deines Winkes nur,
  In die Cheruskerplätze einzurücken.
  Drei Tage, mehr bedarf es nicht, so steht er
  Dem Marbod schon, am Bord der Weser, gegenüber,
  Und zahlt, vorn an der Pfeile Spitzen,
  Ihm das Metall, das er gewagt,
  Dir als Tribut, der Trotzge, abzufodern.
HERMANN: Freund, dir ist selbst bekannt, wie manchem bittern Drangsal

Ein Land ist heillos preis gestellt,
Das einen Heereszug erdulden muß.
Da finden Raub und Mord und Brand sich,
Der höllentstiegene Geschwisterreigen, ein,
Und selbst das Beil oft hält sie nicht zurück.
Meinst du nicht, alles wohl erwogen,
Daß ich imstande wär, allein
Cheruska vor dem Marbod zu beschützen?
VENTIDIUS: Nein, nein, mein Fürst! Den Wahn, ich bitte dich, entferne!
Gewiß, die Scharen, die du führst, sie bilden
Ein würdig kleines Heer, jedoch bedenke,
Mit welchem Feind du es zu tun!
Marbod, das Kind des Glücks, der Fürst der Sueven ist's,
Der, von den Riesenbergen niederrollend,
Stets siegreich, wie ein Ball von Schnee, sich groß gewälzt.
Wo ist der Wall um solchem Sturz zu wehren?
Die Römer werden Mühe haben,
Die weltbesiegenden, wie mehr, o Herr, denn du,
Dein Reich vor der Verschüttung zu beschirmen.
HERMANN: Freilich! Freilich! Du hast zu sehr nur recht.
Das Schicksal, das im Reich der Sterne waltet,
Ihn hat es, in der Luft des Kriegs,
Zu einem Helden rüstig großgezogen,
Dagegen mir, du weißt, das sanftre Ziel sich steckte:
Dem Weib, das mir vermählt, der Gatte,
Ein Vater meinen süßen Kindern,
Und meinem Volk ein guter Fürst zu sein.
Seit jener Mordschlacht, die den Ariovist vernichtet,
Hab ich im Felde mich nicht mehr gezeigt;
Die Weisung werd ich nimmermehr vergessen:
Es war, im Augenblick der gräßlichen Verwirrung,
Als ob ein Geist erstünde und mir sagte,
Daß mir das Schicksal hier nicht günstig wäre. –
VENTIDIUS: Gewiß! Die Weisheit, die du mir entfaltest,
Füllt mit Bewundrung mich. – Zudem muß ich dir sagen,
Daß so, wie nun die Sachen dringend stehn,
O Herr, dir keine Wahl mehr bleibt,
Daß du dich zwischen Marbod und Augustus
Notwendig jetzt entscheiden mußt;
Daß dieses Sueven Macht, im Reich Germaniens,
Zu ungeheuer anwuchs; daß Augustus

Die Oberherrschaft keinem gönnen kann,
Der, auf ein Heer, wie Marbod, trotzend,
Sich selbst sie nur verdanken will; ja, wenn
Er je ein Oberhaupt der Deutschen anerkennt,
Ein Fürst es sein muß, das begreifst du,
Den er, durch einen Schritt, verhängnisvoll wie diesen,
Auf immer seinem Thron verbinden kann.
HERMANN *nach einer kurzen Pause*:
Wenn du die Aussicht mir eröffnen könntest,
Ventidius, daß mir
Die höchste Herrschgewalt in Deutschland zugedacht:
So würd Augustus, das versichr' ich dich,
Den wärmsten Freund würd er an mir erhalten. –
Denn dieses Ziel, das darf ich dir gestehn,
Reizt meinen Ehrgeiz, und mit Neid
Seh ich den Marbod ihm entgegeneilen.
VENTIDIUS: Mein Fürst! Das ist kein Zweifel mehr.
Glaub nicht, was Meuterei hier ausgesprengt,
Ein Neffe werd Augusts, sobald es nur erobert,
In Deutschland, als Präfekt, sich niederlassen;
Und wenngleich Scipio, Agricola, Licin,
Durch meinen großen Kaiser eingesetzt,
Nariska, Markoland und Nervien jetzt verwalten:
Ein Deutscher kann das Ganze nur beherrschen!
Der Grundsatz, das versichr' ich dich,
Steht, wie ein Felsen, bei Senat und Volk!
Wenn aber, das entscheide selbst,
Ein Deutscher solch ein Amt verwalten soll:
Wer kann es sein, o Herr, als der allein,
Durch dessen Hülfe uns ersprießlich,
Sich solch ein Herrschamt allererst errichtet?
HERMANN *vom Thron herabsteigend*:
Nun denn, Legat der römischen Cäsaren,
So werf ich, was auch säum ich länger,
Mit Thron und Reich, in deine Arme mich!
Cheruskas ganze Macht leg ich,
Als ein Vasall, zu Augusts Füßen nieder.
Laß Varus kommen, mit den Legionen;
Ich will fortan, auf Schutz und Trutz
Mich wider König Marbod ihm verbinden!
VENTIDIUS: Nun, bei den Uraniden! Dieser Tag,

Er ist der schönste meines Lebens!
Ich eile dem August, o Herr, dein Wort zu melden.
Man wird in Rom die Zirken öffnen,
Die Löwen kämpfen, die Athleten, lassen,
Und Freudenfeuer in die Nächte schicken!
– Wann darf Quintilius jetzt die Lippe überschreiten?
HERMANN: Wann es sein Vorteil will.
VENTIDIUS: Wohlan, so wirst
Du morgen schon in Teutoburg ihn sehn.
– Vergönne, daß ich die Minute nütze. *Ab.*

Zweiter Auftritt

Hermann *und* Eginhardt.

Pause.

HERMANN: Ging er?
EGINHARDT: Mich dünkte, ja. Er bog sich links.
HERMANN: Mich dünkte, rechts.
EGINHARDT: Still!
HERMANN: Rechts. Der Vorhang rauschte.
Er bog sich in Thusneldens Zimmer hin.

Dritter Auftritt

Thusnelda *tritt, einen Vorhang öffnend, zur Seite auf.* Die Vorigen.

HERMANN: Thuschen!
THUSNELDA: Was gibt's?
HERMANN: Geschwind! Ventidius sucht dich.
THUSNELDA: Wo?
HERMANN: Von dem äußern Gang.
THUSNELDA: So? Desto besser.
So bin ich durch den mittlern ihm entflohn.
HERMANN: Tuschen! Geschwind! Ich bitte dich!
THUSNELDA: Was hast du?
HERMANN: Zurück, mein Herzchen! liebst du mich! Zurücke!
In deine Zimmer wieder! Rasch! Zurücke!
THUSNELDA *lächelnd*: Ach, laß mich gehn.
HERMANN: Was? Nicht? Du weigerst mir –
THUSNELDA: Laß mich mit diesem Römer aus dem Spiele.

HERMANN: Dich aus dem Spiel? Wie! Was? Bist du bei Sinnen?
Warum? Weshalb?
THUSNELDA: — Er tut mir leid, der Jüngling.
HERMANN: Dir leid? Gewiß, beim Styx, weil er das Untier gestern —?
THUSNELDA: Gewiß! Bei Braga! Bei der sanften Freya:
Er war so rüstig bei der Hand!
Er wähnte doch, mich durch den Schuß zu retten,
Und wir verhöhnen ihn!
HERMANN: Ich glaub, beim Himmel,
Die römische Tarantel hat —?
Er wähnt ja auch, du Törin, du,
Daß wir den Wahn der Tat ihm danken!
Fort, Herzchen, fort!
EGINHARDT: Da ist er selber schon!
HERMANN: Er riecht die Fährt ihr ab, ich wußt es wohl.
— Du sei mir klug, ich rat es dir!
Komm, Eginhardt, ich hab dir was zu sagen.
Ab.

VIERTER AUFTRITT

THUSNELDA *nimmt eine Laute und setzt sich nieder.* VENTIDIUS *und* SCÄPIO
treten auf.

VENTIDIUS *noch unter dem Eingang*: Scäpio! Hast du gehört?
SCÄPIO: Du sagst, der Bote —?
VENTIDIUS *flüchtig*: Der Bote, der nach Rom geht, an Augustus,
Soll zwei Minuten warten; ein Geschäft
Für Livia liegt, die Kaiserin, mir noch ob.
SCÄPIO: Genug! Es soll geschehn. *Ab.*
VENTIDIUS: Harr meiner draußen.

FÜNFTER AUFTRITT

THUSNELDA *und* VENTIDIUS.

VENTIDIUS: Vergib, erlauchte Frau, dem Freund des Hauses,
Wenn er den Fuß, unaufgerufen,
In deine göttergleiche Nähe setzt.
Von deiner Lippe hört ich gern,
Wie du die Nacht, nach jenem Schreck, der gestern

Dein junges Herz erschütterte, geschlummert?
THUSNELDA: Nicht eben gut, Ventidius. Mein Gemüt
War von der Jagd noch ganz des wilden Urs erfüllt.
Vom Bogen sandt ich tausendmal den Pfeil,
Und immerfort sah ich das Tier,
Mit eingestemmten Hörnern, auf mich stürzen.
Ein fürchterlicher Tod, Ventidius,
Solch einem Ungeheur erliegen!
Arminius sagte scherzend heut,
Ich hätte durch die ganze Nacht,
Ventidius! Ventidius! gerufen.
VENTIDIUS *läßt sich leidenschaftlich vor ihr nieder, und ergreift ihre Hand*:
Wie selig bin ich, Königin,
Dir ein Gefühl entlockt zu haben!
Was für ein Strahl der Wonne strömt,
Mir unerträglich, alle Glieder lähmend,
Durch den entzückten Busen hin,
Sagt mir dein süßer Mund, daß du, bei dem Gedanken
An mich, empfindest – wär's auch die unscheinbare
Empfindung nur des Danks, verehrte Frau,
Die jedem Glücklichen geworden wäre,
Der, als ein Retter, dir zur Seite stand!
THUSNELDA: Ventidius! Was willst du mir? Steh auf!
VENTIDIUS: Nicht eh'r, Vergötterte, als bis du meiner Brust
Ein Zeichen, gleichviel welches, des
Gefühls, das ich in dir entflammt, verehrt!
Sei es das Mindeste, was Sinne greifen mögen,
Das Herz gestaltet es zum Größesten.
Laß es den Strauß hier sein, der deinen Busen ziert,
Hier diese Schleife, diese goldne Locke –
Ja, Kön'gin, eine Locke laß es sein!
THUSNELDA: Ich glaub, du schwärmst. Du weißt nicht, wo du bist.
VENTIDIUS: Gib eine Locke, Abgott meiner Seelen,
Von diesem Haupthaar mir, das von der Juno Scheiteln
In üppgern Wogen nicht zur Ferse wallt!
Sieh, dem Arminius gönn ich alles:
Das ganze duftende Gefäß von Seligkeiten,
Das ich in meinen Armen zitternd halte,
Sein ist's; ich gönn es ihm: es möge sein verbleiben.
Die einzge Locke fleh ich nur für mich,
Die, in dem Hain, beim Schein des Monds,

An mein Lippe heiß gedrückt,
Mir deines Daseins Traum ergänzen soll!
Die kannst du mir, geliebtes Weib, nicht weigern,
Wenn du nicht grausam mich verhöhnen willst.
THUSNELDA: Ventidius, soll ich meine Frauen rufen?
VENTIDIUS: Und müßt ich so, in Anbetung gestreckt,
Zu deinen Füßen flehend liegen,
Bis das Gigantenjahr des Platon abgerollt,
Bis die graubärtge Zeit ein Kind geworden,
Und der verliebten Schäfer Paare wieder
An Milch- und Honigströmen zärtlich wandeln:
Von diesem Platz entweichen werd ich nicht,
Bis jener Wunsch, den meine Seele
Gewagt hat dir zu nennen, mir erfüllt.
*Thusnelda steht auf und sieht ihn an. Ventidius läßt sie betreten los und erhebt
sich. Thusnelda geht und klingelt.*

SECHSTER AUFTRITT

GERTRUD *und* BERTHA *treten auf.* DIE VORIGEN.

THUSNELDA: Gertrud; wo bleibst du? Ich rief nach meinen Kindern.
GERTRUD: Sie sind im Vorgemach. *Sie wollen beide gehen.*
THUSNELDA: Wart! Einen Augenblick!
Gertrud, du bleibst! – Du, Bertha, kannst sie holen.
Bertha ab.

SIEBENTER AUFTRITT

THUSNELDA *setzt sich wieder, ergreift die Laute, und tut einige Griffe darauf,*
VENTIDIUS *läßt sich hinter ihr, auf einem Sessel, nieder.* GERTRUD.

Pause.
THUSNELDA *spielt und singt*:
Ein Knabe sah den Mondenschein
   In eines Teiches Becken;
Er faßte mit der Hand hinein,
   Den Schimmer einzustecken;
Da trübte sich des Wassers Rand,
Das glänzge Mondesbild verschwand
   Und seine Hand war –

VENTIDIUS *steht auf. Er hat, währenddessen, unbemerkt eine Locke von Thusneldens Haar geschnitten, wendet sich ab, und drückt sie leidenschaftlich an seine Lippe.*
THUSNELDA *hält inne*: Was hast du?
VENTIDIUS *entzückt*: — Was ich um das Gold der Afern,
  Die Seide Persiens, die Perlen von Korinth,
  Um alles, was die Römerwaffen
  Je in dem Kreis der Welt erbeuteten, nicht lasse.
THUSNELDA: Ich glaub, du treibst die Dreistigkeit so weit,
  Und nahmst mir — *Sie legt die Laute weg.*
VENTIDIUS: Nichts, nichts, als diese Locke!
  Doch selbst der Tod nicht trennt mich mehr von ihr.
  Er beugt ehrfurchtsvoll ein Knie vor ihr und geht ab.
THUSNELDA *steht auf*: Ventidius Carbo, du beleidigst mich! —
  Gib sie mir her, sag ich! — Ventidius Carbo!

Achter Auftritt

HERMANN *mit einer Pergamentrolle. Hinter ihm* EGINHARDT. — DIE VORIGEN.

HERMANN: Was gibt's, mein Thuschen? Was erhitzt dich so?
THUSNELDA *erzürnt*: Nein, dies ist unerträglich, Hermann!
HERMANN: Was hast du? Sprich! Was ist geschehn, mein Kind?
THUSNELDA: Ich bitte dich, verschone fürder
  Mit den Besuchen dieses Römers mich.
  Du wirfst dem Walfisch, wie das Sprichwort sagt,
  Zum Spielen eine Tonne vor;
  Doch wenn du irgend dich auf offnem Meere noch
  Erhalten kannst, so bitt ich dich,
  Laß es was anders, als Thusnelden, sein.
HERMANN: Was wollt er dir, mein Herzchen, sag mir an?
THUSNELDA: Er kam und bat, mit einer Leidenschaft,
  Die wirklich alle Schranken niederwarf,
  Gestreckt auf Knieen, wie ein Glücklicher,
  Um eine Locke mich —
HERMANN: Du gabst sie ihm —?
THUSNELDA: Ich —? ihm die Locke geben!
HERMANN: Was! Nicht? Nicht?
THUSNELDA: Ich weigerte die Locke ihm. Ich sagte,
  Ihn hätte Wahnsinn, Schwärmerei ergriffen,
  Erinnert ihn, an welchem Platz er wäre —

HERMANN: Da kam er her und schnitt die Locke ab –?
THUSNELDA: Ja, in der Tat! Es scheint, du denkst, ich scherze.
Inzwischen ich auf jenem Sessel mir
Ein Lied zur Zither sang, löst er,
Mit welchem Werkzeug weiß ich nicht, bis jetzt,
Mir eine Locke heimlich von der Scheitel,
Und gleich, als hätt er sie, der Törichte,
Von meiner Gunst davongetragen,
Drückt' er sie, glühend vor Entzücken, an die Lippen,
Und ging, mit Schritten des Triumphes,
Als du erschienst, mit seiner Beut hinweg.
HERMANN *mit Humor*: Ei, Thuschen, was! So sind wir glückliche
Geschöpfe ja, so wahr ich lebe,
Daß er die andern dir gelassen hat.
THUSNELDA: Wie? Was? Wir wären glücklich –?
HERMANN: Ja, beim Himmel!
Käm er daher, mit seinen Leuten,
Die Scheitel ratzenkahl dir abzuscheren:
Ein Schelm, mein Herzchen, will ich sein,
Wenn ich die Macht besitz, es ihm zu wehren.
THUSNELDA *zuckt die Achseln*:
– Ich weiß nicht, was ich von dir denken soll.
HERMANN: Bei Gott, ich auch nicht. Varus rückt
Mit den Kohorten morgen bei mir ein. –
THUSNELDA *streng*: Armin, du hörst, ich wiederhol es dir,
Wenn irgend dir dein Weib was wert ist,
So nötigst du mich nicht, das Herz des Jünglings ferner
Mit falschen Zärtlichkeiten, zu entflammen.
Bekämpf ihn, wenn du willst, mit Waffen des Betrugs,
Da, wo er mit Betrug dich angreift;
Doch hier, wo, gänzlich unbesonnen,
Sein junges Herz sich dir entfaltet,
Hier wünsch ich lebhaft, muß ich dir gestehn,
Daß du auf offne Weise ihm begegnest.
Sag ihm, mit einem Wort, bestimmt doch ungehässig,
Daß seine kaiserliche Sendung
An dich, und nicht an deine Gattin sei gerichtet.
HERMANN *sieht sie an*: Entflammen? Wessen Herz? Ventidius Carbos?
Thuschen! Sieh mich mal an! – Bei unsrer Hertha!
Ich glaub, du bildst dir ein, Ventidius liebt dich?
THUSNELDA: Ob er mich liebt?

HERMANN: Nein sprich, im Ernst, das glaubst du?
So, was ein Deutscher lieben nennt,
Mit Ehrfurcht und mit Sehnsucht, wie ich dich?
THUSNELDA: Gewiß, glaub mir, ich fühl's, und fühl's mit Schmerz,
Daß ich den Irrtum leider selbst,
Der dieses Jünglings Herz ergriff, verschuldet.
Er hätte, ohne die betrügerischen Schritte,
Zu welchen du mich aufgemuntert,
Sich nie in diese Leidenschaft verstrickt;
Und wenn du das Geschäft, ihn offen zu enttäuschen,
Nicht übernehmen willst, wohlan:
Bei unsrer nächsten Zwiesprach werd ich's selbst.
HERMANN: Nun, Thuschen, ich versichre dich,
Ich liebe meinen Hund mehr, als er dich.
Du machst, beim Styx, dir überflüßge Sorge.
Ich zweifle nicht, o ja, wenn ihn dein schöner Mund
Um einen Dienst ersucht, er tut ihn dir:
Doch wenn er die Orange ausgesaugt,
Die Schale, Herzchen, wirft er auf den Schutt.
THUSNELDA *empfindlich*: Dich macht, ich seh, dein Römerhaß ganz blind.
Weil als dämonenartig dir
Das Ganz erscheint, so kannst du dir
Als sittlich nicht den einzelnen gedenken.
HERMANN: Meinst du? Wohlan! Wer recht hat, wird sich zeigen.
Wie er die Lock, auf welche Weise,
Gebrauchen will, das weiß ich nicht;
Doch sie im stillen an den Mund zu drücken,
Du kannst es sicher glauben, ist es nicht.
– Doch, Thuschen, willst du jetzt allein mich lassen?
THUSNELDA: O ja. Sehr gern.
HERMANN: Du bist mir doch nicht bös?
THUSNELDA: Nein, Nein! Versprich mir nur, für immer mich
Mit diesem Toren aus dem Spiel zu lassen!
HERMANN: Topp! Meine Hand drauf! In drei Tagen,
Soll sein Besuch dir nicht zur Last mehr fallen!
Thusnelda und Gertrud ab.

Neunter Auftritt

Hermann *und* Eginhardt.

HERMANN: Hast du mir den geheimen Boten
 An Marbod, Fürst von Suevien, besorgt?
EGINHARDT: Er steht im Vorgemach.
HERMANN: Wer ist es?
EGINHARDT: Mein Fürst und Herr, es ist mein eigner Sohn!
 Ich konnte keinen Schlechteren
 Für diese wichtge Botschaft dir bestellen.
HERMANN: Ruf ihn herein!
EGINHARDT: Luitogar, erscheine!

Zehnter Auftritt

Luitgar *tritt auf.* – Die Vorigen.

HERMANN: Du bist entschlossen, hör ich, Luitgar,
 An Marbod heimlich eine Botschaft zu besorgen?
LUITGAR: Ich bin's, mein hoher Herr.
HERMANN: Kann ich gewiß sein,
 Daß das, was ich dir anvertraue,
 Vor morgen nacht in seinen Händen ist?
LUITGAR: Mein Fürst, so sicher, als ich morgen lebe,
 So sicher auch ist es ihm überbracht.
HERMANN: Gut. – Meine beide blonden Jungen wirst du,
 Den Rinold und den Adelhart,
 Empfangen, einen Dolch, und dieses Schreiben hier,
 Dem Marbod, Herrn des Suevenreiches,
 Von mir zu überliefern. – Die drei Dinge
 Erklären sich, genau erwogen, selbst,
 Und einer mündlichen Bestellung braucht es nicht;
 Doch, um dich in den Stand zu setzen,
 Sogleich jedwedem Irrtum zu begegnen,
 Der etwa nicht von mir berechnet wäre,
 Will ich umständlich, von dem Schritt,
 Zu dem ich mich entschloß, dir Kenntnis geben.
LUITGAR: Geruhe deinen Knecht zu unterrichten.
HERMANN: Die Knaben schick ich ihm zuvörderst und den Dolch,
 Damit dem Brief er Glauben schenke.

Wenn irgend in dem Brief ein Arges ist enthalten,
Soll er den Dolch sofort ergreifen,
Und in der Knaben weiße Brüste drücken.
LUITGAR: Wohl, mein erlauchter Herr.
HERMANN: Augustus hat
Das Angebot der drei Legionen,
Die Varus führt, zum Schutze wider Marbod,
Zum drittenmal mir heute wiederholt.
Gründe von zwingender Gewalt bestimmten mich,
Die Truppen länger nicht mehr abzulehnen.
Sie rücken morgen in Cheruska ein,
Und werden, in drei Tagen schon,
Am Weserstrom, ins Angesicht ihm sehn.
Varus will schon am Idus des Augusts
(Also am Tag nach unserem
Hochheilgen Nornentag, das merk dir wohl),
Mit seinem Römerheer die Weser überschiffen,
Und Hermann wird, auf einen Marsch,
Mit dem Cheruskerheer, zu gleichem Zweck, ihm folgen.
An dem Alraunentag, Luitgar,
(Also am Tag vor unserm Nornentag)
Brech ich von Teutoburg mit meinen Scharen auf.
Jenseits der Weser wollen wir
Vereint auf Marbods Haufen plötzlich fallen;
Und wenn wir ihn erdrückt (wie kaum zu zweifeln steht),
Soll mir nach dem Versprechen Augusts,
Die Oberherrschaft in Germanien werden.
LUITGAR: Ich faß, o Herr, dich und bewundre
Schon im voraus, was noch erfolgen wird.
HERMANN: Ich weiß inzwischen, daß Augustus sonst
Ihm mit der Herrschaft von Germanien geschmeichelt.
Mir ist von guter Hand bekannt,
Daß Varus heimlich ihn mit Geld,
Und Waffen selbst versehn, mich aus dem Feld zu schlagen.
Das Schicksal Deutschlands lehrt nur allzudeutlich mich,
Daß Augusts letzte Absicht sei,
Uns beide, mich wie ihn, zugrund zu richten,
Und wenn er, Marbod, wird vernichtet sein,
Der Suevenfürst, so fühl ich lebhaft,
Wird an Arminius die Reihe kommen.
LUITGAR: Du kennst, ich seh, die Zeit, wie wenige.

HERMANN: Da ich nun – soll ich einen Oberherrn erkennen,
Weit lieber einem Deutschen mich,
Als einem Römer unterwerfen will:
Von allen Fürsten Deutschlands aber ihm,
Marbod, um seiner Macht, und seines Edelmuts,
Der Thron am unzweideutigsten gebührt:
So unterwerf ich mich hiermit demselben,
Als meinem Herrn und hohen König,
Und zahl ihm den Tribut, Luitogar, den er
Durch einen Herold, jüngst mir abgefordert.
LUITGAR *betreten*: Wie mein erlauchter Herr! Hört ich auch recht?
Du unterwirfst –? Ich bitte dich, mein Vater!
    Eginhardt winkt ihm, ehrfurchtsvoll zu schweigen.
HERMANN: Dagegen, hoff ich, übernimmt nun e r,
Als Deutschlands Oberherrscher, die Verpflichtung,
Das Vaterland von dem Tyrannenvolk zu säubern.
Er wird den Römeradler länger nicht
Um einen Tag, steht es in seiner Macht,
Auf Hermanns, seines Knechts, Gefilden dulden.
Und da der Augenblick sich eben günstig zeigt,
Dem Varus, eh der Mond noch wechselte,
Das Grab in dem Cheruskerland zu graben,
So wag ich es, sogleich dazu
In Ehrfurcht ihm den Kriegsplan vorzulegen.
EGINHARDT: Jetzt merk wohl auf, Luitogar,
Und laß kein Wort Arminius' dir entschlüpfen.
LUITGAR: Mein Vater! Meine Brust ist Erz
Und ein Demantengriffel seine Rede!
HERMANN: Der Plan ist einfach und begreift sich leicht. –
Varus kommt, in der Nacht der düsteren Alraunen,
Im Teutoburger Walde an,
Der zwischen mir liegt und der Weser Strom.
Er denkt am folgenden, dem Tag der letzten Nornen,
Des Stroms Gestade völlig zu erreichen,
Um, an dem Idus des Augusts,
Mit seinem Heer darüber hin zu gehn.
Nun aber überschifft, am Tag schon der Alraunen,
Marbod der Weser Strom und rückt
Ihm bis zum Wald von Teutoburg entgegen.
Am gleichen Tag brech ich, dem Heer des Varus folgend,

Aus meinem Lager auf, und rücke
Von hinten ihm zu diesem Walde nach.
Wenn nun der Tag der Nornen purpurn
Des Varus Zelt bescheint, so siehst du, Freund Luitgar,
Ist ihm der Lebensfaden schon durchschnitten.
Denn nun fällt Marbod ihn von vorn,
Von hinten ich ihn grimmig an,
Erdrückt wird er von unsrer Doppelmacht:
Und keine andre Sorge bleibt uns,
Als die nur, eine Handvoll Römer zu verschonen;
Die, von dem Fall der übrigen,
Die Todespost an den Augustus bringen.
– Ich denk der Plan ist gut. Was meinst du, Luitgar?
LUITGAR: O Hermann! Wodan hat ihn selbst dir zugeflüstert!
Sieh, wenn du den Cheruskern ihn wirst nennen,
Sie werden, was sie nimmer tun,
Sieg! vor dem ersten Keulenschlag schon rufen!
HERMANN: Wohlan! In dem Vertraun itzt, das ich hege,
Er, Marbod, auch, werd diesen Plan,
Nach seiner höh'ren Weisheit billigen,
Nimmt er für mich die Kraft nun des Gesetzes an.
An dem Alraunentag rück ich nunmehr so fehllos,
Als wär es sein Gebot, aus meinem Lager aus,
Und steh, am Nornentag, vorm Teutoburger Wald.
Ihm aber – überlaß ich es in Ehrfurcht,
Nach dem Entwurf, das Seinige zu tun.
– Hast du verstanden?
LUITGAR: Wohl, mein erlauchter Herr.
HERMANN: Sobald wir über Varus' Leiche uns
Begegnet – beug ich ein Knie vor ihm,
Und harre seines weiteren Befehls.
– Weißt du noch sonst was, Eginhardt?
EGINHARDT: Nichts, mein Gebieter.
HERMANN: Oder du, Luitgar?
LUITGAR *zögernd:* Nichts mindestens, das von Bedeutung wäre. –
Laß deiner Weisheit ganz mich unterwerfen.
HERMANN: – Nun? Sag's nur dreist heraus, du siehst so starr
Auf diese kleine Rolle nieder,
Als hättst du nicht das Herz, sie zu ergreifen.
LUITGAR: Mein Fürst, die Wahrheit dir zu sagen,
Die Möglichkeit, daß mich ein Unfall träf, erschreckt mich.

Laß uns, in keinem Stück, der Gunst des Glücks vertraun.
Vergönne mir, ich bitte dich,
Zwei Freund ins Lager Marbods mitzunehmen,
Damit, wenn mir Verhindrung käme,
Ein andrer, und ein dritter noch,
Das Blatt in seine Hände bringen kann.
HERMANN: Nichts, nichts, Luitgar! Welch ein Wort entfiel dir?
Wer wollte die gewaltgen Götter
Also versuchen?! Meinst du, es ließe
Das große Werk sich ohne sie vollziehn?
Als ob ihr Blitz drei Boten minder,
Als einen einzelnen, zerschmettern könnte!
Du gehst allein; und triffst du mit der Botschaft
Zu spät bei Marbod, oder gar nicht, ein:
Sei's! mein Geschick ist's, das ich tragen werde.
LUITGAR: Gib mir die Botschaft! Nur der Tod verhindert,
Daß er sie morgen in den Händen hält.
HERMANN: Komm. So gebraucht ich dich. Hier ist die Rolle,
Und Dolch und Kinder händg' ich gleich dir ein.
Alle ab.

DRITTER AKT

Szene: Platz vor einem Hügel, auf welchem das Zelt Hermanns steht. Zur Seite eine Eiche, unter welcher ein großes Polster liegt, mit prächtigen Tigerfellen überdeckt. Im Hintergrunde sieht man die Wohnungen der Horde.

ERSTER AUFTRITT

HERMANN, EGINHARDT, ZWEI ÄLTESTEN *der Horde und* ANDERE *stehen vor dem Zelt und schauen in die Ferne.*

HERMANN: Das ist Thuiskon, was jetzt Feuer griff?
ERSTER ÄLTESTER: Vergib mir, Herthakon.
HERMANN: Ja, dort zur Linken,
Der Ort, der brannte längst. Zur Rechten, mein ich.
ERSTER ÄLTESTER: Zur Rechten, meinst du. Das ist Helakon.
Thuiskon kann man hier vom Platz nicht sehn.
HERMANN: Was! Helakon! Das liegt in Asche schon.
Ich meine, was jetzt eben Feuer griff?
ERSTER ÄLTESTER: Ganz recht! Das ist Thuiskon, mein Gebieter!

Die Flamme schlägt jetzt übern Wald empor. –
Pause.
HERMANN: Auf diesem Weg rückt, dünkt mich, Varus an?
ERSTER ÄLTESTER: Varus? Vergib. Von deinem Jagdhaus Orla.
Das ist der Ort, wo heut er übernachtet.
HERMANN: Ja, Varus in Person. Doch die drei Haufen,
Die er ins Land mir führt –?
ZWEITER ÄLTESTER *vortretend*: Die ziehn, mein König,
Durch Thuiskon, Helakon und Herthakon.
Pause.
HERMANN *indem er vom Hügel herabschreitet*:
Man soll auf's beste, will ich, sie empfangen.
An Nahrung weder, reichlicher,
Wie der Italier sie gewohnt, soll man's
Noch auch an Met, an Fellen für die Nacht,
Noch irgend sonst, wie sie auch heiße,
An einer Höflichkeit gebrechen lassen.
Denn meine guten Freunde sind's,
Von August mir gesandt, Cheruska zu beschirmen,
Und das Gesetz der Dankbarkeit erfodert,
Nichts, was sie mir verbinden kann, zu sparen.
ERSTER ÄLTESTER: Was dein getreuer Lagerplatz besitzt,
Das zweifle nicht, wird er den Römern geben.
ZWEITER ÄLTESTER: Warum auch soll er warten, bis man's nimmt?

Zweiter Auftritt

Drei Hauptleute *treten eilig nacheinander auf.* – Die Vorigen.

DER ERSTE HAUPTMANN *indem er auftritt*: Mein Fürst, die ungeheueren
Unordnungen, die sich dies Römerheer erlaubt,
Beim Himmel! übersteigen allen Glauben.
Drei deiner blühndsten Plätze sind geplündert,
Entflohn die Horden, alle Hütten und Gezelte –
Die unerhörte Tat! – den Flammen preisgegeben!
HERMANN *heimlich und freudig*:
Geh, geh, Siegrest! Spreng aus, es wären sieben!
DER ERSTE HAUPTMANN: Was? – Was gebeut mein König?
EGINHARDT: Hermann sagt –
Er nimmt ihn beiseite.
DER ERSTE ÄLTESTE: Dort kommt ein neuer Unglücksbote schon!

DER ZWEITE HAUPTMANN *tritt auf*:
  Mein Fürst, man schickt von Herthakon mich her,
  Dir eine gräßliche Begebenheit zu melden!
  Ein Römer ist, in diesem armen Ort,
  Mit einer Wöchnerin in Streit geraten,
  Und hat, da sie den Vater rufen wollte,
  Das Kind, das sie am Busen trug, ergriffen,
  Des Kindes Schädel, die Hyäne, rasend
  An seiner Mutter Schädel eingeschlagen.
  Die Feldherrn, denen man die Greueltat gemeldet,
  Die Achseln haben sie gezuckt, die Leichen
  In eine Grube heimlich werfen lassen.
HERMANN *ebenso*: Geh! Fleuch! Verbreit es in dem Platz, Govin!
  Versichere von mir, den Vater hätten sie
  Lebendig, weil er zürnte, nachgeworfen!
DER ZWEITE HAUPTMANN: Wie? Mein erlauchter Herr!
EGINHARDT *nimmt ihn beim Arm*:   Ich will dir sagen –
  Er spricht heimlich mit ihm.
ERSTER ÄLTESTER: Beim Himmel! Da erscheint der dritte schon!
DER DRITTE HAUPTMANN *tritt auf*:
  Mein Fürst, du mußt, wenn du die Gnade haben willst,
  Verzuglos dich nach Helakon verfügen.
  Die Römer fällten dort, man sagt mir, aus Versehen,
  Der tausendjährgen Eichen eine,
  Dem Wodan, in dem Hain der Zukunft, heilig.
  Ganz Helakon hierauf, Thuiskon, Herthakon,
  Und alles, was den Kreis bewohnt,
  Mit Spieß und Schwert stand auf, die Götter zu verteidgen.
  Den Aufruhr rasch zu dämpfen, steckten
  Die Römer plötzlich alle Läger an:
  Das Volk, so schwer bestraft, zerstreute jammernd sich,
  Und heult jetzt um die Asche seiner Hütten. –
  Komm, bitt ich dich, und steure der Verwirrung.
HERMANN: Gleich, gleich! – Man hat mir hier gesagt,
  Die Römer hätten die Gefangenen gezwungen,
  Zeus, ihrem Greulgott, in den Staub zu knien?
DER DRITTE HAUPTMANN: Nein, mein Gebieter, davon weiß ich nichts.
HERMANN: Nicht? Nicht? – Ich hab es von dir selbst gehört!
DER DRITTE HAUPTMANN: Wie? Was?
HERMANN *in den Bart*:   Wie! Was! Die deutschen Uren!
 – Bedeut ihm, was die List sei, Eginhardt.

EGINHARDT: Versteh, Freund Ottokar! Der König meint –
  Er nimmt ihn beim Arm und spricht heimlich mit ihm.
ERSTER ÄLTESTER: Nun solche Zügellosigkeit, beim hohen Himmel,
  In Freundes Land noch obenein,
  Ward doch, seitdem die Welt steht, nicht erlebt!
ZWEITER ÄLTESTER: Schickt Männer aus, zu löschen!
HERMANN *der wieder in die Ferne gesehn*: Hör, Eginhardt!
  Was ich dir sagen wollte –
EGINHARDT: Mein Gebieter!
HERMANN *heimlich*: Hast du ein Häuflein wackrer Leute wohl,
  Die man zu einer List gebrauchen könnte?
EGINHARDT: Mein Fürst, die War ist selten, wie du weißt.
  – Was wünschest du, sag an?
HERMANN: Was? Hast du sie?
  Nun hör, schick sie dem Varus, Freund,
  Wenn er zur Weser morgen weiterrückt,
  Schick sie in Römerkleidern doch vermummt ihm nach.
  Laß sie, ich bitte dich, auf allen Straßen,
  Die sie durchwandern, sengen, brennen, plündern:
  Wenn sie's geschickt vollziehn, will ich sie lohnen!
EGINHARDT: Du sollst die Leute haben. Laß mich machen.
  Er mischt sich unter die Hauptleute.

DRITTER AUFTRITT

THUSNELDA *tritt aus dem Zelt.* – DIE VORIGEN.

HERMANN *heiter*: Ei, Thuschen! Sieh! Mein Stern! Was bringst du mir?
  Er sieht wieder, mit vorgeschützter Hand, in die Ferne hinaus.
THUSNELDA: Ei nun! Die Römer, sagt man, ziehen ein;
  Die muß Arminius' Frau doch auch begrüßen.
HERMANN: Gewiß, gewiß! So will's die Artigkeit.
  Doch weit sind sie im Felde noch;
  Komm her und laß den Zug heran uns plaudern!
  Er winkt ihr, sich unter der Eiche niederzulassen.
THUSNELDA *den Sitz betrachtend*: Der Sybarit! Sieh da! Mit seinen Polstern!
  Schämst du dich nicht? – Wer traf die Anstalt hier? *Sie setzt sich nieder.*
HERMANN: Ja, Kind! Die Zeiten, weißt du sind entartet. –
  Holla, schafft Wein mir her, ihr Knaben,
  Damit der Perserschach vollkommen sei!
  Er läßt sich an Thusneldens Seite nieder und umarmt sie.

Nun, Herzchen, sprich, wie geht's dir, mein Planet?
Was macht Ventidius, dein Mond? Du sahst ihn?
Es kommen Knaben und bedienen ihn mit Wein.
THUSNELDA: Ventidius? Der grüßt dich.
HERMANN: So! Du sahst ihn?
THUSNELDA: Aus meinem Zimmer eben ging er fort.
– Sieh mich mal an!
HERMANN: Nun?
THUSNELDA: Siehst du nichts?
HERMANN: Nein, Thuschen.
THUSNELDA: Nichts? Gar nichts? Nicht das mindeste?
HERMANN: Nein, in der Tat! Was soll ich sehn?
THUSNELDA: Nun wahrlich,
Wenn Varus auch so blind, wie du,
Der Feldherr Roms, den wir erwarten,
So war die ganze Mühe doch verschwendet.
HERMANN *indem er dem Knaben, der ihn bedient, den Becher zurückgibt:*
Ja, so! Du hast, auf meinen Wunsch, den Anzug
Heut mehr gewählt, als sonst –
THUSNELDA: So! Mehr gewählt!
Geschmückt bin ich, beim hohen Himmel,
Daß ich die Straßen Roms durchschreiten könnte!
HERMANN: Potz! Bei der großen Hertha! Schau! – Hör, du!
Wenn ihr den Adler seht, so ruft ihr mich.
Der Knabe, der ihn bedient, nickt mit dem Kopf.
THUSNELDA: Was?
HERMANN: Und Ventidius war bei dir?
THUSNELDA: Ja, allerdings. Und zeigte mir am Putztisch,
Wie man, in Rom, das Haar sich ordnet,
Den Gürtel legt, das Kleid in Falten wirft.
HERMANN: Schau, wie er göttlich dir den Kopf besorgt!
Der Kopf, beim Styx, von einer Juno!
Bis auf das Diadem sogar,
Das dir vom Scheitel blitzend niederstrahlt!
THUSNELDA: Das ist das schöne Prachtgeschenk,
Das du aus Rom mir jüngsthin mitgebracht.
HERMANN: So? Der geschnittne Stein, gefaßt in Perlen?
Ein Pferd war, dünkt mich, drauf?
THUSNELDA: Ein wildes, ja,
Das seinen Reiter abwirft. –
Er betrachtet das Diadem.

HERMANN: Aber, Thuschen! Thuschen!
  Wie wirst du aussehn, liebste Frau,
  Wenn du mit einem kahlen Kopf wirst gehn?
THUSNELDA: Wer? Ich?
HERMANN: Du, ja! – Wenn Marbod erst geschlagen ist,
  So läuft kein Mond ins Land, beim Himmel!
  Sie scheren dich so kahl wie eine Ratze.
THUSNELDA: Ich glaub, du träumst, du schwärmst! Wer wird den Kopf
  [mir –?
HERMANN: Wer? Ei, Quintilius Varus und die Römer,
  Mit denen ich alsdann verbunden bin.
THUSNELDA: Die Römer! Was!
HERMANN: Ja, was zum Henker, denkst du?
  – Die römschen Damen müssen doch,
  Wenn sie sich schmücken, hübsche Haare haben?
THUSNELDA: Nun haben denn die römschen Damen keine?
HERMANN: Nein, sag ich! Schwarze! Schwarz und fett, wie Hexen!
  Nicht hübsche, trockne, goldne, so wie du!
THUSNELDA: Wohlan! So mögen sie! Der triftge Grund!
  Wenn sie mit hübschen nicht begabt,
  So mögen sie mit schmutzgen sich behelfen.
HERMANN: So! In der Tat! Da sollen die Kohorten
  Umsonst wohl übern Rhein gekommen sein?
THUSNELDA: Wer? Die Kohorten?
HERMANN: Ja, die Varus führt.
THUSNELDA *lacht*: Das muß ich sagen! Der wird doch
  Um meiner Haare nicht gekommen sein?
HERMANN: Was? Allerdings! Bei unsrer großen Hertha!
  Hat dir Ventidius das noch nicht gesagt?
THUSNELDA: Ach, geh! Du bist ein Affe.
HERMANN: Nun, ich schwör's dir. –
  Wer war es schon, der jüngst beim Mahl erzählte,
  Was einer Frau in Ubien begegnet?
THUSNELDA: Wem? Einer Ubierin?
HERMANN: Das weißt du nicht mehr?
THUSNELDA: Nein, Lieber! – Daß drei Römer sie, meinst du,
  In Staub gelegt urplötzlich und gebunden –?
HERMANN: Nun ja! Und ihr nicht bloß, vom Haupt hinweg,
  Das Haar, das goldene, die Zähne auch,
  Die elfenbeinernen, mit einem Werkzeug,
  Auf offner Straße, aus dem Mund genommen?

THUSNELDA: Ach, geh! Laß mich zufrieden.
HERMANN: Das glaubst du nicht?
THUSNELDA: Ach, was! Ventidius hat mir gesagt,
  Das wär ein Märchen.
HERMANN: Ein Märchen! So!
  Ventidius hat ganz recht, wahrhaftig,
  Sein Schäfchen, für die Schurzeit, sich zu kirren.
THUSNELDA: Nun, der wird doch den Kopf mir selber nicht –?
HERMANN: Ventidius? Hm! Ich steh für nichts, mein Kind.
THUSNELDA *lacht*: Was? Er? Er, mir? Nun, das muß ich gestehn –!
HERMANN: Du lachst. Es sei. Die Folge wird es lehren.
  Pause.
THUSNELDA *ernsthaft*: Was denn, in aller Welt, was machen sie
  In Rom, mit diesen Haaren, diesen Zähnen?
HERMANN: Was du für Fragen tust, so wahr ich lebe!
THUSNELDA: Nun ja! Wie nutzen sie, bei allen Nornen!
  Auf welche Art gebrauchen sie die Dinge?
  Sie können doch die fremden Locken nicht
  An ihre eignen knüpfen, nicht die Zähne
  Aus ihrem eignen Schädel wachsen machen?
HERMANN: Aus ihrem eignen Schädel wachsen machen!
THUSNELDA: Nun also! Wie verfahren sie? So sprich!
HERMANN *mit Laune*: Die schmutzgen Haare schneiden sie sich ab,
  Und hängen unsre trocknen um die Platte!
  Die Zähne reißen sie, die schwarzen, aus,
  Und stecken unsre weißen in die Lücken!
THUSNELDA: Was!
HERMANN: In der Tat! Ein Schelm, wenn ich dir lüge. –
THUSNELDA *glühend*: Bei allen Rachegöttern! Allen Furien!
  Bei allem, was die Hölle finster macht!
  Mit welchem Recht, wenn dem so ist,
  Vom Kopf uns aber nehmen sie sie weg?
HERMANN: Ich weiß nicht, Thuschen, wie du heut dich stellst.
  Steht August nicht, mit den Kohorten,
  In allen Ländern siegreich aufgepflanzt?
  Für wen erschaffen ward die Welt, als Rom?
  Nimmt August nicht dem Elefanten
  Das Elfenbein, das Öl der Bisamkatze,
  Dem Panthertier das Fell, dem Wurm die Seide?
  Was soll der Deutsche hier zum voraus haben?
THUSNELDA *sieht ihn an*: Was wir zum voraus sollen –?

HERMANN: Allerdings.
THUSNELDA: Daß du verderben müßtest, mit Vernünfteln!
Das sind ja Tiere, Querkopf, der du bist,
Und keine Menschen!
HERMANN: Menschen! Ja, mein Thuschen,
Was ist der Deutsche in der Römer Augen?
THUSNELDA: Nun, doch kein Tier, hoff ich –?
HERMANN: Was? – Eine Bestie,
Die auf vier Füßen in den Wäldern läuft!
Ein Tier, das, wo der Jäger es erschaut,
Just einen Pfeilschuß wert, mehr nicht,
Und ausgeweidet und gepelzt dann wird!
THUSNELDA: Ei, die verwünschte Menschenjägerei!
Ei, der Dämonenstolz! Der Hohn der Hölle!
HERMANN *lacht*: Nun wird ihr bang, um ihre Zähn und Haare.
THUSNELDA: Ei, daß wir, wie die grimmgen Eber, doch
Uns über diese Schützen werfen könnten!
HERMANN *ebenso*: Wie sie nur aussehn wird! Wie'n Totenkopf!
THUSNELDA: Und diese Römer nimmst du bei dir auf?
HERMANN: Ja, Thuschen! Liebste Frau, was soll ich machen?
Soll ich, um deiner gelben Haare,
Mit Land und Leut in Kriegsgefahr mich stürzen?
THUSNELDA: Um meiner Haare! Was? Gilt es sonst nichts?
Meinst du, wenn Varus so gestimmt, er werde
Das Fell dir um die nackten Schultern lassen?
HERMANN: Sehr wahr, beim Himmel! Das bedacht ich nicht.
Es sei! Ich will die Sach mir überlegen.
THUSNELDA: Dir überlegen! – Er rücket ja schon ein!
HERMANN: Je nun, mein Kind! – Man schlägt ihn wieder 'naus.
Sie sieht ihn an.
THUSNELDA: Ach, geh! Ein Geck bist du, ich seh's, und äffst mich!
Nicht, nicht? Gesteh's mir nur: du scherztest bloß?
HERMANN *küßt sie*: Ja. – Mit der Wahrheit, wie ein Abderit.
– Warum soll sich, von seiner Not,
Der Mensch, auf muntre Art, nicht unterhalten? –
Die Sach ist zehnmal schlimmer, als ich's machte,
Und doch auch, wieder so betrachtet,
Bei weitem nicht so schlimm. – Beruh'ge dich.
Pause.
THUSNELDA: Nun, meine goldnen Locken kriegt er nicht!
Die Hand, die in den Mund mir käme,

Wie jener Frau, um meiner Zähne:
Ich weiß nicht, Hermann, was ich mit ihr machte.
HERMANN *lacht*: Ja, liebste Frau, da hast du recht! Beiß zu!
Danach wird weder Hund noch Katze krähen. –
THUSNELDA: Doch sieh! Wer fleucht so eilig dort heran?

VIERTER AUFTRITT

Ein CHERUSKER *tritt auf.* DIE VORIGEN.

DER CHERUSKER: Varus kömmt!
HERMANN *erhebt sich*:   Was! Der Feldherr Roms! Unmöglich!
Wer war's, der mir von seinem Einzug
In Teutoburg die Nachricht geben wollte?

FÜNFTER AUFTRITT

VARUS *tritt auf. Ihm folgen* VENTIDIUS, *der Legat;* CRASSUS *und* SEPTIMIUS, *zwei römische Hauptleute; und die deutschen Fürsten* FUST, GUELTAR *und* ARISTAN. – DIE VORIGEN.

HERMANN *indem er ihm entgegengeht*: Vergib, Quintilius Varus, mir,
Daß deine Hoheit mich hier suchen muß!
Mein Wille war, dich ehrfurchtsvoll
In meines Lagers Tore einzuführen,
Oktav August in dir, den großen Kaiser Roms,
Und meinen hochverehrten Freund, zu grüßen.
VARUS: Mein Fürst, du bist sehr gütig, in der Tat.
Ich hab von außerordentlichen
Unordnungen gehört, die die Kohorten sich
In Helakon und Herthakon erlaubt;
Von einer Wodanseiche unvorsichtiger
Verletzung – Feuer, Raub und Mord,
Die dieser Tat unsel'ge Folgen waren,
Von einer Aufführung, mit einem Wort,
Nicht eben, leider! sehr geschickt,
Den Römer in Cheruska zu empfehlen.
Sei überzeugt, ich selbst befand mich in Person
Bei keinem der drei Heereshaufen,
Die von der Lippe her ins Land dir rücken.
Die Eiche, sagt man zwar, ward nicht aus Hohn verletzt,

    Der Unverstand nur achtlos warf sie um;
    Gleichwohl ist ein Gericht bereits bestellt,
    Die Täter aufzufahn, und morgen wirst du sie,
    Zur Sühne deinem Volk, enthaupten sehn.
HERMANN: Quintilius! Dein erhabnes Wort beschämt mich!
    Ich muß dich für die allzu raschen
    Cherusker dringend um Verzeihung bitten,
    Die eine Tat sogleich, aus Unbedacht geschehn,
    Mit Rebellion fanatisch strafen wollten.
    Mißgriffe, wie die vorgefallnen, sind
    Auf einem Heereszuge unvermeidlich.
    Laß diesen Irrtum, ich beschwöre dich,
    Das Fest nicht stören, das mein Volk,
    Zur Feier deines Einzugs, vorbereitet.
    Gönn mir ein Wort zugunsten der Bedrängten,
    Die deine Rache treffen soll:
    Und weil sie bloß aus Unverstand gefehlt,
    So schenk das Leben ihnen, laß sie frei!
VARUS *reicht ihm die Hand*: Nun, Freund Armin; beim Jupiter, es gilt!
    Nimm diese Hand, die ich dir reiche,
    Auf immer hast du dir mein Herz gewonnen! --
    Die Frevler, bis auf einen, sprech ich frei!
    Man wird den Namen ihres Retters ihnen nennen,
    Und hier im Staube sollen sie,
    Das Leben dir, das mir verwirkt war, danken. --
    Den einen nur behalt ich mir bevor,
    Der, dem ausdrücklichen Ermahnungswort zuwider,
    Den ersten Schlag der Eiche zugefügt;
    Der Herold hat es mehr denn zehnmal ausgerufen,
    Daß diese Eichen heilig sind,
    Und das Gesetz verurteilt ihn des Kriegs,
    Das kein Gesuch entwaffnen kann, nicht ich.
HERMANN: -- Wann du auf immer jeden Anlaß willst,
    Der eine Zwistigkeit entflammen könnte,
    Aus des Cherukers treuer Brust entfernen,
    So bitt ich, würdge diese Eichen,
    Quintilius, würdge ein'ger Sorgfalt sie.
    Von ihnen her rinnt einzig fast die Quelle
    Des Übels, das uns zu entzweien droht.
    Laß irgend, was es sei, ein Zeichenbild zur Warnung,
    Wenn du dein Lager wählst, bei diesen Stämmen pflanzen:

So hast du, glaub es mir, für immer
Den wackern Eingebornen dir verbunden.
VARUS: Wohlan! – Woran erkennt man diese Eichen?
HERMANN: An ihrem Alter und dem Schmuck der Waffen,
In ihres Wipfels Wölbung aufgehängt.
VARUS: Septimius Nerva!
SEPTIMIUS *tritt vor:* Was gebeut mein Feldherr?
VARUS: Laß eine Schar von Römern gleich
Sich in den Wald zerstreun, der diese Niederlassung,
Cheruskas Hauptplatz Teutoburg umgibt.
Bei jeder Eiche grauen Alters,
In deren Wipfel Waffen aufgehängt,
Soll eine Wache von zwei Kriegern halten,
Und jeden, der vorübergeht, belehren,
Daß Wodan in der Nähe sei.
Denn Wodan ist, daß ihr's nur wißt, ihr Römer,
Der Zeus der Deutschen, Herr des Blitzes
Diesseits der Alpen, so wie jenseits der;
Er ist der Gott, dem sich mein Knie sogleich,
Beim ersten Eintritt in dies Land, gebeugt;
Und kurz, Quintilius, euer Feldherr, will
Mit Ehrfurcht und mit Scheu, im Tempel dieser Wälder,
Wie den Olympier selbst, geehrt ihn wissen.
SEPTIMIUS: Man wird dein Wort, o Herr, genau vollziehn.
VARUS *zu Hermann:* Bist du zufrieden, Freund?
HERMANN: Du überfleuchst,
Quintilius, die Wünsche deines Knechts.
VARUS *nimmt ein Kissen, auf welchem Geschenke liegen, aus der Hand eines Sklaven, und bringt sie der Thusnelda:*
Hier, meine Fürstin, überreich ich dir,
Von August, meinem hohen Herrn,
Was er für dich mir jüngsthin zugesandt,
Es sind Gesteine, Perlen, Federn, Öle –
Ein kleines Rüstzeug, schreibt er, Cupidos.
August, erlauchte Frau, bewaffnet deine Schönheit,
Damit du Hermanns großes Herz,
Stets in der Freundschaft Banden ihm erhaltest.
THUSNELDA *empfängt das Kissen und betrachtet die Geschenke:*
Quintilius! Dein Kaiser macht mich stolz.
Thusnelda nimmt die Waffen an,
Mit dem Versprechen, Tag und Nacht,

Damit geschirrt, für ihn zu Feld zu ziehn.
>*Sie übergibt das Kissen ihren Frauen.*

VARUS *zu Hermann*: Hier stell ich Gueltar, Fust dir und Aristan,
Die tapfern Fürsten Deutschlands vor,
Die meinem Heereszug sich angeschlossen.
>*Er tritt zurück und spricht mit Ventidius.*

HERMANN *indem er sich dem Fürsten der Cimbern nähert*:
Wir kennen uns, wenn ich nicht irre, Fust,
Aus Gallien, von der Schlacht des Ariovist.

FUST: Mein Prinz, ich kämpfte dort an deiner Seite.

HERMANN *lebhaft*: Ein schöner Tag, beim hohen Himmel,
An den dein Helmbusch lebhaft mich erinnert!
– Der Tag, an dem Germanien zwar
Dem Cäsar sank, doch der zuerst
Den Cäsar die Germanier schätzen lehrte.

FUST *niedergeschlagen*: Mir kam er teuer, wie du weißt, zu stehn.
Der Cimbern Thron, nicht mehr, nicht minder,
Den ich nur Augusts Gnade jetzt verdanke. –

HERMANN *indem er sich zu dem Fürsten der Nervier wendet*:
Dich, Gueltar, auch sah ich an diesem Tag?

GUELTAR: Auf einen Augenblick. Ich kam sehr spät.
Mich kostet' er, wie dir bekannt sein wird,
Den Thron von Nervien; doch August hat
Mich durch den Thron von Äduen entschädigt.

HERMANN *indem er sich zu dem Fürsten der Ubier wendet*:
Wo war Aristan an dem Tag der Schlacht?

ARISTAN *kalt und scharf*: Aristan war in Ubien,
Diesseits des Rheines, wo er hingehörte.
Aristan hat das Schwert niemals
Den Cäsarn Roms gezückt, und er darf kühnlich sagen:
Er war ihr Freund, sobald sie sich
Nur an der Schwelle von Germania zeigten.

HERMANN *mit einer Verbeugung*: Arminius bewundert seine Weisheit.
Ihr Herrn, wir werden uns noch weiter sprechen
>*Ein Marsch in der Ferne.*

Sechster Auftritt

Ein HEROLD *tritt auf. Bald darauf das* RÖMERHEER. – DIE VORIGEN.

DER HEROLD *zum Volk das zusammengelaufen*:
Platz hier, beliebt's euch, ihr Cherusker!
Varus', des Feldherrn Roms, Liktoren
Nahn festlich an des Heeres Spitze sich!
THUSNELDA: Was gibt's?
SEPTIMIUS *nähert sich ihr*: Es ist das Römerheer,
Das seinen Einzug hält in Teutoburg!
HERMANN *zerstreut*: Das Römerheer?
Er beobachtet Varus und Ventidius, welche heimlich miteinander sprechen.
THUSNELDA: Wer sind die ersten dort?
CRASSUS: Varus' Liktoren, königliche Frau,
Die des Gesetzes heilges Richtbeil tragen.
THUSNELDA: Das Beil? Wem! Uns?
SEPTIMIUS: Vergib! Dem Heere,
Dem sie ins Lager feierlich voranziehn.
Das Römerheer zieht in voller Pracht vorüber.
VARUS *zu Ventidius*: Was also, sag mir an, was hab ich
Von jenem Hermann dort mir zu versehn?
VENTIDIUS: Quintilius! Das faß ich in zwei Worten!
Er ist ein Deutscher.
In einem Hämmling ist, der an der Tiber graset,
Mehr Lug und Trug, muß ich dir sagen,
Als in dem ganzen Volk, dem er gehört. –
VARUS: So kann ich, meinst du, dreist der Sueven Fürsten
Entgegenrücken? Habe nichts von diesem,
Bleibt er in meinem Rücken, zu befürchten?
VENTIDIUS: So wenig, wiederhol ich dir,
Als hier vor diesem Dolch in meinem Gurt. –
VARUS: Ich werde doch den Platz, in dem Cheruskerland,
Beschaun, nach des Augusts Gebot,
Auf welchem ein Kastell erbaut soll werden.
– Marbod ist mächtig, und nicht weiß ich,
Wie sich am Weserstrom das Glück entscheiden wird.
Er sieht ihn fragend an.
VENTIDIUS: Das lob ich sehr. Solch eine Anstalt
Wird stets, auch wenn du siegst, zu brauchen sein.
VARUS: Wieso? Meinst du vielleicht, die Absicht sei, Cheruska

Als ein erobertes Gebiet –?
VENTIDIUS: Quintilius,
Die Absicht, dünkt mich, läßt sich fast erraten.
VARUS: – Ward dir etwa bestimmte Kund hierüber?
VENTIDIUS: Nicht, nicht! Mißhör mich nicht! Ich teile bloß,
Was sich in dieser Brust prophetisch regt, dir mit,
Und Freunde mir aus Rom bestätigen.
VARUS: Sei's! Was bekümmert's mich? Es ist nicht meines Amtes
Den Willen meines Kaisers zu erspähn.
Er sagt ihn, wenn er ihn vollführt will wissen. –
Wahr ist's, Rom wird auf seinen sieben Hügeln,
Vor diesen Horden nimmer sicher sein,
Bis ihrer kecken Fürstenhand
Auf immerdar der Szepterstab entwunden.
VENTIDIUS: So denkt August, so denket der Senat.
VARUS: Laß uns in ihre Mitte wieder treten.

Sie treten wieder zu Hermann und Thusnelda, welche, von Feldherrn und Fürsten umringt, dem Zuge des Heers zusehen.

THUSNELDA: Septimius! Was bedeutet dieser Adler?
SEPTIMIUS: Das ist ein Kriegspanier, erhabne Frau!
Jedweder der drei Legionen
Fleucht solch metallnes Adlerbild voran.
THUSNELDA: So, so! Ein Kriegspanier! Sein Anblick hält
Die Scharen in der Nacht des Kampfs zusammen?
SEPTIMIUS: Du trafst's. Er führet sie den Pfad des Siegs. –
THUSNELDA: Wie jedes Land doch seine Sitte hat!
– Bei uns tut es der Chorgesang der Barden.

Pause. Der Zug schließt, die Musik schweigt.

HERMANN *indem er sich zu dem Feldherrn Roms wendet*:
Willst du dich in das Zelt verfügen, Varus?
Ein Mahl ist, nach Cheruskersitte,
Für dich und dein Gefolge drin bereitet.
VARUS: Ich werde kurz jedoch mich fassen müssen.

Er nimmt ihn vertraulich bei der Hand.

Ventidius hat dir gesagt,
Wie ich den Plan für diesen Krieg entworfen?
HERMANN: Ich weiß um jeden seiner weisen Punkte.
VARUS: Ich breche morgen mit dem Römerheer
Aus diesem Lager auf, und übermorgen
Rückst du mit dem Cheruskervolk mir nach.
Jenseits der Weser, in des Feindes Antlitz,

Hörst du das Weitre. – Wünschest du vielleicht,
Daß ein geschickter Römerfeldherr,
Für diesen Feldzug, sich in dein Gefolge mische?
Sag's dreist mir an. Du hast nur zu befehlen.
HERMANN: Quintilius, in der Tat, du wirst
Durch eine solche Wahl mich glücklich machen.
VARUS: Wohlan, Septimius, schick dich an,
Dem Kriegsbefehl des Königs zu gehorchen. –
> *Er wendet sich zu Crassus.*

Und daß die Teutoburg gesichert sei,
Indessen wir entfernt sind, laß ich, Crassus,
Mit drei Kohorten, dich darin zurück.
– Weißt du noch sonst was anzumerken, Freund?
HERMANN: Nichts, Feldherr Roms! Dir übergab ich alles,
So sei die Sorge auch, es zu beschützen, dein.
VARUS *zu Thusnelda:* Nun, schöne Frau, so bitt ich – Eure Hand!
> *Er führt die Fürstin ins Zelt.*

HERMANN: Holla, die Hörner! Dieser Tag
Soll für Cheruska stets ein Festtag sein!
> *Hörnermusik. Alle ab.*

VIERTER AKT

Szene: Marbods Zelt, im Lager der Sueven, auf dem rechten Ufer der Weser.

ERSTER AUFTRITT

MARBOD, *den Brief Hermanns, mit dem Dolch, in der Hand haltend. Neben ihm* ATTARIN, *sein Rat. Im Hintergrunde* ZWEI HAUPTLEUTE. – *Auf der andern Seite des Zeltes* LUITGAR *mit Hermanns Kindern* RINOLD *und* ADELHART.

MARBOD: Was soll ich davon denken, Attarin?
– Arminius, der Cheruskerfürst,
Läßt mir durch jenen wackern Freund dort melden:
Varus sei ihm, auf Schutz und Trutz, verbunden,
Und werd, in dreien Tagen schon,
Mich am Gestad der Weser überfallen! –
Der Bund, schreibt Hermann doch, sei ihm nur aufgedrungen,
Und stets im Herzen, nach wie vor,
Sei er der Römer unversöhnter Feind.
– Er ruft mich auf, verknüpft mit ihm,
Sogleich dem Mordverrat zuvorzukommen,

Die Weser, angesichts des Blatts, zu überschiffen,
Und, im Morast des Teutoburger Walds,
Die ganze giftige Brut der Hölle zu vertilgen. –
Zum Preis mir, wenn der Sieg erfochten,
Will er zu Deutschlands Oberherrn mich krönen.
– Da, lies den Brief, den er mir zugefertigt!
War's nicht so, Luitgar?

LUITGAR: Allerdings! So sagt ich.

ATTARIN *nachdem er den Brief genommen und gelesen*:
Mein Fürst, trau diesem Fuchs, ich bitte dich,
Dem Hermann, nicht! Der Himmel weiß,
Was er mit dieser schnöden List bezweckt.
Send ihm, Roms Cäsar so, wie er verdient, zu ehren,
Das Schreiben ohne Antwort heim,
Und melde Varus gleich den ganzen Inhalt!
Es ist ein tückischer, verrätrischer Versuch
Das Bündnis, das euch einigt, zu zerreißen. *Er gibt ihm den Brief zurück.*

MARBOD: Was! List! Verräterei! – Da schicket er
Den Rinold und den Adelhart,
Die beiden Knaben mir, die ihm sein Weib gebar,
Und diesen Dolch hier, sie zu töten,
Wenn sich ein Trug in seinen Worten findet.

ATTARIN *wendet sich*: Wo?

MARBOD: Dort!

ATTARIN: Das wären des Arminius Kinder?

MARBOD: Arminius', allerdings! Ich glaub du zweifelst?
In Teutoburg, vor sieben Monden,
Als ich den Staatenbund verhandeln wollte,
Hab ich die Jungen, die dort stehn,
Wie oft an diese alte Brust gedrückt!

ATTARIN: Vergib, o Herr, das sind die Knaben nicht!
Das sind zwei unterschobene, behaupt ich,
An Wuchs den echten Prinzen ähnlich bloß.
Laß die Verräterbrut gleich in Verwahrsam bringen,
Und ihn, der sie gebracht dir hat, dazu!

Pause.

MARBOD *nachdem er die Knaben aufmerksam betrachtet*:
Rinold! *Er setzt sich nieder.*

RINOLD *tritt dicht vor ihn.*

MARBOD: Nun, was auch willst du mir? Wer rief dich?

RINOLD *sieht ihn an*: Je, nun!

MARBOD: Je, nun! – Den andern meint ich, Rinold!
Er winkt den Adelhart.
ADELHART *tritt gleichfallls vor ihn.*
MARBOD *nimmt ihn bei der Hand*:
 Nicht? Nicht? Du bist der Rinold? Allerdings!
ADELHART: Ich bin der Adelhart.
MARBOD: – So. Bist du das.
Er stellt die beiden Knaben nebeneinander und scheint sie zu prüfen.
 Nun, Jungen, sagt mir; Rinold! Adelhart!
 Wie steht's in Teutoburg daheim,
 Seit ich, vergangnen Herbst her, euch nicht sah?
 – Ihr kennt mich doch?
RINOLD: O ja.
MARBOD: – Ich bin der Holtar,
 Der alte Kämmrer, im Gefolge Marbods,
 Der euch, kurz vor der Mittagsstunde,
 Stets in des Fürsten Zelt herüberbrachte.
RINOLD: Wer bist du?
MARBOD: Was! Das wißt ihr nicht mehr? Holtar,
 Der euch mit glänz'gem Perlenmutter,
 Korallen und mit Bernstein noch beschenkte.
RINOLD *nach einer Pause*: Du trägst ja Marbods eisern' Ring am Arm.
MARBOD: Wo?
RINOLD: Hier!
MARBOD: Trug Marbod diesen Ring damals?
RINOLD: Marbod?
MARBOD: Ja, Marbod, frag ich, mein Gebieter.
RINOLD: Ach, Marbod! Was! Freilich trugst du den Ring!
 Du sagtest, weiß ich noch, auf Vater Hermanns Frage,
 Du hättest ein Gelübd getan,
 Und müßtest an dem Arm den Ring von Eisen tragen,
 Solang ein römischer Mann in Deutschland sei.
MARBOD: Das hätt ich – wem? Euch? Nein, das hab ich nicht –!
RINOLD: Nicht uns! Dem Hermann!
MARBOD: Wann?
RINOLD: Am ersten Mittag,
 Als Holtar beid in dein Gezelt uns brachte.
Marbod sieht den Attarin an.
ATTARIN *der die Knaben aufmerksam beobachtet*:
 Das ist ja sonderbar, so wahr ich lebe!
Er nimmt Hermanns Brief noch einmal und überliest ihn. Pause.

MARBOD *indem er gedankenvoll in den Haaren der Knaben spielt*:
Ist denn, den Weserstrom zu überschiffen,
Vorläufig eine Anstalt schon gemacht?
EINER DER BEIDEN HAUPTLEUTE *vortretend*:
Mein Fürst, die Kähne liegen, in der Tat,
Zusamt am rechten Ufer aufgestellt.
MARBOD: Mithin könnt ich – wenn ich den Entschluß faßte,
Gleich, in der Tat, wie Hermann wünscht,
Des Stromes andern Uferrand gewinnen.
DER HAUPTMANN: Warum nicht? In drei Stunden, wenn du willst.
Der Mond erhellt die Nacht; du hättest nichts,
Als den Entschluß nur schleunig zu erklären. –
ATTARIN *unruhig*: Mein Herr und Herrscher, ich beschwöre dich,
Laß zu nichts Übereiltem dich verführen!
Armin ist selbst hier der Betrogene!
Nach dem, wie sich Roms Cäsar zeigte,
Wär's eine Raserei, zu glauben,
Er werde den Cheruskern sich verbinden.
Hat er mit Waffen dich, dich nicht mit Geld versehn,
In ihre Staaten feindlich einzufallen?
Stählt man die Brust, die man durchbohren will?
Dein Lager ist von Römern voll,
Der herrlichsten Patrizier Söhnen,
Die hergesandt, dein Heer die Bahn des Siegs zu führen;
Die dienen dir, für Augusts Wort,
Als Geisel, Herr, und würden ja
Zusamt ein Opfer deiner Rache fallen,
Wenn ein so schändlicher Verrat dich träfe.
– Beschließe nichts, ich bitte dich,
Bis dir durch Fulvius, den Legaten Roms,
Von Varus' Plänen näh're Kunde ward.
                    Pause.
MARBOD: Ich will den Fulvius mindestens
Gleich über diese Sache doch vernehmen. *Er steht auf und klingelt.*

ZWEITER AUFTRITT

KOMAR *tritt auf.* DIE VORIGEN.

MARBOD: Den Fulvius Lepidus, Legaten Roms,
Ersuch ich, einen Augenblick,

In diesem Zelt, sein Antlitz mir zu schenken.
KOMAR: Den Fulvius? Vergib! Der wird nicht kommen;
  Er hat soeben, auf fünf Kähnen,
  Sich mit der ganzen Schar von Römern eingeschifft,
  Die dein Gefolg bis heut vergrößerten. –
  Hier ist ein Brief, den er zurückgelassen.
MARBOD: Was sagst du mir?
ATTARIN: Er hat, mit allen Römern –?
MARBOD: Wohin mit diesem Troß, jetzt, da die Nacht kömmt?
KOMAR: In das Cheruskerland, dem Anschein nach.
  Er ist am andern Weserufer schon,
  Wo Pferde stehen, die ihn weiterbringen.
ATTARIN: – Gift, Tod und Rache! Was bedeutet dies?
MARBOD *liest*: „Du hast für Rom Dich nicht entscheiden können,
  Aus voller Brust, wie Du gesollt:
  Rom, der Bewerbung müde, gibt Dich auf.
  Versuche jetzt (es war Dein Wunsch) ob Du
  Allein den Herrschthron Dir in Deutschland kannst errichten.
  August jedoch, daß Du es wissest,
  Hat den Armin auf seinem Sitz erhöht,
  Und Dir – die Stufen jetzo weist er an!" *Er läßt den Brief fallen.*
ATTARIN: Verräterei! Verräterei!
  Auf! Zu den Kähnen an der Weser!
  Setzt dem Verfluchten nach und bringt ihn her!
MARBOD: Laß, laß ihn, Freund! Er läuft der Nemesis,
  Der er entfliehen will, entgegen!
  Das Rachschwert ist schon über ihn gezückt!
  Er glaubte, mir die Grube zu eröffnen,
  Und selbst, mit seiner ganzen Rotte,
  Zur neunten Hölle schmetternd stürzt er nieder!
  – Luitgar!
LUITGAR: Mein erlauchter Herr!
MARBOD: Tritt näher! –
  Wo ist, sag an, wollt ich die Freiheitsschlacht versuchen,
  Nach des Arminius Kriegsentwurf,
  Der Ort, an dem die Würfel fallen sollen?
LUITGAR: Das ist der Teutoburger Wald, mein König.
MARBOD: Und welchen Tag unfehlbar und bestimmt,
  Hat er zum Fall der Würfel festgesetzt?
LUITGAR: Den Nornentag, mein königlicher Herr. –
MARBOD *indem er ihm die Kinder gibt und den Dolch zerbricht*:

Wohlan, dein Amt ist aus, hier nimm die Kinder,
Und auch, in Stücken, deinen Dolch zurück!
Den Brief auch – *Indem er ihn durchsieht.*
                     kann ich nur zur Hälfte brauchen; *Er zerreißt ihn.*
Den Teil, der mir von seiner Huldgung spricht,
Als einem Oberherrn, den lös ich ab. –
Triffst du ihn eh'r, als ich, so sagst du ihm,
Zu Worten hätt ich keine Zeit gehabt:
Mit Taten würd ich ihm die Antwort schreiben!
LUITGAR *indem er den Dolch und die Stücke des Briefes übernimmt*:
Wenn ich dich recht verstehe, mein Gebieter –?
MARBOD *zu den Feldherren*: Auf, Komar! Brunold! Meine Feldherrn!
Laßt uns den Strom sogleich der Weser überschiffen!
Die Nornen werden ein Gericht,
Des Schicksals fürchterliche Göttinnen,
Im Teutoburger Wald, dem Heer des Varus halten:
Auf, mit der ganzen Macht, ihr Freunde,
Daß wir das Amt der Schergen übernehmen!
                      Alle ab.

Szene: Straße in Teutoburg. Es ist Nacht.

Dritter Auftritt

Hermann *und* Eginhardt *treten auf.*

HERMANN: Tod und Verderben sag ich, Eginhardt!
Woher die Ruh, woher die Stille,
In diesem Standplatz römscher Kriegerhaufen?
EGINHARDT: Mein bester Fürst, du weißt, Quintilius Varus zog
Heut mit des Heeres Masse ab.
Er ließ, zum Schutz in diesem Platz,
Nicht mehr, als drei Kohorten nur, zurück.
Die hält man eh'r in Zaum, als so viel Legionen,
Zumal, wenn sie so wohlgewählt, wie die.
HERMANN: Ich aber rechnete, bei allen Rachegöttern,
Auf Feuer, Raub, Gewalt und Mord,
Und alle Greul des fessellosen Krieges!
Was brauch ich Latier, die mir Gutes tun?
Kann ich den Römerhaß, eh ich den Platz verlasse,

In der Cherusker Herzen nicht
Daß er durch ganz Germanien schlägt, entflammen:
So scheitert meine ganze Unternehmung!
EGINHARDT: Du hättest Wolf, dünkt mich, und Thuskar und den [andern
Doch dein Geheimnis wohl entdecken sollen.
Sie haben, als die Römer kamen,
Mit Flüchen, gleich die Teutoburg verlassen.
Wie gut, wenn deine Sache siegt,
Hättst du in Deutschland sie gebrauchen können.
HERMANN: Die Schwätzer, die! Ich bitte dich;
Laß sie zu Hause gehn. –
Die schreiben, Deutschland zu befreien,
Mit Chiffern, schicken, mit Gefahr des Lebens,
Einander Boten, die die Römer hängen,
Versammeln sich um Zwielicht – essen, trinken,
Und schlafen, kommt die Nacht, bei ihren Frauen. –
Wolf ist der einzge, der es redlich meint.
EGINHARDT: So wirst du doch den Flambert mindestens,
Den Torst und Alarich und Singar,
Die Fürsten an des Maines Ufer,
Von deinem Wagstück staatsklug unterrichten?
HERMANN: Nichts, Liebster! Nenne mir die Namen nicht!
Meinst du, die ließen sich bewegen,
Auf meinem Flug mir munter nachzuschwingen?
Eh' das von meinem Maultier würd ich hoffen.
Die Hoffnung: morgen stirbt Augustus!
Lockt sie, bedeckt mit Schmach und Schande,
Von einer Woche in die andere. –
Es braucht der Tat, nicht der Verschwörungen.
Den Widder laß sich zeigen, mit der Glocke,
So folgen, glaub mir alle anderen.
EGINHARDT: So mög der Himmel dein Beginnen krönen!
HERMANN: Horch! Still!
EGINHARDT: Was gibt's?
HERMANN: Rief man nicht dort Gewalt?
EGINHARDT: Nein, mein erlauchter Herr! Ich hörte nichts,
Es war die Wache, die die Stunden rief.
HERMANN: Verflucht sei diese Zucht mir der Kohorten!
Ich stecke, wenn sich niemand rührt,
Die ganze Teutoburg an allen Ecken an!
EGINHARDT: Nun, nun! Es wird sich wohl ein Frevel finden.

HERMANN: Komm, laß uns heimlich durch die Gassen schleichen,
Und sehn ob uns der Zufall etwas beut.
Beide ab.

VIERTER AUFTRITT

Ein Auflauf. – Zuerst ein GREIS *und* ANDERE, *bald darauf* ZWEI CHERUSKER,
welche eine PERSON *aufführen, die ohnmächtig ist. Fackeln.* VOLK *jeden Alters
und Geschlechts.*

DER GREIS *mit aufgehobenen Händen*:
Wodan, den Blitz regierst du, in den Wolken:
Und einen Greul, entsetzensvoll,
Wie den, läßt du auf Erden sich verüben!
EIN JUNGES MÄDCHEN: Mutter, was gibt's?
EIN ANDERES: Was läuft das Volk zusammen?
DIE MUTTER *mit einem Kinde an der Brust*:
Nichts, meine Töchter, nichts! Was fragt ihr doch?
Ein Mensch, der auf der offnen Straß erkrankte,
Wird von den Freunden hier vorbeigeführt.
EIN MANN *indem er auftritt*:
Habt ihr gesehn? Den jungen Römerhauptmann,
Der plötzlich, mit dem Federbusch, erschien?
EIN ANDERER: Nein, Freund! Von wo?
EIN DRITTER: Was tat er?
DER MANN: Was er tat?
Drei'n dieser geilen appeninschen Hunden,
Als man die Tat ihm meldete,
Hat er das Herz gleich mit dem Schwert durchbohrt!
DER GREIS: Vergib mir, Gott! ich kann es ihm nicht danken!
EIN WEIB *aus dem Haufen*: Da kommt die Unglücksel'ge schon heran!
Die Person, von zwei Cheruskern geführt, erscheint.
DER GREIS: Hinweg die Fackeln!
DAS VOLK: Seht, o seht!
DER GREIS: Hinweg!
Seht ihr nicht, daß die Sonne sich verbirgt?
DAS VOLK: O des elenden, schmachbedeckten Wesens!
Der fußzertretnen, kotgewälzten,
An Brust und Haupt, zertrümmerten Gestalt.
EINIGE STIMMEN: Wer ist's? Ein Mann? Ein Weib?
DER CHERUSKER *der die Person führt*: Fragt nicht, ihr Leute,

Werft einen Schleier über die Person!
Er wirft ein großes Tuch über sie.
DER ZWEITE CHERUSKER *der sie führt*: Wo ist der Vater?
EINE STIMME *aus dem Volke*: Der Vater ist der Teuthold!
DER ZWEITE CHERUSKER: Der Teuthold, Helgars Sohn, der Schmidt der
MEHRERE STIMMEN: Teuthold, der Schmidt, er, ja! [Waffen?
DER ZWEITE CHERUSKER: Ruft ihn herbei!
DAS VOLK: Da tritt er schon, mit seinen Vettern, auf!

FÜNFTER AUFTRITT

TEUTHOLD *und* ZWEI ANDRE MÄNNER *treten auf.*

DER ZWEITE CHERUSKER: Teuthold, heran!
TEUTHOLD: Was gibt's?
DER ZWEITE CHERUSKER: Heran hier, sag ich! –
Platz, Freunde, bitt ich! Laßt den Vater vor!
TEUTHOLD: Was ist geschehn?
DER ZWEITE CHERUSKER: Gleich, gleich! – Hier stell dich her!
Die Fackeln! He, ihr Leute! Leuchtet ihm!
TEUTHOLD: Was habt ihr vor?
DER ZWEITE CHERUSKER: Hör an und faß dich kurz. –
Kennst du hier die Person?
TEUTHOLD: Wen, meine Freunde?
DER ZWEITE CHERUSKER: Hier, frag ich, die verschleierte Person?
TEUTHOLD: Nein! Wie vermöcht ich das? Welch ein Geheimnis!
DER GREIS: Du kennst sie nicht?
DER ERSTE DER BEIDEN VETTERN: Darf man den Schleier lüften?
DER ERSTE CHERUSKER: Halt, sag ich dir! Den Schleier rühr nicht an!
DER ZWEITE VETTER: Wer die Person ist, fragt ihr?
Er nimmt eine Fackel und beleuchtet ihre Füße.
TEUTHOLD: Gott im Himmel!
Hally, mein Einziges, was widerfuhr dir?
Der Greis führt ihn auf die Seite und sagt ihm etwas ins Ohr. Teuthold steht, wie vom Donner gerührt. Die Vettern, die ihm gefolgt waren, erstarren gleichfalls. Pause.
DER ZWEITE CHERUSKER: Genug! Die Fackeln weg! Führt sie ins Haus!
Ihr aber eilt den Hermann herzurufen!
TEUTHOLD *indem er sich plötzlich wendet*:
Halt dort!
DER ERSTE CHERUSKER: Was gibt's?

TEUTHOLD: Halt, sag ich, ihr Cherusker!
  Ich will sie führen, wo sie hingehört. *Er zieht den Dolch.*
  – Kommt, meine Vettern, folgt mir!
DER ZWEITE CHERUSKER: Mann, was denkst du?
TEUTHOLD *zu den Vettern*: Rudolf, du nimmst die Rechte, Ralf, die
  – Seid ihr bereit, sagt an? [Linke!
DIE VETTERN *indem sie die Dolche ziehn*: Wir sind's! Brich auf!
TEUTHOLD *bohrt sie nieder*: Stirb! Werde Staub! Und über deiner Gruft
  Schlag ewige Vergessenheit zusammen!
  Sie fällt, mit einem kurzen Laut, übern Haufen.
DAS VOLK: Ihr Götter!
DER ERSTE CHERUSKER *fällt ihm in den Arm*: Ungeheuer! Was beginnst du?
EINE STIMME *aus dem Hintergrund*:
  Was ist geschehn?
EINE ANDERE: Sprecht!
EINE DRITTE: Was erschrickt das Volk?
DAS VOLK *durcheinander*: Weh! Weh! Der eigne Vater hat, mit Dolchen,
  Die eignen Vettern, sie in Staub geworfen!
TEUTHOLD *indem er sich über die Leiche wirft*:
  Hally! Mein Einzges! Hab ich's recht gemacht?

Sechster Auftritt

HERMANN *und* EGINHARDT *treten auf.* DIE VORIGEN.

DER ZWEITE CHERUSKER: Komm her, mein Fürst, schau diese Greuel an!
HERMANN: Was gibt's?
DER ERSTE CHERUSKER: Was! Fragst du noch? Du weißt von nichts?
HERMANN: Nichts, meine Freund! ich komm aus meinem Zelte.
EGINHARDT: Sagt, was erschreckt euch?
DER ZWEITE CHERUSKER *halblaut*: Eine ganze Meute
  Von geilen Römern, die den Platz durchschweifte,
  Hat bei der Dämmrung schamlos eben jetzt –
HERMANN *indem er ihn vorführt*:
  Still, Selmar, still! Die Luft, du weißt, hat Ohren.
  – Ein Römerhaufen?
EGINHARDT: Ha! Was wird das werden?
  Sie sprechen heimlich zusammen. Pause.
HERMANN *mit Wehmut, halblaut*:
  Hally? Was sagst du mir! Die junge Hally? [Tochter!
DER ZWEITE CHERUSKER: Hally, Teutholds, des Schmidts der Waffen,

– Da liegt sie jetzt, schau her, mein Fürst,
Von ihrem eignen Vater hingeopfert!
EGINHARDT *vor der Leiche*: Ihr großen, heiligen und ewgen Götter!
DER ERSTE CHERUSKER: Was wirst du nun, o Herr, darauf beschließen?
HERMANN *zum Volke*:
Kommt, ihr Cherusker! Kommt, ihr Wodankinder!
Kommt, sammelt euch um mich und hört mich an!
Das Volk umringt ihn; er tritt vor Teuthold.
Teuthold, steh auf!
TEUTHOLD *am Boden*: Laß mich!
HERMANN: Steh auf, sag ich!
TEUTHOLD: Hinweg! Des Todes ist, wer sich mir naht.
HERMANN: – Hebt ihn empor, und sagt ihm, wer ich sei.
DER ZWEITE CHERUSKER: Steh auf, unsel'ger Alter!
DER ERSTE CHERUSKER: Fasse dich!
DER ZWEITE CHERUSKER: Hermann, dein Rächer ist's, der vor dir steht.
Sie heben ihn empor.
TEUTHOLD: Hermann, mein Rächer, sagt ihr? – Kann er Rom,
Das Drachennest, vom Erdenrund vertilgen?
HERMANN: Ich kann's und will's! Hör an, was ich dir sage.
TEUTHOLD *sieht ihn an*: Was für ein Laut des Himmels traf mein Ohr?
DIE BEIDEN VETTERN: Du kannst's und willst's?
TEUTHOLD: Gebeut! Sprich! Red, o Herr!
Was muß geschehn? Wo muß die Keule fallen?
HERMANN: Das hör jetzt, und erwidre nichts. –
Brich, Rabenvater, auf, und trage, mit den Vettern,
Die Jungfrau, die geschändete,
In einen Winkel deines Hauses hin!
Wir zählen funfzehn Stämme der Germaner;
In funfzehn Stücke, mit des Schwertes Schärfe,
Teil ihren Leib, und schick mit funfzehn Boten,
Ich will dir funfzehn Pferde dazu geben,
Den funfzehn Stämmen ihn Germaniens zu.
Der wird in Deutschland, dir zur Rache,
Bis auf die toten Elemente werben:
Der Sturmwind wird, die Waldungen durchsausend,
Empörung! rufen, und die See,
Des Landes Ribben schlagend, Freiheit brüllen.
DAS VOLK: Empörung! Rache! Freiheit!
TEUTHOLD: Auf! Greift an!
Bringt sie ins Haus, zerlegt in Stücken sie!

Sie tragen die Leiche fort.
HERMANN: Komm, Eginhardt! Jetzt hab ich nichts mehr
  An diesem Ort zu tun! Germanien lodert:
  Laß uns den Varus jetzt, den Stifter dieser Greuel,
  Im Teutoburger Walde suchen!
Alle ab.

Szene: Hermanns Zelt.

Siebenter Auftritt

HERMANN *tritt auf, mit Schild und Spieß. Hinter ihm* SEPTIMIUS. – GEFOLGE.

HERMANN: Hast du die neuste Einrichtung getroffen?
  Mir das Cheruskerheer, das vor den Toren liegt,
  Nach Römerart, wie du versprachst,
  In kleinere Manipeln abgeteilt?
SEPTIMIUS: Mein Fürst, wie konnt ich? Deine deutschen Feldherrn
  Versicherten, du wolltest selbst
  Bei dieser Neuerung zugegen sein.
  Ich harrte, vor dem Tor, bis in die Nacht auf dich;
  Doch du – warum? nicht weiß ich es – bliebst aus.
HERMANN: Was! So ist alles noch im Heer, wie sonst?
SEPTIMIUS: Auf jeden Punkt; wie könnt es anders?
  Es ließ sich, ohne dich, du weißt, nichts tun.
HERMANN: Das tut mir leid, Septimius, in der Tat!
  Mich hielt ein dringendes Geschäft
  Im Ort zurück; du würdest, glaubt ich,
  Auch ohne mich hierin verfügen können.
  Nun – wird es wohl beim alten bleiben müssen.
  Der Tag bricht an; hast du das Heer,
  Dem Plan gemäß, zum Marsch nach Arkon,
  Dem Teutoburger Waldplatz angeschickt?
SEPTIMIUS: Es harrt nur deines Worts, um anzutreten.
HERMANN *indem er einen Vorhang lüftet*:
  – Ich denk, es wird ein schöner Tag heut werden?
SEPTIMIUS: Die Nacht war heiß, ich fürchte ein Gewitter.
Pause.
HERMANN: Nun, sei so gut, verfüg dich nur voran!
  Von meinem Weib nur will ich Abschied nehmen,
  Und folg, in einem Augenblick, dir nach! *Septimius ab.*
Zu dem Gefolge:

Auf, folgt ihm, und verlaßt ihn nicht!
Und jegliche Gemeinschaft ist,
Des Heers mit Teutoburg, von jetzt streng aufgehoben.
Das Gefolge ab.

Achter Auftritt

HERMANN *nachdem er Schild und Spieß weggelegt*:
Nun wär ich fertig, wie ein Reisender.
Cheruska, wie es steht und liegt,
Kommt mir, wie eingepackt in eine Kiste, vor:
Um einen Wechsel könnt ich es verkaufen.
Denn käm's heraus, daß ich auch nur
Davon geträumt, Germanien zu befrein:
Roms Feldherr steckte gleich mir alle Plätze an,
Erschlüge, was die Waffen trägt,
Und führte Weib und Kind gefesselt übern Rhein. –
August straft den Versuch, so wie die Tat!
 Er zieht eine Klingel; ein Trabant tritt auf.
Ruf mir die Fürstin!
DER TRABANT: Hier erscheint sie schon!

Neunter Auftritt

Hermann *und* Thusnelda.

HERMANN *nimmt einen Brief aus dem Busen*:
Nun, Thuschen, komm; ich hab dir was zu sagen.
THUSNELDA *ängstlich*: Sag, liebster Freund, ums Himmels willen,
Welch ein Gerücht läuft durch den Lagerplatz?
Ganz Teutoburg ist voll, es würd, in wenig Stunden,
Dem Crassus, der Kohorten Führer,
Ein fürchterliches Blutgericht ergehn!
Dem Tode, wär die ganze Schar geweiht,
Die als Besatzung hier zurückgeblieben.
HERMANN: Ja! Kind, die Sach hat ihre Richtigkeit.
Ich warte nur auf Astolf noch,
Deshalb gemeßne Order ihm zu geben.
Sobald ich Varus' Heer, beim Strahl des nächsten Tages,
Im Teutoburger Wald erreicht,
Bricht Astolf hier im Ort dem Crassus los;

Die ganze Brut, die in den Leib Germaniens
Sich eingefilzt, wie ein Insektenschwarm,
Muß durch das Schwert der Rache jetzo sterben.
THUSNELDA: Entsetzlich! – Was für Gründe, sag mir,
Hat dein Gemüt, so grimmig zu verfahren?
HERMANN: Das muß ich dir ein andermal erzählen.
THUSNELDA: Crassus, mein liebster Freund, mit allen Römern –?
HERMANN: Mit allen, Kind; nicht einer bleibt am Leben!
Vom Kampf, mein Thuschen, übrigens,
Der hier am Ort gekämpft wird werden,
Hast du auch nicht das mindeste zu fürchten;
Denn Astolf ist dreimal so stark, als Crassus;
Und überdies noch bleibt ein eigner Kriegerhaufen,
Zum Schutze dir, bei diesem Zelt zurück.
THUSNELDA: Crassus? Nein, sag mir an! Mit allen Römern –?
Die Guten mit den Schlechten, rücksichtslos?
HERMANN: Die Guten mit den Schlechten. – Was! Die Guten!
Das sind die Schlechtesten! Der Rache Keil
Soll sie zuerst, vor allen andern, treffen!
THUSNELDA: Zuerst! Unmenschlicher! Wie mancher ist,
Dem wirklich Dankbarkeit du schuldig bist –?
HERMANN: Daß ich nicht wüßte! Wem?
THUSNELDA: Das fragst du noch!
HERMANN: Nein, in der Tat, du hörst; ich weiß von nichts.
Nenn einen Namen mir?
THUSNELDA: Dir einen Namen!
So mancher einzelne, der, in den Plätzen,
Auf Ordnung hielt, das Eigentum beschützt –
HERMANN: Beschützt! Du bist nicht klug! Das taten sie,
Es um so besser unter sich zu teilen.
THUSNELDA *mit steigender Angst*: Du Unbarmherzger! Ungeheuerster!
– So hätt auch der Centurio
Der, bei dem Brande in Thuiskon jüngst
Die Heldentat getan, dir kein Gefühl entlockt?
HERMANN: Nein – Was für ein Centurio?
THUSNELDA: Nicht? Nicht?
Der junge Held, der, mit Gefahr des Lebens,
Das Kind, auf seiner Mutter Ruf,
Dem Tod der Flammen mutig jüngst entrissen? –
Er hätte kein Gefühl der Liebe dir entlockt?
HERMANN *glühend*: Er sei verflucht, wenn er mir das getan!

Er hat, auf einen Augenblick,
Mein Herz veruntreut, zum Verräter
An Deutschlands großer Sache mich gemacht!
Warum setzt' er Thuiskon mir in Brand?
Ich will die höhnische Dämonenbrut nicht lieben!
Solang sie in Germanien trotzt,
Ist Haß mein Amt und meine Tugend Rache!

THUSNELDA *weinend*: Mein liebster, bester Herzens-Hermann,
Ich bitte dich um des Ventidius Leben!
Das eine Haupt nimmst du von deiner Rache aus!
Laß, ich beschwöre dich, laß mich ihm heimlich melden,
Was über Varus du verhängt:
Mag er ins Land der Väter rasch sich retten!

HERMANN: Ventidius? Nun gut. – Ventidius Carbo?
Nun denn, es sei! – Weil es mein Thuschen ist,
Die für ihn bittet, mag er fliehn:
Sein Haupt soll meinem Schwert, so wahr ich lebe,
Um dieser schönen Regung heilig sein!

THUSNELDA *sie küßt seine Hand*:
O Hermann! Ist es wirklich wahr? O Hermann!
Du schenkst sein Leben mir?

HERMANN: Du hörst. Ich schenk's ihm.
Sobald der Morgen angebrochen,
Steckst du zwei Wort ihm heimlich zu,
Er möchte gleich sich übern Rheinstrom retten;
Du kannst ihm Pferd' aus meinen Ställen schicken,
Daß er den Tagesstrahl nicht mehr erschaut.

THUSNELDA: O Liebster mein! Wie rührst du mich! O Liebster!

HERMANN: Doch eher nicht, hörst du, das bitt ich sehr,
Als bis der Morgen angebrochen!
Eh' auch mit Mienen nicht verrätst du dich!
Denn alle andern müssen unerbittlich,
Die schändlichen Tyrannenknechte, sterben:
Der Anschlag darf nicht etwa durch ihn scheitern!

THUSNELDA *indem sie sich die Tränen trocknet*:
Nein, nein; ich schwör's dir zu! Kurz vor der Sonn erst!
Kurz vor der Sonn erst soll er es erfahren!

HERMANN: So, wenn der Mond entweicht. Nicht eh', nicht später.

THUSNELDA: Und daß der Jüngling auch nicht etwa,
Der törichte, um dieses Briefs,
Mit einem falschen Wahn sich schmeichele,

Will ich den Brief in deinem Namen schreiben;
Ich will, mit einem höhnschen Wort ihm sagen:
Bestimmt wär er, die Post vom Untergang des Varus
Nach Rom, an seinen Kaiserhof, zu bringen!
HERMANN *heiter*: Das tu. Das ist sehr klug. – Sieh da, mein schönes
Ich muß dich küssen. –   [Thuschen!
Doch, was ich sagen wollte – –
Hier ist die Locke wieder, schau,
Die er dir jüngst vom Scheitel abgelöst,
Sie war, als eine Probe deiner Haare,
Schon auf dem Weg nach Rom; jedoch ein Schütze bringt,
Der in den Sand den Boten streckte,
Sie wieder in die Hände mir zurück.
       Er gibt ihr den Brief, worin die Locke eingeschlagen.
THUSNELDA *indem sie den Brief entfaltet*:
Die Lock? O was! Um die ich ihn verklagt?
HERMANN: Dieselbe, ja!
THUSNELDA: Sieh da! Wo kommt sie her?
Du hast sie dem Arkadier abgefordert?
HERMANN: Ich? O behüte!
THUSNELDA: Nicht? – Ward sie gefunden?
HERMANN: Gefunden, ja, in einem Brief, du siehst,
Den er nach Rom hin, gestern früh,
An Livia, seine Kaisrin, abgefertigt.
THUSNELDA: In einem Brief? An Kaiserin Livia?
HERMANN: Ja, lies die Aufschrift nur. Du hältst den Brief.
       Indem er mit dem Finger zeigt:
„An Livia, Roms große Kaiserin."
THUSNELDA: Nun? Und?
HERMANN: Nun? Und?
THUSNELDA: – Freund, ich versteh kein Wort!
– Wie kamst du zu dem Brief? Wer gab ihn dir?
HERMANN: Ein Zufall, Thuschen, hab ich schon gesagt!
Der Brief, mit vielen andern noch,
Ward einem Boten abgejagt,
Der nach Italien ihn bringen sollte.
Den Boten warf ein guter Pfeilschuß nieder,
Und sein Paket, worin die Locke,
Hat mir der Schütze eben überbracht.
THUSNELDA: Das ist ja seltsam, das, so wahr ich lebe! –
Was sagt Ventidius denn darin?

HERMANN: Er sagt –:
Laß sehn! Ich überflog ihn nur. Was sagt er? *Er guckt mit hinein.*
THUSNELDA *liest*: „Varus, o Herrscherin, steht, mit den Legionen,
Nun in Cheruska siegreich da;
Cheruska, faß mich wohl, der Heimat jener Locken,
Wie Gold so hell und weich wie Seide,
Die Dir der heitre Markt von Rom verkauft.
Nun bin ich jenes Wortes eingedenk,
Das Deinem schönen Mund, Du weißt,
Als ich zuletzt Dich sah, im Scherz entfiel.
Hier schick ich von dem Haar, das ich Dir zugedacht,
Und das sogleich, wenn Hermann sinkt,
Die Schere für Dich ernten wird,
Dir eine Probe zu, mir klug verschafft;
Beim Styx! so legt's am Kapitol,
Phaon, der Krämer, Dir nicht vor:
Es ist vom Haupt der ersten Frau des Reichs,
Vom Haupt der Fürstin selber der Cherusker!"
– Ei der Verfluchte!
Sie sieht Hermann an, und wieder in den Brief hinein.
Nein, ich las wohl falsch?
HERMANN: Was?
THUSNELDA: Was!
HERMANN: – Steht's anders in dem Briefe da?
Er sagt –:
THUSNELDA: „Hier schick ich von dem Haar", sagt er,
„Das ich Dir zugedacht, und das sogleich,
Wenn Hermann sinkt – die Schere für Dich ernten wird –"
Die Sprache geht ihr aus.
HERMANN: Nun ja; er will–! Verstehst du's nicht?
THUSNELDA *sie wirft sich auf einen Sessel nieder*: O Hertha!
Nun mag ich diese Sonne nicht mehr sehn. *Sie verbirgt ihr Haupt.*
HERMANN *leise, flüsternd*: Thuschen! Thuschen! Er ist ja noch nicht fort.
Er folgt ihr und ergreift ihre Hand.
THUSNELDA: Geh, laß mich sein.
HERMANN *beugt sich ganz über sie*:
Heut, wenn die Nacht sinkt, Thuschen,
Schlägt dir der Rache süße Stunde ja!
THUSNELDA: Geh, geh, ich bitte dich! Verhaßt ist alles,
Die Welt mir, du mir, ich: laß mich allein!
HERMANN *er fällt vor ihr nieder*:

Thuschen! Mein schönes Weib! Wie rührst du mich!
Kriegsmusik draußen.

ZEHNTER AUFTRITT

EGINHARDT *und* ASTOLF *treten auf.* DIE VORIGEN.

EGINHARDT: Mein Fürst, die Hörner rufen dich! Brich auf!
  Du darfst, willst du das Schlachtfeld noch erreichen,
  Nicht, wahrlich! einen Augenblick mehr säumen.
HERMANN *steht auf:* Gertrud!
EGINHARDT: Was fehlt der Königin?
HERMANN: Nichts, nichts!
  Die Frauen der Thusnelda treten auf.
  Hier! Sorgt für eure Frau! Ihr seht, sie weint.
  Er nimmt Schild und Spieß.
  Astolf ist von dem Kriegsplan unterrichtet?
EGINHARDT: Er weiß von allem.
HERMANN *zu Astolf:* Sechshundert Krieger bleiben dir
  In Teutoburg zurück, und ein Gezelt mit Waffen,
  Cheruskas ganzes Volk damit zu rüsten.
  Teuthold bewaffnest, und die Seinen, du,
  Um Mitternacht, wenn alles schläft, zuerst.
  Sobald der Morgen dämmert brichst du los.
  Crassus und alle Führer der Kohorten,
  Suchst du in ihren Zelten auf;
  Den Rest des Haufens fällst du, gleichviel, wo?
  Auch den Ventidius empfehl ich dir.
  Wenn hier in Teutoburg der Schlag gefallen,
  Folgst du, mit deinem ganzen Troß,
  Mir nach dem Teutoburger Walde nach;
  Dort wirst du weiteren Befehl erhalten. –
  Hast du verstanden?
ASTOLF: Wohl, mein erlauchter Herr
EGINHARDT *besorgt:* Mein bester Fürst! Willst du nicht lieber ihn
  Nach Norden, an den Lippstrom, schicken,
  Cheruska vor dem Pästus zu beschirmen,
  Der dort, du weißt, mit Holm, dem Herrn der Friesen, kämpft.
  Cheruska ist ganz offen dort,
  Und Pästus, wenn er hört, daß Rom von dir verraten,
  Beim Styx! er sendet, zweifle nicht,

Gleich einen Haufen ab, in deinem Rücken,
Von Grund aus, alle Plätze zu verwüsten.
HERMANN: Nichts, nichts, mein alter Freund! Was fällt dir ein?
Kämpf ich auch für den Sand, auf den ich trete,
Kämpf ich für meine Brust?
Cheruska schirmen! Was! Wo Hermann steht, da siegt er,
Und mithin ist Cheruska da.
Du folgst mir, Astolf, ins Gefild der Schlacht;
Wenn Varus, an der Weser, sank,
Werd ich, am Lippstrom, auch den Pästus treffen!
ASTOLF: Es ist genug, o Herr! Es wird geschehn.
HERMANN *wendet sich zu Thusnelda*:
Leb wohl, Thusnelda, mein geliebtes Weib!
Astolf hat deine Rache übernommen.
THUSNELDA *steht auf*: An dem Ventidius?
Sie drückt einen heißen Kuß auf seine Lippen.
Überlaß ihn mir!
Ich habe mich gefaßt, ich will mich rächen!
HERMANN: Dir?
THUSNELDA: Mir! Du sollst mit mir zufrieden sein.
HERMANN: Nun denn, so ist der erste Sieg erfochten!
Auf jetzt, daß ich den Varus treffe:
Roms ganze Kriegsmacht, wahrlich, scheu ich nicht!
Alle ab.

FÜNFTER AKT

Szene: Teutoburger Wald. Nacht, Donner und Blitz.

ERSTER AUFTRITT

VARUS *und mehrere* FELDHERRN, *an der Spitze des* RÖMISCHEN HEERES, *mit Fackeln, treten auf.*

VARUS: Ruft Halt! Ihr Feldherrn, den Kohorten zu!
DIE FELDHERRN *in der Ferne*: Halt! – Halt!
VARUS: Licinius Valva!
EIN HAUPTMANN *vortretend*: Hier! Wer ruft?
VARUS: Schaff mir die Boten her, die drei Cherusker,
Die an der Spitze gehn!
DER HAUPTMANN: Du hörst, mein Feldherr!

Du wirst die Männer schuldlos finden;
Arminius hat sie also unterrichtet.
VARUS: Schaff sie mir her, sag ich, ich will sie sprechen! –
Ward, seit die Welt in Kreisen rollt,
Solch ein Verrat erlebt? Cherusker führen mich,
Die man, als Kundige des Landes, mir
Mit breitem Munde rühmt, am hellen Mittag irr!
Rück ich nicht, um zwei Meilen zu gewinnen,
Bereits durch sechzehn volle Stunden fort?
War's ein Versehn, daß man nach Pfiffi- mich,
Statt Iphikon geführt: wohlan, ich will es mindstens,
Bevor ich weiterrücke, untersuchen.
ERSTER FELDHERR *in den Bart*: Daß durch den Mantel doch, den sturm-
Der Nacht, der um die Köpf uns hängt,   [zerrißnen,
Ein einzges Sternbild schimmernd niederblinkte!
Wenn auf je hundert Schritte nicht,
Ein Blitzstrahl zischend vor uns niederkeilte,
Wir würden, wie die Eul am Tage,
Haupt und Gebein uns im Gebüsch zerschellen!
ZWEITER FELDHERR: Wir können keinen Schritt fortan,
In diesem feuchten Mordgrund, weiterrücken!
Er ist so zäh, wie Vogelleim geworden.
Das Heer schleppt halb Cheruska an den Beinen,
Und wird noch, wie ein bunter Specht,
Zuletzt, mit Haut und Haar, dran klebenbleiben.
DRITTER FELDHERR: Pfiffikon! Iphikon! – Was das, beim Jupiter!
Für eine Sprache ist! Als schlüg ein Stecken
An einen alten, rostzerfreßnen Helm!
Ein Greulsystem von Worten, nicht geschickt,
Zwei solche Ding, wie Tag und Nacht,
Durch einen eignen Laut zu unterscheiden.
Ich glaub, ein Tauber war's, der das Geheul erfunden,
Und an den Mäulern sehen sie sich's ab.
EIN RÖMER: Dort kommen die Cherusker!
VARUS: Bringt sie her!

Zweiter Auftritt

Der Hauptmann *mit den* drei cheruskischen Boten. – Die Vorigen.

VARUS: Nach welchem Ort, sag an, von mir benannt,
  Hast du mich heut von Arkon führen sollen?
DER ERSTE CHERUSKER: Nach Pfiffikon, mein hochverehrter Herr.
VARUS: Was, Pfiffikon! hab ich nicht Iphi- dir
  Bestimmt, und wieder Iphikon genannt?
DER ERSTE CHERUSKER: Vergib, o Herr, du nanntest Pfiffikon.
  Zwar sprachst du, nach der Römermundart,
  Das leugn' ich nicht: „Führt mich nach Iphikon";
  Doch Hermann hat bestimmt uns gestern,
  Als er uns unterrichtete, gesagt:
  „Des Varus Wille ist nach Pfiffikon zu kommen;
  Drum tut nach mir, wie er auch ausspricht,
  Und führt sein Heer auf Pfiffikon hinaus."
VARUS: Was!
DER ERSTE CHERUSKER: Ja, mein erlauchter Herr, so ist's.
VARUS: Woher kennt auch dein Hermann meine Mundart?
  Den Namen hatt ich: Iphikon,
  Ja schriftlich ihm, mit dieser Hand gegeben?!
DER ERSTE CHERUSKER: Darüber wirst du ihn zur Rede stellen;
  Doch wir sind schuldlos, mein verehrter Herr.
VARUS: O wart! – – Wo sind wir jetzt?
DER ERSTE CHERUSKER: Das weiß ich nicht.
VARUS: Das weißt du nicht, verwünschter Galgenstrick,
  Und bist ein Bote?
DER ERSTE CHERUSKER: Nein! Wie vermöcht ich das?
  Der Weg, den dein Gebot mich zwang,
  Südwest quer durch den Wald hin einzuschlagen,
  Hat in der Richtung mich verwirrt:
  Mir war die große Straße nur,
  Von Teutoburg nach Pfiffikon, bekannt.
VARUS: Und du? Du weißt es auch nicht.
DER ZWEITE CHERUSKER: Nein, mein Feldherr.
VARUS: Und du?
DER DRITTE CHERUSKER: Ich auch bin, seit es dunkelt, irre. –
  Nach allem doch, was ich ringsum erkenne,
  Bist du nicht weit von unserm Waldplatz Arkon.
VARUS: Von Arkon? Was! Wo ich heut ausgerückt?

DER DRITTE CHERUSKER: Von eben dort; du bist ganz heimgegangen.
VARUS: Daß euch der Erde finstrer Schoß verschlänge! –
  Legt sie in Stricken! – Und wenn sie jedes ihrer Worte
  Hermann ins Antlitz nicht beweisen können,
  So hängt der Schufte einen auf,
  Und gerbt den beiden anderen die Rücken!
                Die Boten werden abgeführt.

DRITTER AUFTRITT

DIE VORIGEN *ohne die Boten.*

VARUS: Was ist zu machen? – – Sieh da! Ein Licht im Walde!
ERSTER FELDHERR: He, dort! Wer schleicht dort?
ZWEITER FELDHERR: Nun, beim Jupiter!
  Seit wir den Teutoburger Wald durchziehn,
  Der erste Mensch, der unserm Blick begegnet!
DER HAUPTMANN: Es ist ein altes Weib, das Kräuter sucht.

VIERTER AUFTRITT

Eine ALRAUNE *tritt auf, mit Krücke und Laterne.* DIE VORIGEN.

VARUS: Auf diesem Weg, den ich im Irrtum griff,
  Stammütterchen Cheruskas, sag mir an,
  Wo komm ich her? Wo bin ich? Wohin wandr' ich?
DIE ALRAUNE: Varus, o Feldherr Roms, das sind drei Fragen!
  Auf mehr nicht kann mein Mund dir Rede stehn!
VARUS: Sind deine Worte so geprägt,
  Daß du, wie Stücken Goldes, sie berechnest?
  Wohlan, es sei, ich bin damit zufrieden!
  Wo komm ich her?
DIE ALRAUNE: Aus Nichts, Quintilius Varus!
VARUS: Aus Nichts? Ich komm aus Arkon heut.
  – Die Römische Sybille, seh ich wohl,
  Und jene Wunderfrau von Endor bist du nicht.
  – Laß sehn, wie du die andern Punkt erledigst!
  Wenn du nicht weißt, woher des Wegs ich wandre:
  Wenn ich südwestwärts, sprich, stets ihn verfolge,
  Wo geh ich hin?
DIE ALRAUNE: Ins Nichts, Quintilius Varus!

VARUS: Ins Nichts? – Du singst ja, wie ein Rabe!
 Von wannen kommt dir diese Wissenschaft?
 Eh ich in Charons düstern Nachen steige,
 Denk ich, als Sieger, zweimal noch
 Rom, mit der heiteren Quadriga, zu durchschreiten!
 Das hat ein Priester Jovis mir vertraut.
 – Triff, bitt ich dich, der dritten Frage,
 Die du vergönnt mir, besser auf die Stirn!
 Du siehst, die Nacht hat mich Verirrten überfallen:
 Wo geh ich her? Wo geh ich hin?
 Und wenn du das nicht weißt, wohlan:
 Wo bin ich? sag mir an, das wirst du wissen;
 In welcher Gegend hier befind ich mich?
DIE ALRAUNE: Zwei Schritt vom Grab, Quintilius Varus,
 Hart zwischen Nichts und Nichts! Gehab dich wohl!
 Das sind genau der Fragen drei;
 Der Fragen mehr, auf dieser Heide,
 Gibt die cheruskische Alraune nicht! *Sie verschwindet.*

Fünfter Auftritt

Die Vorigen *ohne die Alraune.*

VARUS: Sieh da!
ERSTER FELDHERR: Beim Jupiter, dem Gott der Welt!
ZWEITER FELDHERR: Was war das?
VARUS: Wo?
ZWEITER FELDHERR: Hier, wo der Pfad sich kreuzet!
VARUS: Saht ihr es auch, das sinnverrückte Weib?
ERSTER FELDHERR: Das Weib?
ZWEITER FELDHERR: Ob wir's gesehn?
VARUS: Nicht? – Was war's sonst?
 Der Schein des Monds, der durch die Stämme fällt?
ERSTER FELDHERR: Beim Orkus! Eine Hexe! halt sie fest!
 Da schimmert die Laterne noch!
VARUS *niedergeschlagen*: Laßt, laßt!
 Sie hat des Lebens Fittich mir
 Mit ihrer Zunge scharfem Stahl gelähmt!

Sechster Auftritt

Ein Römer *tritt auf.* Die Vorigen.

DER RÖMER: Wo ist der Feldherr Roms? Wer führt mich zu ihm?
DER HAUPTMANN: Was gibt's? Hier steht er!
VARUS: Nun? Was bringst du mir?
DER RÖMER: Quintilius, zu den Waffen, sag ich dir!
  Marbod hat übern Weserstrom gesetzt!
  Auf weniger, denn tausend Schritte,
  Steht er mit seinem ganzen Suevenheere da!
VARUS: Marbod! Was sagst du mir?
ERSTER FELDHERR: Bist du bei Sinnen?
VARUS: – Von wem kommt dir die aberwitzge Kunde?
DER RÖMER: Die Kunde? Was! Beim Zeus, hier von mir selbst!
  Dein Vortrab stieß soeben auf den seinen,
  Bei welchem ich, im Schein der Fackeln,
  Soeben durch die Büsche, ihn gesehn!
VARUS: Unmöglich ist's!
ZWEITER FELDHERR: Das ist ein Irrtum, Freund!
VARUS: Fulvius Lepidus, der Legate Roms,
  Der eben jetzt, aus Marbods Lager,
  Hier angelangt, hat ihn vorgestern
  Ja noch jenseits des Weserstroms verlassen?!
DER RÖMER: Mein Feldherr, frage mich nach nichts!
  Schick deine Späher aus und überzeuge dich!
  Marbod, hab ich gesagt, steht, mit dem Heer der Sueven,
  Auf deinem Weg zur Weser aufgepflanzt;
  Hier diese Augen haben ihn gesehn!
VARUS: – Was soll dies alte Herz fortan nicht glauben?
  Kommt her und sprecht: Marbod und Hermann
  Verständen heimlich sich, in dieser Fehde,
  Und so wie der im Antlitz mir,
  So stände der mir schon im Rücken,
  Mich hier mit Dolchen in den Staub zu werfen:
  Beim Styx! ich glaubt es noch; ich hab's, schon vor drei Tagen,
  Als ich den Lippstrom überschifft, geahnt!
ERSTER FELDHERR: Pfui doch, Quintilius, des unrömerhaften Worts!
  Marbod und Hermann! In den Staub dich werfen!
  Wer weiß, ob einer noch von beiden
  In deiner Nähe ist! – Gib mir ein Häuflein Römer,

Den Wald, der dich umdämmert, zu durchspähn:
Die Schar, auf die dein Vordertrapp gestoßen,
Ist eine Horde noch zuletzt,
Die hier den Uren oder Bären jagt.
VARUS *sammelt sich*: Auf! – Drei Centurien geb ich dir!
— Bring Kunde mir, wenn du's vermagst,
Von seiner Zahl; verstehst du mich?
Und seine Stellung auch im Wald erforsche;
Jedoch vermeide sorgsam ein Gefecht.
Der erste Feldherr ab.

Siebenter Auftritt

VARUS. – *Im Hintergrunde das* RÖMERHEER.

VARUS: O Priester Zeus', hast du den Raben auch,
Der Sieg mir zu verkündgen schien, verstanden?
Hier war ein Rabe, der mir prophezeit,
Und seine heisre Stimme sprach: das Grab!

Achter Auftritt

Ein ZWEITER RÖMER *tritt auf*. DIE VORIGEN.

DER RÖMER: Man schickt mich her, mein Feldherr, dir zu melden,
Daß Hermann, der Cheruskerfürst,
Im Teutoburger Wald soeben eingetroffen;
Der Vortrab seines Heers, dir hülfreich zugeführt,
Berührt den Nachtrab schon des deinigen!
VARUS: Was sagst du?
ZWEITER FELDHERR: Hermann? – Hier in diesem Wald?
VARUS *wild*: Bei allen Furien der flammenvollen Hölle!
Wer hat ihm Fug und Recht gegeben,
Heut weiter, als bis Arkon, vorzurücken?
DER RÖMER: Darauf bleib ich die Antwort schuldig dir. –
Servil, der mich dir sandte, schien zu glauben
Er werde dir, mit dem Cheruskerheer,
In deiner Lage sehr willkommen sein.
VARUS: Willkommen mir? Daß ihn die Erd entraffte!
Fleuch gleich zu seinen Scharen hin,
Und ruf mir den Septimius, hörst du,

Den Feldherrn her, den ich ihm zugeordnet!
Dahinter fürcht ich sehr, steckt eine Meuterei,
Die ich sogleich ans Tageslicht will ziehn!

Neunter Auftritt

Aristan, *Fürst der Ubier, tritt eilig auf.* Die Vorigen.

ARISTAN: Verräterei! Verräterei!
Marbod und Hermann stehn im Bund, Quintilius!
Den Teutoburger Wald umringen sie,
Mit deinem ganzen Heere dich
In der Moräste Tiefen zu ersticken!
VARUS: Daß du zur Eule werden müßtest,
Mit deinem mitternächtlichen Geschrei!
– Woher kommt dir die Nachricht?
ARISTAN: Mir die Nachricht? –
Hier lies den Brief, bei allen Römergöttern,
Den er mit Pfeilen eben jetzt
Ließ in die Feur der Deutschen schießen,
Die deinem Heereszug hierher gefolgt! *Er gibt ihm einen Zettel.*
Er spricht von Freiheit, Vaterland und Rache,
Ruft uns – ich bitte dich! der giftge Meuter, auf,
Uns mutig seinen Scharen anzuschließen,
Die Stunde hätte deinem Heer geschlagen,
Und droht, jedwedes Haupt, das er in Waffen
Erschauen wird, die Sache Roms verfechtend,
Mit einem Beil, vom Rumpf herab, zum Kuß
Auf der Germania heilgen Grund zu nötgen!
VARUS *nachdem er gelesen*: Was sagten die germanschen Herrn dazu?
ARISTAN: Was sie dazu gesagt? Die gleisnerischen Gauner!
Sie fallen alle von dir ab!
Fust rief zuerst, der Cimbern Fürst,
Die andern gleich, auf dieses Blatt, zusammen;
Und, unter einer Fichte eng
Die Häupter aneinanderdrückend,
Stand, einer Glucke gleich, die Rotte der Rebellen,
Und brütete, die Waffen plusternd,
Gott weiß, welch eine Untat aus,
Mordvolle Blick' auf mich zur Seite werfend,
Der aus der Ferne sie in Aufsicht nahm!

VARUS *scharf*: Und du, Verräter, folgst dem Aufruf nicht?
ARISTAN: Wer? Ich? Dem Ruf Armins? – Zeus' Donnerkeil
 Soll mich hier gleich zur Erde schmettern,
 Wenn der Gedank auch nur mein Herz beschlich!
VARUS: Gewiß? Gewiß? – Daß mir der Schlechtste just,
 Von allen deutschen Fürsten, bleiben muß! –
 Doch, kann es anders sein? – – O Hermann! Hermann!
 So kann man blondes Haar und blaue Augen haben,
 Und doch so falsch sein, wie ein Punier?
 Auf! Noch ist alles nicht verloren. –
 Publius Sextus!
ZWEITER FELDHERR: Was gebeut mein Feldherr?
VARUS: Nimm die Kohorten, die den Schweif mir bilden,
 Und wirf die deutsche Hülfsschar gleich,
 Die meinem Zug hierher gefolgt, zusammen!
 Zur Hölle, mitleidlos, eh sie sich noch entschlossen,
 Die ganze Meuterbrut, herab;
 Es fehlt mir hier an Stricken, sie zu binden!
  Er nimmt Schild und Spieß aus der Hand eines Römers.
 Ihr aber – folgt mir zu den Legionen!
 Arminius, der Verräter, wähnt,
 Mich durch den Anblick der Gefahr zu schrecken;
 Laß sehn, wie er sich fassen wird,
 Wenn ich, die Waffen in der Hand,
 Gleich einem Eber, jetzt hinein mich stürze!
  Alle ab.

Szene: Eingang des Teutoburger Walds.

ZEHNTER AUFTRITT

EGBERT *mit mehreren* FELDHERRN *und* HAUPTLEUTEN *stehen versammelt.*
Fackeln. Im Hintergrunde das CHERUSKERHEER.

EGBERT: Hier, meine Freunde! Sammelt euch um mich!
 Ich will das Wort euch mutig führen!
 Denkt, daß die Sueven Deutsche sind, wie ihr:
 Und wie sich seine Red auch wendet,
 Verharrt bei eurem Entschluß nicht zu fechten!
ERSTER FELDHERR: Hier kommt er schon.
EIN HAUPTMANN: Doch rat ich Vorsicht an!

Eilfter Auftritt

Hermann *und* Winfried *treten auf.* Die Vorigen.

HERMANN *in die Ferne schauend*: Siehst du die Feuer dort?
WINFRIED: Das ist der Marbod! –
   Er gibt das Zeichen dir zum Angriff schon.
HERMANN: Rasch! – Daß ich keinen Augenblick verliere.
   Er tritt in die Versammlung.
   Kommt her, ihr Feldherrn der Cherusker!
   Ich hab euch etwas Wichtges zu entdecken.
EGBERT *indem er vortritt*: Mein Fürst und Herr, eh du das Wort ergreifst,
   Vergönnst, auf einen Augenblick,
   In deiner Gnade, du die Rede mir!
HERMANN: Dir? – Rede!
EGBERT: Wir folgten deinem Ruf
   Ins Feld des Tods, du weißt, vor wenig Wochen,
   Im Wahn, den du geschickt erregt,
   Es gelte Rom und die Tyrannenmacht,
   Die unser heilges Vaterland zertritt.
   Des Tages neueste, unselige Geschichte
   Belehrt uns doch, daß wir uns schwer geirrt:
   Dem August hast du dich, dem Feind des Reichs, verbunden,
   Und rückst, um eines nichtgen Streits,
   Marbod, dem deutschen Völkerherrn entgegen.
   Cherusker, hättst du wissen können,
   Leihn, wie die Ubier sich, und Äduer, nicht,
   Die Sklavenkette, die der Römer bringt,
   Den deutschen Brüdern um den Hals zu legen.
   Und kurz, daß ich's, o Herr mit einem Wort dir melde:
   Dein Heer verweigert mutig dir den Dienst;
   Es folgt zum Sturm nach Rom dir wenn du willst,
   Doch in des wackern Marbod Lager nicht.
HERMANN *sieht ihn an*: Was! hört ich recht?
WINFRIED: Ihr Götter des Olymps!
HERMANN: Ihr weigert, ihr Verräter, mir den Dienst?
WINFRIED *ironisch*: Sie weigern dir den Dienst, du horst! Sie wollen
   Nur gegen Varus' Legionen fechten!
HERMANN *indem er sich den Helm in die Augen drückt*:
   Nun denn, bei Wodans erznem Donnerwagen,
   So soll ein grimmig Beispiel doch

Solch eine schlechte Regung in dir strafen!
— Gib deine Hand mir her! *Er streckt ihm die Hand hin.*
EGBERT: Wie, mein Gebieter.
HERMANN: Mir deine Hand, sag ich! Du sollst, du Römerfeind,
Noch heut, auf ihrer Adler einen,
Im dichtesten Gedräng des Kampfs mir treffen!
Noch eh die Sonn entwich, das merk dir wohl,
Legst du ihn hier zu Füßen mir darnieder!
EGBERT: Auf wen, mein Fürst? Vergib, daß ich erstaune!
Ist's Marbod nicht, dem deine Rüstung —?
HERMANN: Marbod?
Meinst du, daß Hermann minder deutsch gesinnt,
Als du? — Der ist hier diesem Schwert verfallen,
Der seinem greisen Haupt ein Haar nur krümmt! —
Auf meinen Ruf, ihr Brüder, müßt ihr wissen,
Steht er auf jenen Höhn, durch eine Botschaft
Mir, vor vier Tagen, heimlich schon verbunden!
Und kurz, daß ich mich gleichfalls rund erkläre:
Auf, ihr Cherusker zu den Waffen!
Doch ihm nicht, Marbod, meinem Freunde,
Germaniens Henkersknecht, Quintilius Varus gilt's!
WINFRIED: Das war's, was Hermann euch zu sagen hatte.
EGBERT *freudig*: Ihr Götter!
DIE FELDHERRN *und* HAUPTLEUTE *durcheinander*:
Tag des Jubels und der Freude!
DAS CHERUSKERHEER *jauchzend*:
Heil, Hermann, Heil dir! Heil, Sohn Siegmars, dir!
Daß Wodan dir den Sieg verleihen mög!

Zwölfter Auftritt

Ein CHERUSKER *tritt auf*. DIE VORIGEN.

DER CHERUSKER: Septimius Nerva kommt, den du gerufen!
HERMANN: Still, Freunde, still! Das ist der Halsring von der Kette,
Die der Cheruska angetan;
Jetzt muß das Werk der Freiheit gleich beginnen.
WINFRIED: Wo war er?
HERMANN: Bei dem Brand in Arkon, nicht?
Beschäftiget zu retten und zu helfen?
DER CHERUSKER: In Arkon, ja, mein Fürst; bei einer Hütte,

Die durch den Römerzug, in Feuer aufgegangen.
Er schüttete gerührt dem Eigner
Zwei volle Säckel Geldes aus!
Bei Gott! der ist zum reichen Mann geworden,
Und wünscht noch oft ein gleiches Unheil sich.
HERMANN: Das gute Herz!
WINFRIED: Wo stahl er doch die Säckel?
HERMANN: Dem Nachbar auf der Rechten oder Linken?
WINFRIED: Er preßt mir Tränen aus.
HERMANN: Doch still! Da kömmt er.

Dreizehnter Auftritt

Septimius *tritt auf.* Die Vorigen.

HERMANN *kalt*: Dein Schwert, Septimius Nerva, du mußt sterben.
SEPTIMIUS: – Mit wem sprech ich?
HERMANN: Mit Hermann, dem Cherusker,
 Germaniens Retter und Befreier
 Von Roms Tyrannenjoch!
SEPTIMIUS: Mit dem Armin? –
 Seit wann führt der so stolze Titel?
HERMANN: Seit August sich so niedre zugelegt.
SEPTIMIUS: So ist es wahr? Arminius spielte falsch?
 Verriet die Freunde, die ihn schützen wollten?
HERMANN: Verriet euch, ja; was soll ich mit dir streiten?
 Wir sind verknüpft, Marbod und ich,
 Und werden, wenn der Morgen tagt,
 Den Varus, hier im Walde, überfallen.
SEPTIMIUS: Die Götter werden ihre Söhne schützen!
 – Hier ist mein Schwert!
HERMANN *indem er das Schwert wieder weggibt*: Führt ihn hinweg,
 Und laßt sein Blut, das erste, gleich
 Des Vaterlandes dürren Boden trinken!
      Zwei Cherusker ergreifen ihn.
SEPTIMIUS: Wie, du Barbar! Mein Blut? Das wirst du nicht –!
HERMANN: Warum nicht?
SEPTIMIUS *mit Würde*:   – Weil ich dein Gefangner bin!
 An deine Siegerpflicht erinnr' ich dich!
HERMANN *auf sein Schwert gestützt*:
 An Pflicht und Recht! Sieh da, so wahr ich lebe!

Er hat das Buch vom Cicero gelesen.
Was müßt ich tun, sag an, nach diesem Werk?
SEPTIMIUS: Nach diesem Werk? Armsel'ger Spötter, du!
Mein Haupt, das wehrlos vor dir steht,
Soll deiner Rache heilig sein;
Also gebeut dir das Gefühl des Rechts,
In deines Busens Blättern aufgeschrieben!
HERMANN *indem er auf ihn einschreitet*:
Du weißt was Recht ist, du verfluchter Bube,
Und kamst nach Deutschland, unbeleidigt,
Um uns zu unterdrücken?
Nehmt eine Keule doppelten Gewichts,
Und schlagt ihn tot!
SEPTIMIUS: Führt mich hinweg! – hier unterlieg ich,
Weil ich mit Helden würdig nicht zu tun!
Der das Geschlecht der königlichen Menschen
Besiegt, in Ost und West, der ward
Von Hunden in Germanien zerrissen:
Das wird die Inschrift meines Grabmals sein!
Er geht ab; Wache folgt ihm.
DAS HEER *in der Ferne*: Hurrah! Hurrah! Der Nornentag bricht an!

VIERZEHNTER AUFTRITT

DIE VORIGEN *ohne den Septimius.*

HERMANN: Steckt das Fanal in Brand, ihr Freunde,
Zum Zeichen Marbod und den Sueven,
Daß wir nunmehr zum Schlagen fertig sind!
Ein Fanal wird angesteckt.
Die Barden! He! Wo sind die süßen Alten
Mit ihrem herzerhebendem Gesang?
WINFRIED: Ihr Sänger, he? Wo steckt ihr?
EGBERT: Ha, schau her!
Dort, auf dem Hügel, wo die Fackeln schimmern!
WINFRIED: Horch! Sie beginnen dir das Schlachtlied schon!
Musik.
CHOR DER BARDEN *aus der Ferne*:
Wir litten menschlich seit dem Tage,
Da jener Fremdling eingerückt;
Wir rächten nicht die erste Plage,

> Mit Hohn auf uns herabgeschickt;
> Wir übten, nach der Götter Lehre,
> Uns durch viel Jahre im Verzeihn:
> Doch endlich drückt des Joches Schwere,
> Und abgeschüttelt will es sein!

Hermann hat sich, mit vorgestützter Hand, an den Stamm einer Eiche gelehnt. – Feierliche Pause. – Die Feldherren sprechen heimlich miteinander.

WINFRIED *nähert sich ihm:* Mein Fürst, vergib! Die Stunde drängt,
Du wolltest uns den Plan der Schlacht –
HERMANN *wendet sich:* Gleich, gleich! –
– Du, Bruder, sprich für mich, ich bitte dich.
Er sinkt, heftig bewegt, wieder an die Eiche zurück.
EIN HAUPTMANN: Was sagt er?
EIN ANDERER: Was?
WINFRIED: Laßt ihn. – Er wird sich fassen.
Kommt her, daß ich den Schlachtplan euch entdecke!
Er versammelt die Anführer um sich.
Wir stürzen uns, das Heer zum Keil geordnet,
Hermann und ich, vorn an der Spitze,
Grad auf den Feldherrn des Augustus ein!
Sobald ein Riß das Römerheer gesprengt,
Nimmst du die erste Legion,
Die zweite du, die dritte du!
In Splittern völlig fällt es auseinander.
Das Endziel ist, den Marbod zu erreichen;
Wenn wir zu diesem, mit dem Schwert,
Uns kämpfend einen Weg gebahnt,
Wird der uns weitere Befehle geben.
CHOR DER BARDEN *fällt wieder ein:*
> Du wirst nicht wanken und nicht weichen,
> Vom Amt, das du dir kühn erhöht,
> Die Regung wird dich nicht beschleichen,
> Die dein getreues Volk verrät;
> Du bist so mild, o Sohn der Götter,
> Der Frühling kann nicht milder sein:
> Sei schrecklich heut, ein Schloßenwetter,
> Und Blitze laß dein Antlitz spein!

Die Musik schweigt. – Kurze Pause. – Ein Hörnertusch in der Ferne.
EGBERT: Ha! Was war das?
HERMANN *in ihre Mitte tretend:* Antwortet! Das war Marbod!
Ein Hörnertusch in der Nähe.

Auf! – Mana und die Helden von Walhalla! *Er bricht auf.*

EGBERT *tritt ihn an*:
    Ein Wort, mein Herr und Herrscher! Winfried! Hört mich!
    Wer nimmt die Deutschen, das vergaßt ihr,
    Die sich dem Zug der Römer angeschlossen?

HERMANN: Niemand, mein Freund! Es soll kein deutsches Blut,
    An diesem Tag, von deutschen Händen fließen!

EGBERT: Was! Niemand! hört ich recht? Es wär dein Wille –?

HERMANN: Niemand! So wahr mir Wodan helfen mög!
    Sie sind mir heilig; ich berief sie,
    Sich mutig unsern Scharen anzuschließen!

EGBERT: Was! Die Verräter, Herr, willst du verschonen,
    Die grimmger, als die Römer selbst,
    In der Cheruska Herzen wüteten?

HERMANN: Vergebt! Vergeßt! Versöhnt, umarmt und liebt euch!
    Das sind die Wackersten und Besten,
    Wenn es nunmehr die Römerrache gilt! –
    Hinweg! – Verwirre das Gefühl mir nicht!
    Varus und die Kohorten, sag ich dir;
    Das ist der Feind, dem dieser Busen schwillt!
                    Alle ab.

Szene: Teutoburg. Garten hinter dem Fürstenzelt. Im Hintergrund ein eisernes Gitter, das in einen, von Felsen eingeschlossenen, öden Eichwald führt.

FUNFZEHNTER AUFTRITT

THUSNELDA *und* GERTRUD *treten auf.*

THUSNELDA: Was war's, sag an, was dir Ventidius gestern,
    Augusts Legat gesagt, als du ihm früh
    Im Eingang des Gezelts begegnetest?

GERTRUD: Er nahm, mit schüchterner Gebärde, meine Königin,
    Mich bei der Hand, und einen Ring
    An meinen Finger flüchtig steckend,
    Bat und beschwor er mich, bei allen Kindern Zeus',
    Ihm in geheim zu Nacht Gehör zu schaffen,
    Bei der, die seine Seele innig liebt.
    Er schlug, auf meine Frage: wo?
    Hier diesen Park mir vor, wo zwischen Felsenwänden,
    Das Volk sich oft vergnügt, den Ur zu hetzen;
    Hier, meint' er, sei es still, wie an dem Lethe,

Und keines lästgen Zeugen Blick zu fürchten,
Als nur der Mond, der ihm zur Seite buhlt.
THUSNELDA: Du hast ihm meine Antwort überbracht?
GERTRUD: Ich sagt ihm: wenn er heut, beim Untergang des Mondes,
Eh noch der Hahn den Tag bekräht,
Den Eichwald, den er meint, besuchen wollte,
Würd ihn daselbst die Landesfürstin,
Sie, deren Seele heiß ihn liebt,
Am Eingang gleich, zur Seite rechts, empfangen.
THUSNELDA: Und nun hast du, der Bärin wegen,
Die Hermann jüngst im Walde griff,
Mit Childrich, ihrem Wärter, dich besprochen?
GERTRUD: Es ist geschehn, wie mir dein Mund geboten,
Childrich, der Wärter, führt sie schon heran! –
Doch, meine große Herrscherin,
Hier werf ich mich zu Füßen dir:
Die Rache der Barbaren sei dir fern!
Es ist Ventidius nicht, der mich mit Sorg erfüllt;
Du selbst, wenn nun die Tat getan,
Von Reu und Schmerz wirst du zusammenfallen!
THUSNELDA: Hinweg! – Er hat zur Bärin mich gemacht!
Arminius' will ich wieder würdig werden!

Sechzehnter Auftritt

CHILDERICH *tritt auf, eine Bärin an einer Kette führend.* DIE VORIGEN.

CHILDERICH: Heda! Seid Ihr's, Frau Gertrud?
GERTRUD *steht auf:*   Gott im Himmel!
Da naht der Allzupünktliche sich schon!
CHILDERICH: Hier ist die Bärin!
GERTRUD: Wo?
CHILDERICH: Seht Ihr sie nicht?
GERTRUD: Du hast sie an der Kette, will ich hoffen!
CHILDERICH: An Kett und Koppel. – Ach, so habt Euch doch!
Wenn ich dabei bin, müßt Ihr wissen,
Ist sie so zahm, wie eine junge Katze.
GERTRUD: Gott möge ewig mich vor ihr bewahren! –
's ist gut, bleib mir nur fern, hier ist der Schlüssel,
Tu sie hinein und schleich dich wieder weg.
CHILDERICH: Dort in den Park?

GERTRUD: Ja, wie ich dir gesagt.
CHILDERICH: Mein Seel ich hoff, solang die Bärin drin,
  Wird niemand anders sich der Pforte nahn?
GERTRUD: Kein Mensch, verlaß dich drauf! Es ist ein Scherz nur,
  Den meine Frau sich eben machen will.
CHILDERICH: Ein Scherz?
GERTRUD: Ja, was weiß ich?
CHILDERICH: Was für ein Scherz?
GERTRUD: Ei, so frag du –! Fort! In den Park hinein!
  Ich kann das Tier nicht mehr vor Augen sehn!
CHILDERICH: Nun, bei den Elfen, hört; nehmt Euch in acht!
  Die Petze hat, wie Ihr befahlt,
  Nun seit zwölf Stunden nichts gefressen;
  Sie würde Witz, von grimmiger Art, Euch machen,
  Wenn's Euch gelüsten sollte, sie zu necken.
    Er läßt die Bärin in den Park und schließt ab.
GERTRUD: Fest!
CHILDERICH: Es ist alles gut.
GERTRUD: Ich sage, fest!
  Den Riegel auch noch vor, den eisernen!
CHILDERICH: Ach, was! Sie wird doch keine Klinke drücken?
  – Hier ist der Schlüssel!
GERTRUD: Gut, gib her! –
  Und nun entfernst du dich, in das Gebüsch,
  Doch so, daß wir sogleich dich rufen können. –
    Childerich geht ab.
  Schirmt, all ihr guten Götter, mich!
  Da schleicht der Unglückfel'ge schon heran!

Siebzehnter Auftritt

Ventidius *tritt auf.* – Thusnelda *und* Gertrud.

VENTIDIUS: Dies ist der stille Park, von Bergen eingeschlossen,
  Der, auf die Lispelfrage: wo?
  Mir gestern in die trunknen Sinne fiel!
  Wie mild der Mondschein durch die Stämme fällt!
  Und wie der Waldbach fern, mit üppigem Geplätscher,
  Vom Rand des hohen Felsens niederrinnt! –
  Thusnelda! Komm und lösche diese Glut,
  Soll ich, gleich einem jungen Hirsch,

Das Haupt voran, mich in die Flut nicht stürzen! –
Gertrud! – – So hieß ja, dünkt mich, wohl die Zofe,
Die mir versprach, mich in den Park zu führen?
Gertrud steht und kämpft mit sich selbst.
THUSNELDA *mit gedämpfter Stimme:*
Fort! Gleich! Hinweg! Du hörst! Gib ihm die Hand,
Und führ ihn in den Park hinein!
GERTRUD: Geliebte Königin?!
THUSNELDA: Bei meiner Rache!
Fort, augenblicks, sag ich! Gib ihm die Hand,
Und führ ihn in den Park hinein!
GERTRUD *fällt ihr zu Füßen:* Vergebung, meine Herrscherin, Vergebung!
THUSNELDA *ihr ausweichend:*
Die Närrin, die verwünschte, die! Sie auch
Ist in das Affenangesicht verliebt!
Sie reißt ihr den Schlüssel aus der Hand und geht zu Ventidius.
VENTIDIUS: Gertrud, bist du's?
THUSNELDA: Ich bin's.
VENTIDIUS: O sei willkommen,
Du meiner Juno süße Iris,
Die mir Elysium eröffnen soll! –
Komm, gib mir deine Hand, und leite mich!
– Mit wem sprachst du?
THUSNELDA: Thusnelden, meiner Fürstin.
VENTIDIUS: Thusnelden! Wie du mich entzückst!
Mir wär die Göttliche so nah?
THUSNELDA: Im Park, dem Wunsch gemäß, den du geäußert,
Und heißer Brunst voll harrt sie schon auf dich!
VENTIDIUS: O so eröffne schnell die Tore mir!
Komm her! Der Saturniden Wonne
Ersetzt mir solche Augenblicke nicht!
*Thusnelda läßt ihn ein. Wenn er die Tür hinter sich hat, wirft sie dieselbe mit
Heftigkeit zu, und zieht den Schlüssel ab.*

ACHTZEHNTER AUFTRITT

VENTIDIUS *innerhalb des Gitters.* – THUSNELDA *und* GERTRUD. – *Nachher*
CHILDERICH, *der Zwingerwärter.*

VENTIDIUS *mit Entsetzen:*
Zeus, du, der Götter und der Menschen Vater!

Was für ein Höllenungetüm erblick ich?
THUSNELDA *durch das Gitter*:
  Was gibt's, Ventidius? Was erschreckt dich so?
VENTIDIUS: Die zottelschwarze Bärin von Cheruska,
  Steht, mit gezückten Tatzen, neben mir!
GERTRUD *in die Szene eilend*: Du Furie, gräßlicher, als Worte sagen –!
  – He, Childerich! Herbei! Der Zwingerwärter!
THUSNELDA: Die Bärin von Cheruska?
GERTRUD: Childrich! Childrich!
THUSNELDA: Thusnelda, bist du klug, die Fürstin ist's,
  Von deren Haupt, der Livia zur Probe,
  Du jüngst die seidne Locke abgelöst!
  Laß den Moment, dir günstig, nicht entschlüpfen,
  Und ganz die Stirn jetzt schmeichelnd scher ihr ab!
VENTIDIUS: Zeus, du, der Götter und der Menschen Vater,
  Sie bäumt sich auf, es ist um mich geschehn!
CHILDERICH *tritt auf*: Ihr Rasenden! Was gibt's? Was machtet ihr?
  Wen ließt ihr in den Zwinger ein, sagt an?
GERTRUD: Ventidius, Childrich, Roms Legat, ist es!
  Errett ihn, bester aller Menschenkinder,
  Eröffn' den Pfortenring und mach ihn frei!
CHILDERICH: Ventidius, der Legat? Ihr heilgen Götter!
              Er bemüht sich das Gitter zu öffnen.
THUSNELDA *durch das Gitter*:
  Ach, wie die Borsten, Liebster, schwarz und starr,
  Der Livia, deiner Kaiserin, werden stehn,
  Wenn sie um ihren Nacken niederfallen!
  Statthalter von Cheruska, grüß ich dich!
  Das ist der mindste Lohn, du treuer Knecht,
  Der dich für die Gefälligkeit erwartet!
VENTIDIUS: Zeus, du, der Götter und der Menschen Vater,
  Sie schlägt die Klaun in meine weiche Brust!
THUSNELDA: Thusneld? O was!
CHILDERICH: Wo ist der Schlüssel, Gertrud?
GERTRUD: Der Schlüssel, Gott des Himmels, steckt er nicht?
CHILDERICH: Der Schlüssel, nein!
GERTRUD: Er wird am Boden liegen.
  – Das Ungeheur! Sie hält ihn in der Hand. *Auf Thusnelda deutend.*
VENTIDIUS *schmerzvoll*: Weh mir! Weh mir!
GERTRUD *zu Childerich*:   Reiß ihr das Werkzeug weg!
THUSNELDA: Sie sträubt sich dir?

CHILDERICH *da Thusnelda den Schlüssel verbirgt*: Wie, meine Königin?
GERTRUD: Reiß ihr das Werkzeug, Childerich, hinweg!
    Sie bemühen sich, ihr den Schlüssel zu entwinden.
VENTIDIUS: Ach! O des Jammers! Weh mir! O Thusnelda!
THUSNELDA: Sag ihr, daß du sie liebst, Ventidius,
  So hält sie still und schenkt die Locken dir!
    Sie wirft den Schlüssel weg und fällt in Ohnmacht.
GERTRUD: Die Gräßliche! – Ihr ewgen Himmelsmächte!
  Da fällt sie sinnberaubt mir in den Arm!
    Sie läßt die Fürstin auf einen Sitz nieder.

Neunzehnter Auftritt

ASTOLF *und ein Haufen* CHERUSKISCHER KRIEGER *treten auf.* – DIE VORIGEN.

ASTOLF: Was gibt's, ihr Fraun? Was für ein Jammerruf,
  Als ob der Mord entfesselt wäre,
  Schallt aus dem Dunkel jener Eichen dort?
CHILDERICH: Fragt nicht und kommt und helft das Gitter mir zersprengen!
Die Cherusker stürzen in den Park. Pause. – Bald darauf die Leiche des Ventidius, von den Cheruskern getragen, und Childerich mit der Bärin.
ASTOLF *läßt die Leiche vor sich niederlegen*: Ventidius, der Legate Roms! –
  Nun, bei den Göttern von Walhalla,
  So hab ich einen Spieß an ihm gespart!
GERTRUD *aus dem Hintergrund*:
  Helft mir, ihr Leut, ins Zelt die Fürstin führen!
ASTOLF: Helft ihr!
EIN CHERUSKER: Bei allen Göttern, welch ein Vorfall?
ASTOLF: Gleichviel! Gleichviel! Auf! Folgt zum Crassus mir,
  Ihn, eh er noch die Tat erfuhr,
  Ventidius, dem Legaten, nachzuschicken!
    Alle ab.

Szene: Teutoburger Wald. Schlachtfeld. Es ist Tag.

Zwanzigster Auftritt

MARBOD *von* FELDHERREN *umringt, steht auf einem Hügel und schaut in die Ferne.* – KOMAR *tritt auf.*

KOMAR: Sieg! König Marbod! Sieg! Und wieder, Sieg!
  Von allen zweiunddreißig Seiten,

Durch die der Wind in Deutschlands Felder bläst!

MARBOD *von dem Hügel herabsteigend*:
Wie steht die Schlacht, sag an?

EIN FELDHERR: Laß hören, Komar,
Und spar die lusterfüllten Worte nicht!

KOMAR: Wir rückten, wie du weißt, beim ersten Strahl der Sonne,
Arminius' Plan gemäß, auf die Legionen los;
Doch hier, im Schatten ihrer Adler,
Hier wütete die Zwietracht schon:
Die deutschen Völker hatten sich empört,
Und rissen heulend ihre Kette los.
Dem Varus eben doch – der schnell, mit allen Waffen,
Dem pfeilverletzten Eber gleich,
Auf ihren Haufen fiel, erliegen wollten sie:
Als Brunold hülfreich schon, mit deinem Heer erschien,
Und ehe Hermann noch den Punkt der Schlacht erreicht,
Die Schlacht der Freiheit völlig schon entschied.
Zerschellt ward nun das ganze Römerheer,
Gleich einem Schiff, gewiegt in Klippen,
Und nur die Scheitern hülflos irren
Noch auf dem Ozean des Siegs umher.

MARBOD: So traf mein Heer der Sueven wirklich
Auf Varus früher ein, als die Cherusker?

KOMAR: Sie trafen früher ihn! Arminius selbst,
Er wird gestehn, daß du die Schlacht gewannst!

MARBOD: Auf jetzt, daß ich den Trefflichen begrüße!

Alle ab.

EINUNDZWANZIGSTER AUFTRITT

VARUS *tritt verwundet auf*: Da sinkt die große Weltherrschaft von Rom
Vor eines Wilden Witz zusammen,
Und kommt, die Wahrheit zu gestehn,
Mir wie ein dummer Streich der Knaben vor!
Rom, wenn, gebläht von Glück, du mit drei Würfeln doch,
Nicht neunzehn Augen werfen wolltest!
Die Zeit noch kehrt sich, wie ein Handschuh um,
Und über uns seh ich die Welt regieren,
Jedwede Horde, die der Kitzel treibt. –
Da naht der Derwisch mir, Armin, der Fürst der Uren,
Der diese Sprüche mich gelehrt. –

Der Rhein, wollt ich, wär zwischen mir und ihm!
Ich warf, von Scham erfüllt, dort in dem Schilf des Moors,
Mich in des eignen Schwertes Spitze schon;
Doch meine Ribbe, ihm verbunden,
Beschirmte mich; mein Schwert zerbrach,
Und nun bin ich dem seinen aufgespart.
Fänd ich ein Pferd nur, das mich rettete.

ZWEIUNDZWANZIGSTER AUFTRITT

HERMANN *mit bloßem Schwert, von der einen Seite,* FUST, *Fürst der Cimbern, und* GUELTAR, *Fürst der Nervier, von der andern, treten hitzig auf.* — VARUS.

HERMANN: Steh, du Tyrannenknecht, dein Reich ist aus!
FUST: Steh, Höllenhund!
GUELTAR: Steh, Wolf vom Tiberstrande,
   Hier sind die Jäger, die dich fällen wollen!
       Fust und Gueltar stellen sich auf Hermanns Seite.
VARUS *nimmt ein Schwert auf*:
   Nun will ich tun, als führt ich zehn Legionen! —
   Komm her, du dort im Fell des zottgen Löwen,
   Und laß mich sehn, ob du Herakles bist!
       Hermann und Varus bereiten sich zum Kampf.
FUST *sich zwischen sie werfend*:
   Halt dort, Armin! Du hast des Ruhms genug.
GUELTAR *ebenso*: Halt, sag auch ich!
FUST: Quintilius Varus
   Ist mir, und wenn ich sinke, dem verfallen!
HERMANN: Wem! Dir? Euch? — Ha! Sieh da! Mit welchem Recht?
FUST: Das Recht, bei Mana, wenn du es verlangst,
   Mit Blut schreib ich's auf deine schöne Stirn!
   Er hat in Schmach und Schande mich gestürzt,
   An Deutschland, meinem Vaterlande,
   Der Mordknecht, zum Verräter mich gemacht!
   Den Schandfleck wasch ich ab in seinem Blute,
   Das hab ich heut, das mußt du wissen,
   Gestreckt am Boden heulend, mir,
   Als mir dein Brief kam, Göttlicher, gelobt!
HERMANN: Gestreckt am Boden heulend! Sei verwünscht,
   Gefallner Sohn des Teut, mit deiner Reue!
   Soll ich von Schmach dich rein zu waschen,

Den Ruhm, beim Jupiter, entbehren,
Nach dem ich durch zwölf Jahre treu gestrebt?
Komm her, fall aus und triff – und verflucht sei,
Wer jenen Römer eh' berührt,
Als dieser Streit sich zwischen uns gelöst!
Sie fechten.

VARUS *für sich*: Ward solche Schmach im Weltkreis schon erlebt?
Als wär ich ein gefleckter Hirsch,
Der, mit zwölf Enden durch die Forsten bricht! –
Hermann hält inne.

GUELTAR: Sieg, Fust, halt ein! Das Glück hat dir entschieden.

FUST: Wem? Mir? – Nein, sprich!

GUELTAR: Beim Styx! Er kann's nicht leugnen.
Blut rötet ihm den Arm!

FUST: Was! Traf ich dich?

HERMANN *indem er sich den Arm verbindet*:
Ich will's zufrieden sein. Dein Schwert fällt gut.
Da nimm ihn hin. Man kann ihn dir vertraun.
Er geht, mit einem tötenden Blick auf Varus, auf die Seite.

VARUS *wütend*: Zeus, diesen Übermut hilfst du mir strafen!
Du schnöder, pfauenstolzer Schelm,
Der du gesiegt, heran zu mir,
Es soll der Tod sein, den du dir errungen!

FUST: Der Tod? Nimm dich in acht! Auch noch im Tode
Zapf ich das Blut dir ab, das rein mich wäscht.
Sie fechten; Varus fällt.

VARUS: Rom, wenn du fällst, wie ich; was willst du mehr? *Er stirbt.*

DAS GEFOLGE: Triumph! Triumph! Germaniens Todfeind stürzt!
Heil, Fust, dir! Heil dir, Fürst der Cimbern!
Der du das Vaterland von ihm befreit!
Pause.

FUST: Hermann! Mein Bruderherz! Was hab ich dir getan?
Er fällt ihm um den Hals.

HERMANN: Nun, es ist alles gut.

GUELTAR *umhalst ihn gleichfalls*: Du bist verwundet –!

FUST: Das Blut des besten Deutschen fällt in Staub.

HERMANN: Ja, allerdings.

FUST: Daß mir die Hand verdorrte!

GUELTAR: Komm her, soll ich das Blut dir saugen?

FUST: Mir laß – mir, mir!

HERMANN: Ich bitt euch, meine Freunde –!

FUST: Hermann, du bist mir bös, mein Bruderherz,
  Weil ich den Siegskranz schelmisch dir geraubt?!
HERMANN: Du bist nicht klug! Vielmehr, es macht mich lachen!
  Laß einen Herold gleich nur kommen,
  Der deinen Namen ausposaune:
  Und mir schaff einen Arzt, der mich verbindet. *Er lacht und geht ab.*
DAS GEFOLGE: Kommt! hebt die Leiche auf und tragt sie fort!
    Alle ab.

Szene: Teutoburg. Platz unter Trümmern.

DREIUNDZWANZIGSTER AUFTRITT

THUSNELDA *mit ihren* FRAUEN. — *Ihr zur Seite* EGINHARDT *und* ASTOLF. — *Im Hintergrunde* WOLF, THUISKOMAR, DAGOBERT, SELGAR. — HERMANN *tritt auf. Ihm folgen* FUST, GUELTAR, WINFRIED, EGBERT *und* ANDERE.

WOLF *usw.* Heil, Hermann! Heil dir, Sieger der Kohorten!
  Germaniens Retter, Schirmer und Befreier!
HERMANN: Willkommen, meine Freunde!
THUSNELDA *an seinem Busen*: Mein Geliebter!
HERMANN *empfängt sie*: Mein schönes Thuschen! Heldin, grüß ich dich!
  Wie groß und prächtig hast du Wort gehalten?
THUSNELDA: Das ist geschehn. Laß sein.
HERMANN: Doch scheinst du blaß?
    Er betrachtet sie mit Innigkeit. — Pause.
  Wie steht's, ihr deutschen Herrn! Was bringt ihr mir?
WOLF: Uns selbst, mit allem jetzt, was wir besitzen!
  Hally, die Jungfrau, die geschändete,
  Die du, des Vaterlandes Sinnbild,
  Zerstückt in alle Stämme hast geschickt,
  Hat unsrer Völker Langmut aufgezehrt.
  In Waffen siehst du ganz Germanien lodern,
  Den Greul zu strafen, der sich ihr verübt:
  Wir aber kamen her, dich zu befragen,
  Wie du das Heer, das wir ins Feld gestellt,
  Im Krieg nun gegen Rom gebrauchen willst?
HERMANN: Harrt einen Augenblick, bis Marbod kömmt,
  Der wird bestimmtren Befehl euch geben! —
ASTOLF: Hier leg ich Crassus' Schwert zu Füßen dir!
HERMANN *nimmt es auf*:
  Dank, Freund, für jetzt! Die Zeit auch kömmt, das weißt du,

Wo ich dich zu belohnen wissen werde! *Er gibt es weg.*
EGINHARDT: Doch hier, o Herr, schau her! Das sind die Folgen
Des Kampfs, den Astolf mit den Römern kämpfte:
Ganz Teutoburg siehst du in Schutt und Asche!
HERMANN: Mag sein! Wir bauen uns ein schönres auf.
EIN CHERUSKER *tritt auf*: Marbod, der Fürst der Sueven, naht sich dir!
Du hast geboten, Herr, es dir zu melden.
HERMANN: Auf, Freunde! Laßt uns ihm entgegeneilen!

LETZTER AUFTRITT

MARBOD *mit* GEFOLGE *tritt auf. Hinter ihm, von einer Wache geführt,* ARISTAN,
Fürst der Ubier, in Fesseln. – DIE VORIGEN.

HERMANN *beugt ein Knie vor ihm*:
Heil, Marbod, meinem edelmütgen Freund!
Und wenn Germanien meine Stimme hört:
Heil seinem großen Oberherrn und König!
MARBOD: Steh auf, Arminius, wenn ich reden soll!
HERMANN: Nicht eh'r, o Herr, als bis du mir gelobt,
Nun den Tribut, der uns entzweite,
Von meinem Kämmerer huldreich anzunehmen!
MARBOD: Steh auf, ich wiederhol's! Wenn ich dein König,
So ist mein erst Gebot an dich: steh auf!
Hermann steht auf.
MARBOD *beugt ein Knie vor ihm*:
Heil, ruf ich, Hermann, dir, dem Retter von Germanien!
Und wenn es meine Stimme hört:
Heil seinem würdgen Oberherrn und König!
Das Vaterland muß einen Herrscher haben,
Und weil die Krone sonst, zur Zeit der grauen Väter,
Bei deinem Stamme rühmlich war:
Auf deine Scheitel falle sie zurück!
DIE SUEVISCHEN FELDHERRN:
Heil, Hermann! Heil dir, König von Germanien!
So ruft der Suev, auf König Marbods Wort!
FUST *vortretend*: Heil, ruf auch ich, beim Jupiter!
GUELTAR: Und ich!
WOLF *und* THUISKOMAR: Heil, König Hermann, alle Deutschen dir!
Marbod steht auf.
HERMANN *umarmt ihn*: Laß diese Sach, beim nächsten Mondlicht, uns,

Wenn die Druiden Wodan opfern,
   In der gesamten Fürsten Rat, entscheiden!
MARBOD: Es sei! Man soll im Rat die Stimmen sammeln.
   Doch bis dahin, das weigre nicht,
   Gebeutst du als Regent und führst das Heer!
DAGOBERT *und* SELGAR: So sei's! – Beim Opfer soll die Wahl entscheiden.
MARBOD *indem er einige Schritte zurückweicht*:
   Hier übergeb ich, Oberster der Deutschen, *Er winkt der Wache.*
   Den ich in Waffen aufgefangen,
   Aristan, Fürsten dir der Ubier!
HERMANN *wendet sich ab*:
   Weh mir! Womit muß ich mein Amt beginnen?
MARBOD: Du wirst nach deiner Weisheit hier verfahren.
HERMANN *zu Aristan*: – Du hattest, du Unseliger, vielleicht
   Den Ruf, den ich den deutschen Völkern,
   Am Tag der Schlacht erlassen, nicht gelesen?
ARISTAN *keck*: Ich las, mich dünkt, ein Blatt von deiner Hand,
   Das für Germanien in den Kampf mich rief!
   Jedoch was galt Germanien mir?
   Der Fürst bin ich der Ubier,
   Beherrscher eines freien Staats,
   In Fug und Recht, mich jedem, wer es sei,
   Und also auch dem Varus zu verbinden!
HERMANN: Ich weiß, Aristan. Diese Denkart kenn ich.
   Du bist imstand und treibst mich in die Enge,
   Fragst, wo und wann Germanien gewesen?
   Ob in dem Mond? Und zu der Riesen Zeiten?
   Und was der Witz sonst an die Hand dir gibt;
   Doch jetzo, ich versichre dich, jetzt wirst du
   Mich schnell begreifen, wie ich es gemeint:
   Führt ihn hinweg und werft das Haupt ihm nieder!
ARISTAN *erblaßt*: Wie, du Tyrann! Du scheutest dich so wenig –?
MARBOD *halblaut, zu Wolf*: Die Lektion ist gut.
WOLF: Das sag ich auch.
FUST: Was gilt's, er weiß jetzt, wo Germanien liegt?
ARISTAN: Hört mich, ihr Brüder –!
HERMANN: Führt ihn hinweg!
   Was kann er sagen, das ich nicht schon weiß?
            Aristan wird abgeführt.
   Ihr aber kommt, ihr wackern Söhne Teuts,
   Und laßt, im Hain der stillen Eichen

Wodan für das Geschenk des Siegs uns danken! –
Uns bleibt der Rhein noch schleunig zu ereilen,
Damit vorerst der Römer keiner
Von der Germania heilgem Grund entschlüpfe:
Und dann – nach Rom selbst mutig aufzubrechen!
Wir oder unsre Enkel, meine Brüder!
Denn eh' doch, seh ich ein, erschwingt der Kreis der Welt
Vor dieser Mordbrut keine Ruhe,
Als bis das Raubnest ganz zerstört,
Und nichts, als eine schwarze Fahne,
Von seinem öden Trümmerhaufen weht!

PRINZ FRIEDRICH VON HOMBURG

Ein Schauspiel

IHRER KÖNIGLICHEN HOHEIT
DER PRINZESSIN
AMALIE MARIE ANNE
GEMAHLIN DES PRINZEN WILHELM VON PREUSSEN
BRUDERS SR. MAJESTÄT DES KÖNIGS
GEBORNE PRINZESSIN VON HESSEN-HOMBURG

Gen Himmel schauend greift, im Volksgedränge,
Der Barde fromm in seine Saiten ein.
Jetzt trösten, jetzt verletzen seine Klänge,
Und solcher Antwort kann er sich nicht freun.
Doch Eine denkt er in dem Kreis der Menge,
Der die Gefühle seiner Brust sich weih:
Sie hält den Preis in Händen, der ihm falle,
Und krönt ihn die, so krönen sie ihn alle.

Personen

Friedrich Wilhelm, *Kurfürst von Brandenburg*
Die Kurfürstin
Prinzessin Natalie von Oranien, *seine Nichte, Chef eines Dragonerregiments*
Feldmarschall Dörfling
Prinz Friedrich Arthur von Homburg, *General der Reuterei*
Obrist Kottwitz, *vom Regiment der Prinzessin von Oranien*
Hennings
Graf Truchß } *Obersten der Infanterie*
Graf Hohenzollern, *von der Suite des Kurfürsten*
Rittmeister von der Golz
Graf Georg von Sparren
Stranz
Siegfried von Mörner } *Rittmeister*
Graf Reuß
Ein Wachtmeister
Offiziere, Korporale *und* Reuter. Hofkavaliere. Hofdamen. Pagen. Heiducken. Bedienten. Volk *jeden Alters und Geschlechts.*

ERSTER AKT

*Szene: Fehrbellin. Ein Garten im altfranzösischen Stil. Im Hintergrunde ein
  Schloß, von welchem eine Rampe herabführt. – Es ist Nacht.*

ERSTER AUFTRITT

DER PRINZ VON HOMBURG *sitzt mit bloßem Haupt und offner Brust, halb
wachend halb schlafend, unter einer Eiche und windet sich einen Kranz.* – DER
KURFÜRST, SEINE GEMAHLIN, PRINZESSIN NATALIE, DER GRAF VON HOHEN-
ZOLLERN, RITTMEISTER GOLZ *und* ANDERE *treten heimlich aus dem Schloß,
und schauen, vom Geländer der Rampe, auf ihn nieder.* – PAGEN *mit Fackeln.*

DER GRAF VON HOHENZOLLERN:
  Der Prinz vom Homburg, unser tapfrer Vetter,
  Der an der Reuter Spitze, seit drei Tagen
  Den flüchtgen Schweden munter nachgesetzt,
  Und sich erst heute wieder atemlos,
  Im Hauptquartier zu Fehrbellin gezeigt:
  Befehl ward ihm von dir, hier länger nicht,
  Als nur drei Fütterungsstunden zu verweilen,
  Und gleich dem Wrangel wiederum entgegen,
  Der sich am Rhyn versucht hat einzuschanzen,
  Bis an die Hackelberge vorzurücken?
DER KURFÜRST: So ist's!
HOHENZOLLERN: Die Chefs nun sämtlicher Schwadronen,
  Zum Aufbruch aus der Stadt, dem Plan gemäß,
  Glock zehn zu Nacht, gemessen instruiert,
  Wirft er erschöpft, gleich einem Jagdhund lechzend,
  Sich auf das Stroh um für die Schlacht, die uns
  Bevor beim Strahl des Morgens steht, ein wenig
  Die Glieder, die erschöpften, auszuruhn.
DER KURFÜRST: So hört ich! – Nun?
HOHENZOLLERN: Da nun die Stunde schlägt,
  Und aufgesessen schon die ganze Reuterei
  Den Acker vor dem Tor zerstampft,
  Fehlt – wer? der Prinz von Homburg noch, ihr Führer.

Mit Fackeln wird und Lichtern und Laternen
Der Held gesucht – und aufgefunden, wo?
Er nimmt einem Pagen die Fackel aus der Hand.
Als ein Nachtwandler, schau, auf jener Bank,
Wohin, im Schlaf, wie du nie glauben wolltest,
Der Mondschein ihn gelockt, beschäftiget,
Sich träumend, seiner eignen Nachwelt gleich,
Den prächtgen Kranz des Ruhmes einzuwinden.

DER KURFÜRST: Was!

HOHENZOLLERN: In der Tat! Schau hier herab: da sitzt er!
Er leuchtet von der Rampe auf ihn nieder.

DER KURFÜRST: Im Schlaf versenkt? Unmöglich!

HOHENZOLLERN: Fest im Schlafe!
Ruf ihn bei Namen auf, so fällt er nieder.
Pause.

DIE KURFÜRSTIN: Der junge Mann ist krank, so wahr ich lebe.

PRINZESSIN NATALIE: Er braucht des Arztes –!

DIE KURFÜRSTIN: Man sollt ihm helfen, dünkt mich,
Nicht den Moment verbringen, sein zu spotten!

HOHENZOLLERN *indem er die Fackel wieder weggibt*:
Er ist gesund, ihr mitleidsvollen Frauen,
Bei Gott, ich bin's nicht mehr! Der Schwede morgen
Wenn wir im Feld ihn treffen, wird's empfinden!
Es ist nichts weiter, glaubt mir auf mein Wort,
Als eine bloße Unart seines Geistes.

DER KURFÜRST: Fürwahr! Ein Märchen glaub ich's! – Folgt mir Freunde,
Und laßt uns näher ihn einmal betrachten.
Sie steigen von der Rampe herab.

EIN HOFKAVALIER *zu den Pagen*: Zurück! Die Fackeln!

HOHENZOLLERN: Laßt sie, laßt sie, Freunde!
Der ganze Flecken könnt in Feuer aufgehn,
Daß sein Gemüt davon nicht mehr empfände,
Als der Demant, den er am Finger trägt.
Sie umringen ihn; die Pagen leuchten.

DER KURFÜRST *über ihn gebeugt*:
Was für ein Laub denn flicht er? – Laub der Weide?

HOHENZOLLERN: Was! Laub der Weid, o Herr! – Der Lorbeer ist's,
Wie er's gesehn hat, an der Helden Bildern,
Die zu Berlin im Rüstsaal aufgehängt.

DER KURFÜRST: – Wo fand er den in meinem märkschen Sand?

HOHENZOLLERN: Das mögen die gerechten Götter wissen!

DER HOFKAVALIER: Vielleicht im Garten hinten, wo der Gärtner
Mehr noch der fremden Pflanzen auferzieht.
DER KURFÜRST: Seltsam beim Himmel! Doch, was gilt's, ich weiß,
Was dieses jungen Toren Brust bewegt?
HOHENZOLLERN: Oh – was! Die Schlacht von morgen, mein Gebieter!
Sterngucker sieht er, wett ich, schon im Geist,
Aus Sonnen einen Siegeskranz ihm winden.
Der Prinz besieht den Kranz.
DER HOFKAVALIER: Jetzt ist er fertig!
HOHENZOLLERN: Schade, ewig schade,
Daß hier kein Spiegel in der Nähe ist!
Er würd ihm eitel, wie ein Mädchen nahn,
Und sich den Kranz bald so, und wieder so,
Wie eine florne Haube aufprobieren.
DER KURFÜRST: Bei Gott! Ich muß doch sehn, wie weit er's treibt!
Der Kurfürst nimmt ihm den Kranz aus der Hand; der Prinz errötet und sieht ihn an. Der Kurfürst schlingt seine Halskette um den Kranz und gibt ihn der Prinzessin; der Prinz steht lebhaft auf. Der Kurfürst weicht mit der Prinzessin, welche den Kranz erhebt, zurück; der Prinz mit ausgestreckten Armen, folgt ihr.
DER PRINZ VON HOMBURG *flüsternd*: Natalie! Mein Mädchen! Meine Braut!
DER KURFÜRST: Geschwind! Hinweg!
HOHENZOLLERN: Was sagt der Tor?
DER HOFKAVALIER: Was sprach er?
Sie besteigen sämtlich die Rampe.
DER PRINZ VON HOMBURG: Friedrich! Mein Fürst! Mein Vater!
HOHENZOLLERN: Höll und Teufel!
DER KURFÜRST *rückwärts ausweichend*: Öffn' mir die Pforte nur!
DER PRINZ VON HOMBURG: O meine Mutter!
HOHENZOLLERN: Der Rasende! Er ist –
DIE KURFÜRSTIN: Wen nennt er so?
DER PRINZ VON HOMBURG *nach den Kranz greifend*:
Oh! Liebste! Was entweichst du mir? Natalie!
Er erhascht einen Handschuh von der Prinzessin Hand.
HOHENZOLLERN: Himmel und Erde! Was ergriff er da?
DER HOFKAVALIER: Den Kranz?
NATALIE: Nein, nein!
HOHENZOLLERN *öffnet die Tür*: Hier rasch herein, mein Fürst!
Auf daß das ganze Bild ihm wieder schwinde!
DER KURFÜRST: Ins Nichts mit dir zurück, Herr Prinz von Homburg,
Ins Nichts, ins Nichts! In dem Gefild der Schlacht,
Sehn wir, wenn's dir gefällig ist, uns wieder!

Im Traum erringt man solche Dinge nicht!
Alle ab; die Tür fliegt rasselnd vor dem Prinzen zu. Pause.

Zweiter Auftritt

DER PRINZ VON HOMBURG *bleibt einen Augenblick, mit dem Ausdruck der Verwunderung, vor der Tür stehen; steigt dann sinnend, die Hand, in welcher er den Handschuh hält, vor die Stirn gelegt, von der Rampe herab; kehrt sich sobald er unten ist, um, und sieht wieder nach der Tür hinauf.*

Dritter Auftritt

DER GRAF VON HOHENZOLLERN *tritt von unten, durch eine Gittertür, auf. Ihm folgt ein* PAGE. – DER PRINZ VON HOMBURG.

DER PAGE *leise*: Herr Graf, so hört doch! Gnädigster Herr Graf!
HOHENZOLLERN *unwillig*: Still! die Zikade! – Nun? Was gibt's?
PAGE: Mich schickt –!
HOHENZOLLERN: Weck ihn mit deinem Zirpen mir nicht auf –!
– Wohlan! Was gibt's?
PAGE: Der Kurfürst schickt mich her!
Dem Prinzen möchtet Ihr, wenn er erwacht,
Kein Wort, befiehlt er, von dem Scherz entdecken,
Den er sich eben jetzt mit ihm erlaubt!
HOHENZOLLERN *leise*: Ei, so leg dich im Weizenfeld aufs Ohr,
Und schlaf dich aus! Das wußt ich schon! Hinweg!
Der Page ab.

Vierter Auftritt

DER GRAF VON HOHENZOLLERN *und* DER PRINZ VON HOMBURG.

HOHENZOLLERN *indem er sich in einiger Entfernung hinter dem Prinzen stellt, der noch immer unverwandt die Rampe hinaufsieht*: Arthur!
Der Prinz fällt um.
Da liegt er; eine Kugel trifft nicht besser! *Er nähert sich ihm.*
Nun bin ich auf die Fabel nur begierig,
Die er ersinnen wird, mir zu erklären,
Warum er hier sich schlafen hat gelegt. *Er beugt sich über ihn.*
Arthur! He! Bist des Teufels du? Was machst du?
Wie kommst du hier zu Nacht auf diesen Platz?

DER PRINZ VON HOMBURG: Je, Lieber!
HOHENZOLLERN: Nun, fürwahr, das muß ich sagen!
Die Reuterei ist die du kommandierst,
Auf eine Stunde schon im Marsch voraus,
Und du, du liegst im Garten hier, und schläfst.
DER PRINZ VON HOMBURG: Welch eine Reuterei?
HOHENZOLLERN: Die Mamelucken! –
So wahr ich Leben atm', er weiß nicht mehr,
Daß er der märkschen Reuter Oberst ist?!
DER PRINZ VON HOMBURG *steht auf*:
Rasch! Meinen Helm! Die Rüstung!
HOHENZOLLERN: Ja wo sind sie?
DER PRINZ VON HOMBURG:
Zur Rechten, Heinz, zur Rechten; auf dem Schemel!
HOHENZOLLERN: Wo? Auf dem Schemel?
DER PRINZ VON HOMBURG: Ja, da legt ich, mein ich –!
HOHENZOLLERN *sieht ihn an*: So nimm sie wieder von dem Schemel weg!
DER PRINZ VON HOMBURG: – Was ist dies für ein Handschuh?
Er betrachtet den Handschuh, den er in der Hand hält.
HOHENZOLLERN: Ja, was weiß ich? – *Für sich:*
Verwünscht! Den hat er der Prinzessin Nichte,
Dort oben unbemerkt vom Arm gerissen! *Abbrechend:*
Nun, rasch! Hinweg! Was säumst du? Fort!
DER PRINZ VON HOMBURG *wirft den Handschuh wieder weg*: Gleich, gleich! –
He, Franz, der Schurke der mich wecken sollte!
HOHENZOLLERN *betrachtet ihn*: Er ist ganz rasend toll!
DER PRINZ VON HOMBURG: Bei meinem Eid!
Ich weiß nicht, liebster Heinrich, wo ich bin.
HOHENZOLLERN: In Fehrbellin, du sinnverwirrter Träumer;
In einem von des Gartens Seitengängen,
Der ausgebreitet hinterm Schlosse liegt!
DER PRINZ VON HOMBURG *für sich*:
Daß mich die Nacht verschläng! Mir unbewußt
Im Mondschein bin ich wieder umgewandelt! *Er faßt sich.*
Vergib! Ich weiß nun schon. Es war, du weißt vor Hitze,
Im Bette gestern fast nicht auszuhalten.
Ich schlich erschöpft in diesen Garten mich,
Und weil die Nacht so lieblich mich umfing,
Mit blondem Haar, von Wohlgeruch ganz triefend
Ach! wie den Bräutgam eine Perserbraut,
So legt ich hier in ihren Schoß mich nieder.

— Was ist die Glocke jetzo?

HOHENZOLLERN: Halb auf zwölf.

DER PRINZ VON HOMBURG: Und die Schwadronen, sagst du, brachen auf?

HOHENZOLLERN: Versteht sich, ja! Glock zehn; dem Plan gemäß!
Das Regiment Prinzessin von Oranien,
Hat, wie kein Zweifel ist, an ihrer Spitze
Bereits die Höhn von Hackelwitz erreicht,
Wo sie des Heeres stillen Aufmarsch morgen,
Dem Wrangel gegenüber decken sollen.

DER PRINZ VON HOMBURG: Es ist gleichviel! Der alte Kottwitz führt sie,
Der jede Absicht dieses Marsches kennt.
Zudem hätt ich zurück ins Hauptquartier
Um zwei Uhr morgens wiederkehren müssen,
Weil hier Parol' noch soll empfangen werden:
So blieb ich besser gleich im Ort zurück.
Komm; laß uns gehn! Der Kurfürst weiß von nichts?

HOHENZOLLERN: Ei, was! Der liegt im Bette längst und schläft.

Sie wollen gehen; der Prinz stutzt, kehrt sich um, und nimmt den Handschuh auf.

DER PRINZ VON HOMBURG: Welch einen sonderbaren Traum träumt ich?! —
Mir war, als ob, von Gold und Silber strahlend
Ein Königsschloß sich plötzlich öffnete,
Und hoch von seiner Marmorramp herab,
Der ganze Reigen zu mir niederstiege,
Der Menschen, die mein Busen liebt:
Der Kurfürst und die Fürstin und die — dritte
— Wie heißt sie schon?

HOHENZOLLERN: Wer?

DER PRINZ VON HOMBURG *er scheint zu suchen*: Jene — die ich meine!
Ein Stummgeborner würd sie nennen können!

HOHENZOLLERN: Die Platen?

DER PRINZ VON HOMBURG: Nicht doch, Lieber!

HOHENZOLLERN: Die Ramin?

DER PRINZ VON HOMBURG: Nicht, nicht doch, Freund!

HOHENZOLLERN: Die Bork? Die Winterfeld?

DER PRINZ VON HOMBURG: Nicht, nicht; ich bitte dich! Du siehst die Perle
Nicht vor dem Ring, der sie in Fassung hält.

HOHENZOLLERN: Zum Henker, sprich! Läßt das Gesicht sich raten?
— Welch eine Dame meinst du?

DER PRINZ VON HOMBURG: Gleichviel! Gleichviel!
Der Nam ist mir, seit ich erwacht, entfallen,

Und gilt zu dem Verständnis hier gleichviel.
HOHENZOLLERN: Gut! So sprich weiter!
DER PRINZ VON HOMBURG: Aber stör mich nicht! –
Und er, der Kurfürst, mit der Stirn des Zeus,
Hielt einen Kranz von Lorbeern in der Hand:
Er stellt sich dicht mir vor das Antlitz hin,
Und schlägt, mir ganz die Seele zu entzünden,
Den Schmuck darum, der ihm vom Nacken hängt,
Und reicht ihn, auf die Locken mir zu drücken
– O Lieber!
HOHENZOLLERN: Wem?
DER PRINZ VON HOMBURG: O Lieber!
HOHENZOLLERN: Nun, so sprich!
DER PRINZ VON HOMBURG: – Es wird die Platen wohl gewesen sein.
HOHENZOLLERN: Die Platen? Was! – Die jetzt in Preußen ist?
DER PRINZ VON HOMBURG: Die Platen. Wirklich. Oder die Ramin.
HOHENZOLLERN: Ach, die Ramin! Was! Die, mit roten Haaren! –
Die Platen, mit den schelmschen Veilchenaugen!
Die, weiß man, die gefällt dir.
DER PRINZ VON HOMBURG: Die gefällt mir. –
HOHENZOLLERN: Nun, und die, sagst du, reichte dir den Kranz?
DER PRINZ VON HOMBURG: Hoch auf, gleich einem Genius des Ruhms,
Hebt sie den Kranz, an dem die Kette schwankte,
Als ob sie einen Helden krönen wollte.
Ich streck, in unaussprechlicher Bewegung,
Die Hände streck ich aus, ihn zu ergreifen:
Zu Füßen will ich vor ihr niedersinken.
Doch, wie der Duft, der über Täler schwebt,
Vor eines Windes frischem Hauch zerstiebt,
Weicht mir die Schar, die Ramp ersteigend, aus.
Die Rampe dehnt sich, da ich sie betrete,
Endlos, bis ans das Tor des Himmels aus,
Ich greife rechts, ich greife links umher,
Der Teuren einen ängstlich zu erhaschen.
Umsonst! Des Schlosses Tor geht plötzlich auf;
Ein Blitz der aus dem Innern zuckt, verschlingt sie;
Das Tor fügt rasselnd wieder sich zusammen:
Nur einen Handschuh, heftig, im Verfolgen,
Streif ich der süßen Traumgestalt vom Arm:
Und einen Handschuh, ihr allmächtgen Götter,
Da ich erwache, halt ich in der Hand!

HOHENZOLLERN: Bei meinem Eid! – Und nun meinst du, der Handschuh,
Der sei der ihre?
DER PRINZ VON HOMBURG: Wessen?
HOHENZOLLERN: Nun, der Platen!
DER PRINZ VON HOMBURG: Der Platen. Wirklich. Oder der Ramin. –
HOHENZOLLERN *lacht*: Schelm, der du bist, mit deinen Visionen!
Wer weiß, von welcher Schäferstunde, traun,
Mit Fleisch und Bein hier wachend zugebracht,
Dir noch der Handschuh in den Händen klebt!
DER PRINZ VON HOMBURG: Was! Mir? Bei meiner Liebe –!
HOHENZOLLERN: Ei so, zum Henker,
Was kümmert's mich? Meinthalben sei's die Platen,
Sei's die Ramin! Am Sonntag geht die Post nach Preußen,
Da kannst du auf dem kürzesten Weg erfahren,
Ob deiner Schönen dieser Handschuh fehlt. –
Fort! Es ist zwölf. Was stehn wir hier und plaudern?
DER PRINZ VON HOMBURG *träumt vor sich nieder*:
– Da hast du recht. Laß uns zu Bette gehn.
Doch, was ich sagen wollte, Lieber,
Ist die Kurfürstin noch und ihre Nichte hier,
Die liebliche Prinzessin von Oranien,
Die jüngst in unser Lager eingetroffen?
HOHENZOLLERN: Warum? – Ich glaube gar, der Tor –?
DER PRINZ VON HOMBURG: Warum? –
Ich sollte, weißt du, dreißig Reuter stellen,
Sie wieder von dem Kriegsplatz wegzuschaffen.
Ramin hab ich deshalb beordern müssen.
HOHENZOLLERN: Ei, was! Die sind längst fort! Fort, oder reisen gleich!
Ramin, zum Aufbruch völlig fertig stand
Die ganze Nacht durch mindstens am Portal.
Doch fort! Zwölf ist's, und eh die Schlacht beginnt,
Wünsch ich mich noch ein wenig auszuruhn.

                Beide ab.

Szene: Ebendaselbst. Saal im Schloß. Man hört in der Ferne schießen.

FÜNFTER AUFTRITT

DIE KURFÜRSTIN *und* DIE PRINZESSIN NATALIE *in Reisekleidern, geführt von einem* HOFKAVALIER, *treten auf und lassen sich zur Seite nieder.* HOFDAMEN. *Hierauf* DER KURFÜRST, FELDMARSCHALL DÖRFLING, DER PRINZ VON HOMBURG, *den Handschuh im Kollett,* DER GRAF VON HOHENZOLLERN, GRAF TRUCHSS, OBRIST HENNINGS, RITTMEISTER VON DER GOLZ *und mehrere andere,* GENERALE, OBERSTEN *und* OFFIZIERE.

DER KURFÜRST: Was ist dies für ein Schießen? – Ist das Götz?
FELDMARSCHALL DÖRFLING: Das ist der Oberst Götz, mein Fürst und Herr,
  Der mit dem Vortrab gestern vorgegangen.
  Er hat schon einen Offizier gesandt,
  Der im voraus darüber dich beruh'ge.
  Ein schwedscher Posten ist, von tausend Mann,
  Bis auf die Hackelberge vorgerückt;
  Doch haftet Götz für diese Berge dir,
  Und sagt mir an, du möchtest nur verfahren,
  Als hätte sie sein Vortrab schon besetzt.
DER KURFÜRST *zu den Offizieren*:
  Ihr Herrn, der Marschall kennt den Schlachtentwurf;
  Nehmt euren Stift, bitt ich, und schreibt ihn auf.
Die Offiziere versammeln sich auf der andern Seite um den Feldmarschall und nehmen ihre Schreibtafeln heraus.
DER KURFÜRST *wendet sich zu dem Hofkavalier*:
  Ramin ist mit dem Wagen vorgefahren?
DER HOFKAVALIER: Im Augenblick, mein Fürst. – Man spannt schon an.
DER KURFÜRST *läßt sich auf einen Stuhl hinter der Kurfürstin und Prinzessin nieder*: Ramin wird meine teur' Elisa führen,
  Und dreißig rüstge Reuter folgen ihm.
  Ihr geht auf Kalkhuhns, meines Kanzlers, Schloß
  Bei Havelberg, jenseits des Havelstroms,
  Wo sich kein Schwede mehr erblicken läßt. –
DIE KURFÜRSTIN: Hat man die Fähre wiederhergestellt?
DER KURFÜRST: Bei Havelberg? Die Anstalt ist getroffen.
  Zudem ist's Tag, bevor ihr sie erreicht.
  Pause.
  Natalie ist so still, mein süßes Mädchen?
  – Was fehlt dem Kind?

PRINZESSIN NATALIE: Mich schauert, lieber Onkel.
DER KURFÜRST: Und gleichwohl ist mein Töchterchen so sicher,
In ihrer Mutter Schoß war sie's nicht mehr.

Pause.

DIE KURFÜRSTIN: Wann, denkst du, werden wir uns wiedersehen?
DER KURFÜRST: Wenn Gott den Sieg mir schenkt, wie ich nicht zweifle,
Vielleicht im Laufe dieser Tage schon.

Pagen kommen und servieren den Damen ein Frühstück. – Feldmarschall Dörfling diktiert. – Der Prinz von Homburg, Stift und Tafel in der Hand, fixiert die Damen.

FELDMARSCHALL: Der Plan der Schlacht, ihr Herren Obersten,
Den die Durchlaucht des Herrn ersann, bezweckt,
Der Schweden flüchtges Heer, zu gänzlicher
Zersplittrung, von dem Brückenkopf zu trennen,
Der an dem Rhynfluß ihren Rücken deckt.
Der Oberst Hennings –!
OBERST HENNINGS: Hier! *Er schreibt.*
FELDMARSCHALL: Der nach des Herren Willen heut
Des Heeres rechten Flügel kommandiert,
Soll, durch den Grund der Hackelbüsche, still
Des Feindes linken zu umgehen suchen,
Sich mutig zwischen ihn und die drei Brücken werfen,
Und mit dem Grafen Truchß vereint –
Graf Truchß!
GRAF TRUCHSS: Hier! *Er schreibt.*
FELDMARSCHALL: Und mit dem Grafen Truchß vereint –

Er hält inne.

Der auf den Höhn indes, dem Wrangel gegenüber,
Mit den Kanonen Posten hat gefaßt –
GRAF TRUCHSS *schreibt:* Kanonen Posten hat gefaßt –
FELDMARSCHALL: Habt Ihr?

Er fährt fort.

Die Schweden in den Sumpf zu jagen suchen,
Der hinter ihrem rechten Flügel liegt.
EIN HEIDUCK *tritt auf:* Der Wagen, gnädge Frau, ist vorgefahren.

Die Damen stehen auf.

FELDMARSCHALL: Der Prinz von Homburg –
DER KURFÜRST *erhebt sich gleichfalls:* – Ist Ramin bereit?
DER HEIDUCK: Er harrt zu Pferd schon unten am Portal.

Die Herrschaften nehmen Abschied voneinander.

GRAF TRUCHSS *schreibt:* Der hinter ihrem rechten Flügel liegt.

FELDMARSCHALL: Der Prinz von Homburg –
  Wo ist der Prinz von Homburg?
GRAF VON HOHENZOLLERN *heimlich*: Arthur!
DER PRINZ VON HOMBURG *fährt zusammen*: Hier!
HOHENZOLLERN: Bist du bei Sinnen?
DER PRINZ VON HOMBURG: Was befiehlt mein Marschall?
  Er errötet, stellt sich mit Stift und Pergament und schreibt.
FELDMARSCHALL: Dem die Durchlaucht des Fürsten wiederum
  Die Führung ruhmvoll, wie bei Rathenow,
  Der ganzen märkschen Reuterei vertraut – *Er hält inne.*
  Dem Obrist Kottwitz gleichwohl unbeschadet,
  Der ihm mit seinem Rat zur Hand wird gehn –
    Halblaut zum Rittmeister Golz:
  Ist Kottwitz hier?
RITTMEISTER VON DER GOLZ: Nein, mein General, du siehst,
  Mich hat er abgeschickt, an seiner Statt,
  Aus deinem Mund den Kriegsbefehl zu hören.
    Der Prinz sieht wieder nach den Damen herüber.
FELDMARSCHALL *fährt fort*:
  Stellt, auf der Ebne sich, beim Dorfe Hackelwitz,
  Des Feindes rechtem Flügel gegenüber,
  Fern außer dem Kanonenschusse auf.
RITTMEISTER VON DER GOLZ *schreibt*: Fern außer dem Kanonenschusse auf.
Die Kurfürstin bindet der Prinzessin ein Tuch um den Hals. Die Prinzessin,
indem sie sich die Handschuh anziehen will, sieht sich um, als ob sie etwas suchte.
DER KURFÜRST *tritt zu ihr*: Mein Töchterchen, was fehlt dir –?
DIE KURFÜRSTIN: Suchst du etwas?
PRINZESSIN NATALIE: Ich weiß nicht, liebe Tante, meinen Handschuh –
    Sie sehen sich alle um.
DER KURFÜRST *zu den Hofdamen*:
  Ihr Schönen! Wollt ihr gütig euch bemühn?
DIE KURFÜRSTIN *zur Prinzessin*: Du hältst ihn, Kind.
NATALIE: Den rechten; doch den linken?
DER KURFÜRST: Vielleicht daß er im Schlafgemach geblieben?
NATALIE: O liebe Bork!
DER KURFÜRST *zu diesem Fräulein*: Rasch, rasch!
NATALIE: Auf dem Kamin!
    Die Hofdame ab.
DER PRINZ VON HOMBURG *für sich*:
  Herr meines Lebens! hab ich recht gehört?
    Er nimmt den Handschuh aus dem Kollett.

FELDMARSCHALL *sieht in ein Papier, das er in der Hand hält:*
Fern außer dem Kanonenschusse auf. – *Er fährt fort.*
Des Prinzen Durchlaucht wird –
DER PRINZ VON HOMBURG: Den Handschuh sucht sie –
Er sieht bald den Handschuh, bald die Prinzessin an.
FELDMARSCHALL: Nach unsers Herrn ausdrücklichem Befehl –
RITTMEISTER VON DER GOLZ *schreibt:*
Nach unsers Herrn ausdrücklichem Befehl –
FELDMARSCHALL: Wie immer auch die Schlacht sich wenden mag,
Vom Platz nicht, der ihm angewiesen, weichen –
DER PRINZ VON HOMBURG: – Rasch, daß ich jetzt erprüfe, ob er's ist!
Er läßt, zugleich mit seinem Schnupftuch, den Handschuh fallen; das Schnupftuch hebt er wieder auf, den Handschuh läßt er so, daß ihn jedermann sehen kann, liegen.
FELDMARSCHALL *befremdet:*
Was macht des Prinzen Durchlaucht?
GRAF VON HOHENZOLLERN *heimlich:* Arthur!
DER PRINZ VON HOMBURG: Hier!
HOHENZOLLERN: Ich glaub,
Du bist des Teufels?!
DER PRINZ VON HOMBURG: Was befiehlt mein Marschall?
Er nimmt wieder Stift und Tafel zur Hand. Der Feldmarschall sieht ihn einen Augenblick fragend an. – Pause.
RITTMEISTER VON DER GOLZ *nachdem er geschrieben:*
Vom Platz nicht, der ihm angewiesen, weichen –
FELDMARSCHALL *fährt fort:*
Als bis, gedrängt von Hennings und von Truchß –
DER PRINZ VON HOMBURG *zum Rittmeister Golz, heimlich, indem er in seine Schreibtafel sieht:* Wer? lieber Golz! Was? Ich?
RITTMEISTER VON DER GOLZ: Ihr, ja! Wer sonst?
DER PRINZ VON HOMBURG: Vom Platz nicht soll ich –?
RITTMEISTER VON DER GOLZ: Freilich!
FELDMARSCHALL: Nun? habt Ihr?
DER PRINZ VON HOMBURG *laut:*
Vom Platz nicht, der mir angewiesen, weichen – *Er schreibt.*
FELDMARSCHALL: Als bis, gedrängt von Hennings und von Truchß –
Er hält inne.
Des Feindes linker Flügel, aufgelöst,
Auf seinen rechten stürzt, und alle seine
Schlachthaufen wankend nach der Trift sich drängen,
In deren Sümpfen, oft durchkreuzt von Gräben,

Der Kriegsplan eben ist, ihn aufzureiben.
DER KURFÜRST: Ihr Pagen, leuchtet! – Euren Arm ihr Lieben!
Er bricht mit der Kurfürstin und der Prinzessin auf.
FELDMARSCHALL: Dann wird er die Fanfare blasen lassen.
DIE KURFÜRSTIN *da einige Offiziere sie komplimentieren*:
Auf Wiedersehn, ihr Herrn! Laßt uns nicht stören.
Der Feldmarschall komplimentiert sie auch.
DER KURFÜRST *steht plötzlich still*:
Sieh da! Des Fräuleins Handschuh! Rasch! Dort liegt er!
EIN HOFKAVALIER: Wo?
DER KURFÜRST: Zu des Prinzen, unsers Vetters, Füßen!
DER PRINZ VON HOMBURG *ritterlich*:
Zu meinen –? Was! Ist das der Eurige?
Er hebt ihn auf und bringt ihn der Prinzessin.
NATALIE: Ich dank Euch, edler Prinz.
DER PRINZ VON HOMBURG *verwirrt*: Ist das der Eure?
NATALIE: Der meinige; der, welchen ich vermißt.
Sie empfängt ihn und zieht ihn an.
DIE KURFÜRSTIN *zu dem Prinzen im Abgehen*:
Lebt wohl! Lebt wohl! Viel Glück und Heil und Segen!
Macht, daß wir bald und froh uns wiedersehn!
Der Kurfürst mit den Frauen ab. Hofdamen, Kavaliere und Pagen folgen.
DER PRINZ VON HOMBURG *sieht, einen Augenblick, wie vom Blitz getroffen da; dann wendet er sich mit triumphierenden Schritten wieder in den Kreis der Offiziere zurück*: Dann wird er die Fanfare blasen lassen!
Er tut, als ob er schriebe.
FELDMARSCHALL *sieht in sein Papier*:
Dann wird er die Fanfare blasen lassen. –
Doch wird des Fürsten Durchlaucht ihm, damit,
Durch Mißverstand, der Schlag zu früh nicht falle – *Er hält inne.*
RITTMEISTER VON DER GOLZ *schreibt*:
Durch Mißverstand, der Schlag zu früh nicht falle –
DER PRINZ VON HOMBURG *zum Grafen Hohenzollern, heimlich, in großer Bewegung*: O Heinrich!
HOHENZOLLERN *unwillig*: Nun! Was gibt's? Was hast du vor?
DER PRINZ VON HOMBURG: Was! Sahst du nichts?
HOHENZOLLERN: Nein, nichts! Sei still, zum Henker!
FELDMARSCHALL *fährt fort*: Ihm einen Offizier, aus seiner Suite, senden,
Der den Befehl, das merkt, ausdrücklich noch
Zum Angriff auf den Feind ihm überbringe.
Eh' wird er nicht Fanfare blasen lassen.

Der Prinz steht und träumt vor sich nieder.

– Habt Ihr?

RITTMEISTER VON DER GOLZ *schreibt*: Eh' wird er nicht Fanfare blasen lassen.

FELDMARSCHALL *mit erhöhter Stimme*:
Des Prinzen Durchlaucht, habt Ihr?

DER PRINZ VON HOMBURG: Mein Feldmarschall?

FELDMARSCHALL: Ob Ihr geschrieben habt?

DER PRINZ VON HOMBURG: – Von der Fanfare?

HOHENZOLLERN *heimlich, unwillig, nachdrücklich*:
Fanfare! Sei verwünscht! Nicht eh', als bis der –

RITTMEISTER VON DER GOLZ *ebenso*: Als bis er selbst –

DER PRINZ VON HOMBURG *unterbricht sie*: Ja, allerdings! Eh' nicht –
Doch dann wird er Fanfare blasen lassen.

Er schreibt. – Pause.

FELDMARSCHALL: Den Obrist Kottwitz, merkt das, Baron Golz,
Wünsch ich, wenn er es möglich machen kann,
Noch vor Beginn des Treffens selbst zu sprechen.

RITTMEISTER VON DER GOLZ *mit Bedeutung*:
Bestellen werd ich es. Verlaß dich drauf.

Pause.

DER KURFÜRST *kommt zurück*: Nun, meine General' und Obersten,
Der Morgenstrahl ergraut! – Habt ihr geschrieben?

FELDMARSCHALL: Es ist vollbracht, mein Fürst; dein Kriegsplan ist
An deine Feldherrn pünktlich ausgeteilt!

DER KURFÜRST *indem er Hut und Handschuh nimmt*:
Herr Prinz von Homburg, dir empfehl ich Ruhe!
Du hast am Ufer, weißt du, mir des Rheins
Zwei Siege jüngst verscherzt; regier dich wohl,
Und laß mich heut den dritten nicht entbehren,
Der mindres nicht, als Thron und Reich, mir gilt!

Zu den Offizieren:

Folgt mir! – He, Franz!

EIN REITKNECHT *tritt auf*: Hier!

DER KURFÜRST: Rasch! Den Schimmel vor!
– Noch vor der Sonn im Schlachtfeld will ich sein!

Ab; die Generale, Obersten und Offiziere folgen ihm.

Sechster Auftritt

DER PRINZ VON HOMBURG *in den Vordergrund tretend*:
Nun denn, auf deiner Kugel, Ungeheures,

Du, der der Windeshauch den Schleier heut,
Gleich einem Segel lüftet, roll heran!
Du hast mir, Glück, die Locken schon gestreift:
Ein Pfand schon warfst du, im Vorüberschweben,
Aus deinem Füllhorn lächelnd mir herab:
Heut, Kind der Götter, such ich, Flüchtiges,
Ich hasche dich im Feld der Schlacht und stürze
Ganz deinen Segen mir zu Füßen um:
Wärst du auch siebenfach, mit Eisenketten,
Am schwedschen Siegeswagen festgebunden! *Ab.*

ZWEITER AKT

Szene: Schlachtfeld bei Fehrbellin.

Erster Auftritt

Obrist Kottwitz, Graf Hohenzollern, Rittmeister von der Golz,
und andere Offiziere, *an der Spitze der Reuterei, treten auf.*

obrist kottwitz *außerhalb der Szene*:
  Halt hier die Reuterei, und abgesessen!
hohenzollern *und* golz *treten auf*:
  Halt! – Halt!
obrist kottwitz: Wer hilft vom Pferde mir, ihr Freunde?
hohenzollern *und* golz:
  Hier, Alter hier! *Sie treten wieder zurück.*
obrist kottwitz *außerhalb*: Habt Dank! – Ouf! Daß die Pest mich!
  – Ein edler Sohn, für euren Dienst, jedwedem,
  Der euch, wenn ihr zerfallt, ein Gleiches tut!
    Er tritt auf; Hohenzollern, Golz und andere, hinter ihm.
  Ja, auf dem Roß fühl ich voll Jugend mich;
  Doch sitz ich ab, da hebt ein Strauß sich an,
  Als ob sich Leib und Seele kämpfend trennten! *Er sieht sich um.*
  Wo ist des Prinzen, unsers Führers, Durchlaucht!
hohenzollern: Der Prinz kehrt gleich zu dir zurück!
obrist kottwitz: Wo ist er?
hohenzollern: Er ritt ins Dorf, das dir, versteckt in Büschen,
  Zur Seite blieb. Er wird gleich wiederkommen.
ein offizier: Zur Nachtzeit, hör ich, fiel er mit dem Pferd?
hohenzollern: Ich glaube, ja.

OBRIST KOTTWITZ: Er fiel?
HOHENZOLLERN *wendet sich*: Nichts von Bedeutung!
Sein Rappe scheute an der Mühle sich,
Jedoch, leichthin zur Seite niedergleitend,
Tat er auch nicht den mindsten Schaden sich.
Es ist den Odem keiner Sorge wert.
OBRIST KOTTWITZ *auf einen Hügel tretend*:
Ein schöner Tag, so wahr ich Leben atme!
Ein Tag von Gott, dem hohen Herrn der Welt,
Gemacht zu süßerm Ding als sich zu schlagen!
Die Sonne schimmert rötlich durch die Wolken,
Und die Gefühle flattern, mit der Lerche,
Zum heitern Duft des Himmels jubelnd auf! –
GOLZ: Hast du den Marschall Dörfling aufgefunden?
OBRIST KOTTWITZ *kommt vorwärts*:
Zum Henker, nein! Was denkt die Exzellenz?
Bin ich ein Pfeil, ein Vogel, ein Gedanke,
Daß er mich durch das ganze Schlachtfeld sprengt?
Ich war beim Vortrab, auf den Hackelhöhn,
Und in dem Hackelgrund, beim Hintertrab:
Doch wen ich nicht gefunden, war der Marschall.
Drauf meine Reuter sucht ich wieder auf.
GOLZ: Das wird sehr leid ihm tun. Es schien, er hatte
Dir von Belang noch etwas zu vertraun.
DER OFFIZIER: Da kommt des Prinzen, unsers Führers, Durchlaucht!

ZWEITER AUFTRITT

DER PRINZ VON HOMBURG *mit einem schwarzen Band um die linke Hand*.
DIE VORIGEN.

OBRIST KOTTWITZ: Sei mir gegrüßt, mein junger edler Prinz!
Schau her, wie, während du im Dörfchen warst,
Die Reuter ich im Talweg aufgestellt:
Ich denk du wirst mit mir zufrieden sein!
DER PRINZ VON HOMBURG:
Guten Morgen, Kottwitz! – Guten Morgen, Freunde!
– Du weißt, ich lobe alles, was du tust.
HOHENZOLLERN: Was machtest, Arthur, in dem Dörfchen du?
– Du scheinst so ernst!
DER PRINZ VON HOMBURG: Ich – war in der Kapelle,

Die aus des Dörfchens stillen Büschen blinkte.
Man läutete, da wir vorüberzogen,
Zur Andacht eben ein; da trieb mich's an,
Am Altar auch mich betend hinzuwerfen.
OBRIST KOTTWITZ: Ein frommer junger Herr, das muß ich sagen!
Das Werk, glaubt mir, das mit Gebet beginnt,
Das wird mit Heil und Ruhm und Sieg sich krönen!
DER PRINZ VON HOMBURG: Was ich dir sagen wollte, Heinrich –
Er führt den Grafen ein wenig vor.
Was war's schon, was der Dörfling, mich betreffend,
Bei der Parol' hat gestern vorgebracht?
HOHENZOLLERN: – Du warst zerstreut. Ich hab es wohl gesehn.
DER PRINZ VON HOMBURG:
Zerstreut – geteilt; ich weiß nicht, was mir fehlte,
Diktieren in die Feder macht mich irr. –
HOHENZOLLERN: – Zum Glück nicht diesmal eben viel für dich.
Der Truchß und Hennings, die das Fußvolk führen,
Die sind zum Angriff auf den Feind bestimmt,
Und dir ist aufgegeben, hier zu halten
Im Tal schlagfertig mit der Reuterei,
Bis man zum Angriff den Befehl dir schickt.
DER PRINZ VON HOMBURG *nach einer Pause, in der er vor sich niedergeträumt*:
– Ein wunderlicher Vorfall!
HOHENZOLLERN: Welcher, Lieber?
Er sieht ihn an. – Ein Kanonenschuß fällt.
OBRIST KOTTWITZ: Holla, ihr Herrn, Holla! Sitzt auf, sitzt auf!
Das ist der Hennings und die Schlacht beginnt!
Sie besteigen sämtlich einen Hügel.
DER PRINZ VON HOMBURG: Wer ist es? Was?
HOHENZOLLERN: Der Obrist Hennings, Arthur
Der sich in Wrangels Rücken hat geschlichen!
Komm nur, dort kannst du alles überschaun.
GOLZ *auf dem Hügel*: Seht, wie er furchtbar sich am Rhyn entfaltet!
DER PRINZ VON HOMBURG *hält sich die Hand vors Auge*:
– Der Hennings dort auf unserm rechten Flügel?
ERSTER OFFIZIER: Ja, mein erlauchter Prinz.
DER PRINZ VON HOMBURG: Was auch, zum Henker!
Der stand ja gestern auf des Heeres Linken.
Kanonenschüsse in der Ferne.
OBRIST KOTTWITZ: Blitzelement! Seht, aus zwölf Feuerschlünden
Wirkt jetzt der Wrangel auf den Hennings los!

ERSTER OFFIZIER: Das nenn ich Schanzen das, die schwedischen!
ZWEITER OFFIZIER: Bei Gott, getürmt bis an die Kirchsturmspitze,
Des Dorfs, das hinter ihrem Rücken liegt!
Schüsse in der Nähe.
GOLZ: Das ist der Truchß!
DER PRINZ VON HOMBURG: Der Truchß?
OBRIST KOTTWITZ: Der Truchß, er, ja;
Der Hennings jetzt von vorn zu Hülfe kommt.
DER PRINZ VON HOMBURG: Wie kommt der Truchß heut in die Mitte?
Heftige Kanonade.
GOLZ: O Himmel, schaut, mich dünkt das Dorf fing Feuer!
DRITTER OFFIZIER: Es brennt, so wahr ich leb!
ERSTER OFFIZIER: Es brennt! Es brennt!
Die Flamme zuckt schon an dem Turm empor!
GOLZ: Hui! Wie die Schwedenboten fliegen rechts und links!
ZWEITER OFFIZIER: Sie brechen auf!
OBRIST KOTTWITZ: Wo?
ERSTER OFFIZIER: Auf dem rechten Flügel! –
DRITTER OFFIZIER: Freilich! In Zügen! Mit drei Regimentern!
Es scheint, den linken wollen sie verstärken.
ZWEITER OFFIZIER: Bei meiner Treu! Und Reuterei rückt vor,
Den Marsch des rechten Flügels zu bedecken!
HOHENZOLLERN *lacht*: Ha! Wie das Feld die wieder räumen wird,
Wenn sie versteckt uns hier im Tal erblickt!
Musketenfeuer.
KOTTWITZ: Schaut, Brüder, schaut!
ZWEITER OFFIZIER: Horcht!
ERSTER OFFIZIER: Feuer der Musketen!
DRITTER OFFIZIER: Jetzt sind sie bei den Schanzen aneinander! –
GOLZ: Bei Gott! Solch einen Donner des Geschützes
Hab ich zeit meines Lebens nicht gehört!
HOHENZOLLERN: Schießt! Schießt! Und macht den Schoß der Erde bersten!
Der Riß soll eurer Leichen Grabmal sein!
Pause. – Ein Siegsgeschrei in der Ferne.
ERSTER OFFIZIER: Herr, du, dort oben, der den Sieg verleiht:
Der Wrangel kehrt den Rücken schon!
HOHENZOLLERN: Nein, sprich!
GOLZ: Beim Himmel, Freunde! Auf dem linken Flügel!
Er räumt mit seinem Feldgeschütz die Schanzen.
ALLE: Triumph! Triumph! Triumph! Der Sieg ist unser!
DER PRINZ VON HOMBURG *steigt vom Hügel herab*:

Auf, Kottwitz, folg mir!
OBRIST KOTTWITZ: Ruhig, ruhig, Kinder!
DER PRINZ VON HOMBURG: Auf! Laß Fanfare blasen! Folge mir!
OBRIST KOTTWITZ: Ich sage, ruhig.
DER PRINZ VON HOMBURG *wild*: Himmel, Erd und Hölle!
OBRIST KOTTWITZ: Des Herrn Durchlaucht, bei der Parole gestern,
Befahl, daß wir auf Order warten sollen.
Golz, lies dem Herren die Parole vor.
DER PRINZ VON HOMBURG:
Auf Ordr'? Ei, Kottwitz! Reitest du so langsam?
Hast du sie noch vom Herzen nicht empfangen?
OBRIST KOTTWITZ: Order?
HOHENZOLLERN: Ich bitte dich!
OBRIST KOTTWITZ: Von meinem Herzen?
HOHENZOLLERN: Laß dir bedeuten, Arthur!
GOLZ: Hör mein Obrist!
OBRIST KOTTWITZ *beleidigt*: Oho! Kömmst du mir so, mein junger Herr? –
Den Gaul, den du dahersprengst, schlepp ich noch
Im Notfall an dem Schwanz des meinen fort!
Marsch, Marsch, ihr Herrn! Trompeter, die Fanfare!
Zum Kampf! Zum Kampf! Der Kottwitz ist dabei!
GOLZ *zu Kottwitz*: Nein nimmermehr, mein Obrist! Nimmermehr!
ZWEITER OFFIZIER: Der Hennings hat den Rhyn noch nicht erreicht!
ERSTER OFFIZIER: Nimm ihm den Degen ab!
DER PRINZ VON HOMBURG: Den Degen mir?
Er stößt ihn zurück.
Ei, du vorwitzger Knabe, der du noch
Nicht die Zehn märkischen Gebote kennst!
Hier ist der deinige, zusamt der Scheide!
Er reißt ihm das Schwert samt dem Gürtel ab.
ERSTER OFFIZIER *taumelnd*: Mein Prinz, die Tat, bei Gott –!
DER PRINZ VON HOMBURG *auf ihn einschreitend*: Den Mund noch öffnest –
HOHENZOLLERN *zu dem Offizier*: Schweig! Bist du rasend?
DER PRINZ VON HOMBURG *indem er den Degen abgibt*: Ordonnanzen!
Führt ihn gefangen ab, ins Hauptquartier.
Zu Kottwitz und den übrige Offizieren.
Und jetzt ist die Parol', ihr Herrn: ein Schurke,
Wer seinem General zur Schlacht nicht folgt!
– Wer von euch bleibt?
OBRIST KOTTWITZ: Du hörst. Was eiferst du?
HOHENZOLLERN *beilegend*: Es war ein Rat nur, den man dir erteilt.

OBRIST KOTTWITZ: Auf deine Kappe nimm's. Ich folge dir.
DER PRINZ VON HOMBURG *beruhigt*:
  Ich nehm's auf meine Kappe. Folgt mir, Brüder!
            Alle ab.

Szene: Zimmer in einem Dorf.

DRITTER AUFTRITT

Ein HOFKAVALIER *in Stiefeln und Sporen tritt auf.* – *Ein* BAUER *und* SEINE
  FRAU *sitzen an einem Tisch und arbeiten.*

HOFKAVALIER: Glück auf, ihr wackern Leute! Habt ihr Platz,
  In eurem Hause Gäste aufzunehmen?
DER BAUER: O ja! Von Herzen.
DIE FRAU: Darf man wissen, wen?
HOFKAVALIER: Die hohe Landesmutter! Keinen Schlechtern! –
  Am Dorftor brach die Achse ihres Wagens,
  Und weil wir hören, daß der Sieg erfochten,
  So braucht es weiter dieser Reise nicht.
BEIDE *stehen auf*: Der Sieg erfochten? – Himmel!
HOFKAVALIER: Das wißt ihr nicht?
  Das Heer der Schweden ist aufs Haupt geschlagen,
  Wenn nicht für immer, doch auf Jahresfrist,
  Die Mark vor ihrem Schwert und Feuer sicher!
  – Doch seht! Da kömmt die Landesfürstin schon.

VIERTER AUFTRITT

DIE KURFÜRSTIN *bleich und verstört.* PRINZESSIN NATALIE *und mehrere* HOF-
  DAMEN *folgen.* – DIE VORIGEN.

KURFÜRSTIN *unter der Tür*:
  Bork! Winterfeld! Kommt: gebt mir euren Arm!
NATALIE *zu ihr eilend*: O meine Mutter!
DIE HOFDAMEN: Gott! Sie bleicht! Sie fällt!
            Sie unterstützen sie.
KURFÜRSTIN: Führt mich auf einen Stuhl, ich will mich setzen.
  – Tot, sagt er; tot?
NATALIE: O meine teure Mutter!
KURFÜRSTIN: Ich will den Unglücksboten selber sprechen.

Fünfter Auftritt

Rittmeister von Mörner *tritt verwundet auf, von* zwei Reutern *geführt.* – Die Vorigen.

Kurfürstin: Was bringst du, Herold des Entsetzens, mir?
Mörner: Was diese Augen, leider, teure Frau,
　Zu meinem ewgen Jammer, selbst gesehn.
Kurfürstin: Wohlan! Erzähl!
Mörner: 　　　　　　Der Kurfürst ist nicht mehr!
Natalie: 　　　　　　　　　　　　O Himmel!
　Soll ein so ungeheurer Schlag uns treffen? *Sie bedeckt sich das Gesicht.*
Kurfürstin: Erstatte mir Bericht, wie er gesunken!
　– Und wie der Blitzstrahl, der den Wandrer trifft,
　Die Welt noch einmal purpurn ihm erleuchtet,
　So laß dein Wort sein; Nacht, wenn du gesprochen,
　Mög über meinem Haupt zusammenschlagen.
Mörner *tritt, geführt von den beiden Reutern, vor sie*:
　Der Prinz von Homburg war, sobald der Feind,
　Gedrängt von Truchß, in seiner Stellung wankte,
　Auf Wrangel in die Ebne vorgerückt;
　Zwei Linien hatt er, mit der Reuterei,
　Durchbrochen schon, und auf der Flucht vernichtet,
　Als er auf eine Feldredoute stieß;
　Hier schlug so mörderischer Eisenregen
　Entgegen ihm, daß seine Reuterschar,
　Wie eine Saat, sich knickend niederlegte:
　Halt mußt er machen zwischen Busch und Hügeln,
　Um sein zerstreutes Reuterkorps zu sammeln.
Natalie *zur Kurfürstin*: Geliebte! Fasse dich!
Kurfürstin: 　　　　　　　　　Laß, laß mich, Liebe!
Mörner: In diesem Augenblick, dem Staub entrückt,
　Bemerken wir den Herrn, der, bei den Fahnen
　Des Truchßschen Korps, dem Feind entgegenreitet;
　Auf einem Schimmel herrlich saß er da,
　Im Sonnenstrahl, die Bahn des Siegs erleuchtend.
　Wir alle sammeln uns, bei diesem Anblick,
　Auf eines Hügels Abhang, schwer besorgt,
　Inmitten ihn des Feuers zu erblicken:
　Als plötzlich jetzt der Kurfürst, Roß und Reuter,
　In Staub vor unsern Augen niedersinkt;

Zwei Fahnenträger fielen über ihn,
Und deckten ihn mit ihren Fahnen zu.
NATALIE: O meine Mutter!
ERSTE HOFDAME: Himmel!
KURFÜRSTIN: Weiter! Weiter!
MÖRNER: Drauf faßt, bei diesem schreckenvollen Anblick,
Schmerz, unermeßlicher, des Prinzen Herz;
Dem Bären gleich, von Wut gespornt und Rache,
Bricht er mit uns auf die Verschanzung los:
Der Graben wird, der Erdwall, der sie deckt,
Im Anlauf überflogen, die Besatzung
Geworfen, auf das Feld zerstreut, vernichtet,
Kanonen, Fahnen, Pauken und Standarten,
Der Schweden ganzes Kriegsgepäck, erbeutet:
Und hätte nicht der Brückenkopf am Rhyn
Im Würgen uns gehemmt, so wäre keiner,
Der an dem Herd der Väter, sagen könnte:
Bei Fehrbellin sah ich den Helden fallen!
KURFÜRSTIN: Ein Sieg, zu teu'r erkauft! Ich mag ihn nicht.
Gebt mir den Preis, den er gekostet, wieder. *Sie sinkt in Ohnmacht.*
ERSTE HOFDAME: Hilf, Gott im Himmel! Ihre Sinne schwinden.
Natalie weint.

Sechster Auftritt

Der Prinz von Homburg *tritt auf.* – Die Vorigen.

DER PRINZ VON HOMBURG: O meine teuerste Natalie!
Er legt ihre Hand gerührt an sein Herz.
NATALIE: So ist es wahr?
DER PRINZ VON HOMBURG: Oh! könnt ich sagen: nein!
Könnt ich mit Blut, aus diesem treuen Herzen,
Das seinige zurück ins Dasein rufen! –
NATALIE *trocknet sich die Tränen*:
Hat man denn schon die Leiche aufgefunden?
DER PRINZ VON HOMBURG: Ach, mein Geschäft, bis diesen Augenblick,
War Rache nur an Wrangel; wie vermocht ich,
Solch einer Sorge mich bis jetzt zu weihn?
Doch eine Schar von Männern sandt ich aus,
Ihn, im Gefild des Todes, aufzusuchen:
Vor Nacht noch zweifelsohne trifft er ein.

NATALIE: Wer wird, in diesem schauderhaften Kampf,
Jetzt diese Schweden niederhalten! Wer
Vor dieser Welt von Feinden uns beschirmen,
Die uns sein Glück, die uns sein Ruhm erworben?
DER PRINZ VON HOMBURG *nimmt ihre Hand*:
Ich, Fräulein, übernehme eure Sache!
Ein Engel will ich, mit dem Flammenschwert,
An eures Throns verwaiste Stufen stehn!
Der Kurfürst wollte, eh das Jahr noch wechselt,
Befreit die Marken sehn; wohlan! ich will der
Vollstrecker solchen letzten Willens sein!
NATALIE: Mein lieber, teurer Vetter! *Sie zieht ihre Hand zurück.*
DER PRINZ VON HOMBURG: O Natalie! *Er hält einen Augenblick inne.*
Wie denkt Ihr über Eure Zukunft jetzt?
NATALIE: Ja, was soll ich, nach diesem Wetterschlag,
Der unter mir den Grund zerreißt, beginnen?
Mir ruht der Vater, mir die teure Mutter,
Im Grab zu Amsterdam; in Schutt und Asche
Liegt Dortrecht, meines Hauses Erbe, da;
Gedrängt von Spaniens Tyrannenheeren,
Weiß Moritz kaum, mein Vetter von Oranien,
Wo er die eignen Kinder retten soll:
Und jetzt sinkt mir die letzte Stütze nieder,
Die meines Glückes Rebe aufrecht hielt.
Ich ward zum zweiten Male heut verwaist.
DER PRINZ VON HOMBURG *schlägt einen Arm um ihren Leib*:
O meine Freundin! Wäre diese Stunde
Der Trauer nicht geweiht, so wollt ich sagen:
Schlingt Eure Zweige hier um diese Brust,
Um sie, die schon seit Jahren, einsam blühend,
Nach Eurer Glocken holden Duft sich sehnt!
NATALIE: Mein lieber, guter Vetter!
DER PRINZ VON HOMBURG: – Wollt Ihr? Wollt Ihr?
NATALIE: – Wenn ich ins innre Mark ihr wachsen darf?
    Sie legt sich an seine Brust.
DER PRINZ VON HOMBURG: Wie? Was war das?
NATALIE: Hinweg!
DER PRINZ VON HOMBURG *hält sie*:   In ihren Kern!
In ihres Herzens Kern, Natalie!
    Er küßt sie; sie reißt sich los.
O Gott, wär er jetzt da, den wir beweinen,

Um diesen Bund zu schauen! Könnten wir
Zu ihm aufstammeln: Vater, segne uns!
Er bedeckt sein Gesicht mit seinen Händen; Natalie wendet sich wieder zur
Kurfürstin zurück.

SIEBENTER AUFTRITT

Ein WACHTMEISTER *tritt eilig auf.* – DIE VORIGEN.

WACHTMEISTER: Mein Prinz, kaum wag ich, beim lebendgen Gott,
   Welch ein Gerücht sich ausstreut, Euch zu melden!
   – Der Kurfürst lebt!
DER PRINZ VON HOMBURG: Er lebt!
WACHTMEISTER: Beim hohen Himmel!
   Graf Sparren bringt die Nachricht eben her.
NATALIE: Herr meines Lebens! Mutter; hörtest du's?
   Sie stürzt vor der Kurfürstin nieder und umfaßt ihren Leib.
DER PRINZ VON HOMBURG:
   Nein, sag –! Wer bringt mir?
WACHTMEISTER: Graf Georg von Sparren,
   Der ihn in Hackelwitz beim Truchßschen Korps,
   Mit eignem Aug, gesund und wohl, gesehn!
DER PRINZ VON HOMBURG:
   Geschwind! Lauf, Alter! Bring ihn mir herein!
        Wachtmeister ab.

ACHTER AUFTRITT

GRAF GEORG VON SPARREN *und der* WACHTMEISTER *treten auf.* – DIE VORIGEN.

KURFÜRSTIN: O stürzt mich zweimal nicht zum Abgrund nieder!
NATALIE: Nein, meine teure Mutter!
KURFÜRSTIN: Friedrich lebt?
NATALIE *hält sie mit beiden Händen aufrecht*:
   Des Daseins Gipfel nimmt Euch wieder auf!
WACHTMEISTER *auftretend*: Hier ist der Offizier!
DER PRINZ VON HOMBURG: Herr Graf von Sparren!
   Des Herrn Durchlaucht habt Ihr frisch und wohlauf,
   Beim Truchßschen Korps, in Hackelwitz, gesehn?
GRAF SPARREN: Ja, mein erlauchter Prinz, im Hof des Pfarrers,

Wo er Befehle gab, vom Stab umringt,
Die Toten beider Heere zu begraben!
DIE HOFDAMEN: O Gott! An deine Brust – *Sie umarmen sich.*
KURFÜRSTIN: O meine Tochter!
NATALIE: Nein, diese Seligkeit ist fast zu groß!
Sie drückt ihr Gesicht in der Tante Schoß.
DER PRINZ VON HOMBURG: Sah ich von fern, an meiner Reuter Spitze,
Ihn nicht, zerschmettert von Kanonenkugeln,
In Staub, samt seinem Schimmel, niederstürzen?
GRAF SPARREN: Der Schimmel, allerdings, stürzt', samt dem Reuter,
Doch wer ihn ritt, mein Prinz, war nicht der Herr.
DER PRINZ VON HOMBURG: Nicht? Nicht der Herr?
NATALIE: O Jubel!
Sie steht auf und stellt sich an die Seite der Kurfürstin.
DER PRINZ VON HOMBURG: Sprich! Erzähle!
Dein Wort fällt schwer wie Gold in meine Brust!
GRAF SPARREN: O laßt die rührendste Begebenheit,
Die je ein Ohr vernommen, Euch berichten!
Der Landesherr, der, jeder Warnung taub,
Den Schimmel wieder ritt, den strahlendweißen,
Den Froben jüngst in England ihm erstand,
War wieder, wie bis heut noch stets geschah,
Das Ziel der feindlichen Kanonenkugeln.
Kaum konnte, wer zu seinem Troß gehörte,
Auf einen Kreis von hundert Schritt ihm nahn;
Granaten wälzten, Kugeln und Kartätschen,
Sich wie ein breiter Todesstrom daher,
Und alles, was da lebte, wich ans Ufer:
Nur er, der kühne Schwimmer, wankte nicht,
Und, stets den Freunden winkend, rudert' er,
Getrost den Höhn zu, wo die Quelle sprang.
DER PRINZ VON HOMBURG: Beim Himmel, ja! Ein Grausen war's, zu sehn.
GRAF SPARREN: Stallmeister Froben, der, beim Troß der Suite,
Zunächst ihm folgt, ruft dieses Wort mir zu:
„Verwünscht sei heut mir dieses Schimmels Glanz,
Mit schweren Gold in London jüngst erkauft!
Wollt ich doch funfzig Stück Dukaten geben,
Könnt ich ihn mit dem Grau der Mäuse decken."
Er naht, voll heißer Sorge, ihm und spricht:
„Hoheit, dein Pferd ist scheu, du mußt verstatten,
Daß ich's noch einmal in die Schule nehme!"

Mit diesem Wort entsitzt er seinem Fuchs,
Und fällt dem Tier des Herren in den Zaum.
Der Herr steigt ab, stillächelnd, und versetzt:
„Die Kunst, die du ihn, Alter, lehren willst,
Wird er, solang es Tag ist, schwerlich lernen.
Nimm, bitt ich, fern ihn, hinter jenen Hügeln,
Wo seines Fehls der Feind nicht achtet, vor."
Dem Fuchs drauf sitzt er auf, den Froben reitet,
Und kehrt zurück, wohin sein Amt ihn ruft.
Doch Froben hat den Schimmel kaum bestiegen,
So reißt, entsendet aus der Feldredoute,
Ihn schon ein Mordblei, Roß und Reuter, nieder.
In Staub sinkt er, ein Opfer seiner Treue,
Und keinen Laut vernahm man mehr von ihm.
Kurze Pause.

DER PRINZ VON HOMBURG: Er ist bezahlt! – Wenn ich zehn Leben hätte,
Könnt ich sie besser brauchen nicht, als so!

NATALIE: Der wackre Froben!

KURFÜRSTIN: Der Vortreffliche!

NATALIE: Ein Schlechtrer wäre noch der Tränen wert!
Sie weinen.

DER PRINZ VON HOMBURG: Genug! Zur Sache jetzt. Wo ist der Kurfürst?
Nahm er in Hackelwitz sein Hauptquartier?

GRAF SPARREN: Vergib! Der Herr ist nach Berlin gegangen,
Und die gesamte Generalität
Ist aufgefordert, ihm dahin zu folgen.

DER PRINZ VON HOMBURG: Wie? Nach Berlin! – Ist denn der Feldzug aus?

GRAF SPARREN: Fürwahr, ich staune, daß dir alles fremd! –
Graf Horn, der schwedsche General, traf ein:
Es ist im Lager, gleich nach seiner Ankunft,
Ein Waffenstillstand ausgerufen worden.
Wenn ich den Marschall Dörfling recht verstanden,
Ward eine Unterhandlung angeknüpft:
Leicht, daß der Frieden selbst erfolgen kann.

KURFÜRSTIN: O Gott, wie herrlich klärt sich alles auf! *Sie steht auf.*

DER PRINZ VON HOMBURG:
Kommt, laßt sogleich uns nach Berlin ihm folgen!
– Räumst du, zu rascherer Beförderung, wohl
Mir einen Platz in deinem Wagen ein?
– Zwei Zeilen nur an Kottwitz schreib ich noch,
Und steige augenblicklich mit dir ein.

Er setzt sich nieder und schreibt.

KURFÜRSTIN: Von ganzem Herzen gern!

DER PRINZ VON HOMBURG *legt den Brief zusammen und übergibt ihn dem Wachtmeister; indem er sich wieder zur Kurfürstin wendet, und den Arm sanft um Nataliens Leib legt*: Ich habe so
Dir einen Wunsch noch schüchtern zu vertraun,
Des ich mich auf der Reis entlasten will.

NATALIE *macht sich von ihm los*:
Bork! Rasch! Mein Halstuch, bitt ich!

KURFÜRSTIN: Du? Einen Wunsch mir?

ERSTE HOFDAME: Ihr tragt das Tuch, Prinzessin, um den Hals!

DER PRINZ VON HOMBURG *zur Kurfürstin*:
Was? Rätst du nichts?

KURFÜRSTIN: Nein, nichts!

DER PRINZ VON HOMBURG: Was? Keine Silbe? –

KURFÜRSTIN *abbrechend*: Gleichviel! – Heut keinem Flehenden auf Erden
Antwort ich: nein! was es auch immer sei;
Und dir, du Sieger in der Schlacht, zuletzt!
– Hinweg!

DER PRINZ VON HOMBURG: O Mutter! Welch ein Wort sprachst du?
Darf ich's mir deuten, wie es mir gefällt?

KURFÜRSTIN: Hinweg, sag ich! Im Wagen mehr davon!

DER PRINZ VON HOMBURG:
Kommt, gebt mir Euren Arm! – O Cäsar Divus!
Die Leiter setz ich an, an deinen Stern!

Er führt die Damen ab; alle folgen.

Szene: Berlin. Lustgarten vor dem alten Schloß. Im Hintergrunde die Schloß-kirche mit einer Treppe. Glockenklang; die Kirche ist stark erleuchtet; man sieht die Leiche Frobens vorübertragen, und auf einen prächtigen Katafalk, niedersetzen.

Neunter Auftritt

Der Kurfürst, Feldmarschall Dörfling, Obrist Hennings, Graf Truchss, *und mehrere andere* Obristen *und* Offiziere *treten auf. Ihm gegenüber zeigen sich einige* Offiziere *mit Depeschen. – In der Kirche sowohl als auf dem Platz* Volk *jeden Alters und Geschlechts.*

DER KURFÜRST: Wer immer auch die Reuterei geführt,
 Am Tag der Schlacht, und, eh der Obrist Hennings
 Des Feindes Brücken hat zerstören können,
 Damit ist aufgebrochen, eigenmächtig,
 Zur Flucht, bevor ich Order gab, ihn zwingend,
 Der ist des Todes schuldig, das erklär ich,
 Und vor ein Kriegsgericht bestell ich ihn.
 – Der Prinz von Homburg hat sie nicht geführt?
GRAF TRUCHSS: Nein, mein erlauchter Herr!
DER KURFÜRST: Wer sagt mir das?
GRAF TRUCHSS: Das können Reuter dir bekräftigen,
 Die mir's versichert, vor Beginn der Schlacht.
 Der Prinz hat mit dem Pferd sich überschlagen,
 Man hat verwundet schwer, an Haupt und Schenkeln,
 In einer Kirche ihn verbinden sehn.
DER KURFÜRST: Gleichviel. Der Sieg ist glänzend dieses Tages,
 Und vor dem Altar morgen dank ich Gott.
 Doch wär er zehnmal größer, das entschuldigt
 Den nicht, durch den der Zufall mir ihn schenkt:
 Mehr Schlachten noch, als die, hab ich zu kämpfen,
 Und will, daß dem Gesetz Gehorsam sei.
 Wer's immer war, der sie zur Schlacht geführt,
 Ich wiederhol's, hat seinen Kopf verwirkt,
 Und vor ein Kriegsrecht hiemit lad ich ihn.
 – Folgt, meine Freunde in die Kirche mir!

Zehnter Auftritt

Der Prinz von Homburg, *drei schwedsche Fahnen in der Hand*, Obrist Kottwitz, *mit deren zwei*, Graf Hohenzollern, Rittmeister Golz, Graf Reuss, *jeder mit einer Fahne, mehrere andere* Offiziere, Korporale *und* Reuter, *mit Fahnen, Pauken und Standarten, treten auf.*

feldmarschall dörfling *sowie er den Prinzen erblickt*:
  Der Prinz von Homburg! – Truchß! Was machtet Ihr?
der kurfürst *stutzt*: Wo kommt Ihr her, Prinz?
der prinz von homburg *einige Schritte vorschreitend*:
                              Von Fehrbellin, mein Kurfürst,
  Und bringe diese Siegstrophäen dir.
Er legt die drei Fahnen vor ihm nieder; die Offiziere, Korporale und Reuter folgen, jeder mit der ihrigen.
der kurfürst *betroffen*: Du bist verwundet, hör ich, und gefährlich?
  – Graf Truchß!
der prinz von homburg *heiter*: Vergib!
graf truchss: Beim Himmel, ich erstaune!
der prinz von homburg: Mein Goldfuchs fiel, vor Anbeginn der
  Die Hand hier, die ein Feldarzt mir verband,   [Schlacht;
  Verdient nicht, daß du sie verwundet taufst.
der kurfürst: Mithin hast du die Reuterei geführt?
der prinz von homburg *sieht ihn an*:
  Ich? Allerdings! Mußt du von mir dies hören?
  – Hier legt ich den Beweis zu Füßen dir.
der kurfürst: – Nehmt ihm den Degen ab. Er ist gefangen.
feldmarschall *erschrocken*: Wem?
der kurfürst *tritt unter die Fahnen*: Kottwitz! Sei gegrüßt mir!
graf truchss *für sich*:   O verflucht!
obrist kottwitz: Bei Gott, ich bin aufs äußerste – !
der kurfürst *er sieht ihn an*:   Was sagst du? –
  Schau, welche Saat für unsern Ruhm gemäht!
  – Die Fahn ist von der schwedschen Leibwacht! Nicht?
  Er nimmt eine Fahne auf; entwickelt und betrachtet sie.
obrist kottwitz: Mein Kurfürst?
feldmarschall!   Mein Gebieter?
der kurfürst: Allerdings!
  Und zwar aus König Gustav Adolfs Zeiten!
  – Wie heißt die Inschrift?
obrist kottwitz: Ich glaube –

FELDMARSCHALL: Per aspera ad astra.
DER KURFÜRST: Das hat sie nicht bei Fehrbellin gehalten. –
Pause.
OBRIST KOTTWITZ *schüchtern*: Mein Fürst, vergönn ein Wort mir –!
DER KURFÜRST: Was beliebt? –
   Nehmt alles, Fahnen, Pauken und Standarten,
   Und hängt sie an der Kirche Pfeiler auf;
   Beim Siegsfest morgen denk ich sie zu brauchen!
Der Kurfürst wendet sich zu den Kurieren, nimmt ihnen die Depeschen ab, erbricht, und liest sie.
OBRIST KOTTWITZ *für sich*: Das, beim lebendgen Gott, ist mir zu stark!
Der Obrist nimmt, nach einigen Zaudern, seine zwei Fahnen auf; die übrigen Offiziere und Reuter folgen; zuletzt, da die drei Fahnen des Prinzen liegen bleiben, hebt Kottwitz auch diese auf, so daß er nun fünf trägt.
EIN OFFIZIER *tritt vor den Prinzen*: Prinz, Euren Degen, bitt ich.
HOHENZOLLERN *mit seiner Fahne, ihm zur Seite tretend*: Ruhig, Freund!
DER PRINZ VON HOMBURG:
   Träum ich? Wach ich? Leb ich? Bin ich bei Sinnen?
GOLZ: Prinz, gib den Degen, rat ich, hin und schweig!
DER PRINZ VON HOMBURG: Ich, ein Gefangener?
HOHENZOLLERN: So ist's!
GOLZ: Ihr hört's!
DER PRINZ VON HOMBURG: Darf man die Ursach wissen?
HOHENZOLLERN *mit Nachdruck*: Jetzo nicht!
   – Du hast zu zeitig, wie wir gleich gesagt,
   Dich in die Schlacht gedrängt; die Order war,
   Nicht von dem Platz zu weichen, ungerufen!
DER PRINZ VON HOMBURG: Helft Freunde, helft! Ich bin verrückt.
GOLZ *unterbrechend*: Still! Still!
DER PRINZ VON HOMBURG:
   Sind denn die Märkischen geschlagen worden?
HOHENZOLLERN *stampft mit dem Fuß auf die Erde*:
   Gleichviel! – Der Satzung soll Gehorsam sein.
DER PRINZ VON HOMBURG *mit Bitterkeit*:
   So – so, so, so!
HOHENZOLLERN *entfernt sich von ihm*: Es wird den Hals nicht kosten.
GOLZ *ebenso*: Vielleicht, daß du schon morgen wieder los.
Der Kurfürst legt die Briefe zusammen, und kehrt sich wieder in den Kreis der Offiziere zurück.
DER PRINZ VON HOMBURG *nachdem er sich den Degen abgeschnallt*:
   Mein Vetter Friedrich will den Brutus spielen,

Und sieht, mit Kreid auf Leinewand verzeichnet,
Sich schon auf dem kurulschen Stuhle sitzen:
Die schwedschen Fahnen in dem Vordergrund,
Und auf dem Tisch die märkschen Kriegsartikel.
Bei Gott, in mir nicht findet er den Sohn,
Der, unterm Beil des Henkers, ihn bewundre.
Ein deutsches Herz, von altem Schrot und Korn,
Bin ich gewohnt an Edelmut und Liebe,
Und wenn er mir, in diesem Augenblick,
Wie die Antike starr entgegenkömmt,
Tut er mir leid, und ich muß ihn bedauren!
Er gibt den Degen an den Offizier und geht ab.
DER KURFÜRST: Bringt ihn nach Fehrbellin, ins Hauptquartier,
Und dort bestellt das Kriegsrecht, das ihn richte.
Ab in die Kirche. Die Fahnen folgen ihm, und werden, während er mit seinem Gefolge an dem Sarge Frobens niederkniet und betet, an den Pfeilern derselben aufgehängt. Trauermusik.

DRITTER AKT

Szene: Fehrbellin. Ein Gefängnis.

ERSTER AUFTRITT

DER PRINZ VON HOMBURG. – *Im Hintergrunde* ZWEI REUTER, *als Wache.* –
DER GRAF VON HOHENZOLLERN *tritt auf.*

DER PRINZ VON HOMBURG: Sieh da! Freund Heinrich! Sei willkommen mir!
Nun, des Arrestes bin ich wieder los?
HOHENZOLLERN *erstaunt*: Gott sei Lob, in der Höh!
DER PRINZ VON HOMBURG: Was sagst du?
HOHENZOLLERN: Los?
Hat er den Degen dir zurückgeschickt?
DER PRINZ VON HOMBURG: Mir? Nein.
HOHENZOLLERN: Nicht?
DER PRINZ VON HOMBURG: Nein!
HOHENZOLLERN: – Woher denn also los?
DER PRINZ VON HOMBURG *nach einer Pause*:
Ich glaubte, du, du bringst es mir. – Gleichviel!
HOHENZOLLERN: – Ich weiß von nichts.
DER PRINZ VON HOMBURG: Gleichviel, du hörst; gleichviel!

So schickt er einen andern, der mir's melde.
Er wendet sich und holt Stühle.
Setz dich! – Nun, sag mir an, was gibt es Neues?
– Der Kurfürst kehrte von Berlin zurück?
HOHENZOLLERN *zerstreut*: Ja. Gestern abend.
DER PRINZ VON HOMBURG: Ward beschloßnermaßen,
Das Siegsfest dort gefeiert? – – Allerdings!
– Der Kurfürst war zugegen in der Kirche?
HOHENZOLLERN: Er und die Fürstin und Natalie. –
Die Kirche war, auf würdge Art, erleuchtet;
Battrieen ließen sich, vom Schloßplatz her,
Mit ernster Pracht bei dem Tedeum hören.
Die schwedschen Fahnen wehten und Standarten,
Trophäenartig, von den Pfeilern nieder,
Und auf des Herrn ausdrücklichem Befehl,
Ward deines, als des Siegers Namen –
Erwähnung von der Kanzel her getan.
DER PRINZ VON HOMBURG:
Das hört ich! – – Nun, was gibt es sonst; was bringst du?
– Dein Antlitz, dünkt mich, sieht nicht heiter, Freund!
HOHENZOLLERN: – Sprachst du schon wen?
DER PRINZ VON HOMBURG: Golz, eben, auf dem Schlosse,
Wo ich, du weißt es, im Verhöre war.
Pause.
HOHENZOLLERN *sieht ihn bedenklich an*:
Was denkst du, Arthur, denn von deiner Lage,
Seit sie so seltsam sich verändert hat?
DER PRINZ VON HOMBURG:
Ich? Nun, was du und Golz – die Richter selbst!
Der Kurfürst hat getan, was Pflicht erheischte,
Und nun wird er dem Herzen auch gehorchen.
,,Gefehlt hast du", so wird er ernst mir sagen,
Vielleicht ein Wort von Tod und Festung sprechen:
,,Ich aber schenke dir die Freiheit wieder" –
Und um das Schwert, das ihm den Sieg errang,
Schlingt sich vielleicht ein Schmuck der Gnade noch;
– Wenn der nicht, gut; denn den verdien ich nicht!
HOHENZOLLERN: O Arthur! *Er hält inne.*
DER PRINZ VON HOMBURG: Nun?
HOHENZOLLERN: – Des bist du so gewiß?
DER PRINZ VON HOMBURG:

Ich denk's mir so! Ich bin ihm wert, das weiß ich,
Wert wie ein Sohn; das hat seit früher Kindheit,
Sein Herz in tausend Proben mir bewiesen.
Was für ein Zweifel ist's, der dich bewegt?
Schien er am Wachstum meines jungen Ruhms
Nicht mehr fast, als ich selbst, sich zu erfreun?
Bin ich nicht alles, was ich bin, durch ihn?
Und er, er sollte lieblos jetzt die Pflanze,
Die er selbst zog, bloß, weil sie sich ein wenig
Zu rasch und üppig in die Blume warf,
Mißgünstig in den Staub daniedertreten?
Das glaubt ich seinem schlimmsten Feinde nicht,
Viel wen'ger dir, der du ihn kennst und liebst.
HOHENZOLLERN *bedeutend*: Du standst dem Kriegsrecht, Arthur, im Ver- [hör,
Und bist des Glaubens noch?
DER PRINZ VON HOMBURG: Weil ich ihm stand! –
Bei dem lebendgen Gott, so weit geht keiner,
Der nicht gesonnen wäre, zu begnadgen!
Dort eben, vor der Schranke des Gerichts,
Dort war's, wo mein Vertraun sich wiederfand.
War's denn ein todeswürdiges Verbrechen,
Zwei Augenblicke früher, als befohlen,
Die schwedsche Macht in Staub gelegt zu haben?
Und welch ein Frevel sonst drückt meine Brust?
Wie könnt er doch vor diesen Tisch mich laden,
Von Richtern, herzlos, die den Eulen gleich,
Stets von der Kugel mir das Grablied singen,
Dächt er, mit einem heitern Herrscherspruch,
Nicht, als ein Gott in ihren Kreis zu treten?
Nein, Freund, er sammelt diese Nacht von Wolken
Nur um mein Haupt, um wie die Sonne mir,
Durch ihren Dunstkreis strahlend aufzugehn:
Und diese Lust, fürwahr, kann ich ihm gönnen!
HOHENZOLLERN: Das Kriegsrecht gleichwohl, sagt man, hat gesprochen?
DER PRINZ VON HOMBURG: Ich höre, ja; auf Tod.
HOHENZOLLERN *erstaunt*: Du weißt es schon?
DER PRINZ VON HOMBURG: Gölz, der dem Spruch des Kriegsrechts bei-
Hat mir gemeldet, wie er ausgefallen. [gewohnt,
HOHENZOLLERN: Nun denn, bei Gott! – Der Umstand rührt dich nicht?
DER PRINZ VON HOMBURG: Mich? Nicht im mindesten.
HOHENZOLLERN: Du Rasender!

Und worauf stützt sich deine Sicherheit!
DER PRINZ VON HOMBURG: Auf mein Gefühl von ihm! *Er steht auf.*
                                         Ich bitte, laß mich!
Was soll ich mich mit falschen Zweifeln quälen?
    Er besinnt sich und läßt sich wieder nieder. – Pause.
Das Kriegsrecht mußte auf den Tod erkennen;
So lautet das Gesetz, nach dem es richtet.
Doch eh er solch ein Urteil läßt vollstrecken,
Eh er dies Herz hier, das getreu ihn liebt,
Auf eines Tuches Wink, der Kugel preisgibt,
Eh' sieh, eh' öffnet er die eigne Brust sich,
Und sprützt sein Blut selbst tropfenweis in Staub.
HOHENZOLLERN: Nun, Arthur, ich versichre dich –
DER PRINZ VON HOMBURG *unwillig*:   O Lieber!
HOHENZOLLERN: Der Marschall –
DER PRINZ VON HOMBURG *ebenso*: Laß mich, Freund!
HOHENZOLLERN: Zwei Worte hör noch!
Wenn die dir auch nichts gelten, schweig ich still.
DER PRINZ VON HOMBURG *wendet sich wieder zu ihm*:
Du hörst, ich weiß von allem. – Nun? Was ist's?
HOHENZOLLERN: Der Marschall hat, höchst seltsam ist's, soeben
Das Todesurteil im Schloß ihm überreicht;
Und er, statt wie das Urteil frei ihm stellt,
Dich zu begnadigen, er hat befohlen,
Daß es zur Unterschrift ihm kommen soll.
DER PRINZ VON HOMBURG: Gleichviel. Du hörst.
HOHENZOLLERN: Gleichviel?
DER PRINZ VON HOMBURG: Zur Unterschrift?
HOHENZOLLERN: Bei meiner Ehr! Ich kann es dir versichern.
DER PRINZ VON HOMBURG: Das Urteil? – Nein! Die Schrift –?
HOHENZOLLERN: Das Todesurteil.
DER PRINZ VON HOMBURG: – Wer hat dir das gesagt?
HOHENZOLLERN: Er selbst, der Marschall!
DER PRINZ VON HOMBURG: Wann?
HOHENZOLLERN: Eben jetzt.
DER PRINZ VON HOMBURG: Als er vom Herrn zurückkam?
HOHENZOLLERN: Als er vom Herrn die Treppe niederstieg! –
Er fügt' hinzu, da er bestürzt mich sah,
Verloren sei noch nichts, und morgen sei
Auch noch ein Tag, dich zu begnadigen;
Doch seine bleiche Lippe widerlegte

Ihr eignes Wort, und sprach: ich fürchte, nein!
DER PRINZ VON HOMBURG *steht auf:* Er könnte – nein! so ungeheuere
  Entschließungen in seinem Busen wälzen?
  Um eines Fehls, der Brille kaum bemerkbar,
  In dem Demanten, den er jüngst empfing,
  In Staub den Geber treten? Eine Tat,
  Die weiß den Dei von Algier brennt, mit Flügeln,
  Nach Art der Cherubinen, silberglänzig,
  Den Sardanapel ziert, und die gesamte
  Altrömische Tyrannenreihe, schuldlos,
  Wie Kinder, die am Mutterbusen sterben,
  Auf Gottes rechter Seit hinüberwirft?
HOHENZOLLERN *der gleichfalls aufgestanden:*
  Du mußt, mein Freund, dich davon überzeugen.
DER PRINZ VON HOMBURG:
  Und der Feldmarschall schwieg und sagte nichts?
HOHENZOLLERN: Was sollt er sagen?
DER PRINZ VON HOMBURG: O Himmel! Meine Hoffnung!
HOHENZOLLERN: Hast du vielleicht je einen Schritt getan,
  Sei's wissentlich, sei's unbewußt,
  Der seinem stolzen Geist zu nah getreten?
DER PRINZ VON HOMBURG: Niemals!
HOHENZOLLERN: Besinne dich!
DER PRINZ VON HOMBURG: Niemals, beim Himmel!
  Mir war der Schatten seines Hauptes heilig.
HOHENZOLLERN: Arthur, sei mir nicht böse, wenn ich zweifle,
  Graf Horn traf, der Gesandte Schwedens, ein,
  Und sein Geschäft geht, wie man hier versichert,
  An die Prinzessin von Oranien.
  Ein Wort, das die Kurfürstin Tante sprach,
  Hat aufs empfindlichste den Herrn getroffen;
  Man sagt, das Fräulein habe schon gewählt.
  Bist du auf keine Weise hier im Spiele?
DER PRINZ VON HOMBURG: O Gott! Was sagst du mir?
HOHENZOLLERN: Bist du's? Bist du's?
DER PRINZ VON HOMBURG: Ich bin's, mein Freund; jetzt ist mir alles klar;
  Es stürzt der Antrag ins Verderben mich:
  An ihrer Weigrung, wisse, bin ich schuld,
  Weil mir sich die Prinzessin anverlobt!
HOHENZOLLERN: Du unbesonnener Tor! Was machtest du?
  Wie oft hat dich mein treuer Mund gewarnt?

DER PRINZ VON HOMBURG: O Freund! Hilf, rette mich! Ich bin verloren.
HOHENZOLLERN: Ja, welch ein Ausweg führt aus dieser Not?
  Willst du vielleicht die Fürstin Tante sprechen?
DER PRINZ VON HOMBURG *wendet sich*:
  – He, Wache!
REUTER *im Hintergrunde*: Hier!
DER PRINZ VON HOMNURG: Ruft euren Offizier! –
Er nimmt eilig einen Mantel um von der Wand, und setzt einen Federhut auf, der
                  auf dem Tisch liegt.
HOHENZOLLERN *indem er ihm behülflich ist*:
  Der Schritt kann, klug gewandt, dir Rettung bringen.
  – Denn kann der Kurfürst nur mit König Karl,
  Um den bewußten Preis, den Frieden schließen,
  So sollst du sehn, sein Herz versöhnt sich dir,
  Und gleich, in wenig Stunden, bist du frei.

ZWEITER AUFTRITT

DER OFFIZIER *tritt auf.* – DIE VORIGEN.

DER PRINZ VON HOMBURG *zu dem Offizier*:
  Stranz, übergeben bin ich deiner Wache!
  Erlaub, in einem dringenden Geschäft,
  Daß ich auf eine Stunde mich entferne.
DER OFFIZIER: Mein Prinz, mir übergeben bist du nicht.
  Die Order, die man mir erteilt hat, lautet,
  Dich gehn zu lassen frei, wohin du willst.
DER PRINZ VON HOMBURG: Seltsam! – So bin ich kein Gefangener?
DER OFFIZIER: Vergib! – Dein Wort ist eine Fessel auch.
HOHENZOLLERN *bricht auf*: Auch gut! Gleichviel!
DER PRINZ VON HOMBURG: Wohlan! So leb denn wohl!
HOHENZOLLERN: Die Fessel folgt dem Prinzen auf dem Fuße!
DER PRINZ VON HOMBURG: Ich geh aufs Schloß zu meiner Tante nur,
  Und bin in zwei Minuten wieder hier.
          Alle ab.

Szene: Zimmer der Kurfürstin.

Dritter Auftritt

Die Kurfürstin *und* Natalie *treten auf.*

DIE KURFÜRSTIN: Komm, meine Tochter; komm! Dir schlägt die Stunde!
 Graf Gustav Horn, der schwedische Gesandte,
 Und die Gesellschaft, hat das Schloß verlassen;
 Im Kabinett des Onkels seh ich Licht:
 Komm, leg das Tuch dir um und schleich dich zu ihm,
 Und sieh, ob du den Freund dir retten kannst.
  Sie wollen gehen.

Vierter Auftritt

Eine Hofdame *tritt auf.* – Die Vorigen.

DIE HOFDAME: Prinz Homburg, gnädge Frau, ist vor der Türe!
 – Kaum weiß ich wahrlich, ob ich recht gesehn?
KURFÜRSTIN *betroffen*: O Gott!
NATALIE: Er selbst?
KURFÜRSTIN: Hat er denn nicht Arrest?
DIE HOFDAME: Er steht in Federhut und Mantel draußen,
 Und fleht, bestürzt und dringend um Gehör.
KURFÜRSTIN *unwillig*: Der Unbesonnene! Sein Wort zu brechen!
NATALIE: Wer weiß, was ihn bedrängt.
KURFÜRSTIN *nach einigem Bedenken*: – Laßt ihn herein!
  Sie selbst setzt sich auf einen Stuhl.

Fünfter Auftritt

Der Prinz von Homburg *tritt auf.* – Die Vorigen.

DER PRINZ VON HOMBURG: O meine Mutter!
  Er läßt sich auf Knieen vor ihr nieder.
KURFÜRSTIN: Prinz! Was wollt Ihr hier?
DER PRINZ VON HOMBURG: O laß mich deine Knie umfassen, Mutter!
KURFÜRSTIN *mit unterdrückter Rührung*:
 Gefangen seid Ihr, Prinz, und kommt hieher!
 Was häuft Ihr neue Schuld zu Euren alten?
DER PRINZ VON HOMBURG *dringend*:

Weißt du, was mir geschehn?
KURFÜRSTIN: Ich weiß um alles!
Was aber kann ich, Ärmste, für Euch tun?
DER PRINZ VON HOMBURG: O meine Mutter, also sprächst du nicht,
Wenn dich der Tod umschauerte, wie mich!
Du scheinst mit Himmelskräften, rettenden,
Du mir, das Fräulein, deine Fraun, begabt,
Mir alles ringsumher, dem Troßknecht könnt ich,
Dem schlechtesten, der deiner Pferde pflegt,
Gehängt am Halse flehen: rette mich!
Nur ich allein, auf Gottes weiter Erde,
Bin hülflos, ein Verlaßner, und kann nichts!
KURFÜRSTIN: Du bist ganz außer dir! Was ist geschehn?
DER PRINZ VON HOMBURG: Ach! Auf dem Wege, der mich zu dir führte,
Sah ich das Grab, beim Schein der Fackeln, öffnen,
Das morgen mein Gebein empfangen soll.
Sieh, diese Augen, Tante, die dich anschaun,
Will man mit Nacht umschatten, diesen Busen
Mit mörderischen Kugeln mir durchbohren.
Bestellt sind auf dem Markte schon die Fenster,
Die auf das öde Schauspiel niedergehn,
Und der die Zukunft, auf des Lebens Gipfel,
Heut, wie ein Feenreich, noch überschaut,
Liegt in zwei engen Brettern duftend morgen,
Und ein Gestein sagt dir von ihm: er war!

Die Prinzessin, welche bisher, auf die Schulter der Hofdame gelehnt, in der Ferne gestanden hat, läßt sich bei diesen Worten erschüttert an einen Tisch nieder und weint.

KURFÜRSTIN: Mein Sohn! Wenn's so des Himmels Wille ist,
Wirst du mit Mut dich und mit Fassung rüsten!
DER PRINZ VON HOMBURG: O Gottes Welt, o Mutter, ist so schön!
Laß mich nicht, fleh ich, eh die Stunde schlägt,
Zu jenen schwarzen Schatten niedersteigen!
Mag er doch sonst, wenn ich gefehlt, mich strafen,
Warum die Kugel eben muß es sein?
Mag er mich meiner Ämter doch entsetzen,
Mit Kassation, wenn's das Gesetz so will,
Mich aus dem Heer entfernen: Gott des Himmels!
Seit ich mein Grab sah, will ich nichts, als leben,
Und frage nichts mehr, ob es rühmlich sei!
KURFÜRSTIN: Steh auf, mein Sohn; steh auf! Was sprichst du da?

Du bist zu sehr erschüttert. Fasse dich!
DER PRINZ VON HOMBURG: Nicht, Tante eh'r als bis du mir gelobt,
Mit einem Fußfall, der mein Dasein rette,
Flehnd seinem höchsten Angesicht zu nahn!
Dir übergab zu Homburg, als sie starb,
Die Hedwig mich, und sprach, die Jugendfreundin:
Sei ihm die Mutter, wenn ich nicht mehr bin.
Du beugtest tiefgerührt, am Bette knieend,
Auf ihre Hand dich und erwidertest:
„Er soll mir sein, als hätt ich ihn erzeugt."
Nun, jetzt erinnr' ich dich an solch ein Wort!
Geh hin, als hättst du mich erzeugt, und sprich:
„Um Gnade fleh ich, Gnade! Laß ihn frei!"
Ach, und komm mir zurück und sprich: „Du bist's!"
KURFÜRSTIN *weint*: Mein teurer Sohn. Es ist bereits geschehen!
Doch alles, was ich flehte, war umsonst!
DER PRINZ VON HOMBURG: Ich gebe jeden Anspruch auf an Glück.
Nataliens, das vergiß nicht, ihm zu melden,
Begehr ich gar nicht mehr, in meinem Busen
Ist alle Zärtlichkeit für sie verlöscht.
Frei ist sie, wie das Reh auf Heiden, wieder;
Mit Hand und Mund, als wär ich nie gewesen,
Verschenken kann sie sich, und wenn's Karl Gustav,
Der Schweden König ist, so lob ich sie.
Ich will auf meine Güter gehn am Rhein,
Da will ich bauen, will ich niederreißen,
Daß mir der Schweiß herabtrieft, säen, ernten,
Als wär's für Weib und Kind, allein genießen,
Und, wenn ich erntete, von neuem säen,
Und in den Kreis herum das Leben jagen,
Bis es am Abend niedersinkt und stirbt.
KURFÜRSTIN: Wohlan! Kehr jetzt nur heim in dein Gefängnis,
Das ist die erste Fordrung meiner Gunst!
DER PRINZ VON HOMBURG *steht auf und wendet sich zur Prinzessin*:
Du, armes Mädchen, weinst! Die Sonne leuchtet
Heut alle deine Hoffnungen zu Grab!
Entschieden hat dein erst Gefühl für mich,
Und deine Miene sagt mir, treu wie Gold,
Du wirst dich nimmer einem andern weihn.
Ja, was erschwing ich, Ärmster, das dich tröste?
Geh an den Main, rat ich, ins Stift der Jungfraun,

Zu deiner Base Thurn, such in den Bergen
Dir einen Knaben, blondgelockt wie ich,
Kauf ihn mit Gold und Silber dir, drück ihn
An deine Brust und lehr ihn: Mutter! stammeln,
Und wenn er größer ist, so unterweis ihn,
Wie man den Sterbenden die Augen schließt.
Das ist das ganze Glück, das vor dir liegt!

NATALIE *mutig und erhebend, indem sie aufsteht und ihre Hand in die seinige legt*: Geh, junger Held, in deines Kerkers Haft,
Und auf dem Rückweg, schau noch einmal ruhig
Das Grab dir an, das dir geöffnet wird!
Es ist nichts finstrer und um nichts breiter,
Als es dir tausendmal die Schlacht gezeigt!
Inzwischen werd ich, in dem Tod dir treu
Ein rettend Wort für dich dem Oheim wagen:
Vielleicht gelingt es mir, sein Herz zu rühren,
Und dich von allem Kummer zu befrein!

Pause.

DER PRINZ VON HOMBURG *faltet, in ihrem Anschaun verloren, die Hände*:
Hättst du zwei Flügel, Jungfrau, an den Schultern,
Für einen Engel wahrlich hielt ich dich! –
O Gott, hört ich auch recht? Du für mich sprechen?
– Wo ruhte denn der Köcher dir der Rede,
Bis heute, liebes Kind, das du willst wagen,
Den Herrn in solcher Sache anzugehn? –
– O Hoffnungslicht, das plötzlich mich erquickt!

NATALIE: Gott wird die Pfeile mir, die treffen, reichen! –
Doch wenn der Kurfürst des Gesetzes Spruch
Nicht ändern kann, nicht kann: wohlan! so wirst du
Dich tapfer ihm, der Tapfre, unterwerfen:
Und der im Leben tausendmal gesiegt,
Er wird auch noch im Tod zu siegen wissen!

KURFÜRSTIN: Hinweg! – Die Zeit verstreicht, die günstig ist!

DER PRINZ VON HOMBURG: Nun, alle Heilgen mögen dich beschirmen!
Leb wohl! Leb wohl! Und was du auch erringst,
Vergönne mir ein Zeichen vom Erfolg!

Alle ab.

VIERTER AKT

Szene: Zimmer des Kurfürsten.

Erster Auftritt

DER KURFÜRST *steht mit Papieren an einem, mit Lichtern besetzten Tisch.* – NATALIE *tritt durch die mittlere Tür auf und läßt sich in einiger Entfernung, vor ihm nieder.*
Pause.

NATALIE *knieend*: Mein edler Oheim, Friedrich von der Mark!
DER KURFÜRST *legt die Papiere weg*: Natalie! *Er will sie erheben.*
NATALIE: Laß, laß!
DER KURFÜRST: Was willst du, Liebe?
NATALIE: Zu deiner Füße Staub, wie's mir gebührt,
  Für Vetter Homburg dich um Gnade flehn!
  Ich will ihn nicht für mich erhalten wissen –
  Mein Herz begehrt sein und gesteht es dir;
  Ich will ihn nicht für mich erhalten wissen –
  Mag er sich welchem Weib er will vermählen;
  Ich will nur, daß er da sei, lieber Onkel,
  Für sich, selbständig, frei und unabhängig,
  Wie eine Blume, die mir wohlgefällt:
  Dies fleh ich dich, mein höchster Herr und Freund,
  Und weiß, solch Flehen wirst du mir erhören.
DER KURFÜRST *erhebt sie*:
  Mein Töchterchen! Was für ein Wort entfiel dir?
  – Weißt du, was Vetter Homburg jüngst verbrach?
NATALIE: O lieber Onkel!
DER KURFÜRST: Nun? Verbrach er nichts?
NATALIE: O dieser Fehltritt, blond mit blauen Augen,
  Den, eh er noch gestammelt hat: ich bitte!
  Verzeihung schon vom Boden heben sollte:
  Den wirst du nicht mit Füßen von dir weisen!
  Den drückst du um die Mutter schon ans Herz,
  Die ihn gebar, und rufst: „Komm, weine nicht;
  Du bist so wert mir, wie die Treue selbst!"
  War's Eifer nicht, im Augenblick des Treffens,
  Für deines Namens Ruhm, der ihn verführt,
  Die Schranke des Gesetzes zu durchbrechen:
  Und ach! die Schranke jugendlich durchbrochen,

Trat er dem Lindwurm männlich nicht aufs Haupt?
Erst, weil er siegt', ihn kränzen, dann enthaupten,
Das fordert die Geschichte nicht von dir;
Das wäre so erhaben, lieber Onkel,
Daß man es fast unmenschlich nennen könnte:
Und Gott schuf noch nichts Milderes, als dich.

DER KURFÜRST: Mein süßes Kind! Sieh! Wär ich ein Tyrann,
Dein Wort, das fühl ich lebhaft, hätte mir
Das Herz schon in der erznen Brust geschmelzt.
Dich aber frag ich selbst: darf ich den Spruch
Den das Gericht gefällt, wohl unterdrücken?
Was würde wohl davon die Folge sein?

NATALIE: Für wen? Für dich?

DER KURFÜRST: Für mich; nein! – Was? Für mich!
Kennst du nichts Höh'res, Jungfrau, als nur mich?
Ist dir ein Heiligtum ganz unbekannt,
Das in dem Lager, Vaterland sich nennt?

NATALIE: O Herr! Was sorgst du doch? Dies Vaterland!
Das wird, um dieser Regung deiner Gnade,
Nicht gleich, zerschellt in Trümmern, untergehn.
Vielmehr, was du, im Lager auferzogen,
Unordnung nennst, die Tat, den Spruch der Richter,
In diesem Fall, willkürlich zu zerreißen,
Erscheint mir als die schönste Ordnung erst:
Das Kriegsgesetz, das weiß ich wohl, soll herrschen,
Jedoch die lieblichen Gefühle auch.
Das Vaterland, das du uns gründetest,
Steht, eine feste Burg, mein edler Ohm:
Das wird ganz andre Stürme noch ertragen,
Fürwahr, als diesen unberufnen Sieg;
Das wird sich ausbaun herrlich, in der Zukunft,
Erweitern, unter Enkels Hand, verschönern,
Mit Zinnen, üppig, feenhaft, zur Wonne
Der Freunde, und zum Schrecken aller Feinde:
Das braucht nicht dieser Bindung, kalt und öd,
Aus eines Freundes Blut, um Onkels Herbst,
Den friedlich prächtigen, zu überleben.

DER KURFÜRST: Denkt Vetter Homburg auch so?

NATALIE: Vetter Homburg?

DER KURFÜRST: Meint er, dem Vaterlande gelt es gleich,
Ob Willkür drin, ob drin die Satzung herrsche?

NATALIE: Ach, dieser Jüngling!
DER KURFÜRST: Nun?
NATALIE: Ach, lieber Onkel! –
Hierauf zur Antwort hab ich nichts, als Tränen.
DER KURFÜRST *betroffen*: Warum, mein Töchterchen? Was ist geschehn?
NATALIE *zaudernd*: Der denkt jetzt nichts, als nur dies eine: Rettung!
Den schaun die Röhren, an der Schützen Schultern,
So gräßlich an, daß überrascht und schwindelnd,
Ihm jeder Wunsch, als nur zu leben, schweigt:
Der könnte, unter Blitz und Donnerschlag,
Das ganze Reich der Mark versinken sehn,
Daß er nicht fragen würde: was geschieht?
– Ach, welch ein Heldenherz hast du geknickt!
Sie wendet sich und weint.
DER KURFÜRST *im äußersten Erstaunen*: Nein, meine teuerste Natalie,
Unmöglich, in der Tat?! – Er fleht um Gnade?
NATALIE: Ach, hättst du nimmer, nimmer ihn verdammt!
DER KURFÜRST: Nein, sag: er fleht um Gnade? – Gott im Himmel,
Was ist geschehn, mein liebes Kind? Was weinst du? –
Du sprachst ihn? Tu mir alles kund! Du sprachst ihn?
NATALIE *an seine Brust gelehnt*: In den Gemächern eben jetzt der Tante,
Wohin, im Mantel, schau, und Federhut
Er, unterm Schutz der Dämmrung kam geschlichen:
Verstört und schüchtern, heimlich, ganz unwürdig,
Ein unerfreulich, jammernswürdger Anblick!
Zu solchem Elend, glaubt ich, sänke keiner,
Den die Geschicht als ihren Helden preist.
Schau her, ein Weib bin ich, und schaudere
Dem Wurm zurück, der meiner Ferse naht:
Doch so zermalmt, so fassungslos, so ganz
Unheldenmütig träfe mich der Tod,
In eines scheußlichen Leun Gestalt nicht an!
– Ach, was ist Menschengröße, Menschenruhm!
DER KURFÜRST *verwirrt*: Nun denn, beim Gott des Himmels und der Erde,
So fasse Mut, mein Kind; so ist er frei!
NATALIE: Wie, mein erlauchter Herr?
DER KURFÜRST: Er ist begnadigt! –
Ich will sogleich das Nötg' an ihn erlassen.
NATALIE: O Liebster! Ist es wirklich wahr?
DER KURFÜRST: Du hörst!
NATALIE: Ihm soll vergeben sein? Er stirbt jetzt nicht?

DER KURFÜRST: Bei meinem Eid! Ich schwör's dir zu! Wo werd ich
  Mich gegen solchen Kriegers Meinung setzen?
  Die höchste Achtung, wie dir wohl bekannt,
  Trag ich im Innersten für sein Gefühl:
  Wenn er den Spruch für ungerecht kann halten
  Kassier ich die Artikel: er ist frei! – *Er bringt ihr einen Stuhl.*
  Willst du, auf einen Augenblick, dich setzen?
        Er geht an den Tisch, setzt sich und schreibt. Pause.
NATALIE *für sich*: Ach, Herz, was klopfst du also an dein Haus?
DER KURFÜRST *indem er schreibt*: Der Prinz ist drüben noch im Schloß?
NATALIE: Vergib!
  Er ist in seine Haft zurückgekehrt. –
DER KURFÜRST *endigt und siegelt; hierauf kehrt er mit dem Brief wieder zur*
        Prinzessin zurück:
  Fürwahr, mein Töchterchen, mein Nichtchen, weinte!
  Und ich, dem ihre Freude anvertraut,
  Mußt ihrer holden Augen Himmel trüben!
        Er legt den Arm um ihren Leib.
  Willst du den Brief ihm selber überbringen? –
NATALIE: Ins Stadthaus! Wie?
DER KURFÜRST *drückt ihr den Brief in die Hand*:
                   Warum nicht? – He! Heiducken!
        Heiducken treten auf.
  Den Wagen vorgefahren! Die Prinzessin
  Hat ein Geschäft beim Obersten von Homburg!
        Die Heiducken treten wieder ab.
  So kann er, für sein Leben, gleich dir danken. *Er umarmt sie.*
  Mein liebes Kind! Bist du mir wieder gut?
NATALIE *nach einer Pause*: Was deine Huld, o Herr, so rasch erweckt,
  Ich weiß es nicht und untersuch es nicht.
  Das aber, sieh, das fühl ich in der Brust,
  Unedel meiner spotten wirst du nicht:
  Der Brief enthalte, was es immer sei,
  Ich glaube Rettung – und ich danke dir! *Sie küßt ihm die Hand.*
DER KURFÜRST: Gewiß, mein Töchterchen, gewiß! So sicher,
  Als sie in Vetter Homburgs Wünschen liegt. *Ab.*

Szene: Zimmer der Prinzessin.

ZWEITER AUFTRITT

PRINZESSIN NATALIE *tritt auf.* – ZWEI HOFDAMEN *und der Rittmeister*, GRAF REUSS, *folgen.*

NATALIE *eilfertig*: Was bringt Ihr, Graf? – Von meinem Regiment?
Ist's von Bedeutung? Kann ich's morgen hören?
GRAF REUSS *überreicht ihr ein Schreiben*:
Ein Brief vom Obrist Kottwitz, gnädge Frau!
NATALIE: Geschwind! Gebt! Was enthält er? *Sie eröffnet ihn.*
GRAF REUSS: Eine Bittschrift,
Freimütig wie Ihr seht, doch ehrfurchtsvoll,
An die Durchlaucht des Herrn, zu unsers Führers,
Des Prinz von Homburg, Gunsten aufgesetzt.
NATALIE *liest*: „Supplik, in Unterwerfung eingereicht,
Vom Regiment, Prinzessin von Oranien." –
Pause.
Die Bittschrift ist von wessen Hand verfaßt?
GRAF REUSS: Wie ihrer Züg unsichre Bildung schon
Erraten läßt, vom Obrist Kottwitz selbst. –
Auch steht sein edler Name obenan.
NATALIE: Die dreißig Unterschriften, welche folgen –?
GRAF REUSS: Der Offiziere Namen, Gnädigste,
Wie sie, dem Rang nach, Glied für Glied, sich folgen.
NATALIE: Und mir, mir wird die Bittschrift zugefertigt?
GRAF REUSS: Mein Fräulein, untertänigst Euch zu fragen,
Ob Ihr, als Chef, den ersten Platz, der offen,
Mit Eurem Namen gleichfalls füllen wollt.
Pause.
NATALIE: Der Prinz zwar, hör ich, soll, mein edler Vetter,
Vom Herrn aus eignem Trieb, begnadigt werden,
Und eines solchen Schritts bedarf es nicht.
GRAF REUSS *vergnügt*: Wie? Wirklich?
NATALIE: Gleichwohl will ich unter einem
Das, in des Herrn Entscheidung, klug gebraucht, [Blatte,
Als ein Gewicht kann in die Waage fallen,
Das ihm vielleicht, den Ausschlag einzuleiten,
Sogar willkommen ist, mich nicht verweigern –
Und, eurem Wunsch gemäß, nicht meinen Namen,
Hiemit an eure Spitze setz ich mich. *Sie geht und will schreiben.*

GRAF REUSS: Fürwahr, uns lebhaft werdet Ihr verbinden!
Pause.
NATALIE *wendet sich wieder zu ihm*:
Ich finde nur mein Regiment, Graf Reuß!
Warum vermiß ich Bomsdorf Kürassiere,
Und die Dragoner Götz und Anhalt-Pleß?
GRAF REUSS: Nicht, wie vielleicht Ihr sorgt, weil ihre Herzen
Ihm lauer schlügen, als die unsrigen! –
Es trifft ungünstig sich für die Supplik,
Daß Kottwitz fern in Arnstein kantoniert,
Gesondert von den andern Regimentern,
Die hier bei dieser Stadt, im Lager stehn.
Dem Blatt fehlt es an Freiheit, leicht und sicher,
Die Kraft, nach jeder Richtung zu entfalten.
NATALIE: Gleichwohl fällt, dünkt mich, so das Blatt nur leicht? –
Seid Ihr gewiß, Herr Graf, wärt Ihr im Ort,
Und spracht die Herrn, die hier versammelt sind,
Sie schlössen gleichfalls dem Gesuch sich an?
GRAF REUSS: Hier in der Stadt, mein Fräulein? – Kopf für Kopf!
Die ganze Reuterei verpfändete
Mit ihren Namen sich; bei Gott, ich glaube,
Es ließe glücklich eine Subskription,
Beim ganzen Heer der Märker, sich eröffnen!
NATALIE *nach einer Pause*: Warum nicht schickt ihr Offiziere ab,
Die das Geschäft im Lager hier betreiben?
GRAF REUSS: Vergebt! – Dem weigerte der Obrist sich!
– Er wünsche, sprach er, nichts zu tun, das man
Mit einem übeln Namen taufen könnte.
NATALIE: Der wunderliche Herr! Bald kühn, bald zaghaft! –
Zum Glück trug mir der Kurfürst, fällt mir ein,
Bedrängt von anderen Geschäften, auf,
An Kottwitz, dem die Stallung dort zu eng,
Zum Marsch hierher die Order zu erlassen! –
Ich setze gleich mich nieder es zu tun. *Sie setzt sich und schreibt.*
GRAF REUSS: Beim Himmel, trefflich, Fräulein. Ein Ereignis,
Das günstger sich dem Blatt nicht treffen könnte!
NATALIE *während sie schreibt*:
Gebraucht's Herr Graf von Reuß, so gut Ihr könnt.
Sie schließt, und siegelt, und steht wieder auf.
Inzwischen bleibt, versteht, dies Schreiben noch,
In Eurem Portefeuille; Ihr geht nicht eher

Damit nach Arnstein ab, und gebt's dem Kottwitz:
Bis ich bestimmtern Auftrag Euch erteilt! *Sie gibt ihm das Schreiben.*
EIN HEIDUCK *tritt auf*: Der Wagen, Fräulein, auf des Herrn Befehl,
Steht angeschirrt im Hof und wartet Euer!
NATALIE: So fahrt ihn vor! Ich komme gleich herab!
Pause, in welcher sie gedankenvoll an den Tisch tritt, und ihre Handschuh anzieht.
Wollt Ihr zum Prinz von Homburg mich, Herr Graf,
Den ich zu sprechen willens bin, begleiten?
Euch steht ein Platz in meinem Wagen offen.
GRAF REUSS: Mein Fräulein, diese Ehre, in der Tat –!
Er bietet ihr den Arm.
NATALIE *zu den Hofdamen*:
Folgt, meine Freundinnen! – Vielleicht daß ich
Gleich, dort des Briefes wegen, mich entscheide!
Alle ab.

Szene: Gefängnis des Prinzen.

DRITTER AUFTRITT

DER PRINZ VON HOMBURG *hängt seinen Hut an die Wand, und läßt sich nachlässig auf ein, auf der Erde ausgebreitetes Kissen nieder.*

DER PRINZ VON HOMBURG: Das Leben nennt der Derwisch eine Reise,
Und eine kurze. Freilich! Von zwei Spannen
Diesseits der Erde nach zwei Spannen drunter.
Ich will auf halbem Weg mich niederlassen!
Wer heut sein Haupt noch auf der Schulter trägt,
Hängt es schon morgen zitternd auf den Leib,
Und übermorgen liegt's bei seiner Ferse.
Zwar, eine Sonne, sagt man, scheint dort auch,
Und über buntre Felder noch, als hier:
Ich glaub's; nur schade, daß das Auge modert,
Das diese Herrlichkeit erblicken soll.

Vierter Auftritt

Prinzessin Natalie *tritt auf, geführt von dem Rittmeister,* Graf Reuss. Hofdamen *folgen. Ihnen voran tritt ein* Läufer *mit einer Fackel.* – Der Prinz von Homburg.

Läufer: Durchlaucht, Prinzessin von Oranien!
Der Prinz von Homburg *steht auf*: Natalie!
Läufer: Hier ist sie selber schon.
Natalie *verbeugt sich gegen den Grafen*:
 Laßt uns auf einen Augenblick allein!
     Graf Reuß und der Läufer ab.
Der Prinz von Homburg: Mein teures Fräulein!
Natalie: Lieber, guter Vetter!
Der Prinz von Homburg *führt sie vor*:
 Nun sagt, was bringt Ihr? Sprecht! Wie steht's mit mir?
Natalie: Gut. Alles gut. Wie ich vorher Euch sagte,
 Begnadigt seid Ihr, frei; hier ist ein Brief,
 Von seiner Hand, der es bekräftiget.
Der Prinz von Homburg:
 Es ist nicht möglich! Nein! Es ist ein Traum!
Natalie: Lest, lest den Brief! So werdet Ihr's erfahren.
Der Prinz von Homburg *liest*:
 „Mein Prinz von Homburg, als ich Euch gefangensetzte,
 Um Eures Angriffs, allzufrüh vollbracht,
 Da glaubt ich nichts, als meine Pflicht zu tun;
 Auf Euren eignen Beifall rechnet ich.
 Meint Ihr, ein Unrecht sei Euch widerfahren,
 So bitt ich, sagt's mir mit zwei Worten –
 Und gleich den Degen schick ich Euch zurück."
   Natalie erblaßt. Pause. Der Prinz sieht sie fragend an.
Natalie *mit dem Ausdruck plötzlicher Freude*:
 Nun denn, da steht's! Zwei Worte nur bedarf's –!
 O lieber süßer Freund! *Sie drückt seine Hand.*
Der Prinz von Homburg: Mein teures Fräulein!
Natalie: O sel'ge Stunde, die mir aufgegangen!
 Hier, nehmt, hier ist die Feder; nehmt, und schreibt!
Der Prinz von Homburg: Und hier die Unterschrift?
Natalie: Das F; sein Zeichen! –
 O Bork! O freut Euch doch! – O seine Milde
 Ist uferlos, ich wußt es, wie die See. –

Schafft einen Stuhl nur her, er soll gleich schreiben.
DER PRINZ VON HOMBURG: Er sagt, wenn ich der Meinung wäre –?
NATALIE *unterbricht ihn*: Freilich!
Geschwind! Setzt Euch! Ich will es Euch diktieren.
Sie setzt ihm einen Stuhl hin.
DER PRINZ VON HOMBURG: – Ich will den Brief noch einmal überlesen.
NATALIE *reißt ihm den Brief aus der Hand*:
Wozu? – Saht Ihr die Gruft nicht schon im Münster,
Mit offnem Rachen, Euch entgegengähn'n? –
Der Augenblick ist dringend. Sitzt und schreibt!
DER PRINZ VON HOMBURG *lächelnd*:
Wahrhaftig, tut Ihr doch, als würde sie
Mir, wie ein Panther, übern Nacken kommen.
Er setzt sich, und nimmt eine Feder.
NATALIE *wendet sich und weint*:
Schreibt, wenn Ihr mich nicht böse machen wollt!
Der Prinz klingelt einem Bedienten; der Bediente tritt auf.
DER PRINZ VON HOMBURG: Papier und Feder, Wachs und Petschaft mir!
Der Bediente nachdem er diese Sachen zusammengesucht, geht wieder ab. Der Prinz schreibt. – Pause.
DER PRINZ VON HOMBURG *indem er den Brief, den er angefangen hat, zerreißt und unter den Tisch wirft*: Ein dummer Anfang.
Er nimmt ein anderes Blatt.
NATALIE *hebt den Brief auf*: Wie? Was sagtet Ihr? –
Mein Gott, das ist ja gut; das ist vortrefflich!
DER PRINZ VON HOMBURG *in den Bart*:
Pah! – Eines Schuftes Fassung, keines Prinzen. –
Ich denk mir eine andre Wendung aus.
Pause. – Er greift nach des Kurfürsten Brief, den die Prinzessin in der Hand hält.
Was sagt er eigentlich im Briefe denn?
NATALIE *ihn verweigernd*: Nichts, gar nichts!
DER PRINZ VON HOMBURG: Gebt!
NATALIE: Ihr last ihn ja!
DER PRINZ VON HOMBURG *erhascht ihn*: Wenngleich!
Ich will nur sehn, wie ich mich fassen soll.
Er entfaltet und überliest ihn.
NATALIE *für sich*: O Gott der Welt! Jetzt ist's um ihn geschehn!
DER PRINZ VON HOMBURG *betroffen*:
Sieh da! Höchst wunderbar, so wahr ich lebe!
– Du übersahst die Stelle wohl?

NATALIE: Nein! – Welche?
DER PRINZ VON HOMBURG: Mich selber ruft er zur Entscheidung auf!
NATALIE: Nun, ja!
DER PRINZ VON HOMBURG: Recht wacker, in der Tat, recht würdig!
Recht, wie ein großes Herz sich fassen muß!
NATALIE: O seine Großmut, Freund, ist ohne Grenzen!
– Doch nun tu auch das Deine du, und schreib,
Wie er's begehrt; du siehst, es ist der Vorwand,
Die äußre Form nur, deren es bedarf:
Sobald er die zwei Wort in Händen hat,
Flugs ist der ganze Streit vorbei!
DER PRINZ VON HOMBURG *legt den Brief weg*: Nein Liebe!
Ich will die Sach bis morgen überlegen.
NATALIE: Du Unbegreiflicher! Welch eine Wendung? –
Warum? Weshalb?
DER PRINZ VON HOMBURG *erhebt sich leidenschaftlich vom Stuhl*:
Ich bitte, frag mich nicht!
Du hast des Briefes Inhalt nicht erwogen!
Daß er mir Unrecht tat, wie's mir bedingt wird,
Das kann ich ihm nicht schreiben; zwingst du mich,
Antwort, in dieser Stimmung, ihm zu geben,
Bei Gott! so setz ich hin, du tust mir Recht!
Er läßt sich mit verschränkten Armen wieder an den Tisch nieder und sieht in den Brief.
NATALIE *bleich*: Du Rasender! Was für ein Wort sprachst du?
Sie beugt sich gerührt über ihn.
DER PRINZ VON HOMBURG *drückt ihr die Hand*:
Laß, einen Augenblick! Mir scheint – *Er sinnt.*
NATALIE: Was sagst du?
DER PRINZ VON HOMBURG: Gleich werd ich wissen, wie ich schreiben soll.
NATALIE *schmerzvoll*: Homburg!
DER PRINZ VON HOMBURG *nimmt die Feder*:
Ich hör! Was gibt's?
NATALIE: Mein süßer Freund!
Die Regung lob ich, die dein Herz ergriff.
Das aber schwör ich dir: das Regiment
Ist kommandiert, das dir Versenktem morgen,
Aus Karabinern, überm Grabeshügel,
Versöhnt die Totenfeier halten soll.
Kannst du dem Rechtsspruch, edel wie du bist,
Nicht widerstreben, nicht ihn aufzuheben,

Tun, wie er's hier in diesem Brief verlangt:
Nun so versichr' ich dich, er faßt sich dir
Erhaben, wie die Sache steht, und läßt
Den Spruch mitleidsvoll morgen dir vollstrecken!
DER PRINZ VON HOMBURG *schreibend*:
Gleichviel!
NATALIE: Gleichviel?
DER PRINZ VON HOMBURG: Er handle, wie er darf;
Mir ziemt's hier zu verfahren, wie ich soll!
NATALIE *tritt erschrocken näher*: Du Ungeheuerster, ich glaub, du schriebst?
DER PRINZ VON HOMBURG *schließt*:
„Homburg; gegeben, Fehrbellin, am zwölften –";
Ich bin schon fertig. – Franz! *Er kuvertiert und siegelt den Brief.*
NATALIE: O Gott im Himmel!
DER PRINZ VON HOMBURG *steht auf*:
Bring diesen Brief aufs Schloß, zu meinem Herrn!
Der Bediente ab.
Ich will ihm, der so würdig vor mir steht,
Nicht, ein Unwürdger, gegenüberstehn!
Schuld ruht, bedeutende, mir auf der Brust,
Wie ich es wohl erkenne; kann er mir
Vergeben nur, wenn ich mit ihm drum streite,
So mag ich nichts von seiner Gnade wissen.
NATALIE *küßt ihn*: Nimm diesen Kuß! – Und bohrten gleich zwölf Kugeln
Dich jetzt in Staub, nicht halten könnt ich mich,
Und jauchzt und weint und spräche: Du gefällst mir!
– Inzwischen, wenn du deinem Herzen folgst,
Ist's mir erlaubt, dem meinigen zu folgen.
– Graf Reuß!
Der Läufer öffnet die Tür; der Graf tritt auf.
GRAF REUSS: Hier!
NATALIE: Auf, mit Eurem Brief,
Nach Arnstein hin, zum Obersten von Kottwitz!
Das Regiment bricht auf, der Herr befiehlt's;
Hier, noch vor Mitternacht, erwart ich es!
Alle ab.

FÜNFTER AKT

Szene: Saal im Schloß.

ERSTER AUFTRITT

DER KURFÜRST *kommt halbentkleidet aus dem Nebenkabinett; ihm folgen* GRAF TRUCHSS, GRAF HOHENZOLLLERN, *und der* RITTMEISTER VON DER GOLZ. – PAGEN *mit Lichtern.*

DER KURFÜRST: Kottwitz? Mit den Dragonern der Prinzessin?
 Hier in der Stadt?
GRAF TRUCHSS *öffnet das Fenster*: Ja, mein erlauchter Herr!
 Hier steht er vor dem Schlosse aufmarschiert.
DER KURFÜRST: Nun? – Wollt ihr mir, ihr Herrn, dies Rätsel lösen?
 – Wer rief ihn her?
HOHENZOLLERN: Das weiß ich nicht, mein Kurfürst.
DER KURFÜRST: Der Standort, den ich ihm bestimmt, heißt Arnstein!
 Geschwind! Geh einer hin, und bring ihn her!
GOLZ: Er wird sogleich, o Herr, vor dir erscheinen!
DER KURFÜRST: Wo ist er?
GOLZ: Auf dem Rathaus, wie ich höre,
 Wo die gesamte Generalität,
 Die deinem Hause dient, versammelt ist.
DER KURFÜRST: Weshalb? Zu welchem Zweck?
HOHENZOLLERN: – Das weiß ich nicht.
GRAF TRUCHSS: Erlaubt mein Fürst und Herr, daß wir uns gleichfalls,
 Auf einen Augenblick, dorthin verfügen?
DER KURFÜRST: Wohin? Aufs Rathaus?
HOHENZOLLERN: In der Herrn Versammlung!
 Wir gaben unser Wort, uns einzufinden.
DER KURFÜRST *nach einer kurzen Pause*:
 – Ihr seid entlassen!
GOLZ: Kommt, ihr werten Herrn!
 Die Offiziere ab.

ZWEITER AUFTRITT

DER KURFÜRST. – *Späterhin* ZWEI BEDIENTE.

DER KURFÜRST: Seltsam! – Wenn ich der Dei von Tunis wäre,
 Schlüg ich bei so zweideutgem Vorfall, Lärm.

Die seidne Schnur, legt ich auf meinen Tisch;
Und vor das Tor, verrammt mit Palisaden,
Führt ich Kanonen und Haubitzen auf.
Doch weil's Hans Kottwitz aus der Priegnitz ist,
Der sich mir naht, willkürlich, eigenmächtig.
So will ich mich auf märksche Weise fassen:
Von den drei Locken, die man silberglänzig,
Auf seinem Schädel sieht, faß ich die eine,
Und führ ihn still, mit seinen zwölf Schwadronen,
Nach Arnstein, in sein Hauptquartier, zurück.
Wozu die Stadt aus ihrem Schlafe wecken?
*Nachdem er wieder einen Augenblick ans Fenster getreten, geht er an den Tisch
und klingelt; zwei Bedienten treten auf.*
DER KURFÜRST: Spring doch herab und frag, als wär's für dich,
Was es im Stadthaus gibt?
ERSTER BEDIENTER: Gleich, mein Gebieter! *Ab.*
DER KURFÜRST *zu dem andern*: Du aber geh und bring die Kleider mir!
*Der Bediente geht und bringt sie; der Kurfürst kleidet sich an und legt seinen
fürstlichen Schmuck an.*

Dritter Auftritt

FELDMARSCHALL DÖRFLING *tritt auf.* – DIE VORIGEN.

FELDMARSCHALL: Rebellion, mein Kurfürst!
DER KURFÜRST *noch im Ankleiden beschäftigt*: Ruhig, ruhig!
Es ist verhaßt mir, wie dir wohl bekannt,
In mein Gemach zu treten, ungemeldet!
– Was willst du?
FELDMARSCHALL: Herr, ein Vorfall – du vergibst!
Führt von besonderem Gewicht mich her.
Der Obrist Kottwitz rückte, unbeordert,
Hier in die Stadt; an hundert Offiziere
Sind auf dem Rittersaal um ihn versammelt;
Es geht ein Blatt in ihrem Kreis herum,
Bestimmt in deine Rechte einzugreifen.
DER KURFÜRST: Es ist mir schon bekannt! – Was wird es sein,
Als eine Regung zu des Prinzen Gunsten,
Dem das Gesetz die Kugel zuerkannte.
FELDMARSCHALL: So ist's! Beim höchsten Gott! Du hast's getroffen!
DER KURFÜRST: Nun gut! – So ist mein Herz in ihrer Mitte.

FELDMARSCHALL: Man sagt, sie wollten heut, die Rasenden!
Die Bittschrift noch im Schloß dir überreichen,
Und falls, mit unversöhnten Grimm, du auf
Den Spruch beharrst – kaum wag ich's dir zu melden? –
Aus seiner Haft ihn mit Gewalt befrein!
DER KURFÜRST *finster*: Wer hat dir das gesagt?
FELDMARSCHALL: Wer mir das sagte?
Die Dame Retzow, der du trauen kannst,
Die Base meiner Frau! Sie war heut abend,
In ihres Ohms, des Drost von Retzow, Haus,
Wo Offiziere, die vom Lager kamen,
Laut diesen dreisten Anschlag äußerten.
DER KURFÜRST: Das muß ein Mann mir sagen, eh ich's glaube!
Mit meinem Stiefel, vor sein Haus gesetzt,
Schütz ich vor diesen jungen Helden ihn!
FELDMARSCHALL: Herr, ich beschwöre dich, wenn's überall
Dein Wille ist, den Prinzen zu begnadigen:
Tu's, eh ein höchstverhaßter Schritt geschehn!
Jedwedes Heer liebt, weißt du, seinen Helden;
Laß diesen Funken nicht, der es durchglüht,
Ein heillos fressend Feuer um sich greifen.
Kottwitz weiß und die Schar, die er versammelt,
Noch nicht, daß dich mein treues Wort gewarnt;
Schick, eh er noch erscheint, das Schwert dem Prinzen,
Schick's ihm, wie er's zuletzt verdient, zurück:
Du gibst der Zeitung eine Großtat mehr,
Und eine Untat weniger zu melden.
DER KURFÜRST: Da müßt ich noch den Prinzen erst befragen,
Den Willkür nicht, wie dir bekannt sein wird,
Gefangennahm und nicht befreien kann. –
Ich will die Herren, wenn sie kommen, sprechen.
FELDMARSCHALL *für sich*: Verwünscht! – Er ist jedwedem Pfeil gepanzert.

Vierter Auftritt

Zwei Heiducken *treten auf: der eine hält einen Brief in der Hand.* – Die Vorigen.

ERSTER HEIDUCK: Der Obrist Kottwitz, Hennings, Truchß und andre,
Erbitten sich Gehör!

DER KURFÜRST *zu dem anderen, indem er ihm den Brief aus der Hand nimmt*:
Vom Prinz von Homburg?
ZWEITER HEIDUCK: Ja, mein erlauchter Herr!
DER KURFÜRST: Wer gab ihn dir?
ZWEITER HEIDUCK: Der Schweizer, der am Tor die Wache hält,
Dem ihn des Prinzen Jäger eingehändigt.
DER KURFÜRST *stellt sich an den Tisch und liest; nachdem dies geschehen ist, wendet er sich und ruft einen Pagen*:
Prittwitz! – Das Todesurteil bring mir her! –
Und auch den Paß, für Gustav Graf von Horn,
Den schwedischen Gesandten, will ich haben!
Der Page ab; zu dem ersten Heiducken:
Kottwitz, und sein Gefolg; sie sollen kommen!

Fünfter Auftritt

OBRIST KOTTWITZ *und* OBRIST HENNINGS, GRAF TRUCHSS, GRAF HOHEN-ZOLLERN *und* SPARREN, GRAF REUSS, RITTMEISTER VON DER GOLZ *und* STRANZ, *und andere* OBRISTEN *und* OFFIZIERE *treten auf*. – DIE VORIGEN.

OBRIST KOTTWITZ *mit der Bittschrift*:
Vergönne, mein erhabener Kurfürst, mir,
Daß ich, im Namen des gesamten Heers,
In Demut dies Papier dir überreiche!
DER KURFÜRST: Kottwitz, bevor ich's nehme, sag mir an,
Wer hat dich her nach dieser Stadt gerufen?
KOTTWITZ *sieht ihn an*: Mit den Dragonern?
DER KURFÜRST: Mit dem Regiment! –
Arnstein hatt ich zum Sitz dir angewiesen.
KOTTWITZ: Herr! Deine Order hat mich hergerufen.
DER KURFÜRST: Wie? – Zeig die Order mir.
KOTTWITZ: Hier, mein Gebieter.
DER KURFÜRST *liest*: „Natalie, gegeben Fehrbellin;
In Auftrag meines höchsten Oheims Friedrich." –
KOTTWITZ: Bei Gott, mein Fürst und Herr, ich will nicht hoffen,
Daß dir die Order fremd!
DER KURFÜRST: Nicht, nicht! Versteh mich –
Wer ist's, der dir die Order überbracht?
KOTTWITZ: Graf Reuß!
DER KURFÜRST *nach einer augenblicklichen Pause*:
Vielmehr, ich heiße dich willkommen! –

Dem Obrist Homburg, dem das Recht gesprochen,
Bist du bestimmt, mit deinen zwölf Schwadronen,
Die letzten Ehren morgen zu erweisen.

KOTTWITZ *erschrocken*: Wie, mein erlauchter Herr?!
DER KURFÜRST *indem er ihm die Order wiedergibt*: Das Regiment
Steht noch in Nacht und Nebel, vor dem Schloß?
KOTTWITZ: Die Nacht, vergib –
DER KURFÜRST: Warum rückt es nicht ein?
KOTTWITZ: Mein Fürst, es rückte ein; es hat Quartiere,
Wie du befahlst, in dieser Stadt bezogen!
DER KURFÜRST *mit einer Wendung gegen das Fenster*:
Wie? Vor zwei Augenblicken – –? Nun, beim Himmel!
So hast du Ställe rasch dir ausgemittelt! –
Um soviel besser denn! Gegrüßt noch einmal!
Was führt dich her sag an? Was bringst du Neues?
KOTTWITZ: Herr, diese Bittschrift deines treuen Heers.
DER KURFÜRST: Gib!
KOTTWITZ: Doch das Wort, das deiner Lipp entfiel,
Schlägt alle meine Hoffnungen zu Boden.
DER KURFÜRST: So hebt ein Wort auch wiederum sie auf. *Er liest.*
„Bittschrift, die allerhöchste Gnad erflehend,
Für unsern Führer, peinlich angeklagt,
Den General, Prinz Friedrich Hessen-Homburg." *Zu den Offizieren:*
Ein edler Nam, ihr Herrn! Unwürdig nicht,
Daß ihr, in solcher Zahl, euch ihm verwendet!
Er sieht wieder in das Blatt.
Die Bittschrift ist verfaßt von wem?
KOTTWITZ: Von mir.
DER KURFÜRST: Der Prinz ist von dem Inhalt unterrichtet?
KOTTWITZ: Nicht auf die fernste Weis! In unsrer Mitte
Ist sie empfangen und vollendet worden.
DER KURFÜRST: Gebt mir auf einen Augenblick Geduld.
Er tritt an den Tisch und durchsieht die Schrift. – Lange Pause.
Hm! Sonderbar! – Du nimmst, du alter Krieger,
Des Prinzen Tat in Schutz? Rechtfertigst ihn,
Daß er auf Wrangel stürzte, unbeordert?
KOTTWITZ: Ja, mein erlauchter Herr; das tut der Kottwitz!
DER KURFÜRST: Der Meinung auf dem Schlachtfeld warst du nicht.
KOTTWITZ: Das hatt ich schlecht erwogen, mein Gebieter!
Dem Prinzen, der den Krieg gar wohl versteht,
Hätt ich mich ruhig unterwerfen sollen.

Die Schweden wankten, auf dem linken Flügel,
Und auf dem rechten wirkten sie Sukkurs;
Hätt er auf deine Order warten wollen,
Sie faßten Posten wieder, in den Schluchten,
Und nimmermehr hättst du den Sieg erkämpft.
DER KURFÜRST: So! – Das beliebt dir so vorauszusetzen!
Den Obrist Hennings hatt ich abgeschickt,
Wie dir bekannt, den schwedschen Brückenkopf,
Der Wrangels Rücken deckt, hinwegzunehmen.
Wenn ihr die Order nicht gebrochen hättet,
Dem Hennings wäre dieser Schlag geglückt;
Die Brücken hätt er, in zwei Stunden Frist,
In Brand gesteckt, am Rhyn sich aufgepflanzt,
Und Wrangel wäre ganz, mit Stumpf und Stiel,
In Gräben und Morast, vernichtet worden.
KOTTWITZ: Es ist der Stümper Sache, nicht die deine,
Des Schicksals höchsten Kranz erringen wollen;
Du nahmst, bis heut, noch stets, was es dir bot.
Der Drachen ward, der dir die Marken trotzig
Verwüstete, mit blutgem Hirn verjagt:
Was konnte mehr, an einem Tag, geschehn?
Was liegt dir dran, ob er zwei Wochen noch
Erschöpft im Sand liegt, und die Wunde heilt?
Die Kunst jetzt lernten wir, ihn zu besiegen,
Und sind voll Lust, sie fürder noch zu üben:
Laß uns den Wrangel rüstig, Brust an Brust,
Noch einmal treffen, so vollendet sich's,
Und in die Ostsee ganz fliegt er hinab!
Rom ward an einem Tage nicht erbaut.
KURFÜRST: Mit welchem Recht, du Tor, erhoffst du das,
Wenn auf dem Schlachtenwagen, eigenmächtig,
Mir in die Zügel jeder greifen darf?
Meinst du das Glück werd immerdar, wie jüngst,
Mit einem Kranz den Ungehorsam lohnen?
Den Sieg nicht mag ich, der, ein Kind des Zufalls,
Mir von der Bank fällt; das Gesetz will ich,
Die Mutter meiner Krone, aufrecht halten,
Die ein Geschlecht von Siegen mir erzeugt!
KOTTWITZ: Herr das Gesetz, das höchste, oberste,
Das wirken soll, in deiner Feldherrn Brust,
Das ist der Buchstab deines Willens nicht;

Das ist das Vaterland, das ist die Krone,
Das bist du selber, dessen Haupt sie trägt.
Was kümmert dich, ich bitte dich, die Regel,
Nach der der Feind sich schlägt: wenn er nur nieder
Vor dir, mit allen seinen Fahnen, sinkt?
Die Regel, die ihn schlägt, das ist die höchste!
Willst du das Heer, das glühend an dir hängt,
Zu einem Werkzeug machen, gleich dem Schwerte,
Das tot in deinem goldnen Gürtel ruht?
Der ärmste Geist, der in den Sternen fremd,
Zuerst solch eine Lehre gab! Die schlechte,
Kurzsichtge Staatskunst, die, um eines Falles,
Da die Empfindung sich verderblich zeigt,
Zehn andere vergißt, im Lauf der Dinge,
Da die Empfindung einzig retten kann!
Schütt ich mein Blut dir, an dem Tag der Schlacht,
Für Sold, sei's Geld, sei's Ehre, in den Staub?
Behüte Gott, dazu ist es zu gut!
Was! Meine Lust hab, meine Freude ich,
Frei und für mich im stillen, unabhängig,
An deiner Trefflichkeit und Herrlichkeit,
Am Ruhm und Wachstum deines großen Namens!
Das ist der Lohn, dem sich mein Herz verkauft!
Gesetzt, um dieses unberufnen Sieges,
Brächst du dem Prinzen jetzt den Stab; und ich,
Ich träfe morgen, gleichfalls unberufen,
Den Sieg wo irgend zwischen Wald und Felsen,
Mit den Schwadronen, wie ein Schäfer, an:
Bei Gott, ein Schelm müßt ich doch sein, wenn ich
Des Prinzen Tat nicht munter wiederholte.
Und sprächst du, das Gesetzbuch in der Hand:
„Kottwitz, du hast den Kopf verwirkt!" so sagt ich:
„Das wußt ich Herr; da nimm ihn hin, hier ist er:
Als mich ein Eid an deine Krone band,
Mit Haut und Haar, nahm ich den Kopf nicht aus,
Und nichts dir gäb ich, was nicht dein gehörte!"
DER KURFÜRST: Mit dir, du alter, wunderlicher Herr,
Werd ich nicht fertig! Es besticht dein Wort
Mich, mit arglistger Rednerkunst gesetzt,
Mich, der, du weißt, dir zugetan, und einen
Sachwalter ruf ich mir, den Streit zu enden,

Der meine Sache führt! *Er klingelt, ein Bedienter tritt auf.*
                Der Prinz von Homburg!
Man führ aus dem Gefängnis ihn hierher!
                Der Bediente ab.
Der wird dich lehren, das versichr' ich dich,
Was Kriegszucht und Gehorsam sei! Ein Schreiben
Schickt' er mir mindstens zu, das anders lautet,
Als der spitzfündge Lehrbegriff der Freiheit,
Den du hier, wie ein Knabe, mir entfaltet.
         Er stellt sich wieder an den Tisch und liest.
KOTTWITZ *erstaunt*: Wen holt –? Wen ruft –?
OBRIST HENNINGS: Ihn selber?
GRAF TRUCHSS: Nein unmöglich!
   Die Offiziere treten unruhig zusammen und sprechen miteinander.
DER KURFÜRST: Von wem ist diese zweite Zuschrift hier?
HOHENZOLLERN: Von mir, mein Fürst!
DER KURFÜRST *liest*:   „Beweis, daß Kurfürst Friedrich
Des Prinzen Tat selbst" – – – Nun, beim Himmel!
Das nenn ich keck!
Was! Die Veranlassung, du wälzest sie des Frevels,
Den er sich in der Schlacht erlaubt, auf mich?
HOHENZOLLERN: Auf dich, mein Kurfürst, ja; ich Hohenzollern.
DER KURFÜRST: Nun denn, bei Gott, das übersteigt die Fabel!
Der eine zeigt mir, daß nicht schuldig er,
Der andre gar mir, daß der Schuldge ich! –
Womit wirst solchen Satz du mir beweisen?
HOHENZOLLERN: Du wirst dich jener Nacht, o Herr, erinnern,
Da wir den Prinzen, tief versenkt im Schlaf,
Im Garten unter den Platanen fanden:
Vom Sieg des nächsten Tages mocht er träumen,
Und einen Lorbeer hielt er in der Hand.
Du, gleichsam um sein tiefstes Herz zu prüfen,
Nahmst ihm den Kranz hinweg, die Kette schlugst du,
Die dir vom Hals hängt, lächelnd um das Laub;
Und reichtest Kranz und Kette, so verschlungen,
Dem Fräulein, deiner edlen Nichte, hin.
Der Prinz steht, bei so wunderbarem Anblick,
Errötend auf; so süße Dinge will er,
Und von so lieber Hand gereicht, ergreifen:
Du aber, die Prinzessin rückwärts führend,
Entziehst dich eilig ihm; die Tür empfängt dich,

Jungfrau und Kett und Lorbeerkranz verschwinden,
Und einsam – einen Handschuh in der Hand,
Den er, nicht weiß er selber, wem? entrissen –
Im Schoß der Mitternacht, bleibt er zurück.
DER KURFÜRST: Welch einen Handschuh?
HOHENZOLLERN: Herr, laß mich vollenden! –
Die Sache war ein Scherz, jedoch von welcher
Bedeutung ihm, das lernt ich bald erkennen.
Denn, da ich, durch des Gartens hintre Pforte,
Jetzt zu ihm schleich, als wär's von ohngefähr,
Und ihn erweck, und er die Sinne sammelt:
Gießt die Erinnrung Freude über ihn,
Nichts Rührenders, fürwahr, kannst du dir denken.
Den ganzen Vorfall, gleich, als wär's ein Traum,
Trägt er, bis auf den kleinsten Zug, mir vor;
So lebhaft, meint' er, hab er nie geträumt –:
Und fester Glaube baut sich in ihm auf,
Der Himmel hab ein Zeichen ihm gegeben:
Es werde alles, was sein Geist gesehn,
Jungfrau und Lorbeerkranz und Ehrenschmuck,
Gott, an dem Tag der nächsten Schlacht, ihm schenken.
DER KURFÜRST: Hm! Sonderbar! – Und jener Handschuh –?
HOHENZOLLERN: Ja –
Dies Stück des Traums, das ihm verkörpert ward,
Zerstört zugleich und kräftigt seinen Glauben.
Zuerst mit großem Aug sieht er ihn an –
Weiß ist die Farb, er scheint nach Art und Bildung,
Von einer Dame Hand –: doch weil er keine
Zu Nacht, der er entnommen könnte sein,
Im Garten sprach – durchkreuzt in seinem Dichten,
Von mir, der zur Parol' aufs Schloß ihn ruft,
Vergißt er, was er nicht begreifen kann,
Und steckt zerstreut den Handschuh ins Kollett.
DER KURFÜRST: Nun? Drauf?
HOHENZOLLERN: Drauf tritt er nun mit Stift und Tafel,
Ins Schloß, aus des Feldmarschalls Mund, in frommer
Aufmerksamkeit, den Schlachtbefehl zu hören;
Die Fürstin und Prinzessin, reisefertig
Befinden grad im Herrensaal sich auch.
Doch wer ermißt das ungeheure Staunen,
Das ihn ergreift, da die Prinzeß den Handschuh,

Den er sich ins Kollett gesteckt, vermißt.
Der Marschall ruft, zu wiederholten Malen:
„Herr Prinz von Homburg!" „Was befiehlt mein Marschall?"
Entgegnet er, und will die Sinne sammeln;
Doch er, von Wundern ganz umringt – –: der Donner
Des Himmels hätte niederfallen können! –! *Er hält inne.*

DER KURFÜRST: War's der Prinzessin Handschuh?
HOHENZOLLERN: Allerdings!
    Der Kurfürst fällt in Gedanken.
HOHENZOLLERN *fährt fort*: Ein Stein ist er, den Bleistift in der Hand,
Steht er zwar da und scheint ein Lebender;
Doch die Empfindung, wie durch Zauberschläge,
In ihm verlöscht; und erst am andern Morgen,
Da das Geschütz schon in den Reihen donnert,
Kehrt er ins Dasein wieder und befragt mich:
„Liebster, was hat schon Dörfling, sag mir's, gestern
Beim Schlachtbefehl, mich treffend, vorgebracht?"
FELDMARSCHALL: Herr, die Erzählung, wahrlich, unterschreib ich!
Der Prinz, erinnr' ich mich, von meiner Rede
Vernahm kein Wort; zerstreut sah ich ihn oft,
Jedoch in solchem Grad abwesend ganz
Aus seiner Brust, noch nie, als diesen Tag.
DER KURFÜRST: Und nun, wenn ich dich anders recht verstehe,
Türmst du, wie folgt, ein Schlußgebäu mir auf:
Hätt ich, mit dieses jungen Träumers Zustand,
Zweideutig nicht gescherzt, so blieb er schuldlos:
Bei der Parole wär er nicht zerstreut,
Nicht widerspenstig in der Schlacht gewesen.
Nicht? Nicht? Das ist die Meinung?
HOHENZOLLERN: Mein Gebieter,
Das überlaß ich jetzt dir, zu ergänzen.
DER KURFÜRST: Tor, der du bist, Blödsinniger! Hättest du
Nicht in den Garten mich herabgerufen,
So hätt ich, einem Trieb der Neugier folgend,
Mit diesem Träumer harmlos nicht gescherzt.
Mithin behaupt ich, ganz mit gleichem Recht,
Der sein Versehn veranlaßt hat, warst du! –
Die delphsche Weisheit meiner Offiziere!
HOHENZOLLERN: Es ist genug, mein Kurfürst! Ich bin sicher,
Mein Wort fiel, ein Gewicht, in deine Brust!

Sechster Auftritt

Ein Offizier *tritt auf.* – Die Vorigen.

DER OFFIZIER: Der Prinz, o Herr, wird augenblicks erscheinen!
DER KURFÜRST: Wohlan! Laßt ihn herein.
OFFIZIER: In zwei Minuten! –
  Er ließ nur flüchtig, im Vorübergehn,
  Durch einen Pförtner sich den Kirchhof öffnen.
DER KURFÜRST: Den Kirchhof?
OFFIZIER: Ja mein Fürst und Herr!
DER KURFÜRST: Weshalb?
OFFIZIER: Die Wahrheit zu gestehn, ich weiß es nicht;
  Es schien das Grabgewölb wünscht' er zu sehen,
  Das dein Gebot ihm dort eröffnen ließ.
      Die Obersten treten zusammen und sprechen miteinander.
DER KURFÜRST: Gleichviel! Sobald er kömmt, laßt ihn herein.
      Er tritt wieder an den Tisch und sieht in die Papiere.
GRAF TRUCHSS: Da führt die Wache schon den Prinzen her.

Siebenter Auftritt

Der Prinz von Homburg *tritt auf. Ein* Offizier *mit* Wache. – Die Vorigen.

DER KURFÜRST: Mein junger Prinz, Euch ruf ich mir zu Hülfe!
  Der Obrist Kottwitz bringt, zugunsten Eurer,
  Mir dieses Blatt hier, schaut, in langer Reihe
  Von hundert Edelleuten unterzeichnet;
  Das Heer begehre, heißt es, Eure Freiheit,
  Und billige den Spruch des Kriegsrechts nicht. –
  Lest, bitt ich, selbst, und unterrichtet Euch! *Er gibt ihm das Blatt.*
DER PRINZ VON HOMBURG *nachdem er einen Blick hineingetan, wendet sich, und sieht sich im Kreis der Offiziere um*:
  Kottwitz, gib deine Hand mir, alter Freund!
  Du tust mir mehr, als ich, am Tag der Schlacht,
  Um dich verdient! Doch jetzt geschwind geh hin
  Nach Arnstein wiederum, von wo du kamst,
  Und rühr dich nicht; ich hab's mir überlegt,
  Ich will den Tod, der mir erkannt, erdulden!
      Er übergibt ihm die Schrift.

KOTTWITZ *betroffen*:
  Nein, nimmermehr, mein Prinz! Was sprichst du da?
HOHENZOLLERN: Er will den Tod –?
GRAF TRUCHSS: Er soll und darf nicht sterben!
MEHRERE OFFIZIERE *vordringend*:
  Mein Herr und Kurfürst! Mein Gebieter! Hör uns!
DER PRINZ VON HOMBURG: Ruhig! Es ist mein unbeugsamer Wille!
  Ich will das heilige Gesetz des Kriegs,
  Das ich verletzt, im Angesicht des Heers,
  Durch einen freien Tod verherrlichen!
  Was kann der Sieg euch, meine Brüder gelten,
  Der eine, dürftige, den ich vielleicht
  Dem Wrangel noch entreiße, dem Triumph
  Verglichen, über den verderblichsten
  Der Feind' in uns, den Trotz, den Übermut,
  Errungen glorreich morgen? Es erliege
  Der Fremdling, der uns unterjochen will,
  Und frei, auf mütterlichem Grund, behaupte
  Der Brandenburger sich; denn sein ist er,
  Und seiner Fluren Pracht nur ihm erbaut!
KOTTWITZ *gerührt*: Mein Sohn! Mein liebster Freund! Wie nenn ich dich?
GRAF TRUCHSS: O Gott der Welt!
KOTTWITZ: Laß deine Hand mich küssen!
  Sie drängen sich um ihn.
DER PRINZ VON HOMBURG *wendet sich zum Kurfürsten*:
  Doch dir, mein Fürst, der einen süßern Namen
  Dereinst mir führte, leider jetzt verscherzt:
  Dir leg ich tiefbewegt zu Füßen mich!
  Vergib, wenn ich am Tage der Entscheidung,
  Mit übereiltem Eifer dir gedient:
  Der Tod wäscht jetzt von jeder Schuld mich rein.
  Laß meinem Herzen, das versöhnt und heiter
  Sich deinem Rechtsspruch unterwirft, den Trost,
  Daß deine Brust auch jedem Groll entsagt:
  Und, in der Abschiedsstunde, des zum Zeichen,
  Bewillge huldreich eine Gnade mir!
DER KURFÜRST: Sprich, junger Held! Was ist's, das du begehrst?
  Mein Wort verpfänd ich dir und Ritterehre,-
  Was es auch sei, es ist dir zugestanden!
DER PRINZ VON HOMBURG: Erkauf o Herr, mit deiner Nichte Hand,
  Von Gustav Karl den Frieden nicht! Hinweg

Mit diesem Unterhändler aus dem Lager,
Der solchen Antrag ehrlos dir gemacht:
Mit Kettenkugeln schreib die Antwort ihm!
DER KURFÜRST *küßt seine Stirn*:
Sei's, wie du sagst! Mit diesem Kuß, mein Sohn,
Bewillg' ich diese letzte Bitte dir!
Was auch, bedarf es dieses Opfers noch,
Vom Mißglück nur des Kriegs mir abgerungen;
Blüht doch aus jedem Wort, das du gesprochen,
Jetzt mir ein Sieg auf, der zu Staub ihn malmt.
Prinz Homburgs Braut sei sie, werd ich ihm schreiben,
Der Fehrbellins halb, dem Gesetz verfiel,
Und seinem Geist, tot vor den Fahnen schreitend,
Kämpf er auf dem Gefild der Schlacht, sie ab!
          Er küßt ihn noch einmal und erhebt ihn.
DER PRINZ VON HOMBURG: Nun sieh, jetzt schenktest du das Leben mir!
Nun fleh ich jeden Segen dir herab,
Den, von dem Thron der Wolken, Seraphin
Auf Heldenhäupter jauchzend niederschütten:
Geh und bekrieg, o Herr, und überwinde
Den Weltkreis, der dir trotzt – denn du bist's wert!
DER KURFÜRST: Wache! Führt ihn zurück in sein Gefängnis!

ACHTER AUFTRITT

NATALIE *und* DIE KURFÜRSTIN *zeigen sich unter der Tür.* HOFDAMEN *folgen.* –
DIE VORIGEN.

NATALIE: O Mutter, laß! Was sprichst du mir von Sitte?
Die höchst in solcher Stund, ist ihn zu lieben!
– Mein teurer, unglücksel'ger Freund!
DER PRINZ VON HOMBURG *bricht auf*:   Hinweg!
GRAF TRUCHSS *hält ihn*: Nein nimmermehr, mein Prinz!
          Mehrere Offiziere treten ihm in den Weg.
DER PRINZ VON HOMBURG: Führt mich hinweg!
HOHENZOLLERN: Mein Kurfürst, kann dein Herz –?
DER PRINZ VON HOMBURG *reißt sich los*:   Tyrannen, wollt ihr
Hinaus an Ketten mich zum Richtplatz schleifen?
Fort! – Mit der Welt schloß ich die Rechnung ab!
          Ab, mit Wache.

NATALIE *indem sie sich an die Brust der Tante legt*:
O Erde, nimm in deinen Schoß mich auf!
Wozu das Licht der Sonne länger schaun?

Neunter Auftritt

Die Vorigen *ohne den Prinzen von Homburg.*

FELDMARSCHALL: O Gott der Welt! Mußt es bis dahin kommen!
Der Kurfürst spricht heimlich und angelegentlich mit einem Offizier.
KOTTWITZ *kalt*: Mein Fürst und Herr, nach dem, was vorgefallen,
Sind wir entlassen?
DER KURFÜRST: Nein! Zur Stund noch nicht!
Dir sag ich's an, wenn du entlassen bist!
Er fixiert ihn eine Weile mit den Augen; alsdann nimmt er die Papiere, die ihm der Page gebracht hat, vom Tisch, und wendet sich damit zum Feldmarschall.
Hier, diesen Paß dem schwedschen Grafen Horn!
Es wär des Prinzen, meines Vetters Bitte,
Die ich verpflichtet wäre zu erfüllen;
Der Krieg heb, in drei Tagen, wieder an!
    Pause. – Er wirft einen Blick in das Todesurteil.
Ja, urteilt selbst, ihr Herrn! Der Prinz von Homburg
Hat im verfloßnen Jahr, durch Trotz und Leichtsinn,
Um zwei der schönsten Siege mich gebracht.
Den dritten auch hat er mir schwer gekränkt.
Die Schule dieser Tage durchgegangen,
Wollt ihr's zum vierten Male mit ihm wagen?
KOTTWITZ *und* TRUCHSS *durcheinander*:
Wie, mein vergöttert – angebeteter –?
DER KURFÜRST: Wollt ihr? Wollt ihr?
KOTTWITZ: Bei dem lebendgen Gott,
Du könntest an Verderbens Abgrund stehn,
Daß er, um dir zu helfen, dich zu retten,
Auch nicht das Schwert mehr zückte, ungerufen!
DER KURFÜRST *zerreißt das Todesurteil*:
So folgt, ihr Freunde, in den Garten mir!
    Alle ab.

Szene: Schloß, mit der Rampe, die in den Garten hinabführt; wie im ersten Akt. – Es ist wieder Nacht.

ZEHNTER AUFTRITT

DER PRINZ VON HOMBURG *wird vom* RITTMEISTER STRANZ *mit verbundenen Augen durch das untere Gartengitter aufgeführt.* OFFIZIERE *mit* WACHE. – *In der Ferne hört man Trommeln des Totenmarsches.*

DER PRINZ VON HOMBURG: Nun, o Unsterblichkeit, bist du ganz mein!
Du strahlst mir, durch die Binde meiner Augen,
Mit Glanz der tausendfachen Sonne zu!
Es wachsen Flügel mir an beiden Schultern,
Durch stille Ätherräume schwingt mein Geist;
Und wie ein Schiff, vom Hauch des Winds entführt,
Die muntre Hafenstadt versinken sieht,
So geht mir dämmernd alles Leben unter:
Jetzt unterscheid ich Farben noch und Formen,
Und jetzt liegt Nebel alles unter mir.

Der Prinz setzt sich auf die Bank, die in der Mitte des Platzes, um die Eiche aufgeschlagen ist; der Rittmeister Stranz entfernt sich von ihm, und sieht nach der Rampe hinauf.

DER PRINZ VON HOMBURG: Ach, wie die Nachtviole lieblich duftet!
Spürst du es nicht?

Stranz kommt wieder zu ihm zurück.

STRANZ: Es sind Levkojn und Nelken.
DER PRINZ VON HOMBURG: Levkojn? – Wie kommen die hierher?
STRANZ: Ich weiß nicht. –
Es scheint, ein Mädchen hat sie hier gepflanzt.
– Kann ich dir eine Nelke reichen?
DER PRINZ VON HOMBURG: Lieber! –
Ich will zu Hause sie in Wasser setzen.

EILFTER AUFTRITT

DER KURFÜRST *mit dem Lorbeerkranz, um welchen die goldne Kette geschlungen ist,* KURFÜRSTIN, PRINZESSIN NATALIE, FELDMARSCHALL DÖRFLING, OBRIST KOTTWITZ, HOHENZOLLERN, GOLZ *usw.* – HOFDAMEN, OFFIZIERE *und Fackeln erscheinen auf der Rampe des Schlosses.* – HOHENZOLLERN *tritt,*

mit einem Tuch, an das Geländer und winkt dem RITTMEISTER STRANZ;
worauf dieser den PRINZEN VON HOMBURG *verläßt, und im Hintergrund mit
der* WACHE *spricht.*

DER PRINZ VON HOMBURG: Lieber, was für ein Glanz verbreitet sich?
STRANZ *kehrt zu ihm zurück*: Mein Prinz, willst du gefällig dich erheben?
DER PRINZ VON HOMBURG: Was gibt es?
STRANZ: Nichts, das dich erschrecken dürfte! –
   Die Augen bloß will ich dir wieder öffnen.
DER PRINZ VON HOMBURG: Schlug meiner Leiden letzte Stunde?
STRANZ: Ja! –
   Heil dir und Segen, denn du bist es wert!
*Der Kurfürst gibt den Kranz, an welchem die Kette hängt, der Prinzessin,
nimmt sie bei der Hand und führt sie die Rampe herab. Herren und Damen
folgen. Die Prinzessin tritt, umgeben von Fackeln, vor den Prinzen, welcher
erstaunt aufsteht; setzt ihm den Kranz auf, hängt ihm die Kette um, und drückt
   seine Hand an ihr Herz. Der Prinz fällt in Ohnmacht.*
NATALIE: Himmel! Die Freude tötet ihn!
HOHENZOLLERN *faßt ihn auf*: Zu Hülfe!
DER KURFÜRST: Laßt den Kanonendonner ihn erwecken!
   Kanonenschüsse. Ein Marsch. Das Schloß erleuchtet sich.
KOTTWITZ: Heil, Heil dem Prinz von Homburg!
DIE OFFIZIERE: Heil! Heil! Heil!
ALLE: Dem Sieger in der Schlacht bei Fehrbellin!
   Augenblickliches Stillschweigen.
DER PRINZ VON HOMBURG: Nein, sagt! Ist es ein Traum?
KOTTWITZ: Ein Traum, was sonst?
MEHRERE OFFIZIERE: Ins Feld! Ins Feld!
GRAF TRUCHSS: Zur Schlacht!
FELDMARSCHALL: Zum Sieg! Zum Sieg!
ALLE: In Staub mit allen Feinden Brandenburgs!

Ende.

ZEITTAFEL

1777 Am 18. Oktober wird Bernd Wilhelm Heinrich von Kleist in Frankfurt (Oder) geboren. Seine Eltern sind der Kompaniechef Joachim Friedrich von Kleist und Juliane Ulrike geb. von Pannwitz, mit der er in zweiter Ehe verheiratet ist. — Die Stiefschwestern Wilhelmine und Ulrike entstammen der ersten Ehe.

1788 Nach dem Tode des Vaters Erziehung bei dem Prediger S. H. Catel in Berlin.

1792 Kleist tritt, der Familientradition entsprechend, in das Garderegiment Potsdam ein und nimmt 1793—95 am Rheinfeldzug teil.

1796 Bekanntschaft mit Ludwig von Brockes.

1797 Harzreise mit Rühle von Lilienstern.

1798 *Aufsatz, den sichern Weg des Glücks zu finden.*

1799 Abschied von der Armee und anschließendes Studium der Rechte und Kameralwissenschaft in Frankfurt (Oder). Begegnung mit Wilhelmine von Zenge und Verlobung.

1800 Zusammen mit seinem Freund Brockes reist Kleist nach Würzburg. Erstes Bewußtwerden der dichterischen Sendung: Entwurf zur „Familie Ghonorez", erster Plan zur *Penthesilea*; Kant- und Rousseau-Lektüre; „Ideenmagazin". — Ende des Jahres Antritt einer Volontärstelle im preußischen Wirtschaftsministerium in Berlin.

1801 Ende März die sog. „Kant-Krise". Danach Reise mit der Lieblingsschwester Ulrike nach Paris; in Halberstadt Besuch bei Gleim. — Aufenthalt in Paris bis November; Arbeit am *Robert Guiskard* und an der Novelle *Die Verlobung in St. Domingo*. Ende des Jahres in der Schweiz; Bekanntschaft mit Zschokke, Heinrich Geßner und Ludwig Wieland.

1802 Auf der Deleosa-Insel im Thuner See; weitere Arbeit an *Robert Guiskard* und *Der zerbrochne Krug*. — Auflösung des Verlöbnisses mit Wilhelmine von Zenge. — *Die Familie Schroffenstein* wird beendet. Erkrankung in Bern.

1803 Aufenthalt bei Chr. M. Wieland in Oßmannstedt bei Weimar; dann in Leipzig und Dresden. *Die Familie Schroffenstein* erscheint anonym. Im Juli mit Ernst von Pfuel Fußreise nach Bern und Mailand. Äußerung von Selbstmordgedanken gegen Pfuel und Ulrike, vor allem auf Grund des als mißlungen angesehenen *Guiskard*; im Oktober vernichtet Kleist das Manuskript. Plan des Anschlusses an die Armee Napoleons, doch schließlich Rückkehr nach Deutschland. Unbekannte Krankheit in Mainz, Pflege durch Dr. Wedekind.

1804 Wieder im preußischen Staatsdienst.

1805 An der Domänenkammer in Königsberg. Dichterische Arbeiten: *Michael Kohlhaas* und *Die Marquise von O . . .* Aufsatz *Über die allmähliche Verfertigung der Gedanken beim Reden*. Beginn von *Amphitryon*, *Penthesilea*.

1806 Kleist scheidet endgültig aus dem Staatsdienst aus. – Intensive Arbeit an *Amphitryon*; *Der zerbrochne Krug* wird vollendet.

1807 Bei dem Versuch, nach Berlin zurückzukehren, wird Kleist von den Franzosen verhaftet und nach Fort Joux, dann nach Chalons-sur-Marne gebracht; Ulrike interveniert bei General Clarke in Berlin. Im August kann Kleist nach Dresden reisen. Hier, im Hause des Grafen Buol-Mühlingen, erste Lesung des *Amphitryon*. Verkehr mit Tieck und Adam Müller. *Penthesilea* und *Käthchen von Heilbronn* werden vollendet.

1808 Gemeinsam mit Adam Müller gibt Kleist die Zeitschrift *Phöbus* heraus, in der Teile der Novelle *Michael Kohlhaas* sowie der Stücke *Der zerbrochne Krug* und *Penthesilea* abgedruckt werden. Übersendung des ersten Heftes an Goethe (am 24. 1.). *Der zerbrochne Krug* wird durch Goethe am 2. März in Weimar uraufgeführt, jedoch ohne Erfolg. – Arbeit an der *Hermannsschlacht*.

1809 Besuch des Schlachtfeldes von Aspern. Politische Lyrik; von Prag aus versuchen Dahlmann und Kleist die Gründung einer patriotischen Zeitschrift *Germania*. Ende des Jahres wieder in Berlin.

1810 Übersendung des Manuskriptes zu *Käthchen von Heilbronn* an Cotta. In Berlin Verkehr mit Arnim, Brentano und Fouqué, die sämtlich spätere Mitarbeiter der *Berliner Abendblätter* werden, sowie mit Rahel Varnhagen. – Zur Herbstmesse liegt der 1. Band der *Erzählungen* vor. – Vom 1. Oktober 1810 bis zum 30. März 1811 gibt Kleist die *Berliner Abendblätter* heraus, die erste täglich erscheinende Zeitung in Deutschland. Darin Abdruck des Aufsatzes *Über das Marionettentheater*. – Iffland lehnt eine Aufführung des *Käthchen von Heilbronn* ab.

1811 *Der zerbrochne Krug* und der 2. Band der *Erzählungen* erscheinen; *Prinz Friedrich von Homburg* wird im Sommer abgeschlossen (erstmals im Druck erscheint das Stück erst 1821). – Engere Freundschaft mit Henriette Vogel, der Ehefrau des Rendanten Vogel, in dessen Haus Kleist mit Adam Müller seit zwei Jahren verkehrt hat. Am 9. und 10. November letzte Briefe an die Freundin und Gönnerin Marie von Kleist geb. Gualtieri, die sich noch am 3. September bei Hofe bemüht hat, Kleist eine regelmäßige Pension von 100 Talern zu vermitteln. Am 20. November fahren Kleist und Henriette Vogel zum Gasthof Stimming bei Potsdam; Abschiedsbrief an Ulrike. Am 21. November nachmittags 4 Uhr Selbstmord am Wannsee.

ZUM TEXT DER AUSGABE

Unserer Ausgabe wurden die Ausgaben letzter Hand (LH) zugrunde gelegt, wobei in Zweifelsfällen mit Handschrift (Hs), Kopie (K), Erstfassung bzw. Erstdruck (E) – soweit vorhanden – verglichen wurde. Die entsprechenden Ausgaben sind unter den Anmerkungen aufgeführt; dort ist auch angegeben, inwieweit Erstdrucke nur fragmentarisch vorhanden sind. In Fällen, in denen der Erstdruck der einzige Originaldruck ist, galt der Erstdruck als Ausgabe letzter Hand und diente daher als Textvorlage. Bei Werken, von denen es keine Originaldrucke gibt, wurde auf die Handschriften bzw. Kopien zurückgegriffen. Über den Bestand, den Aufbewahrungsort und die Faksimileausgaben der Handschriften unterrichtet ausführlicher der Aufsatz *Die Kleist-Handschriften und ihr Verbleib* von Eva Rothe und Helmut Sembdner im *Jahrbuch der deutschen Schillergesellschaft*, 1964.

Das nachfolgende Verzeichnis der Textänderungen führt alle Stellen an, an denen der Text der Vorlage an Hand der genannten weiteren Ausgaben verbessert wurde, sowie auch derjenigen, an denen – bei Übereinstimmung der Ausgaben – eine Konjektur notwendig schien.

Nach Seiten- und Zeilenzahl folgt in Kursivdruck die Lesart unserer Ausgabe, nach dem Doppelpunkt folgt, ebenfalls in Kursivdruck, die Lesart der Textvorlage. Leerzeilen und Kolumnentitel werden bei der Zählung nicht berücksichtigt. Die Hinweise „nach E" usw. bedeuten, daß wir bei unserer Textänderung E usw. gefolgt sind. Wo die Originalausgaben übereinstimmen, dennoch aber eine Korrektur notwendig schien, findet sich der Hinweis „E, LH" usw. Außerdem wurde in gegebenen Fällen Kleists eigenes Druckfehlerverzeichnis berücksichtigt.

Abgesehen von diesen Änderungen wurde der Text nur hinsichtlich Orthographie und Typographie (z. B. Streichung von Komma vor Gedankenstrich, Umstellung eines vor einer Klammer stehenden Kommas hinter diese, bei Beginn direkter Rede Großschreibung nach Doppelpunkt, wenn zugleich ein Satz anfängt, usw.) unter Berücksichtigung der Aussprache modernisiert. Kleists eigenwillige Interpunktion – wie Kommahäufung, Fragezeichen nach indirektem Fragesatz –, die für den Rhythmus und Stil seiner Sprache sehr wichtig ist, wurde nur bei eindeutigen Setzerfehlern und an sinnstörenden Stellen – wo möglich, nach E – verbessert. Die Apostrophe stehen bei Kleist ohne Konsequenz; wir haben sie daher überall gestrichen, wo sie für die Aussprache irrelevant sind, also auch bei Formen wie *wär't*, *sah't*, dagegen nicht bei Formen wie *ist's*, wo der Duden maßgeblich war; außerdem wurde auf ihre Streichung dann verzichtet, wenn das Wort dadurch eine mißverständliche oder entstellte Form erhalten hätte. – Die direkte Rede läßt Kleist, einem Zeitbrauch folgend, oft ohne Anführung, besonders bei Wechselrede jeweils die Worte der einen von zwei sprechenden Personen, wogegen er dazu neigt, die indirekte Rede in Anführungen zu setzen. Wir haben weitgehend normalisiert und die Anführungen bei direkter Rede eingesetzt, außer im Dramendialog bei Selbstzitaten der sprechenden Person.

Die in den *Berliner Abendblättern* fehlenden Umlautbezeichnungen – wie der sehr oft fehlende i-Punkt beweist, ist das sicher auf schlechten Druck oder beschädigte Lettern zurückzuführen – wurden von uns stillschweigend ergänzt; das gleiche gilt für das gelegentlich fehlende, durch Spatium angedeutete Komma, das wir gleichfalls eingefügt haben.

In der Getrennt- und Zusammenschreibung sind wir ebenfalls Duden gefolgt, außer an Verszeilen-Enden und in solchen Fällen, wo allzu moderne oder sinnstörende Komposita entstanden wären. Wir änderten z. B. *Tage lang* in *tagelang*, *Hand voll* in *Handvoll*, *vor der Hand* in *vorderhand* (dagegen blieb das heute nicht mehr gebräuchliche *nach der Hand*), *um* bzw. *um's Himmelswillen* in *ums Himmels willen*, *nicht sobald als* in *nicht so bald als* usw. Bei der Groß- und Kleinschreibung war nicht immer leicht zu entscheiden, ob die bei Betonung, also auch meist als Zahlwort, bei Kleist mit großem Anfangsbuchstaben gesetzten *ein*, *eine* usw. nur modernisiert oder auch durch Sperrung hervorzuheben seien; bei eindeutiger, stärkerer Betonung haben wir uns für letzteres entschieden. Ähnliche Zweifelsfälle ergaben sich mitunter bei *ihr*, *euch* usw., das in der Vorlage auch bei Höflichkeitsanrede an eine Person klein gesetzt ist. Für *Du* usw. wurde nur in Briefstellen die Großschreibung beibehalten.

Es sei noch auf folgende Änderungen in Einzelfällen hingewiesen: *Pabst* (wurde geändert in): *Papst*, *Char-* : *Kar-*, *mis-* : *miß-*, *Fittig* : *Fittich*, *regnigt* : *regnicht*, *vermogte* : *vermochte*, *Brod* : *Brot*, *Anwald* : *Anwalt*, *Wallfisch* : *Walfisch*, *Frohnleichnam* : *Fronleichnam*, *wieder* (in entsprechenden Fällen) : *wider*, *gieng* : *ging*, *erschrack* : *erschrak*, *Taback* : *Tabak*, *Spuck* : *Spuk*, *Barake* : *Baracke*, *italiänisch* : *italienisch*, *nehmlich* : *nämlich*, *Gebehrde* : *Gebärde*, *Sylbe* : *Silbe*, *Cyther* : *Zither*, *Cymbel* : *Zimbel* usw.; ebenso gebräuchliche Namen: *Herrmann* : *Hermann*, *Margarethe* : *Margarete*, *Jacob* : *Jakob*, *Rudolph* : *Rudolf*, *Keppler* : *Kepler*, *Zevs* : *Zeus*; *Waldstätten* wurde vereinheitlicht. Von den Fremdwörtern muß besonders vermerkt werden: *Vasal* : *Vasall*, *Billet* : *Billett*, *Collet* : *Kollet*, *Lecture* : *Lektüre*, *Courier* : *Kurier*, *Commandant* und *Commendant* : *Kommandant*, *Compagnie* : *Kompanie*, *Vice* : *Vize-* usw.

Rhythmische Unebenheiten durch Auslassung von Vokalen u. dgl. wurden nur da geglättet, wo dies auf Grund eines Erstdrucks zulässig war.

Für Kleists Grammatik und Syntax ist eine (durch die Umgangssprache seiner Heimat bedingte?) häufige Verwechslung von Dativ und Akkusativ bzw. von -m und -n kennzeichnend, ebenso ein öfters abweichender Kasusgebrauch bei Verben der Ortsbewegung. Änderungen, die wir da durchgeführt haben, wo wir einen Setzerfehler vermuteten bzw. wo das Verständnis sonst gelitten hätte, sind durchweg angegeben. – Im übrigen wurden eindeutige Setzerfehler stillschweigend verbessert.

Bei Regieanweisungen in den Dramen wurden die Klammern gestrichen und gegebenenfalls durch Interpunktion ersetzt.

9/18	*wir.* : *wir,* ; nach E	33/27	*Welt,* : *Welt* ; nach E
13/ 2	*zeigt,* : *zeigt* ; nach E	33/28	*gebunden,* : *gebunden.* ; nach E
13/13	*mäkeln* : *mäckeln* ; E hat *makeln*	33/30	*birgst,* : *birgst* ; nach E
		33/32	*reden,* : *reden* ; in E anderer Text
13/38	*Wir, wir* : *wir, Wir* ; nach E		
14/18	*recht,* : *Recht* ; nach E	33/37	*Liebe,* : *Liebe* ; nach E
14/32	*der gänzliche Besitztum* : so LH; E hat *das sämmtliche Besitzthum*	34/15	*Maria* : so LH; E hat *Marie* (Versmaß!)
		34/19	*Kehr* : *Kehre* ; E hat *Ich will es nächstens. Kehre wieder.*
15/34	*dir,* : *dir* ; nach E		
16/14	*Herr,* : *Herr* ; nach E	34/25	*siehst,* : *siehst* ; nach E
16/27	*Herr,* : *Herr* ; nach E	34/27	*Es mag,* : *Es mag* ; nach E
17/17	*ihn* : *ihn,* ; nach E	35/17	*ich, ich* : *ich,* ; nach E
17/25	*ewge,* : *ew'ge* ; nach E	35/18	*du,* : *Du* ; nach E
17/28	*sind's fünf Wochen,* : *sind's fünf Wochen* ; nach E	35/27	*verdrießen,* : *verdrießen* ; nach E
17/33	*tückisches* : *türkisches* ; nach E	36/12	*Gradheraus* : *Gerad' heraus* ; nach E
19/19	*Namen,* : *Namen*; nach E	36/13	*deins* : *Deines* ; nach E
19/20	*ich,* : *ich* ; nach E	37/14	*Gertrude,* : *Gertrude* ; nach E
20/31	*Johanns* : *Johannes* ; E hat andere Namen	39/21	*weißt,* : *weißt* ; nach E
		40/12	*meinst,* : *meinst* ; nach E
20/36	*weiß,* : *weiß* ; nach E	40/12	*gut,* : *gut* ; nach E
20/41	*Lust,* : *Lust* ; nach E	40/13	*entschuldgen,* : *entschuld'gen* ; nach E
21/13	*Verziehn* : *Verzeihn*; nach E		
22/14	*Woher* : *Woher,* ; nach E	40/21	*ihn* : *ihm* ; nach E
24/28	*wildverstörter* : *wildverstörtem* ; nach E	40/22	*mir.* : *mir* ; nach E
		40/27	*ging,* : *gieng* ; nach E
24/29	*wohl,* : *wohl* ; nach E	40/30	*nicht,* : *nicht* ; nach E
24/40	*Geschieht's,* : *Geschieht's*; nach E	40/39	*Oh,* : *O* ; nach E
		41/30	*hat?* : *hat.* ; nach E
25/10	*Obst.* : *Obst,* ; nach E	42/12	*Rasender,* : *Rasender* ; nach E
26/22	*ihn* : *ihm* ; nach E	42/13	*weiter.* : *weiter* ; nach E
27/20	*Sieh,* : *Sieh* ; nach E	42/21	*wahr,* : *wahr* ; nach E
27/21	*beliebt's,* : *beliebt's* ; nach E	43/11	*horch,* : *horch?* ; nach E
28/33	*ich,* : *ich* ; nach E	43/12	*lebt!* : *lebt?* ; nach E
28/36	*Frag* : *Frag',* ; nach E	43/30	*Gebirge.* : *Gebirge,* ; nach E
29/ 1	*Gott,* : *Gott* ; nach E	44/20	*Sieh,* : *Sieh* ; nach E
29/13	*Kind –* : *Kind. –*; nach E	44/21	*sein fast,* : *seyn, fast* ; nach E
29/37	*empfangen,* : *empfangen* ; nach E	45/ 2	*Vielmehr* : *Vielmehr.* ; nach E
30/24	*würde?* : *würde.* ; nach E		
31/ 4	*auf,* : *auf,* ; nach E	45/36	*ist* : *ist.* ; nach E
31/32	*es* : *ihn* ; nach E	46/ 9	*nahtest,* : *nahtest* ; nach E
32/13	*Nun,* : *Nun* ; nach E	46/10	*eingemachter* : *eingemachten* ; nach E
32/27	*hätte,* : *hätte* ; nach E		
33/ 6	*ja.* : *ja* ; nach E		

46/16	*Pfirsich,* : *Pfirsich* ; nach E (*Fürsich,*)	63/16	*Unglückstag* : *Unglückstag,* ; nach E
46/33	*mein* : *mein',* ; nach E	63/23	*schon,* : *schon* ; nach E
46/35	*drehst,* : *drehst* ; nach E	63/33	*Nun, weiter hat Johann doch nichts bekannt* : *Nun, weiter hat Johann, doch nichts bekannt* ; E hat *Nun weiter hat Juan doch nichts bekannt*
46/39	*Augenblick,* : *Augenblick* E, LH		
47/13	*aufzukünden,* : *aufzukünden* ; E hat *befehden, –*		
48/26	*wagen.* : *wagen* ; nach E	64/25	*Mädchen* : *Mädchen,* ; nach E
49/12	*Ach,* : *Ach* ; nach E	64/34	*nur* : *nur.* ; nach E
49/32	*Zweige,* : *Zweige* ; nach E	65/ 4	*blaß,* : *blaß* ; nach E
40/37	*Namen;* : *Namen* ; nach E	66/ 4	*Rätsel,* : *Räthsel* ; nach E
50/16	*ihm* : *ihn* ; nach E	66/16	*nichts* : *nicht* ; nach E
52/11	*verändert* : *verändert,* ; nach E	66/22	*sag's,* : *sag's* ; nach E
52/15	*sagen* : *sagen.* ; nach E	66/34	*Haupt* : *Haupt,* ; nach E
52/20	*leugnen* : *läugnen.* ; nach E	67/ 4	*weiß,* : *weiß* ; nach E
52/26	*mehr.* : *mehr* ; nach E	67/10	*Agnes* : *Agnes,* ; nach E
53/ 6	*Mißtrauns,* : *Mißtrauns.* ; nach E	67/23	*ausgeheckt!* : *ausgeheckt?* nach E
53/20	*weißt,* : *weißt* ; nach E	67/29	*ist* : *ist.* ; nach E
53/28	*Wähnen* : *Wähnen,* ; nach E	68/ 7	*rette, rette!* : *rette, rette* E, LH
53/33	*deinen* : *deinem* ; nach E	68/10	*Nein,* : *Nein* ; nach E
54/38	*heftig,* : *heftig* ; nach E	68/11	*Nun* : *Nun,* ; nach E
55/ 1	*meinen* : *Deinen* ; nach E	68/21	*ja* : *ja,* ; nach E
55/11	*Hitze* : *Hitz* ; nach E	68/28	*Du,* : *Du* ; nach E
55/19	*Agnes,* : *Agnes* ; nach E	69/33	*wohl,* : *wohl* ; nach E
55/33	*ich* : *ich,* ; nach E	70/ 2	*Nützen, nützen* : *Nützen, nützen nützen* ; nach E
56/12	*deinen* : *deinem* ; nach E		
56/29	*wütend.* : *wütend* ; nach E	70/28	*Leben.* : *Leben,* ; nach E
56/35	*Meinen* : *Meinem* ; nach E	70/30	*Herr* : *Herr,* ; nach E
57/31	*erforschen,* : *erforschen* ; nach E	70/36	*getan* : *gethan.* ; nach E
57/37	*ihm* : so LH; E hat *ihn*	70/37	*rein'gen* : *reinigen* ; nach E
57/39	*wissen.* : *wissen,* ; nach E	71/12	*sein.* : *seyn* ; nach E
58/ 6	*versteh,* : *versteh* ; nach E	71/13	*Rettung* : *Rettung* ; nach E
59/38	*Eselshaut* : *Eselshaus* ; nach E	71/17	*gezeigt* : *gezeigt.* ; nach E
60/ 2	*Stücken* : *Stücken,* ; nach E	71/41	*Dicht* : *Dich* ; nach E
60/38	*Mann* : *Mann,* ; nach E	72/15	*Fleck,* : *Fleck* ; nach E
61/36	*Weis,* : *Weis'* ; nach E	72/24	*es nicht,* : *es nicht* ; nach E
62/15	*hörte,* : *hörte* ; nach E	72/34	*kannst.* : *kannst,* ; nach E
62/30	*Grad* : *Gerad'* ; nach E	73/ 1	*Oh,* : *O* ; nach E
62/32	*beschaffen* : *beschaffen,* ; nach E	73/ 3	*beflecken* : *beflecken.* ; nach E
63/ 3	*wissen,* : *wissen.* ; nach E	73/15	*Mann,* : *Mann* ; nach E
63/ 4	*hat* : *hat,* ; nach E	73/23	*nicht,* : *nicht* ; nach E
63/15	*wehn,* : *wehn* ; nach E	73/26	*Umstände* : *Umständen* ; nach E
		73/32	*Oh,* : *O* ; nach E

74/ 1	*Gewißheit. Warum,* : *Gewißheit, Warum* ; nach E	87/41	*meinen Knien* : *meine Knie* ; nach E
75/15	*verschone,* : *verschone* ; nach E	88/ 3	*wenn man's* : *wenn's man* ; nach E
74/16	*dich,* : *Dich* ; nach E		
74/27	*letzten,* : *letzten* ; nach E	89/10	*du,* : *Du* ; nach E
74/33	*dir.* : *Dir* ; nach E	89/19	*sind.* : *sind,* ; nach E
74/41	*es,* : *es* ; nach E	89/33	*Ottokar,* : *Ottokar* ; E hat anderen Text
75/ 8	*schuldig,* : *schuldig* ; nach E		
76/ 1	*es,* : *es* ; nach E	90/29	*es!* : *es,* ; E hat *es.*
76/21	*Nun,* : *Nun* ; nach E	90/31	*Nacht,* : *Nacht* ; nach E
76/28	*freilich,* : *freilich* ; nach E	90/37	*Sünde,* : *Sünde* ; nach E
76/38	*Volke* : *Volke.* ; nach E	91/17	*Dann* : *Dann.* ; nach E
77/ 9	*gewagt,* : *gewagt* ; nach E	91/20	*still* : *still,* ; nach E
77/14	*gleich* : *gleich,* ; nach E	91/38	*Haupte,* : *Haupte* E, LH
77/17	*wieder,* : *wieder* ; nach E	91/39	*Ordnung,* : *Ordnung* ; nach E
77/17	*Zuge,* : *Zuge* ; nach E	91/40	*hinweg,* : *hinweg* E, LH
77/26	*allein,* : *allein* ; nach E	92/ 8	*eine,* : *eine* ; nach E
78/ 2	*Nest,* : *Nest* ; nach E	92/37	*Locken,* : *Locken* ; in E fehlt das Komma, da Regieanweisung eingeschoben
78/20	*Frevlerarm* : *Frevelarm* ; nach E		
78/29	*wollt,* : *wollt'* ; nach E	93/ 5	*wenn,* : *wenn* ; nach E
79/ 6	*sich* : *sich.* ; nach E	93/38	*sprich, und* : *sprich und* ; nach E
79/25	*Gott,* : *Gott* ; E hat anderen Text	94/ 4	*Johann.* : *Johann,* ; nach E
		94/30	*blutig-roten* : *blutig-rothem* ; nach E
81/ 7	*Gott,* : *Gott* ; E hat anderen Text		
		94/33	*sagst* : *sagst.* ; nach E
81/12	*und gleich,* : *und gleich* ; nach E	95/ 8	*Höhle?* : *Höhle* ; nach E
82/10	*eins.* : *Eins* ; nach E	95/ 9	*Herr,* : *Herr* ; nach E
82/14	*Agnes,* : *Agnes* ; nach E	95/13	*irre,* : *irre;* ; E hat anderen Text
82/18	*lohnen.* : *lohnen* ; nach E		
82/30	*Zweimal,* : *Zweimal* ; nach E	95/32	*auf,* : *auf* ; nach E
84/16	*Vetorin,* : *Vetorin* ; nach E	95/38	*Rache,* : *Rache* ; nach E
84/25	*Grotte,* : *Grotte* ; nach E	96/17	*Herren* : *Herrn* ; nach E
85/ 8	*Eid,* : *Eid'* ; nach E	96/18	*von dem Pferd gestiegen,* : *vom Pferd gestiegen* ; nach E
85/15	*Ei* : *Fi* ; nach E		
85/27	*Nein, laß* : *Nein laß* ; nach E	96/27	*Menschen* : *Mensch* ; nach E
85/33	*leb* : *leb'* ; nach E	96/32	*sein* : *tein* ; nach E
86/21	*ihn* : *ihm* ; nach E	96/36	*Ritter!* : *Ritter* ; E hat *Manso!*
86/24	*Hölle! Daß* : *Hölle? Daß* ; E hat *Hölle, daß*	97/24	*schon.* : *schon* ; nach E (dort Prosa)
86/26	*Weibertugend,* : *Weibertugend*; nach E	97/40	*Kleid,* : *Kleid* ; E hat etwas abweichenden Text
86/29	*Tun.* : *Thun,* ; nach E	98/18	*Alter, komm, dort* : *Alter, komm Dort* ; E hat *Alter, dort*
87/ 8	*gekannt –* : *gekannt. –* ; nach E		
87/21	*jetzt,* : *jetzt* E, LH	98/34	*mir,* : *mir* ; E hat anderen Text

98/37	*zur* : *zu* ; nach E
99/23	*Kind,* : *Kind* ; E hat anderen Text
99/28	*meine* : *meiner* ; analog E
100/ 1	*still,* : *still* ; nach E
100/16	*den* : *die* ; analog E
100/18	*Wein!* : *Wein* ; analog E
100/23	*gelöst, tritt* : *gelös't, Trit* ; nach E
104/18	*ich.* : *ich*
107/ 5	*Maria!* : so Vorlage. Fälschlich für *Marin*?
107/19	*steht's* : *stets*
109/ 1	*Sprich!* : *Sprich?*
115/ 6	*Rache,* : *Rache*
116/ 8	*ihr!* : *ihr*
123/20	*glaube –!* : *glaube –?* ; nach Hs
126/ 6	*hier* : fehlt in LH; nach Hs
129/18	*Flaschen* : *Flaschen,* ; nach Hs
132/34	*Ei,* : *Ei* ; nach Hs
135/27	*ewgen* : *ewigen* ; nach Hs
142/21	*ungeduldig* : diese Regieanweisung fehlt in LH; nach Hs, E
146/32	*Abend –* : *Abend,* ; nach Hs, E
147/12	*zur* : *zu* ; nach E
148/ 6	*Versichert –?* : *versichert ?* ; nach Hs
148/ 8	*Seht,* : *Seht* Hs
148/20	*kann,* : *kann* ; nach Hs
156/ 4	*Ab.* : diese Regieanweisung fehlt in den Vorlagen
157/22	*Wünschest,* : *wünschest* Hs
158/35	*sprich:* : *sprich* ; nach Hs
162/11	*Ruprecht,* : *Ruprecht* ; nach Hs
163/ 9	*Seht,* : *Seht* ; nach Hs
164/19	*Umständ,* : *Umständ'* ; nach Hs
165/ 5	*mindstens. – Käse* : *– mindstens Käse –* ; nach Hs
166/33	*andr'* : *andre* ; nach Hs
166/36	*Gläschen. Hier* : *Gläschen, hier* ; nach Hs
167/10	*Fenster? – Dort!* : *Fenster – dort !* Hs
172/ 7	*treten auf* : diese Regieanweisung fehlt in LH; nach Hs
172/ 8	*Brigitt* : *Brigitte* ; nach Hs
172/33	*Richter,* : *Richter* ; nach Hs
175/20	*Spalier,* : *Spalier*
176/ 5	*Krugzertrümmrer* : *Krugzertrümmerer*
179/26	*Richterstuhl* : *Richstuhl*
181/ 9	*Geh,* : *Geh*
183/17	*Licht ab.* : diese Regieanweisung fehlt in LH; nach Hs
202/ 4	*gesetzt,* : *gesetzt*
203/22	*hier;* : *hier*
204/32	*Teufel,* : *Teufel*
208/15	*diesem* : *diesen*
212/37	*war.* : *war,*
214/10	*Geliebte,* : *Geliebte*
218/17	*Furcht,* : *Furcht*
240/39	*wagen?* : *wagen.*
246/29	*toll?* : *toll.*
253/ 6	*beginnt* : *beginnet*
260/37	*auch –?* : *auch? –*
265/11	*die Nacht* : *Nacht*
271/21	*skyth'schen* : *scyth'schen* E, LH; entsprechend immer verbessert
271/28	*gezogen,* : *gezogen;* ; nach E
272/13	*Auf* : *Auch* ; nach E
275/ 8	*will,* : *will* ; nach E
275/41	*den* : *dem* ; nach E
276/ 2	*den* : *dem* ; nach E
276/39	*beliebt,* : *beliebt* ; nach E
277/10	*Odysseus* : *Ulysses* (Personenangabe); E hat immer *Ulysses*. Diese Änderung wurde bei den Regieanweisungen immer durchgeführt
277/34	*den* : *dem*
277/37	*Nacht* : fälschlich für *Macht*?
278/ 1	*sein* : *ein*
279/31	*urplötzlich* : *unplötzlich*
280/ 9	*Die* : *Den*
282/15	*dem* : *den*
282/20	*dem* : *den*
285/27	*ihr –* : *ihr*

290/21	*übellaun'gen* : *übellaunigen* ; nach E	371/31	*Strahl"*, : *Strahl* ; Komma nach E
291/40	*dem* : *den*	373/30	*sie,* : *sie* ; nach E
294/ 2	*Raserei,* : *Raserei*	374/ 6	*ihm* : *ihn*
299/33	*fragt* : *fragt,*	375/ 6	*bekommen* : *bekommen,* ; nach E
301/ 5	*bekränzt* : *begränzt*	378/ 7	*mögt* : *mögt,*
302/ 1	*Diamantengürtels* : *Diametengürtels*	379/10	*Herr.* : *Herr,*
302/24	*daniederknien* : *daniederknieen* (Versmaß!)	382/10	*Tag* : *Tage*
		384/ 8	*Gott,* : *Gott* ; nach E
306/27	*rette dich!* : *rette dich* ; E hat *folg' uns!*	384/24	*Herren* : *Herrn* ; E hat anderen Wortlaut
306/31	*willst –?* : *willst? –*	385/ 9	*ihre* : *ihr*
308/15	*weinst du?* : *weinst?* ; Hs hat *Du weinst?*	386/25	*Alten,* : *Alten.* ; nach E
		386/26f.	*gehárnischten Väter,* : *gehárnischten, Väter* ; nach E
310/25	*Komm fort.* : fehlt in Vorlage nach der Personenangabe *Meroe* ; nach Hs (dort *Cynthia*)	386/34	*Tugend* : *Jugend* ; nach E
		390/28	*Schloßen* : *Schlos-sen*
		392/14	*sind* : *sind,* ; nach E
311/30	*Eine* : *Die*	399/21	*er,* : *er*
311/35	*Zehnter* : *Zehenter*	401/29	*beisammen.* : *beisammen*
311/37	*Verwegner* : so Vorlage	404/30	*unbesonnen* : *unbesonnes* ; E hat *unbesonnenes*
313/ 6	*sie.* : *sie*		
313/13	*vom* : *von*	405/ 4	*wiederkehren?* : *wiederkehren,* ; E hat *aufzubrechen?*
316/10	*dem* : *den*		
324/ 2	*beneidete* : *beneidete,*	407/11	*sein?* : *sein.*
324/21	*sagte,* : *sagte* ; nach E	409/12	*bleibt* : *bleibt,*
331/10	*zu?* : *zu. (zu, ?)* ; nach E	411/14	*wie* : *wie,*
333/26	*feierlich* : so Vorlage; Hs hat *festlich* (Versmaß!)	411/15	*sie sich* : *sich*
		411/28	*dem* : *den*
341/ 9	*ihrem* : *ihren*	411/31	*empfangen!* : *empfangen?*
344/31	*anvertraue* : *vertraue* ; nach E	414/40	*siehst,* : *siehst*
346/11	*Halt* : *Hat* ; nach E	424/21	*Futtral* : *Futteral*
349/13	*erstiegen,* : *erstiegen*	427/26	*Paar* : *paar* ; nach einer Zeitgepflogenheit steht in zeitgenössischen Texten oft *paar* für das heutige *Paar* und umgekehrt
350/27	*seiner* : *einer*		
353/41	*Zweite* : *Frste*		
355/22	*Viel auch,* : *Viel, auch*		
360/14	*dicht* : *dich*		
361/25	*sprecht!* : *sprecht?*	427/31	*gebracht,* : *gebracht;*
361/36	*mich,* : *mich*	428/ 1	*diesem* . *diesen*
367/29	*Dolch* : *Dolch,* ; E hat anderen Text	429/ 9	*Wo laß* : *Wo, laß*
		434/20	*sagte* : *sagte,*
369/11	*einmal* : *einmal,* ; nach E	439/ 1	*kommst,* : *kommst*
370/21	*vom* : *von* ; nach E	443/22	*die milde* : *milde*
371/ 7	*vorüber,* : *vorüber*	446/34	*der* : *der,*
		455/15	*Nervier,* : *Nervier*

457/26	*Er : Es*		anderer Hand?) verbessert in *sie* ; E hat *ihr*
460/39	*Westen : Vesten*		
469/31	*liebst : Liebst*	572/22	*hört's! : hört's* ; nach E
471/23	*auf! : auf;*	574/29	*selbst! : selbst* ; nach E
471/35	*üppgern : üpp'gere*	575/ 3	*bewiesen. : bewiesen,* ; nach E
476/18	*Macht, : Macht*	575/22	*befohlen, : befohlen* K, E
476/21	*Dem : Den*	577/10	*Tyrannenreihe : Tyrannenreiche* K, E
485/ 1	*Thuschen! Thuschen! : Thuschen! Thuschen.*	577/28	*man hier : man* ; nach E
487/31	*seh's, : seh's*	581/ 9	*erwidertest: : erwidertest.* ; nach E
493/ 6	*mit, : mit*		
494/ 8	*schick : Schick*	581/12	*erzeugt, : erzeugt* ; nach E
495/17	*ihm : ihn*	581/41	*ich, : ich* ; nach E
508/11	*laß mich : Laß mich*	582/ 1	*Thurn : Theure* ; nach E
512/15	*dem : den*	585/26	*solchem : solchen* ; nach E
512/30	*Ruft : Ruft:*	590/20	*Lest, lest : Les't, Les't* ; E hat *Les't! Les't*
517/18	*Zweiter Feldherr : Zweiter*		
520/15	*meinem : meinen*	597/27	*hergerufen. : gerufen.* ; nach E
520/17	*Meuterbrut, : Meuterbrut*	597/31	*höchsten : höchstens* ; nach E
522/20	*ihm : ihn*	599/ 4	*Schluchten, : Schluchten* ; nach E
524/20	*ihm : ihn*		
527/14	*Childrich : Childerich*	599/ 6	*vorauszusetzen : voraussetzen* ; nach E
544/26	*Märchen : Märchen,* ; nach E		
544/41	*gerechten : gereihten* ; nach E	600/19	*hab, ; hab* K, E
548/14	*Parol' : Parole* ; nach E	600/21	*deiner : deine* ; nach E
549/ 6	*hin, : hin.* ; nach E	601/29	*Platanen : Plantanen* ; nach E
550/18	*gehn. : gehn* ; nach E	603/ 3	*befiehlt : befiehlt,* K, E
551/ 7	*TRUCHSS : Truchseß*	605/ 6	*uns! : uns?* ; nach E
561/19	*dem : den* ; nach E	605/15	*den Trotz, den : dem Trotz, dem* K, E
563/16	*Reutern, : Reutern* ; nach E		
563/16	*sie : in* K *ihr,* darüber (von	608/27	*Nelke : Nelken* ; nach E
		608/29	*in : im* ; nach E

INHALT

DRAMEN

Die Familie Schroffenstein 7
Robert Guiskard, Herzog der Normänner 101
Der zerbrochne Krug 121
Amphitryon 199
Penthesilea 269
Das Käthchen von Heilbronn oder die Feuerprobe 365
Die Hermannsschlacht 453
Prinz Friedrich von Homburg 539

Zeittafel 611
Zum Text der Ausgabe 615